Karl Mittermaier

Machiavelli

Karl Mittermaier

Machiavelli

Moral und Politik
zu Beginn der Neuzeit

Casimir Katz Verlag

CIP-Titelaufnahme der Deutschen Bibliothek

Mittermaier, Karl:
Machiavelli: Moral und Politik zu Beginn der Neuzeit /
Karl Mittermaier. – Gernsbach: Katz, 1990
  ISBN 3-925825-27-4

© Casimir Katz Verlag, Gernsbach 1990
Satz: Casimir Katz Verlag, Gernsbach
Druck: Clausen & Bosse, Leck
Umschlaggestaltung: Zembsch' Werkstatt, München
ISBN: 3-925825-27-4

„Und wenn mein Werk in unserer Zeit auch nicht würdig
ist, daß es für alle verständlich, weise und tiefgründig ist;
dann entschuldigt diese leeren Worte.
Meine Gedanken sollen die Zeit beleben,
denn anders kann ich zu euch nicht reden."[1]

Niccolò Machiavelli im Jahre 1518
(La Mandragola, Prolog)

Widmung

*In Erinnerung an meinen allzufrüh verstorbenen
Studienfreund Elmar Hafner,
an die ausführlichen, im Werden begriffenen Diskussionen
über den besten Staat
und an die vielen Erörterungen über ein Land,
das politisch von Machiavelli wenig gelernt hat.*

Inhalt

Einleitung

Niccolò Machiavelli zählt zu den faszinierenden Gestalten der italienischen Renaissance zu Beginn der Neuzeit, wenn er auch von den Zeitgenossen in seiner Bedeutung nicht richtig erkannt wurde. Die weltgeschichtliche Wirkung seiner politischen Schriften konnte erst aus der Distanz deutlich und sichtbar werden.

Seit seinem Tode im Jahre 1527 stieß sein republikanisches Engagement wiederholt auf fruchtbaren Boden, wenn es auch noch gar nicht lange her ist, daß sein Name synonym mit klassischer tyrannischer Machtpolitik ausgesprochen wurde und sein Werk als Wegweiser für diktatorische oder tyrannische Systeme galt. Seit etwa einem Jahrhundert bemüht sich ein zunehmend wachsender Kreis von Wissenschaftlern, seinen Namen für den Republikanismus zu rehabilitieren. Trotzdem ist Niccolò Machiavelli noch immer nicht in seiner ganzen Konsequenz erfaßt; der Florentiner wird weiterhin neue Fragen aufwerfen und unabhängig von der Weltanschauung der Systeme und der zeitgebundenen Intelligenzija unterschiedlich interpretiert und aktualisiert werden.

Heute, mehr als 450 Jahre nach seinem Tode, ist Machiavelli aktuell wie kaum zuvor. Seine Ideen dürfen auf jeden Fall so viel Interesse beanspruchen wie die von Karl Marx.[2] In der Rezeption erhielt Machiavelli verschiedene, oft gegensätzliche Gesichter, bis er im 20. Jahrhundert von einigen übereifrigen Interpreten mitunter bis zur Unkenntlichkeit entstellt wurde.[3]

Die sich wandelnde Aktualität in der Zeit vor dem 20. Jahrhundert resultierte aus dem geschichtsphilosophischen Anspruch der Zeit, der politischen Mündigkeit und dem politischen Verständnis der Rezensenten.[4] Daß oft die Lehrsätze des Florentiners nur als Bruchsteine gebraucht wurden, um Theorien zu festigen, lag an der Auslieferung seines Werkes an das Wohlwollen der politischen Toleranz. Er wird aber weder dem totalitären noch dem demokratischen Politiker, weder dem bürgernahen Beobachter noch dem doktrinären Dirigenten gleichgültig sein. Machiavelli ist nur dann gedient, wenn er in seiner vollen Breite aus seiner Zeit heraus erfaßt und interpretiert wird.

An allen Tagen der Jahreszeiten, an schwülen Sommerabenden wie an feuchten Wintermorgen schritt er die Pflastersteine der Piazza und der breiten Straßen und engen Gassen von Florenz auf und ab und redete mit seinen Freunden und Bekannten über die politischen Dinge. Er trug den *lucco,* einen langen, dunklen Mantel der Florentiner, der die gesetzten Herren am Arno charakterisierte, war glatt rasiert, und ein *becchetto* bedeckte sein Haupt, eine über die Schulter geworfene Kopfbedeckung. Er besuchte die *bottega* seines einflußreichen „plebejischen" Freundes[5] Donato del Corno. Im kleinen betrieben beide, was in Florenz zur Tagesordnung zählte: Sie wollten sich gegenseitig auf der politischen Bühne protegieren, wollte doch Donato seinen Namen endlich im florentinischen Wahlbeutel wissen, und Machiavelli wollte eine neue politische Berufung erhalten. Es war die Zeit nach 1512, als Machiavelli aus der Mitte der internationalen Politik abgetreten war, gezwungen und enttäuscht.

Er wollte durch sein ganzes reifes Leben im Zentrum der politischen Geschehnisse stehen. Je näher er nach seiner Suspendierung die reale Chance neuer politischer Rehabilitierung und neuer Dienste bei den machthabenden Medici sah, desto kritischer wandte er sich gegen zweitklassige Angebote: Piero Soderini bot ihm 1521 eine Sekretärsstelle bei den Colonna an, eine Anstellung, die besser sei, als für „minderwertige fiorini Geschichten zu schreiben", wie er meinte.[6] Es war die Zeit, als der ehemalige Segretario der Republik Florenz an seinen umfangreichen *Istorie fiorentine* schrieb, und er wußte, was er mit diesem Werke schuf. Er lehnte das Angebot ab.

Als Mann der Verantwortung wollte Machiavelli stets mit

Geheimnissen der Macht vertraut sein,[7] wenn er auch nur in seinem Albergaccio in Sant' Andrea in Percussina am Schreibtisch saß und am *Principe* und den *Discorsi* arbeitete oder in der Via Guicciardini in seinem Haus auf neue Ereignisse horchte.

Die kongenialen Herrscher der Epoche Machiavellis hatten alle die kompromißlose Einschätzung dessen, was für die Macht des Staates notwenig war, gemeinsam, wenn sie auch mit unterschiedlichem Temperament die staatlichen Interessenbereiche vertraten. Ihre persönliche Macht stellten sie immer in den Vordergrund. Diese Ahnherren des Frühabsolutismus nahmen es mit Vertragstreue und dem gegebenen Wort nicht genau. Zu Pedanten wurden sie dann, wenn es um ihre Machtinteressen ging; dann brachen sie Verträge, die sie vorher feierlich ratifizieren und priesterlich absegnen ließen. Francesco Guicciardini stellte beinahe bewundernd von Ferdinand dem Katholischen fest, daß zwischen seinen Worten und seinen Handlungen eine große Kluft war, und unterstrich, wie heimlich und tief er seine Netze auslegte. Solche Netze der Intrigen legten freilich beinahe alle Potentaten dieser Epoche aus, die sich als Renaissancefürsten einen Namen machten, und zwar nicht nur in Italien, wo etwa Lorenzo de' Medici, Cesare Borgia, Ludovico il Moro, Papst Julius II., Francesco I. Sforza oder Alfonso I. d'Este ihre machtpolitischen Intrigen spannten, sondern auch in England, Frankreich, Spanien und Rußland. Es wundert ferner nicht, daß Staatsdenker, intelligente Professoren und Juristen, intellektuelle Patrioten und vielseitig gebildete, erfahrene Politiker Gedanken anstellten über die notwendigen Voraussetzungen solcher Fürsten als Einzelherrscher in einer anbrechenden neuen Zeit, in der endgültig die Trennung zwischen weltlicher und kirchlicher Macht vollzogen sein sollte. Denn immerhin zeigten sich diese Fürsten nach außen als verantwortlich für das Wohlergehen ihres Staates, der Eliten wie der breiten Bevölkerungsschicht, wenn auch die Masse wenig davon spürte. Aus den Analysen dieser politischen Leben, aus dem politischen Verantwortungsbewußtsein heraus schöpfte Niccolò Machiavelli die ganze Essenz seiner Staatstheorie, geschickt untermauert und ergänzt mit eigenen Erfahrungen und Erkenntnissen aus der Geschichte. Politik sollte mehr als die Kunst des Möglichen sein, sie sollte als Kunst des Unmöglichen dem Staate, der im Werden begriffen war, zu Erfolgen verhelfen.[8]

Machiavelli zeigte dabei ein besonderes republikanisches Interesse gegen die oft unqualifizierte Partizipation der Eliten und für mehr Mitbestimmung des Volkes am politischen Entscheidungsprozeß. Seine wiederholte Fürsprache für den *Consiglio Grande*[9] in Florenz läßt ihn deshalb als für seine Zeit noch ungewöhnlichen Demokraten auftreten. Für einen Demokraten allerdings, dem es auf den Erfolg ankam, war nur das relevant, was sich als erfolgreich herausstellte. Dabei ersann er in bezug auf den Staat Regeln, die diesen fast als absolutes Gegenstück eines christlichen Staates erscheinen lassen: ein autonomer und allmächtiger Staat, der sich aller Mittel bedienen darf, wenn es um seine Interessen geht. Und er vergaß nie, daß jeder Staat seinem Wesen nach ein Machtstaat ist.

Machiavelli stand an der Schwelle eines völligen Umbruchs, der sich zuerst in einer schweren Krise ausdrückte.

Die Diskrepanz zwischen adeliger Oligarchie, päpstlicher Theokratie und kaiserlicher Autokratie, zwischen der klerikalen und grundbesitzenden Oberschicht, den Kaufleuten und Angehörigen freier Berufe, und dem Mittelstand der Bankiers, Lehrer, Juristen, Studenten, Priester und Handwerker und einer breiten Masse der Unterschicht zeichnete sich schon vor seiner Zeit in der fortschreitenden Entwicklung, oft zu einem Fanal tyrannischer Machtpolitik ausartend, deutlich ab. Machiavelli erkannte alsbald die Tragweite dieser Problematik und unterschied für Florenz deutlich drei Bevölkerungsgruppen: Die Oberschicht bildeten die *nobili* oder *grandi*. Dann kamen die *populari* oder der *popolo grasso*, das sogenannte „fette Volk", die *mediocri* bildeten die Mittelschicht. Das „kleine Volk" war der *popolo minuto, il plebe,* Plebs, eben der *popolo basso,* das „untere Volk". Aber auch in diesem Dreiermodell bestand keine eindeutige Klarheit, weil je nach Einkommen, Ansehen, öffentlichen oder privaten Voraussetzungen und Lokalität die Gruppen untereinander variierten; zum Beispiel gehörte nicht jeder Handwerker oder Bauer zu eben seiner Gruppe. Bei der Definition der Edelleute ließ Machiavelli aber keinen Zweifel, denn das waren nur jene *gentiluomini,* die, ohne sich um ihre Ländereien zu kümmern oder ohne einem anderen Beruf nachzugehen, müßig vom Ertrag ihres Besitzes leben konnten. Italien hatte nach dem Untergang der Staufer die letzte Chance einer herrschaftlichen Einigung verspielt

Der südliche und mittlere Teil der Apenninenhalbinsel waren fremdherrschaftlich oder kirchenstaatlich bestimmt. Der obere Teil Mittelitaliens und der Norden der Halbinsel waren das klassische Land der Signorien und nationalen Stadtstaaten. Hier zielte die Politik auf Unabhängigkeit und Selbstverwaltung, gegen jede Form von Fremdherrschaft und Unterdrückung von außen. Hier entstanden europäische Verkehrs-, Handels- und Wirtschaftszentren, die den Handelsverkehr südlicher Städte wie Palermo oder Salerno weit übertrafen. Abgesehen von Venedig, das zur beherrschenden Seemacht im östlichen Mittelmeer und im Schwarzen Meer aufgestiegen war, und Genua als ernstzunehmenden Konkurrenten brachten es Mailand und Florenz schon Ende des 13. Jahrhunderts zu eigenständiger Macht, zu Reichtum und internationalem Ansehen. Die Florentiner Banken besaßen zu dieser Zeit schon das Monopol über die päpstlichen Finanzen in Italien. Im 13. und 14. Jahrhundert erreichten und überschritten die Signorien ihren Zenit. Die Geschichte dieser Zeit ist die Geschichte der italienischen Städte. Als mächtige Wirtschaftszentren wehrten sie jeden Versuch einer nationalen Einigung energisch ab. Gerade die Stadtstaaten der Toskana, der Emilia und Romagna betonten ihre Macht. Nachahmung fanden sie überall, bis hinein in den Kirchenstaat und hinab in den

Süden. Der egozentrische Anspruch verfremdete die nationale Idee, die Selbstherrlichkeit und die Befeindung untereinander wirkten sich fatal für die italienische Nation aus. Niccolò Machiavelli stellt nach permanenter Enttäuschung folgendes über seine Landsleute fest und charakterisiert dabei kurz die Herrscher seiner Zeit: „Und was die Lage der Dinge in der Welt betrifft, so komme ich zu dem Schluß, daß wir von Herrschern regiert werden, die von Natur aus oder zufällig folgende Eigenschaften haben: Wir haben einen weisen und deswegen ernsten und bedächtigen Papst; einen unbeständigen, wankelmütigen Kaiser; einen reizbaren und furchtsamen König von Frankreich; einen schäbigen und geizigen König von Spanien; einen reichen, grausamen und ruhmgierigen König von England; die unmenschlichen, siegreichen und unverschämten Schweizer; und uns arme, ehrgeizige und feige Italiener?"[10]

Machiavellis Epoche war auch die Zeit des weltlichen Papsttums, das dem Ernst und der Frömmigkeit nordischer Beobachter diametral entgegenstand, bis schließlich auch die breiten Volksschichten sich als Ausdruck des Protestes weigerten, an Rom Tribute zu zahlen. Was sollten die Menschen dieser Lande vom Treiben Alexanders VI. oder der Verschwendung Leos X. halten? Die römischen Ausschweifungen widerten sie an. Damit war die Macht des Papsttums ernsthaft in Frage gestellt.[11] Die scharfe Kritik kam nicht von ungefähr. In Rom nahm man die Anklage zuerst nicht ernst genug, hatte sich doch die Macht des Papsttums als viel stabiler erwiesen als die weltliche Macht. Militärische Niederlagen trafen die theologische Macht viel weniger als die weltliche.[12]

Die Päpste der Renaissance scheuten nicht davor zurück, zweifelhafte Geschäfte und Machenschaften zu betreiben, wenn sie daraus Gewinne erzielten. Machiavellis Resümee konnte bei Alexander VI. nicht anders lauten, als daß es sich bei ihm um einen Papst handelte, der sein ganzes Leben hindurch nichts anderes tat, als zu betrügen. Und vom Heiligen Stuhl hatte er gelernt, daß sich derjenige selbst

14

zugrunde richtet, der einem anderen zur Macht verhilft.[13] Die Zeichen für die Verweltlichung des Papsttums mehrten sich nicht nur in Rom. Der Papst galt vielen als das, was er sein wollte: ein Fürst der Renaissance. Als Nachfolger Christi behielt er lediglich den Titel vicarius Christi bei. Die Päpste dieser Zeit suchten die Eingriffe außeritalienischer Mächte für sich zu nutzen, oder sie trachteten um der eigenen territorialen Expansion willen danach, die Apenninenhalbinsel von den fremden Invasoren zu befreien. Diese Schaukelpolitik endete unter Clemens VII. fatal, bis schließlich 1529 Frankreich und Spanien, Karl V. und der Papst Frieden schlossen. Zum Abschluß trafen sich die beiden in Bologna, wo Clemens VII. am 24. Februar 1530, am Tag von Karls Geburtstag, den Habsburger zum Kaiser krönte. Ein Jahr zuvor hatte er vom Papst Neapel erhalten. Als König in Italien und gekrönter Kaiser – Karl V. empfing übrigens die letzte Kaiserkrönung durch einen Papst – sicherte sich Karl die unantastbare Vorherrschaft in Italien. Der Kirchenstaat war nun noch strenger kontrolliert als unter den Staufern: Es begann der Abstieg des Papsttums und seines Kirchenstaates zu einer Mittelmacht.[14]

In meiner Arbeit über Niccolò Machiavelli und seine Zeit ging es mir primär um den Menschen Machiavelli; um seine Person ranken sich also auch die zentralen Fragen, die im Laufe der Ausführungen eine ausreichende Antwort finden sollen:

– Die Frage, wie weit Machiavelli als Monarchist, wie weit als Republikaner einzustufen ist bzw. ob es überhaupt eine klare Abgrenzung gibt, beschäftigt im Grunde seit jeher die Machiavelli-Forschung. Als solche wird sie auch hier wiederum aufgegriffen. Dabei soll gezeigt werden, daß der „Monarchist" Machiavelli wohl der Vergangenheit angehört.

– Eine andere kardinale Frage lautet, ob Machiavelli allein an der Schwelle zur Neuzeit den Weg der Politik in die Unabhängigkeit von religiöser, kirchlicher, ethischer, moralischer und allgemein jeder obrigkeitlichen

15

Bindung einschlug oder ob es sich vielmehr um eine intellektuelle Tendenz seiner Zeit handelte.

– Es treten immer wieder neue, noch immer nicht ausreichend beantwortete Fragen zum Werk Machiavellis auf. Was sein Geschichts- und Menschenbild anbelangt, hat die historische und politikwissenschaftliche Forschung weitgehend befriedigende und übereinstimmende Antworten gefunden. Ebenso was die Entstehung, Entwicklung und Geschichte der Staatsräson und des Machiavellismus betrifft. Seine literarischen Schriften sind aber stets erst an zweiter Stelle berücksichtigt worden, so daß die Kontinuität im gesamten Werk nicht nachvollzogen werden kann und noch weniger die Parallelen zwischen seinen zentralen Aussagen aufgezeigt bzw. nachgewiesen worden sind. Es gilt also, die Querverbindungen zwischen dem politischen, militärischen, staatsphilosophischen und historischen Machiavelli und dem Literaten Machiavelli aufzuzeigen und den Nachweis zu erbringen, daß der *pensiero politico* sich durch das ganze Werk zieht.

– In diesem Zusammenhang steht das Werk mit dem Leben in einer andauernden Abhängigkeit, das heißt, daß es zu untersuchen gilt, ob das Werk das Leben oder umgekehrt einander beeinflussen und wie weit der Mensch Machiavelli das eine oder andere implizierte, wobei zugleich die Frage nach den Ursachen für entscheidende Zäsuren in seinem Leben und im Werk eine besondere Bedeutung gewinnt.

Im vorliegenden Buch steht das Leben Niccolò Machiavellis im Mittelpunkt. Die Ereignisse seiner Zeit bilden und beleben den Kontext. Bei der Niederschrift war es mir ein zentrales Anliegen, möglichst wahrheitsgetreu alle Personen und Ereignisse zu schildern. Bei den Werturteilen ging es mir um Sachlichkeit und Gerechtigkeit gegenüber den Inhalten. Ich versuchte neben den hellen Seiten auch die Schatten in Machiavellis Leben aufzuzeigen, Lob und Tadel gerecht zu verteilen. Ich versuchte, die vielfältigen Quellen auszuschöpfen, durch neue Materialien zu ergänzen und die schier unüberschaubare Literatur über Machiavelli und seine Zeit zu verarbeiten. Italienische Originaltexte wurden, wenn notwendig, neu übersetzt oder der Hochsprache angepaßt. Wegen des Umfanges der Quellen und der Literatur wurden fast alle Zitate gekürzt. Um ein zügiges Lesen zu ermöglichen, verzichtete ich bei ausgelassenen Textstellen auf die Interpunktion. Ebenso verzichtete ich auf eine chronologische Darstellung. Die Vor- und Rückblenden sollen den Text beleben, die Wiederholung wesentlicher Schwerpunkte soll den inhaltlichen Übergang erleichtern. An dieser Stelle sei allen gedankt, die am Zustandekommen dieses Buches Anteil hatten. Mein erster und größter Dank gilt Dr. Carla Wild, die die ganze Zeit hindurch das Werk begleitete, kritisch den Text mitverfolgte, mich ermutigte und anregte, mich in die Toskana, Emilia-Romagna und in die Marchen zu den Archiven, Bibliotheken und ehemaligen Stätten historischer Ereignisse begleitete und den größten Teil des Fotomaterials besorgte. Gedankt sei weiterhin Dr. Helmut Gritsch von der Universität Innsbruck für einige gute Ratschläge und Hinweise. Dann danke ich Prof. Dr. Rupert Breitling für die Stunden der Diskussion zum Thema Machiavelli. Leider konnte er die Veröffentlichung dieses Buches nicht mehr erleben. Gedankt sei noch Walter Meixger und Erich Pichler für die restlichen Fotos, Italo Attisano und Dr. Meinhard Mair für wertvolle Ratschläge bei der Übersetzung vieler Worte Machiavellis und Hans Fink für die Anfertigung der Skizzen. Schließlich sei der vielen wissenschaftlichen Bibliotheken und Archive gedacht, in denen ich arbeiten durfte, insbesondere: Biblioteca Nazionale in Florenz, Archivio di Stato in Florenz, Archivio di Stato in Rom, Archivio Guicciardini in Florenz, Biblioteca Mediceo-Laurenziana in Florenz, Biblioteca Riccardiano in Florenz, Biblioteca Palatina in Parma, Archivio Regionale delle Marche, Tiroler Landesarchiv in Innsbruck und der Dr.-Friedrich-Tessmann-

Bibliothek in Bozen. Möge dieses Buch dazu beitragen, daß Machiavelli und seine Schriften nicht voreilig auf ein allgemeines System der Politik projiziert werden, sondern daß der Mensch Machiavelli als Kind seiner Zeit in einer vielschichtigen, komplexen politischen Umgebung und vieler großer und kleiner Sorgen und Freuden des Alltags verstanden wird, als politisch verantwortungsbewußter Republikaner, als leidenschaftlicher Florentiner und als ein mit den menschlichen Fehlern lebender Zeitgenosse der Renaissance. Niccolò Machiavelli hatte aus dem Umgang mit Menschen gelernt, und nichts schmerzte ihn mehr als der politische Niedergang seiner Heimat Florenz und seines Landes Italien. Nicht einmal jene Zeit, in der er von vielen Freunden verlassen, diffamiert und angefeindet wurde und von der großen Politik abgeschnitten war, konnte ihn entmutigen. Vielmehr sah er bis zuletzt mit seinem scharfen politischen Weitblick in die Zukunft und sah das politische Dilemma über Italien hereinbrechen: Das Land versank in die politische Bedeutungslosigkeit, aus der es sich drei Jahrhunderte nicht mehr erholen konnte. Das Ende Machiavellis war auch das Ende der politisch-kulturellen Glanzzeit von Florenz, das dann in einer tiefen Krise weitervegetierte. Niccolò Machiavelli — ein Mensch der Renaissance. Und möge dieses Buch auch dazu beitragen, daß sein Name nicht, wie schon so oft, gleichgesetzt werde mit Machiavellismus; denn Machiavellismus mit Machiavelli gleichzusetzen, heißt Machiavelli nicht zu begreifen oder ihn in seiner Ganzheit zu verkennen.

An dieser Stelle sei noch ein Hinweis bezüglich der Anmerkungen angefügt: Standardwerke wie die von Ridolfi, Tommasini, Villari, Sasso usw. sind nur einmal vermerkt und erscheinen dann mit a.a.O. Bei einem anderen benützten Buch desselben Autors wird dieses bei wiederholter Angabe mit verkürztem Titel angeführt.

Karl Mittermaier, Brixen, Herbst 1989

Kapitel I

Eine Jugend in der Renaissance

1. Von Montespertoli zum Oltrarno

Auf der alten Straße nach Siena, einige Kilometer außerhalb von Florenz, biegt ein kurvenreicher Weg ab nach der Gemeinde San Casciano. Dieses Städtchen liegt in einiger Höhe auf der toskanischen Hügellandschaft inmitten von Weinstöcken, Reben und Olivenhainen. Vor San Casciano führt rechts ein schmaler Weg zum nahegelegenen Dorf Sant'Andrea in Percussina, das gewiß zu den unbekannten Idyllen der klassischen Toskana gehört. Entlang dieses Weges grenzt ein Landgut an das andere und erinnert an die ehemaligen Gutswirtschaften der Renaissance. Hier hatten die florentinischen Patrizier ihre Ansitze, hier verbrachten sie mit ihren Familien und dem Hausgesinde, aber auch inmitten ihrer Freundeskreise die dunstigen Sommertage und die feuchten, langen Winternächte, wenn sie sich von der Politik und der Verwaltung zurückzogen und die politische Disharmonie in der Stadt sich zuweilen entspannte. Allgemein betrieben die Florentiner Patrizier die Landwirtschaft als Nebenbeschäftigung und verbrachten jedes Jahr mehrere Monate auf dem Land.

Sant'Andrea in Percussina war nie ein besonderer Ort, war nie in den Angelpunkt der Geschichte getreten; seine paar Häuser sind ebenso mit gebrannten Ziegelsteinen erbaut wie der Palazzo Vecchio, der Palazzo Pitti oder das Kloster von Santa Croce in der nahegelegenen Arnostadt. Von vergangener Kunst ist nichts zu sehen, kaum ein Passant verirrt sich hierher. Und wenn doch hie und da ein Auto vor dem Dorfbrunnen anhält und die interessierten Insassen auf ein Haus zusteuern, dann ist es gewiß, daß sie wegen eines Mannes den Weg hierhergefahren sind, wegen eines Mannes, der hier vor mehr als 450 Jahren einen guten Teil seines Lebens, ohne daß er es eigentlich wollte, auf dem väterlichen Erbgut verbracht hatte, bis er vergrämt und enttäuscht, von seinen Freunden vergessen, in Armut starb. Niccolò Machiavelli lebte hier. Auf dem steinernen

Schreibtisch, vor dem Kamin, im Haus, neben dem Dorfbrunnen schrieb er den Großteil seiner Werke, die seinem
Namen Unsterblichkeit verliehen, ohne daß er sich eigentlich zum Schreiben berufen sah. Alle seine Schriftstücke,
die ihn zum Begründer der modernen Politik machten, sind
aus einer gewissen Notlage entstanden.

Das Geschlecht der Machiavelli zählte einst zu den angesehenen Adelsfamilien der Toskana. Zwischen dem
Elsatal und dem Pesatal, unweit von Florenz, befindet sich
noch heute die kleine Gemeinde Montespertoli. Aus alten
Familienaufzeichnungen geht hervor, daß die Familie der
Machiavelli zur selben Familie wie die Herren von Montespertoli gehörte. Und zwar hatte Buoninsegna di Dono
laut einer Urkunde um das Jahr 1120 zwei Söhne namens
Castellano und Dono. Von Castellano ging der Zweig der
Herren von Montespertoli, der Castellani, weiter, von Dono
die Familie der Machiavelli. Ihr Adelswappen war ein
blaues Kreuz auf silbernem Feld, vier gleichfalls blaue
Nagelköpfe in den vier Winkeln. Die Söhne des Ururgroß-
vaters des späteren berühmten Niccolò Machiavelli, Buoninsegna und Lorenzo, erhielten im Jahre 1393 von Ciarigo
dei Castellani die Burg von Montespertoli mit dem Juspa-
tronat über mehrere Kirchen in der Umgebung. Nachdem
damals die Feudalrechte bereits abgeschafft waren, hatte
dieses Patronat nicht mehr viel Bedeutung. Trotzdem bedeutete diese Erbschaft für die Machiavelli einige Privilegien wie das Recht, Steuern für Maß und Gewicht zu erheben oder das jährliche Geschenk einiger Wachskerzen. Auf
dem Brunnen am Marktplatz in Montespertoli setzten sie
ihr Wappen; noch heute trägt er ihren Namen. Die anderen
Rechte dieser Erbschaft wurden unter den vielen Mitgliedern der Familie verteilt. Damals, um 1400, hatten die
Machiavelli schon einiges erlebt: Nach der *gran rottura,*
der Niederlage von Montaperti im Jahre 1260, mußten sie
zusammen mit anderen guelfischen Nobelfamilien wie den
Barbadori, Canigiani, Soderini in die Verbannung gehen.
Als ihnen bald danach die Rückkehr wieder gestattet

wurde, beteiligten sie sich zwar umgehend erneut an der Regierung der Stadt, von ihrem ehemaligen Besitz hatten sie aber viel verloren. Denn nach der späteren Verfassungsreform von 1494 hätte die Familie der Machiavelli eigentlich zu den *beneficiati* zählen müssen, nach deren Einstufung sie in alle höchsten Staatsämter hätten gewählt werden können. Daß dies nicht der Fall war, läßt auf eine erhebliche Verschuldung der Machiavelli schließen. So war aus der alten toskanischen Familie, die immerhin ihre Herkunft aus Montespertoli herleiten konnte und die lange zu den zähen aristokratischen Ghibellinen zählte, eine demokratisch gesinnte, bürgerliche Guelfenfamilie in Florenz geworden, die sich in der Nähe von Ponte Vecchio in der Via Giucciardini ein Haus baute. Damals hieß diese Gegend noch Porta San Meo oder Gattolin; dieses Viertel durchzog die ganze Gegend am Oltrarno, dem Südufer des Arno, bis zum südlichen Stadttor. Florenz ist noch heute nach den alten Bezirken in vier Quartiere geteilt: S. Maria Novella, S. Croce, S. Spirito, S. Giovanni. Die Familie trat einer Zunft bei und erhielt die Bürgerrechte. Immerhin besaßen sie ein eigenes Haus in Florenz, und vom früher Geerbten war ihnen das Landgut in Sant'Andrea in Percussina erhalten geblieben. Trotzdem gehörten sie nicht zum städtischen Patriziat, wenn sie auch nicht jener Gruppe der florentinischen Bevölkerung zuzurechnen waren, die zu den Proletariern der zwölf niederen Zünfte zählte. Auf den Adelstitel hatten sie aus eigenem Interesse freiwillig verzichtet, um am politischen Leben der Stadt Florenz teilhaben zu dürfen. Daß die Machiavelli in Florenz nicht zu den *beneficiati* zählten, könnte noch eine andere Ursache haben: Bernardo Machiavelli, der Vater des späteren großen Sohnes der Stadt, soll unterschiedlichen Recherchen zufolge ein uneheliches Kind gewesen sein. In einem solchen Falle wäre der Ausschluß von den höchsten Staatsämtern ebenfalls begründet gewesen. Die Geschichtsforschung ist in dieser Frage nicht einer Meinung. Der Grund für den Ausschluß lag aber auf jeden Fall bei Bernardo

Machiavelli, da historisch nachweisbar dessen Vorfahre, ebenso Bernardo genannt, in den Jahren 1385 und 1396 Mitglied der Signoria gewesen war. Dessen Sohn wäre damit zur Wahl berechtigt gewesen. Zudem ist bekannt, daß der Neffe Bernardos, Niccolò di Alessandro Machiavelli, Mitglied im Consiglio degli Ottanta, Rat der Achtzig, war.[1] Blickt man noch einige Jahrzehnte vor Bernardo zurück, so kann das Geschlecht der Machiavelli auf einige bedeutende Persönlichkeiten seiner Familie verweisen: Es sollen über fünfzig Prioren und mindestens zwölf Gonfalonieri den Namen Machiavelli getragen haben.[2] Vor allem war in Florenz bekannt, daß Alessandro Machiavelli im Heiligen Land verstarb und später seliggesprochen wurde. Berühmt waren auch die beiden Namen der Freiheitshelden Guido und Girolamo Machiavelli: Guido wurde 1378 von den Revolutionären in ihre Cavalieri eingereiht; Girolamo widersetzte sich Luca Pitti, der ihn gefangennehmen und ins Gefängnis werfen ließ, wo er 1458 starb.

Die Zahl über fünfzig Prioren mutet außergewöhnlich an; für das damalige Italien war diese Zahl keine Besonderheit. Immerhin gehörten zum Beispiel um das Jahr 1427 etwa dreizehn Prozent des Bodens in der Toskana der Kirche. Und ab dieser Zeit nahm ihr Besitzanteil noch zu, so daß sie um das Jahr 1498 schon dreiundzwanzig Prozent besaß. Ähnlich war es in den anderen Regionen der Halbinsel, höchstens die Lombardei bildete eine Ausnahme: Hier nahm der Anteil des kirchlichen Besitzes von Jahr zu Jahr ab.[3] Der Beruf des Geistlichen war in der Bevölkerung oft bevorzugt. Um 1570 waren zum Beispiel fünf Prozent der Bevölkerung von Bologna Kleriker. Die Trennungslinie zwischen Klerus und Laienvolk war durch das gesamte Spätmittelalter und auch noch zu Beginn der Neuzeit nicht immer deutlich markiert. Die Geistlichen erhielten oft keine besondere Ausbildung. Es gab Priester, die Laiengewänder trugen, Waffen führten und sich öffentlich Frauen hielten, mit denen sie Kinder zeugten. Der Papst gebärdete sich häufig wie ein Fürst. Inmitten der Halbinsel behauptete sich der Kirchenstaat, dessen Existenz und Lebensbedingungen für Italien ein Hindernis der Einheit darstellte, mächtig. Kaum jemand wagte es, ernstlich von seiner Beseitigung zu sprechen.[4] Die Geschichte Roms machte in der Renaissance eine Welt für sich aus; sie ist geprägt durch die Geschichte der Päpste. Die höheren und mittleren Stände Italiens kritisierten im Laufe des 15. Jahrhunderts häufiger die Kirche als weltliche, politische Institution. Durch die Geburt der Autonomie der Politik nahm das Mißtrauen gegenüber der Kirche konstant zu. Es kam soweit, daß die Menschen den Glauben an die Gerechtigkeit der Justiz verloren, daß die Sympathie des Volkes nicht selten auf seiten des Mörders stand. Dabei war es noch gar nicht lange her, daß im Mittelalter die Päpste den Anspruch auf ein Universalreich erhoben hatten. Nun mußten sie diese Forderung zugunsten eines viel kleineren, aber sichereren Reiches aufgeben. Der Kirchenstaat war seit dem 12. Jahrhundert immer wieder durch die zahlreichen politischen Unruhen, durch die Verlegung des Papststuhles nach Avignon und durch das langjährige Schisma in anarchische Zustände gestürzt worden. Rom blieb aber eine freie Gemeinde mit einer eigenen Verfassung, ähnlich der anderer italienischer Republiken. Das geistliche Oberhaupt verfolgte nun aber entschlossener denn je die Zwecke des weltlichen Fürstentums. Die größten Interessen galten der Pflege einer dominanten christlichen Religion, dem Kampf gegen das Heidentum, der Ausbreitung des Christentums über die nordischen Nationen sowie der Gründung einer unabhängigen hierarchischen Gewalt.[5] Der Papst fühlte sich als italienischer Fürst, dessen Hauptanliegen es war, die eigene Herrschaft zu vergrößern.

In dieser Zeit, während der Herrschaft des Papstes Paul II., im Todesjahr Piero de' Medicis, in dem Jahr, als in Florenz Lorenzo und Giuliano de' Medici die Regentschaft antraten, im Jahre 1469, wurde in Florenz am 3. Mai um vier Uhr Niccolò di Bernardo Machiavelli geboren. Schon am nächsten Tag wurde er im Florentiner Dom Santa Maria del Fiore auf die Namen Niccolò Piero e Michele getauft.[6] Sein Vater Bernardo war im damaligen Florenz kein Unbekannter, wenngleich er, wie bereits erwähnt, verarmt war. Bernardo, 1432 geboren, war Rechtsgelehrter und eine Zeitlang Schatzmeister der Mark. Im Jahre 1450 erbte er noch die Güter seines Onkels Totto di Buoninsegna Machiavelli. 1458 heiratete er Bartolomea, die Witwe des Niccolò Benizzi und Tochter des Stefano dei Nelli aus einer alten Florentiner Familie. Bartolomea war nicht vermögend. Ihre Mitgift war, entsprechend den damaligen Gepflogenheiten, klein.

Im Kataster von 1498 wird das Einkommen von Bernardo mit einhundertzehn Dukaten und vierzehn Soldi angegeben. So gehörte Bernardo, was sein Einkommen betraf, der Mittelklasse an; er war nicht reich, aber auch nicht arm. Vater Bernardo war an einer umfassenden Bildung interessiert. Soweit es seine finanziellen Mittel erlaubten, kaufte er Bücher. Dann und wann, bei Geldknappheit oder anderer Verlegenheit, lieh er sich bei den Franziskanern von Santa Croce oder bei Freunden das eine oder andere Buch aus. Zu seinen bevorzugten Autoren zählten Titus Livius Macrobius, Priscian, Flavio Biondo, Donato Acciaiuoli und Boethius. Aber auch andere Klassiker der Antike hatte er gelesen; unter anderem die Ethik von Aristoteles, die Kosmographie von Ptolemäus, *De officiis* und *De oratore* von Justinus, *Italia illustrata* von Biondo und einige Schriften von Cicero und Plinius. Neben diesen philosophischen, politischen, historischen und naturwissenschaftlichen Werken stand in Bernardos Bücherregal auch die Bibel. All diese Schriften bekam auch der junge Niccolò in seine Hände, und er wird, wie sich später erweist, von ihnen nicht wenig beeinflußt und zum Nachdenken inspiriert. Im Haus in der Via Guiccardini Nr. 36 in Florenz herrschten soweit recht kleinbürgerliche, patriarchalische Gewohnheiten: Der Vater bestimmte das gesellschaftliche Ambiente der Familie. Mutter Bartolomea schrieb, der Familientradition folgend, geistliche Lieder und fromme Hymnen.

So mag Niccolò Machiavelli vom Vater Weitblick und Scharfsinn, von der Mutter aber die Gabe zur Poesie geerbt haben.[7] Doch weder Vater noch Mutter scheinen Niccolò in seinem späteren Leben einen tieferen Eindruck hinterlassen zu haben: In seinen Schriften erwähnte er an keiner Stelle die Mutter Bartolomea, die am 11. Oktober 1496 starb; auf den Vater kam er hingegen einige Male kurz zu sprechen. Aus einer Eintragung aus dem Jahre 1470 im Kataster von Florenz geht hervor, daß Niccolò noch zwei Schwestern hatte. In diesem Jahr war Vater Bernardo achtunddreißig Jahre, Mutter Bartolomea neunundzwanzig Jahre alt. Dazu sind die Tochter Primavera mit fünf Jahren, Tochter Margherita mit zwei Jahren und Sohn Niccolò mit vier Monaten angegeben. Hier ist zu wissen, daß das Kalenderjahr in Florenz bis in die Mitte des 18. Jahrhunderts mit dem 25. März, ab *incarnatione,* begann. Im Jahre 1475 vergrößerte sich die Familie um ein viertes Kind namens Totto.

Den jungen Machiavelli bedrückte die Armut seiner Familie. Er vergaß es zeitlebens nicht, aus welchen Verhältnissen er kam. Mit tiefem Ernst bekannte er später: „Ich bin arm geboren und habe eher gelernt, mein Leben kümmerlich zu fristen, als es zu genießen."[8] Und daß er nicht zum wirklichen Adel gehörte, sollte ihm in seiner späteren Karriere öfters zum Nachteil gereichen.

2. Der wirtschaftliche Umbruch in der Renaissance

Im Florenz des 15. Jahrhunderts war jener rechtlich adeliger Herkunft, der einen adeligen Vater hatte oder von einem Fürsten in den Adelsstand erhoben wurde. Nach außen begann man nun auch jene für Adelige zu halten, die dies, wie die Machiavelli, nur dem Stande nach lebten. Der Adel wurde verstärkt als „Museklasse" gewertet, die sich lieber vergnügte. Viele Adelige galten ·als *scioperati,* Nichtstuer; es waren *gentiluomini,* Edelleute, die vom Ertrag ihrer Güter lebten, ohne sich um die landwirtschaftlichen Arbeiten oder Geschäfte zu kümmern. Die Sommer verbrachten sie auf dem Lande, wo sie der Jagd nachgingen. Ein Adeliger konnte andererseits auch die klerikale Laufbahn beschreiten, Beamter oder Rechtsanwalt werden oder im Handel tätig sein. Alle Adeligen betrachteten sich als die einzigen Menschen, die zu *onore,* Ehre, fähig waren. Unter dieser Ehre verstand man: Achtung, Mut, Treue, Großzügigkeit, Titel und Ämter.

Der damalige Gesellschaftstypus in Florenz kann in vier Hauptstrukturen gegliedert werden, zu unterscheiden nach verschiedenen Besitzverhältnissen, Beschäftigungen, Herkunft, Prestige, Lebensweise und Geistesrichtungen.[9] Auf der untersten Stufe stand das armselige Volk, Handwerker und Tagelöhner, bekannt als der *popolo minuto.* Auf der nächsten Stufe standen die Handwerker und Händler, die in Florenz die größte und konservativste Gruppe bildeten, danach kamen Kaufleute und Unternehmer, die *gente nuova,* die Neureichen. Die vierte Gruppe bildete das Patriziat, das aus der allmählichen Verschmelzung der alten Handels- und Bankhäuser mit dem Adel entstand. Diese popolanisch-aristokratische Spitze bildete eine „Finanzoligarchie". Nach neueren Schätzungen gab es in Florenz um das Jahr 1369 an die tausend Geschäftsleute und an die zwölf Unternehmen, was etwa zehn Prozent der Gesamtbevölkerung ausmachte.[10] Zudem gab es allein in Florenz zwischen 1393 und 1427 an die dreitausend politische Ämter.[11]

Dazu ist die Einkommensquote der florentinischen Gesellschaft interessant. Die florentinische Standardwährung war der Florin, im Wert von etwa vier bis sieben Lire. Demnach verdiente jährlich zwischen 1450 und 1500:

ein Filialleiter der Medici-Bank	600 Lire
ein Seidenweber	400 Lire
ein erfahrener Bankangesteller	300 Lire
ein junger Bankangestellter	200 Lire
ein Diener	40 Lire

Ein namhafter Professor in Venedig verdiente an die 2 500 Lire, ein Großkaufmann etwa 17 000 Lire. Der Doge von Venedig kam auf 21 000 Lire.[12] Wer sich als Kaufmann bezeichnete, konnte sein Unternehmen selbst leiten. „Angehörige freier Berufe" war damals ein Allgemeinbegriff, worunter man Ärzte, Rechtsanwälte, Richter, Notare, Universitätslehrer und Berufsbeamte verstand. Alle trugen sie eine einheitliche Kleidung: ein langes, schwarzes Gewand. Die Kaufleute unter ihnen genossen einen etwas höheren Status. Unter den Handwerkern und Ladenbesitzern waren die meisten Analphabeten. Die Gruppe der Schauspieler, Possenreißer und Leichenbestatter hatte in der Gesellschaftsordnung keinen festen Platz. Der Stand der Bauern machte die Mehrheit der Bevölkerung aus, dennoch ist über ihn am wenigsten bekannt. Rechtlich wurden die Bauern in Freie und Leibeigene unterteilt. An ihrer Spitze standen die Großbauern, *contadini grassi,* die mehr Land besaßen, als sie zum Leben brauchten. Dazu kamen die Bauern, deren Grundbesitz zum eigenen Bedarf ausreichte, dann jene Bauern, deren Grundstück für den einfachen Lebensunterhalt zu klein war. Zuletzt gab es noch die *lavoratori,* die Landarbeiter ohne Grundbesitz. Ihr Lebensstil folgte dem Rhythmus der Jahreszeiten.

Niccolò Machiavelli wurde eigentlich in die letzte nennenswerte Phase der Renaissance hineingeboren. Das Wesen der Renaissance lag in der Wiederkehr einer idealen Zeit, die zugleich Erneuerung bedeutete, ausgedrückt im Schlagwort: *Tornare il tempo e'l secol rinnovarsi*. Die Antike wurde wiederentdeckt; dadurch erwachte und erblühte ein neuer Menschentypus *l'uomo universale*, der geniale Schöpfer und Denker. Selbst Friedrich Nietzsche empfand dieses Phänomen als ein wahrhaft neues „Goldenes Zeitalter", in dem sein „Antichrist" seinen ersten Auftritt erlebte. Im Buch Castigliones vom Jahre 1528 „Buch vom Hofmann" wird vom vollkommenen Hofmann erwartet, daß er auf vielen Gebieten bewandert ist. Als Universalmensch muß er in der Gesellschaft sicher und gewandt auftreten. In der Tat war die Idee des Universalmenschen vorhanden, wenn auch nur wenige Vertreter der Epoche in der Praxis in mehreren Künsten besondere Leistungen vollbrachten. In ihrem geistigen, gleichsam beseelten Universum, voll der moralischen Lebenskraft, standen Geltungsbedürfnis und Selbstbehauptung an erster Stelle des Menschenbildes. Verstärkt trat nun in den Vordergrund, die Mitmenschen zu manipulieren und sich selbst zu beherrschen. Der Universalmensch war berechnend, umsichtig und handelte nach rationalen Kategorien. Der Renaissance-Begriff kann von vornherein als produktive Zeit einer Elite verstanden werden, nicht als bloße Wiederaufnahme von etwas bereits Vorhandenem.[13] Italien war in jener Epoche zur Renaissance, Wiedergeburt, aber auch Wiederherstellung, zur Restauration und zur Wiedererstehung auserkoren. Es wollte Totes wiederbeleben.[14] Schon damals verstand man die Wiedergeburt im Sinne einer echten Wiederbelebung. Der neue Mensch, eben jener Vertreter einer elitären Gruppe, erstrebte die Wiederkehr einer idealen Zeit, einzelne Schritte zur Verwirklichung dieses Wunsches gingen dabei in Erfüllung.

Der große Kunsthistoriograph des 16. Jahrhunderts, Giorgio Vasari, teilte die Geschichte in drei große Abschnitte ein: *maniera antica, maniera vecchia, maniera moderna*. Der letzten Epoche geht die um die Mitte des

13. Jahrhunderts einsetzende *rinascita*, Wiederbelebung, der Künste voran. Dies bedeutete sowohl die Rückkehr zur Natur als auch die Rückkehr zum Altertum. Giorgio Vasari verstand den Gang der Geschichte als einen ständigen Kreislauf der Stadien: Geburt – Blühen – Fruchten – Vergehen.

Als typische Kennzeichen der italienischen Renaissance im 15. Jahrhundert gelten: Spontaneität, Kraft der Evidenz, starke Verbreitung auf alle Lebensbereiche und eine Ausbreitung im gesamteuropäischen Sinne. Die Renaissance war nicht etwa eine Reaktion auf das Mittelalter oder eine Funktion der Reformation, sondern eben pure Spontaneität. Jacob Burckhardt hat in seinem Buch *Die Kultur der Renaissance in Italien* die Entgegensetzung von Mittelalter und Renaissance zu unhistorisch analysiert; zu wenig betonte er das Herauswachsen der Renaissance aus dem Mittelalter: Ohne diese Epoche wäre die Renaissance nicht denkbar gewesen, hatte es doch die Texte aufbewahrt, die man um 1500 eingehend studieren, abschreiben und weitervermitteln konnte. Peter Burke unterstreicht, daß Jacob Burckhardt im Italien der Renaissance die Idealgestalt seiner eigenen Welt sah, wobei er zuviel von seiner eigenen Welt und seinen eigenen Vorstellungen in die Renaissance projizierte. Burckhardt versäumte es zudem, diese Epoche auf dem Fundament der Wirtschaft zu untersuchen. Zudem unterließ er eine eingehende Beschäftigung mit der Kunst, was er übrigens selbst als Defizit seines Werkes bezeichnete. Die Definition Renaissance wurde erst im 16. Jahrhundert geprägt. Viele Wissenschaftler faßten in der Folge die Frühreife der ersten zwei Drittel des 15. Jahrhunderts unter dem Begriff Frührenaissance zusammen; die zweite Hälfte bis zum Ende des Quattrocento und die etwa ersten dreißig Jahre des Cinquecento gelten als Hochrenaissance; die Spätrenaissance danach hat deutliche Merkmale des Epigonentums. Renaissance entstand, weil der Mensch erstmals über politische und materielle Anliegen Rechenschaft ablegte und weil er nun diesen Wandel anerkannte; dadurch entstand die eigentliche Voraussetzung für die geistige Befreiung.

Der italienische „Frühkapitalismus" war gekennzeichnet durch den uneinheitlichen oder zersplitterten Charakter der Manufaktur, durch die dominierende Rolle des Handelskapitals, durch die Nachbarschaft zwischen Bankwesen und Wucher, durch eigenwillige Formen der Ausbeutung des städtischen Arbeiters und durch die halbfeudalen Übergangsformen der Bodenrente. Es steht außer Zweifel, daß um diese Zeit in den Städten ein Kapitalismus im modernen Sinn entstand: Averardo di Bicci de' Medici zum Beispiel hinterließ im Jahre 1428 ein Vermögen von 180 000 fiorini. Diese sozialen Voraussetzungen bildeten den Nährboden für das neue Denken in der Renaissance.[15] Der neue Geist drang in die italienischen Großstädte und Geistesmetropolen Florenz, Venedig, Genua, Lucca, Siena und Mailand ein. In Florenz war er am deutlichsten ausgeprägt; und so war es auch kein Zufall, daß die Hauptstadt der Toskana zur Metropole der italienischen Renaissance wurde.

Mit der Renaissance rückte die Stadt in den Mittelpunkt. Und die Bedeutung dieser Epoche liegt nicht zuletzt darin, daß sie den ersten gesellschaftlich-ökonomisch-kulturellen Umbruch vom Mittelalter zur Neuzeit darstellte. Indem Florenz dabei zum Mittelpunkt wurde, können seine Einwohner als die ersten modernen Europäer bezeichnet werden. In den Renaissancestaaten entwickelte sich ein geschlossenes Verwaltungssystem, das alle Bereiche, besonders Finanzen, Polizei, Bauwesen und Verkehr, erfaßte. In der ersten modernen Finanzstadt Florenz entstanden Großunternehmen; finanzkräftige Kaufleute und große Bauunternehmer erreichten staatliche Macht und bildeten eine einflußreiche fürstliche Herrschaft. Der Staat wurde immer deutlicher zu einem Instrument der Macht. Politik und Wirtschaft waren nun eng aufeinander angewiesen. Der Staat wurde jetzt selbst zum kapitalistischen Unternehmer. Auch die vielen außenpolitischen Aktionen, besonders Kriege, wurden verstärkt zu einem Geldgeschäft.[16]

Während nördlich der Alpen noch für einige Zeit die Naturalwirtschaft vorherrschte, wich südlich davon der Feudalismus der Geldwirtschaft. Und wiederum waren es die norditalienischen Städte, die hierfür ab dem 13. Jahrhundert den Nährboden bildeten. Gegen Ende dieses Jahrhunderts wurde in Florenz schon nicht mehr die gesellschaftliche Einteilung in Adel und Volk vorgenommen, sondern man sprach vom Großbürgertum, *popolo grasso,* und Kleinbürgern, *popolo minuto,* von oberen und niederen Zünften.

In der Gesellschaft erkannte man erstmals, daß die Zeit auch Geld bedeutet, während man im Mittelalter nur an Grund und Boden gedacht hatte. Während man damals noch keine Zeitökonomie kannte, wurde sich der Mensch der Renaissance bewußt, daß Zeit knapp und kostbar sei. Das Geld begann in der neuen Gesellschaftsstruktur eine zunehmend größere Rolle zu spielen. Der Arm-Reich-Gegensatz blieb trotzdem weiterhin bestehen: 1457 soll es allein in Florenz zwei Prozent Reiche und 51 Prozent Arme gegeben haben. In den europäischen Städten schwankten die Armenzahlen in den Jahren 1500, 1600 und 1700 zwischen fünf und 20 Prozent. Die Mehrheit der Bevölkerung war kaum ausreichend ernährt.[17] Mit der Renaissance begann der Geist des Kapitalismus die Welt zu beherrschen. Der Reichtum war jetzt ein Mittel für Freiheit und Unabhängigkeit. Das Bankwesen florierte. Wer in Florenz eine Geldüberweisung machen wollte, der schrieb in der Regel keinen Scheck aus, sondern ging selbst zum Bankier. Großbanken hatten in anderen Städten weitere Filialen. Die Monte Comune ermunterte die Bürger, ihr Geld in den Staat zu investieren. Andere wiederum legten das Geld in Kapitalgesellschaften an. Das Individuum war nun selbständig geworden und auf seinen eigenen Vorteil bedacht.[18]

Dennoch bildete Italien keine gesellschaftliche und kulturelle Einheit. Wenn sich auch in den Städten eine elitäre Gesellschaft entwickelte, die zur eigentlichen Trägerin der kulturellen Epoche dieser Zeit wurde, so waren die vielen Menschen auf dem Lande, die breite Masse des Volkes, von dieser neuen Epoche völlig unberührt. Die meisten Menschen konnten weder lesen noch schreiben, und die ganze Epoche der Renaissance, die Jacob Burckhardt als moderne Kultur einer neuen Gesellschaft bezeichnete, mag aus moderner Sicht, bezogen auf den Stand des Volkes im Vergleich zu anderen europäischen Ländern wie Deutschland oder Frankreich, als eher unterentwickelt bezeichnet werden.

Dennoch entstand in Kreisen weniger Familien eine neue konzentriertere wirtschaftliche Organisationsform. Diese Anfänge eines Manufakturkapitalismus resultierten aus den wenigen größeren Werkstätten, in denen insbesondere ungelernte Arbeiter für einen niederen Lohn beschäftigt waren. Vor allem die florentinische Tuchindustrie des späten 13. und des 14. und 15. Jahrhunderts verhalf einer bürgerlichen Elite zu größeren Kapitaleinnahmen. Ihr Aufstieg löste in der Folge die gesellschaftliche Bedeutung der Adeligen und des Klerus ab. Diese Neureichen zählten nun zu den progressiven Auftraggebern, wenn auch die religiösen und christlichen Themen zum Beispiel in der Kunst in keiner Weise völlig abgelöst wurden. Immerhin aber nahm das Rationale, die objektive Überlegung, zu, und was für die Zukunft bedeutsam war, drückte sich in der neuen bürgerlichen elitären Kultur aus.

In Florenz entwickelte sich die italienische Industrie schneller als im übrigen Italien. Die Stadt war, wie Peter Burke meint, die italienische Industriestadt par excellence. Das ermöglichte nicht zuletzt die wirtschaftlich relativ günstig gelegene Landschaft der Toskana: Die Täler sind fruchtbar, im Gegensatz zur Po-Ebene aber sind der Landwirtschaft deutlich Grenzen gesetzt. Gerade deshalb war das Augenmerk der Handwerker und Unternehmer, die meistens ein und dieselbe Person waren, auf die Entwicklung der Industrie gerichtet.

Die Zeitenwende vom späten Mittelalter zum 16. Jahrhundert wird oft mit dem Burckhardtschen Begriff Individualismus bezeichnet. Doch von Emanzipationsbedürfnissen einer neuen Gesellschaft kann man nur im Hinblick auf eine schmale Bildungsschicht Italiens im Bereich der weltlichen Kunst und Literatur sprechen.[19] Kennzeichen des florentinischen Humanismus war nicht der Individualismus des politisch indifferenten Privatmenschen, sondern viele andere Erscheinungsformen. Der Burckhardtschen Meinung ist weiterhin entgegenzusetzen, daß das Mittelalter auch große Persönlichkeiten hervorgebracht hat, etwa Friedrich II., Albertus Magnus, Thomas von Aquin, Roger Bacon oder Franz von Assisi, um nur einige zu nennen. Natürlich brachte auch die Renaissance bedeutende Größen hervor, wie die zwei Genies Leonardo da Vinci und Michelangelo Buonarotti. Neu war aber nun, daß auch verwegene Persönlichkeiten an die Macht kamen und sich durch teuflische Greueltaten auszeichneten, wofür es im Mittelalter keine ähnlichen Beispiele zu nennen gibt.

Für Friedrich Nietzsche war die Entfesselung des Individuums eine der positivsten Gewalten der italienischen Renaissance.[20]

Der *homo novus*, der neue Mensch, ganz auf sich gestellt, ging nun daran, die veralteten gesellschaftlichen Strukturen zu sprengen. Eine rastlose Neuerungssucht löste das Ordnungsdenken des Mittelalters ab. Dieser neue Mensch, der sich durch *virtù*, Tugend, auszeichnete, hatte eine neue Beziehung zur Welt. Die höchste Stufe seines Individualismus war der Kosmopolitismus. *L'uomo universale*, der allseitige Mensch, gehörte ganz zu Italien.

3. Libro di Ricordi

Über Kindheit und Jugend Niccolò Machiavellis wäre beinahe nichts bekannt, wenn nicht sein Vater Bernardo gewissenhaft eine Art Tagebuch, ein *Libro di Ricordi*, geführt hätte. Gewiß reichen die darin enthaltenen Erinnerungen nicht aus, um etwa den Forderungen Sigmund Freuds an den Biographien gerecht zu werden. Freud verlangte die sexuelle Eigenart des Protagonisten in den Vordergrund der Untersuchung zu stellen. Dies kann bei Machiavelli nur insofern berücksichtigt werden, als seine Ausführungen in den Briefen darüber Auskunft geben. Wenn auch die Renaissance zweifelsohne die erste Epoche der Frühmoderne war, so wurden Themen dieser Art nicht in den Mittelpunkt gestellt. Ebenso muß Freuds Postulat, die Biographie von den ersten Kindheitserlebnissen, von der Erziehung durch die Eltern und von der Umwelt aufzubauen, unbeachtet gelassen werden.[21] Trotzdem ist das *Libro di Ricordi* eine wahre Bereicherung für eine ernste Machiavelli-Biographie, dies um so mehr, da diese Erinnerungen erst vor einigen Jahren entdeckt wurden.[22] Daraus erfährt man, daß der junge Niccolò am 6. Mai 1476 erstmals mit den Voraussetzungen für Latein konfrontiert wurde und nach dem Donatello zu lernen begann. Es handelte sich hier um das bewährte spätantike Grammatiklehrbuch des Aelius Donatus. Sein erster Lehrer war Maestro Ser Matteo della Rocca, im nächsten Jahr lernte er bei Ser Battista da Poppi die Grammatik, und zwar in der Kirche von San Benedetto. Zwei Jahre später lernte er bei Maestro Pier Maria die Arithmetik kennen. Der junge Schüler war begabt und in der Schule erfolgreich, nur so konnte er als Zwölfjähriger zu den *latini*, den Lateinern, aufsteigen: Beim späteren akademischen Lehrer in Pisa, Paolo di Ronciglione, begann er im November 1481 in lateinischer Sprache zu schreiben. Diese schulische Laufbahn war nicht ohne väterliche Beziehung erreicht.

Da damals Begabung und Erfolg nicht ausreichten, um in den Genuß einer gediegenen Ausbildung zu gelangen, legte Vater Bernardo bei seinem Freund, dem Florentiner Kanzler Marcello Virgilio Adriani, ein paar gute Worte ein. Dem *Libro di Ricordi* kann man ferner entnehmen, daß Niccolò nicht langweilig war und eine Jugend wie seine Altersgenossen erlebte. Er verbrachte die Freizeit in der Gegend um San Casciano, auf dem Landgut des Vaters, in der Umgebung von Montebuiano und in Mugello, wo die Familienangehörigen der Mutter ein Haus besaßen. Seine Schwestern waren oft damit beauftragt, den jüngeren Bruder im Auge zu behalten. Der älteren Schwester war übrigens keine gute Zukunft beschieden: Primavera, geboren 1465, verstarb schon im Jahre 1500 als Witwe des Francesco Vernacci; Margherita, geboren 1468, heiratete Bernardo Minerbetti. Der jüngere Bruder Totto wählte die geistliche Laufbahn und lebte bis 1522.

Im Hause Machiavelli spielte das Buch eine gewichtige Rolle. Vater Bernardo vermerkte eigens in seinem *Libro di Ricordi,* daß sein Sohn Niccolò am 29. Juni 1486 in seinem Auftrag ein Buch zum Handwerker der Nachbarpfarre trug, damit dieser es in „Halbleder" binde, und zwar „mit weit vorragenden Deckeln und zwei Schließen, zum Preis von vier Lire und fünf Soldi". Es handelte sich hierbei um die drei ersten Bücher des Titus Livius, die Machiavelli dreißig Jahre später in seinen berühmten *Discorsi* erläutern wird. Der Besitz von Büchern bezeugt einen besonderen geistigen Anspruch. Es war nicht selbstverständlich, daß in den Regalen der Familien in den Städten Bücher standen, und wenn, dann waren es in der Regel Werke religiöser Natur. In diesem Zusammenhang ist zu beachten, daß es im Jahre 1486 in Italien den Buchdruck erst knapp zwanzig Jahre gab. Für einen Mann wie Machiavellis Vater war es rein finanziell nicht erschwinglich, eine größere Anzahl von Büchern anzuhäufen. Rückblickend ist zu erwähnen, daß im Jahre 1465 zwei deutsche Kleriker, Conrad Sweynheym und Arnold Pannartz, im Benediktinerkloster von

Subiaco östlich von Rom die erste Druckerpresse in Italien einrichteten. Schon bis zum Ende des Jahrhunderts waren in Italien 150 Pressen gegründet. Damit entstand die neue Branche des Buchmarktes – der Beruf des Verlegers war geboren und der Aufstieg des Berufsschriftstellers ermöglicht – und die erste echte Voraussetzung eines Mediums, mehr Menschen schnell und überzeugend für neue kulturelle Ideale zu gewinnen. Jetzt erst konnte die toskanische Sprache in ganz Italien kennengelernt werden. Das große Hindernis beim Volke blieb aber noch lange der erschreckend weitverbreitete und auf dem Land tiefverwurzelte Analphabetismus.

Die Zeit zwischen 1487, dem Jahr des Abbruchs der väterlichen Aufzeichnungen, und 1498, dem Jahr des Eintritts Machiavellis in die Dienste der Republik Florenz, läßt für seine Lebensbeschreibung ein breites Spekulationsfeld offen: Für diese Zeit fehlen verläßliche Angaben. Machiavelli erfuhr wahrscheinlich keine abgeschlossene Berufsausbildung und nahm nicht an Kriegen teil. Seine Berufs- und Lebensbildung gewann er gewiß in erster Linie in Florenz auf der Piazza, bei Straßenaufständen, Regierungskrisen und der theokratischen Staatslenkung Savonarolas. Dadurch erhielt er Einblick in die parlamentarische Praxis. Aufgrund neuerer historischer Erkenntnisse gilt es als sicher, daß er nicht ausreichend humanistisch gebildet war. Er wußte aber jene *regole* zu schätzen, mit denen man im Leben alle Situationen meistern könne. Wahrscheinlich kannte Machiavelli die etwa siebentausend Verse von Lucrez' *De rerum natura,* und wahrscheinlich hatte er sie auch gelernt. Zudem kannte und schätzte er die Verse Dantes. Die griechische Sprache hat er wohl nicht ausreichend beherrscht: Die finanzielle Situation des Vaters erlaubte nicht ein zusätzliches Griechischstudium.

4. Humanismus

Hier empfiehlt es sich, einen Blick auf den Humanismus der Renaissance zu werfen, um besser Einblick in das Bildungswesen zu erhalten. Über die Dauer des Humanismus als geistesgeschichtliches Phänomen, das Geistes- und Naturwissenschaften in gleicher Weise erfaßte, als Ausdruck des sozialen Wandlungsprozesses zwischen Mittelalter und Neuzeit, als literarische und pädagogische Richtung, herrscht geteilte Meinung. Gewiß ist, daß Dante, Pisano und Giotto am Anfang dieses Bildungsphänomens standen und daß Petrarca sein erster großer Vertreter war. Der Humanismus war mehr als ein „renaissancistisches Phänomen". Allgemein vollzog sich in dieser Strömung jener Wandel in der Kultur, der zu einer neuen Weltauffassung führte.[23] Zeitlich eingeordnet fand dieser Prozeß etwa zwischen 1280 und 1600 statt. Es entstand ein professionelles Tätigkeitsgebiet, das sich vor allem um die Disziplinen Grammatik, Rhetorik, Poesie, Geschichte, Moralphilosophie — alles auf der Basis der griechisch-lateinischen Bildung — bewegte.[24] Es steht außer Zweifel, daß die Geistesbewegung Humanismus — letztlich eine vortreffliche Epochenbezeichnung[25] — auch die Moderne förderte und gegen die mittelalterlichen, veralteten Vorstellungen auftrat. Als Geistesbewegung nahm der Humanismus deutlich eine Abwehrstellung gegen die Scholastik ein; zu einem seiner Merkmale wurde die Wende zur Wirklichkeit und Tatsächlichkeit. Der Humanismus bedeutet auch für die Sozialgeschichte ein wichtiges Novum, vollzog sich doch ein sozialer Wandlungsprozeß, der den mittelalterlichen Feudalismus überwand und die Menschheit zum modernen Bürgertum hinleitete; nicht von ungefähr entstand gerade in Florenz der Bürgerhumanismus.[26]

Das erste Ziel des Humanisten galt der Beschäftigung mit antiken Autoren, was zur Entdeckung der philologischen Wissenschaft führte. Die traditionellen Formen hielten auch in der Literatur nicht mehr stand: Den literarischen Gattungen Novelle, Sonett, Lied und Epos galt bald die Aufmerksamkeit der Schriftsteller und Poeten.

Francesco Petrarca, 1304 geboren, war wohl der erste *homo novus*, der frei über alles schrieb. Er wurde zum ersten bedeutenden Repräsentanten des Renaissance-Humanismus; seine Prosa gilt auch heute als dessen Programm. Ganz im Sinne der überleitenden Weltanschauung trug sie noch lateinische Titel: *De vita solitaria* (1356), *De remediis utriusque fortunae* (1366), *De sui ipsius et multorum ignorantia* (1367). Der Mensch stand nun frei im Mittelpunkt von Wissenschaft, insbesondere der Philosophie und Dichtung. Die Kritik galt der mittelalterlichen Universalgelehrsamkeit, besonders der Astrologie, Logik und Jurisprudenz. Petrarca wurde zum Protagonisten der Literatur, der schönen Form, den Brief machte er literaturfähig, die Natur baute er in das Erleben ein. Arkadien war dabei der ideale Ort, an dem der Mensch vollkommen frei leben konnte, ohne Sorgen, Krankheit und Todesangst.

Giovanni Boccaccio war einer der ersten Schüler, Kenner und Förderer Petrarcas. Allmählich wuchs eine neue Generation von Schriftstellern heran, zunächst am Geiste der Antike geschult, dann aber zu neuen Formen übergehend. Der gebildete Mensch beherrschte nun zwei antike Sprachen, Griechisch und Latein, zwei Dichtungen und zwei Philosophien berührten einander. Poggio Bracciolini, 1380 in Terranuova geboren, war der erste originelle Schriftsteller dieser Generation, dessen Satiren die Verderbnis des Klerus kritisierten. Indem er die florentinische Geschichte zwischen 1350 und 1455 schrieb, wurde er zum Vorläufer Machiavellis in der Geschichtsschreibung der Arnostadt.

Florenz war schon um 1400 zur Gelehrtenstadt geworden. Hier lebten neben den Zünften und Handwerkergenossenschaften zahlreiche Künstler und Schriftsteller. Der erste Schriftstellerverein bildete sich im Kloster von Santo Spirito in der Zeit nach 1350. Die Gelehrtenvereine dieser Stadt wurden immer größer und bekannter. Für

viele Gelehrte Europas war es selbstverständlich, eine Zeitlang in Florenz gelebt zu haben. Hier hatten die Humanisten eine soziale und gesellschaftliche Bedeutung und Unabhängigkeit, ganz anders als etwa in Rom.

Der Nährboden des kulturellen und geistigen Schaffens
der Renaissance lag gewiß in erster Linie im Wesen der frei-
werdenden italienischen Stadtstaaten.[27] Anreiz und Reaktion, Konkurrenz und Leistungsmotivation, in den Kommunen Italiens ein wichtiger Inhalt des politischen Systems, waren Ursache und Bedingung für die folgenden Leistungen der Kultur. In geballter Form übertraf ein kulturelles
Ereignis das andere, vor allem in der Malerei (Masaccio,
Tizian), in der Bildhauerei (Donatello, Michelangelo), in der
Dichtung nach 1475 (Machiavelli, Guicciardini). Zum *uomo
universale* wurde Leonardo da Vinci. Lücken ergaben sich
bloß in der Musik und in den Naturwissenschaften, besonders in der Mathematik. So galten auch in der Kunst das
15. und 16. Jahrhundert als die Epochen der Erneuerung.
Beispiele hierfür: das erste Ölgemälde, der erste Holz-
schnitt, der erste Kupferstich, das erste gedruckte Buch. In
der Malerei etablierten sich das Porträt, die Landschaftsbil-
der und das Stilleben. Die Perspektive wurde entdeckt, um
Aspekte und Gegenstände im Raum mittelbar zu gestalten.
In der Bildhauerei entstanden Porträtbüsten, das Reiterstandbild und die freistehende Statue, in der Literatur das
erste Theaterstück; der Aufstieg der Komödie begann. Allerdings kam man bei den vielen Erneuerungen nicht ohne
die Tradition aus: Griechische und römische Antike blieben das Vorbild. Die einzelnen Kunstdisziplinen wurden
untereinander autonomer, sie lösten sich voneinander und
wurden selbständig.

Kosmopolitische Ansätze zeigten sich deutlich im neuen
Individualismus: „Nur wer alles gelernt hat, ist draußen
nirgends ein Fremdling; auch seines Vermögens beraubt,
ohne Freunde, ist er doch der Bürger jeder Stadt und kann
furchtlos die Wandlungen des Geschickes verachten."[28]
Das war der *uomo universale,* der alle Elemente der dama-

ligen Bildung beherrschte, sein Wissen diente dem wirklichen Leben. Es bildete sich die Meinung, jeder müsse alles können, ob es sich um Gesandtschaften und diplomatische Transaktionen, um Steuereinschätzung, um den Entwurf eines neuen Statutes, um Münz-, Kämmereiwesen, Tätigkeit im Kriegsrat, Führung eines kleinen Heeres, Oberleitung oder Durchführung einer Straßenanlage handelte. Man möchte meinen, daß dies doch zu Dilettantismus hätte führen müssen. Die Renaissance entwickelte aber eine intensive Lebensfülle. Dadurch entstand jene Universalität, durch die sich eine der bedeutendsten, aber zugleich auch merkwürdigsten Erscheinungen italienischer Geistesgeschichte erklärt, nämlich der Auftritt allseitiger Genies wie Dante, Giotto, Leonardo und Michelangelo.[29] Als solche kann die Renaissance als eine allgemein kreative Epoche bezeichnet werden, in der stets mehrere Vertreter auftraten: in der Kunst Michelangelo, Raffael, Leonardo, Giorgione, Tizian; auf dem Gebiet der politischen und historischen Ideen Machiavelli, Francesco Guicciardini, Bruni.

Die meisten Humanisten kamen aus der ökonomischen Mittelstandsschicht bürgerlicher Familien.[30] Das Merkmal ihres Auftretens war ihre geistige Gemeinsamkeit. Sie hegten eine besondere Leidenschaft für Bücher und damit für Belesenheit im allgemeinen. Sie pflegten einen besonderen Umgangsstil und eine eigenwillige Denkweise.

Der Humanist wurde auf verschiedene Art und Weise gefördert. Im Haushaltssystem war es der Fall, daß ein reicher Mann einen Künstler zu sich in sein Haus aufnahm. Im auftragsbezogenen System stand der Künstler in einem Auftragsverhältnis, bis sein Werk vollendet war. Beim Marktsystem versuchte der Künstler, sein Werk an den Mann zu bringen, entweder direkt an den Käufer oder über einen Händler. Beim Akademiesystem griff der Staat als Auftraggeber in die Künste ein. Beim Subventionssystem unterstützte eine Universität oder Stiftung mit Geldmitteln den Künstler. Das Haushaltssystem und das auftragsbezogene

42

System waren vorherrschend, in den größeren Städten zeigten sich die ersten Anzeichen des Marktsystems.

Die Auftragserteilung für ein Kunstwerk hatte oft verschiedene Gründe: Frömmigkeit, Prestige, Vergnügen und Unterhaltung.[31] Erst für Machiavelli wurde die Förderung der Kunst zu einem Mittel in der Politik: „Ferner muß ein Fürst sich als Freund des Verdienstes zeigen, indem er hervorragenden Männern Unterkunft gewährt und die Meister jeder Kunst ehrt."[32] Es war dann weiterhin nicht verwunderlich, daß Papst Clemens VII. Machiavelli beauftragte, die Geschichte von Florenz zu schreiben. Hier am Arno hatte sich, wie in vielen oberitalienischen Städten, ein besonderes Interesse für die Geschichte entwickelt. Historische Fragen wurden auch vom Volk mit Aufmerksamkeit verfolgt. Im Zuge historiographischer Forschungen entstanden die ersten Statistiken, und man suchte Probleme des Staatshaushaltes und der Verwaltung mit modernen Kriterien zu lösen. Vor allem in den Städten erfolgte Ende des 15. und Anfang des 16. Jahrhunderts als Reaktion auf die Krise des Feudalismus ein demographischer und ökonomischer Aufschwung. Die Einwohnerzahl nahm nicht nur in Italien, sondern in ganz Europa teils in solchen Maßen zu, daß zeitgenössische Autoren vermerkten, nur ein Krieg könne das Bevölkerungswachstum in Schranken halten. Die Vertreibung verschiedener Gruppen, z.B. der Juden aus Sizilien im Jahre 1493, aus Neapel im Jahre 1509 und aus Mailand im Jahre 1597, wurde vom bevölkerungspolitischen Aspekt aus gedeutet. Der religiöse Vorwand diente dazu, daß die kaum mehr zu ernährende Bevölkerung zumindest um einen Teil reduziert wurde. Vor allem in den Städten nahm die Bevölkerung rapide zu. Die älteste überlieferte Volkszählung in Rom stammt aus dem Jahre 1527. Nach der Plünderung im Mai, dem Saccho di Roma, und der folgenden Pest lebten noch an die 32 000 Menschen in der Ewigen Stadt, zuvor, im Jahr 1526, waren es noch 55 000 gewesen. Bei der nächsten Zählung, der *descrizione di tutte le bocche*, im Februar 1591 waren es wieder 103 662, die 3 553 Juden nicht mitgerechnet. In Neapel lebten um 1500 an die 150 000 Menschen, 1599 waren es 275 000; in Venedig zählte man 1509 100 000 Menschen, 66 Jahre später war diese Zahl auf 175 000 angestiegen. Insgesamt lebten in Italien um 1500 an die 10,5 Millionen Menschen.[33] Von den rund 10 Millionen Einwohnern Italiens wohnte nur ein kleiner Teil in den Städten. Durch Krankheiten und Epidemien und die kriegerischen Verluste lebten um 1550 rund 9 Millionen Menschen auf der Apenninenhalbinsel. Dazu eine Auflistung der italienischen Städte mit 15 000 und mehr Einwohnern um 1550:

Neapel	210 000	
Venedig*	160 000	
Palermo	70 000	
Mailand*	70 000	
Florenz*	60 000	(1520 waren es noch 70 000)
Genua*	60 000	(bezieht sich auf das Jahr 1530)
Bologna*	60 000	(bezieht sich auf das Jahr 1570)
Verona*	50 000	
Rom	45 000	(1526 waren es noch 55 000)
Mantua*	40 000	(bezieht sich auf das Jahr 1559)
Ferrara*	40 000	
Brescia*	40 000	
Cremona*	35 000	
Lecce*	35 000	(bezieht sich auf das Jahr 1561)
Padua*	30 000	
Vicenza*	30 000	
Siena*	25 000	
Lucca*	25 000	
Piacenza*	25 000	
Messina	25 000	(bezieht sich auf das Jahr 1505)
Perugia	20 000	
Parma*	20 000	
Pergamo*	20 000	
Trapani	20 000	
Tarent	20 000	
Modena*	15 000	
Turin*	15 000	
Pavia*	15 000	
Udine*	15 000	
Nicosia	15 000	
Castrogiovanni	15 000	
Catania	15 000	
insgesamt	1 340 000	

(* Bei diesen Städten handelt es sich um Zentren Norditaliens bzw. des Nordens von Mittelitalien.)

Angesichts dieser Bevölkerung war die Bildung ein Anliegen, das nicht so einfach durchzusetzen war. Trotz aller
humanistischen Ideale war ihre Verbreitung in der Bevölkerung nicht sehr hoch. Den Humanisten waren ob ihrer
Bildung oft hohe Ämter vorbehalten, so daß sie in einem
gewissen Wohlstand lebten. Die Humanisten von Florenz
gehörten zu den oberen zehn Prozent der florentinischen
Familien, Florenz hatte gewiß einen höheren Lebensstandard als viele andere Städte in Europa. Von der Avantgarde
der Stadt waren die Künstler oft ausgeschlossen. Es gab im
damaligen Italien drei wichtige Schultypen: Schulen, wo
man vornehmlich Lesen und Schreiben lernen konnte; La-
teinschulen; der heimische Unterricht, bei dem Hauslehrer
die einzelnen Materien mit dem Schüler durchgingen. Ein
guter Teil − etwa ein Viertel − der Schriftsteller und Humanisten waren Privatlehrer, unterrichteten an Schulen
oder lehrten an Universitäten. Sie waren aber auch Sekretäre, Händler, Wirte, Musiker oder in militärischen Diensten tätig. Es ist also durchaus gerechtfertigt, wie Burke
meint, daß vielen Schriftstellern und Humanisten ob ihrer
oft bizarren Nebenschäftigung ein nicht allzu hoher Status
beizumessen ist. Dennoch waren es Mitglieder besser-
gestellter Familien. Vor allem in Florenz genossen sie einiges Ansehen, lebten in einem durchschnittlichen Wohlstand und zählten zur kreativen Elite. Dazu kam, daß Literaten, Humanisten und Naturwissenschaftler einen höheren Status genossen als die Vertreter der bildenden Kunst
und der Musik. Humanisten, Schriftsteller und Juristen
besuchten die Universität, die zumeist noch vom Episkopat
und der Kurie kontrolliert wurde. Die Hochschulen Ve-
netiens waren allerdings frei von der theologischen Bevor-
mundung.

5. Ein Irrtum der Forschung: Machiavelli als Bankbeamter in Rom

Zur Zeit, als Machiavelli die schulische Grundbildung erhielt, gab es in Italien dreizehn Universitäten, allen voran
Padua, Bologna und Ferrara. Machiavelli war im strengen
Sinn kein Humanist, da er von den alten Sprachen nicht
Griechisch verstand, wenngleich er sich in seiner Jugend
auch zeitweilig damit auseinandergesetzt haben mag. Er
stand bereits an jener Schwelle, die ihn von allen Fesseln
des Mittelalters befreite, über die er in den Bann der politischen Leidenschaft gelangte, die ihn ein Leben lang nicht
mehr losließ. Die Politik wurde ihm zur geistigen Nahrung,
von der er in guten und schlechten Zeiten zehrte. Das politische Engagement war es dann auch, durch das er jene
würdige Unabhängigkeit eines Philosophen erreichte, mit
der er den einen wie den anderen Rückschlag in seinem
Leben hinzunehmen vermochte.

Dank historiographischer Recherchen und dem Fund des
erwähnten *Libro di Ricordi* tappt der Machiavelli-Biograph
bei der Beschreibung seiner Jugend nicht mehr so im dunkeln wie noch in der ersten Hälfte des vorigen Jahrhunderts. Es war eigentlich Pasquale Villari, der die erste um-
fangreiche Biographie schrieb.[34] Wenn dieses umfangrei-
che Werk auch einige Lücken offenließ und auf manche
Hypothesen baute, so begann doch mit Villari die tatsächlich
moderne Auseinandersetzung mit dem Leben Machiavellis.
Heute muß die Machiavelli-Biographie nicht mehr mit Sätzen beginnen wie etwa: Niccolò Machiavelli wurde in Florenz geboren, über seine Jugend ist nichts bekannt, man
weiß weder das Jahr noch den Tag seiner Geburt, ebenso
kennt man nicht seine Schulbildung...[35] Trotzdem sind die
Auskünfte über seine Jugend bis heute dürftig. Als im
Jahre 1973 ein Buch mit dem Titel *Il giovane Machiavelli –
Banchiere con Berto Berti a Roma,* Der junge Machiavelli
– Bankbeamter bei Berto Berti in Rom, vom italienischen

Rechtsprofessor an der Universität Siena, Domenico Maffei, in Florenz erschien, horchten mit einem Schlag alle Machiavelli-Biographen auf. Diesen vielversprechenden Fund hatte Maffei im Archiv der Rota Romana, im Päpstlichen Gerichtshof in Rom, gemacht. Machiavelli ein Bankier — und dazu noch in Rom? Maffei war überzeugt, bewiesen zu haben, daß Niccolò Machiavelli seine Jugend und seine erste öffentliche Tätigkeit im Bankwesen bestritt. In der Schrift vom Jahre 1493, die er fand, wird ein Niccolò di Bernardo Machiavelli als *cassiere*, Kassierer, genannt. Sein Auftraggeber war Berto Berti, der 1495 unerwartet starb. Im Testament hatte er auch seinen Kassierer Niccolò bedacht, der von ihm fast zur Familie gezählt wurde, da er in seinem Hause wohnte und lebte und zudem besonders freundschaftliche Bande seine Familie mit den Berti zusammenhielt. Im Testament wurde Niccolò mit 500 Dukaten bedacht, damals ein beachtliches Vermögen. Diese Summe mag als Ausgleich für seine Dienste gegolten haben, nachdem er nur für Unterkunft und Verpflegung bei Berti gearbeitet hatte. Die wirklichen Angehörigen des Verstorbenen fochten das Testament an, so daß es zu einem Prozeß vor dem zugleich geistlichen wie weltlichen Gerichtshof, der auch Zivilprozesse behandelte, der *Sacro Roma Rota,* kam. Leider sind das Urteil und der weitere Lebensweg des jungen Bankiers nicht mehr bekannt.[36] Der Prozeß mag damals einigen Wirbel ausgelöst haben, standen doch gerade die Bankiers im Brennpunkt gesellschaftlichen Interesses. Diese hatten seit ihren Anfängen im 12. und 13. Jahrhundert in Genua als Geschäftsleute, die vorwiegend mit Geldwechsel beschäftigt waren, einen steilen Aufstieg in der Gesellschaftswelt erlebt. Neben dem Geldwechsel betrieben sie von Anfang an Geschäfte mit Einlagen gegen eine angemessene Gewinnbeteiligung der Anlagen, was sie vom späteren Bankwesen unterschied, bei dem nur mehr gegen einen festen Zins Einlagen entgegengenommen wurden.[37] Bevor in der Hochrenaissance diese Geldwechsler die internationalen Geschäfte tätigten, war es die Aufgabe der großen Kaufleute, die auf den internationalen Messen vertreten waren. Ab dem 15. Jahrhundert bestimmte das italienische Bankwesen das Klima auf den großen Plätzen des Waren- und Geldhandels. Überall in Europa dominierten die Italiener, voran die Florentiner Banken.[38] Was die italienischen Bankiers besonders charakterisierte und wesentlich zu ihrem führenden Status beitrug, war, daß sie nie auf nur ein Geldgeschäft spezialisiert waren, sondern nebenher noch mit Waren handelten, weshalb das Wechselgeschäft einen merklichen Auftrieb erlebte.

Und Niccolò Machiavelli sollte inmitten dieses Milieus von Geldwechslern und Geschäftemachern aufgewachsen sein? Domenico Maffei wollte den Beweis erbracht haben und war von der Bedeutung seines Fundes überzeugt. Tatsächlich aber handelt es sich bei seinem *cassiere Niccolò di Bernardo Machiavelli* um einen Namensvetter des Florentiners Niccolò Machiavelli. Dabei ist die Namensidentität gar nicht besonders erstaunlich, bedenkt man, daß zu dieser Zeit noch drei andere Personen mit diesem Namen nachweisbar sind.[39]

Für die Machiavelli-Biographie ist vielmehr ein Brief vom 2. Dezember 1497 an den Kardinal von Perugia, Giovanni Lopez, relevant. Dies ist das erste vollständig erhaltene schriftliche Dokument Niccolò Machiavellis. Ein anderer fragmentarischer Brief aus derselben Zeit ist ebenso erhalten. Beide Dokumente handeln vom selben Gegenstand: Die Pazzi wollten den Machiavelli das Recht des Juspatronats auf die Kirche Santa Maria della Fagna in Mugello streitig machen. Niccolò Machiavelli verteidigte im Namen seiner Familie diesen Besitz. Der damals siebenundzwanzigjährige Niccolò zeigte in dem Schreiben sprachliche Gewandtheit und logische Folgerung. Geschickt begann er das Schreiben: „Daß alles, was von den Menschen auf dieser Welt besessen wird, zumeist, ja immer, von zwei Gebern komme, hat man durch die Erfahrung erkannt: von Gott erstens, dem gerechten Spender; zweitens entweder durch Erbrecht, wie von unseren Eltern, oder durch Schenkung der Freunde oder durch gewährte Gelegenheit zu Gewinn, wie den Kaufleuten durch ihre treuen Diener. Desto höher aber verdient eine Sache, die man besitzt, geschätzt zu werden, von je würdigerem Geber sie kommt." Nach wiederholten Anspielungen auf die Ehrbarkeit seiner Familie und deren Treue zur Geistlichkeit betonte Machiavelli, daß es um mehr als nur um den Verlust des Besitzes gehe, daß die Ehre der Familie und die Gerechtigkeit auf dem Spiel stünden, wogegen primär die würdigsten Vertreter des Rechts − eben die „hochwürdige Herrlichkeit" − auf der Seite der Machiavelli stehen müßten. Den Brief unterzeichnete er mit *Maclavellorum familia, Piero, Nicholó et tutta la famiglia de' Machiavegli Cives Florentini.* Im Anhang des Briefes schrieb Machiavelli noch einige Zeilen in lateinischer Sprache mit ähnlichem Inhalt. Später gebrauchte er das Latein immer seltener.

Niccolò Machiavelli hatte mit dem Brief Erfolg: Das Patronatsrecht blieb bei seiner Familie und ging von dieser in der Folge auf die Marchesi Rangoni in Modena über. Machiavelli mußte damals in seiner Familie eine gewisse Autorität genossen haben. Zudem verstärkt dieser Brief den Verdacht, daß Vater Bernardo tatsächlich in Ungnade gefallen war. Immerhin hätte er als Doktor der Rechte das Schreiben zumindest unterzeichnen können.

Zugleich bekräftigte der Brief die Vermutung, daß Niccolò eine juristische Ausbildung hatte.

6. Kommunen, Signorien, Tyrannen und Familiendynastien

In der Zeit, als Machiavelli begann, im öffentlichen Leben mitzumischen und sich beim Stadtstaat Florenz um ein Amt bewarb, stand Italien inmitten einer tiefgreifenden Zäsur. Die italienische Halbinsel hatte seit den Anfängen der Völkerwanderung und dem folgenden Zusammenbruch des Weströmischen Reiches im Jahre 476 n. Chr. politisch zerstückelt weitervegetiert. Im 12. und 13. Jahrhundert waren Nord- und Mittelitalien in mehr als siebzig Republiken zersplittert. Anfangs politisch unabhängig, verloren viele bis zum 15. Jahrhundert allmählich ihre Selbständigkeit und unterstanden einem größeren Herrschaftsgebiet. Besonders die größeren Gewaltherrschaften ergaben mit ihren raffinierten Machtmechanismen den Nährboden für besondere Lebensformen. Seit dem Frieden von Lodi im Jahre 1454 entwickelte sich ein Staatensystem, das auf einem Gleichgewicht der Mächte beruhte. Aus den damit auftretenden neuzeitlichen Erscheinungsformen resultierte der moderne Staat. Der politische Gang Italiens an der Wende Mittelalter - Moderne läßt sich in drei Phasen gliedern:
− Phase der *Comuni*
− Aufstieg der Signorie und der Renaissancetyrannis
− Ära der Tyrannen[40]

Nicht überall war die Tyrannis gleich stark verbreitet, aber sie war immer der ausschlaggebende Faktor für die Etablierung des modernen Staatensystems.

Auf der italienischen Halbinsel kristallisierten sich nach und nach große einflußreiche Gebiete heraus: Neapel im Süden; der Kirchenstaat in Mittelitalien; Mailand, Venedig und Florenz im Norden. Mailand unter den Visconti war dabei das Musterbeispiel für die Renaissancetyrannis, während Venedig und Florenz Republiken mit aristokratischen bzw. oligarchischen Merkmalen waren. Erst etwa im

Laufe des 15. Jahrhunderts artete die Medici-Herrschaft in Florenz zu einer Tyrannis aus. Die mächtigen Gewaltherrschaften setzten sich durch, der Staat war auf Macht und Gewalt aufgebaut und orientiert. Der italienische Tyrann hatte einen eigenwilligen Charakter. Er war nicht immer von adeliger Herkunft. Militärische Tapferkeit und Mut, Scharfsinn, Schlauheit, gründliche Menschen- und Sachkenntnis und die Beherrschung der eigenen Leidenschaften gehörten zu seinen Eigenschaften. Er befaßte sich nicht nur mit der Politik, sondern auch mit Kunst und Literatur. Sein Staat war oft von kurzer Beständigkeit: Der Staat der Renaissancetyrannen konnte sich häufig nur halten, solange ihn sein Schöpfer mit dem Aufwand höchster Geschicklichkeit lenken konnte.[41]

Der Staat trat an die Stelle der Kirche und wurde zur lebensbestimmenden Macht — ein neuer Sinn für das Wesen des Politischen entstand.

Durch die Konstellation des Typus Stadtstaaten im Norden trat die Isolation Italiens noch deutlicher zutage. Allein die besondere Lage der Halbinsel und der Abgrenzung durch die Alpen im Norden vermittelten den Regenten ein sicheres Gefühl.

Die Grundlagen für die Ausbildung des modernen Staates lieferte der „Mikrokosmos des norditalienischen Staatensystems der Renaissance".[42] Das politische System dieses neuen italienischen Staates stimmte mit dem späteren politischen Konzept Machiavellis weitgehend überein; die „machiavellistische" Tyrannis wurde zur vorherrschenden Staatsform.[43] In den einzelnen Stadtstaaten wechselten freilich die persönliche Tyrannis, Familienherrschaft, Oligarchie des Adels und des Patriziates untereinander ab. Trotz neuer politischer Techniken konnte dieser neue Staat den Klassenkonflikt zwischen Adel, Bürger und Klerus einerseits, Bauern und Proletariat andererseits nicht lösen.

Betrachtete man die Herrschaftstypen detaillierter, dann unterschieden sich drei Arten:

Charismatische Herrschaft: Herrschaft eines außerordentlichen Individuums. Sie beruhte auf dem Leben eines einzelnen, war also labil.

Patriarchalische Herrschaft: Hier fußte die Herrschaft auf persönlicher Loyalität. Die Beamten fühlten sich mit dem Herrscher persönlich verbunden. Allgemein war diese Herrschaftsform zäher als die charismatische.

Bürokratische Herrschaft: Herrschaft eines Amtes. Sie beruhte auf der Trennung der privaten von der öffentlichen Sphäre. Dieses System war charakterisiert durch Unpersönlichkeit.

Die Stadtgemeinde erreichte spätestens im 15. Jahrhundert die Unabhängigkeit. Im Laufe der Jahrzehnte galt es, das Territorium ständig zu vergrößern, die Grenzen der Gemeinde zu erweitern, was teils durch militärische Unterwerfung, teils durch eine geschickte Bündnispolitik gelang. Die Stadtgemeinden waren Agglomerate verschiedener Genossenschaften, worin die oberen und niederen Zünfte, die Kameradschaften und andere Vereine miteinander koalierten.[44] Zur Stadtgemeinde gehörte die Signoria, die nach außen das demokratische Wesen der Politik unterstrich. Sie betrachtete es als ihre Aufgabe, in einer besonders finanzkräftigen Stadt die Steuereinnahmen zum Erwerb von Außenbezirken und anderen Orten zu erheben.

In Florenz bildete sich eine allgemeine Gesellschaftsform, in der Adelige und Bürger zunehmend gleicher behandelt wurden. Wie im übrigen Italien zeigte sich auch hier die Gleichheit der Stände. Die Städte waren zumeist in Viertel eingeteilt, Florenz in vier Quartiere. In den jeweiligen Straßenzügen dominierte in der Regel ein bestimmtes Handwerk; Klerus, Adel, Kaufleute und Angehörige freier Berufe, Handwerker und Ladenbesitzer sowie die Bauern stellten die fünf wichtigsten gesellschaftlichen Gruppen. Klerus, Adel und Bauern entsprachen den traditionellen drei Ständen. Für die höhere Gesellschaft gab es keine Konsumunterschiede mehr, sondern einen gebildeten Stand im modernen Sinn. Man kam zu der Überzeugung, daß die Abstammung nicht über den Wert des Menschen entscheide. Bildung und Reichtum waren die Gradmesser des gesellschaftlichen Lebens. Der Stand und die Herkunft hatten ihre Bedeutung zugunsten der Leistung und des Könnens verloren.

Obwohl die städtische Bevölkerung zugunsten der ländlichen anstieg, kam Florenz um 1500 nie über siebzigtausend Einwohner hinaus. Gerade deshalb kam eine Art natürliches Wachstum der Wirtschaft zugute: Florenz wurde zur typischen Handwerks- und Industriestadt, falls man bei den damaligen Manufakturen überhaupt von Industrie sprechen kann; wenn ja, dann war die Arnostadt die „italienische Industriestadt par excellence".[45]

Wirft man einen Blick auf das damalige italienische Städtewesen, so fallen folgende Zentren auf: Die weniger bedeutenden Städte Italiens waren Perugia, Rimini, Ferrara, Mantua, Urbino und Neapel. In Perugia residierte die Familie der Baglioni, die sich nie ganz gegen die feindliche Oddi-Partei behaupten konnte. Obwohl die Stadt oft von Tumult, Aufruhr und Fehden heimgesucht wurde, lebte die Kunst, vor allem die Malerei der umbrischen Schule.

In Rimini herrschte der Tyrann Sigismondo Pandolfo Malatesta. Jedes Mittel war ihm recht, wenn es um die Erhaltung der Macht ging. Aber auch er, gewalttätig und obskur, war ein Kunstliebhaber und Mäzen.

In Ferrara regierte die Familie der Este. Ihr Hof war glanzvoller Mittelpunkt für Kunst und Literatur, obwohl in der Stadt mehrmals innenpolitische Machtkämpfe wüteten.

Bevor im 16. Jahrhundert die Gonzaga sich in Mantua behaupten konnten, wirkte dort der namhafte Erzieher Vittorino Rambaldoni da Feltre. Sein Grundgedanke, die Erziehung des Geistes und Leibes diene der Bildung des Charakters, brachte ihm den Beinamen „erster Erzieher der Neuzeit" ein.

Urbino war eng mit dem Geschlecht der Feltre verbunden, die das Gebiet um die Stadt von Friedrich Barbarossa als Lehen erhalten hatten. Der Palazzo Ducale im heutigen Zentrum der Altstadt ist die imposanteste Erinnerung an Federico da Montefeltro. Er verweist gleichzeitig auf die Stellung der Stadt im 15. Jahrhundert, als zahlreiche große Künstler hier lebten.

Neapel litt lange Zeit unter inneren Machtkämpfen, dabei machten sich oft anarchische Zustände breit. 1442 wurde mit Alfonso von Aragon die Aragonesische Dynastie gegründet. Den Beinamen „der Großherzige" erhielt er, weil er die Kunst großzügig förderte.

Im Stadtstaat Mailand fand die erste Umgestaltung der italienischen Kommune in den modernen Staat durch die Tyrannis statt. Die Familie der Visconti herrschte im Namen des Volkes und zum Eigennutz ihres Clans. Innerhalb der Familie breiteten sich nach 1370 blutige Fehden aus: Bernabò wollte wie sein Neffe Giangaleazzo die Macht. Durch Intrige und Verleumdung gelang es Galeazzo, Bernabò zu inhaftieren und schließlich zu besiegen. Zumeist hielt sich Galeazzo auf seiner Burg zu Pavia auf, von wo aus er die politischen Fäden über Norditalien spann. Er war allen Ernstes bemüht, die anarchischen Zustände in Mailand zu beseitigen und ein Herzogtum zu gründen. Als der Kaiser ihn damit belehnte, dehnte er sein Reich bis Genua, Bologna, Perugia, Padua, Pisa, Siena und an die Grenzen der Toskana aus. Durch sein neues politisches System gilt er als einer der ersten modernen Fürsten: Er erhob Steuern, um Kriege zu finanzieren, zudem schuf er einen modernen Apparat von Verwaltungs- und Polizeiräten. In jeder Stadt residierte ein vom Volke gewählter Bürgermeister. Die Kommune funktionierte er in ein Verwaltungsorgan um. Unter seiner Regentschaft entstand der Dom von Mailand und die Certosa zu Pavia. Nach Galeazzos Tod regierten seine beiden Söhne Filippo Maria und Giovanni Maria. Letzterer fiel 1412 einer Verschwörung zum Opfer. Filippo Maria konnte sich nur unter schweren Mühen bis zu seinem Tod 1447 behaupten. Mit ihm starb die Dynastie aus.

Es folgte Francesco Sforza, und damit begann der Aufstieg der Sforza-Familie. Als *homines novi, Emporkömmlinge,* waren sie aus dem Nichts aufgestiegen. Die ersten Erfolge erzielte Francesco als Befehlshaber über die militärischen Truppen. Er war ein Mann nach dem Herzen des 15. Jahrhunderts, verstand er es doch optimal, zur rechten Zeit den Fuchs oder den Löwen zu spielen. Als er 1466 starb, würdigten ihn viele Geschichtsschreiber als einen der bedeutendsten Zeitgenossen seines Jahrhunderts. Sein Sohn, Galeazzo Maria, konnte den Erfolg seines Vaters nicht fortsetzen. Er neigte wieder stark zur Tyrannis. Alsbald kreiste in Mailand das Gerücht, er habe seine Mutter vergiftet.

Die Republik Venedig war von einer ausdauernden Stabilität geprägt. Für die Entwicklung des modernen Staates war sie kein Vorteil. Machiavelli sprach in einigen seiner amtlichen Briefe von Venedig als der größten Feindin der Freiheit Italiens, erstrebte die Lagunenstadt doch immer die Herrschaft über die gesamte Halbinsel.[46]

Oberhaupt der Republik Venedig war der Doge, gewählt auf Lebenszeit. Die Ämter des Großen Rates waren erblich. Venedig war dank seiner Bedeutung als Handelsmetropole und des politischen Zentralismus durch Jahrhunderte hindurch im Innern stabil und nach außen unabhängig. Der Große Rat suchte die Beamten aus und umfaßte an die 1300 Mitglieder, die auf Lebenszeit gewählt wurden. Diese Institution war der eigentliche Machthaber, nicht der Doge, nicht der Rat der Zehn und nicht der Senat. Die wichtigsten innenpolitischen Fälle wurden vom Volk vorgebracht und im Arrengo, der Versammlung, behandelt.[47]

Bis zum 14. Jahrhundert hatte Venedig vor allem mit zwei großen Rivalen zu kämpfen: Pisa und Genua. Gegen Ende des Jahrhunderts blieb es dann ohne Nebenbuhler und war Herrin der Meere. Im 15. Jahrhundert gelang es der Stadt, die terra ferma in Friaul, Istrien, Vicenza, Verona, Treviso und Padua zu unterwerfen. Francesco Foscari war einer der großen politischen Gestalten der venezianischen Geschichte. Unter ihm stand die Stadt im

Zenit ihrer Macht. Nach seinem Tode im Jahre 1457 setzte ein merklicher Verfall ein. Mit der Entdeckung der Neuen Welt verblaßte Venedigs Ruhm als Seemacht. Doch Venedigs politisches System blieb ein lebendiges Beispiel der alten republikanischen Verfassung.[48]

In Italien waren es im Grunde zwei Städte, die sich lange Zeit ihre Unabhängigkeit bewahren konnten: Venedig und Florenz. Schon aufgrund der zeitgenössischen Literatur mag hier die Möglichkeit einer breiteren politischen Partizipation größer gewesen sein als anderswo in Italien. In Florenz herrschten andere Bedingungen als in Venedig. Die Stadt war einer Reihe von Umwälzungen unterworfen. Verschiedene Regierungssysteme wechselten einander ab, von der Aristokratie über die Demokratie bis zur Tyrannis. Gerade durch die häufigen Veränderungen des politischen, sozialen und ökonomischen Status konnte der Stadtstaat Florenz zur Heimat der politischen Theorien, Doktrinen und verfassungsrechtlichen Überlegungen werden. Der inneren Struktur galten zwei Hauptanliegen: Bekämpfung und Ausschaltung des Feudalismus; Errichtung und Erhaltung der Demokratie. Die neue Staatslenkung sollte zum Ansatzpunkt für eine utilitaristische politische Theorie werden und mit dem Namen Machiavelli verknüpft sein.

Seit 1293 lieferte sich die florentinische Gesellschaft vom Adel bis zu den Arbeitslosen ständige Machtkämpfe. Das wohl berühmteste und folgenschwerste Ereignis war der Aufstand der Ciompi, der Arbeiter in Tuchfabriken im Jahre 1378. Die Tucharbeiter, also die niedrige Schicht, konnten sich der oberen Klasse gewaltsam widersetzen, dabei kam es freilich zu einem Blutbad. Salvestro de' Medici, 1331 geboren, unterstützte den Aufstand, obwohl er selbst den oberen Zünften angehörte. Hier äußerte sich bereits das kluge politische Feingefühl, das die Familienmitglieder der Medici so oft entwickelten, wenn es um ihre eigenen Interessen ging. Giovanni Averardo di Bicci de' Medici, geboren 1360, war der Ahnherr des Aufstiegs seiner Familie zur mächtigen Dynastie. Mit der Einführung eines Katastergesetzes beendete er die bis dahin willkürliche Steuereintreibung. Seit 1429 regierte Cosimo de' Medici. Er war ein hervorragender Menschenkenner, der sich von politischen Abenteuern fernhielt. Ihm sagte man nach, er habe zuerst das Allgemeinwohl gefördert. Er konnte geschickt die öffentliche Meinung zu seinem Nutzen gebrauchen. Durch seine wirtschaftlichen und politischen Reformen wurde er zum *pater patriae,* zum Vater des Vaterlandes. Cosimo begründete in Florenz die *Signoria,* das republikanische Parlament. Zu seiner Zeit bestand diese Regierung aus neun Männern, dem *Gonfaloniere della giustizia* (Bannenträger der Gerechtigkeit) und acht Prioren. Die *Gonfalonieri,* bestehend aus sechzehn Mitgliedern, und die *Buonuomini, Ehrenmänner,* bestehend aus zwölf Mitgliedern, bildeten die Legislative. Daneben hatten der Rat des Volkes und der Rat der Gemeinde kleinere politische Funktionen inne. Spezifische Exekutiv- und Rechtsausschüsse befaßten sich mit verschiedenen Anliegen: die Sechs mit dem Handel, die Acht mit Kriminalfällen, die Zehn mit Fragen des Krieges und Friedens. Wenn es erforderlich war, konnten *pratiche,* Rechtsversammlungen ohne feste Mitgliederzahl, und *parlamenti,* allgemeine Bürgerversammlungen, einberufen werden. Die Kanzleien waren mit Berufsbeamten besetzt. In Florenz rotierten die Ämter: Die Signoria blieb für maximal zwei Monate im Amt. Nicht durch Wahl, sondern durch Losentscheid wurden jährlich 54 führende Stellen neu besetzt. Auf Zetteln standen die Namen der wählbaren Bürger (die Beutel mit den Namen, die für die Signoria wählbar waren, waren in der Sakristei von Santa Croce hinterlegt), der Griff in den Beutel entschied dann die Wahl.

Daß aber das politische System von Florenz keineswegs stabil und beständig war, beweisen einige historische Fakten:

1458: Rat der Zweihundert eingesetzt

1480: Rat der Zweihundert vom Rat der Siebzig ersetzt

1494: Vertreibung der Medici — Schaffung des Großen
Rates nach venezianischem Vorbild
1502: die Stelle des Gonfaloniere della giustizia wurde
zum Amt auf Lebenszeit
1512: Rückkehr der Medici mit fremdem Heer — Wiedereinsetzung des Rates der Siebzig
1527: erneute Vertreibung der Medici
1530: Rückkehr der Medici
1532: Einsetzung des Großen Rates und Senates — die
eigentliche Macht lag beim Herzog[49]

Jene Männer, die einer der 21 Zünfte angehörten, konnten
ein Amt bekleiden. Ab dem 14. Lebensjahr galt man als politisch erwachsen. Die Mehrzahl der hohen Ämter hatte der
popolo grasso inne. Beim Wahlentscheid ging es oft nicht
gerecht zu: Der Beutel enthielt oft nicht alle Namen. So bestätigte die politische Realität, daß eine bürgerliche Min-
derheit, der popolo grasso, die Mehrzahl der hohen Ämter
besetzte. Der anderen Mehrzahl verblieben nur mehr an
die 15 Prozent der Ämter. So kam es, daß die Reichen die
wichtigsten Ämter unter ihrer Kontrolle hatten, und regiert
wurde nicht selten bei abendlichen Feierlichkeiten, ganz
nach dem italienischen Motto: *tutto finisce con un cenone.*

Cosimo schuf eine Obrigkeit mit außerordentlicher Gewalt: Die *Balia,* wie diese Behörde genannt wurde, spielte
in der folgenden Zeit vor allem in speziellen Staatsfragen
eine gewichtige Rolle. In der Außenpolitik verstand es
Cosimo, Bündnispartner wie etwa Francesco Sforza für sich
zu gewinnen. Der Frieden zwischen Mailand und Florenz
konnte dadurch stabilisiert werden. Und gewiß nicht unberechtigt sagte Machiavelli von Cosimo, daß er „der ange-
sehenste Bürger in Civil" war, den je eine Stadt gehabt
hätte.

Erst unter Enkel Lorenzo, geboren 1449, avancierte
Florenz zur führenden Macht Italiens. In seine Zeit fielen
viele kulturelle und künstlerische Großleistungen, es war
die schöpferische Zeit der Renaissance. Den Beinamen *Il
Magnifico,* der Prächtige, erhielt Lorenzo wegen seiner

Freigiebigkeit und Großzügigkeit als Mäzen. Lorenzo stand von Anfang an mit zahlreichen politischen Feinden in Konflikt. Am 26. April 1478 plante Papst Sixtus IV. eine Verschwörung: Die *Pazzi,* eine alte ghibellinische Partei, sollten das Attentat in Santa Maria del Fiore ausführen. Lorenzo entkam dem Anschlag, während sein Bruder dabei starb. Auch andere aristokratische Familien, die Alamanni, die Rucellai oder die Strozzi, machten Lorenzo den Herrschaftsanspruch streitig.

Lorenzo kannte die Bedeutung der *Balia.* Deshalb baute er dieses Gremium zum Rat der Siebzig aus, der fortan Lorenzos Herrschaft sicherte.

Zu seiner Zeit nahm Gewerbe, Handel und öffentliche Arbeiten einen großen Aufschwung. Lorenzo entpuppte sich als ein Liebhaber des gesellschaftlichen Lebens: Er führte in Florenz den Karneval ein. Dabei legte er großen Wert darauf, daß die besten Künstler die Kostüme zuschneiderten und die anerkanntesten Musiker für Stimmung sorgten. Einige Karnevalslieder komponierte er selbst. Wenn heute in Florenz oder in der Toskana mit großem Erfolg und zur Begeisterung vieler ein Pferderennen mit Reitern in mittelalterlichen Kostümen veranstaltet wird, so geht der Ursprung dieser Tradition auf die Zeit der Medici zurück. Der Karneval sollte Lorenzo beliebt machen, obwohl das niedere, arme Volk nicht allzusehr bei diesen prunkvollen Feierlichkeiten mithalten konnte. Lorenzo gelang es aber doch, das Volk auf seine Seite zu bringen und es für seine Politik der Unterdrückung und Ausbeutung – Lorenzo war ja im Grunde ein Tyrann – irgendwie zu entschädigen. Je mehr er aber an politischer Macht gewann, um so mehr geriet er auch in Mißkredit bei den unteren Gesellschaftsklassen, die durch die kostspieligen Ausgaben bei Festlichkeiten in große Armut gerieten, da diese Kosten das Volk tragen mußte.

Lorenzo war ein moderner Mensch, der nur in den musischen Dingen auf die Antike zurückgriff und die „Moral des Mittelalters" ablehnte. Machiavelli sah mit dem Tode

Lorenzos das Unheil, das Italien ereilen sollte, voraus:
„Nicht allein in Florenz, sondern auch in Italien starb nie
ein Mann, der ob seiner Klugheit einen so großen Ruf gehabt hätte und nach dessen Verlust seinem Vaterlande so
schmerzlich zu Mute gewesen wäre."[50]

Um die Mitte des 15. Jahrhunderts war das politische
Zentrum in Florenz nicht mehr der Palazzo Vecchio, sondern das Haus der Medici. Bis zu Lorenzo hatten es die
Medici so einzurichten verstanden, daß ihre Anhänger die
wichtigsten Ämter bekleideten. Die Macht des Geldes in
sich vereinigend, paßten sich insbesondere Cosimo und
Lorenzo mit Geschick und Klugheit den demokratischen
Formen an. Lorenzos Nachfolger, sein Sohn Piero, erwies
sich als Schwächling, der die Position der Medici nicht
mehr halten konnte. Er mußte 1494 Florenz fluchtartig verlassen.

Wissenschaftler und zahlreiche Historiker kritisierten in
den letzten Jahrzehnten die Legende vom „Goldenen Zeitalter" unter Lorenzo Magnifico; Lorenzo als großer Kunst-
mäzen und Auftraggeber einiger Bauten wird immer wieder in jüngster Zeit in Frage gestellt. Die materielle Hilfe
der Medici gegenüber der Kunst sei gar nicht so bedeutend
gewesen.[51]

Tatsächlich sind in diesem Zusammenhang die bürgerlichen Auftraggeber und Förderer zu wenig berücksichtigt
worden. Bedenkt man die Tatsache, daß Lorenzo nicht
einen Hof wie die Päpste besaß, sondern vielmehr einem
kleinen Hauswesen vorstand, dann ist die Aussage berechtigt, daß er kein Förderer der Kunst im großen Maßstab
war.

Sicherlich hatten die namhaften Medici ein freundschaftliches Verhältnis zu den Künstlern, die in ihrer Umgebung lebten.

Lorenzo starb früh, mit dreiundvierzig Jahren, in jenem
Jahr, als Kolumbus auf der Suche nach einem Seeweg nach
Indien mit drei Karavellen aufgebrochen war und dabei auf
das heutige Amerika stieß: 1492. Lorenzo hinterließ sieben

Kinder, eines der bekanntesten war Papst Leo X., der vormalige Giovanni.

Durch ihre Geschäftstüchtigkeit hatten die Medici ein gut funktionierendes Bankensystem entwickelt. Ihr Machtzuwachs war durch ihre Tätigkeit als Bankiers begünstigt, zumal die Stadtregierungen zunehmend auf finanzielle Mittel angewiesen waren.

7. Girolamo Savonarola

Mit dem Jahre 1494 begann für Italien die grausame Zeit
der fremden Invasion. Schon vorher hatte die Halbinsel
zeitweise als politischer Spielball der europäischen Großmächte gedient. Nun vergrößerte sich aber die Bedrohung,
inmitten der Auseinandersetzungen in Europa unterzugehen. Um es kurz vorwegzunehmen: Frankreichs Karl VIII.
erhob Anspruch auf das Königreich Neapel. Sein Vorfahre
René d'Anjou war gegen seinen Rivalen Alfonso von Aragon
erfolglos geblieben. Nach Karl kam Ludwig XII. nach Italien und beanspruchte Mailand und griff Neapel und Venedig an. Ihm folgte Franz I., der wiederum seine Politik auf
Mailand konzentrierte. Nebst diesen französischen Köni-
gen drangen Ferdinand der Katholische von Spanien und
die beiden Habsburger Kaiser Maximilian I. und dann Kaiser Karl V. in Italien ein. Hier wurde in der Folge die Rivalität um die Vorherrschaft zwischen dem Hause Valois und
dem Hause Habsburg ausgetragen. In den vielen kleinen
Schlachten des 15. Jahrhunderts und in vorausgehenden
und folgenden großen Entscheidungen war wiederholt der
Beweis erbracht, daß die Vernunft auf Kosten der Gewalt
unterging, daß im Ringen um die Macht die Gewalt entscheidend war. Ludovico il Moro hatte die Franzosen nach
Italien geholt, damit sie gegen den König von Neapel ins
Feld rückten. Für Italien bedeutete dies Krieg. In Florenz
löste eine Revolte die andere ab. Seit geraumer Zeit peitsch-
ten die Predigten eines Mönchs das Volk auf. Girolamo
Savonarola hatte sich die Arnostadt ausgesucht, um seinen
religiösen Wahn im Volke zu verbreiten. Der französische
König Karl VIII. marschierte in diesem Jahr in Oltrarno ein,
zog durch das Tor San Friano und stürzte im Beisein einer
großen Menge florentinischer Bürger die Medici-Herrschaft. Auf dem Weg in die Stadt hatte er Pisa, das durch
fast ein Jahrhundert Florenz botmäßig unterworfen war, im
Befreiungskampf geholfen. Der Sturz der Medici war we-

sentlich der Verdienst Savonarolas gewesen. Es war aber auch die Explosion der Volkswut: Seit Jahren hatte sich im Volk der Haß gegen den immer mächtiger werdenden Medici-Clan aufgestaut. Savonarola bewahrte Florenz vor der Plünderung durch die Franzosen. Der Weg für eine neue Staatsordnung schien frei. Nicht ganz einen Monat nach der Vertreibung der Medici predigte Savonarola am 7. Dezember 1494: „Oh, Florenz, jetzt wende ich mich an dich. Wenn du dich erneuern willst, oh, du neue Stadt, wenn du neu sein willst und wenn du zu einem neuen Zustand dich verändert hast, dann ist es notwendig, daß du dich veränderst zu den neuen Sitten und zu einer neuen Art zu leben, wenn du dauern willst und wenn du weiterleben willst."[52]

Girolamo Savonarola war 1452 in Ferrara geboren worden. Wie sein Großvater sollte er Universitätsprofessor der Medizin oder zumindest Arzt werden, weshalb er eine ausreichende humanistische Bildung erhielt.1475 trat er in Bologna in den Dominikanerorden ein, da ihn nach seiner eigenen Aussage das Elend der Welt und der Niedergang der Religiosität tief ergriffen hatten. Er glaubte an eine göttliche Berufung, die Kirche reformieren zu müssen. Mit wenig Erfolg predigte er zunächst in Florenz, Brescia, Pavia und Genua. Ohne Scheu griff er wiederholt die Verschwendungssucht der Reichen und den Merkantilismus der Kirchenoberen an. Im Jahre 1491 wurde er Prior des Klosters San Marco in Florenz, aus dem er in der Folge ein Reformkloster schuf. Den Einmarsch der Franzosen nannte er die Strafe Gottes, die den Antichristen in Rom, den Papst, heimsuche. Durch seine Intervention in der Politik gelang es ihm, der Stadt eine neue aristokratisch-republikanische Verfassung mit theokratischem Anstrich zu geben und Florenz aus der antifranzösischen Liga herauszuhalten. Seine Angriffe gegen den Sittenverfall am päpstlichen Hofe und seine politischen Aktivitäten in Florenz veranlaßten Papst Alexander VI., gegen Savonarola ein Predigtverbot zu verhängen. Der Dominikaner hielt sich nicht daran, im Gegenteil: Seine Polemik gegen den Papst wurde härter und schärfer. Er bezichtigte ihn des Unglaubens und verlangte seinen Rücktritt. Obwohl er daraufhin im Juni 1497 exkommuniziert wurde, predigte er erneut weiter. Die Auseinandersetzung Savonarola - Alexander VI. endete schließlich mit der Gefangennahme des Mönchs im April 1498 und seiner öffentlichen Hinrichtung auf der Piazza della Signoria am 23. Mai.[53]

Für seinen Tod waren viele Faktoren ausschlaggebend: Anhaltende wirtschaftliche und finanzielle Krisen, Hungerkatastrophen, die Pestepedemie von 1497, die im krassen Kontrast zu Savonarolas versprochenem Wohlstand empfunden wurde, der innerstaatliche Konflikt unter den Parteien, die militärische Bedrohung durch Frankreich und eben das Interdikt des Papstes brachten Savonarola auf den Scheiterhaufen. Als seine schärfsten Gegner in Florenz agierten die Franziskaner.[54]

Papst Alexander VI. war gewiß nicht von allem Anfang an ein Gegner Savonarolas gewesen, er hätte ihm früher sogar den Kardinalshut angeboten. Erst als der Dominikaner die Bühne der Politik betrat, bekämpfte ihn der Papst mit allen ihm zur Verfügung stehenden kirchlichen und weltlichen Mitteln. Er sah in ihm ein politisches Hindernis für die Italienpolitik des Heiligen Stuhles und seine persönliche Politik in Rom. Savonarolas Todesurteil als Vertreter von Häresie, Schisma und verderblichen Neuerungen spiegelte im Grunde die politische Tendenz der Kirche wider.

Savonarola war nicht eine einzigartige Erscheinung in der italienischen Reformatorengeschichte. Schon seit dem 11. Jahrhundert vernahm man in religiösen Kreisen vereinzelte Reformrufe. Es ging um nichts anderes als die Beschwörung eines neuen Zeitalters, das ohne die Reform der Kirche und ohne die Wiedervereinigung Italiens zur geschlossenen Nation nicht eingeleitet werden konnte. Bezeichnend dafür war Savonarolas Berufung auf die Gregorianischen Reformen des 11. und 12. Jahrhunderts, namentlich auf Joachim von Fiore. Zu seinen direkten Wegbereitern können auch Dante und die religiös-politischen Humanisten von Florenz gezählt werden.[55]

Savonarolas politische Anschauung wurzelte im aristotelischen Denken und in der Tradition von Thomas von Aquin. Das Gemeinwohl hatte absoluten Vorrang vor dem privaten. Die Politik hatte frei zu sein von Korruption. Die politische Gemeinschaft könne nur positiv innerhalb gereinigter Sippen und Sitten gedeihen. Nur in dieser reformierten Gemeinschaft, die der kommenden Zeitepoche angehöre, könne die *studia humanitas* gepflegt werden.

Savonarola war ein politischer Prediger ersten Ranges, der mit seinen radikalen Forderungen ein Glied in der langen Kette jener Fanatiker war, die mit Parolen wie „Hinaus mit den Barbaren!", „Hinaus mit den Fremden!" oder den Ruf nach einem starken „neuen Führer" vor ihm und nach ihm in der italienischen Geschichte aufgetreten sind. Savonarola nannte Florenz den „Nabel Italiens", von wo aus alle anderen italienischen Städte reformiert werden sollten. Hier wollte er die Menschen umerziehen: „Praeterea, wenn du Christ bist, mußt du glauben, daß die Kirche sich erneuern muß. Doch um solches zu bewirken, braucht es andere Menschen, als es sie heute gibt. Die Kirche muß sich ergo erneuern, auf daß die Menschen sich bessern und dorthin gehen werden, die Ungläubigen zum Christentum zu belehren."[56] Seine florentinischen Predigten brillierten zwar nicht durch gute Rhetorik, der Inhalt war aber um so prophetischer und fataler. Savonarola hämmerte den Florentinern ein, daß Gott Florenz auserwählt habe, in der bevorstehenden kirchlichen Erneuerung eine zentrale Rolle zu übernehmen. Die neue Gesetzgebung habe sich völlig am göttlichen Gesetz zu orientieren. Die *materia* sei die Erneuerung der Bürger, vor allem der politisch Verantwortlichen, zur christlichen Lebensführung auf der Basis der Einfachheit, Menschlichkeit und Nächstenliebe.

Zur Zeit Savonarolas war in Florenz die Sodomie, worunter man damals in erster Linie die Homosexualität verstand, weit verbreitet. Ihr galt Savonarolas schärfster

Kampf, verankert im Gesetz vom 29. Dezember 1494: „Jede Person, untergeben oder nicht untergeben, jedweden Standes, Ranges oder jedweder Klasse, sei sie männlich oder weiblich, mindestens achtzehn Jahre alt, wohnhaft in der Stadt, im Distrikt oder in der Republik von Florenz, die überführt wird, daß sie freiwillig die Sünde der Sodomie begangen hat, wird folgendermaßen bestraft: Beim ersten Mal wird der Betreffende festgenommen im Auftrag einer der zuständigen Behörden und vom Amtsdiener zum Pranger geführt. Dort wird er mit den Händen nach hinten festgebunden und steht mindestens eine Stunde auf dem Pranger. Danach wird er innerhalb von dreiundzwanzig Stunden in seine Freiheit entlassen. Außerdem verliert er jegliches Amt und alle Ehrungen der Stadt und der Republik von Florenz, und zwar so lange, bis der *Consiglio Maggiore* ihn mit Zweidrittelmehrheit rehabilitiert hat. Für den Fall, daß einer zum zweiten Mal einer solchen Sünde verfällt, wird er von den Amtsdienern über alle öffentlichen Plätze geführt, mit auf dem Rücken gebundenen Händen, bis zum Mercato Vecchio. Dort wird er an die Säule gesiegelt und mit dem Stadtwappen mitten auf der Stirn gebrandmarkt. Aller öffentlichen Ämter geht er verlustig, wie oben beschrieben. Beim dritten Mal wird er durch alle öffentlichen und besuchten Orte geführt und schließlich dorthin, wo er diesen Exzeß begangen hat. Dort wird er innerhalb von dreiundzwanzig Stunden gerichtet mit dem Feuer bis zum Tode einschließlich."[57] Dieses Gesetz blieb bis zum Tode Savonarolas in Kraft.

Was die neue Verfassung für Florenz betraf, so war dies nicht das direkte Werk des Mönchs. Aber ohne seine Autorität wäre die Verfassungsfrage nicht so schnell und ohne Probleme gelöst worden. Eines stand von vornherein fest: Savonarola war kein doktrinärer Gegner der Monarchie.[58] Das florentinische Volk bezeichnete er als das geistvollste unter allen Völkern, mutig und kühn. Aber gerade jenes geistig rege, warmblütige und kühne Volk lasse sich nur schwer von einem regieren; ein solcher müßte schon tyrannische Methoden anwenden. In ihrer geistigen Beweglichkeit würden die Menschen ständig dazu getrieben, Intrigen gegen die Regierung anzuzetteln, die die Menschen in ihrer Kühnheit leicht in die Tat umzusetzen imstande wären.[59]

Der neuen Verfassung von Florenz diente Venedig als Vorbild. Savonarola vertraute der Signoria als Exekutivgewalt, dem *Consiglio Maggiore,* dem Großen Rat als Legislative, der den *Consiglio degli Ottanta,* Rat der Achtzig, wählte. Die Signoria war verpflichtet, bei den Achtzig jede Woche ihre Meinung über die wichtigsten Staatsgeschäfte einzuholen. Die Signoria schlug neue Gesetze vor; beide Räte mußten diese billigen. Nur bei dringlichen Präzedenzfällen versammelte sich ein aus angesehenen Bürgern zusammengestellter Sachverständigenausschuß. Savonarolas Republik war durchaus aristokratisch und wie schon in vorhergehenden Regierungen nur auf die Stimmen der einflußreichen Eliten aufgebaut. Ein Blick auf die Regierung beweist dies. Der Signoria gehörten acht Prioren, ein oberster Bannerträger, sechzehn untere Bannerherren der städtischen Fähnlein und zwölf Ehrenmänner an. Der *Consiglio Maggiore* bestand aus Männern der Oberschicht, die mindestens dreißig Jahre alt waren. Übertraten seine Mitglieder die Zahl eintausendfünfhundert, dann amtierten sie schichtweise in drei Gruppen. Zuweilen war dieser Rat mit tausend Stimmberechtigten besetzt, weil die Listen der wählbaren Bürger über dreitausend Mitglieder zählten. Wegen seiner Größe konnte diese Legislative nicht oft zusammentreten; das wirtschaftliche Leben der Stadt wäre zeitweilig erlahmt, da die Mitglieder vorwiegend finanziell gutgestellte Handwerker, Kaufleute, Ladenbesitzer und Beamte waren. Das hatte zur Folge, daß die Signoria und der *Consiglio degli Ottanta,* der alle sechs Monate neu gewählt wurde, die eigentliche politische Arbeit verrichteten.

8. Machiavelli betritt die politische Bühne

Die Hinrichtung Savonarolas hatte für Florenz' außenpolitische Lage kaum wesentliche Veränderungen zur Folge. Die Rivalitäten im Innern entspannten sich nicht, vielmehr verschärften sich die Kontroversen in der Regierung. Die politische Organisation und Administration blieben weiterhin Aufgabe der Aristokratie bzw. der Neureichen und bürgerlichen Elite.[60] Die Steuerlast drückte noch stärker auf das einfache Volk, das besonders unter den zusätzlichen Sondersteuern litt. Diese wurden willkürlich abverlangt, um den ständigen Geldbedarf der Stadt wegen ihren militärischen Verwicklungen, vor allem im Krieg gegen den Nachbarn Pisa, zu decken. Die Steuerpolitik blieb das bewährte Mittel, um politische Gegner auszuschalten. Florenz steckte in schweren wirtschaftlichen Schwierigkeiten. Die Pisa-Krise und die Subsidienzahlungen an Frankreich drückten auf die Republik. Der Unmut im Volke und der Streit in der Regierung eskalierten um 1498 derart, daß zuweilen keine konstruktive Außenpolitik mehr möglich war.

Zu dieser Zeit war Niccolò Machiavelli neunundzwanzig Jahre alt. Nach außen hin war er keine bestechende Erscheinung, dafür aber war er ein intelligenter junger Mann, der politisch zutiefst mit seiner Heimat fühlte. Sein Biograph Villari beschreibt ihn als einen Mann „von mittlerer Größe, mager, mit sehr lebhaften Augen, einem etwas kleinen Kopf, einer leicht gebogenen Nase, einem stets zusammengepreßten Mund: alles hatte bei ihm den Eindruck eines sehr gewandten Beobachters und eines Denkers, doch nicht eines achtunggebietenden und auf andere einwirkenden Mannes. Er konnte sich nicht leicht von einem Sarkasmus frei machen, der immerfort um seine Lippen spielte, aus seinen Augen sprühte und ihm den Anschein eines berechnenden und leidenschaftslosen Kopfes gab; doch hatte seine Phantasie große Macht über ihn und führte ihn leicht so weit, daß er bisweilen unerwarteter-

weise wie ein Hellseher erschien. Er schickte sich alsbald
an, der Republik treu zu dienen, mit dem ganzen Eifer
eines alten Florentiners, erhaben durch die Erinnerungen
an das heidnische und republikanische Rom."[61]

Von diesem Jahr 1498 an ist das Leben Machiavellis kein
Geheimnis mehr. Allein schon die vielen Geschäftsbriefe
und privaten Schreiben, die heute in florentinischen und
römischen Archiven und Bibliotheken liegen, erlauben es,
sein privates wie öffentliches Leben gut nachzuvollziehen.

Gegenüber Girolamo Savonarola hatte Machiavelli
kaum eine gespielte Euphorie übrig. Eigentlich hatte er für
den „unbewaffneten Propheten" nur ein mitleidiges Lächeln übrig. Nachdem er ihn auf der Piazza in Florenz
predigen gehört hatte, stand für ihn fest, daß es sich bei
Savonarola um einen lügnerischen Demagogen handelte.
Wenn er mit ihm auch das Bewußtsein teilte, in einer Zeit
des Niedergangs zu leben, so blieb er doch von den apoka-
lyptischen Strömungen seiner Zeit völlig unbeeindruckt.
Zu sehr war er Realist und Politiker, als daß er die Ursache
der Krise eindeutig in der Schwäche der italienischen
Regierenden gesucht oder sie als Folge von politischen
Fehlern gewertet hätte. Noch während er Savonarola zu-
hörte, suchte Machiavelli den Ausweg in der grundsätz-
lichen Überlegung zur Eroberung und Erhaltung der
Macht, die nicht ihrer Legitimierung bedürfe. Savonarola
diente ihm als Objekt seiner empirischen Untersuchungen,
aus denen er folgerte, daß Macht und Gewalt zentrale Faktoren des politischen Lebens seien.

Savonarola bewegte sich zu starr im Rahmen traditionell-
thomistischer Überlegungen zur besten Verfassung für ein
tugendhaftes Leben. Allerdings war beiden der Versuch
einer politischen und geistigen Reform in Florenz gemeinsam: für Savonarola der Beginn einer umfassenden religiösen und kirchlichen Reform, für Machiavelli der Beginn
einer politisch-nationalen Erneuerung.[62]

Der Auftritt Savonarolas gestattete Machiavelli eigentlich erst den wirklichen Einblick in die Krise der Republik

Florenz und in die religiösen Verhältnisse Italiens. Savonarola hätte eigentlich einen größeren Eindruck bei Machiavelli hinterlassen müssen, so wie er etwa auf Marsilio Ficino oder Pico della Mirandola überzeugend oder zumindest faszinierend gewirkt hatte. Der Geist des Predigers war Machiavelli zu mittelalterlich. In einem längeren Brief an einen Freund in Rom bewunderte er zwar die Kühnheit des Mönchs, auch noch nach Erhalt des päpstlichen Breves unbeirrt weiterzupredigen, ansonsten hatte er für seine Argumente nur ein Lächeln übrig.[63]

Es war dann nicht verwunderlich, daß sich Machiavelli den *arrabbiati,* wie die politischen Gegner Savonarolas hießen, anschloß.[64] Diese Gruppe zählte zum Adels- und Stadtmagistrat und zog gegen die Bewunderer des Predigers, die *bigi,* offen zu Felde.[65] Die Regierenden zur Zeit Savonarolas nannte man *piagnoni,* die Weinerlichen, die nun nach dem Tode ihres geistigen Vorbildes ihre politischen Ämter den Gegnern überlassen mußten.

Machiavelli hatte bei den arrabbiati Freunde gefunden. Mit Alamanno Salviati, einem ihrer Anführer, war er freundschaftlich verbunden. Bevor er zu ihrer Partei überwechselte, hatte er mit den populani, der Gruppe der Handwerker, kleinen Industriellen und Kaufleute sympathisiert. Es war nun der Niedergang der piagnoni und der Aufstieg der arrabbiati, wodurch Machiavelli der Weg in ein öffentliches Amt geöffnet wurde. Schon vor der Hinrichtung Savonarolas hatte er sich im Februar 1498 bei der Republik Florenz um eine Staatsstelle beworben. Das Amt erhielt sein Gegenkandidat, ein Mitglied der piagnoni. Fünf Tage nach der Hinrichtung griff der Consiglio degli Ottanta auf Machiavelli zurück und ernannte ihn zum Sekretär der Zweiten Kanzlei mit einem Jahresgehalt von 196 fiorini. Für Machiavelli kam diese Berufung eher unerwartet. Vor ihm hatten dieses Amt nur Notare, Doktoren und *uomini letterati* inne. Man mag in der Regierung an ein neues Gesicht gedacht haben, dem noch kein Ruf vorausging; zudem wird der Einfluß des väterlichen Freundes

Marcello Virgilio Adriani, selbst an der Spitze der Ersten Kanzlei der Republik, mitgeholfen haben. Vor allem aber dürfte seine kritische Einstellung gegenüber den piagnoni den Ausschlag gegeben haben.

Machiavellis Tätigkeit während seiner Gesandtschaftsreisen entsprach der eines Diplomaten. Dennoch erhielt Machiavelli, wie sich zeigen wird, nicht jene Aufträge, die dem unabhängigen Handlungsbereich eines Kanzlers gleichkamen. Er blieb, trotz aller Hingabe zur Republik, jener Sohn eines kleinen Beamten mit den Merkmalen eines beinahe pedantischen Büroangestellten. Seine Sprache diente ihm als ironisches Ausdrucksmittel, mit melancholischer Bescheidenheit brachte er seinen Vorgesetzten Bewunderung entgegen; der boshafte Witz verdeckte die Realität des grauen Alltags, dem er allerdings zwischendurch entgehen konnte, wenn er für die Signoria oder die Dieci als Gesandter politisch unterwegs war.

Machiavellis Amt war eines der wenigen, die nicht nach kurzer Zeit personell neu besetzt wurden, wenn er auch in seinem Amt jedes Jahr offiziell neu bestätigt werden mußte.

Machiavellis Jahresgehalt, die 196 fiorini, war nicht hoch, denn die Beamtengehälter wurden in einer besonderen Währung ausgezahlt. Der *fiorino piccolo*, kleiner Florin, der Beamten stand zum *fiorino d'oro*, Goldflorin, nur mit vier Lire in Rechnung. Ein Florin im ursprünglichen Feingehalt von 24 Karat Gold und 3 537 g, wie er seit 1252 in Florenz geprägt wurde, war ein Dukaten. Dies bedeutete, daß der wirkliche Wert des Beamtengehaltes etwas mehr als der Hälfte der wirklichen Kaufkraft entsprach. Machiavellis Gehalt stieg dann zwar auf zweihundert an, im Verhältnis zu seinem Lebensstandard blieb diese Summe aber bescheiden. Der Beamtenlohn in der Republik Florenz war allgemein niedrig. Marcello Virgilio Adriani zum Beispiel erhielt als Kanzler der Republik ein Jahresgehalt von nur dreihundertdreißig fiorini.

Kapitel II

Die politische Praxis im Dienste der Republik Florenz

1. Das Ende der feudalen Ordnung

Die Geschichte von Florenz und die Italiens um 1500 kennzeichnet ein schwer durchschaubares Durcheinander. Es fehlte ein klares, einheitliches politisches System. Zu tief wirkten einzelne Persönlichkeiten aus dem Rampenlicht der Ereignisse auf die Entwicklung des Landes. Dennoch erfüllte keine solche Gestalt das Zeitalter. Diese Epoche stellte vielmehr einen ruhelosen Wechsel dar.

Die feudale Ordnung des Mittelalters war durch den Aufstieg der Städte, durch die Übergabe der politischen Führung an die Städter, vormals Kaufleute, unterhöhlt worden. Im Süden der Halbinsel kannte man nicht mehr den ehemals entstandenen Normannenstaat zwischen Neapel und Palermo. Die Spanier übernahmen nun hier die Macht und brachen den Einfluß der Barone. Der letzte Hohenstaufer Konradin wurde im Oktober 1268 in Neapel enthauptet. Der Aufstieg der Anjou begann; es gelang ihnen aber nicht, ihr Reich zu einer Mittelmeermacht auszubauen. Ende Januar 1494 verstarb Ferrante, der alte König von Neapel. Er war für die italienische Innenpolitik ein stabilisierender Faktor gewesen. Italien verlor mit ihm einen eigenwilligen Herrscher. Mit Recht befürchteten politische Beobachter, daß in Bälde ein Unwetter über die Apenninenhalbinsel hereinbrechen werde. Tatsächlich stand die französische Invasion bevor. Frankreichs König Karl VIII. nahm den Titel eines Königs von Sizilien und Jerusalem an. Er rüstete gegen Neapel, gegen den dortigen neuen König Alfonso II.

Nördlich von Neapel, in Rom, das zu den drei anderen Staaten der italienischen Fünfergruppe zählte (Rom, Neapel, Mailand, Venedig, Florenz), waren der Papst und seine Berater nach dem Konzil von Konstanz wieder zuversichtlich. Nach Beendigung der Kirchenspaltung sollte der Kirchenstaat innen wie außen gefestigt werden. Im Jahre 1452 hatte in Rom die letzte Kaiserkrönung, zugleich die erste eines Habsburgers, Friedrichs III., stattgefunden. Der Kirchenstaat war einstmals aus der Pippinischen Schenkung (754-756) entstanden; im 15. Jahrhundert war er kein festgefügtes politisches Gebilde mehr. In vielen Städten konkurrierten die Fraktionen gegeneinander, immer war es der Zwist zwischen den Guelfen und Ghibellinen. Es war nicht selten, daß Stadttyrannen die Macht an sich rissen und nach kurzer Herrschaft wieder vertrieben wurden. Die wirtschaftliche Struktur Roms unterschied sich deutlich vom übrigen Gebiet des Kirchenstaates. Rom lebte von den Päpsten, diese wiederum von Einnahmen aus den Teilen des Kirchenstaates, in dessen kleineren Städten Handwerker, Händler und grundbesitzender Adel die Vormacht innehatten. Die Infrastrukturen waren teilweise stark vernachlässigt. Das Straßennetz befand sich oft in einem miserablen Zustand. Lucrezia Borgia zum Beispiel war 1502 von Rom nach Ferrara 27 Tage lang unterwegs.

Bis zum Italienzug Karls VIII. im Jahre 1494 besaß Italien eine merklich größere Freiheit im politischen Handeln, was sich deutlich an der autonomen Entwicklung der Stadtstaaten, der namhaften Republiken wie Venedig und Florenz, zeigte. Dies heißt aber nicht, daß die Halbinsel frei von politischer Herrschaft ausländischer Dynastien gewesen wäre, die gerade in Italien imperialistische Ziele verfolgten. Machiavelli beurteilte das Italien um die Mitte des 15. Jahrhunderts als „in gewisser Weise ins Gleichgewicht gebracht", und zwar zwischen den konkurrierenden fünf Großmächten: Venedig, Florenz, Mailand, Kirchenstaat und Neapel. Die anderen kleineren Territorialstaaten fielen deshalb nicht sonderlich ins Gewicht, wenn es um die inneritalienische politische Ordnung ging. Entscheidender für Italiens politisches Innenleben waren die Ansprüche ausländischer Kräfte: Die aragonesische Familie trachtete in Neapel nach italienischer Anpassung. Sizilien war 1458 von Neapel abgetrennt und in der Folge unmittelbar mit dem Königreich Aragon verknüpft worden. Im oberitalienischen Asti besaß Frankreich zusätzlich einen Stützpunkt. Von Genua aus bot sich ihm eine weitere Möglichkeit, ins

Italienische vorzudringen. Frankreich gab den Anspruch auf Neapel nicht auf. Die Franzosen hatten nach ihrem Einmarsch in Neapel eine Niederlage erlitten. König Ferrante II. blieb an der Macht. Auf dem Rückzug bewiesen die Franzosen eine bessere Kampfmoral als die italienischen Alliierten, so daß ihnen der Durchbruch mit relativ geringen Verlusten gelang. Der Friede von Vercelli (1495) regelte das Verhältnis zwischen Frankreich und Mailand. Ludovico il Moro konnte Genua behalten, blieb aber dem französischen König untertan.

Das politische Gebilde wurde durch die undurchsichtige Politik des Herzogtums Savoyen noch komplexer. Savoyen trat teils für, teils gegen Italien auf. Mit dem Regierungsantritt des französischen Königs Ludwig XII. im Jahre 1498 wurde erneut der Anspruch der Orleàns auf Mailand aktuell.[1]

Italien plagte im Inneren der teils vehemente Streit kleiner Fürsten, heruntergekommener Adeliger und machthungriger Abenteurer. Machiavelli beschrieb die Romagna um 1500 als eine Brutstätte schlimmster Verbrechen: Beim geringsten Anlaß gab es Raub und Mord. Eine Hybris hatte sich im Lande breitgemacht, wie man sie vorher nicht kannte. Die verarmten Fürsten lebten, als wären sie immer reich gewesen. Sie ersannen immer wieder neue Gesetze, um Geld zu erpressen. Beim geringsten Verstoß gegen ihre Willkür reagierten sie mit Bußgeldern und hohen Strafen.[2] Es war dann Papst Alexander VI., der diesem Chaos ein Ende bereitete, allerdings zu seinen Gunsten und wiederum auf Kosten der Bevölkerung. Er hielt nach neuen Partnern Ausschau und bezog auch kleine Stadtstaaten in seine Bündnispolitik ein.

2. Machiavellis Dienstantritt

Am 28. Mai 1498 schlug also der Rat der Achtzig Machiavelli für die Stelle des Sekretärs der Zweiten Kanzlei der Republik Florenz vor. Offiziell passierte er am 15. Juni durch Wahl den Rat der Achtzig. Dann bedurfte es, bevor er seinen Dienst antreten konnte, der Zustimmung des Großen Rates, wobei er immerhin mit zwei stadtbekannten Intellektuellen konkurrieren mußte. Beide, Francesco Gaddi, Professor für Rhetorik am *studio*, und Andrea di Romolo, Notar, hatten sich für dieses Amt beworben. Am 19. Juni 1498 erhielt Niccolò Machiavelli vom Großen Rat die Stelle des Sekretärs der Zweiten Kanzlei, als *cancellarius et secretarius secunde cancellerie*. Diese Kanzlei war eine wichtige politische Institution, wenn sie auch an Autorität und Ansehen hinter der Ersten Kanzlei mit Marcello Virgilio Adriani als Vorsitzendem stand. Das Operationsfeld und der Kompetenzbereich der Ersten und Zweiten Kanzlei wechselten oder kreuzten sich zuweilen,[3] wenn auch generell die Erste Kanzlei sich mit den Angelegenheiten des Äußeren, die Zweite Kanzlei mit der Innenpolitik und der militärischen Verteidigung oder allgemein mit den Angelegenheiten des Krieges befaßten. Am 14. Juli wurde Machiavelli zusätzlich zum Sekretär der *Dieci libertatis et baliae*, Zehn der Freiheit und der Sonderkommission ernannt. Die Zehn waren eine Art außenpolitisches Ministerium. Dieses Amt befaßte sich also mit einem schwierigen politischen Ressort, über das Machiavelli in der Folge verantwortungsvolle Aufträge erhielt. In diesen Eigenschaften, als Mitglied der Kanzlei der Signoria, unterstützte er die politische Tätigkeit der florentinischen Regierung. Sein Aufgabenbereich war beinahe auf alle politischen Probleme innerhalb des florentinischen Herrschaftsgebietes ausgedehnt (Florenz herrschte generell über Livorno, Pisa, Pistoia, Volterra und Arezzo, wenn auch zuweilen einzelne Gebiete die Unabhängigkeit anstrebten), das heißt, daß

Machiavelli vor allem dynamisch sein, organisatorisches Talent besitzen und sich spontan aller anfallenden aktuellen Ereignisse annehmen mußte. Schon bald war Machiavelli im Gegensatz zu Marcello Virgilio Adriani, der sich primär mit juristischen Fragen befaßte, in erster Linie für die Außenpolitik tätig. Dennoch verbrachte er viele Stunden seiner Arbeit mit rein administrativen Fragen. Seine Zweite Kanzlei war für ein breites Kompetenzfeld bekannt: Bereits 1437 wurde sie eingerichtet, unter Lorenzo de' Medici wurde ihr Aufgabenbereich 1483 auf alle anfallenden Probleme von Florenz erweitert. Machiavellis Gehilfen hießen Agostino Vespucci und Andrea di Romolo, die merklich weniger als er verdienten – der eine 96, der andere 60 fiorini im Jahr. Seine Kanzlei hatte in der Politik der Republik Florenz eine zentrale Aufgabe. Machiavelli unterstanden Mitarbeiter mit zum Teil großen Erfahrungen, Männer, deren Namen in Florenz ein Begriff waren. Machiavelli hingegen war ein unbekanntes Blatt, aber voll Ehrgeiz und Lerneifer. Seine Mitarbeiter waren in der Regel promovierte Akademiker, Notare oder besonders gebildete Leute.[4] Machiavelli hatte vor 1498 noch nie in Staatsdiensten gestanden, wenn auch manche Historiker das Gegenteil nachzuweisen versuchen. Wenn er am 10. Dezember 1513 an seinen Freund Francesco Vettori schreiben wird, er habe durch fünfzehn Jahre die Kunst der Staatspolitik studiert,[5] so mag dies als Beleg für seine öffentliche Tätigkeit genügen. Durch all diese Jahre plagten große finanzielle Sorgen die Republik Florenz. Die Stadt hatte Schulden. Die Pisa-Krise, die Verpflichtungen Frankreich und dem Deutschen Reich gegenüber, aber auch die Verträge mit den Condottieri verschlangen eine Unmenge an Geld. Viele reichere Bürger der Stadt liehen der Regierung Geld. Zu Beginn des Jahres 1503 zum Beispiel waren es über 400 000 fiorini, die von solchen Florentiner Bürgern der Stadt vorgestreckt worden waren. Die Steuer reichte nicht mehr als Mittel, finanzielle Engpässe zu überbrücken. Schlug die Regierung höhere Steuern vor, dann war es die

Opposition, die im Namen des Volkes dagegenstimmte und dadurch im Ansehen der Bevölkerung stieg. Dem Gonfaloniere Piero Soderini gelang es, einen Zehnten und eine Art „Willkürsteuer", angesetzt auf Freiberufler, durchzusetzen. Er selbst hatte seiner Republik Geld vorgestreckt, nicht weniger als 18 000 fiorini.

Seit dem ersten Tag seiner Anstellung führte Machiavelli Buch über seinen Dienst. Er selbst trat dabei allerdings in den Hintergrund. Erst später, nach 1512, redete er manchmal über sich und sein privates Leben. Zwei Politikern und bekannten Florentinern schloß sich Machiavelli während seines Dienstes besonders an: dem bereits mehrmals erwähnten Marcello Virgilio Adriani und Biagio Buonaccorsi, der in der Kanzlei Machiavellis arbeitete und rangmäßig unter ihm stand. In Buonaccorsi fand er einen treuen und ehrlichen Freund, was der ergiebige Briefwechsel zwischen beiden bezeugt. Buonaccorsi gönnte Machiavelli seinen Erfolg und freute sich mit ihm über gelungene Unternehmen. Worte wie „Ihr habt bis jetzt den Euch gegebenen Auftrag mit großen Ehren erfüllt. Dies hat mir großes Vergnügen bereitet und bereitet es mir weiter",[6] waren keine Seltenheit. Von Buonaccorsi erhielt Machiavelli während seiner Aufenthalte im Ausland und seiner Reisen durch Italien Informationen über die Ereignisse in Florenz. Biagio Buonaccorsi war 1472 geboren. Er heiratete eine Nichte von Marsilio Ficino, die später eine Freundschaft zur Ehefrau Machiavellis unterhielt. Für die Geschichte Italiens ist seine historische Abhandlung über die Beziehungen zwischen Florenz und Frankreich um das Jahr 1500 eine Bereicherung. Weniger bedeutend sind seine Gedichte und eine Reihe kleinerer Schriften. Von besonderer Bedeutung, auch was die Tätigkeit Machiavellis anbelangt, ist sein Tagebuch über die Ereignisse in Florenz zwischen 1498 und 1512. Dieses Werk wurde 1568 veröffentlicht. Buonaccorsi bedauerte mehrmals, daß es Machiavelli nicht vergönnt war, zu wirklichem Ruhme aufzusteigen. Das war einerseits durch die politische Situation der Arnorepublik bedingt, andererseits durch die Tatsache, daß zwar theoretisch alle beneficiati der Bürgerschaft zu Würden gelangen konnten, in der Praxis aber die besonders relevanten politischen Ämter den vornehmen Florentinern, den Honoratioren aus reichen Häusern vorbehalten blieben. Die Republik wollte an ihrer Spitze repräsentative Personen, was Machiavelli aufgrund seines Äußeren und seines armen Standes nicht war. Was ihm stets fehlte, war eine *bottega*, eine wirtschaftliche Einnahmequelle, aus der er finanziell schöpfen konnte. Zudem gelang es ihm kaum, auf andere Menschen zu wirken, ihnen zu imponieren, obwohl er in keiner Weise introvertiert oder einer gepflegten Sprache unkundig war. Er war und blieb ein Einzelgänger mit einem feinen Realitätssinn für die politischen Dinge, die er nach und nach in sein historisches Weltbild einordnete; später zog er mit einer beinahe dialektischen Konsequenz die Quintessenz daraus. Er war und blieb aber auch ein Mann ohne Geschäftssinn und ohne Bezug zur wirtschaftlichen Verbesserung seines Standes. Zu sehr lebte er mit der Politik des Landes, zu sehr versuchte er unter den sich ständig befehdenden italienischen Staaten zu vermitteln und das militärische und diplomatische Ringen der Großmächte in Italien zu durchschauen.[7] Machiavelli nahm jeden Auftrag bereitwillig an; auch wenn es sich um unbedeutende Gesandtschaften handelte, widersprach er nicht seinem Auftraggeber. In seiner Arbeit erwies er sich als loyal, selbst dann noch, als er wußte, daß er von seinen Rivalen übergangen worden war.[8] Sein Tätigkeitsfeld war breit. Häufig war er unterwegs, entweder mit genauen schriftlichen Instruktionen oder mit allgemeingehaltenen schriftlichen Aufträgen, bei denen er ein gewisses Maß an Handlungsfreiheit hatte. Ein Teil seiner Arbeit war rein administrativer Natur. Diese Arbeit für die Innenpolitik erschöpfte sich mit Briefeschreiben, mit der Besorgung von Geld- und Waffentransporten, mit Verhandlungen zwischen uneinigen Hauptleuten, mit der Vorbereitung und Niederschrift politischer Reden für seinen späteren Vorgesetzten Soderini und mit allgemeinen Verwaltungsfragen. Seine außenpolitischen Obliegenheiten erschöpften sich vor allem in den diplomatischen Sendungen ins übrige Italien und quer durch die Toskana. Machiavelli kam während dieser Zeit weit herum. Reisen in den Nahen Osten oder nach Spanien scheiterten, weil sich seine Gegner durchsetzten und einen Vertrauensmann aus ihren Reihen mit der Legation betrauten.[9]

Machiavelli war bei seinen Auslandsreisen anfangs als außerordentlicher Gesandter auf den Weg geschickt worden. Mit zunehmender Erfahrung erhielt er Sonderaufgaben, vor allem, um zu sondieren, zu spionieren und die Beweggründe des politischen Verhaltens seiner Gesprächspartner zu ergründen. Machiavellis Auftraggeber kannten seinen Spürsinn und seine Fähigkeit, in die Psyche des Gesprächspartners hineinzusehen. Seine Berichte aus dem Ausland wurden nicht von ungefähr zur Basis für die florentinische Außenpolitik.

Oft waren es aber seine Feinde, seine Rivalen aus der florentinischen Opposition, die ihm das Leben erschwerten. Es nimmt deshalb nicht wunder, daß Machiavelli nach 15 Jahren aufopfernden politischen Einsatzes einen zunehmend pessimistischeren Eindruck von seiner Umwelt gewann. Seine späteren Verse dafür sind signifikant:

„Der Neid zerfrißt mich und vergiftet mir das Leben.
Wie nichtig sind doch die im Dienste verbrachten Jahre.
Wie vieles sät man wie auf Sand und in die Flut.
Und nirgends triumphiert der Undank froher als in des
Volkes Herzen."

Trotz dieser Einstellung arbeitete Machiavelli weiter und gab sich mit ganzer Kraft dem Dienste an seiner Heimatstadt hin, und dies, obwohl er alsbald erkennen mußte, daß Florenz zu oft zögerte, daß die Stadt eine Haltung einnahm, die politisch nicht von Dauer sein konnte. Florenz war die eigentliche hemmende Kraft im republikanischen Italien des Cinquecento, hin- und hergerissen zwischen Kirchenstaat, den anderen innerstaatlichen Konkurrenten, Frankreich, Spanien, dem Deutschen Reich und vielen kleinen Machthabern, die mit keiner Regierung verfeindet war, aber auch keine neuen Freunde gewinnen wollte, außer, es boten sich daraus merkliche Vorteile an, und das Gleichgewicht geriet nicht ins Schwanken. Machiavelli empfand seine Gespräche oft als peinlich, weil er keine entscheidende Zusage machen durfte. Nicht oft gab ihm die Republik eine Vollmacht wie bei seinem Aufenthalt in Piombino oder seinen Missionen als Wagen- und Schatzmeister. Um so mehr muß ihn sein Einsatz beim Aufbau einer nationalen Miliz gefreut haben, als er endlich einige Handlungsfreiheit erhielt. In den folgenden 15 Jahren war Machiavelli nicht weniger als 35mal auf dem Rücken seines Pferdes oder in der Kutsche im Dienste der Republik von Florenz in bedeutsamen großen Aufträgen unterwegs, die vielen kleinen Ausritte in die Toskana nicht mitgezählt. Nach dieser Zeit konnte er mit Recht von sich sagen, er habe diese Jahre weder verschlafen noch verspielt. Sein erster Auftrag war nicht von besonderer Bedeutung. Er führte ihn zu Jacopo d'Appiano, dem Herrn von Piombino, der mit Florenz verbündet war. Innerhalb eines einzigen Tages wollte Machiavelli d'Appiano davon überzeugen, „daß es nicht angehe, mehr an Sold zu fordern, als Florenz im Hinblick auf die zu bewerkstelligende Rückeroberung des abtrünnig gewordenen Pisa zugesichert hatte."[10] Es war die leidige Pisa-Krise, die Florenz weiterhin Sorgen bereitete. Am 24. März 1499 traf Machiavelli mit dem Herrn von Piombino in Pontedera zusammen, und es gelang ihm tatsächlich, ihn zu überzeugen, sich mit der Vergrößerung seines Kommandos in Piombino zu begnügen und auf eine Anhebung seines Soldes gegen Florenz zu verzichten. Schon bei dieser ersten Begegnung mit einem Partner von Florenz charakterisierte Machiavelli sein Gegenüber; in diesem Falle d'Appiano, der „schön redete, schlecht abschloß und in der Durchführung des Übernommenen noch schlechter war". Diese Entsendung zu Jacopo d'Appiano war von begrenzter politischer Wichtigkeit, die nicht über

den unmittelbaren Interessensbereich von Florenz hinaus-
reichte. Für Machiavelli war es aber der Anfang einer langen Kette einschneidender Erfahrungen, die alle — bedeutend oder unbedeutend — zu seinen späteren Erkenntnissen beitrugen, durch die er zu einem jener Denker wurde,
mit denen seit seinem Tode im abendländischen Kultur-
kreis ein ewiges Gespräch geführt wird. Bei d'Appiano
schulte er erstmals sein Auge. Mit ihm nahm die kühle
Rechentechnik Machiavellis seinen Anfang.

3. Aufstieg und Blüte der Sforza

Nach der Gesandtschaft beim Condottiere d'Appiano erhielt Machiavelli den Auftrag, zu Caterina Sforza, Gräfin von Forlì und Imola, zu reisen. Er sollte die condotta, Vertrag, zwischen Caterinas Sohn Ottaviano Riario und Florenz verlängern, dabei den Sold so tief wie möglich halten und ansonsten Florenz keine weiteren Verpflichtungen auferlegen. Machiavelli erhielt den Auftrag am 12. Juli 1499. Bereits am nächsten Tag ritt er los, hielt sich kurze Zeit in Castrocaro auf und kam am 16. Juli in Forlì an. Den Auftrag hatte er von der Signoria erhalten. Marcello Virgilio hatte ihn unterzeichnet. Florenz suchte die Freundschaft zum kleinen Staate Caterinas, denn dessen Territorium lag an einem strategisch wichtigen Knotenpunkt auf dem Wege von Ober- nach Mittelitalien, direkt auf der Durchquerung des Lamonetales. Solche Miniaturstaaten gab es viele in Italien. Sie konnten überleben, weil sich die fünf italienischen Großstaaten untereinander die Balance hielten und sich nicht die kleinste territoriale Expansion gönnten. Florenz erhoffte sich von Caterinas Staat die günstige Vermittlung kampfestüchtiger Söldner; deshalb hatte die Arnorepublik ihrem Sohn Ottaviano eine condotta in Höhe von 15 000 fiorini zugesichert. Dieser Vertrag sollte die Freundschaft aufrechterhalten. Machiavellis Aufgabe war es nun, diese Condotta auf 10 000 fiorini herunterzuhandeln, ohne Caterina zu vergrämen. Dabei sollte er ihr beibringen, daß es Florenz mehr um die Freundschaft mit ihr als um die Leistungen ihres Sohnes gehe. Sollte ihm dies gelingen, dann war es seine zusätzliche Aufgabe, von ihr Schießpulver, Kugeln und Salpeter für den Krieg gegen Pisa zu kaufen. Machiavelli wußte von vornherein, daß dieser Auftrag kein einfaches Unternehmen war. Ottaviano Riario war ein zu schlechter Condottiere und Caterina eine zu überzeugende Frau, als daß er es bei einer knappen Unterredung hätte belassen können. Das einzige, was für

ihn sprach, war, daß Caterina um jeden Preis mit Florenz
verbündet sein wollte. An den Grenzen lauerte bereits
Cesare Borgia, der ausgezogen war, in Oberitalien ein
eigenes Reich aufzubauen. Caterina ließ Machiavelli wissen, daß ihr Onkel, der Herzog von Mailand, von Frankreich bedroht werde und sie um Waffenhilfe gebeten habe.
Machiavelli spürte irgendwie, daß Caterina seiner Diplomatie gewachsen war. Sobald sie bemerkte, welchen Wert
Florenz auf die Freundschaft mit ihr legte, schraubte sie
ihre Ansprüche hinauf. Den in Forlì anwesenden Mailänder Geschäftsträger gebrauchte sie als Druckmittel. Ihre
Waffen und Soldaten hatten in Italien einen hohen Markt-
wert, in ihrem Lande blühte der Waffenhandel.[11] Caterina
wollte aber auch mit Mailand nicht brechen und weiterhin Waffen schicken. Es war in erster Linie die Frau, die
Machiavelli begeisterte. Er war von ihrer Schönheit, Klugheit und kriegerischen Kraft zutiefst angetan, und Caterina
war in der Tat eine besondere Frau.

Der Name Sforza war zu dieser Zeit nicht nur in Italien
ein Begriff. Ihr Aufstieg zur Familiendynastie war bemerkenswert: Am 20. März 1466 ritt der junge Galeazzo Maria
unter frenetischem Jubel in Mailand ein, wo er als künf-
tiger fünfter Herzog von Mailand begrüßt wurde, nachdem
sein Vater, Francesco Sforza, gestorben war. Der neue
Regent verfügte über einen großen Staatsschatz und über
ausgezeichnete Truppen. Aus seiner Ehe mit Bona von
Savoyen gingen mehrere Kinder hervor, darunter auch die
spätere Ehefrau Kaiser Maximilians I., Bianca Maria.[12]
Galeazzo Maria war als Mäzen bekannt, ebenso aber wegen seiner Grausamkeit gefürchtet: Einen Priester, der ihm
eine schlechte Zukunft prophezeite, ließ er einsperren und
hungern. Pietro Drago ließ er bei lebendigem Leibe begraben, wobei niemand den Grund kannte. In Mailand kursierte der Verdacht, er habe seine Mutter, Bianca Sforza,
vergiften lassen. Mit seinem politischen Spürsinn erreichte
er die Freundschaft mit Lorenzo de' Medici. Seiner Härte
gegen das Volk war es zuzuschreiben, daß er sich immer

mehr Feinde schuf. Am 26. Dezember 1476 wurde er in der Kirche San Stefano in Mailand ermordet. Die Bevölkerung schrieb ihm später das große Verdienst zu, in der Po-Ebene den Reisanbau, eine der großen wirtschaftlichen Einnahmequellen dieser Gegend, eingeführt zu haben. Während seiner Regentschaft herrschte eine strenge Rechtsprechung, gegen Bestechung und Korruption wurden schwere Strafen gesetzt. In seinem privaten Leben erlaubte sich Galeazzo Maria große Freiheit: Männer mußten ihm ihre Frauen als Mätressen zur Verfügung stellen. Im Jahre 1480 wurde der zwölfjährige Gian Galeazzo Sforza in Mailand zum Herzog gekrönt. Er bekam aber nicht das Zepter der Regierung, da Ludovico, oft nur il Moro genannt, die Regentschaft in diesem Jahre an sich riß. Ludovico war als fünftes Kind von Francesco Sforza und Bianca Maria in Vigévano geboren. Über den Ursprung seines Beinamens il Moro, der Mohr, gibt es mehrere Versionen. Getauft wurde er als Ludovicus Maurus, bevor seine Mutter, entsprechend der Visconti-Tradition, den zweiten Namen in Maria abändern ließ; hier dürfte die Quelle für seinen Beinamen liegen.[13] Eine andere Version, er habe ein Muttermal in der Form einer Maulbeere (Morus = Maulbeerbaum), ist wohl später erfunden worden, ebenso auch die Version, der Zuname komme vom dunklen Teint und den dunklen Augen, die an einen Mohren erinnerten.[14] Ludovico il Moro war die faszinierendste Gestalt in der großen Sforza-Dynastie. Selbst Burckhardt begeisterte sich für ihn: „Der Mohr ist die vollendete fürstliche Charakterfigur dieser Zeit und erscheint damit wieder wie ein Naturprodukt, dem man nicht ganz böse sein kann. Bei der tiefsten Immoralität seiner Mittel erscheint er in deren Anwendung völlig naiv; er würde sich wahrscheinlich sehr verwundert haben, wenn ihm jemand hätte begreiflich machen wollen, daß nicht nur für die Zwecke, sondern auch für die Mittel eine sittliche Verantwortung existiert; ja, er würde vielleicht sein Bemühen, möglichst alle Bluturteile zu meiden, als eine ganz besondere Tugend geltend gemacht haben."[15]

Unter ihm erlebte Mailand die größte wirtschaftliche und kulturelle Blüte dieser Epoche. Einmal rühmte sich Ludovico, Papst Alexander VI. sei sein Kaplan, Kaiser Maximilian I. sein Condottiere, Venedig sein Kämmerer und der König von Frankreich sein Kurier. Auf seinem landwirtschaftlichen Gut „Sforzesca" hielt er an die 28 000 Ochsen, Kühe, Büffel, Schafe und Ziegen. Bekannt waren seine Zuchtpferde. Unter ihm gediehen der Reisanbau und die Anpflanzung von Maulbeerbäumen und Reben. In der Mailänder Seidenindustrie arbeiteten damals an die 20 000 Menschen. Die Einzelindustrien wie Glas- und Textilherstellung, Goldverarbeitung und das Handwaffengewerbe exportierten den Großteil ihrer Produkte ins Ausland und trugen so zur Verbesserung des Lebensstandardes bei. Im Steuerwesen hinkte Ludovico hinter den Medici in Florenz nach. Mailänder Adelige von der ghibellinischen Partei verübten 1484 beim Kirchgang ein Attentat auf Ludovico. Ein Zufall rettete ihm das Leben. Ein zweiter Anschlag auf ihn scheiterte ebenso. Das Paktieren mit Frankreich brachte ihm den Vorwurf, die Franzosen nach Italien gelockt und damit das Elend heraufbeschworen zu haben. Dies stimmte nur zum Teil, weil ebenso die venezianische Republik den französischen König bei der Thronfolge aufgefordert hatte, in ihr Land zu kommen. Es war dann ein gewaltiges Spektakel; niemals zuvor war eine größere französische Streitmacht ausgerückt: 90 000 Mann mit 450 Kriegsschiffen.[16] Die Neapolitaner erlitten bei Rapallo ihre erste Niederlage. Die toskanischen Städte Lucca, Siena und Pisa schlugen sich auf die Seite der Franzosen, wodurch sie sich die Befreiung von der florentinischen Herrschaft erhofften. Im November 1494 rückten die Franzosen in Florenz ein. Die Republik am Arno schwankte wieder einmal. Piero Capponi erhandelte noch einmal einen Kompromiß: Man einigte sich, daß Florenz 120 000 fiorini in zwei Raten bezahlte; dabei verzichtete Frankreichs König Karl VIII. auf die Wiedereinsetzung der Medici. Zu Silvester zog er in die Ewige Stadt ein und besetzte sie kampflos.

Der Papst flüchtete in die Engelsburg. Alexander VI. wurde als Papst anerkannt. Karl VIII. verweigerte ihm nur die Belehnung mit Neapel. Im Februar umjubelten die Neapolitaner den französischen Italienfeldzug. Durch den raschen, erfolgreichen Franzosenzug waren viele italienische Machthaber ins Schwanken geraten. Sie fürchteten ernsthaft um ihre Position. Ludovico il Moro sah seine Schaukelpolitik als teilweise gescheitert an; er befürchtete, daß sich König Karl VIII. Mailands bemächtigen werde. Ebenso bangte Venedig um seine Freiheit, und Maximilian I. sah sich vom Franzosenkönig ernsthaft bedroht.

Ludovico il Moro standen nicht nur außenpolitische Bedrohungen ins Haus, er hatte auch mehrere private Schicksalsschläge hinnehmen müssen: Wegen seiner Liaisons geriet seine Gattin Beatrice zusehends in einen depressiven Zustand. Er verlor seine Lieblingstochter Bianca. Sie war nach der Geburt eines toten Kindes im Wochenbett im Alter von 22 Jahren gestorben. Das fröhliche, temperamentvolle Mädchen aus Ferrara war in Mailand sehr beliebt gewesen. Moro selbst hatte daraufhin einen völligen Zusammenbruch erlitten. Nun besuchte er dreimal am Tag die heilige Messe. Zuvor hatte er sich kaum um religiöse Angelegenheiten gekümmert. Er wußte, daß es um ihn nicht mehr gut stand. Mit letzter Kraft heuerte er im Jahr 1500 ein Schweizer Söldnerheer von 20 000 Mann an und zog gegen die Franzosen in Italien. Er geriet in französische Gefangenschaft. Nach acht Jahren hinter Gefängnismauern, in die er die Worte kratzte: „Der ist nicht weise, der auf das Glück vertraut", starb er nach einem gescheiterten Fluchtversuch. Mit ihm ging in der Lombardei ein großes Zeitalter, die Herrschaft der Sforza, zu Ende. Wohl regierten in Mailand nach 1500 noch über 30 Jahre Sforza-Herzöge; diese waren aber mehr Schattenfiguren, Marionetten fremder Herzöge als souveräne Regenten nach dem Vorbilde des inzwischen zur Legende gewordenen Ludovico il Moro.

An Größe und Persönlichkeit kam Caterina Sforza Ludovico il Moro am nächsten. Sie war die Tochter des Galeazzo

Maria und der Lucrezia Landriani, 1462 oder 1463 geboren. Caterina wuchs mit Geschwistern und Halbgeschwistern im herzoglichen Haushalt auf. Ihre Großmutter, Bianca Maria Visconti, die Witwe Francesco Sforzas, besorgte die Erziehung. Der Vater wollte sie schon früh verheiraten. Caterina sollte mit einem Condottiere oder einem Mailänder Adeligen ihren Lebensweg teilen. Dann aber heiratete sie Girolamo Riario, einen Mann, der vorher Orangen, Trauben und Rosinen in den Straßen von Savona verkauft und als Schreiber beim Zoll gearbeitet hatte. Girolamo war damals noch ein Unbekannter, um so bekannter war sein Onkel: Francesco della Rovere, der 1471 als Sixtus IV. in Rom die Tiara erhielt. Dieser Papst holte viele seiner Verwandten nach Rom und trieb den Nepotismus auf die Spitze. Sein Neffe Giuliano della Rovere wurde der spätere Papst Julius II. Der Handel zwischen Girolamo Riario und Caterina wurde 1473 abgeschlossen: Caterina sollte der Familie als Mitgift 10 000 Dukaten einbringen. Girolamo hatte besonderes Glück: Nach dem frühen Tode seines Bruders, der sich angeblich „zu Tode gehurt" haben soll, erhob ihn sein Onkel zum Grafen und machte ihn zum päpstlichen Vikar. Girolamo konnte die Herrschaft seines Bruders, die Herrschaft über Imola antreten. Zudem ernannte ihn der Papst zum Padrone della Borsa Vaticana, zum Kapitän des päpstlichen Staatsschiffes, also zu seiner rechten Hand. Girolamo begnügte sich nicht mit Imola. Er erstrebte ein großes Territorium mit Faenza, Forlì und Pesaro als Regierungszentren, wogegen Venedig, Florenz und Mailand ihr Veto ankündeten. Schließlich konnte Girolamo doch noch Forlì einnehmen. Eine päpstliche Bulle übertrug ihm diese Herrschaft am 9. August 1480.[18] Danach unternahm er mit Caterina eine erfolgreiche Mission nach Venedig, wo er in der Absicht, das Gebiet der Familie der Este in Ferrara zu erobern, zum Bürger erklärt wurde. Papst Sixtus setzte Girolamo Riario als Herrscher von Forlì ein. Damit war die letzte Voraussetzung für den Krieg gegen Ferrara geschaffen. Während der Kriegshandlungen betrank er sich, spielte mit dem ihm anvertrauten Soldgeld und zog zur Deckung seiner Spielschulden das Geld für das Saatkorn heran, das der Versorgung der Bevölkerung dienen sollte. Hätten nicht die Venezianer mit ihrem tüchtigen Condottiere Roberto Malatesta die Neapolitaner bei Campo Morto entscheidend geschlagen, dann wäre es wohl um Girolamo schlecht bestellt gewesen. Wie so oft in der italienischen Geschichte wandte sich dann das Blatt schlagartig. Papst Sixtus schloß mit Neapel einen Sonderfrieden, so daß Girolamo und Caterina in Venedig ihren ersten Feind hatten. Allmählich trat nun Caterina auf den Plan. Bei ihrer Hochzeit in St. Peter in Rom hatte sie die Anwesenden durch ihre Schönheit begeistert; Papst Sixtus IV. sprach das Heiratsgelöbnis und band sie an seinen Neffen Girolamo. Er legte ihr eine Kette von unschätzbarem Wert um, worauf die 15jährige der Reihe nach die Hände der anwesenden Kardinäle küßte. Vor dem Kardinal-Bischof von Albano hielt sie inne und erschrak vor seinem Lächeln und seinen durchdringenden Augen: Sie war zum ersten Male Rodrigo Borgia begegnet. Mit dieser Heirat war Caterina in die breite Welt der Politik getreten, zu den Schaltstellen der Macht gelangt. Zwei Jahre nach dieser Hochzeit brachte sie ein Mädchen zur Welt, das sie auf den Namen Bianca taufen ließ. Ein Jahr später, im August 1479, gebar sie einen Sohn und bald darauf einen zweiten. 1483 mußte Caterina Imola gegen die feindlichen Truppen der Venezianer verteidigen, dabei soll sie selbst die Truppen kommandiert und den Soldaten großen Respekt eingeflößt haben. Am 12. August 1484 verstarb Papst Sixtus IV. Die Masse plünderte den Besitz des Verstorbenen. Man riet Girolamo und Caterina, die in Rom residierten, die Stadt zu verlassen. Doch völlig überraschend bestieg die schwangere Caterina eilig ein Pferd, stürmte in die Engelsburg und ließ die Festung in einen Verteidigungszustand versetzen. Felsenfest von sich und ihrer Tat überzeugt, rief sie aus: „Ich bin eine Sforza, ich habe genausoviel Verstand wie mein Vater, und ich denke nicht daran, die Festung zu übergeben."[19] Girolamo ging gegen den Willen seiner Frau auf die an ihn gestellten Bedingungen zur Kapitulation ein. Er übergab die Engelsburg, Caterina gab den Traum von der großen Macht nur ungern auf. Dafür aber blieben ihr Forlì und Imola. Von hier aus versuchte sie nun, Beziehungen zu Mailand, Mantua, Bologna und Ferrara zu knüpfen, was wieder neue Probleme schuf: Girolamo Riario war in Forlì nicht sonderlich beliebt, wenn er auch mehrmals versuchte, die Gunst des Volkes zu erringen. Zum Beispiel schuf er 1484 für ein Jahr die Fleischsteuer ab. Caterina und Girolamo litten zusehends unter finanziellen Engpässen, das Geld reichte nicht für ihr luxuriöses Leben. 1486 durchzog eine Pestwelle das Land. Auch in der Ehe kriselte es. Nach der Geburt ihres siebten Kindes erkrankte Girolamo, während sich 1488 eine Verschwörung gegen ihn zusammenbraute: Am 14. April betrat Cecco Orsi, der Kommandant der Leibwache, das Zimmer von Girolamo und stieß ihm einen Dolch in den Leib. Girolamo versuchte zwar noch zu fliehen, aber der Begleiter des Mörders, Ponsecco, stach auf Girolamo ein, bis er tot war. Als Caterina davon erfuhr, ließ sie eilends ihre Getreuen bewaffnen und die Festung sichern. Sie mußte sich dennoch dem rebellierenden Volk von Forlì geschlagen geben; während die aufgebrachte Masse den Palazzo der Riario plünderte, brachte man sie in das Haus der Orsi. Girolamos Leiche wurde geschändet, zum Fenster hinausgeworfen und über den Platz geschleift, bis schließlich ein Bettelmönch die Reste des toten Körpers einsammelte. Forlì sollte nun dem päpstlichen Gouverneur von Cesena, Savelli, übergeben werden. Caterina verzichtete um keinen Preis auf die Macht; heimlich hoffte sie auf Hilfe aus Mailand. Sie erklärte, um Zeit zu gewinnen, daß sie nicht in die Stadt zurückkehren wolle. Die Orsi glaubten ihren Worten nicht und drohten mit der Ermordung ihrer Kinder. Da hob Caterina ihren Rock hoch und schrie: „Ihr Bastarde, ist Euch nicht der Gedanke gekommen, daß ich noch weitere Kinder bekommen kann! Seht her, ich bin wieder schwanger."[20]

Caterinas Hoffnung wurde nicht enttäuscht. Ludovico il Moro schickte ihr ein Befreiungsheer, die Orsi verließen die Stadt. Caterina blieb Regentin. Noch im selben Jahr schien die Erbfolge der Riario-Kinder gefährdet, weil Caterina eine Affäre mit dem jungen Antonio Maria Ordelaffi einging. Caterina mußte um ihrer Macht willen auf diese Liebe verzichten: Ordelaffi fand man mit einer gewinnbringenden condotta ab. Als Regentin war Caterina nach dem Tod Girolamos selbstbewußter denn je, in der Liebe hatte sie freilich ein Verhältnis nach dem anderen und gebar in der Folge noch mehrere Kinder. In ihrem Testament behauptete sie sogar, sie habe mit Giacomo Feo die Ehe geschlossen. Tatsache ist, daß sie mit Giacomo, dem sie in der Liebe völlig hörig war, ein Kind hatte, das sie auch im Testament bedachte. Die französische Invasion hatte auch in ihrem Territorium Spuren hinterlassen. Als 1493 neapolitanische Truppen heranrückten, mußte sich Caterina auf die Seite Neapels und des Kirchenstaates stellen. Inzwischen belagerten schweizerische, bretonische und italienische Soldaten ihr Ländchen. Zwangsweise ging sie ein Bündnis mit Mailand ein. 1495 änderte sich wieder die politische Konstellation: Aragon, Maximilian, der Papst, Venedig und Mailand schlossen eine Liga gegen Frankreich; Caterina mußte sich zwischen diesen beiden Fronten entscheiden. Währenddessen ging ein neues Verschwörungsgerücht um, diesmal gegen Giacomo Feo. Am 27. August 1495 wurde er erstochen. Caterina rächte den Tod ihres Geliebten fürchterlich: Gian Ghettis Haus ließ sie stürmen und die Bewohner umbringen. An die 50 Menschen verloren ihr Leben. In jenen Tagen kam ihr Beiname „Tigerin" auf. Die Mordlust dieser schönen Frau, die auch vor Kindern nicht haltmachte, entsetzte sogar die Zeitgenossen der Renaissance, die gewiß viele Grausamkeiten als natürlich empfanden.

Nach der Vertreibung der Medici aus Florenz verbündeten sich ihre Familienmitglieder Lorenzo und Giovanni mit Karl VIII. Sie legten den Namen Medici ab und nannten sich Popolano, um nach außen die Volksverbundenheit zu betonen. So durften sie als Bürger und Bankiers in Florenz bleiben. Giovanni Popolano erhielt 1496 das Amt eines Gesandten in Forlì. Hier, bei Caterina, erwuchs eine gegenseitige Zuneigung. Er wurde zu ihrem persönlichen Ratgeber und Geliebten und heiratete sie. Nach kurzer Erkrankung verstarb er bereits 1498. Am 6. April hatte sie ihren letzten, zugleich berühmtesten Sohn geboren: Giovanni delle Bande Nere, der letzte bedeutende Condottiere Italiens. Danach überschlugen sich die Ereignisse: Papst Alexander VI. wollte, daß Caterinas ältester Sohn, Ottaviano, seine 18jährige Tochter Lucrezia Borgia heirate. Caterina wagte es, nein zu sagen, denn sie hätte sonst die Herrschaft über Imola und Forlì abtreten müssen. Sie begründete ihren Entschluß damit, daß ihr Sohn noch zu jung und außerdem für eine militärische Laufbahn bestimmt sei. Ottaviano erhielt tatsächlich von Florenz eine condotta, und in dieser Angelegenheit war Machiavelli nach Forlì aufgebrochen. Alexander VI. gab sich nicht so schnell geschlagen. In einer Bulle vom 9. März 1499 nannte er Caterina die „Tochter der Bosheit"; er betrachtete ihre Söhne als abgesetzt und erklärte seinen eigenen Sohn Cesare zum Herrn von Forlì und Imola. Caterina ließ unverzüglich Befestigungen gegen den Angriff des Borgia errichten. In Forlì wuchs indessen erneut der Widerstand. Caterina stand allein da, isoliert auf breiter Front. Sie hatte zwar in Mailand einen politischen Verbündeten, der ihr nun allerdings wegen eigener Probleme mit Frankreich nicht helfen konnte. Und auch Florenz zeigte wenig Interesse, ihr kriegerisch gegen den Borgia zu helfen, wie sie bei den Unterredungen mit Machiavelli erfahren mußte. Cesare Borgia griff an. Imola fiel, auch Forlì, wohin sich Caterina verschanzt hatte. Bei der Verhandlung zwischen ihr und Cesare wies sie ihn ab mit der Begründung, daß kein Mensch mit gesundem Verstande dem Worte eines Borgia glaube. Cesare eroberte die Randgebiete um Forlí. Da Caterinas Kinder nicht auffindbar waren, empfand er seinen Sieg nicht als vollständig. Er vergewaltigte in seinem Zorn Caterina, ließ sie dann nach Rom bringen, wo sie sich weiterhin weigerte, auf ihre Gebiete zu verzichten. Doch auch von außen hatte sie keine Hilfe mehr zu erwarten. Der Papst warf sie in ein tiefes Verlies der Engelsburg, wo sie bis 1501 dahinvegetierte. Die Franzosen erreichten ihre Befreiung; sie unterschrieb endlich ihre Verzichtserklärung, als sie erkennen mußte, daß auch ihre Kinder nicht mehr zu ihr standen. Nach dem Tode des Borgia-Papstes und der Inthronisation Giulianos della Rovere, eines Verwandten ihres ersten Mannes, schöpfte Caterina erneut Hoffnung. Ihr politischer Traum aber war zu Ende, die Sforza-Familie von der politischen Bühne abgetreten. Caterina zog sich ins Kloster Annalena zurück, wo sie am 28. Mai 1509, mit 46 Jahren, starb. Um ihre Person bildeten sich alsbald Legenden. Noch Jahrhunderte nach ihrem Ableben erzählten Mütter in der Romagna ihren Kindern schaurige Geschichten von der Gräfin Caterina Sforza, deren Geist angeblich nachts in den verfallenen Mauern umgehe, hinter denen Truhen mit Gold und Edelsteinen vergraben seien. Die Bauern und Handwerker hingegen sangen in den Schenken die canzoni von der schönen und leidenschaftlichen, grausamen und tapferen Madonna von Forlì, die es gewagt hatte, dem spanischen Papst und seinem gefürchteten Sohne zu trotzen, in einer Zeit, als dies kein Mann in Italien fertigbrachte. Wer heute aufmerksam durch Forlì geht, wird an einem Gassenende die Reste des ehemaligen Wappens der Sforza-Riario erkennen. In diesem Emblem war 1481 erstmals Sinn und Hohn zugleich zum Ausdruck gekommen: Links bäumt sich die Schlange der Visconti-Sforza und verschlingt mit aufgerissenem Rachen ein Kind, rechts blüht die rote Rose der Riari. Beides, Rose und Schlange, symbolisieren das Leben Caterinas, ihre Höhen und Tiefen, ihre Leidenschaft und ihren Mut, das Leben einer der eigenwilligsten, aber auch faszinierendsten Herrscherinnen der Geschichte.

Mit dieser Frau traf Niccolò Machiavelli im Juli 1499 in Forlì zusammen. Caterina hörte Machiavelli von Anfang an aufmerksam zu und antwortete ihm ruhig und resolut. Machiavelli war von ihren Worten sofort angetan. Klug erbat sie sich von dem Florentiner Bedenkzeit. Mit ihrer mailändischen Rückendeckung forderte sie Florenz heraus. Pulver, Salpeter und Kugeln könne sie nicht verkaufen, da sie selbst für einen Krieg gerüstet sein müsse, auch könne sie deshalb keine Söldner entbehren. Machiavelli verhandelte weiter. Die Signoria in Florenz erwartete von ihm, daß er in weiteren Gesprächen doch einen Kompromiß erhandelte. Machiavelli mußte wahrnehmen, wie täglich Söldner aus Forlì nach Mailand abzogen und daß Caterina ihn geschickt hinhielt, ohne ein definitives Wort zu sprechen. Marcello Virgilio drängte ihn brieflich. Machiavelli hob sodann die condotta von 10 000 auf 12 000 fiorini an. Endlich, am 23. Juli, wollten die beiden den Vertrag abschließen. Bevor Caterina unterzeichnete, verlangte sie den zusätzlichen Passus, daß sich Florenz verpflichte, ihr gegen Cesare Borgia zu helfen. Diesen Gedanken, sagte sie, habe sie in der Nacht gefaßt. Die Verhandlungen begannen von neuem. Die Signoria von Florenz war es schließlich, welche diese Unterredungen unterbrach, indem sie die Forderung der Herrin von Forlì und Imola, ihren Staat zu protektionieren, ablehnte. Machiavelli erhielt für diesen Auftrag 19 große Goldfiorini als „Vergütung der Kosten der Hinreise, des Aufenthaltes und der Rückreise".[21] Er schrieb während seines 15tägigen Aufenthaltes in Forlì sieben Briefe nach Florenz, in denen er unter anderem bekannte, daß ihm Caterina überlegen war.

Caterina war ihm in der Tat überlegen gewesen. Trotzdem war die Begegnung mit ihr für Machiavelli nützlich. Bei Caterina begann sein eigentlicher politischer Reifungsprozeß. Machiavelli war spätestens jetzt zu jenem Staatsdiener geworden, der sich nicht mit der blanken Ausübung seines Auftrages begnügte, sondern in die Anatomie der Machtmechanismen vorzudringen trachtete. In Forlì hielt er, wie auch bei seinen späteren Gesandtschaften, an den Grundpfeilern seines Lebens fest: Redlichkeit und Prinzipientreue. Er vermied karriereorientierten Opportunismus, worin ein Schlüssel für seine anhaltende Armut zu suchen ist. Bei der Berichterstattung suchte er seit Forlì noch mehr klare Aussagen und vermied das Umschreiben der Wahrheit. Mit Forlì begann seine eifrige Berichterstattung. Noch heute befindet sich in den florentinischen Archiven eine beachtliche Menge von ihm verfaßter Briefe. Im übrigen waren die Auftraggeber in der Republik am Arno mit Machiavelli zufrieden: Die Freundschaft Caterinas war ihnen weiterhin sicher, das Geld für Ottavianos condotta ersparten sie sich.

Für das spätere Werk Machiavellis läßt der Aufenthalt bei Caterina ebenso wie der bei d'Appiano keine besonders interessanten Beobachtungen zu; dafür war es eine Lehrreise zur Verfeinerung des politischen Scharfsinnes. Machiavelli hatte ebenso wie die Zehn die Umtriebe Caterinas durchschaut. Der Inhalt der Gespräche erforderte es, daß Machiavelli eine eigentlich recht ungünstige Lösung für Florenz herbeiführte, wenn diese auch durchaus seinen Überlegungen entsprach.[22]

4. Diplomatische Berichterstattung und freundschaftliche Briefe

Machiavellis Berichterstattung wurde zusehends klarer und aussagekräftiger. Er erreichte mit der Zeit jenes Selbstbewußtsein, mit dem er zum Beispiel nach der dritten Frankreichdelegation von der Signoria verlangte, seinen Worten zu glauben, denn sie seien die Wahrheit und wiesen den Weg, den Florenz entschlossen gehen müsse, wolle die Republik ihre politischen Ziele durchsetzen. Er war von seinem Spürsinn für die Realpolitik zutiefst überzeugt, so daß seinen Rapporten zuweilen ein leichter arroganter Ansatz zu entnehmen ist: Nur er könne die Arnorepublik auf Dauer retten.

Eigentlich waren die florentinischen Gesandten nicht verpflichtet, am Ende ihres Auftrages einen zusammenfassenden Bericht vorzulegen, wie dies etwa bei den Gesandten Venedigs üblich war. Machiavelli schrieb nach jeder größeren Delegation seine Bemerkungen und Beobachtungen nieder. Für die Nachwelt sind diese schriftlichen Zeugnisse von besonderer Bedeutung. In diesen Schriften, die Machiavelli nicht zur Publikation verfaßte, sind oft tiefere Hintergründe und Gedankengänge enthalten als in den Briefen, die in der Regel aus Zeitmangel schnell abgefaßt wurden. Aus einem Ratschlag, den Machiavelli seinem Kollegen Raffaello Girolami vor dessen Gesandtschaft nach Spanien erteilte, ist zu ersehen, auf was Machiavelli Wert legte: „Ihr sollt aufmerksam alles beobachten, den Charakter des Fürsten sowohl als den seiner Umgebung, den Adel und das Volk, und nachher ausführlich darüber berichten. Ich habe viele gekannt, die, weil sie für schlau und doppelzüngig gehalten wurden, das Vertrauen des Fürsten so sehr verloren, daß ihnen das Verhandeln mit ihm unmöglich war." Der Gesandte müsse in den Ruf eines Ehrenmannes gelangen, der nicht anders von der Sache spreche, als er darüber denke.[23]

Beim Vergleich der Gesandtschaftsberichte fällt auf, daß Machiavellis Schreiben, besonders die aus Rom im Herbst 1503, Inhalte analog zu denen seiner Kollegen haben. Zum Beispiel benützten Machiavelli und der venezianische Gesandte Giustinian viele gleichlautende Termini im Bericht über dasselbe Thema. Die ähnliche diplomatische Korrespondenz rührte daher, daß die Botschafter ihre Quellen oft von demselben Geheimdienst bezogen oder den Wortlaut, den sie bei der Audienz gehört hatten, möglichst wörtlich wiedergaben.

Machiavelli schrieb keinen seiner Briefe für eine Publikation. Seine private Korrespondenz enthielt oft verschlüsselte Satzkonstruktionen. Viele seiner freundschaftlichen Briefe adressierte er an politisch Aktive. Machiavelli suchte immer nach ebenbürtigen Gesprächspartnern, die ihm gesellschaftlich und materiell freilich überlegen waren. Rein private Schreiben sind sehr wenige erhalten. Die Nachwelt besitzt nur einen einzigen Brief an seine Frau und nur eine kleine Anzahl an seine Verwandten. Nach 1512 waren es Francesco Vettori und Francesco Guicciardini, mit denen Machiavelli eine ausführliche Korrespondenz über die Politik führte, in der er auch private Erlebnisse mitteilte. Mehr als die Hälfte seiner Briefe an Freunde stammen aus dieser Zeit. Machiavelli nahm nach seiner Suspendierung 1512 am Geschehen in Florenz und Italien mit ungewöhnlichem Interesse teil,[24] obwohl er kein offizielles politisches Amt mehr bekleidete. Viele seiner Briefe machten die Runde. Seine Bemerkungen zur Politik, aber auch seine Anspielungen und Anekdoten über sich und andere fanden große Bewunderung, was Machiavelli besonders gefiel. Machiavelli wünschte sich, daß man manche seiner Briefe weiterreichte und einem größeren Leserkreis zugänglich machte. Er erhoffte sich, daß sein Ansehen bei der politischen und geistigen Welt seiner Zeit ansteigen und er zu Ehren gelangen würde. Auch seine privaten Briefe schrieben seine Freunde oft ab und brachten sie in Umlauf. Sein Freund Buonaccorsi las öfter seine Schriften in der Öffentlichkeit vor und erregte damit zuweilen großes Aufsehen und Anerkennung.[25]

Der Briefwechsel war zur damaligen Zeit nicht einfach: Politische Institutionen, große Bankhäuser und Handelsunternehmen beauftragten Kuriere mit dem Transport ihrer Korrespondenz. Für Privatpersonen war die Briefüberstellung schwieriger. Solche Briefe mußten Personen mitgegeben werden, die ohnehin denselben Weg reisten. Und immer war der Brief ein Ereignis. Der Schreiber befaßte sich ausführlich damit; der Empfänger freute sich besonders, wenn das Schreiben zu ihm kam. Da es kein Postgeheimnis im modernen Sinne gab − dazu war schon die Überbringung zu unsicher −, schrieben gebildete Leute mit dem pappofico, einer Art Chiffrierung, oder sie benützten Bilder aus der Mythologie oder Literatur. Machiavelli griff in seinen privaten Briefen immer wieder zu solchen Bildern und Anspielungen.

Seine Briefe sind frei von den Klischees der damaligen Briefliteratur. Bewundernswert ist immer wieder sein sprachlicher Ausdruck. Seine Sprache hatte er gewiß auch an Dante geschult, mit dem er gemeinsam den italienischen Traum der nationalen Einheit teilte. Dante aber lehnte das Italienische als Sprache für alle italienischen Provinzen ab, was Machiavelli folgender Ursache zuschrieb:

„Dante hat sich in allen Dingen durch seinen Genius hervorgetan, außer wenn er auf sein Vaterland zu reden kam, das er bei jeder Gelegenheit mit einer Verbitterung verunglimpfte, die eines billig denkenden Mannes, geschweige denn eines Philosophen unwürdig ist. So sehr schmerzte ihn die Unbill seiner Verbannung, so heftig war sein Verlangen nach Rache. Er rächte sich dafür, wie er nur konnte; und wäre Florenz von einem einzigen der Übel betroffen worden, die er der Stadt wünschte, sie hätte mehr Grund gehabt, über die Geburt dieses ihres Sohnes zu klagen als über all ihr sonstiges Unheil." Dann aber triumphierte in Machiavelli der Lokalpatriotismus: „Doch das

gnädige Schicksal strafte ihn Lügen, überstrahlte die Verleumdungen des Dichters mit dem Glanz des Ruhms und
ließ Florenz mit jedem Tag nur prächtiger gedeihen. Es erhob die Stadt über alle anderen Städte der Welt und führte
sie in unseren Tagen zu derart ruhigem, glücklichem Wohlstand, daß Dante, könnte er sie heute sehen, entweder
seine Schuld bekennen oder wünschen würde, gleich wieder tot zu sein, so tief wäre er in seinem unverbesserlichen
Neid getroffen."[26]

5. Die Borgia

Im Jahre 1494 starb der König von Neapel, Ferrante I. Die Franzosen drohten dem Papst, falls er die Spanier in Neapel anerkennen werde. Dennoch sprach sich Alexander VI. für Alfonso aus, worauf Karl VIII. am 17. März den Einmarsch in Italien verkündete. Alexander wußte, daß er mit den Franzosen verhandeln müsse, wolle er Rang und Würde erhalten. In Rom herrschten Ende 1494 und in den ersten Tagen des neuen Jahres tumultartige Zustände. Für die französische Invasion und ihre politischen Ziele war die Haltung des Papstes maßgebend gewesen. Das Volk in Rom kannte die Umtriebe des Borgia-Papstes und seiner Familienmitglieder. Am 6. Januar flohen Alexander, dessen Sohn Cesare und vier Kardinäle durch einen unterirdischen Gang in die Engelsburg. Eine Woche konnten sie der französischen Belagerung standhalten, dann unterzeichnete der Papst nach der Kapitulation ein Abkommen, wonach Cesare für drei Monate Karl VIII. nach Neapel begleiten sollte und die Franzosen freien Durchzug durch den Kirchenstaat erhielten. Viele in Rom hatten auf das Ende der Borgia-Dynastie gewartet, gegen die sich viel Haß aufgestaut hatte.

Es gehörte zum Wesen der Italiener, daß sie allem Fremden skeptisch, wenn nicht feindlich begegneten. Im Jahre 1444 war der Spanier Alonso Borgia nach Rom gekommen, wo er die Kardinalswürde und die Titelkirche San Quattro Coronati erhielt. Mit ungewöhnlichem Ehrgeiz und nicht ohne Intrigen wurde er nach elf Jahren zum Papst Calixtus III. Mit ihm nahm der Borgia-Nepotismus in Italien ein ungewöhnliches Ausmaß an.

Die Geschichte der Borgia fand im rauhen Bergland von Aragon, in der Stadt Borja, ihren Anfang. Im 15. Jahrhundert erhob die Familie Anspruch auf königliche Abstammung von Pedro Atarès, dem Urenkel von Ramiros I. von Aragon, der im 12. Jahrhundert die Stadt regiert hatte.

Schon im 13. Jahrhundert zeichneten sich Borgias im Feldzug gegen die Mauren um Valencia aus. Einer von ihnen erhielt als Dank Ländereien und Städte in der Gegend um Valencia. Er begründete das Familienwappen: ein grasender Stier, das Wahrzeichen der Stadt Borja. In Italien erhielten sie bald nach ihrem Auftritt den Beinamen *Marrano,* „heimlicher Jude", ein Schimpfwort ohnesgleichen. Denn im Volksglauben hatte Gott die Borgia als Strafe nach Italien gesandt, die nun, gleich den modernen Geheimorganisationen im Süden des Landes, Land und Volk ausbeuteten und unterdrückten. Der Begriff *Marranos* ist entweder aus dem hebräischen *Maranatha* (der Herr kommt) oder aus einer Schilderung der Juden als Menschen, die den echten Glauben verdeckten *(marran),* herzuleiten.[27] In Spanien kam diese Bezeichnung weniger einem Schimpfwort gleich als einfach dem Sammelnamen für Juden oder für getaufte spanische Mauren.

Es ist wahrscheinlich, daß die Borgia Maranen waren, wenn dies heute auch nicht mehr nachgewiesen werden kann. Die Indizien dafür sind: Sie kamen aus Spanien, der Adel Kastiliens und Aragons war jüdisch durchsetzt. Alexander sprach mit Vorliebe Spanisch. In seiner Geldgier ging er gegen scheingetaufte Juden und Maranen vor. Er zwang sie, in gelben Kleidern mit einem roten Kreuz auf der Brust und einer brennenden Fackel durch die Straßen Roms zu marschieren.

Der Spanier Rodrigo Llansol, halb Edelmann, halb Straßenräuber, soll eines Tages auf Drängen seines Onkels Papst Calixtus III. den Namen Rodrigo Borgia angenommen haben und in den geistlichen Stand eingetreten sein. Der Papst verlieh ihm die Kardinalswürde. Seit Anfang seines angeblich gottgeweihten Daseins führte Rodrigo ein ausschweifendes Leben: Geldgier und Bestechung brandmarkten seinen Lebenslauf.

Im Jahre 1492 starb Papst Innozenz VIII. Bei der folgenden Papstwahl triumphierte die Bestechung mehr denn je. Rodrigo Borgia versprach seinen Anhängern Reichtum und

Besitz seiner Widersacher. Dem Sforza-Kardinal Ascanio schickte er vor dem Konklave vier mit Gold beladene Maultiere ins Haus. Das Feilschen und Bestechen erinnerte mehr an ein Markttreiben als an eine Papstwahl: Kardinal Orsini sollte Monticelli und Soriano, Colonna Subiàco, Kardinal Michiel das Bistum Portus, Kardinal Sclafenati die Stadt Nepi und Kardinal Savelli Civita Castellana erhalten. Das Konklave glich einer Börse mit Rodrigo Borgia als einflußreichsten Bankier und Makler.[28]

Dem Konklave von 1484, nach dem Tode Papst Sixtus IV., gehörte auch schon Rodrigo an. Mit seinem Anspruch auf den Stuhl Petri begann ein zäher Machtkampf zwischen ihm und Giuliano della Rovere, seinem Gegenkandidaten. Damals hatte Kardinal Cibo aus Genua die beiden ausgespielt. Als Papst Innozenz VIII. handelte er oft im Sinne Giulianos. Für die Borgia hatte diese Niederlage einen großen Rückschlag bedeutet. In der folgenden Zeit nutzte Rodrigo noch verstärkt seine Position, um seine Macht, seinen Besitz und seinen Reichtum auszuweiten. Der Zeitgenosse Jacopo da Volterra schrieb, daß ihm seine päpstlichen Ämter, seine zahllosen Abteien in Italien und Spanien und seine drei Bistümer Valencia, Porto und Cartagena unermeßliche Einkünfte einbrachten. Allgemein sagte man, daß er schon durch das Amt des Vizekanzlers 8 000 Golddukaten verdiene. Sein Tafelgeschirr, seine Perlen, seine mit Gold und Silber bestickten Stoffe und seine Bücher aus allen Wissensgebieten seien sehr zahlreich und von der Pracht eines Königs gewesen. Nun, 1492, standen sich die Rivalen erneut gegenüber. Gerüchte gingen um, daß sich Rodrigo und Giuliano sogar vor dem Sterbebett des Papstes Innozenz stritten. Das Konklave war erwartungsgemäß in zwei Lager geteilt: Das eine vertrat die Interessen Mailands, angeführt von Ludovico Sforzas Bruder Ascanio, einem alten Freund Rodrigos, die Orsini und Conti unterstützten dieses Lager; die andere Partei führte Giuliano an, unterstützt von Frankreich, Venedig und den Familien der Colonna und Savelli. Ihre politische Tendenz richtete sich gegen Mailand.

Die Rechnung ging schließlich für Rodrigo auf: In der Nacht vom 10. auf den 11. August 1492 stimmte das Konklave für ihn. Wie kam es, daß Rodrigo gewann? Der Bestechung allein kann sein Sieg nicht zugeschrieben werden, denn über dieses Mittel verfügte auch Giuliano della Rovere. Seine Wahl kam für viele spontan. Es scheint, als habe er die mächtigeren Staaten auf seiner Seite gehabt, die über noch größere finanzielle Mittel verfügten. In der späteren Geschichtsschreibung setzte sich die Meinung durch, nach einem heftigen Streit im Konklave habe sich eine große Mehrheit auf die Seite Rodrigos geschlagen. Es fehlte schließlich eine Stimme, die ihm dann der Patriarch Gherardo gab.[29] Jedenfalls erhielten die dem Papst freundlich gesinnten Kardinäle reiche Ämter und beachtliche Besitzungen. Alles sollte den Anschein erwecken, Rodrigo sei ohne Stimmenkauf Papst geworden.[30]

Den Papstnamen Alexander holte er sich aus der Antike. Vielleicht schwebte ihm eine kriegerische Laufbahn vor, weshalb er sich für diesen Namen in Anlehnung an Alexander den Großen entschied. Rodrigos Politik als Papst erinnerte aber auch an Papst Alexander III., der sich mit den italienischen Kommunen zusammengeschlossen hatte, um Kaiser Friedrich Barbarossa zum Gehorsam gegenüber der Kirche zu zwingen. Auch der neue Papst suchte bei den italienischen Staaten nach Verbündeten.

In Rom jedenfalls feierte die Masse das neue Kirchenoberhaupt pompös. Es fiel das Attribut Göttlicher bzw. Alexander der Große! Auf den Straßen jubelten seine Anhänger, Kanonendonner und Trompeten begleiteten den päpstlichen Triumphzug durch Rom. Es gab nur einen kurzen Augenblick der Besinnung. Der Rabbiner der römischen Juden, Ephraim, trat auf der Tiberbrücke mit den Vertretern der Synagoge vor die Sänfte des Papstes und überreichte ihm nach alter Tradition die jüdischen Gesetzesrollen, den in Gold gebundenen Pentateuch. Der Rabbiner bat Alexander, den Juden das Gesetz Moses zu bestätigen. Alexander VI. erkannte die Rollen an, ließ sie aber fallen als Zeichen, daß er mit dem Inhalt nicht übereinstimmte: *„Confirmamus, sed non consentimus."*

Er war auf einer langen Leiter voll Intrigen auf den Stuhl Petri gestiegen, aber nicht ohne kirchliche Erfahrung: Als Apostolischer Legat hatte er im Jahre 1472 einen wertvollen Verbündeten in König Ferdinand von Aragon gefunden. In dieser Zeit hatte er Vannozza de' Cattanei kennengelernt. Vor ihr trieb er sich mit Mätressen herum, mit denen er illegitime Kinder zeugte. Die Beziehung zu Vannozza war dauerhafter und beständiger. Die vier Kinder mit ihr, darunter Lucrezia und Cesare, bevorzugte er. In einer geheimen Bulle von 1493 erkannte der Papst Cesare als seinen Sohn an. In ihm fand er Begeisterung, seine Anwesenheit bereitete ihm jedesmal Freude. Das zanksüchtige Naturell mußte Cesare von seiner Mutter geerbt haben, weil Rodrigo im Grunde ein leichtlebiger Mann war.[31] Seit jener Zeit galten die Borgia vielen Zeitgenossen als ein Abgrund von Verworfenheit, und die Funktion des Stuhles Petri als einträgliches italienisches Fürstentum blieb kein Geheimnis mehr. Daß die Päpste Kinder hatten, verheimlichte niemand mehr, ebenso nicht die Käuflichkeit der kirchlichen Ämter bis hinauf zur Papstwürde. Die öffentliche und private Moral unterlag damals keinen strengen Regeln mehr. Falschheit und Intrige galten zuweilen als notwendige Bestandteile der Politik. Gewalt war beinahe alltäglich. Die Herrschaft gründete vielerorts auf gewaltsame Eroberung. Politische Parteien lieferten einander blutige Straßenschlachten. Die *vendetta,* die Rache, war weit verbreitet. Auch im Privaten kursierten Mord und Gewalt: Sigismondo Malatesta ließ in Rimini zwei Ehefrauen ermorden. Francesca Manfredi lockte unter einem Vorwand ihren Mann ins Schlafzimmer und ließ ihn durch gedungene Mörder erstechen. Sie selbst tötete ihn mit einem letzten Dolchstoß. Im Jahre 1500 fand in Perugia die „Rote Hochzeit" statt: In einem Blutbad töteten Mitglieder der Familie Baglioni einen Großteil ihrer Verwandten in den Betten.

Als Papst verbarg Alexander die Liebe zu seinen Kindern und seinen Mätressen nicht mehr. Er machte aus seinen sexuellen Begierden keinen Hehl. Diese Offenheit verblüffte die Zeitgenossen. Unter seinen Söhnen Juan und Cesare entbrannte bald ein heftiger Konkurrenzkampf.

In der Politik war Alexander ein hervorragendes Beispiel für einen Mann mit der Anschauung, daß der Zweck die Mittel heilige; und es waren seine rücksichtslosen verbrecherischen Methoden, für die einerseits sein Sohn Cesare verantwortlich gemacht werden muß, anderseits die schier grenzenlose Sucht des Papstes nach Macht, Geld und Lust den Ausschlag gab. Alexander VI. war in seinem Zeitalter der Inbegriff eines intriganten Papstes und zugleich einer der fähigsten Männer, die auf dem Stuhl Petri saßen. Was die Marienverehrung anbetraf, war er ein tiefgläubiger Mensch, nach außen überzeugte er die Menschen durch seine Frömmigkeit. Francesco Guicciardini beschrieb ihn als „alles in allem der schlechteste und der am meisten vom Glück begünstigte Papst, den es je gegeben hat". Sein Hauslehrer Gaspare da Verona: „Er ist schön, von froher Miene und freudvollem Auftreten, begabt mit einer einschmeichelnden, erlesenen Beredsamkeit. Schöne Frauen werden von ihm auf bemerkenswerte Weise angezogen, heftiger als Eisen von einem Magneten." Andere Chronisten stimmten in der Auffassung überein, daß er wendig und überzeugend wirke und vor allem in der Führung von Geschäften eine besonders geschickte Hand habe.

Alexanders sittenloses Leben hat seit seiner Zeit bis heute Anlaß für viele Disputationen und Legenden gegeben. Agostino Vespucci berichtete Machiavelli, es wisse in Rom jedermann, daß der Papst jeden Abend 25 Frauen bei sich habe, so daß sein Palast offenkundig zum Hurenhaus geworden sei. Der Chronist Matarazzo aus Perugia wußte zu erzählen, der Papst lasse allen Frauen und Männern am Abend ihre Kleider ausziehen, danach gebe es viel Lustbarkeit und Spiel. Im Italien zur damaligen Zeit war es nichts Ungewöhnliches, wenn sich die Adeligen, reichen

Kaufleute, Bankiers, Geschäftsleute, aber auch die namhaften Vertreter aus Politik und Kirche mehrere Mätressen hielten. Meist kamen diese Frauen aus niedrigerem Stand, waren ehemalige Kurtisanen oder unglücklich verheiratete Ehefrauen. Die Chronisten wußten zu berichten, daß sich zum Beispiel viele Kleriker von Prostituierten bedienen ließen, daß sich Kardinal Pietro Riario eine teure Geliebte hielt oder daß die Päpste Innozenz VIII. und Julius II. illegitime Kinder hatten. Alexander VI. stand also nicht allein auf der breiten Palette des zuchtlosen Lebens. Er soll aber inmitten dem Kreise seiner Familie ein besonders ausschweifendes Leben geführt haben. Inzestuöse Beziehungen soll es zwischen ihm und der Tochter Lucrezia und wiederum zwischen Lucrezia und ihrem Bruder Cesare gegeben haben. Blutschande und Homosexualität wurden zu dieser Zeit nur offiziell mißbilligt, de facto aber akzeptiert. Giampaolo Baglioni zum Beispiel lag mit seiner Schwester im Bett, während er Gesandte empfing. Sigismondo Malatesta soll mit seiner Tochter Blutschande getrieben und mit seinem Sohne homosexuelle Beziehungen unterhalten haben. Der Papst exkommunizierte ihn nicht wegen dieser sexuellen Umtriebe, sondern wegen Ketzerei.

Bei den Orgien der Borgia reizten die besonders ausgeklügelten Einfälle. Der Chronist Burkhard schrieb: „Am Abend des Sonntags, des letzten Tages des Oktober 1501, fand in den Räumen des Herzogs Valentino (Cesare Borgia) im Apostolischen Palast ein Abendessen statt, an dem fünfzig vornehme Prostituierte von denen, welche man Kurtisanen nennt, teilnahmen. Nach dem Mahl tanzten sie mit den Dienern und anderen Anwesenden, anfangs bekleidet, dann nackt. Auch wurden nach dem Mahl die brennenden Kandelaber, die auf dem Tisch standen, auf den Boden gestellt und Kastanien ausgestreut, welche die Prostituierten, zwischen den Kerzen umherkriechend, aufsammeln mußten. Der Papst, der Herzog und Lucrezia, seine Schwester, waren anwesend und sahen zu. Zuletzt legten sie Preise aus, Seidenmäntel, Stiefel, Mützen und andere Dinge, die denjenigen versprochen wurden, welche die Prostituierten am öftesten zu lieben imstande waren. Die Preise wurden nach dem Schiedsspruch der Anwesenden an die Sieger verteilt." Am nächsten Tag, zu Allerheiligen, war der Papst physisch außerstande, an den kirchlichen Feiern teilzunehmen.[32] Zwischen Alexander und Lucrezia gab es viele Anlässe zum öffentlichen Skandal. Ihrem Gemahl Giovanni Sforza warf der Borgia-Clan Impotenz vor; er sei unfähig gewesen, die Ehe zu vollziehen. Giovanni gab vor, man wolle ihm Lucrezia nehmen, weil der Papst mit ihr schlafen wolle. Giovanni verlor den Streit. Er unterschrieb eine Erklärung, in der stand, daß er die Ehe nicht vollzogen habe. Die Scheidung wurde im Vatikan öffentlich verkündet. Eine Untersuchungskommission wollte zuvor schon festgestellt haben, daß Lucrezia noch Jungfrau sei. Dazu der Chronist Matarazzo: „Eine Schlußfolgerung, über die ganz Italien lachte, denn es war allgemein bekannt, daß sie die größte Hure gewesen und noch immer war, die man je in Rom gesehen hatte." 1498 kam ein Bericht heraus, demzufolge Lucrezia ein Kind geboren habe. Die Vaterschaft schrieb man zunächst Cesare zu. Vier Jahre später hieß es in einer geheimen Bulle, daß Alexander der Vater des Kindes sei. Über die Zahl der Kinder des Papstes gibt es verschiedene Angaben. Über die vier mit Vannozza, Giovanni, Cesare, Lucrezia und Giofrè gibt es keinen Zweifel. Manche Biographen und Historiker behaupten, Alexander habe drei Töchter gehabt: Geronima, Lucrezia und Isabella. Das letzte Kind, der Sohn Rodrigo, soll zur Welt gekommen sein, als der Papst im Sterben lag. Eine Bulle von 1515 nennt ihn „das Kind eines Papstes". Ebenso unterschiedliche Aussagen liegen über die Liebesbeziehungen des Papstes vor. Auch hier sind die Aufzeichnungen der Chronisten, vor allem Matarazzos, Sannazzaros und Infessuras kritisch zu lesen und vorsichtig zu interpretieren. Neben dem genannten Verhältnis zu Vanozza gilt die intime Beziehung zu Giulia Farnese als sicher. Schon als Kardinal teilte er mit ihr das Bett, als Papst hielt er diese Beziehung weiterhin aufrecht.

6. Cesare Borgia – Machiavellis erste Größe diplomatischer Kunst

Nach der Papstwahl betraten im 15. Jahrhundert die Borgia italienischen Boden und trieben erneut ihr Unwesen in Rom. Alexander bedachte alle mit ertragreichen Ämtern; er setzte dem Nepotismus keine Grenzen. Cesare und Juan, seine bevorzugten Söhne, und Lucrezia hatten einen festen Platz in seinen politischen Plänen: Cesare sollte zum Kardinal, Juan zum Befehlshaber der päpstlichen Armeen ernannt werden. Um das Bündnis mit den Sforza zu festigen, heiratete Lucrezia 1493 Giovanni Sforza. Alexander belehnte Juan 1497 mit Benevento, Terracina und Pontecorvo als erbliche Herzogtümer, was erneut für einen Skandal sorgte. Eine Woche nach seiner Belehnung verschwand Juan. Später zog man seine Leiche, mit Dolchstichen im ganzen Körper, aus dem Tiber. Alexander war erschüttert. Johannes Burkhard berichtet, daß der Papst, als man den Toten gefunden hatte, sich in sein Zimmer einschloß und bitterlich weinte. In den folgenden Tagen gelang es niemand, den untröstlichen Kirchenvater zu beruhigen. Alexander hatte Juan geliebt; gleichzeitig stand er ihm auch mißtrauisch gegenüber. Er ließ ihn überwachen, kritisierte seine politischen Neigungen und stellte sogar seine vernünftigen Schritte in Frage. Es war ihm bewußt, daß die römischen Barone Juan haßten, weil sie glaubten, Alexander verehre ihn blind, denn immerhin hatte Juan vom Papste die Würde des kirchlichen Bannenträgers erhalten.[33] Juan hatte zwei Tage im Tiber getrieben, ehe er gefunden wurde. Sein Kopf war beinahe vom Rumpf getrennt. Sofort bildeten sich Legenden um diese mysteriöse Ermordung: Am Tage des Mordes sei Satan mit seinen Dämonen im Petersdom erschienen und habe brennende Fackeln mit unsichtbaren Händen geschwungen. Im Oktober 1497 sei der Blitz in die Pulverkammer der Engelsburg gefahren und habe die päpstlichen Wohnräume in die Luft gesprengt.

Juan sei als Gespenst in der Engelsburg herumgeirrt und habe den Papst warnen wollen. Im Februar 1498 verbreitete sich in Venedig das Gerücht, daß Cesare seinen Bruder ermordet habe. Diese Anschuldigung fand auch am spanischen Hof Gehör. Die italienische Geschichtsschreibung nahm diese Vermutung in die Annalen auf. Guicciardini schmückte sie mit einigen Details aus: Cesare sei auf Juan neidisch gewesen, vor allem auf seine weltliche Stellung; er habe ihn, von Begierde und Ehrgeiz entflammt, töten und heimlich in den Tiber werfen lassen. Der deutsche Historiker Gregorovius entwickelte später die These, Alexander habe den Mord Cesares stillschweigend geduldet. Der Beleg für oder gegen eine Schuld Cesares konnte nicht erbracht werden. Indizien belasteten Ascanio Sforza und die Orsini: Sie hätten Gründe gehabt, sich an Juan zu rächen, denn immerhin sollten große Teile ihres Besitzes an ihn übergehen. Fest steht, daß Cesare durch den Tod seines Bruders profitierte. Denn jetzt erst begann seine steile Karriere in der weltlichen Macht. Alexander hegte schon lange große Heiratspläne und übertriebene Machtideen, die nun Cesare realisieren sollte.

Es war gerade der gefürchtete Cesare Borgia, der bei Niccolò Machiavelli den tiefsten Eindruck erwecken wird. Ende des Jahres 1502 trug sich jenes tragische Ereignis zu, das Machiavelli am Beispiel mehrerer Morde als titanische Tatkraft der genialen Macht erlebte. Schon bis dahin hatte Cesare manch andere verderbliche Tat versucht. Im September 1475 war Cesare irgendwo in der Umgebung Roms zur Welt gekommen. Seine Mutter Vannozza de' Cattanei hatte ihn nicht mit ihrem Gatten Domenico Giannozzo da Rignano, sondern mit dem Kardinal-Bischof und Vizekanzler der Kirche Rodrigo Borgia gezeugt. Papst Sixtus IV. ernannte den siebenjährigen Cesare im Jahre 1482 zum Protonotar, dann erhielt er eine Pfründe und ein Kanonikat in der Kathedrale von Valencia, zudem die Würde eines Erzdiakons von Jativa und das Amt des Rektors von Gandia. Ein Jahr später wurde er Probst von Albar. 1484 er-

nannte ihn Papst Innozenz VIII. zum Schatzmeister von
Cartagena, zum Präbendar der Kathedrale von Mallorca,
zum Erzdiakon von Tarragona, zum Kanoniker der Kathedrale von Lerida. 1491 erhielt er das erste Bistum, Pamplona,
die alte Hauptstadt des Königreiches Navarra. Der designierte Bischof Cesare war erst 15 Jahre alt und hatte noch
nicht die Priesterweihe empfangen. Nach der Papstwahl
seines Vaters bekam er das Bistum Valencia mit einem
jährlichen Ertrag von 16 000 Dukaten. Als Herzog von
Valence war er Lehensmann des französischen Königs. Zur
Empörung vieler erhielt er 1493 die Kardinalswürde;
gleichzeitig bekleidete er das frühere Amt seines Vaters als
Statthalter. 1495 wurde er Gouverneur und Kastellan von
Orvieto. 1491 sollte er in Pisa beim berühmten Mailänder
Rechtsgelehrten Filippo Decìo Rechte studieren und
gleichzeitig den Machtbereich der Medici kennenlernen,
mit denen Rodrigo eine Freundschaft suchte. Die Professoren in Pisa lobten Cesare als einen hochbegabten Stu-
denten. Schon in seiner Jugend hatte er eine ausgiebige
schulische Bildung genossen. Er lernte die Grammatik von
Gaspare da Verona, in die klassische Literatur führte ihn
Lorenz Behaim ein, Podocatharo half ihm beim Griechischstudium, daneben lernte er mehrere Sprachen: Spanisch,
Italienisch, Französisch, Griechisch und Latein. Geschichte
studierte er in den Büchern von Tacitus, Livius, Thukydides,
Herodot, Poesie in den Werken von Vergil, Ovid und Horaz.
Daneben erfuhr er eine Einführung in Musik und Zeich-
nen. Von Jugend an strebte er bei seinen Studien nach
fama, nach Ruhm; dabei identifizierte er sich mit seinem
großen Namensvetter Julius Caesar. Mit 14 Jahren trat er in
die Universität von Perugia ein. Zu jener Zeit war diese
Stadt turbulent und gefährlich, voller Gewalttaten und sittlicher Leidenschaften. Die Familie der Baglioni verwaltete
die Stadt. In dieser Zeit erkannte Cesare zum ersten Male
die wirkliche Situation im Kirchenstaate. Sein drängender
Ehrgeiz erwachte, und sein Leben hüllte er erstmals in ein
Geheimnis. Die Umgebung, Freunde und Bekannte be-

gannen den begabten Studenten, den jungen Mann voll scharfer Intelligenz, Charme und Beredsamkeit, der von einem Augenblick zum anderen zum größten Heuchler werden konnte, zu fürchten. Der kräftige, athletische junge Cesare konnte sein anderes Gesicht nicht mehr verbergen: rachsüchtig, heimtückisch und verschlagen. Kein Wunder, daß er die politischen Beobachter verwirrte. Hier begann sein eigentlicher Lebensweg. Alsbald galt er als der Inbegriff des Bösen, bis er mit 27 Jahren der am meisten verachtete, gefürchtete und gleichzeitig der am meisten beneidete und imitierte Mann Italiens sein wird. Während dieser Jahre lud er die Bezichtigung des Mordes, der Notzucht, der Blutschande, des Raubes, des Verrates und des Schreckens auf sich. Seinen ersten Schritt auf der internationalen Bühne der Politik tat er mit dem pompösen Einzug in Chinon im Jahre 1498. Er traf auf den neuen französischen König Ludwig XII. Im Kreise der Gäste sah er zum ersten Mal seine zukünftige Braut, die schöne, aber eigensinnige Carlotta von Neapel. Zuvor hatte er den Purpur abgelegt. Der päpstliche Zeremonienmeister Burkhard: „Es fand ein geheimes Konsistorium statt, in dem der Kardinal Valentino (Cesare) erklärte, daß er von früher Kindheit an immer mit ganzer Seele dem weltlichen Stand zugeneigt gewesen, daß aber der Heilige Vater gewollt habe, er solle sich dem geistlichen Stande widmen, und er geglaubt habe, sich seinem Willen nicht widersetzen zu dürfen. Da aber nun sein Sinnen und Trachten und seine Neigung noch immer auf das weltliche Leben gerichtet seien, ersuche er Seine Heiligkeit, unsern Herrn, er möge sich mit besonderer Nachsicht dazu herbeilassen, ihm einen Dispens zu erteilen, so daß es ihm, nachdem er geistliche Würde und Gewand abgelegt habe, in den weltlichen Stand zurückzukehren und eine Ehe einzugehen gestattet sei; und er bitte nun die hochwürdigen Herren Kardinäle, bereitwillig ihre Zustimmung zu einem solchen Dispens zu geben." Dies geschah am 17. August 1498. Die Beziehung mit Carlotta von Neapel klappte nicht. Ludwig XII. suchte

Cesare eine andere Frau, Charlotte d'Albret, eine Verwandte der königlichen Familie. Zuerst heiratete er diese Schönheit mit Begeisterung. Doch schon bald verließ er sie und trieb sich mit Mätressen und Prostituierten herum. Mehrmals erkrankte er an Syphilis, der damals noch weitgehend neuen Krankheit, gegen die man wenige Heilungsmethoden kannte. Wie ein Abenteurer zog er mit den Franzosen mit und ritt im Oktober 1499 mit Giuliano della Rovere in Mailand ein. Sein Augenmerk richtete er auf die Romagna, wo sein politischer Traum zuerst realisiert werden sollte. Er zog gegen Imola, die Stadt fiel am 27. November 1499. Er zog gegen Forlì, die Stadt fiel noch im Dezember. Cesare setzte die alten Beamten wieder ein. Caterina Sforza verschanzte sich in ihrer Zitadelle, bis sie schließlich gefangengenommen und an den Papst weitergegeben wurde. Aus dem nahegelegenen Florenz beobachtete Machiavelli die Szene: „Die Madonna wurde an den Valentino verkauft." Der aufgegangene Stern Cesare Borgia schritt weiter dem Zenit zu: Rimini und Faenza warfen das Tuch. Überzeugt von seinem anhaltenden Erfolg startete er den Feldzug gegen die Romagna. Dieses Gebiet erstreckte sich damals von den Grenzen des Herzogtums Ferrara im Norden bis zu denen der Mark Ancona im Süden, im Westen vom Apennin, im Osten von der Adria natürlich abgegrenzt. Ein fruchtbares Land: die alte Römerstraße Via Emilia führte mitten durch Wein, Obst und wohlbestellte Felder, vorbei an den wichtigen Städten: Bologna, nach Rom die größte Stadt des Kirchenstaates mit 50 000 Einwohnern und von der Familie Bentivoglio beherrscht, Imola und Forlì, Faenza, der Stadt der Manfredi, Cesena, direkt der Kirche unterstellt, Rimini, wo Pandolfo Malatesta regierte, im Süden Pesaro, wo Lucrezias Exgatte Giovanni Sforza herrschte, und Urbino, wo sich Guidobaldo da Montefeltro behauptete. Eine Stadt nach der anderen kapitulierte. Und Cesares Wahn von einem großen Reich in Italien wuchs. Jede neue Eroberung glich dem Triumphzug eines großen Caesaren. Cesares Traum: ein erbliches Königreich. Die kleinen Stadtstaaten fielen nacheinander in seine Hände. Er hatte mehr als nur Glück. Der Beobachter Machiavelli aus Florenz: Cesare ist *favorito dei cieli e della fortuna*.[34] Florenz hatte den aufsteigenden Papstsohn am Anfang unterschätzt, nun stand er von Tag zu Tag bedrohlich näher am florentinischen Staate. Wahrscheinlich hätte er es nicht gewagt, das unter französischem Schutze stehende Florenz anzugreifen. Deshalb versuchte er auf seine Weise, Kapital aus der Angst der Republik am Arno zu schlagen. Ein militärisches Kommando und ein freundschaftliches Bündnis bedeuteten ihm mehr als ein Abkommen ohne Sicherheit; und Florenz wiederum war Cesare als Freund ungefährlicher als ein Cesare als Feind. Es war das Schicksal der kleinen Staaten in der Romagna gewesen, daß sie, uneins unter sich, nicht mit Cesare Borgia gerechnet hatten.

Im Herbst des Jahres 1502 fanden einige bekannte Familien den Konsens: Ende September trafen sich im Landgut des Kardinals Orsini, La Magione bei Perugia, die Condottieri Giulio, Paolo und Francesco Orsini, Vitellozzo Vitelli, Giampaolo Baglioni, Antonio da Venafro als Stellvertreter des Pandolfo Petrucci und Oliverotto Euffreducci, genannt Oliverotto da Fermo, und planten im Magione-Bund die gemeinsame Verschwörung gegen Cesare Borgia. Florenz verspürte nach den Erfolgen in der Romagna sichtlich Angst, stand die Republik doch weder militärisch noch wirtschaftlich noch politisch stark da. Und wie immer fehlte es ihr an Geld. Insgeheim sammelten sich mit den vertriebenen Medici sympathisierende Truppen. Die Pisa-Krise verlangte ihren Tribut. Nichts konnte der Republik jetzt mehr schaden als eine neue politische Krise. Und Cesare rückte näher: Er besetzte Piombino und die Inseln Pianosa und Elba, was für Florenz bedeutete, in drei Himmelsrichtungen eingekreist zu sein. In der Romagna gelang es ihm, die zersplitterten Provinzen zu einigen und ihnen eine strategische Bedeutung zu verleihen. Zudem bot ihm sein neues Territorium, das gleichzeitig die weltliche Macht der Kirche stärkte, interessante Expansionsmöglichkeiten. Um seine Popularität zu steigern, gründete er eine freiwillige Miliz. Sein Hauptmann Don Michele Corolla, auch Micheletto genannt, holte sich scharenweise Söldner aus dem Bauernstande, aus denen er Elitetruppen schuf. Um sich vor Aufständen zu schützen, vertraute Cesare landesfremden Söldnern. Für den Beobachter aus Florenz war dies überlegene Staatskunst, bewaffnete Untertanen führen zu können. Machiavelli staunte darüber, daß diese Untertanen sogar noch bereit waren, ohne Sold in den Kampf zu ziehen. Der kühle Rechner Cesare behielt mit seinen Kalkulationen recht. Er zeigte sich öfter nicht nur mit einer eigenwilligen, tiefen Ruhe, sondern trug ab 1500 auch Gesichtsmasken, ähnlich denen des venezianischen Karnevals. In schwarzen Masken, in schwarzem Gewande trat er Besuchern entgegen und strahlte etwas furchterregend Unheimliches aus. Mit seinem Erfolg genoß er das Leben in vollen Zügen. Er legte sich eine schöne, wohlhabende Kurtisane zu, Fiammetta de' Michelis, die in Florenz drei Häuser und eine vigna auf dem Lande besaß. Fiammetta unterschied sich als *cortigiana onesta,* als ehrenhafte Kurtisane, von den verarmten Prostituierten, den *cortigiane delle candele.* Als Geliebte Cesares stiftete sie zusammen mit einer Freundin eine Gedenkkapelle in der Kirche von San Agostino.

Der Papst überschüttete seinen Sohn mit weiteren Ämtern. Nach einem feierlichen Einzug in Rom erhielt er die Insignien des Gonfaloniere, gleichzeitig ernannte er ihn zum Generalkapitän der Kirche. Damit legte Alexander das Fundament eines Borgia-Staates.[35] Das ehemalige Wappen, den Borgia-Stier, vereinte er mit den Lilien Frankreichs, womit er drei Machtquellen andeutete: den eigenen Verstand, sein Geschick und seinen Mut.

Im Juli 1500 wurde Alfonso, Lucrezias dritter Gatte, als er über den Petersplatz ging, überfallen und schwer verwundet. Eine Beleidigung für die Borgia! Wieder verdächtigte man Cesare. Einen Monat später drang ein Diener Cesares in das Zimmer von Alfonso ein und erdrosselte ihn. Cesare verbreitete die Version, Alfonso sei zu Boden gestürzt und habe sich tödliche Wunden zugezogen. Es zweifelte fast niemand mehr, daß Cesare die Hand im Spiel hatte. Politische Gründe gaben den Ausschlag: Alfonso wollte Cesare für Spanien begeistern, während Cesare politisch in Richtung Frankreich tendierte, und er wollte, daß auch Alexander mit ihm diesen Wunsch teile. Mit einer mörderischen Leidenschaft räumte er jedes Hindernis aus dem Weg.

Im Februar 1501 entführten Beauftragte Cesares die vornehme Adelige Dorotea Caracciolo, die Tochter des Roberto Malatesta aus Rimini und Gattin eines neapolitanischen Edelmannes. Im Augenblick ihrer Entführung reiste sie unter venezianischem Schutze. Das war kein romantisches Abenteuer Cesares, sondern die bare Befriedigung seiner Laune, gestärkt durch ein überbetontes Selbstbewußtsein, die Willkür seiner Macht zu spüren. Cesares Zorn richtete sich gegen Venedig, weil sein Winterfeldzug gegen Faenza gescheitert war, und zwar auf den venezianischen Kommandanten Giambattista Caracciolo, der soeben Dorotea geehelicht hatte. Die Entführte verliebte sich in Cesare und wollte nicht mehr von seiner Seite weichen. Während seine Frau in Frankreich auf seine Rückkehr wartete, zeugte er mit Dorotea ein Kind.[36]

Ein anderes Opfer fand Cesare in Giovanni Bentivoglio. Cesare erstrebte die Grenzfestung Castel Bolognese, um seine Eroberungen in der Romagna abzurunden. Die Festung hielt Bentivoglio, bis sie dem Beschuß erlag. In vier Tagen hatte er ihn bezwungen. Das Castel und Faenza fielen. Nun, im Mai 1501, konnte sich Cesare Herr der Romagna nennen; sein Herrschaftsbereich reichte von Imola bis Fano. Der Papst verlieh ihm den Titel eines Herzogs der Romagna. Damit hatte er die Oberherrschaft über eine der wichtigsten Provinzen des Kirchenstaates und den entscheidenden Schritt zur erblichen Borgia-Dynastie in Italien erfolgreich abgeschlossen. Er und sein Vater erkannten die politischen Schwächen von Florenz. Im Januar 1502 drängte Alexander Florenz zu einer condotta. Vieles sprach dafür, daß die Borgia einen Überfall auf die Toskana planten. Wenn auch der Papst noch etwas Zeit gewinnen wollte, unternahm Cesare gegen seinen Willen einen Feldzug gegen die Toskana. Zur gleichen Zeit, im Frühjahr 1502, rüsteten die Franzosen gegen Neapel, wobei Cesare wegen des gemachten Versprechens mitziehen mußte. Verstärkt richtete nun Cesare seine Forderungen gegen Florenz. Sein Ziel war eine condotta, die es ihm ermöglichte, ein stehendes Heer zu erhalten, um dadurch Einfluß auf die florentinische Politik zu gewinnen. Am 14. Mai 1502 befand er sich bereits zehn Meilen vor Florenz. In der ersten Ratlosigkeit versprach ihm die florentinische Regierung eine condotta für 300 Schwere Reiter für drei Jahre mit einem Jahresgehalt von 36 000 fiorini. Cesare zog sich nach Urbino zurück, wo er sich einstweilen niederließ.[37]

Am 22. Juni 1502 reiste der Bischof von Volterra, Francesco Soderini, auf Einladung Cesares im Auftrage der Arnorepublik nach Urbino. Als Begleiter hatte man dem Bischof Niccolò Machiavelli mitgegeben. Innerhalb der alten Stadtmauern trafen die beiden im Palazzo Ducale mit Cesare Borgia zusammen. Vom ersten Augenblick an war Machiavelli von Cesare begeistert, den er später mit beinahe mythischer Verklärung in sein Werk aufnehmen wird. Cesare wirkte wie immer überzeugend: Wiederholt versicherte er den Florentinern, er wolle mit Florenz eine wahre Freundschaft. Sollte man dies nicht akzeptieren, so werde er zum gefürchteten Feind. In Florenz war man von dieser Drohung nicht besonders angetan, da man sich der Freundschaft Frankreichs und der herannahenden französischen Truppen sicher war. Machiavelli berichtete an die Zehn: „Dieser Herr ist prächtig und vortrefflich, und die Waffen handhabt er mit so viel Mut, daß die größte Sache ihm gering erscheint; um sich Ruhm und Stellung zu erringen, gönnt er sich kein Ausruhen und kennt weder Gefahr noch Müdigkeit. Er ist bereits angelangt, bevor man ahnt, was er dort vorhat; er versteht es, sich bei seinen Soldaten beliebt zu machen, die er aus den besten Männern Italiens rekrutiert: deswegen ist er siegreich und gefürchtet, und immer ist ihm das Glück hold."[38]

Seit seinem Zusammentreffen mit Cesare drang Machiavelli in seinen Gesandtschaftsbriefen tiefer in das Wesen der Politik vor. In der ersten Jahreshälfte von 1502 brodelte es politisch nicht nur in Pisa. Das Fieber der autonomen Selbstverwaltung hatte schon vorher Pistoia ergriffen. Machiavelli war dorthin gereist, um den Streit unter den Parteien zu erkunden und Florenz zu berichten. Durch den Vertrag mit Cesare, der condotta, sollte in Pistoia wieder Ruhe einkehren. Vor ihm fürchtete sich die politische Opposition. Die Unterredungen mit Cesare öffneten nun eine ganz neue Perspektive. Bei ihm erreichte Machiavelli die „eigentliche Höhe seiner diplomatischen Kunst",[39] wenn seine Beschreibungen dieses Mannes auch nur für kurze Zeit eine Gültigkeit hatten. Bei dieser ersten Unterredung gewann Machiavelli einen überzeugenden Eindruck von Macht und von politisch dynamischer Energie, die ein Mensch besitzen kann, dessenungeachtet, daß der Bewunderte sechs Jahre jünger war als sein Bewunderer. Im Grunde brachte diese erste Begegnung für die Diplomatie der Arnorepublik wenig. Cesare forderte von den Gesandten, daß die Regierung in Florenz geändert werde. Die Gesandten wiederum verlangten, daß er von Arezzo abziehe. Mit geringer Befriedigung zogen Machiavelli und Soderini aus Urbino weg und überbrachten den Zehn das Ultimatum Cesares, binnen vier Tagen zu entscheiden, ob die Arnorepublik Freund oder Feind sein wolle. Weder Soderini noch der scharfsinnige Machiavelli hatten die Situation richtig durchschaut, daß nämlich die erfolgreichen Condottieri für Cesare eine große Gefahr darstellten, weshalb Cesare in Florenz nach Verbündeten suchte. Zudem grenzte das florentinische Territorium an die Romagna. Cesares Feinde, Vitellozzo Vitelli, die Baglioni und die Orsini standen auch mit Florenz in Feindschaft. Cesare hütete sich vor den Gesandten sehr wohl, diese Konstellation durchblicken zu lassen. Seine Schwäche sollte nicht verraten sein.

In letzter Zeit handelte Cesare wiederholt aus eigener Initiative, ohne die Zustimmung seines Vaters, seines ehemaligen großen Protektors. Der Papst hätte getobt, hätte er geahnt, daß die Condottieri ein Attentat auf Cesare planten. Die ersten Anzeichen des Sturms traten auf: Urbino fiel im September 1502 in die Hände der Feinde Cesares. Zu der Zeit trug Cesare noch die offiziellen Titel: Cesare Borgia von Frankreich, von Gottes Gnaden Herzog der Romagna, Valence und Urbino, Fürst von Adria, Herr von Piombino, Bannenträger und Generalfeldmarschall der Kirche. Im August 1498 war er Herzog von Valence geworden; deshalb lautet seine Anrede oft Herzog Valentino. Und noch immer hegte er Pläne, seinen Staat nördlich des Kirchenstaates zu vergrößern, gegen das Veto der anderen italienischen Staaten und gegen den Einspruch Frankreichs; denn nichts fürchtete man zu dieser Zeit mehr, als daß die Borgia Italien aufsaugten. Es war Vitellozzo Vitelli gewesen, der im Bunde Cesare Urbino abgenommen hatte. Es drohte allseits das politische Chaos. Keiner traute keinem mehr, und Cesare dachte nicht daran, seine Pläne aufzugeben. Er entsandte Don Michele, als sein grausamster Hauptmann überall gefürchtet, der auf seine Art das verlorengegangene Gebiet zurückerobern sollte. Die kleinen Stadtstaaten versäumten es nicht, untereinander eine kleine Allianz zu bilden. Sie fügten den beiden Hauptmännern Cesares, Don Michele und Don Ugo de' Moncada, in Calmazzo im Oktober eine Niederlage bei: Florenz war der Allianz aus taktischen Überlegungen nicht beigetreten, man fürchtete um die Folgen bei einer Niederlage. Und Farbe zu bekennen zählte nicht zu den Tugenden der Signoria. Je ernster die Lage wurde, desto dringlicher erschien die Notwendigkeit, erneut einen Gesandten zu Cesare Borgia, zum Herzog von Valence, zu schicken. Da man sich auf keinen Namen einigen konnte, entsandte

Niccolò Machiavelli, Ölgemälde von Santi di Tito (1536 - 1603) (Palazzo Vecchio, Florenz)

Stadtansicht von Florenz, rechts der Dom Santa Maria del Fiore mit dem Giottoturm und dem Baptisterium, links der Palazzo Vecchio

Florenz um 1498

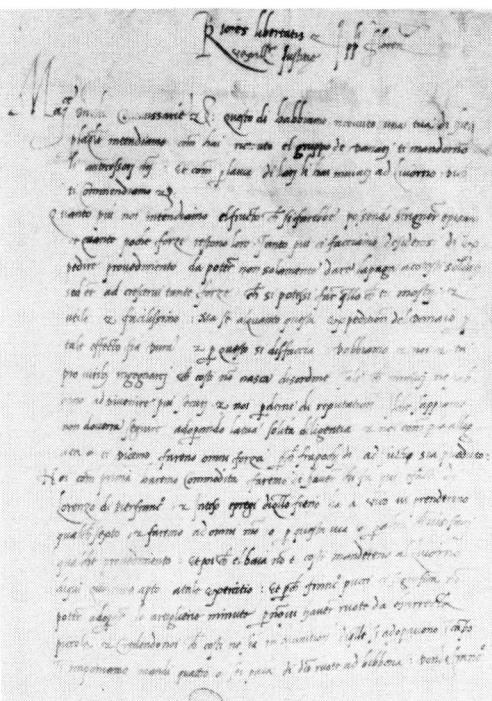

Orginal-
Handschrift
von Niccolò
Machiavelli
Foto: Sansoni

Der offene Kamin im Arbeitszimmer Machiavellis im Albergaccio

Der Ponte Vecchio in Florenz, links beginnt der Stadtteil Oltrarno oder Santo Spirito

Außenfassade des Palazzo Pitti in Florenz

man Niccolò Machiavelli als Sonderbeauftragten. Er war immerhin ein Mann des Vertrauens. Wegen seiner mißlichen finanziellen Lage nahm er den Auftrag nur ungern an: Diese neue Gesandtschaft bedeutete für ihn, Schulden zu machen. Vielleicht war er sich auch bewußt, daß er es mit einem Manne wie Cesare Borgia nicht so einfach aufnehmen könne, und fürchtete deshalb einen Mißerfolg. Daß er vor kurzem geheiratet hatte, dürfte kein Argument für sein Zögern gewesen sein, zu sehr galt seine erste Hingabe der Republik und ihrer Politik. Am 4. Oktober 1502 erhielt er den Begleitbrief, in dem sein Auftrag hieß, er solle unverzüglich zu Cesare abreisen, ihm die florentinische Freundschaft sichern und ihm erklären, die Arnorepublik stelle sich gegen seine rebellierenden Feinde. Weiter hieß es: „Und hierin wirst Du nach Deinem Ermessen vorgehen; wenn Dir aber Seine Exzellenz weitere Anforderungen stellen sollte, so beschränke Dich darauf, uns davon zu berichten und Antwort abzuwarten." Der Brief war im Namen der Signoria geschrieben, obwohl die Zehn Machiavelli entsandten und er dann an sie berichtete. Er reiste am 6. Oktober ab und kam am 7. in Imola an. Er hatte es eilig, mit Cesare zusammenzutreffen. Bei seiner ersten Unterredung erfuhr er von Cesare, daß er ihm besondere Geheimnisse anvertrauen wolle. Ein mysteriöser Schleier umgab Cesare. Leidenschaftlich redete er auf Machiavelli ein, daß er unbedingt die Freundschaft mit Florenz suche. Er schmeichelte ihm, indem er sagte, die Orsini hätten ihn gebeten, Florenz anzugreifen, was er um der Freundschaft willen nicht tun wolle. Er verlangte von Machiavelli, daß er ihm unverzüglich die Freundschaft seiner Regierung versichere. Dies überschritt seinen Kompetenzbereich. Er erbat sich die Zeit, seine Auftraggeber zu informieren und ihre Antwort abzuwarten. Cesare zeigte sich beleidigt und sprach mit Machiavelli nur sehr wenig. Inzwischen gelang es Machiavelli nicht, nähere Einzelheiten, den Vertrag Cesares mit Florenz betreffend, in Erfahrung zu bringen. Im Schreiben an die Zehn konstatierte er: „Und obwohl ich mich eifrig bemühe, Näheres von ihm zu erfahren, wich er immer weit aus."[40] In den nächsten Tagen versuchte Cesare mehrmals, Machiavelli zu überzeugen. Dieser war zwar weiterhin von seiner Person fasziniert; seine Verbundenheit mit Florenz war jedoch stärker, und Machiavelli behielt einen nüchternen Kopf. Inzwischen beobachtete er sorgfältig alle Einzelheiten an Cesares Hof. Die Umgebung wirkte geheimnisvoll und gefährlich. Trotz aller Begabung und allem Interesse drang er nicht bis in die geheimnisvollen Hintergründe vor, so daß er sich nur schwerlich einen Reim auf die Machtpläne machen konnte. Allein die Person Cesares — die Verkörperung der mysteriösen Tatkraft, die ideale Mischung aus politischer Theorie und praktischer Macht, aus kühler Kalkulation und offenem Gespräch — zog Machiavelli weiter an; gerade das Undurchschaubare und Rätselhafte und die Sicherheit, einem Manne gegenüberzustehen, der zu allem fähig war, der aus dem Nichts einen Staat schuf, von dem niemand wußte, wer sein Freund, wer sein Feind war, blendeten ihn. Zusehends gelangte Machiavelli zur Überzeugung, daß Florenz mit Cesare gehen müsse; gemeinsam würden sie politisch stark und mächtig werden. Denn es sei an der Zeit, daß Italien endlich erlebte, wie es seine Ketten sprengte. Cesare Borgia wäre zu dieser Befreiung befähigt! Italien würde ihn freudig und dankbar begrüßen — sie alle, die kleinen, unglücklichen Provinzen, die zu lange unter dem Joch der verhaßten Tyrannen schmachteten. Keine Stadt würde Cesare die Tore verschließen, kein Volk wäre so blind, ihm den Gehorsam zu verweigern. Ganz Italien würde ihm zu Füßen liegen. Machiavelli verlor beim Anblick Cesares etwas von seinem natürlichen Spürsinn; gegenüber dem republikanischen Einsatz siegte der patriotische Nationalismus. Cesare suchte nicht wie Florenz die politische Kontinuität auf der Basis des damaligen demokratischen Verständnisses, er suchte vielmehr über die Instabilität die Veränderung. Er war immerhin die beste Personifizierung des italienischen Tyrannen der Renaissance, der alle Voraussetzungen für den erfolgreichen Abenteurer besaß, nicht aber jene zum Monarchen.

Cesares Gesicht vermochte in der Tat niemand zu deuten, auch Niccolò Machiavelli nicht. Einerseits verurteilte der Papstsohn seine in Ungnade gefallenen ehemaligen Hauptleute, anderseits, wenn er sich Vorteile ausrechnete, schloß er erneut Freundschaften, wie jetzt mit den Orsini und mit Vitellozzo Vitelli. Und immer schlich Machiavelli in seiner Umgebung herum. Auf Umwegen wollte er an die Verträge herankommen, um den Zehn zu berichten. Einmal ließ er mehrere Tage nichts von sich hören, und schon beschwerten sich die Zehn, worauf Machiavelli antwortete: „Ehrwürdige Herrlichkeiten mögen mich entschuldigen und bedenken, daß die Dinge sich nicht erraten lassen, und mögen wissen, daß ich es mit einem Fürsten zu tun habe, der selbst regiert, daß, wer nicht Phantasiebilder und Träume schreiben will, sich vergewissern muß, wozu Zeit nötig ist, die ich mich bemühe, auszunützen und nicht wegzuwerfen."[41]

Wenn Cesare schlecht von Florenz sprach, antwortete Machiavelli über seine Republik mit Superlativen: Florenz habe die „beste Regierung, die es gebe". Dabei wußte gerade Machiavelli zu gut, wie untüchtig und handlungsunfähig Florenz war. Inzwischen gab ihm Cesare die Zusicherung, daß Florentiner Kaufleute durch sein Gebiet reisen dürften. Die Gespräche verzögerten sich weiter, was Machiavelli nicht ungelegen kam, weil er keine definitive Antwort aus Florenz erhalten hatte. Die Zehn ließen ihn mehrmals wissen, daß sie sich primär auf das Verhalten Frankreichs konzentrierten, denn diese Großmacht garantiere ihre Unabhängigkeit in Italien. Sie beorderten Machiavelli aber auch nicht zurück, denn sie wußten um den Wert seiner Informationen. Niccolò Valori schrieb ihm, daß in seinen Berichten „wahrhaftig viel Kraft" sei und durch sie die politischen Hintergründe in einem „vorteilhaften Licht" erschienen; selbst der florentinische Gonfaloniere Piero Soderini, der Bruder Francescos, vertrete diese

Meinung und wolle, daß er „unter keiner Bedingung von dort (Imola) entfernt werden dürfe". Viele in Florenz lernten Machiavelli schätzen. Freund Buonaccorsi bescheinigte ihm, seine Abhandlung und Schilderung über Cesare Borgia könnten in Florenz keinen größeren Beifall finden; man sei allgemein der Meinung, daß man seine Berichte als gutes Fundament für die Politik gebrauchen könne.[42] Dies war um so beachtlicher, da Machiavelli in Imola wahrlich keinen guten Stand hatte. In aussichtslosen Stunden pflegte Machiavelli witzige Briefe nach Florenz zu schreiben, im gewissen Sinne als seelischen Ausgleich für seine erfolglosen Bemühungen. Diese Schreiben fanden unter seinen Amtskollegen großen Beifall; sie wunderten sich über den Humor des Sonderbeauftragten und schrieben ihm zurück: „Eure Briefe haben allen sehr viel Spaß bereitet, und bei den Witzen und Scherzen haben sich alle vor Lachen geschüttelt."[43] Dieses andere Gesicht Machiavellis wird erst später, in seinen Komödien, bekannt. Machiavellis Sinn für Humor war es denn auch, der ihn über viele berufliche und private Tiefen hinweghalf. Als zusätzlichen Zeitvertreib besann sich Machiavelli seiner klassischen Bildung. Er schrieb Buonaccorsi, er solle ihm die Lebensbeschreibungen Plutarchs nach Imola schicken. Vielleicht wollte Machiavelli während dieser kalten Tage mit der Niederschrift historischer Aufzeichnungen beginnen? Sicher aber durchdachte er die politische Theorie und verwandte Plutarch als historische Ergänzung. Auf jeden Fall arbeitete Machiavelli bei diesem zweiten Treffen mit Cesare an seinen anthropologischen Überlegungen, an seinem Menschenbild, das er später in sein Werk einordnen wird. Seine spätere, zum Teil amoralische Ethik fand gewiß in Cesare Borgia das optimale praktische Muster.

Am 9. Dezember 1502 begab sich Cesare mit seinen Truppen nach Cesena, zwei Tage später folgte ihm Machiavelli. Er beobachtete weiterhin Cesares geheimnisvolles Benehmen. Unterwegs schrieb er an die Zehn: „Dieser Herr spricht nie über etwas, außer wenn er es ausführt; und er führt es aus, wenn es nötig ist."[44] Irgendwie war er mit dem Ergebnis seiner Beobachtungen nicht zufrieden, wenn er auch ein konstantes Bild nach Florenz schickte. „Dieser Herr ist sehr verschwiegen, und ich glaube nicht, daß das, was er tun will, irgend jemandem außer ihm selbst bekannt ist",[45] hatte Machiavelli noch aus Imola nach Florenz berichtet.

In den letzten Dezembertagen beeindruckte Machiavelli ein Ereignis zutiefst; so grausam es war, es festigte seine Theorie der Macht: Cesare Borgia ließ seinen ehemaligen Vertrauten, den Militärgouverneur der Romagna, Ramiro de Lorqua, am 22. Dezember in Cesena gefangennehmen und in „zwei Stücke teilen".[46] Am Christtag war Ramiro zuerst enthauptet worden, dann steckten die Henker den abgetrennten Kopf auf eine Lanze und stellten ihn öffentlich auf der Piazza von Cesena zur Schau. Ein Soldat Cesares hielt Wache. Ramiro war wegen seiner Grausamkeiten und Gewalttätigkeiten in der Romagna weiterhum gefürchtet gewesen. Das Volk kannte seine Treue zu Cesare. Nun konnte sich niemand seine Hinrichtung erklären. Machiavelli schrieb darüber: „Man weiß nicht recht die Ursache seines Todes, außer daß es dem Fürsten (Cesare) so gefiel, der zeigt, daß er Menschen nach seinem Willen und ihrem Verdienst erheben oder vernichten kann."[47] Später schrieb er, daß Cesare Ramiros „unumschränkte Machtvollkommenheit" nicht mehr für nötig gehalten habe, „da er fürchtete, sie würde Haß erwecken. Da er aber wußte, daß die bisherige Härte ihn bei manchen verhaßt gemacht hatte, beschloß er, um sich die Herzen der Bevölkerung ganz zu erobern, ihr zu zeigen, daß, wenn Grausamkeiten geschehen seien, sie nicht ihm, sondern dem gewalttätigen Charakter des Statthalters zuzuschreiben seien." Diese Hinrichtung habe „durch ihre Furchtbarkeit bei der Bevölkerung zugleich Genugtuung und Bestürzung erregt".[48]

Die Grausamkeit Cesares hatte aber erst begonnen. Er zog mit seinen Truppen, darunter Paolo Orsini und Vitellozzo Vitelli, weiter nach Senigallia. Machiavelli begleitete ihn. Eine trübe Vorahnung plagte ihn: Am Silvestertag des Jahres 1502 schrieb er nach Florenz; er vermute, einige Anführer Cesares würden den nächsten Tag nicht erleben. In der Nacht auf Neujahr ließ Cesare seine von ihm abgefallenen Condottieri Oliverotto da Fermo und Vitellozzo Vitelli in Senigallia ermorden. Francesco und Paolo Orsini ließ er etwas später erdrosseln. In den frühen Stunden des Neujahrtages rief Cesare Machiavelli zu sich. Cesare war voll guter Laune. Er berichtete Machiavelli in guter Stimmung, daß er in der Nacht Vitelli und da Fermo habe umbringen lassen. Da nun diese Staatsfeinde tot seien, könne er wieder an die Realpolitik, eben an die Freundschaft mit Florenz, denken. Später, im 7. Kapitel des Principe, zog Machiavelli die Lehre daraus. An die Zehn berichtete er am 4. Januar 1503: „Borgia kam am 30. des vorigen Monats nach Fano, wo sein Heer sich um ihn lagerte. Da er frühmorgens nach Senigallia reiten wollte, gab er allen seinen Unterführern Befehl, an der Spitze ihrer Kompanien zur festgesetzten Stunde sechs Meilen von Fano unweit eines Flusses Aufstellung zu nehmen. Der Vorhut, Nachhut und dem Fußvolk wies er ihre Plätze an. So war jeder Mann am Morgen auf seinem Posten. Die Vorhut mit dem Grafen della Mirandola, R. de Pazzi und zwei anderen Condottieri, 500 Pferden sowie einer Schar Gascogner und Schweizer, mehr als tausend Mann; dann kam Seine Exzellenz, gewappnet auf geharnischtem Roß, inmitten seiner Eskadron; schließlich die schweren und die leichten Reiter, und zur Rechten, bergwärts, der Rest des Fußvolkes. Wie Euren Herrlichkeiten bekannt sein dürfte, beträgt die Entfernung zwischen Fano und Senigallia etwas über sechs Meilen. Beide Städte liegen an der Küste. Der Weg führt also auf einer Geländestufe zwischen Bergen und Meer, wobei die Berge stellenweise so nahe ans Meer herantreten, daß der Abstand kaum 30 Klafter beträgt, nie jedoch mehr als eine halbe Meile. Während sich der Herzog in Fano aufhielt, befanden sich in Senigallia Vitellozzo, Herr Paolo Orsini, der Herzog von Gravina und Oliverotto da Fermo mit 2000 Fußsoldaten und 300 Stutzbüchsen-Reitern. Ihre gesamten übrigen Truppen lagen in verschiedenen Burgen der Umgebung, nicht ganz sechs Meilen weit. So sahen die Herren aus, die dem Herzog Gewalt anzutun gedachten und denen nun der Herzog Gewalt antat. Er kannte ihre Pläne, kannte die Lage der Stadt, wußte, wie er angegriffen werden und selbst angreifen konnte. So schrieb er abends den Orsini, daß er anderntags Fano verlasse; sie sollten ihre Truppen aus der Stadt nehmen, in den Häusern nahe dem Tor einquartieren und nach Belieben dort Quartier beziehen. Er erwarte überdies, daß alle Tore geschlossen würden, außer jenen, die nach jenen Häusern gingen, so daß nur die von ihm bestimmten Männer in die Stadt gelangen könnten. Nachdem derart der Vormarsch seiner Truppen genau geregelt war, auch wie die Orsini sie empfangen sollten, brach Cesare im Morgengrauen von Fano auf und zog mit der Schnelligkeit in guter Marschordnung vorrückender Infanterie gegen Senigallia. Und wahrhaftig: Zahl und Beschaffenheit dieses Heeres sowie die geradezu menschliche Natur, die den Blick allseits freigab, erschienen mir als ein Schauspiel, wie man es selten zu sehen bekommt. Die Spitze des Heeres war von Senigallia noch drei Meilen entfernt, als die Orsini und nach ihnen Vitelli auftauchten. Sie ritten dem Herzog entgegen, nicht in einer Gruppe, sondern hintereinander. Daraus darf geschlossen werden, daß dies weniger nach vorbedachtem als nach improvisiertem Plan geschah, den ihnen die Umstände aufdrängten, ihre Verlegenheit, der Stern ihres Feindes, ihr eigener Unstern. Vitellozzo saß auf einem kleinen Maultier, unbewaffnet, bekleidet mit einem schwarzen, zu engen und zerrissenen Mäntelchen unter schwarzem, grüngefüttertem Umhang. Nie hätte man in ihm den Mann vermutet, unter dessen Führung schon zweimal in diesem Jahr versucht worden war, den König von Frankreich aus Italien zu verjagen. Auf seinem bleichen, zerstörten Antlitz standen die Zeichen des Todes, der ihn erwartete. Er wurde ebenso freundlich willkommen geheißen wie seine Gefährten. In

Gesprächen mit dem Herzog oder seinen Begleitern ritt man nach Senigallia. Inzwischen waren die Reiter der Vorhut über die Brücke gezogen, hatten zwischen Tor und Brücke befehlsgemäß haltgemacht und so Aufstellung genommen, daß die einen den Mauern, die anderen dem Fluß den Rücken kehrten. Dergestalt bildeten sie eine Gasse, durch welche die übrigen Truppen zogen − und der Herzog war Herr der Brücke, deren er sich bedienen konnte, was auch immer geschah. Tausend Mann marschierten zwischen Schweizern und Gascognern, die der Vorhut folgten, in die Stadt ein. Hinter ihnen kam mit Vitelli und den Orsini der Herzog. Damit sie nach dem Zusammenstoß nicht das Weite suchten, hatte er vorsorglich acht seiner zuverlässigsten Männer befohlen, sich mit ihnen zu unterhalten.

Als die drei Anführer vor dem Herzog hielten und ihn höflich begrüßten, wurden sie von diesem mit freundlicher Miene empfangen und sogleich von den Männern in die Mitte genommen, die Auftrag hatten, sie zu bewachen. Da aber der Herzog bemerkte, daß Oliverotto fehlte, der bei seinen Soldaten in der Vorstadt geblieben war und mit ihnen auf dem Platze Übungen abhielt, zwinkerte er Don Michele zu, dem Oliverotto anvertraut worden war, er solle dafür Sorge tragen, daß dieser ihm nicht entkäme. Oliverotto kam dem Befehl nach. Da ritt der Herzog heran und rief ihn zu sich. Oliverotto grüßte ihn höflich und schloß sich seinen Gefährten an. Sie ritten in Senigallia ein, stiegen vor dem Quartier des Herzogs vom Pferd, traten mit ihm in ein geheimes Zimmer und wurden sofort dingfest gemacht. Sogleich saß nun der Herzog wieder auf und gab Befehl, die Soldaten des Oliverotto und der Orsini zu entwaffnen. Als die Nacht gekommen war und der Tumult sich gelegt hatte, schien es dem Herzog an der Zeit, Vitellozzo und Oliverotto hinrichten zu lassen. Er befahl, beide in den dafür vorgesehenen Raum zu führen und zu erdrosseln. Keiner äußerte auch nur ein einziges Wort, das ihres früheren Lebens würdig gewesen wäre. Vitellozzo bat, man möge den Papst anflehen, daß er ihm vollen Ablaß seiner Sünden erteile. Oliverotto weinte und schob die Schuld an dem gegen den Herzog begangenen Unrecht auf Vitellozzo."[49]

Während Cesare in Senigallia morden ließ, sprachen der Papst und seine Kardinäle in Rom viel über ihn. Der Papst bewunderte seine Zuversicht, die Kardinäle pflichteten ihm bei. Sie lobten Cesares politisches Unternehmen und seinen Umgang mit Geld. Einzig darum sorgten sie sich, daß er zu lange von Rom fernbleibe, da doch der Karneval vor der Tür stehe. Und nur mit ihm ließe sich ein ausgefallener Karneval feiern.

Im Januar fuhr Cesare fort, Gebiete in der Romagna zu erobern. Machiavelli ließ er wissen, daß er Florenz mit seinen vier Morden einen großen Dienst erwiesen habe. Für Machiavelli nahte der Tag der Heimreise. Florenz hatte inzwischen einen festen Gesandten zu Cesare geschickt. Am 20. Januar 1503 trat Machiavelli nach mehr als dreimonatiger Abwesenheit die Rückreise nach Florenz an, wo er am 23. Januar ankam. Seine Meinung über Cesare Borgia hörte sich weiter überzeugend an: „Wenn ich so nun alles zusammengezählt habe, was der Herzog tat, kann ich ihn unmöglich tadeln. Eher denke ich, daß ich recht hatte, als ich ihn als ein Beispiel für alle jene hinstellte, die Macht durch gutes Glück und die Waffen anderer erlangten. Er war ein Mann von hohem Mut und Ehrgeiz, und er hätte sich nicht anders verhalten können, als er es tat."[50]

In den letzten Januartagen nahm Machiavelli seine Arbeit hinter dem Schreibtisch in Florenz wieder auf. In diesem Jahr, wahrscheinlich zwischen Juni und November, schrieb er die Vorgänge in Senigallia nochmals nieder in der Schrift: *Il tradimento del duca Valentino al Vitellozzo Vitelli, Oliverotto da Fermo ed altri*. Der Mord Cesares blieb für ihn eine „bewundernswerte Tat". Cesare Borgia war *sein* Fürst, bei ihm fand er die Bausteine seines idealen Herrschers: klug, gewandt, kühn und hart, ohne Gewissensskrupel, wenn es um die Ordnung im Staate geht; ein Fürst, der keine moralische Autorität fürchtet — aus diesen

Bausteinen meißelte Machiavelli seinen Principe. In seinem Werk ließ er ihn als Entdecker der Staatsräson auftreten. Machiavelli war durchaus bereit, in seiner Schilderung des idealen Fürsten die andauernde Ungewißheit der Temperamentsausbrüche Cesares zu einem Fundament der Staatsräson zu erheben.[51] Ein Grund, weshalb er Cesare zum Vorbild des Principe nahm, war gewiß die Tatsache, daß der Papstsohn in seine Gebiete Gesetz und Ordnung gebracht hatte; ein anderer, wohl tieferer Grund, daß er nur Cesare zutraute, Italien von der fremden Invasion zu befreien und einen großen nationalen Staat zu gründen. Hierfür hätte es in der Tat aller Mittel bedurft.

7. Cantarella im Kirchenstaat

Der Niedergang des gefürchteten Cesare Borgia, der in manchen Zügen an den Perserkönig Chosroes II. erinnert,[52] erfolgte nach 1503 in raschem Nacheinander. Als die Franzosen in dem mit Spanien um die Teilung des Königreiches Neapel geführten Krieg im April 1503 schwere Niederlagen erlitten, suchte Cesare die Unterstützung der Spanier für die Eroberung der Toskana zu sichern. Machiavelli war überzeugt, Cesare greife nun die Toskana an. Zuvor wollte er sich nach außen absichern, denn er fürchtete den Einspruch Frankreichs. Bei seiner Suche nach Bundesgenossen paktierte er zwischen Frankreich und Spanien; keinem der beiden traute er wirklich. In der Romagna meuterten inzwischen seine Soldaten, was die Orsini geschickt ausnutzten. Ein Gebiet nach dem anderen fiel von Cesare ab. Im Herbst 1503 besaß er nur noch Cesena und Imola und einige verstreute Kastelle. Aber auch dies hätte für ihn nicht das Ende bedeutet. Ausschlaggebend war ein anderer Faktor, mit dem Cesare nicht im geringsten gerechnet hatte: der Tod seines Vaters, Papst Alexander VI.

Am 5. oder 6. August 1503 besuchte Cesare mit seinem Vater eine Abendfeier, zu der Kardinal Adriano Castellesi da Corneto in sein Landhaus geladen hatte. Papst Alexander VI. stand im 73. Lebensjahr, und noch immer war er des Betrügens und Mordens nicht überdrüssig: Als er im Januar dieses Jahres von den Morden in Senigallia erfahren hatte, ließ er Kardinal Orsini in den Vatikan rufen und später in die Engelsburg sperren, wo er bald danach starb. Sein Haus plünderten Beauftragte des Papstes. Ähnlich verfuhr er mit dem Bischof von Cesena, dessen Haus ebenso im Auftrag des obersten Kirchenvaters geplündert wurde. Im August ging in Rom eine schwere Fieberepidemie um, der täglich Menschen erlagen. Nach einem Gastmahl im Weinberg des Kardinals Adriano Castellesi da Corneto vor den

Stadttoren Roms am 5. oder 6. August erkrankten mehrere Gäste, Alexander, Cesare und der Gastgeber selbst in den folgenden Tagen an einem starken Fieber. Die Ärzte bezeichneten das Befinden des Papstes als ernst. Am 18. August verlangte Alexander VI. nach der Letzten Ölung und verstarb bald nach der Vesperstunde in Anwesenheit seines Hofstaates, zahlreicher Prälaten und mehrerer Kardinäle. In der päpstlichen Privatwohnung hat Cesare todkrank gelegen. Später sagte er zu Machiavelli: „Ich hatte für den Fall des Todes meines Vaters an alles gedacht, für alles Abhilfe ersonnen. Nur das eine war mir nie in den Sinn gekommen, daß zur gleichen Zeit auch ich mit dem Tode kämpfen würde."[53] Sechs Tage hatte er um sein Leben gekämpft. Der Zustand des Papstes und Cesares wurde der Öffentlichkeit verheimlicht. Als Cesare vom Tode seines Vaters erfuhr, befahl er alle Türen zu schließen. Dann öffnete der Kardinalkämmerer Casanova unter seiner Drohung die Schränke des Papstes. Cesare raubte soviel an Geld und Schmuck, wie er finden konnte. Alsbald kamen in Rom Gerüchte auf, die Borgia wollten die anwesenden Kardinäle vergiften, dabei sei das Gift verwechselt worden und sie hätten es selbst genommen. Tatsächlich war es zu jener Zeit kein besonderes Ereignis, wenn Menschen an Gift starben. Guicciardini schrieb: „Der gottlose Brauch, Menschen zu vergiften, ist in vielen Teilen Italiens gang und gäbe." Die Geldgier der Borgia hätte als Motiv gereicht. Die Borgia waren allgemein als Giftmischer und Giftmörder verschrien. Die Borgia sollen alten Aufzeichnungen zufolge reiche Kardinäle wie Orsini, Ferrari aus Modena, d'Almeida aus Ceuta und Juan Borgia aus Monreale vergiftet haben. Nur bei Kardinal Michiel konnte später tatsächlich Gift nachgewiesen werden. Cesare verwandte neben Gift noch die spanische Garrotte, mit der er das Opfer erdrosseln ließ.

Aufgrund mehrerer Aufzeichnungen belegt Papst Alexander VI. in der Geschichte des Giftes einen festen Platz. Zu seiner Zeit kursierte im Vatikan Gift wie nie zuvor. Der bereits erwähnte Kardinal von Modena, Datarius Battista Ferrari, zum Beispiel unterhielt mit dem Papst eine gute Freundschaft: „Als er sehr reich geworden war, wurde er unversehens krank; der Papst war in letzter Stunde bei ihm, raubte dann, wie gewöhnlich, sein Haus aus und nahm sein Geld weg. Der größte Teil der Benefizien kam an Sebastiano Pinzon, den Geheimsekretär des Verblichenen, von dem dieser nach der allgemeinen Annahme auf Befehl des Heiligen Vaters Gift erhalten hatte."[54] In diesem Falle läßt die historische Quelle wenig Spielraum für andere Spekulationen zu: „Es ist ein öffentliches Gerücht, daß er sie in premium sanguinis erhielt; denn aus vielen Anzeichen schließt man, daß der Kardinal ex veneo gestorben und daß dieser Sebastiano der Henkersknecht gewesen sei: und der Papst hat ihn unter familiares aufgenommen." Dies berichtete der venezianische Gesandte in Rom, Antonio Giustinian, im Juli 1502.

Es ist historisch belegt, daß namhafte Mitglieder der Borgia das Gift Arsen kannten und es anzuwenden wußten. Sie kannten den Unterschied der Wirkung in kleinen oder großen Dosen dieses Stoffes. Papst Julius II. ließ im März 1504 Asquinio da Colloredo hinrichten, nachdem dieser gestanden hatte, auf ausdrücklichen Befehl Papst Alexanders VI. und Cesare Borgias den reichen Neffen des Papstes, Kardinal Michiel, vergiftet zu haben.[55]

Die Borgia gebrauchten das weiße Arsenik, die Cantarella, das Gift des italienischen Cinquecento. Wahrscheinlich handelt es sich dabei um eine Arsenverbindung, die unter der französischen Bezeichnung *arsenic sublimat* schon im 14. Jahrhundert zur Vergiftung von Menschen gebraucht wurde.

Es vertraten jedenfalls namhafte Personen eine unterschiedliche Meinung zum Tode Alexanders: Der venezianische Gesandte Giustinian sprach von einem Fieber, ebenso der Botschafter von Ferrara, Beltrando Constabili, von einem Wechselfieber, der Bischof von Nocera nannte Gift als Todesursache, ebenso Giovio. Auch vertrat der glaubhafte Guicciardini die These, der Papst sei einer Verwechslung zum Opfer gefallen.[56] Uneins sind sie sich nur im Datum des Todesfalles. Moderne Historiker vertraten hingegen wiederholt die Behauptung, daß die Teilnehmer an diesem verhängnisvollen Abendmahl an Malaria erkrankt seien und Alexander eben daran starb. Dann wäre also die Giftmörderin am Gastmahl des Kardinals eine jener Mücken gewesen, die die Erreger der Malaria, des Gelbfiebers und anderer Seuchen übertragen. Diese Mücke machte am schwülen Augustabend im Kreise der Anwesenden die Runde und infizierte die Geladenen wie den Gastgeber mit dem gefährlichen Krankheitskeim. Eine andere moderne, am meisten überzeugende Forschung belastet Adriano Corneto als Giftmörder des Papstes.[57]

Auf jeden Fall hatte der Borgia-Papst ein trübes Ende erfahren, und die wohl weitgehend aus dem Reich der Legende geholte Fassung seiner Beisetzung erinnerte noch bis in unser Jahrhundert eher an die eines Wegelagerers als die eines Papstes: „Alles hatte bei der Bestattung ein trübseliges und unheimliches Aussehen. Bei dem Leichnam wurden nur zwei Kerzen angezündet. Die herbeigerufenen Kardinäle, ja selbst die Beichtväter, die die Totenmesse zu lesen hatten, kamen nicht. Am Tag war der Leichnam durch die Zersetzung des Blutes so verunstaltet, daß er alle menschlichen Formen verloren hatte. Er war ganz schwarz, geschwollen, fast so breit als lang; die Zunge war so dick geworden, daß sie den ganzen Mund ausfüllte und offenhielt. In der Peterskirche fehlte das Buch, um die Gebete zu lesen; dann entstand ein Gezänk zwischen Priestern und Soldaten, so daß der Klerus den Gesang abbrach und in die Sakristei floh. Als der Leichnam zum Altar getragen wurde, fürchtete man die Volkswut und legte ihn deshalb mit vier Kerzen hinter ein verschlossenes Gitter. Nach 24 Stunden wurde er in die Kapelle de febribus getragen, wo sechs Tagelöhner, über ihn scherzend und sein Andenken beschimpfend, ihm sein Grab gruben, während zwei Zimmersleute, die seinen Sarg zu kurz und zu eng gemacht hatten, die Mitra herunternahmen, ihn mit einem alten Teppich bedeckten und mit den Händen in den Sarg zwängten."[58]

Bei dieser Beschreibung wechseln Wahrheit und Dichtung, denn wie schon so oft trübt die Legende die Wirklichkeit. Über des Papstes Tod sprach der Volksmund, daß im Sterbezimmer Teufel Wache hielten, damit ihnen die Beute nicht entgehe. Sie nahmen Affengestalt an, weil der Teufel ein Gottesaffe sei. Sein Wunsch sei gewesen, äffisch wie Gott verehrt zu werden. Der Leichengestank sei nicht durch die Augusthitze, sondern durch den Schwefelgeruch der Hölle verbreitet worden. Machiavelli schrieb, Alexanders Seele sei in den Himmel hinaufgefahren; ihr folgten „seine drei Vertrauten und lieben Gehilfen: Wohlleben, Simonie und Grausamkeit".[59] In Wirklichkeit war die Beisetzung Alexanders wohl etwas feierlicher, wenn sie auch nicht völlig konfliktfrei war: Zur Zeit seines Ablebens war Rom von mehreren fremden Heeren von außen bedroht, im Innern hatte sich mit einem Schlage bei Bekanntwerden des Todes die Spannung zwischen den Borgia-Anhängern und den Borgia-Feinden hart zugespitzt. Vielen wurde klar, wieviel Unterdrückung dem Papste und der Familie der Borgia zuzuschreiben war. Wie schon beim Tode des ersten Borgia-Papstes und danach wütete auch jetzt der Pöbel und überfiel und plünderte viele Spanier und von Spaniern bewohnte Häuser. Um die aufgebrachte Menge vom Vatikan fernzuhalten, ließ der Gouverneur der Engelsburg, Francisco di Roccamura, die auf das Stadtzentrum gerichteten Kanonen abschießen. Gleichzeitig weigerten sich viele der Kardinäle, den Vatikan zu betreten, solange darin Cesare Borgia hauste. Sie meinten, er simuliere seine Krankheit und beabsichtige eine neue Intrige. Deshalb kam es auch zu einer allgemeinen Behinderung der Vorbereitungen für die bevorstehende Beisetzung. Erst am 20. August überführte der Klerus der Peterskirche den Leichnam des Papstes in seine Basilika. Ein langer Leichenzug begleitete Alexander auf seinem letzten Gang:

Delegationen sämtlicher römischer Kirchen, die persönliche Dienerschaft, die Abordnungen der Bettelorden und Predigerorden, die Häupter des römischen Stadtklerus. Im Hauptschiff von St. Peter entstand ein Streit zwischen der vatikanischen Palastwache und dem Klerus der Basilika um das Recht, die 140 Fackeln rund um den Katafalk, der provisorisch vorbereitet worden war, halten zu dürfen. Die gesamte Geistlichkeit floh in die Sakristei, nachdem die Palastwachen die Schwerter gezogen hatten. Der Zeremonienmeister Burkhard blieb fast allein bei der Leiche zurück. Er fürchtete, daß sich die Wache mit den kostbaren Beleuchtungskörpern bereichern wolle, so schloß er den Leichnam auf seinem Katafalk ein, und zwar zwischen den Chorgittern des Hauptaltars. In der Folge kehrte wieder Ruhe ein, und die Gläubigen erwiesen dem Papst hinter den Gittern die letzte Ehre. Am Abend dieses 20. August traten merklich am toten Körper Verwesungserscheinungen auf. Den üblichen Modalitäten nicht mehr folgend, beschlossen die Kardinäle, den Papst noch in der folgenden Nacht beizusetzen. Ein kleiner Leichenzug begleitete um die Mitternachtsstunde den Leichnam vom Hauptaltar zur spanischen Nationalkapelle der Peterskirche.

Nun traf in Rom ein, was der Borgia-Clan am meisten gefürchtet hatte. Der aufgestaute Haß ergoß sich gegen die Borgia. Cesare beorderte unverzüglich seine Truppen nach Rom. Währenddessen holten sich ehemals beraubte Kardinäle mit Gewalt ihr Eigentum zurück; selbst die Dienerschaft plünderte die Geldtruhen des verstorbenen Papstes.

Zwischen Oktober und Dezember 1503 weilte Niccolò Machiavelli in diplomatischer Mission in Rom. Er war in die Ewige Stadt gekommen, um den Ausgang des Konklave zu beobachten. Hier begegnete er erneut Cesare Borgia. Der machtlose Mann, der noch immer auf fortuna hoffte, machte auf Machiavelli keinen großen Eindruck mehr. Machiavelli kannte und idealisierte den anderen Cesare Borgia, den von Senigallia, nicht den nunmehr abgezehrten Mann in Rom.

136

Machiavelli wußte, daß er nun Cesare überlegen war. Die Venezianer zogen gegen Faenza, Imola hatte sich von Cesares Herrschaft befreit. Im Gespräch versuchte Cesare krampfhaft, die Freundschaft mit Florenz zu erhalten. Machiavelli berichtete nach Florenz vom desolaten Zustand Cesares. Er wolle seine letzten Besitzungen Venedig geben, wenn sich Florenz nicht freundlich erweise. Machiavelli unterstrich, daß Cesare „giftig und leidenschaftlich" spreche. Er schrieb den Zehn: „Ich hatte Stoff genug, um ihm zu antworten, und auch die Worte würden mir nicht gefehlt haben; doch ich zog es vor, ihn zu begütigen, und entfernte mich von ihm, sobald er anständig erschien."[60]

Der machtlose Cesare tat Machiavelli nicht leid. Dennoch empfand er seinen Niedergang nicht als Strafe für sein Unrecht, denn viel Unrecht ziehe ungesühnt durch die Geschichte.

Bei seinem Aufenthalt in Rom berichtete Machiavelli dem neuen Papst, wie Florenz gegenüber Cesare eingestellt sei. Zum neuen Pontifex Maximus hatte das Konklave inzwischen Pius III. erhoben, der aber schon am 18. Oktober verstarb. Mitte November brach Cesare mit 500 Reitern nach Ostia auf. In Rom vermehrten sich seine Feinde. Zu seinem Übel war Giuliano della Rovere, ein erbitterter Feind der Borgia, als Papst Julius II. auf den Stuhl Petri gefolgt. Er ließ nach einer kurzen Zwischenpause Cesare festnehmen und nach Rom überführen. Zuerst war der neue Papst nicht unmittelbar gegen Cesare vorgegangen, weil er ihm einerseits für seine Erhöhungen zu danken hatte, andererseits ihn für politische Zwecke gebrauchen wollte. Machiavelli beobachtete kritisch die Situation. Sein Urteil stand schon lange fest: Mit Cesare werde es ein „schlimmes Ende" nehmen, er wanke „mehr und mehr der Totengruft zu. Man sieht, wie seine Sünden ihn allmählich einer Sühne entgegengeführt haben."[61] Julius II. schob Cesare über Neapel nach Spanien ab. In Italien hatte er alles verspielt. In Spanien versuchte er mit aller Kraft einen neuen Aufbau. In seinem wilden Temperament wetteiferte er in mancher Schlacht, bis er im Jahre 1507 bei einem Angriff gegen den Grafen Beaumonte starb. Seine Gegner fielen aus einem Hinterhalt über ihn her. Tödlich verwundet stürzte er vom Pferd, bis er schließlich, aus allen Wunden blutend, starb. In der abgelegenen Pfarrkirche Santa Maria in Navarra wurde der 31jährige Cesare begraben. Seine Grabesinschrift lautet: „Hier ruht in einem kargen Stück Erde der, den die ganze Welt fürchtete."[62]

8. Die Ehe mit Marietta, Liaisons mit anderen Frauen und finanzielle Engpässe

Am 10. Mai des Jahres 1500 starb Machiavellis Vater Bernardo. Vier Jahre zuvor, am 11. Oktober 1496, war ihm seine Frau, Machiavellis Mutter, im Tod vorausgegangen. Machiavelli erlitt einen schweren Schlag. In tiefem Schmerz über den Tod seines Vaters schrieb er später eindrucksvolle Verse. Er hatte vor allem das Gespräch mit ihm geschätzt. Niccolò Machiavelli übernahm nun die Pflichten des Familienoberhauptes, jene Aufgaben, die er eigentlich schon vorher wahrgenommen hatte, wie der Brief vom 2. Dezember 1497 beweist. Durch seine völlige Hingabe an die Republik, seine Aufopferung im Beruf litt zwar sein Besitz nicht direkt, von einer wirtschaftlichen Vergrößerung konnte aber ebenfalls nicht die Rede sein.

Mit dem Tode seines Vaters war das Thema seiner Herkunft nicht abgeschlossen. Einmal schrieb Buonaccorsi an Machiavelli, der sich gerade in Verona befand, in Florenz seien beim Notar Proteste eingebracht worden, wonach Machiavelli das Amt eines florentinischen Geheimschreibers nicht ausüben dürfe. Der Grund war, daß er von einem Vater abstammte, der entweder in Florenz hoch verschuldet verstorben war oder der durch seine uneheliche Herkunft den Sohn belastet hatte. Oder es traf beides zu.[63] In Florenz jedenfalls erhob ein *turato*, ein Vermummter, diese Anklage. Ein tieferer Grund mag darin zu suchen sein, daß die Opposition am Arno den Gonfaloniere Piero Soderini zum Rücktritt zwingen wollte; deshalb versuchte man, ihn soweit als möglich von seinen treuen Mitarbeitern zu isolieren. Machiavelli stand in der Tat Soderini beinahe freundschaftlich gegenüber. Dies führte auch dazu, daß Machiavelli nach 1505 zusehends in Florenz unbeliebter wurde, daß seine Kollegen ihn sogar der Unterschlagung offizieller Schriftstücke bezichtigten und ihn wegen einer Beziehung zu einer begehrten, aber auch verschrieenen

Kurtisane diffamierten. Machiavelli befand sich in dieser Zeit immer öfter im Ausland. In Mantua überbrachte er die zweite Rate seiner Regierung an den Beauftragten Kaiser Maximilians I., Wolfgang Hemesle, den er, seinen Gepflogenheiten folgend, als einen Mann „von kleiner Statur, dreißig oder zweiunddreißig Jahre alt, ein wenig beleibt, mit rotem Bart und gleichem, etwas krausem Haar" beschrieb.

Am 10. November 1509 ritt Machiavelli mit zwei Pferden und 10 000 Goldfiorini in der Tasche nach Mantua. Des Kaisers Freundschaft und der Schutz der Arnorepublik sollten erkauft werden. Insgesamt verpflichtete sich Florenz, 40 000 fiorini zu entrichten, zu zahlen in vier Raten: die erste im Oktober 1509, die zweite am 15. November, die dritte im Januar, die vierte im Februar. Machiavelli kam am 15. November in Mantua an, erledigte seinen Auftrag und ritt am 21. weiter nach Verona.

Machiavelli sah sich in der Umgebung von Mantua und Verona um, denn Florenz wollte politisch informiert werden. Aus Mantua schickte er ein enttäuschtes Bild: Die Stadt sei ein Ort, „wo die Lügen entstehen und es davon regnet, am Hofe noch stärker als auf dem Marktplatz".[64] In Verona stellte Machiavelli fest, daß viele Veroneser, vor allem Bauern, mit Venedig sympathisierten. Die Adeligen hingegen solidarisierten sich mehr mit den Anhängern Maximilians, die das Land plünderten, „auf eine Weise, die nicht zu beschreiben ist". Der einfache Veroneser bekämpfe die Feinde Venedigs. Diese Leute seien „trotziger und erbitterter gegen die Feinde der Venezianer geworden, als es die Juden gegen die Römer gewesen; und es kommt täglich vor, daß, wenn einer von ihnen gefangen wird, er sich lieber töten läßt, als den Namen Venedigs zu verleugnen".[65] „Die Venezianer lassen an allen Orten, derer sie sich bemächtigen, einen heiligen Markus malen, der statt eines Buches ein Schwert in den Händen trägt; so scheint es, daß sie auf ihre eigenen Kosten gelernt haben, daß Studien und Bücher nicht genügen, den Staat zu erhalten."[66]

Im Spätsommer des Jahres 1501 heiratete Machiavelli Marietta, die Tochter Luigi Corsinis und der Marietta di Francesco Cambioni. Im Gegensatz zu Machiavelli kam Marietta aus einem begüterten Haus. Ihr Vater, der 1497 verstarb, hatte das Amt eines Podestà in Fiorenzuola bekleidet. In seinem Leben stand er öfter hohen Ämtern vor. Er war angesehen und vermögend.

Machiavelli hatte nach dem Tod seines Vaters in Übereinstimmung mit seinem Bruder Totto das väterliche Erbe übernommen. Die Eintragung in die Kataster erfolgte erst 1511. Von dieser Zeit an mußte er jährlich den folgenden Zehnten abliefern. Daneben traf es ihn, die Gelder an die Gläubiger zurückzuzahlen.

Marietta liebte Machiavelli. Mit ihr hatte er acht Kinder. Das erste, die Tochter Primavera, verstarb bald nach der Geburt. Ihr folgte 1503 ein Sohn, den die Eltern auf den Namen Bernardo taufen ließen. Zum Paten gewann Machiavelli seinen Freund Buonaccorsi und seinen Vorgesetzten Marcello Virgilio. Später starb noch ein zweites Kind bald nach der Geburt. Machiavelli und seine Frau sorgten für Bernardo, Ludovico, Guido, Piero, Baccina und Totto, wie die Kinder hießen, mit elterlicher Hingabe.

Machiavelli redete sehr selten in seinen Briefen von seiner Frau, über seine Mutter verlor er keine Zeile. Wenn er Marietta eine Nachricht zukommen ließ, dann vermittelte er oft über Buonaccorsi, der ihr von ihm und ihm von ihr berichtete. Marietta wurde Machiavelli bald zur Gewohnheit, das Band der Treue hielt nicht lange. Um so mehr sorgte sie sich um ihren oft abwesenden Mann. Einmal ließ sie ihn wissen, sie wolle nicht mehr an Gott glauben und sie habe das Gefühl, alles dem Teufel in den Rachen geworfen zu haben: Mitgift und Jungfernschaft. Sie wußte von den Liebschaften ihres Gatten. Trotzdem machte sich Marietta große Gedanken um das Wohlbefinden ihres Mannes und bat ihn immer wieder, eiligst nach Hause zu kommen. In einem ihrer Briefe schrieb sie, wie es um die Familie stehe, daß es der kleinen Tochter nicht gut gehe, dafür erfreue sich der Neugeborene einer guten Gesundheit: „Wundert Euch nicht, daß ich bisher nicht geschrieben habe, denn ich hatte Fieber, ich bin nicht böse. Bisher geht's dem Kind gut, es ähnelt Euch, es ist weiß wie Schnee, hat lauter schwarze Haare wie Ihr, und weil es Euch ähnlich sieht, erscheint es mir schön. Es hat ausgesehen, als sei es schon ein Jahr auf der Welt, hat die Augen schon offen gehabt und geschrien, daß man es durchs ganze Haus gehört hat. Vergeßt uns nicht und kommt bald zurück. Gott sei mit Euch und seid vorsichtig. Ich schicke Euch zwei Hemden, zwei Taschentücher und ein Handtuch. Ich habe sie für Euch genäht. Eure Marietta in Florenz."[67] Mit diesem Brief lieferte Marietta nicht nur ein tiefes Geständnis ihrer Liebe und Hingabe, sondern auch die einzige zeitgenössische Beschreibung des Äußeren Machiavellis. Ebenso bestätigte darauf Freund Buonaccorsi, der Kleine sehe seinem Vater sehr ähnlich, er sei „schwarz wie ein Räblein". Die Ehe war trotz allem nicht unglücklich, wie sie oft in Biographien dargestellt wird. Marietta mußte wohl akzeptieren, daß ihr Mann sie betrog. Sie flehte bei Machiavelli wiederholt, er möge ihr mehr schreiben. Bis November 1503 hatte sie erst dreimal brieflich von ihm gehört. Während er bei Cesare Borgia weilte, schrieb ihm einmal Buonaccorsi, Marietta beklage sich bei ihm, weil er versprochen habe, nicht länger als acht Tage fernzubleiben. Marietta besuchte öfter die Arbeitszimmer ihres Mannes. Diesmal sagte sie Buonaccorsi, sie wolle ihrem Manne nicht schreiben. Der Freund bat Machiavelli, er solle doch heimkehren, denn seine Frau mache „tausend Narrheiten". Nachdem acht Tage verstrichen waren, tauchte Marietta täglich in der Kanzlei auf und erkundigte sich nach ihrem Gatten. Machiavelli ließ später seine Frau kaum am öffentlichen Leben teilhaben. Es gehörte nicht zu seinen Gepflogenheiten, sie bei den Festen und Feierlichkeiten mitzunehmen und seinen Freunden und politischen Vorgesetzten vorzustellen. Später verschwand sie großteils aus seinen Briefen, und er schrieb lieber über andere Liebschaften als über

Marietta, die ihn nach seinem Tode um 26 Jahre überlebte. Sie starb im Jahre 1553.

Das intime Verhältnis mit der stadtbekannten Kurtisane blieb nicht die einzige Beziehung zu einer Frau, die er neben Marietta unterhielt. Später, im August 1514, wird er seinem Freund Francesco Vettori berichten, daß er in der Nacht auf rauhen Pfaden eine reizende Geliebte besuche. Darüber aber später!

Jetzt, zur Zeit seiner offiziellen Tätigkeit, besuchte er schon sehr rege andere Frauen und erlebte sinnliche Liebesstunden: So verlebte er seine freien Tage bei dem „einen oder anderen schönen Kinde, um die Kräfte zu ersetzen. Und so verbringen wir die Zeit in dieser allgemeinen Glückseligkeit, den Rest des Lebens genießend, daß ich zu träumen glaube",[68] schrieb er 1512. Von seiner Frau erwähnte er zu dieser Zeit kein Wort mehr.

Dies waren in der Regel kurzlebige Liebesabenteuer mit unbekannten Frauen von San Casciano und Florenz. Wegen eines sexuellen Ausrutschers schämte er sich später zutiefst, es war ihm nicht gelungen, seine Triebe zu beherrschen: In Verona, während seines Auftrages, traf er die alte Wäscherin von Souterrain, die ihn in ihre Waschstube einlud, um ihm einige schöne Hemden zum Kaufe anzubieten. Nur das Licht zur Tür herein erhellte das Zimmer. Er schrieb darüber: „Wie ich drinnen war, sah ich im Zwielicht eine Frau mit einem Tuch über Kopf und Gesicht, die recht verschämt tat und in einer Ecke blieb. Die alte Vettel nahm mich bei der Hand, führte mich zu ihr und sagte: ‚Das ist das Hemd, das ich Euch verkaufen will, aber ich will, daß Ihr es erst probiert, und dann werdet ihr es bezahlen.' Ein bißchen schüchtern wie ich bin, war ich ganz verblüfft. Die Alte aber verließ den Raum und machte die Tür zu. Weil ich mit der anderen im Dunkeln blieb, verkehrte ich mir ihr. Und obwohl sie ganz runzelige Schenkel, eine feuchte Scheide hatte und ein bißchen aus dem Mund roch, war ich so verzweifelt erregt, daß ich mit ihr intim verkehren mußte. Wie ich fertig war, wollte ich mir diese Ware doch ein bißchen anschauen, nahm einen Span vom brennenden Herd und zündete damit eine Laterne an der Decke an. Holla! Beinahe wäre ich tot umgefallen, so häßlich war dieses Weib. Sie hatte zwar einige halb graue, halb schwarze Haare, aber der Hinterkopf war ganz kahl, und über diese Kahlheit sah man die Läuse marschieren. Die wenigen Haare, die sie hatte, fielen ihr über die Stirn bis auf die Augenbrauen. Mitten auf dem kleinen runzeligen Kopf hatte sie ein Feuerzeichen, wie man es den Tieren an der Säule auf dem Mercato Vecchio aufdrückt. Auf jedem Büschel der Augenbrauen klebten Läuseeier. Von den Augen schaute eins nach oben, eins nach unten, und eins war größer als das andere, beide aber waren voller eitriger Tränenflüssigkeit und ganz ohne Wimpern. Die Nase war ganz nach oben gestülpt, ein Nasenflügel aufgeschnitten und voller Rotz. Der Mund erinnerte an den von Lorenzo dem Prächtigen, aber auf einer Seite auch noch schief, und da lief der Speichel heraus, weil sie ihn, zahnlos wie sie war, nicht zurückhalten konnte. Auf der Oberlippe hatte sie einen langen, aber dünnen Bart. Das Kinn lief spitz zu und war leicht nach oben gebogen, wovon noch ein kleiner Hautzipfel bis zum Halsansatz herunterhing. Wie ich dieses Monster völlig verwirrt anstarrte, bemerkte sie es und wollte sagen: ‚Was habt Ihr, mein Herr?‘, aber sie sagte es nicht, weil sie stotterte. Und in dem Moment, als sie den Mund aufmachte, kam ein fürchterlicher Gestank heraus. Meine beiden Eingänge zu den allerempfindlichsten Sinnen, Nase und Augen, waren dadurch so getroffen, und mein Magen reagierte so empfindlich, daß er diese Beleidigung nicht mehr ertragen konnte. Es kam mir alles hoch, und ich erbrach mich auf sie. Und mit dieser Bezahlung, die sie wohl verdient hatte, verschwand ich. Ich verwette dafür meinen Platz im Himmel, daß mir, solange ich in der Lombardei bleibe, die Lust vergangen ist." [69] In dieser ausführlichen Beschreibung übertreibt Machiavelli ohne Zweifel über den Zustand seiner Partnerin. Er wollte wohl mit seinen Erlebnissen jene Luigi Guiccardinis, an den er diesen Brief schrieb, übertreffen und durch besondere exzentrische Einzelheiten auf sich aufmerksam machen. Dieser Brief beschäftigte alsbald die Machiavelli-Rezeption, schon 1857 wurde er publiziert. Während dieser Delegation in Verona plagten Machiavelli wiederholt sexuelle Engpässe. Schon vorher hatte er aus Mantua geschrieben, er bedauere es zutiefst, daß hier keine Frauen zu „angeln" seien.

Niccolò Machiavelli beschäftigten während seines Lebens chronische finanzielle Sorgen. Auf seinen Gesandtschaften wollte er sich nicht von seinen Gastgebern freihalten lassen. Einerseits hielt ihn sein Selbstbewußtsein davon ab, anderseits hätte er dann seine Unabhängigkeit eingebüßt. Vom französischen Hofe zum Beispiel schrieb er nach Florenz, er könne auf Kosten des französischen Königs leben. Er wolle dies nicht, weil es ihm die Ehre der Signoria und seine persönliche verbiete. Es traf dann nicht selten zu, daß er in seinen Briefen um Geld bat. Dabei betonte er, daß er nicht ein reicher Bankier sei, der von seinem Gehalt leben und aus eigener Tasche noch etwas zulegen könne. Er sei vielmehr ein armer Angestellter mit einem kleinen Gehalt. Machiavelli beklagte sich öfter, daß man ihm die Reisespesen nicht ersetze und keinen Repräsentationsfonds gewähre. Aus Frankreich etwa schrieb er an die Signoria: „Ich möchte nicht viele Worte darüber verlieren, in welchem Geldmangel ich mich befinde: Ihr wißt, daß ich, als ich abreiste, nur 80 fiorini erhielt, deren allein die Kutsche mich 30 gekostet hat; es ist Euch zudem bekannt, daß ich in Lyon alle Unkosten selbst bestreiten mußte und daß ich drei Pferde zu unterhalten habe. Eine Stellung wie die meine bringt zur Zeit Aufwendungen mit sich, die ohne Geld nicht durchzuführen sind."[70] Das Dilemma war, daß die Signoria Machiavellis Petitionen oft nicht ernst nahm und dem geldbedürftigen Segretario keine Spesenvergütung zukommen ließ. Die nächste Klage lautete dann wie folgt: „Die geringe Höhe meines Gehalts, die Ausgaben, zu denen ich genötigt bin, und die Unmöglichkeit, neue Mittel aufzutreiben, setzen mich oft in große Verlegenheit." Heftige Proteste vermied Machiavelli, wenn die Antwort der Signoria zuweilen lautete, er möge sehen, wie er zurechtkomme.

Diese mißlichen finanziellen Engpässe blieben auch, nachdem er zum Sekretär der „Nove ufficiali dell' ordinanza e milizia fiorentina", der Neun von der Miliz, von der später die Rede sein wird, ernannt worden war und für dieses militärische Gremium die Grundlagen der Florentiner Nationalmiliz verfaßt hatte. Diese *Provisione della ordinanza* vom November/Dezember 1506 stellte alsbald eine wichtige Voraussetzung für die militärische Verteidigung dar. Durch dieses Amt erhielt Machiavelli das Recht, den Amtstitel eines *Magnifico,* der ansonsten den Mitgliedern der Signoria zustand, zu führen. Trotz des erweiterten Aufgabenbereiches und des ehrwürdigen Titels blieb seine Entlohnung dieselbe.

Auch bei seinen Aufenthalten bei Cesare Borgia fühlte Machiavelli seine finanzielle Verlegenheit am eigenen Leibe. Während der naßkalten Novembertage zog er sich eine akute Erkältung zu. Anfangs fieberte er, dann war er fortwährend heiser. Zuvor hatte er ohnehin schon Geld geliehen, um seinem Stande gemäß leben zu können; nun brauchte er zusätzliches Geld für die nötigen Medikamente. Einmal bat er in diesen aussichtslosen Stunden bei den Zehn um seine Rückbeorderung. Unter anderem schrieb er an sie: „Seit zwölf Tagen geht es mir sehr schlecht, und wenn es so weitergeht, so glaube ich, daß ich noch nach Hause getragen werden muß."[71] Es ist nicht wahr, daß Machiavelli bei keiner seiner Delegationen eine Spesenvergütung erhielt. Allerdings reichte dieser Fonds nie aus. Bei seiner Abreise im Oktober 1503 nach Rom erhielt er zum Beispiel 32 fiorini. Über seine Auslagen schrieb er: „Ich erhielt bei meiner Abreise 32 fiorini. Ich gab davon ungefähr 13 für die Postpferde aus, worüber ich die Rechnung schickte. Ich habe für ein Maultier 18 fiorini ausgegeben, für ein Kleid von Samt 18 fiorini, für einen spanischen

Mantel 11, für einen Regenmantel 10, zusammen 70 fiorini. Ich bin im Wirtshaus mit zwei Burschen und dem Maultier: Ich habe täglich 10 carlini ausgegeben und gebe sie weiter aus. Ich erhielt von Euren Exzellenzen an Diäten, was ich begehrte, und ich begehrte, was ich für hinreichend hielt, da ich nichts von der Teuerung hier wußte. Ich muß daher Euren Herrlichkeiten danken und muß mich über mich selbst beklagen. Wenn dennoch sich helfen ließe, so bitte ich darum, daß mir wenigstens die Postpferde bezahlt werden, wie sie immer einem jeden bezahlt worden sind."[72] Man braucht kein Finanzberater zu sein, um zu erkennen, daß die 32 fiorini nirgends ausreichten. Auf seine Bitten gewährte ihm die Signoria, wie es hieß, für die Vergütung seiner Reisespesen zusätzliche 300 lire. Daneben erhielt er für diese Zeit noch 10 lire kleiner fiorini zu seinem Gehalt. Ein anderes Beispiel: Für seine Gesandtschaft zu Maximilian vom 17. Dezember 1507 bis 16. Juni 1508 erhielt er 110 sogenannte fiorini larghi in Gold, von denen er 80 fiorini und 10 soldi auf der Hinreise nach Innsbruck ausgab. Sein Tagesgehalt betrug 10 kleine fiorini, sogenannte lire di piccioli netti, während der Abwesenheit waren zusätzliche 2 lire, 4 soldi und 11 danari mit inbegriffen. Seine Erhöhung betrug also 7 lire, 15 soldi und einen danaro, für seine 183 Tage Abwesenheit bezog er also neben seinem Gehalt zusätzlich 1 419 lire. Verglichen mit den Auslagen und mit den finanziellen Einnahmen der Kollegen konnte Machiavelli mit diesem Geld keine großen Sprünge machen. Und immer wieder geriet er in Schulden. Aus Rom schrieb er einmal, wenn er nicht bezahle, werde er keinen Kredit mehr bekommen.[73] Die Signoria nahm diesmal die Worte Machiavellis ernst. Sie wollte Michelangelo Buonarotti, den großen Bildhauer und Maler, die versprochenen Dukaten für Machiavelli mitgeben. Michelangelo war angeblich im Begriffe, zum Papst Julius II. nach Rom zu reisen. Der Künstler verschob seine Reise, und so kam es zu keinem Zusammentreffen zwischen dem Segretario und dem großen Meister. Viel wäre dabei nicht herausgekommen:

Machiavelli stand der Kunst ziemlich gleichgültig gegenüber. Die einzige Kunst, der sein ganzes Interesse galt, war die des Regierens und Kriegführens. Ein gewöhnlicher Bote brachte Machiavelli das Geld nach Rom.

9. Vier Delegationen nach Frankreich

Der Nachfolger Karls VIII. auf den französischen Thron, Ludwig XII. aus dem Hause Orléans, beanspruchte sofort nach seiner Krönung im April 1498 die Herrschaft über Neapel. Florenz führte von Anfang an mit Ludwig ein gefährliches Spiel: Einerseits suchte die Arnorepublik den Franzosenkönig als Verbündeten, anderseits fürchtete man in Florenz die Franzosen und wollte deshalb so wenig Bindungen wie möglich mit ihnen eingehen. Seit dem Italienfeldzug Karls VIII. verbanden die Florentiner mit Frankreich ohnehin ein ungutes Gefühl. Für die französische Politik in Italien blieben weiterhin die zwei Erbfaktoren ausschlaggebend: Karl VIII. hatte von seinem Vater die Rechte des Hauses Anjou auf die Krone von Neapel geerbt; Ludwig XII. machte nun zusätzlich den Anspruch auf Mailand von seiner Großmutter Valentina Visconti her geltend. Wenn auch Florentiner Geschäftsleute gute Transaktionen mit französischen Bankherren und Kaufleuten jenseits der Alpen unterhielten, so störte trotzdem die andauernde französische Gefahr an den Grenzen der Arnorepublik. Am meisten fürchteten sie eine totale französische Invasion in Italien, wobei jede Regierung hätte Farbe bekennen müssen. Dies hätte ein Ende der florentinischen Bündnis- und Neutralitätspolitik bedeutet. Ludwig XII. gewann Venedig, Cesare Borgia und Papst Alexander VI. als Verbündete gegen die Sforza in Mailand. Die Signoria in Florenz konnte sich nicht für oder gegen Ludovico il Moro entscheiden. Die Signoria warteten erst einmal ab, denn noch hatte Ludwig Mailand nicht eingenommen. Als die Nachricht von der Niederlage Ludovico il Moros eintraf und der Franzosenkönig am 11. September 1499 sich in Mailand offiziell zum Herrscher ausrief, brachten ihm auch die florentinischen Gesandten Zeichen ihrer Ehrerbietung und Ergebenheit entgegen. Dafür versprach ihnen Ludwig, in der Pisa-Krise nicht zu intervenieren. Der Tribut für diese Neutralität Frankreichs war hoch: Ludwig verlangte von der Signoria 900 Reisige (berittene Söldner), 3000 Fußsoldaten und 15 000 Dukaten; zudem mußte Florenz den Bruder des späteren Papstes Julius II., den Condottiere Giuliano della Rovere, gegen einen hohen Sold in seine Dienste nehmen; zusätzlich sollte Florenz einen guten Teil der Schulden, die Ludovico il Moro in Mailand hinterlassen hatte, übernehmen. Diese hohen Anforderungen gaben den Regierenden am Arno zu denken. Bei aller Wichtigkeit der wirtschaftlichen Interessen auf den Umschlageplätzen in Frankreich – einige Straßen in Paris glichen italienischen Handelsgassen – und der traditionsgebundenen Parteifreundschaft mit Frankreich sah sich Florenz nicht in der Lage, diesen Tribut ad hoc aufzubringen, wenn auch viele Wirtschaftstreibende, die auf Kosten eines ausgeklügelten Steuersystems zu politischem Einfluß gelangt waren, die Regierung dazu drängten. Zumindest sollte Frankreich bei der Einnahme von Pisa unentgeltlich helfen.[74] Florenz stand nämlich weiterhin der Pisa-Frage ratlos gegenüber. Im Sommer 1500 sah sich die Regierung am Arno aufgrund der Niederlage vor Pisa außerstande, den Tribut für die gestellten Truppen an Frankreich zu bezahlen. In einem Beschluß vom 18. Juli 1500 beauftragte die Signoria Francesco della Casa, an den französischen Hof zu reisen. Niccolò Machiavelli erhielt die Order, della Casa zu begleiten. Sie sollten Ludwig XII. überzeugen, seine Geldforderungen an Florenz zu verringern; denn erst nach der Unterwerfung Pisas wollte Florenz die Schulden zurückbezahlen. Zudem sollte der König die Verantwortung für die teilweise chaotischen Zustände im Lager vor Pisa übernehmen, in dem die französischen Truppen wenig Ernst zeigten. Francesco della Casa hatte sich schon 1493 als florentinischer Botschafter in Frankreich aufgehalten, auch Machiavelli hatte mit den Franzosen schon einige Erfahrung, eben in der Angelegenheit von Pisa. Seine Meinung über die Franzosen wird dieselbe bleiben: „Ein Franzose, den man um einen Gefallen bittet, denkt zuerst daran, welchen Nutzen er davon haben könnte. Mit den Franzosen sind die ersten Verträge immer die besten. Können sie einen Gefallen nicht erweisen, so versprechen sie ihn; können sie ihn aber erweisen, so tun sie es erst nach vielen Schwierigkeiten oder gar nicht. Sie sind im Unglück sehr demütig, im Glück werden sie unverschämt."[75]

Am 26. Juli trafen della Casa und Machiavelli in Lyon ein. Am französischen Hofe empfingen die beiden florentinischen Botschafter in Frankreich, Lorenzo Lenzi und Francesco Gualterotti, die Sonderbeauftragten aus Florenz.

Die Botschafter als diplomatische Vertreter genossen zwar in der Renaissance nicht jene erste Rangklasse des im Wiener Reglement vom März 1815 und vom Aachener Protokoll vom November 1818 niedergeschriebenen Gesandtschaftsrechtes. Sie galten aber durchweg als persönliche Repräsentanten ihrer Regierungen und standen in einem Ehrenrecht. Das Wesen der Botschaften stand in der Renaissance am Anfang seiner modernen Entwicklung. Die größeren Staaten, zu denen auch Florenz zählte, unterhielten bei ihren Verbündeten ebenso wie bei ihren Konkurrenten feste politische Vertreter, die das Interesse ihrer Staaten vertraten. Bei besonderen bzw. dringlichen Anlässen reisten zusätzliche Gesandte zum politischen Verhandlungspartner. Der Botschafter erwartete sie in der Regel vor Ort und erhielt den detaillierten Verhandlungsgegenstand, der entweder wegen der Unsicherheit der Post, des streng vertraulichen Inhaltes oder der schwerwiegenden Bedeutung durch persönliche Vertraute weitergeleitet wurde.[76]

Machiavelli unterstand della Casa in jeder Hinsicht. Beide hatten von Anfang an keinen fiorino zuviel; die Signoria in Florenz knauserte wie immer. Es bedurfte mehrerer Klagen, bis Machiavelli eine bescheidene Spesenvergütung aus Florenz erhielt. Daß man mit ihm in Geldangelegenheiten oft beinahe willkürlich umging, führte er wiederum auf seine Lage zurück: „Weil wir Leute ohne Geld und Ansehen sind."[77] In solchen Fällen griff oft auch der bescheidene Bruder Totto in seinen Geldbeutel und streckte dem bedürftigen Niccolò einen kleinen Betrag vor. Totto hatte Grund zur Klage, da er schon im Frühjahr Niccolò 17 fiorini und etwas später weitere 50 geliehen und bislang davon nichts zurückerhalten hatte.[78] Machiavelli konnte wie immer nicht mit Geld umgehen; er fand es einfach seines Standes unwürdig, jeden scudo in der Hand umdrehen zu müssen. Er gab täglich über eineinhalb scudi aus, und so viel erhielt er von der Signoria nicht. Erst acht Tage nach ihrer Ankunft trafen della Casa und Machiavelli am 5. August zu Nevres auf Ludwig XII. Der Kardinal von Bouen, George d'Amboise, empfing sie. Machiavelli erkannte alsbald, daß der König viel von diesem Kardinal hielt. Er fand es daher angebracht, zuerst mit George d'Amboise zu verhandeln und einen Konsens zu finden. Der Zufall wollte es, daß Francesco della Casa erkrankte und zu einer Kur nach Paris reiste. Nun hatte Machiavelli ein völlig freies Aktionsfeld; er konnte nach seinem eigenen Ermessen verhandeln. Schon vorher hatte Ludwig oft sein Lager gewechselt und war von einer Stadt zur nächsten weitergezogen. Nicht viel anders verhielt sich der Kardinal: Im königlichen Wagen nahm er Machiavelli mit und zog von Ort zu Ort. Machiavelli unterhielt sich mit ihm ungezwungen und fast freundschaftlich; daher machte er auf den Kardinal einen großen Eindruck. Auf verschiedene Art erwärmte ihn Machiavelli für Florenz. Er präsentierte ihm Italien mit der Sympathie für Florenz und der Abneigung gegen Rom und die Expansionspolitik der Borgia. Ebenso verwies er auf Maximilian I., der seit längerem einen Kriegszug gegen Norditalien plante.

Der Kardinal wußte, um was es in Italien ging: um Neapel und Mailand. Und Machiavelli wußte, daß Florenz die Freundschaft der Franzosen brauchte, deshalb sollte den finanziellen Ansprüchen Genüge getan werden: „Denkt daran, was der Kardinal zu mir gesagt hat, daß Ihr, ob Freund oder Feind, zu bezahlen habt, und daß man Eure

Gesinnung danach beurteilen wird, was Ihr tut, und nicht danach, was Ihr redet", schrieb er nach Florenz. Und es gelang ihm, seine Vorgesetzten zu überzeugen. Und wieder war es die Pisa-Krise, um die sich die Erwägungen drehten. Denn Florenz brauchte hier den Erfolg, wenn es dem Volk weitere Steuergelder abverlangen wollte. Ebensowenig aber akzeptierte Frankreich eine florentinische Expansion, und Pisa lag im Rahmen dieser Ausdehnungspolitik.

Mit der Rückkehr von Francesco della Casa erhielt Machiavelli auch den Bescheid aus Florenz. Ludwig XII. zeigte sich zufrieden und erklärte, Cesare Borgias Politik nicht weiter zu begünstigen. Für Florenz brachte diese Mission, in der Francesco della Casa als *mandatario,* als außerordentlicher Geschäftsträger, fungiert hatte, wenig Konkretes. Machiavelli konnte während dieser sechs Monate in Frankreich − er traf am 14. Januar 1501 wieder in Florenz ein − seinen politischen Horizont erweitern. Während dieser Zeit sammelte er die Grundlagen für seine spätere Beschreibung Frankreichs: *Ritracto di cose di Francia und De natura Gallorum.* In beiden wird er die Leichtfertigkeit der Franzosen kritisieren.

In Florenz gewann er einiges Ansehen. Biagio Buonaccorsi konnte schon Ende August in der Arnostadt mit Genugtuung feststellen, daß man mit der Leistung, insbesondere mit seiner schriftlichen Berichterstattung, zufrieden sei. Er schrieb Machiavelli, daß er bewundere, wie er in Frankreich an die großen Probleme herangegangen sei und für Florenz einen guten Ausgang habe erwirken können.[79]

Es war gewiß das Verdienst Machiavellis gewesen, den französischen König überzeugt zu haben, Cesare Borgia als Rivalen zu betrachten. In der Folge sank Cesare in der Gunst Ludwigs.

Während der Abwesenheit Machiavellis fand in Florenz die Wahl des neuen Rates der Zehn statt. Diesmal erhielten kriegserfahrene Männer die meisten Wählerstimmen, und diesmal legte man ihnen eine klare Definition ihrer Kompetenzen vor: Aus eigenem Ermessen konnten sie in Friedens- und Bündnisfragen in Zukunft nur mehr kurzfristige Entscheidungen für maximal acht Tage schließen; für definitive Beschlüsse mußten sie fortan den Konsens der Achtzig einholen.

Die Beziehung zwischen Florenz und Frankreich blieb ein Anliegen Machiavellis. Seine zweite Delegation zu Ludwig XII. erfolgte nach der Niederlage der Franzosen gegen die Spanier Ende Dezember 1503 am Garigliano. Florenz fürchtete, die Verbündeten Frankreichs könnten die drohende spanische Gefahr nicht aufhalten, und die Stadt am Arno stehe vor einer spanischen Besetzung. Mitte Januar 1504 erhielt Machiavelli den Auftrag, schleunigst nach Frankreich zu reisen. Die Anweisungen vom 19. Januar, unterschrieben von Marcello Virgilio Adriani, lauteten, er solle mit Niccolò Valori nach Lyon zum französischen König reisen und ihn über die politische Situation in Italien, insbesondere in Florenz, informieren; dabei solle er über das Verhalten des Königs gegenüber Florenz Erkundigungen einholen und darüber genau berichten. Sollte Frankreich nicht weiterhin für die Sicherheit von Florenz garantieren können, dann hatte Machiavelli den Auftrag, Ludwig XII. beizubringen, daß sich die Stadt am Arno nicht aus eigenen Kräften verteidigen könne und sich deshalb nach einem anderen Verbündeten umschauen müsse. Die Aussprache mit dem König sollte eindringlich sein, denn Florenz brauchte „wirkliche und sofortige Hilfe".

Machiavelli kam am 27. Januar in Lyon, wo Ludwig XII. Hof hielt, an. Hier traf er zusammen mit Valori auf den Kardinal von Rouen, dem er unverzüglich vom politischen Stand in Florenz berichtete. Daraufhin erhielt er keine sichere Zusage. Eigentlich war auch diese Reise umsonst gewesen: Der Waffenstillstand zwischen Frankreich und Spanien vom 11. Februar 1504 in Lyon bedeutete für Florenz das Ende der Aufregung, und um so erfreuter konnte man am Arno sein, weil Florenz als Verbündeter Frankreichs im Vertrag erschien. Machiavelli hielt sich noch einige Tage in Frankreich auf. Wann genau er an den Arno zurückkehrte, ist nicht bekannt. Sicher hingegen ist, daß er schon am 2. April nach Piombino geschickt wurde, um diese Stadt der florentinischen Freundschaft zu versichern. Danach wandte er sich erneut, um einige Erfahrungen reicher, der Pisa-Krise zu.

Der Konflikt zwischen Frankreich und Papst Julius II. im Jahre 1510 brachte Florenz wiederum in eine unangenehme politische Position: Einerseits seit Jahren mit dem Papst verbündet, mit weiten Gebieten an den Kirchenstaat grenzend, konnte sich die Arnorepublik auf keine Fehde mit dem Papst einlassen. Andererseits mit Frankreich vertraglich befreundet, hatte Florenz jene Rückendeckung, die es brauchte, um als Stadtstaat in der Politik der Großmächte nicht unterzugehen. Der Gonfaloniere Soderini suchte schleunigst nach einem Ausweg. Schließlich sandte er erneut Machiavelli nach Frankreich, um wiederum Erkundigungen einzuholen. Und wieder sollte Machiavelli dem französischen König versichern, daß Florenz zu ihm stehe. Ludwig XII. sollte gleichzeitig überzeugt werden, den Erzfeind von Florenz, die Venezianer, militärisch zu demütigen. Am 7. Juli 1510 traf Machiavelli in Lyon ein. Er vermutete von vornherein, daß er auch diesmal keinen endgültigen Erfolg haben würde. Pflichtbewußt führte er seinen Auftrag aus. Nach Florenz schrieb er, daß die Franzosen den Florentinern nicht mehr trauten, weil sie sie nie mit Waffen kämpfen sähen, obwohl sie eigentlich verpflichtet seien, Truppen für Frankreich zu stellen. Machiavelli gelang es im Gespräch mit Robertet, dem Nachfolger des am 25. Mai 1510 verstorbenen Kardinals d'Amboise, die französischen Forderungen nach florentinischen Truppen einstweilen zurückzuweisen. Dafür sollte ein Kontingent an Soldaten in Italien für Frankreich bereitgehalten werden. Es sprach nämlich vieles dafür, daß Ludwig nach Italien zu einem von ihm einberufenen Konzil käme. Das war es dann auch schon, was Machiavelli in Frankreich erreicht hatte, als ihn der neue Gesandte aus Florenz, Roberto

Acciaiuoli, ablöste. Am 19. Oktober kam Machiavelli wieder in Florenz an. Ein knappes Jahr später hielt sich Machiavelli zum vierten und letzten Male in Frankreich auf. Sein Auftrag lautete ähnlich den vorausgegangenen Missionen. Er holte wieder Erkundigungen ein und sprach im Sinne von Florenz. Am 22. September erreichte Machiavelli Blois, wo sich der königliche Hof aufhielt. Er disputierte über das angekündigte Konzil von Pisa, das Ludwig XII. um jeden Preis einberufen wollte, um den Papst anzuklagen. Lange diskutierte darüber der Rat der Zehn. Florenz konnte dem verbündeten Frankreich nicht so ohne weiteres diesen Wunsch verweigern, und doch hätten die Florentiner solche Streitigkeiten lieber außerhalb ihrer Grenzen gehabt. Schließlich willigten die Zehn ein mit dem Wunsche, die Ortswahl möglichst lange geheimzuhalten. Als Papst Julius II. am Portal der Kathedrale von Rimini mit eigenen Augen die Einladung zu diesem Konzil las, verlangte er unverzüglich von Florenz, dem französischen König Pisa zu verweigern. Gleichzeitig belegte er Florenz und Pisa mit dem Interdikt und schloß mit Venedig und Spanien eine Liga gegen Frankreich. Es sprachen zu dieser Zeit viele in Italien von Pisa. Ludwig XII. bestand weiterhin auf seinem Plan. Auch Kaiser Maximilian I. gefiel dieses Vorhaben, zumal er sich schon länger mit dem Gedanken befaßte, selbst Papst zu werden. Machiavelli gelang es in Frankreich nicht, Ludwig zu überzeugen, daß der Papst zu diesem Konzil nicht kommen, ja dann schon eher gegen Frankreich einen Krieg führen würde. Das einzige, dessen man ihn versicherte, war die weitere Freundschaft Frankreichs mit Florenz. Für die Republik am Arno ein schwacher Trost, wollten die Florentiner doch auch in der Gunst des Papstes stehen!

Machiavelli gab seine Interventionen noch nicht auf. In Italien angekommen, begab er sich zu den Kardinälen, die sich für das Konzil ausgesprochen und ihre Beteiligung zugesagt hatten. Er verweigerte ihnen, kriegerische Gefolge mitzubringen, und schränkte ihre Kompetenzen, wo immer nur möglich, ein. Der Papst gewann durch diesen Einsatz

Machiavellis eine gewisse Sympathie für Florenz und hob das Interdikt auf. Allmählich gelang es Machiavelli, die Kardinäle dazu zu bewegen, den Sitz des Konzils zu verlegen, und zwar mit dem Argument, daß im Ausland gefaßte Beschlüsse in Italien ein stärkeres Gewicht hätten.

In Frankreich freilich, wo Machiavelli bis Mitte Oktober blieb – am 2. November traf er wieder in Florenz ein –, und am Königshof in Blois und in der Touraine war er zusammen mit Roberto Acciaiuoli vor Ludwig XII. getreten. Während dieser letzten drei Wochen hatte er an die Zehn einen einzigen, kurzen Brief geschrieben. Bei diesem Aufenthalt in Frankreich hatte er einmal mehr erkannt, daß die Kluft zwischen Frankreich und dem „teuflischen Geist" Julius II., wie er den Papst einmal nannte, nur mit Waffengewalt geschlossen werden könnte.

10. Zusammentreffen mit dem streitbaren Julius II.

Zu Papst Julius II., ehemals Kardinal Giuliano della Rovere, paßten Sturmhaube und Schwert besser als Tiara und Gottessegen. Als einer der großen Mäzene der Hochrenaissance schuf er sich einen unsterblichen Namen: Bramante plante den Neubau der Peterskirche; Michelangelo malte die Deckenfresken der Sixtinischen Kapelle und meißelte das Grabmal seines Mäzens mit dem gehörnten Moses; Raffael malte in den Stanzen. Des Papstes Zeitalter gilt zu Recht als das Heldenalter der italienischen Kunst, wenn Julius auch der Kirchenstaat als weltliche Macht viel mehr am Herzen lag. Sein Staat sollte wieder groß, stark und gefürchtet, Rom der Anfang und das Ende der weltpolitischen Spekulationen sein.

Nach dem Tode Alexanders VI. folgte Ende September 1503 der Neffe von Pius II., Francesco Todeschini di Piccolomini, auf den Stuhl Petri. Erwartungsgemäß nahm er den päpstlichen Namen Pius III. an. Das Konklave hatte lange gezögert, ehe er als Kirchenfürst feststand. Schon damals lautete die feierliche Bekanntgabe des neuen Papstes: habemus papam. Der Laie wußte nicht, daß diesen Worten ein komplizierter Wahlgang, der bei jeder Papstwahl üblich ist, vorausging. Durch die Bestechung der Kardinäle hatte sich der Wahlmodus noch erheblich erschwert. Im ausgehenden Mittelalter gehörte es oft zur Regel, Geld für die Kardinalswürde zu bezahlen. Nicht selten hatte bei den Papstwahlen der Renaissance kühle kirchliche Berechnung den Vorrang vor dem historischen Auftrag. Die Grundzüge der modernen Papstwahl entwickelten sich vom 11. bis zum 14. Jahrhundert. Mit wenigen Modifikationen blieb die Wahlform bis heute in Kraft. Im Jahre 1059 verabschiedeten die Beteiligten einer römischen Synode ein Papstwahldekret, wonach die Kardinäle nach dem Tode eines Papstes die Wahl des Nachfolgers besorgten. Damit sollte die Einmischung weltlicher Mächte eliminiert werden. Die neuen wesentlichen Bestimmungen schrieben vor: die Kardinäle als Wahlgremium, die Zweidrittelmehrheit und das Konklave. Es dauerte eine Zeitlang, bis sich dieses Synodaldekret durchsetzte. Bei den Wahlen der Gegenpäpste fand es zuweilen keine Anwendung. Dabei erwies es sich als besonders ungünstig, daß die Mindeststimmenzahl für die Wahl eines Kandidaten nicht festgelegt war.

Für das Schisma war die Spaltung des Kardinalskollegiums in eine päpstliche und eine kaiserliche Partei nach dem Abschluß des Konkordats von Benevent unter Hadrian IV. besonders charakteristisch: Unter den neuen Päpsten Viktor IV. und Alexander III. erreichte die Rivalität einen neuen Höhepunkt. Auf dem dritten Laterankonzil 1179 legte Alexander III. die Zweidrittelmehrheit fest. Um gegen Parteiungen in den eigenen Reihen und gegen Einflüsse von außen gefeit zu sein, wurde als Reaktion das Konklave geschaffen. Früher hatten sich Sitzungen zur Papstwahl oft jahrelang hingezogen. Nun saßen die Kardinäle abgeschlossen im Saal, wodurch sie zu einem schnellen Wahlabschluß gedrängt sein sollten. In der Folge, vor allem aus dem Streit zwischen französischen und italienischen Anschauungen bei der Papstwahl, entstand das Große Abendländische Schisma 1378. Nach dem Tode Gregors XI. traten 16 Kardinäle zu einem Konklave in Rom zusammen, wo seit 75 Jahren keine Papstwahl mehr stattgefunden hatte. Sie erkoren den letzten Nichtkardinal der Papstgeschichte, den Erzbischof von Bari, zum Nachfolger Petri. Weitere Zweifel am Wahlmodus bereinigte das Konzil von Konstanz (zwischen 1414 und 1418, am 30. Oktober 1417). In Zukunft hatten unter normalen Bedingungen diejenigen die größten Chancen als Papabiles, die taktisch am geschicktesten vorgingen, das Kardinalskollegium mit einem schnellen Vorschlag überraschten und den Wählerwillen zu lenken verstanden. Zur Zeit Machiavellis spielte allerdings die Korruption eine wesentliche Rolle. Diese sollte später, im Jahre 1621, durch die Einführung der Wahl quasi *per inspirationem, per compromissum* oder *per scrutinium* eliminiert werden.[80]

Papst Pius III. war zu alt und zu krank, als daß er in das Zeitgeschehen hätte wirkungsvoll eingreifen können. Auch Cesare Borgia wartete ab. Durch den raschen Tod des Papstes am 18. Oktober, nach 26tägigem Pontifikat und am 18. Tage seiner offiziellen Inthronisation, sahen die Dinge freilich weniger rosig aus. Der neue Papst Julius II. stand schon am 31. Oktober als gewählt fest. Selten zuvor zeichneten sich die 35 Kardinäle durch so viel Loyalität in der Wahl des neuen Papstes aus.[81]

Und das Ende des ehemals gefürchteten Borgia schien alsbald besiegelt. Bei der Wahl äußerte Cesare noch wenig Bedenken — der Papst hatte ihm geschickt Zusicherungen gemacht. Dann, als neues Kirchenoberhaupt, erwachte in Julius wie ein Phönix der Politiker und Borgia-Feind. Mit einem Schlag räumte er mit dem Clan auf und richtete sein Augenmerk auf die große Weltpolitik, auf das Deutsche Reich, auf Frankreich und Spanien. Es nimmt nicht wunder, daß ihn Machiavelli als fähigen und exemplarischen Politiker an die Seite jenes Cesare Borgia, dem er in der Romagna begegnet war, stellte. Die venezianischen Gesandten Lippomanno und Capello beschrieben Julius als einen Mann, der nicht die Geduld hat, ruhig zuzuhören. Niemand habe Einfluß auf ihn, und er befrage nur wenige oder niemanden; Julius war ein Mann mit der Natur eines Giganten, der all seine Pläne unverzüglich ausgeführt haben wollte. Schon mit seinem ersten großen Feldzug erntete er einen vollen Erfolg: Er unterwarf Perugia, Urbino und ließ Bologna besetzen. Er schaltete dann Venedig aus und beteiligte sich an der Liga von Cambrai. In der Politik gegen Kaiser Maximilian erlebte er einige Rückschläge. Die große Niederlage erlitt er dann 1512 gegen die Franzosen.

Am 21. Oktober 1503 erhielt Machiavelli von den Zehn den Auftrag, nach Rom zu reisen und bis zur Wahl des neuen Papstes dort zu verweilen, *apud summum ponti-*

ficem quando fuerit creatus, wie es hieß. Am Morgen des 24. Oktober brach er auf und kam am 27. in Rom an. Cesare Borgia lebte noch, der Wandel in Rom schien noch ungewiß. Aber Machiavelli lernte dazu. Der Aufenthalt am Tiber gilt als bedeutsam, denn Machiavelli vereinte seine bisherigen Erfahrungen mit den neuen Zielsetzungen und erschloß sich eine bis dahin für ihn noch unbekannte Welt. Er kam zur rechten Zeit nach Rom und erlebte vor Ort das große Feilschen um die Tiara. Der Botschafter Venedigs sprach von einem Handel unter den Kardinälen, daß die Tiara dem zufalle, der am meisten dafür biete. Machiavelli merkte mit seinem sensiblen politischen Auge, daß Giuliano della Rovere die meisten Chancen besaß. Daneben beobachtete er kritisch den Vatikan und kam zu dem Schluß, daß die Kirche das Verderben Italiens sei. Ihr Herrschaftsanspruch sei das eigentliche Hindernis für Italien auf dem Wege zur nationalen Einigung.

Es zeichnete sich aber auch in Rom ab, daß Machiavelli der Volksmasse zusehends mit mehr Skepsis begegnete: Das Volk kann leicht getäuscht und irregeführt werden! Er hörte die Einheimischen über die Zustände in der Kirche reden und erfuhr wieder einmal von Mord und Gift. Es überrascht nicht, wenn später Martin Luther, als er 1510 in Rom weilte, bestürzt über die chaotischen Zustände schrieb und eine dringende Reform verlangte. Von der Metropole des Kirchenstaates war Luther enttäuscht, weil er die Spuren des antiken Rom vermißte und überall nur Schmutz und Schutt sah. Die vielgerühmte Renaissance-Atmosphäre widerte ihn an. Er kritisierte den Papst, weil er auf „herausgeputzten Hengsten umherparadierte", während die Priester die Messe „herunterschnatterten". Die Wahl Julius' II. beurteilte Machiavelli als durchaus zufriedenstellend für Florenz, denn dieser neue Papst werde die verlorenen Gebiete in der Romagna zurückerobern. Damit würden die Venezianer zurückgedrängt werden. Auch bei dieser Mission unterstand Machiavelli einem Vorgesetzten, diesmal Francesco Soderini. Der Auftrag Machiavellis vom 21. Oktober beinhaltete neben der Berichterstattung den Abschluß der condotta mit Giampaolo Baglioni. Machiavelli nahm jede Gelegenheit wahr, um gegen die venezianische Expansion zu intrigieren. Ihm boten sich allerdings wenige Besprechungen mit dem Papste. Dies erübrigte sich auch, denn die feindliche Haltung des Papstes gegen Venedig war allgemein bekannt. Den letzten Brief an Florenz schrieb Machiavelli am 16. Dezember; am nächsten Tag reiste er aus Rom ab und kam am 21. in Florenz an. In der Tasche hatte er ein Empfehlungsschreiben Francesco Soderinis, mit dem der Kardinal den gewohnt eifrigen Machiavelli der Republik Florenz wärmstens empfahl. Und wieder überschlugen sich die Ereignisse in der Politik: Papst Julius plante, wie vorauszusehen war, die Venezianer aus der Romagna zu vertreiben; gleichzeitig zog er gegen die kleinen Tyrannen zu Felde. Im Süden besaßen die Spanier, zu denen der Papst respektvoll aufschaute, Neapel. Dafür erlaubte der Norden Grenzverschiebungen im Sinne des Kirchenstaates. Julius scherzte nie, es war ihm bitter ernst mit dem Kriege, und er sah sich nicht als Despot, sondern als Diener der Kirche. Ende August 1505 zog er mit 24 Kardinälen an der Spitze von 400 Reisigen und seiner Schweizergarde gegen Bologna und Perugia. Von seinen Verbündeten, den Este, den Montefeltro, den Gonzaga, erwartete er sich ebenso Truppen wie von Florenz und Neapel. Alle kamen dem Versprechen nach, allein Florenz zögerte. Und wieder traf es Machiavelli, die Nachricht zu überbringen, die ähnlich wie bei anderen Missionen lautete: Florenz stehe weiterhin zum Vorhaben des Papstes, nur könne es zur Zeit keine Truppen abkommandieren, da jeder Mann dringend bei der Belagerung von Pisa gebraucht werde. Vom 28. August 1505, dem Tag der Ankunft Machiavellis in Civita Castellana, bis zum 26. September, als er sich in Imola aufhielt, berichtete Machiavelli laufend vom Papste. In dieser Zeit sprach er mehrmals mit Julius II. Dabei bewunderte er ihn als konsequenten, kriegstüchtigen, klugen und für eine höhere Aufgabe handelnden Manne. Was Machiavelli störte, war, daß er im Namen der Kirche agierte. Auch störte ihn der draufgängerische Einsatz des Papstes, dem es an Umsicht fehle. Immer zog Machiavelli mit dem Papst von einem Ort zum anderen, von einem Lager zum anderen. Er begleitete ihn nach Perugia, Urbino, Forlì, durch Grenzgebiete der Toskana. Die Republik Florenz bereitete Julius in den jeweiligen Orten einen herzlichen Empfang. Sie schickte ihm Lebensmittel und vom besten Wein: Monte Pulciano und Trebbiano. Machiavelli erlebte hektische, aber lehrreiche Tage, bis der Papst am 11. November siegreich in Bologna einzog und sein vorläufig gestecktes Ziel erreicht hatte. Während dieser Zeit änderte Machiavelli seine Meinung; der Papst ließ nun mit sich reden, in seine politischen Vorhaben durfte aber niemand dreinreden. Und bei seinen nächsten Zusammentreffen zwischen dem 27. August in Nepi und Oktober 1506 in Rom begeisterte er sich wieder für Julius II. Machiavelli sollte den Papst davon überzeugen, den unter Florenz dienenden Condottiere Marcantonio Colonna nicht abzuwerben: Colonna stand im Einsatz vor Pisa. Bei dieser Gesandtschaft imponierte Machiavelli das päpstliche Staatswesen, und er ordnete die Erfahrungen mit dem Papste in seinen Gedankenkomplex ein: „Papst Julius II. verfuhr in all seinen Unternehmungen mit Ungestüm und fand Zeit und Umstände stets so geeignet für diese seine Handlungsweise, daß er stets Erfolg hatte. So erreichte Julius II. durch sein ungestümes Losschlagen, was kein Papst mit aller menschlichen Klugheit zustande gebracht hätte; denn wenn er mit seinem Aufbruch von Rom gewartet hätte, bis die Abmachungen fertig und alles in Ordnung war, was jeder andere Papst an seiner Stelle getan hätte, wäre sein Vorhaben nie geglückt."[82] Machiavelli stand auf der Seite von Julius II., was seine Politik anbelangte. Denn der Papst handelte ungestüm, was Machiavelli dem überlegten Vorgehen vorzog. Fortuna nämlich, so folgerte er, ist zur Hälfte Herrin über die Taten der Menschen, aber die andere Hälfte überläßt sie der Lei-

tung des Individuums, das also dem Schicksal entgegenwirken kann.

Florenz änderte nicht nur seine Schaukelpolitik. Mit jedem Vorrücken des Papstes stieg das Unbehagen in der
Signoria. Im Kampf gegen Frankreich verdankte es die Republik am Arno dem fähigen Gaston de Foix, der den Papst
in Oberitalien zurückdrängte und ihm sogar Bologna ab-
nahm. Später, 1511, handelte Julius II. mit gewohnter Energie: Er berief am 18. Juli ein allgemeines Konzil für den
19. April 1512 nach Rom in den Lateran ein, um seinen
Feinden die Konzilswaffe von vornherein zu nehmen. Wie
erwähnt verschaffte sich Machiavelli in dieser Angelegenheit großen Respekt. Auch den letzten Kardinal lockte er
aus Pisa: „Ich habe heute früh Kardinal Santa Croce be-
sucht, mit ihm lange gesprochen und ihm meinerseits ausschließlich die Schwierigkeiten auseinandergesetzt, die
von der Wahl des Ortes (Pisa) sowie den gegenwärtigen
Umständen herrührten und dauernd zunehmen müßten, je
länger sie hier blieben und je mehr Leute kämen; was Eure
Herrlichkeiten zu entschuldigen bäten, usw. Worauf er antwortete, man müsse eben etliche Entbehrungen hinnehmen, er wolle sich auch keineswegs beschweren, denn er
wisse wohl, daß es hier weder solche Palais gebe wie etwa
in Mailand noch das angenehme Leben wie in Frankreich.
Ich sagte ihm, allerdings auf meine eigene Verantwortung,
es wäre meiner Ansicht nach von Vorteil, diesen Ort zu verlassen. Vor allem, weil sie damit aus ihren schlechten Un-
terkünften herauskämen. Ferner, weil die Entfernung des
Konzils vom Aufenthaltsort Seiner Heiligkeit die Kampf-
begierde des Papstes abkühlen und seinen grimmigen Entschluß abschwächen würde, zu militärischen wie kirchlichen Waffen zu greifen. Drittens, weil sie bei Verlegung
des Konzils auf französisches oder deutsches Gebiet mit
einer Bevölkerung rechnen könnten, die eher zum Gehorsam neige als jene der Toskana."[83]
Die Kardinäle zogen nach Mailand weiter, das ordentliche ökumenische Konzil fand schließlich auf Einladung

des Papstes in San Giovanni in Laterano in Rom zwischen 1512 und 1517 statt.

Unter dem Wahlspruch *fuori i barbari,* hinaus mit den Barbaren, zog Julius II. im Frühjahr 1512 an der Spitze der Heiligen Liga gegen Norditalien, um endgültig mit den Franzosen abzurechnen. Während der Papst Bologna belagerte, fielen die Spanier mit Schweizer Söldnern unter der Führung des gefürchteten Vizekönigs von Neapel, Ramòn Falck de Cardona, ins Mailändische ein. Am 11. April 1512 kam es vor Ravenna zur Entscheidung, wobei die Verbündeten, unter ihnen Venedig, die Liga des Papstes besiegten und in der Folge die gesamte Romagna wieder unter Frankreich geriet. Das Schwergewicht dieser Schlacht lag bei der Artillerie, deshalb gilt diese kriegerische Entscheidung für viele als eine der ersten modernen Schlachten. Unter den vielen tausend Toten lag auch der junge Gaston de Foix. Die Franzosen besetzten zwar die Romagna, Papst Julius II. gab aber noch lange nicht auf. Durch sein diplomatisches Geschick verschob sich die politische Konstellation wieder schlagartig. Das französische Heer wich in die Lombardei zurück. Mailand fiel wieder an die Sforza. Nur ein Konzil konnte für einige Zeit die Gemüter beruhigen. Und die Bühne der Weltpolitik stimmte Julius II. zu, als das Konzil im Lateran seinen Gang nahm.

11. Die ersten politischen Schriften und der Decennale primo

Seit den Erfahrungen mit Cesare Borgia schrieb Machiavelli regelmäßig seine Eindrücke über die politischen Verhältnisse nieder. In seiner Schrift *Del modo di trattare i popoli della Valdichiana ribellati* (Wie gegen das rebellierende Volk von Valdichiana vorzugehen sei) zog er deutlich Parallelen zwischen den realen Ereignissen, seinen Erfahrungen und seinen Erkenntnissen aus der Geschichte, aus der er immer wieder Paradebeispiele nahm. Seine Bewunderung dabei galt allemal den alten Römern. In dieser Schrift vom Sommer 1503 nahm er einige seiner späteren Ausführungen vorweg. Den realen Anlaß gab Cesare Borgia mit seiner Einnahme von Arezzo 1502 und der Besetzung des Valdichiana. Nachdem Arezzo wiedergewonnen werden konnte, rebellierten die Einwohner im Valdichiana gegen Florenz. Machiavelli untersuchte in dieser Schrift das Wesen der Menschen: „Die Menschen sind im Grunde immer dieselben und haben dieselben Leidenschaften, so daß, wenn die Umstände gleich sind, gleiche Ursachen gleiche Wirkungen auslösen und daher dieselben Tatsachen dieselben Verhaltensregeln erfordern."[84] Machiavelli diente dann die Geschichte als Beleg für die Realität. Er schloß daraus auf den Menschen als ein konstantes Wesen. Er warf Florenz vor, halbe Arbeit geleistet und, wie schon so oft, nach einem Kompromiß gesucht zu haben. Die Herren von Florenz sollten von den alten Römern lernen! Denn die alten Römer wußten, „daß man Mittelwege vermeiden und die Menschen entweder durch Wohltaten gewinnen oder für alle Zukunft unschädlich machen muß".

Machiavelli baute seither in seinen Schriften historische Paradigmen ein. Er entwickelte nebenbei erstmals die politische Theorie im Kleinen, die später in den *Discorsi* breit und ausführlich dargelegt wird. Und immer wieder war es das heuristische Prinzip, mit dem Machiavelli auf das konstante Verhalten des Menschen verwies, weshalb eben die typischen Situationen immer wiederkehren und also allgemeingültige Handlungsmaximen aufgestellt werden können.

Diese Schrift über Valdichiana zählt neben den 52 Berichten der zweiten Gesandtschaft zu Cesare Borgia zu den wichtigsten Dokumenten seines Denkens vor dem *Principe* des reifen Machiavelli. Ihr an die Seite gestellt kann nur noch die im März 1503 verfaßte Abhandlung nach den Erfahrungen am französischen Hof und bei Cesare werden: *Parole da dirle sopra le provisione del danaio, fatto un poco di proemio e di scusa* (Die Rede über die finanzielle Entschädigung folgt nach einer Einleitung und Entschuldigung). Diese Schrift entstand aus der politisch-militärischen Krise der Republik Florenz. Der Gonfaloniere Soderini erhoffte sich die Begründung seiner geplanten Steuererhebungen. Diese Abhandlung ist gewiß die erste theoretisch begründete, organische Zusammenfassung aus den frühen Erfahrungen.[85] Dafür ist die Valdichiana-Schrift ausgereifter in der Ausdrucksweise und durchwegs literarischer. Die Polemik gegen Florenz artet nicht aus, sondern ist fundiert, deutlich und klar. Die zwei großen theoretischen Voraussetzungen für sein späteres Werk sind in dieser Schrift enthalten:

– die Lehre von den Menschen und der Welt, die im Grunde gleichbleibt und deshalb nachgeahmt werden kann;
– die Funktion des römischen Mythos, in diesem Fall auf Florenz bezogen, das durch seine wankende Politik direkt in die Katastrophe trieb.

Insgesamt umfassender sind die Schriften über Frankreich, seine Berichte ebenso wie die beiden kritischen Abhandlungen. Im Grunde empfand Machiavelli gegen Frankreich eine kühle Abneigung. Die *Ritratti delle cose di Francia* vom Jahre 1510 fußen zum Teil auf den Aufzeichnungen von 1501: *De natura Gallorum*. In den eher losen Ausführungen der *Ritratti* betonte Machiavelli die militärische Stärke Frankreichs und den markanten politischen und wirtschaftlichen Zentralismus in diesem Lande, deshalb „übertreffen eine politische Macht im Innern, eine militärische nach außen die soziale und wirkliche Kraft des Landes". Das politische System Frankreichs stellte er dem deutschen gegenüber: „Der Adel lebt ganz dem Waffendienst, und darum zählt die französische Reiterei zur besten Europas. Das Fußvolk hingegen ist schlecht, weil es sich aus gemeinen Leuten und Söldnern zusammensetzt und den Baronen untergeben ist. Es ist ganz nach seiner Art heruntergekommen und verächtlich. Eine Ausnahme bilden die Gascogner, die, an Spanien grenzend, etwas vom spanischen Wesen haben und deshalb etwas besser als die anderen sind, wenn sie sich in letzter Zeit auch mehr als Diebe als durch Tapferkeit ausgezeichnet haben. Sie bewähren sich gut in der Verteidigung und Belagerung von Festungen, nicht aber im offenen Felde. Auch darin sind sie das Gegenteil der Deutschen und Schweizer. Deshalb werben die französischen Könige, die kein Vertrauen auf das eigene Fußvolk setzen, Schweizer und deutsche Landsknechte an. Im wesentlichen sind sie mehr wild als aufgeweckt und schlau, und widersteht man ihrem ersten Ungestüm, dann werden sie so scheu, daß sie fast weibisch erscheinen."

Diese Beschreibungen erwiesen sich als tiefgründig. Ein französischer Historiker urteilte einmal, daß es Einsichten eines Mannes seien, der von Natur aus dazu neige, die französischen Schwächen vielleicht genauso zu lieben wie die Tugenden dieses Volkes.[86] Machiavelli redete aber nie überzeugend positiv von den französischen Tugenden, vielmehr enttäusche ihn zutiefst die französische Leichtfertigkeit und ihr politischer Anspruch, sich in Italien auszuleben und das Land zu unterdrücken.

Die ersten Briefe vom französischen Hof nach Florenz sind weniger bedeutsam wegen der kritischen Haltung Machiavellis gegen Florenz und seiner Kritik gegen Ludwig XII., der keine dieses mächtigen Staates würdige Poli-

168

tik betreibe, als wegen der französischen Italienpolitik, die er einige Jahre später im *Principe* detailliert ausführte. In Frankreich erlaubte sich der Segretario denn auch einige kühle Ratschläge und Weisungen wie diese an den Kardinal d' Amboise: „Seine Majestät müssen sich wohl hüten vor denen, die seine Freunde zu vernichten trachten, um selbst Macht zu gewinnen und ihnen Italien leichter entreißen zu können; dem müsse Seine Majestät abhelfen und es denen gleichtun, die schon früher ein fremdes Gebiet besitzen wollten, wodurch die Gewalt der Mächtigen verringert, den Untertanen geschmeichelt werde, Freunde erhalten blieben und man vor Gefährten sicher sei, das heißt vor denen, die dort gleiche Rechte fordern."[87] Immer öfter baute Machiavelli in seine Gesandtschaftsberichte seine eigene Meinung ein, wozu er bei seinen ersten Delegationen nicht aufgefordert worden war. Spätestens nach den Missionen bei Cesare Borgia baten ihn die Zehn des öfteren in ihren Auftragsschreiben um seine persönliche Anschauung, wie etwa bei der zweiten Mission: „Dein Auftrag soll dazu dienen, daß Du ihre Pläne aus der Nähe prüfst, uns sofort darüber schreibst und Dein Urteil und Deine Meinung darüber wissen läßt." Diesem Auftrag kam Machiavelli natürlich gerne nach, denn gerade hierfür hatte er eine besondere Begabung. Und in vielen späteren Berichten schrieb er zuerst seine Meinung, dann erst von den Ergebnissen seines Auftrages. Probleme wie Treue, Abmachungen und die Bündnisfähigkeit unter den Staaten nahmen in den Briefen aus Frankreich, insbesondere von seiner zweiten Mission, eine zentrale Stellung ein. Für die spätere Machiavelli-Forschung bedeutet dies, daß Machiavelli im Zuge seines Dienstes für Florenz zusehends vom Gesandten zum politischen Denker umstieg. Dies unterschied ihn dann auch von vielen Schriftstellern seiner Zeit, die sich daneben mit wirtschaftlichen und gesellschaftlichen Fragen auseinandersetzten und Machiavelli an Vielseitigkeiten übertrafen. Die Gründlichkeit der Realpolitik zog Machiavelli in ihren Bann. Der Blick in die Psyche des

Staates und seines Volkes blieb: „Die natürliche Stärke der Franzosen liegt mehr im eigentlichen Angriff als in der zähen und klugen Kriegsführung. Ist die Wucht des ersten Vorsturmes am Gegner abgeprallt, so lassen sie bald nach, verlieren den Mut zu weiteren Vorgehen und werden feige wie die Frauen. Da sie ohnehin an Entbehrungen und Strapazen wenig ertragen, vergeht ihnen bald die Kampfeslust; dann sind sie leicht zu überraschen und zu besiegen. Schon Cäsar hat von ihren Vorhaben gesagt: Als schier übermenschliche Kämpfer treten sie an, und am Ende taugen sie weniger als ein Weib."[88]

Die klaren und strengen Grundsätze verloren ihre Stärke im *Decennale primo,* im ersten Rückblick über die vergangenen zehn Jahre. Gegen Ende Oktober 1504 verfaßte Machiavelli seine Aufzeichnungen der historisch-politischen Ereignisse in Italien in der Zeitspanne von 1494 und 1504. Er schuf damit kein literarisches Meisterwerk, dafür aber einen gewissenhaft geführten chronologischen Abriß. In den dantesken Terzinen beschränkte er sich auf das Wesentliche und reihte viele unkritische Betrachtungen nebeneinander. Einerseits lobte er das Verhalten der Florentiner, anderseits verschwieg er nicht seinen Tadel. Aus der Schrift spricht dennoch der Florentiner Machiavelli, dessen Patriotismus unüberhörbar ist. Wie innig er mit Florenz fühlte und wie tief ihn die politischen Niederlagen trafen, läßt sich an seinem Fluch auf Pisa, Venedig, Frankreich und andere Feinde gut nachvollziehen. Machiavelli resümierte fast schaudernd und blickte besorgt in die Zukunft: Zehn Jahre sei die Sonne über diese grausamen Ereignisse, welche die Welt mit Blut färbten, aufgegangen. Jetzt schütte sie ihren Pferden doppelte Gerste auf, denn es näherten sich Ereignisse, nach denen alles bisher Geschehene nichts mehr sein würde. Das Schicksal sei noch nicht befriedigt, das Ende der Kriege in Italien noch nicht abzusehen. Der Papst gehe daran, die Länder der Kirche zurückzugewinnen. Der Kaiser wolle gekrönt werden; Frankreich beklage sich über den erlittenen Schaden; Spanien stelle seinen Nachbarn Fallen, um seine Eroberungen sicherzustellen; Florenz wolle Pisa; Venedig schwanke zwischen Furcht und Ehrgeiz nach neuer territorialer Expansion: aus all dem sei es einfach abzuleiten, daß eine neue Flamme, einmal entzündet, bis zum Himmel emporschlagen müsse.

Wörtlich lauten die Terzinen des *Decennale primo:*

> Noch ist fortuna nicht zufrieden,
> Noch läßt sie Italiens Zwiste weiter wüten,
> Noch ist die Wurzel aller Übel nicht getroffen;
> Reiche und Mächte sind nicht geeint,
> Es kann nicht sein, weil der Papst
> Der Kirche Wunden zu heilen trachtet;
> Mit seinem einzigen Kind will der Kaiser
> Vor Petri Nachfolger treten;
> Der Gallier stöhnt unter dem Schmerz des Hiebs;
> Und Spanien, schon über Apulien herrschend,
> Stellt Nachbarn Fallen und Schlingen,
> Um keinen Boden zu verlieren;
> Markus schwankte in Furcht und Gier
> Gänzlich zwischen Krieg und Frieden;
> Doch euch gelüstet's nach Pisa gar sehr.[89]

Durch dieses erste Decennale avancierte Machiavelli zum satirischen und ironischen Schreiber im Kreise der Gebildeten von Florenz. Zur gleichen Zeit, als er dieses *Decennale* verfaßte, schrieb er an einer Komödie mit dem Titel *Die Masken* nach dem Vorbild des größten griechischen Komödiendichters und scharfen Zeitkritikers Aristophanes. Dieses Werk ging verloren. Die Schuld könnte Giuliano de' Ricci gehabt haben, der *Die Masken* nicht abschrieb, weil darin, wie Ricci meinte, zu viele bekannte Zeitgenossen zu spöttisch „gegeiselt und übel zugerichtet" wurden. In seiner Bemerkung darüber schrieb er, Machiavelli sei in seinen Werken zu frei „sowohl im Tadel hochstehender Personen der Kirche und des Staates als auch in der Zurückführung aller Dinge auf natürliche oder zufällige Ursachen". Giuliano de' Ricci stellte später mit Bedauern fest, daß gerade diese progressive Anschauung Machiavellis es war, die auf dem Konzil von Trient die Indizierung seiner Werke provozierte.

Machiavelli verschickte verschiedene Exemplare dieses *Decennale* an Freunde und Bekannte. Eines davon geriet in die Hände des Generalkapitäns Ercole Bentivoglio, der mit florentinischen Truppen außerhalb von Florenz weilte. Nachdem er es gelesen hatte, schrieb er an Machiavelli einen lobreichen Brief, mit dem er ihn aufforderte, weiterhin solche Aufzeichnungen zu verfassen, „denn, wenn auch diese Zeiten so unselig gewesen und weiterhin sind, daß es uns schmerzt, wenn wir zurückdenken, so ist es uns doch sehr recht, daß diese wahrheitsgetreue Darstellung unseren Nachkommen bekannt werde, damit sie nicht, im Hinblick auf das schlimme Geschick dieser Zeiten, uns anklagen, schlechte Vertreter der italienischen Ehre und des italienischen Namens gewesen zu sein. Wer nicht die Geschichte dieser Zeiten liest, der wird es nie glauben können, daß Italien in so kurzer Zeit aus solchem Wohlstand in so tiefes Verderben gestürzt sei."[90]

Das *Decennale primo* wurde 1506 von Agostino Vespucci unter dem Titel *Nicolai Malclavelli florentini, compendium rerum decennii in Italiam gestorum ad viros florentinos, incipit feliciter* herausgegeben. Schon nach 20 Tagen kam es zur zweiten Auflage. Vespucci kündigte an, bei diesem Werke handle es sich lediglich um eine bescheidene Vorarbeit zu einem umfangreichen Werk, das Machiavelli zurückgezogen ausarbeite. Durch den Verkauf dieser Arbeit − ein Exemplar kostete zwei Silberquattrini − verdiente Machiavelli fast ein halbes Jahresgehalt. Trotz dieses Erfolges wagte es Machiavelli damals noch nicht, sich dem Abenteuer seines Geistes rückhaltlos zu überlassen und sich ausschließlich dem Schreiben zu widmen, wo ja eigentlich seine Stärke lag. Eine Kopie war ohne die Genehmigung des Herausgebers verkauft worden. Der gestellte Betrüger mußte 50 fiorini an Strafe bezahlen, mit denen Machiavelli zehn neue Exemplare „hübsch hergerichtet und vornehm gebunden" auflegen ließ. Machiavelli schätzte wie sein Vater schön gebundene Ausgaben.

Einmal nannte er sein *Decennale primo* eine *canta favola*, ein gesungenes Märchen, womit er es zwischen Literatur und Geschichtsschreibung eingereiht wissen wollte.

Schon in diesem ersten *Decennale* ließ Machiavelli in der Beurteilung der florentinischen Politik eine Zweideutigkeit offen. Durch die Kontrastierung zwischen Lob und Tadel machte er indirekt auf die mißliche Politik seiner Heimatstadt aufmerksam, der ein konkretes politisch-militärisches Programm fehlte. Als den einfachsten und kürzesten Weg aus der politischen Misere schlug er voll Pathos vor, „den Tempel des Kriegsgottes wieder" zu öffnen. Auf jeden Fall erzielte er mit dieser Schrift die Wirkung, ungeachtet der fehlenden kritisch-historischen Gliederung und ungeachtet der mangelnden Klarheit im historischen Überblick. Der Leser verspürte Machiavellis Anteilnahme am italienischen Drama und spürte an den dantesken Versen das ethisch-politische Pathos. Der historisch gebildete Humanist schüttelt freilich den Kopf. Aber gerade das wollte Machiavelli mit diesem *Decennale* bezwecken: eine historisch-politisch fundierte Schrift im Sinne einer neuen Geschichtsschreibung der Renaissance.

Wahrscheinlich gegen Ende des Jahres 1509 schrieb Machiavelli die Verse des *Decennale secondo*, des zweiten Jahrzehnts. Es gelang ihm ein eindringlicherer sprachlicher Ausdruck mit durchaus durchschnittlichen Versen. Wieder war die italienische Politik der zentrale Inhalt. Machiavelli ahnte die herannahende Katastrophe − eine düstere Grundstimmung prägt das Werk −, in den letzten Versen tobt Machiavelli ausgesprochen eindringlich gegen die zweideutige florentinische Politik; mit ähnlicher Härte geiselt er die Herrscher seiner Zeit, die auch eine schwache und unentschlossene Politik betrieben. Machiavelli bekannte, daß er von „Unmut übermannt und irr geworden" sei, trotzdem wage er die Schilderung. Dann rief er die Muse an. Dieses zweite *Decennale* ist nur mehr fragmentarisch erhalten. Es ist anzunehmen, daß Machiavelli dieses Werk 1514 überarbeitete und als erweiterte Fassung der Öffentlichkeit präsentierte. Denn zu Beginn der Schrift erwähnt er, es seien zehn Jahre vergangen, „seitdem ich die Feder niederlegte und schwieg". Er muß es also auf jeden Fall noch 1514 inhaltlich verändert haben. Das Datum 1509 rührt daher, daß Machiavelli am 8. Dezember dieses Jahres an Luigi Guicciardini in einem Brief eine Anspielung auf seine „Erzählung" machte, ebenso sprechen einige Stellen dafür, daß er zu dieser Zeit mit der Niederschrift begonnen haben muß.

12. Die Italienpolitik Maximilians I. und Machiavelli beim Kaiser in Tirol

Kaiser Maximilian I. ging schon früh daran, sein Reich gegen die flandrische Küste auszubauen. Er residierte nicht oft in Wien, wo sich sein Territorium nicht weit gen Osten, nur bis Hainburg, erstreckte. Innsbruck in Tirol, wo er große Popularität genoß, bevorzugte er als Residenz. Allerdings brachten es die Vielfalt seiner wechselnden Interessen und die Ausdehnung des Reiches und der Hausmacht ebenso wie sein Temperament mit sich, daß Maximilian selten längere Zeit an einem Ort weilte.[91] Er strebte seit seiner Jugend nach Ruhm und lebte gerne in Pomp. Er war politisch begabt und kein Träumer; vor allem besaß er ein hervorragendes Verhandlungsgeschick. Seine Ehe- und Bündnispolitik umspannte ganz Europa, von England und Spanien bis Ungarn und Rußland. Das Sprunghafte, seine unstete Natur, entsprach der Weite seiner politischen Pläne. In seiner Raumordnungspolitik erinnerte er an Rudolf IV. Maximilian ist nicht aus der Neuordnung der Verwaltung in den österreichischen Ländereien wegzudenken. Er faßte die nieder- und innerösterreichischen Länder ebenso wie Tirol und die Vorlande zu einer höheren Verwaltungseinheit zusammen. Tirol erhielt 1490 zentrale Verwaltungsbehörden mit den neuen Bezeichnungen Regiment oder Regierung. Den Innsbrucker Behörden ordnete Maximilian eine vorländische Regierung mit Sitz in Ensisheim im Elsaß unter. 1498 erfolgte die Gründung des Hofrates als erste Verwaltungs- und Justizstelle.[92]

Karl der Kühne fiel am 5. Januar 1477 in der Schlacht von Nancy. Die von ihm geförderte Verehelichung seiner Erbtochter Maria mit Maximilian I. führte dazu, daß die burgundischen Besitzungen an die Habsburger übergingen und zur staatlichen Grundlage der Niederlande wurden.

Zahlreiche Heiratskandidaten scharten sich um die Erbin: Sie entschied sich für Maximilian; die Eheschließung fand am 19. August in Gent statt. Der 18jährige Maximilian genoß es, wie ihn das Volk stürmisch feierte. Ein Jahr später bekamen sie einen Sohn, Philipp, später unter dem Beinamen „der Schöne" bekannt. Die glückliche Ehe zwischen Maria und Maximilian war von keiner langen Dauer: Im März 1482 stürzte sie unglücklich vom Pferd und verschied wenige Wochen später. Maximilian war tief betroffen, er wußte aber, daß er nicht immer Witwer bleiben würde. Zuerst dachte er an Anna von Bretagne. *Per procuratorem,* durch einen bevollmächtigten Vertreter, ließ er um sie werben. Maximilian zielte auf die Bretagne. Anna heiratete aber den französischen König Karl VIII., was Maximilian als „Brautraub" empfand. Es hätte ihm nichts genützt, vorher, 1490, mit Anna eine Ehe geschlossen zu haben. Maximilian drohte zu dieser Zeit im Osten ein Erbfolgekrieg, da König Matthias Corvinus von Ungarn überraschend verstorben war. Inzwischen griffen die Franzosen Nantes an, und Anna kapitulierte Ende Oktober 1491. Darauf erklärte Karl VIII. Maximilians Ehe für ungültig und heiratete Anna – für Maximilian eine schwere Niederlage! Er konnte sich aber mit dem Gewinn der Freigrafschaft Burgund darüber hinwegtrösten.

1468 hatte Galeazzo Maria Sforza Bona von Savoyen geheiratet. Bianca Maria war eines ihrer Kinder.

Maximilian hatte es nicht leicht, seinen Willen zur Ehe durchzusetzen: Noch lebte Kaiser Friedrich III., der viele Bedenken äußerte und dem eine Ehe zwischen einer Sforza und dem künftigen Kaiser nicht würdig genug erschien.

Maximilian kannte aber die Vorteile einer Verbindung mit Bianca Maria: Über die Sforza wollte er die Erbfolge in Ungarn sichern. Die Ehe brächte ihm zudem viel Kapital ein, und Maximilian konnte den Gedanken eines Reichs-Italien weiterspinnen. Jedenfalls schritten 1493 die Heiratsvermittlungen zügig voran, denn auch Ludovico wollte aus dieser Beziehung Gewinn ziehen und sein Ansehen in Italien steigern. Als am 19. August desselben Jahres Kaiser Friedrich III. starb, stand der Ehe nichts mehr im Wege. Der

Bischof von Brixen, Melchior von Meckau, reiste im Auftrag Maximilians nach Mailand, um den Kontrakt zu vereinbaren. Am 30. November konnte die Hochzeit vollzogen werden. Maximilian erschien nicht zu der Zeremonie. Der Erzbischof von Mailand und der Bischof von Brixen steckten Bianca Maria den Ehering an. Das Volk in Mailand feierte begeistert. Über den Vinschgau in Tirol kam die junge Braut nach Innsbruck, wo sie erst zehn Wochen nach der Eheschließung ihren Manne sah. Am 16. März 1494 kam es noch einmal zu einer kirchlichen Einsegnung.

Ludovico il Moro schien durch diese neue Verwandtschaft auf der Höhe seiner Macht. Er ehrte Maximilian, indem er den Namen seines Sohnes aus der Ehe mit Beatrice von Ferrara, Ercole, in Massimiliano umwandelte. Die Ehe mit Bianca Maria verlief von Anfang an nicht glücklich. Maximilian hatte wohl nicht aus Liebe geheiratet. Bianca Maria konnte mit Geld nicht umgehen. Als Maximilian 1494 nach Flandern und Brabant abreiste, mußte er sie mit dem Hofstaat als Schuldpfand zurücklassen; erst im nächsten Jahr löste er sie ein.[93] Bianca Maria blieb in erster Linie eine Sforza und eine Mailänderin. Mit dem Einmarsch der Franzosen in ihre Heimatstadt trat die junge Kaiserin vehement für Mailand ein. Viele Exil-Mailänder scharten sich um sie. Maximilian blieb hart und verwies die Exil-Mailänder des Hofes bei Androhung der Todesstrafe. Immer öfter wandte er sich von Bianca Maria ab.[94]

1508 wurde Maximilian endlich zum Kaiser ernannt. Bianca Maria war nur der Form nach Kaiserin, in Wirklichkeit lebte sie depressiv und bedeutungslos im Schatten ihres Mannes. Im Jahre 1511 verstarb sie lebensüberdrüssig und einsam. Einige Quellen reden bei der Ursache für ihren Tod von einem Übergenuß an Schnecken.[95]

Bianca Maria scheint eine Frau von durchschnittlicher Begabung gewesen zu sein, in ihren Jugendjahren von starkem Ehrgeiz getrieben, in den späteren Jahren bei Maximilian zusehends in zwanghafte Selbstzweifel verstrickt und sporadisch von depressiven Verstimmungen gequält. Ihre Selbstzweifel nahmen in Tirol zu; der Wechsel vom italienischen Boden in den für sie schon rauhen Norden trug dazu bei, daß sie an ihrem Manne und an sich selbst zerbrach.

Maximilian nahm nicht an ihrem Begräbnis im Stift Stams im Inntal teil. Die Verwandtschaft Maximilians mit Ludovico blieb. Der Sforza hatte dem deutschen Kaiser im Laufe der Jahre eine runde Million Dukaten gezahlt. Deshalb schuldete er unter anderem seinen Künstlern und Professoren in Mailand den zugesagten Lohn. Bei der Verteidigung gegen die Franzosen schickte Maximilian ihm 2000 Landsknechte und 1000 Reiter unter dem Feldhauptmann Friedrich Kappler.

Beim ersten Italienfeldzug Maximilians 1496 trafen sich im Vinschgau die Abgesandten der Mächte der Heiligen Liga; Ludovico il Moro kam mit seiner Frau Beatrice nach Münster, wo Maximilian persönlich sie abholte und nach Glurns begleitete. Maximilian verhandelte nur als Erzherzog von Österreich und Herzog von Burgund, nicht als zukünftiger Kaiser. Er wollte den Franzosen ein für allemal die Lust nehmen, in Italien einzufallen. Wie so oft verfolgte er dabei weit überzogene Pläne. Die Franzosen setzten sich quasi hinter dem Rücken Maximilians mit dem Erzkanzler Bertold von Mainz in Verbindung, um zu beteuern, daß sie keineswegs einen Angriffskrieg planten. Maximilian besaß, wie so oft, auch in Glurns kein Geld und hatte um sich keine Reichsfürsten als Rückgrat. An seinen Finanzbeauftragten schrieb er: „Wir tanzen hier ohn' eine Pfeifen und auf einer Stelzen."[96]

In seinen Plänen beschritt er weiterhin utopische Wege: Im August traf er in der Lombardei ein. Er lehnte die Kaiserkrönung in Mailand ab, wo ihn Papst Alexander VI. sehen wollte; aus Rom sollte Maximilian fernbleiben. Er ging auf den Vorschlag des Papstes nicht ein; vielmehr machte er sich daran, den aus Neapel heimkehrenden Soldaten in Norditalien den Weg abzuschneiden und Pisa zu sichern. Inzwischen ließen die Venezianer bei jeder Gelegenheit durchblicken, daß sie Maximilian nicht in Italien sehen wollten. Nach den Verhandlungen in der Villa Ludovicos in Vigevano rüstete Maximilian eine Flotte gegen Livorno. Als die genuesischen und venezianischen Matrosen die *Normada,* die vielen französischen Kriegsschiffe vor sich sahen, zerbröckelte die Liga; die Eintracht unter den Verbündeten zerbrach. Zu allem Unglück für Maximilian überraschte sie ein Seesturm. Maximilian konnte sich rechtzeitig ans Ufer retten. Viele seiner Schiffe sanken auf den Meeresgrund. Dieser erste Italienfeldzug war für ihn nichts als eine Niederlage.

Aber Maximilians Feldzüge nahmen damit kein Ende: 1498 Vorstoß gegen Bourgogne, 1499 Krieg gegen die Schweizer; nach der Niederlage der Tiroler und Vorarlberger bei Frastanz und an den Calven im oberen Vinschgau schieden die Eidgenossen mit dem Frieden von Basel aus dem Reich aus. Im selben Jahr fand Ludovico il Moro bei Maximilian Zuflucht vor den Franzosen, die sein Kastell besetzt hielten.

Maximilian hatte in seinem Reich keinen festen Stand: Die einzelnen Reichsstände rissen ihn hin und her, er konnte die vielen unkontrollierten Machtballungen nicht zerschlagen; dem Deutschen Reich fehlte die feste Führung. Im Jahre 1500 wurde ein Beschluß über ein Reichsregiment, eine Art Reichsregierung, gefaßt. Maximilian wehrte sich gegen diese Institution, weil sie für ihn einer politischen Gefangennahme gleichkam, und er hatte Erfolg. Einstweilen blieb das Dekret ohne Bedeutung.

Einen weiteren Erfolg verzeichnete er mit dem Gewinn der „vorderen Grafschaft Görz" im Pustertal und der „hinteren Grafschaft". Die Republik Venedig protestierte energisch dagegen, aber Maximilian konnte sich gegen Triest und Inneristrien behaupten — zweifellos ein diplomatischer Erfolg!

1504 brach als Folge der Rivalität zwischen Pfälzern und Wittelsbachern in Bayern der Pfälzer Krieg aus. Maximilian intervenierte auf der Seite seines Schwagers Albrecht von

Bayern-München; dafür erhielt er von ihm das Tiroler Inntal. Durch die Beihilfe des Schwäbischen Bundes gewann Maximilian bald die Oberhand, siegte am Wenzenberg und eroberte Kufstein, dazu nahm er Rattenberg in Besitz – zweifellos ein militärischer Erfolg. Gerade in diesem Jahr belehnte Maximilian Frankreich mit dem Herzogtum Mailand, damit der Schein der Zugehörigkeit zum Reich gewahrt bliebe. 1507 lud Maximilian die Reichsstände zu einem Reichstag nach Konstanz ein. Den Schwerpunkt der Gespräche bildeten der geplante Italienfeldzug und die Kaiserkrönung. Die Venezianer erklärten, daß sie Maximilian nicht durch ihr Territorium durchziehen ließen, falls dieser nicht unbewaffnet und nur mit kleinster Eskorte auf den Weg ginge. Die Stände bewilligten nach zähen Verhandlungen schließlich 120 000 Gulden. Maximilian richtete nun, nach dem erfolgreichen Ungarnfeldzug, seine Augen verstärkt auf Italien. Er setzte seine 7000 Knechte und 3000 Reiter alsbald gegen die Apenninenhalbinsel in Marsch. Er plante über die Steiermark, Kärnten und Krain die Adria, über Tirol die Lombardei zu erreichen, um dann nach Rom weiterzuziehen.[97] Maximilian hatte ein vereinigtes Reichsunternehmen zu Land und zur See vor Augen. In Rom wollte er sich mit dem Heer und der Flotte seines Sohnes Philipp vereinigen und ihm bei der geplanten Einnahme von Neapel behilflich sein. Dabei träumte er nostalgisch von einer Kaiserkrönung in Rom. Ständig aber veränderte er seine Pläne, und überall fehlte es ihm an Geld. Wenn er das Unternehmen ein Jahr zuvor, im Jahre 1506, gestartet hätte, wäre er vielleicht erfolgreich gewesen; auf jeden Fall wären ihm die Venezianer dann eher entgegengekommen.[98]

Ob ihn der Papst in Rom gekrönt hätte, bleibt allerdings fraglich.

Von dem Italienfeldzug erwarteten sich auch die Eidgenossen eine Vergrößerung ihres Alpenstaates. England stand auf der Seite des Kaisers, trat aber nicht der Liga bei. Und Maximilian betonte immer wieder die 700 Jahre alten

Reichsrechte an Italien, verwies auf das universale christliche Kaisertum, das er wiederherstellen wolle. Aber da war auch noch Frankreich, das Florenz und andere Stadtstaaten in Abhängigkeit hielt, Neapel für sich beanspruchte und den Besitz Gesamtitaliens sowie die Kaiserwürde anpeilte. Und Spanien hielt das eroberte Neapel fest im Griff und erstrebte schon eine Ausdehnung in Oberitalien! Maximilian wollte schnell handeln. Mit dem gewährten Geld, 22 000 Soldaten und 8000 Reitern sollte sein Unternehmen binnen sechs Monaten abgeschlossen sein.

Er wußte zu gut, wie geschwächt sein Reich war durch die Selbständigkeit der Bischöfe, der freien Städte und Fürstentümer, die eigenständig im Reich regierten; sie waren die eigentlichen Widersacher. Und dann war die leidige Geldnot, die Verschuldung und der finanzielle Zwang: Maximilian schuldete den Fuggern ein Vermögen, diese wiederum gebrauchten den Kaiser für ihre Geschäfte. Den Fuggern galt der gesellschaftliche Rang, den sie mit ihrem Kapital erkauften, weit mehr als die Millionen Maximilians. Als Anerkennung für ihre finanziellen Zuwendungen erhob er die drei Fuggerbrüder, die Enkel der Begründer der Finanzdynastie, in den Adelsstand. Maximilian blieb aber trotz ihrer Finanzspritzen ohne Geld, und noch als Sechzigjähriger besaß er keinen Pfennig.[99] Aber er schmiedete weiterhin große Pläne, obwohl er oft selbst nicht soviel Geld besaß, seine eigenen Pferde zu bezahlen, und weitgehend von der Finanzkraft der Fugger abhängig blieb.[100] Zu seinen kühnsten Plänen gehörten die Vorhaben, die Welt unter seiner Führung zu vereinigen, die Türken in ihrem Land zu besiegen, Jerusalem zu befreien und selbst Papst zu werden. Mit dem Datum des 16. September schrieb Maximilian aus Brixen an Paul von Liechtenstein: „Der Kaiser ist entschlossen, nach Möglichkeit zum Papsttum zu kommen, insbesondere da Papst Julius schwer krank und bereits totgesagt sei. Der Kaiser habe dafür den Kardinal Adrian befragt und seine freudige Zustimmung gefunden. Für das gesamte Unternehmen, für

Geschenke an die Kardinäle und andere Personen, sind 300 000 Dukaten nötig, welche die Fuggerbank bereitstellen soll. Der Kaiser kann dafür gegenwärtig nur seine Kleinodien verpfänden. Liechtenstein soll Fugger bewegen, einen Teil dieser Summe, und zwar zunächst 10 000 Dukaten, auf seiner Bank zu Rom bereitzustellen, so daß Bischof Matthäus Lang darüber verfügen könne. Der Kaiser werde dem Fugger dafür seine besten vier Truhen mit den Kleinodien und das österreichische Lehensgewand verpfänden; denn wenn er sich vor der Papstwahl noch zum Kaiser krönen lasse, wolle er das Lehensgewand des seligen Herzog Karl (von Burgund) benützen. Der Kaiser wolle die 100 000 Dukaten Anleihe und die 100 000 Dukaten alter Schulden, was zusammen 533 000 fl Rh ausmache, durch die Steuern des Reiches und der Erbländer, durch das spanische Hilfsgeld, außerdem durch ein Drittel der Einkünfte aus dem Papsttum sicherstellen. Der Kaiser wolle einen Vertrauensmann Fuggers als seinen Schatzmeister mit der Einhaltung dieser Verpflichtung betrauen. Der Kaiser habe aus Rom erfahren, daß auch Adel und Volk von Rom keinen Franzosen oder Spanier zum Papst wünschen.[101] In Italien befürchtete man, es könne zum unvermeidlichen Zusammenprall zwischen Maximilian, Frankreich und Venedig kommen. Noch mehr bangten die Stadtstaaten um ihre Freiheit für den Fall, daß Maximilian seine kaiserliche Herrschaft in Italien realisieren würde.

Von Florenz verlangte er 500 000 Dukaten für seine Krönungsreise, mit einem Teil des Geldes wollte er wohl seine Schulden bei den Fuggern begleichen − ein neues, großes Problem für die Republik am Arno: Die Stadt hatte nicht soviel Geld, zudem wollte die Signoria sich nicht zuviel mit Maximilian einlassen; die Freundschaft mit Frankreich stand auf dem Spiel. Am Arno erhitzten sich die Gemüter. Soderini stand einer ernstzunehmenden Opposition gegenüber, die jeden Bonus zu nützen verstand. Der Streit erreichte seinen ersten Höhepunkt, als die Opposition die Regierung Soderinis als Tyrannis unter dem Volke verschrie. Für Soderini bedeutete dies, schnell zu handeln. Inzwischen wußte Francesco Vettori zu berichten, Maximilian begnüge sich mit 50 000 Dukaten, wenn er sie nur sofort bekäme. Soderini beschloß, einen Gesandten zum Kaiser zu schicken. Die Achtzig ernannten Piero Guicciardini und Alamanno Salviati. Die Zehn erkannten diesen Beschluß nicht an, zu gespannt war die politische Situation; die republikanische Ordnung am Arno stand ernsthaft auf dem Spiel. Nach zähen Verhandlungen setzte sich Soderini durch; die beiden neuen Gesandten hießen nun Francesco Vettori und Niccolò Machiavelli.

Zuvor aber noch zum Kriegsverlauf in Italien: Maximilian ließ sich auf das Abenteuer ein, obwohl er mit einem Zweifrontenkrieg zu rechnen hatte: in Italien und Burgund. Die finanziellen Mittel versuchte er aus seinem Kammergut und den Erbländern herauszuholen. Jakob Fugger verkaufte er unter anderem die Grafschaft Kirchberg; Michael von Wolkenstein verkaufte er die Grafschaft Görz mit der Hauptstadt Lienz. Die Fugger erklärten sich zudem bereit, große Summen vorzustrecken, fanden sie doch in den Kupfer- und Silbervorräten der Tiroler Bergwerke noch immer eine sichere Garantie. Unter Drohungen erzwang Maximilian aus den Augsburger Handelsgesellschaften und deutschen Städten weiteres Kapital in Form von Anleihen. Die Landtage in den österreichischen Ländern stellten Truppen bereit, am meisten die Tiroler mit 1000 Mann für drei Monate, im Kriegsfall 5000, im Falle der Landesnot 10 000 Mann.[102] Ende Mai 1507 legte Maximilian dem ständischen Ausschuß den Plan vor, zur „Errettung" Italiens 119 000 Mann Kriegsvolk aufzubieten.[103] Das war bezeichnend für sein Verhältnis zu den Reichsständen, denen er dann erst spät über die Annahme des Kaisertitels berichten wird. Von diesem Großaufgebot sollten die Reichsstände 10 000 Reiter und 20 000 Fußknechte stellen, die Schweizer 12 000 Söldner. Die fehlenden Gelder sollten von den deutschen Handelshäusern und Großkaufleuten aufgebracht werden. Die Parteien überboten einander, das

Tauschklima erinnerte an einen Pferdehandel. Anfang Juli streckte Jakob Fugger ein Darlehen von 80 000 Gulden vor.[104]

Später forderte Maximilian 30 000 Mann vom Reich. Am 19. Juli versprachen die Reichsstände 12 000 Mann für sechs Monate in Italien. Die Öffentlichkeit erfuhr von 30 000 Mann, die angeblich bereitständen. Außerdem wollte man für dieses Unternehmen 120 000 Gulden gewähren. Schon im Februar hatte Maximilian an die 70 000 Mann in Trient gesammelt: Verglichen mit den Franzosen und Venezianern ein bescheidenes Aufgebot.[105] Schon vorher gab es kleinere und größere Reibereien. Der Kurfürst Jakob von Trier und der Kardinal Melchior von Brixen verhandelten mit Venedig, das den Durchzug verweigerte. Am Lichtmeßtag 1507 waren zu Konstanz alle Reichsstände zusammengetreten, um über die Kaiserkrönung in Italien, die Erhaltung Reichs-Italiens und der Niederlande und die Rückgewinnung Mailands zu beraten. Die Schweizer unterstützten als „treue Deutsche" den Romzug und die Kaiserkrönung, gegen Mailand und Frankreich behielten sie sich die Neutralität vor. Nach dem Konstanzer Reichstag schien ein Zusammenstoß mit Frankreich sicher. Gemeinsam mit Venedig versuchte Ludwig XII. Maximilian jeden Zugang nach Italien zu versperren. Weiterhin wollten beide, Maximilian und Ludwig, einem offenen militiärischen Konflikt aus dem Wege gehen. Auch der Papst sprach sich für eine Aussöhnung aus. Im Sommer 1507 begannen die ersten vorsichtigen Verhandlungen, und es kam zu einer Einigung.

Im Februar 1508 stieß Maximilian in die Valsugana vor und besetzte die Dörfer an den Hängen dieses schmalen Tales zwischen Trient und Bassano. Dann kehrte er ins Etschtal zurück, um Nachschub zu holen. Im Laufe dieses Februar verließen immer mehr Soldaten das Heer Maximilians, weil er ihnen den Sold nicht auszahlen konnte.

Venedig bedrohte weiterhin das österreichische Görz. Maximilian befahl Sixt Trautson, vom Tiroler Pustertal

aus ins Cadore einzufallen, um die Venezianer im Rük-
ken zu bedrohen, die sich dann tatsächlich zurückzogen.
Maximilian, vom Erfolg beflügelt, plante das gesamte
Cadore an Österreich anzuschließen. Dagegen startete
Venedig erneut einen Gegenzug, lockte Trautson in eine
enge Klause, wo eine Steinlawine ihn und viele seiner
15 000 Soldaten verschüttete.[106] Tirol erließ darauf das allgemeine Landesaufgebot, denn Maximilian gab noch
immer nicht auf, sondern plante vielmehr einen großen
Rachezug. Die Venezianer schritten indessen gegen Görz,
Triest und Istrien vor. Der Reihe nach fielen die großen
Festungen: am 22. April 1508 Görz, am 6. Mai Triest und
dann am 26. Mai Fiume. Vor Venedig fürchtete sich nun
auch Ludwig XII. Durch seine Expansion zog sich die Serenissima nicht nur die Feindschaft Frankreichs und natürlich die Maximilians zu, sondern auch die des Papstes. Der
Waffenstillstand von Santa Maria della Grazia bedeutete
für Maximilian mehr einen Glücksfall, stand er doch vor
einer völligen Niederlage.[107] Bis zum März hatte der Krieg
im Trentino an die 40 000 Gulden verschlungen, ohne daß
etwas Konkretes erreicht werden konnte.[108]
Im Frühjahr verließ Maximilian den Kriegsschauplatz
und reiste in die Niederlande. Er brauchte und suchte das
Wohlwollen Ludwigs XII., der sich stillschweigend von
Venedig abwandte. Der Treuebruch ging auf Kosten des
gekränkten französischen Stolzes und der Hoffnung auf
Landgewinne in Italien. Für kurze Zeit fanden alle Gegner
Venedigs zusammen: Maximilian, Papst Julius, Ludwig,
Spanien, Ferrara, Mantua und Florenz. Maximilian überließ Ludwig Mailand − ein sichtlich freundschaftlicher Akt
als Ausgangspunkt für ein gutes Verhältnis bei den bevorstehenden Verhandlungen in Cambrai, an der Grenze zwischen Frankreich und den Niederlanden. Den Schwerpunkt der Gespräche bildete der Angriffspakt gegen Venedig. Am 10. Dezember 1508 konnten zwei Verträge von
Maximilian, Papst Julius II. und Ferdinand von Aragon
unterzeichnet werden. Es ging gegen Venedig und gegen

die Türken, wie es hieß. Schon vier Monate darauf veröffentlichte der Papst die Exkommunikationsbulle gegen Venedig. Der Vertrag sicherte dem Papst die Provinzen der Romagna zu; Ludwig XII. Cremona, Bergamo, Brescia, das Gebiet an der Adda, Crema und Mailand; den Spaniern die neapolitanischen Provinzen an der Adria; und Maximilian Padua, Vicenza, Verona und Friaul. Am Anfang blieben das Bündnis gegen die Türken und die Artikel gegen Venedig geheim. Im Namen des Papstes unterzeichneten Erzherzogin Margarethe und Karl d'Amboise beim feierlichen Gottesdienst in der Kathedrale von Cambrai den Vertrag.

Nun ging man daran, das vorher schon zugesprochene Land zu erobern. Daneben redete der Vertrag von Cambrai, in der Geschichte bekannt als „Liga von Cambrai", von Heiratspolitik – Maximilian verzichtete auf die Heirat zwischen Claudia und Erzherzog Karl und auf Beziehungen zu England. Als die großen Nutznießer galten alsbald der Papst und König Ferdinand von Spanien.

Maximilian gelang mit dieser Liga die Isolierung seiner Erzfeinde Frankreich und Venedig. Falls sein Enkel Karl in Spanien die Herrschaft übernehmen würde, durfte er hoffen, die Hegemonie über ganz Italien zu erhalten und danach Frankreich von der Halbinsel zu verdrängen. Venedig schaute nicht ahnungslos in die politische Zukunft: Die Markusrepublik gab alsbald die Romagna an den Papst und die neapolitanischen Häfen an Ferdinand von Aragon zurück, damit legte die Serenissima den ersten Funken in die Spreu der Liga.[109] Maximilian ging inzwischen sofort zur Sache; die folgenden acht Jahre Krieg um Italien eskalierten zu einer der verheerendsten, verlust- und folgereichsten Auseinandersetzungen bis zum Ausbruch des Dreißigjährigen Krieges.[110] Dasselbe Dilemma wiederholte sich immer wieder, daß nämlich Italien nicht fähig war, sein Schicksal selbst zu bestimmen, weil es letztendlich keinen Konsens zwischen dem Deutschen Reich, Frankreich und Spanien gab. Die Venezianer sprachen vom „Krieg der Liga von Cambrai" *(bellum Cambreracense),* um die Kriegsschuld klar auf die Liga abzuschieben. Die Lage in Italien wechselte wiederholt, ebenso die Bündnisse untereinander.

Maximilian unterrichtete die Reichsstände über den Vertrag von Cambrai erst am 5. Januar 1509. Er bat sie um Hilfe, der Papst habe den Kaiser, die christlichen Könige und Fürsten ermahnt, ihm gegen die Untaten der Venezianer zu helfen. Der Reichstag zu Worms lehnte diese Hilferufe ab. In Italien folgte Schlag auf Schlag: Im April 1509 erklärten Frankreich und der Papst Venedig den Krieg. Die Franzosen sammelten sich in einem großen Heer in der Lombardei. Ein Grund für das Mißtrauen des Papstes: Konnten die Franzosen nicht ganz Italien erobern? In diesem Mißtrauen lag der Zerfall der Liga von Cambrai begründet. In einer der ersten Schlachten fielen an die 8 000 Venezianer; die siegestrunkenen Franzosen hängten die gefangenen Besiegten als Zeichen des Triumphes im Mailänder Dom auf. Die Franzosen schritten unaufhaltsam voran und eroberten binnen weniger Wochen alle ihnen im Vertrag zugesprochenen Gebiete. Die Stadt Venedig schonten sie aus taktischen Gründen.

Der König von Ungarn lehnte einen Angriff auf das venezianische Dalmatien ab. Ferdinand von Aragon unterstützte die Friedensbestrebungen der Venezianer, auch der englische König wollte von einer Vernichtung Venedigs nichts wissen, und Papst Julius II. sah plötzlich in Venedig eine Stütze des Heiligen Stuhles. Die deutschen Reichsstände stellten sich entschiedener denn je gegen den Krieg. Der Reichstag gewährte Maximilian keinen einzigen Fußknecht. Nur Tirol leistete ihm wirksame Truppenhilfe, da man in Innsbruck den Krieg gegen Venedig als Grenzkrieg auffaßte. Als die französischen Truppen aus Italien abzogen, übertraf Venedigs Stärke die von Maximilians Truppen bei weitem. Ihm gelang es mit eigenen Kräften nicht einmal, Padua zu erobern. Über das militärische Versagen Maximilians war der Papst derart enttäuscht, daß er ihm keine weiteren Geldmittel mehr zukommen lassen wollte. Und doch ging Maximilian nicht leer aus: Nachdem Julius II. Ravenna und Faenza dem Kirchenstaat einverleibt hatte, sah er seine territorialen Wünsche erfüllt und zeigte sich zum Frieden bereit. Venedig trat kampflos Verona und Vicenza, Görz und Triest an Maximilian ab.

Der Schauplatz der kriegerischen Auseinandersetzungen der Liga von Cambrai lag fast ausschließlich in Oberitalien. Die Franzosen besiegten am 14. Mai 1509 die Venezianer bei Agnadello. Maximilian verlor gerade jetzt Vicenza und Padua, und Treviso schien uneinnehmbar. Deshalb sollte Florenz nun endlich den Tribut von 1507 entrichten. In einem Abkommen vom Oktober stellte die Republik am Arno im Vertrag von Verona 40 000 Dukaten in Aussicht.

Zwei Jahre zuvor, am 17. Dezember 1507, war Niccolò Machiavelli zu Maximilian aufgebrochen und Francesco Vettori hinterhergereist. Es hatte Soderini einige Mühe gekostet, seinen Kandidaten Machiavelli in der Signoria und im Rat der Zehn durchzubringen. Er konnte sich des Vorwurfs der Opposition nicht erwehren, er schicke Machiavelli, weil dieser „nach Übereinkommen munter Gutachten schreibe, die denen Francesco Vettoris ähnlich seien und den Gang der Dinge bestätigen". Dies meinte zumindest der italienische Geschichtsschreiber Cerretani, der für die Opposition Partei ergriff. Die Skepsis der Gegner Soderinis war nicht unberechtigt: Das gegenseitige, beinahe freundschaftliche Verhältnis zwischen Soderini und Machiavelli störte einige Oppositionelle, denn nichts fürchteten sie zu dieser Zeit mehr als ein gut zusammenarbeitendes Team. Dann war es auch die florentinische Nationalmiliz, von Machiavelli im Jahre 1507 schon ziemlich gut organisiert, die zum Mißtrauen Anlaß gab: Soderini könnte sich über sie zum Tyrannen der Stadt aufschwingen! Die politische Situation erforderte aber jähes Handeln: Maximilian in Italien! Dieser Ausruf hieß für viele das Ende der Freiheit. Die politische Opposition benützte dieses Unbehagen geschickt als Auslöser für viel Unsicherheit und politischen Protest. Viele Florentiner bangten mit

Recht um die republikanische Demokratie. Bevor Machiavelli in Richtung Norden aufbrach, hatte es die Opposition,
vorwiegend Mitglieder der Mediceer-Partei, verhindert,
daß er als Attaché den florentinischen Gesandten Roberto
Acciaiuoli an den Hof des Schahs von Persien begleitete;
und nun reiste Machiavelli nur als Vertrauter des Gesandten Francesco Vettori zu Maximilian. Machiavellis Auftrag
lautete, Maximilian mitzuteilen, daß Florenz bereit sei,
30 000 Dukaten, im äußersten Ernstfall auch 50 000, zu
zahlen. Die Zahlungen sollten je nach Maximilians Vorrük-
ken in Italien ratenweise erfolgen. Machiavelli kannte die
Politik seines Auftraggebers zu gut, als daß er ernsthaft an
ihre Ehrlichkeit geglaubt hätte.

Auf der Durchreise in der Lombardei untersuchten die
Behörden Machiavelli nach Geheimdokumenten. Er hatte
aber vorher alle schriftlichen Instruktionen vernichtet, was
die Zehn in einem Schreiben an Vettori beklagten, weil
Machiavelli ihm nun keine schriftlichen Belege mehr überbringen konnte.[111]

Machiavelli reiste weiter durch einige Kantone der
Schweiz, streifte den Süden des Schwabenlandes und kam
dann nach Tirol. In der Schweiz fand er den Stoff für seine
Schilderungen über das Wesen der Eidgenossen. In seinem
späteren Werk nahmen die Schweiz als Landschaft und die
Schweizer als unabhängige Bundesgenossen eine vorbildliche Stellung ein. Auf sie zu sprechen kam er später besonders in den *Discorsi,* in der *L'arte della guerra,* im letzten
Kapitel des *Principe,* in zwei Gesandtschaftsberichten über
die politische Lage des Deutschen Reiches vom Jahre 1508,
in seinen Ausführungen über die Franzosen und in einigen
Briefen, besonders in denen an seinen späteren Freund
Vettori.[112]

Machiavelli gelangte gerade in der Zeit nach 1505 mehr
und mehr zur Überzeugung, daß im Kriegszustand die
Infanterie, nicht die Kavallerie das Herz der Armee sei:
Dafür glaubte er in der Schweiz den Beweis gefunden zu
haben. Die Einteilung der Bataillone verglich er hier mit

der griechischen Strategie der Phalanx. Die Schweiz, so folgerte er, sei um so schwerer zu besiegen, je mehr sich der Feind ihrer Grenzen nähere. Ein Machthaber oder ein Staat solle sich an der Schweiz orientieren, indem er feindliche Angriffe nur auf eigenem Gebiet abwehre und nicht über die Grenzen ausbreche. Bei der Ausbildung seiner Miliz in Florenz betrachtete Machiavelli die Schweizer als heimattreue, gehorsame und tapfere Soldaten als Vorbild, wenn auch die Schweizer „weder hübsch von Gesicht noch wohlgestaltet" seien. Machiavelli zählte die Schweizer zu den „Völkern Deutschlands". Er hob öfters hervor, daß es die Schweizer waren, die zuerst die zunehmende Schwäche des deutschen Kaisers wahrnahmen und Chancen nutzten, sich vom Deutschen Reich abzusondern, indem sie einen unabhängigen, freien Staat errichteten, der zu solcher Macht heranwuchs, daß die Schweizer „nicht nur nicht unter das österreichische Joch zurückkehrten, sondern der Schrecken aller ihrer Nachbarn wurden".[113]

Besonders charakteristisch beschrieb Machiavelli die individuelle Rolle der Eidgenossen: Sie seien Feinde der Fürsten und Edelleute, da sie in ihrem Lande weder Fürsten noch Edelleute duldeten und diese sogar um ihren Besitz und politischen Einfluß brachten.

Machiavelli diente die Schweiz als mustergültiges Beispiel der republikanischen Staatsordnung. Er kam zum Schluß: Analog den alten Etruskern habe sich in der Schweiz ein Bund von mehreren Republiken gebildet, die untereinander mit denselben Autoritäten und Befugnissen ausgestattet seien. Dadurch sei die Schweiz die beste Repräsentantin der Republik als optimale Staatsform des römischen Reiches. Die Bündnisfähigkeit in der Schweiz, die kantonale Unabhängigkeit und die Toleranz untereinander verglich er mit dem griechischen, etruskischen und römischen Staatsaufbau, dem antiken Verhältnis zwischen Herrschaft und Bundesgenossen, zwischen obrigkeitlicher Lenkung und Untertaneninitiative. Die Vorteile der dezentralisierten Schweizer Verwaltung sah er darin: Erstens werde man nicht so schnell in einen Krieg verwickelt, zweitens sei das einmal Gewonnene leichter zu bewahren. Staaten mit dezentralisierter Verwaltung und provinzieller Gliederung strebten nicht nach territorialer Expansion. Die demokratische Einrichtung der Tagsatzung, der Bundesversammlung, verhindere eher einen Kriegsentschluß als ein zentralistischer Einheitsstaat mit marktorientiertem Hegemonialcharakter. Auf dem Gebiet der Kirche sei die Schweiz noch das ursprüngliche, eigentlich religiöse Land der Ahnen, ohne kirchliche Hierarchie und Vermischung von Kirche und Staat. Die Schweizer lebten nach urtümlichen religiösen Vorstellungen. Käme aber die päpstliche Verwaltung in die Schweiz, dann würden „die schlechten Sitten des päpstlichen Hofes diesem Land binnen kurzem mehr Mißwirtschaft bringen, als irgendein unglückliches Ereignis dort je hätte anrichten können".[114]

Machiavelli dienten alle einschneidenden Überlegungen über die Schweiz als Zweck. Während seiner Reise zu Maximilian stieg er viermal ab und redete mit den Passanten. Am 17. Januar 1508 schrieb er an die Zehn: „Von Genf bis Constanz habe ich viermal auf dem Schweizergebiet haltgemacht und habe mit allem Fleiß, soweit es mir möglich war, ihre Zustände und Eigenschaften erforscht. Ich habe gehört, daß das Hauptgewicht der Schweizer sich aus zwölf Kantonen zusammensetzt, die unter sich in einer Weise verbunden sind, daß, was auf ihren Tagsatzungen beschlossen ist, von allen befolgt wird. Deshalb irren sich diejenigen, die behaupten, daß vier Kantone mit Frankreich und acht mit dem Reiche gehen. Wahr ist, daß Frankreich sich in der Schweiz Leute hält, die durch Geld öffentlich und insgeheim das ganze Land vergiftet haben. Hätte der Kaiser Geld, so könnte er die Schweizer ebenfalls haben, da sie ihm nicht feindlich gesinnt sind, ihm aber nicht gegen das finanzreiche Frankreich dienen wollen." In Konstanz traf Machiavelli einen Gesandten des Herzogs von Savoyen, den er, wissensdurstig wie immer, über Maximilians politische Pläne befragte und folgende Antwort erhielt: „Du willst in zwei Stunden wissen, was ich in vielen Monaten nicht habe in Erfahrung bringen können. Der Kaiser arbeitet äußerst geheimnisvoll, Deutschland ist sehr groß, die Leute kommen aus entlegenen Provinzen und ziehen in die verschiedensten Orte; man müßte zu viele Spione haben, um alles zu erfahren."[115]

Es fiel ihm dann nicht schwer, aus dem Inhalt der Gespräche und seiner persönlichen Beschäftigung mit der Schweizer Außenpolitik ein Resümee zu ziehen. Machiavelli bezweckte damit zweierlei: Einmal stellte er die Schweiz als Prototyp für die Funktionsfähigkeit der Republik hin; zum anderen sollte sich das gefangene Italien nach Schweizer Vorbild von allen fremden Invasionen befreien und zu einer ernstzunehmenden europäischen Großmacht, ohne territoriales Machtstreben, aufsteigen. Die Reiseroute Machiavellis verlief wahrscheinlich von Florenz über Turin, Genf, Freiburg i. Ue., Schaffhausen, Konstanz und Mengen nach Tirol.[116] Am 11. Januar 1508 traf er in Bozen mit Francesco Vettori im königlichen Hoflager zusammen. Nach einer Aussprache berichtete er den Zehn, daß Maximilian sich nicht mit den angebotenen 30 000 Dukaten begnüge, vielmehr verlangte er während einer Aussprache am 24. Januar die sofortige Entrichtung von 25 000 Dukaten. Machiavelli hielt sich nicht andauernd in Innsbruck auf, vielmehr pendelte er in Tirol hin und her. Einmal schrieb er aus Trient, dann aus Meran, dann aus Innsbruck, dann aus Bozen. Sein geheimer Auftrag von Soderini lautete, nicht nur Vettori neue Mitteilungen und Instruktionen zu überbringen, sondern insgeheim Vettoris Arbeitsmethoden zu überwachen und Soderini zu informieren. Am 8. Februar schrieb er aus Trient, daß Maximilian angekommen sei und der Papst ihm erlaubt habe, den Titel eines erwählten Kaisers zu führen. Vier Tage zuvor sei Maximilian „mit entblößtem Schwert, unter Vortritt von Herolden in den Dom gezogen, wo sein Kanzler Mathäus Lang, Bischof von Gurk, zum Volke gesprochen und feierlich erklärt habe, der Kaiser ziehe nach Italien zur Krönung". Maximilian hatte sich am 3. Februar 1508 tatsächlich in Trient zum „Erwählten Römischen Kaiser" proklamiert. Damit ersparte er sich die Krönung durch den Papst. Maximilian hatte sich entschlossen, den Kaisertitel zunächst ohne Krönung anzunehmen. Es war die beste politische Aktion, die Maximilian möglich war. Bei der feierlichen Zeremonie im Dom zu Trient vertraten Francesco Vettori und Niccolò Machiavelli die Republik Florenz.[117]

Es war keine Krönung; Maximilian wurde weder gekrönt noch gesalbt, es blieb bei der Kaiserproklamation. Damit vollzog Maximilian eigentlich eine Entfernung der deutschen Krone vom Papsttum und betonte die Selbständigkeit der Deutschen Nation.[118]

Maximilian zog dann gegen Vicenza, nahm die Sieben Gemeinden ein, die er laut Bericht Machiavellis „verwüstete". Der proklamierte Kaiser lagerte zeitweise in der Nähe von Bozen, zuweilen dirigierte er kleine Vorstöße gegen Belluno, Friaul und Venedig. Inzwischen leisteten Vettori und Machiavelli gute Arbeit: Sie hielten Maximilian hin, gewannen Zeit und sparten so ihrer Regierung Geld. Sie begleiteten den Kaiser nach Innsbruck. Vettori schlug den Zehn vor, Machiavelli solle Maximilian auf den Reichstag nach Ulm begleiten. Dazu kam es nicht, weil Machiavelli in Erfahrung bringen konnte, daß es Maximilian nicht schätze, wenn ihm jemand folge. In Innsbruck fand Machiavelli inzwischen den Stoff für seine Ausführungen über „Deutschland" und die Deutschen: Im *Ritratto delle cose della Magna* vom Jahre 1512, der überarbeiteten Schrift des *Rapporto delle cose dell'Alemagna* vom 17. Juni 1508, schrieb er nach seiner Rückkehr über den Kaiser und das Land. Später, 1509, verfaßte er noch den *Discorso sopra le cose della Magna e sopra lo imperatore,* der v.a. vom Kaiser spricht. Das abgerundete Bild über die Deutschen, die er besser als Tiroler oder Österreicher bezeichnet hätte, nahm er dann in die *Discorsi* auf.[119]

Am 6. Juni 1508 schloß Maximilian mit Venedig einen Waffenstillstand. Damit erübrigte sich der weitere Aufenthalt der florentinischen Gesandten bei Maximilian, denn Florenz brauchte einstweilen dem Kaiser keine Gelder vorzustrecken. Am 10. Juni trat Machiavelli seine Rückreise aus Trient an, war am 14. in Bologna und erreichte nach 183tägiger Abwesenheit am 16. Juni Florenz.

Die vom Hofe Maximilians geschriebenen Briefe Machiavellis handelten hauptsächlich vom Kaiser und den gesellschaftlichen Zuständen im Lande. Machiavelli lieferte Kommentare, Gutachten und Urteile. Es war immer Machiavelli, nicht Vettori, der den Inhalt, die sprachliche Formulierung bestimmte und die Ratschläge an Florenz erteilte. Die Bedeutung des Aufenthaltes am Hofe Maximilians lag in der Lehre, die Machiavelli aus den politischen und gesellschaftlichen Zuständen in diesem komplizierten und gegensätzlichen Land ziehen konnte; und zwar nicht nur, weil er seine internationalen Erfahrungen, die sich bisher auf das Frankreich Ludwigs XII. und George d'Amboises beschränkt hatten, um die eines weiteren europäischen Staates bereichern konnte.[120] Machiavelli analysierte schon in seinen Briefen die Situation Maximilians äußerst genau und scharf: Maximilian sei ein eifriger, waffenkundiger, großen Anstrengungen fähiger und erfahrener Mann mit mehr Ansehen als irgendein Vorgänger in den letzten hundert Jahren; er sei aber auch zu gut, zu menschlich, zu leichtfertig und zu gutgläubig; deshalb zweifelten viele an seinen Fähigkeiten und Handlungen. Maximilian lasse sich von seiner großzügigen und unüberlegten Natur zu weit treiben, so daß er, um sein Werk weiterführen zu können, um Almosen betteln müsse.[121] Detaillierter ging Machiavelli in seinen drei nach der Rückkehr nach Florenz verfaßten Schriften zu Werke, aus denen der politische Denker und Realist spricht: Die größte Ursache für die permanenten Geldsorgen des Kaisers sah Machiavelli im Unvermögen des Kaisers im Umgang mit Geld: „Wenn er (Maximilian) sich nicht ändert, so würden die Blätter der Pappeln in ganz Italien, in Dukaten verwandelt, nicht für ihn ausreichen. Es gibt nichts, was man dann nicht mit Geld in der Hand erreichen könnte. Viele erachten jene als weise, die am längsten zögerten, ihm einmal Geld zu geben, damit sie nicht noch viel länger zögern brauchten, ihm wieder Geld zu geben. Wenn er keinen anderen Grund hätte, von einer Macht Geld zu erhalten, so würde er es als Anleihe verlangen; und würde man ihm nicht leihen, so würden alle früheren Ausgaben weggeworfen sein."[122] Der Kaiser erhalte allein von seinen Ländern 600 000 Gulden, die Kaiserwürde trage ihm zusätzliche 100 000 Gulden ein. Und da er weder schwere Reiter halte noch Stadtbeamte zu bezahlen habe, zudem nichts für Festungsbesatzungen entrichten müsse, bliebe ihm das gesamte Geld. Die Edelleute, schrieb Machiavelli, seien stets bewaffnet, die Festungen bewachten das Land, und in den Städten sprächen die Bürgermeister Recht. So träfe es Maximilian nie, Geld auszugeben; und da also Geld und Soldaten reichlich vorhanden sein müßten, dürften dem Kaiser keine politischen Vorhaben mißlingen. In der Realität aber habe Maximilian „bei allen obengenannten Einkünften nie einen Kreuzer, und, was noch schlimmer ist, man sieht nicht, wo das Geld hinkommt".[123] Machiavelli charakterisierte Maximilian als eine sprunghafte Natur: Er habe immer nach dem gestrebt, was er nicht erreichen konnte; was er hingegen erreichen konnte, habe er nicht gewollt: „Auf der einen Seite ist er ein großer Kriegsmann, er hält und führt gut ein Heer mit Gerechtigkeit und Ordnung. Er erträgt jede Strapaze gleich den Abgehärtetsten; in der Gefahr ist er mutig, so daß er als Feldherr keinem nachsteht. Er ist leutselig, wenn er Audienz hält; er erteilt sie aber, wenn es ihm beliebt, und er will, daß ihm Gesandte nur dann ihre Aufwartung machen, wenn er nach ihnen schickt. Er ist sehr verschlossen, sein Geist und Körper sind in ständiger Bewegung; häufig zerstört er am Abend, was er am Morgen abgeschlossen hat."[124] Von einem Ratgeber Maximilians erfuhr Machiavelli, daß der Kaiser zwar von niemandem Rat wolle, trotzdem aber von jedermann beraten und beeinflußt werde. Da er oft nachgebe, hintergehe ihn sein gesamter Ratskreis: „Jeder Mensch und jede Sache könnte ihn einmal hintergehen, bis er es gemerkt hat. Es gibt aber so viele Menschen und so viele Sachen, daß es sein Schicksal sein kann, jeden Tag hintergangen zu werden, wenn er es auch jedesmal merkte." Dennoch habe Maximilian viele Eigenschaften eines großen Staatsmannes.[125]

Der Wechsel von der italienischen Hochrenaissance in die nüchterne Welt der Alpen weckte in Machiavelli die Frage, warum es innerhalb so kurzer Entfernungen zu solchen Gegensätzen komme. Besonders beeindruckte ihn dabei der große Unterschied in der Lebensweise und des Lebensstandards. In Tirol glaubte er die Freiheit, die er in Italien vermißte, gefunden zu haben. Neben der Freiheit beobachtete er einen weitverbreiteten Reichtum.[126] Er schrieb, die Menschen seien durchweg reich, reich wegen ihrer einfachen, ärmlichen Lebensweise. Da sie das Geld nicht für Bauten ausgäben, auch für besondere Kleidung nicht bereit seien, Geld zu verschwenden, und sie nicht besondere Hausgeräte anschafften, seien sie nicht verschuldet. Das einzige, was diese Menschen brauchten, sei „Überfluß an Brot und Fleisch und eine geheizte Stube, wo sie sich vor Kälte schützen können. Hier, in Tirol, lebt jeder nach seinem Stand und strebt nicht danach zu bekommen, was andere schon haben. Jeder Mensch lebt so sparsam, daß er für seine Kleidung in zehn Jahren nur zwei Gulden verschwendet."[127] Überhaupt seien die Bedürfnisse viel geringer als in Florenz.

Machiavelli bewunderte immer wieder das Land, das an Menschen, Reichtum und Waffen Überfluß habe. Er schrieb, es gebe keine Stadt, die nicht einen öffentlichen Schatz besitze, und nannte folgendes Beispiel: Es sei allgemein bekannt, daß allein Straßburg über mehrere Millionen Gulden verfüge. Die Vorratskammern in den Orten seien immer und überall mit Lebensmitteln, Getränken und Brennholz gefüllt, so daß man ein Jahr lang einer Belagerung standhalten könnte. Als ein verbreitetes Übel bezeichnete Machiavelli die Uneinigkeit unter den Menschen. Er meinte, es wäre angebracht, sich mit den Fürsten zu vereinigen und den Kaiser zu unterstützen oder zumindest ohne die Fürsten zum Kaiser zu stehen. Die Frage nach der Ursache beantwortete er mit dem entgegengesetzten Streben der Menschen, der Machtstellung der freien Städte und dem politischen Verhältnis Maximilians zur Schweiz und zu den Fürsten. Die freien Reichsstädte nannte Machiavelli den „Nerv des Landes", wo man Geld und Ordnung finden könne. Um der Freiheit willen würden sie sich oft gegen den Kaiser wenden. Machiavelli fand die Kavallerie Maximilians gut bewaffnet und beritten vor, trotzdem aber könne sie sich etwa mit der französischen oder italienischen nicht messen und würde in einem Gefecht unterliegen. Der Grund: „Weil die Sättel klein und schwach und ohne Sattelbögen sind, so daß der kleinste Stoß den Reiter in den Sand wirft. Zudem macht sie schwächer, daß sie vom Körper abwärts, das heißt an den Schenkeln und Beinen, gar keine Schutzwaffen haben. So können sie dem ersten Anrennen, worin das Schwergewicht der Schweizer Reiter besteht und worauf es hauptsächlich ankommt, nicht widerstehen. Die Infanterie ist vortrefflich, wobei die einzelnen Soldaten gut aussehen und — im Gegensatz zu den Schweizern — von schöner Gestalt sind." Zu fürchten brauche man die Deutschen aber trotzdem nicht. Niccolò Machiavelli avancierte durch den *Rapporto di cose della Magna* zum Protagonisten einer neuen Form diplomatischer Berichterstattung, indem er in das politische Umfeld kulturelle, soziale und geographische Aspekte aufnahm. In dieser Abhandlung zeigte er sich wieder einmal von seiner stärksten Seite: als scharfer, klarer und historisch-politisch anspruchsvoller Denker.

Die politische Konstellation in Italien änderte sich bald nach Cambrai; die dort geschlossene Liga hielt nicht lange: Im Jahre 1511 brachte der Papst ein neues Bündnis zustande und organisierte in der Heiligen Liga seinen Kirchenstaat, Ferdinands Spanien und das republikanische

Venedig gegen Ludwigs Frankreich. Frankreichs Stellung in Oberitalien geriet ernsthaft in Gefahr. Und nach dem Sieg bei Ravenna gegen das Heer der Liga konnte sich Ludwig XII. auch in der Romagna nicht mehr halten: In das Herzogtum Mailand kehrte Massimiliano Sforza, der Sohn Ludovicos, zurück. Einstweilen blieb er in Lehens-abhängigkeit vom Kaiser. Vom Mailänder Territorium erhielt Papst Julius Parma und Piacenza. In der Folge führte die drohende Wiedereroberung Mailands den Kaiser, den Papst und Spanien enger zusammen. Der Nachfolger Julius II., der Medici-Papst Leo X., hatte nicht mehr den politischen Weitblick und das unüberwindbare Engagement seines Vorgängers. Bei Machiavelli ließ er nachfragen, wie er sich politisch zu verhalten habe; dieser riet ihm zu einer neuen Verbindung mit Ludwig XII.

In Florenz' politischer Welt brodelte es nach 1510 immer lauter. Kardinal Giovannni de' Medici wirkte über seine Anhänger, die Optimaten, auf die politische Kultur und hetzte permanent gegen den Gonfaloniere und Machiavelli. Es sollte nicht mehr lange zum Umsturz dauern. Trotz des politischen Weitblicks stand Machiavelli weiterhin zu Soderini; gerade in der Zeit der Krise verlangte er politische Solidarität.

13. Die Pisa-Krise

In seiner ersten politischen Denkschrift vom Mai 1499: *Discorso fatto al magistrato dei Dieci sopra le cose di Pisa*, Bericht für die Zehn über die Zustände in Pisa, faßte Machiavelli zum ersten Male in historischer Weise alle Einzelheiten ins Auge und plädierte für ein konsequentes Vorgehen; es ging um Pisa. Diese Stadt lieferte seit 1495, als sie von Venedig im Stich gelassen wurde, der Republik Florenz erbitterten Widerstand. Pisa als Handelsstadt stellte schon durch das ganze 15. Jahrhundert für Florenz eine echte Konkurrenz dar. Seit längerer Zeit beanspruchten die Pisaner gegenüber Genua die Vorherrschaft über das Mittelmeer. Florenz brauchte Pisa als Zugang zum Meer; die kleinen Häfen von Livorno erfüllten nicht die Ansprüche der Republik am Arno, deren Wirtschaft zu einem Großteil auf den Handel mit Geld und Wolle aufbaute. Während des Italienfeldzuges Karls VIII. verschlechterten sich die Beziehungen Florenz - Pisa sichtlich. Als Frankreichs Verbündeter erwartete sich Florenz von Karl die nötigen finanziellen Mittel für einen erfolgreichen Krieg gegen Pisa. Im Rücken wußten sich die Pisaner noch immer der Freundschaft Venedigs sicher. Deshalb zögerte Karl und verbürgte sich einstweilen sogar persönlich für die Selbständigkeit Pisas. Als dann Pisa sich in einer Liga unter der Vorherrschaft Venedigs und Mailands gegen Frankreich aussprach, unterstrich es damit einmal mehr seine Hoheit und seine Abneigung gegen Florenz, das weiterhin seine Politik auf seinen „natürlichen Hafen" Pisa ausrichtete. Karl VIII. starb am 8. April 1498; darauf trat Venedig aus der Ägide zurück und zog seine schützenden Truppen aus Pisa ab. Florenz schöpfte erneut Hoffnung. Anfang 1499 vermittelte der Herzog Ercole von Ferrara als Friedensrichter zwischen Florenz und Venedig mit dem Ergebnis eines Friedensvertrages, der beiden Partnern Konzessionen zusprach: Pisa sollte als Festung das Recht auf freien

Handel behalten, politisch sollte es von Florenz regiert werden. Venedig verpflichtete sich, in der Pisa-Frage nicht zu intervenieren, wofür sich Florenz bereit erklärte, der Serenissima 100 000 Dukaten in zwölf Jahresraten zu zahlen. Es war zu erwarten, daß Pisa diesem Vertrag die Rechtsgültigkeit absprach und weiterhin seinen selbständigen Charakter beibehielt; damit nahm die Pisa-Krise ihren Lauf.

Machiavelli, als Sekretär der Kriegskommission, kam eben im Frühjahr 1499 seinem Auftrag nach, seine Betrachtungen über die Vorkommnisse in Pisa niederzuschreiben. Als eindringlicher Beobachter legte er eine durchaus akzeptable, sukzessiv durchdachte und historisch detaillierte Abhandlung vor. Diese eingehende Untersuchung verlangte nach konkreten Möglichkeiten: Die Pisaner würden sich niemals freiwillig unterwerfen, sie seien selbstbewußt und tapfer, denn obwohl sie „jeder Führung beraubt, klein und schwach geworden, beim Papst in keinem guten Licht stehen und von den Sienesen nur schlecht unterstützt werden", wollen sie dennoch „hartnäckig die Hoffnungen der anderen vereiteln und vertrauen auf Eure Schwäche und Gespaltenheit", schrieb Machiavelli in dieser beachtenswerten Denkschrift.[128] Zu dieser Zeit untersuchte er erstmals das Verhalten der Söldner in einem Kriege; er kam zum Schluß, daß diese gekauften Soldaten der Grund für die schleppende Belagerung seien. Machiavelli beschäftigte sich seit 1498 mit der Pisa-Krise. Sein Einsatz in diesem Konflikt begründete auf jeden Fall seinen guten Ruf unter den Kollegen, unter den Florentiner Beamten und Intellektuellen mit. Diese Schrift ließ den späteren Machiavelli, den für Militär, Strategie und Krieg interessierten Theoretiker, vorausahnen. Machiavelli verlangte von Florenz, mit kompromißloser Waffengewalt Pisa anzugreifen. Da Florenz finanziell nicht gut stehe, müsse man nach Bundesgenossen Ausschau halten; Frankreich eigne sich hierbei am besten. Die französischen Truppen standen im Frühsommer 1499 in Oberitalien, den Oberbefehl führte

Marschall Gianciacomo Trivulzio, mit dem Florenz nun
Kontakt aufnahm. Im Oktober erhielt die Republik am Arno
von Frankreich ein Kontingent Schweizer und Gascogner
Soldaten zugesichert. Infolge der chaotischen Zustände bei
der Belagerung schlugen sich diese Söldner zeitweilig auf
die Seite von Pisa. Ihre Generale trachteten sichtlich danach, dem Kriegsschauplatz fernzubleiben. Den Mißerfolg
schrieben sie dann den Florentinern zu.

Am Arno beschloß die Signoria angesichts dieses Kriegs-
verlaufes, die Gebrüder Paolo und Vitellozzo Vitelli, die als
Condottieri in Frankreichs Diensten standen, zu holen und
Paolo den Oberbefehl über die Belagerung vor Pisa zu
übertragen. Ihm traute man ein militärisches Wunder zu.
Inzwischen drohte eine erneute venezianische Gefahr,
denn allem Anschein nach befanden sich die Soldaten der
Serenissima auf dem besten Wege nach Casentino, jenem
für Florenz strategisch wichtigen Posten. Die Florentiner
verdrängten sie zwar aus dem Lamonetal, sie konnten aber
nicht verhindern, daß die Venezianer ins Casentino vor-
drangen, die Abtei Camaldoli besetzten und Bibbiena eroberten. Zuerst mußte also Paolo Vitelli sein Hauptaugen-
merk hierher richten.

Paolo Vitelli eilte ein guter Ruf voraus. Am 1. Juni 1498
hatte ihn Marcello Virgilio inmitten einer begeisterten
Volksmenge entsprechend gewürdigt. Es wurde ihm persönlich auf der Piazza della Signoria der Stab des obersten
Befehlshabers über die florentinischen Söldner vor Pisa
überreicht. Nur Graf Rinuccio da Marciano schaute eifer-
süchtig auf den Aufstieg Paolos. Als Feldhauptmann hatte
er zuvor den Oberbefehl über das Heer vor Pisa innegehabt. Rinuccio hatte zuletzt mehrmals versagt. Florenz
verlieh dem nunmehr abgesetzten Feldhauptmann den
Ehrentitel eines Generalstadthauptmannes − eine würde-
volle Auszeichnung ohne politischen Einfluß. Alle setzten
nun auf Paolo Vitelli, der sich sofort ins Zeug legte. Eine
militärische Hilfe sollten ihm die eben neu geworbenen
Soldaten von Ludovico Sforza und einige neue Condottieri

sein. Diesen ging es allerdings nicht um das Anliegen der Arnorepublik, sondern vielmehr um das Abenteuer, aus dem sie sich reiche Beute erwarteten. Der Kriegsschauplatz war nun im Winter 1498/99 zweigeteilt: Vor Pisa lagerten Florentiner, währenddessen im Norden von Florenz die Venezianer näherrückten. In dieser schier aussichtslosen Situation bot sich der oben genannte Herzog von Ferrara als Mittelsmann an, und es kam zum erwähnten Vertrag.[129] Das Augenmerk richtete sich nun völlig auf Pisa: Ludwig XII. hatte sich mit dem Papst und Venedig gegen Mailand verbündet und die Truppen aus der Toskana abgezogen. Paolo und Vitellozzo Vitelli konnten nun vor Pisa selbständig agieren, und in Florenz erwartete man sich alsbald Erfolgsmeldungen. Die Brüder zeigten anfangs in der Tat einen großen Einsatz. Als die Signoria aber erfuhr, daß Paolo Vitelli scheinbar kampftrunkenen Florentinern verbot, ohne Befehl und Führung Pisa zu stürmen, traten in Florenz erste Verdachtsmomente auf. Alsbald machte das Wort Verrat die Runde: Sollten Paolo und Vitellozzo Vitelli die Belagerung bewußt hinauszögern? Diese Vermutung erfuhr ihre Bestätigung, als bekannt wurde, daß die Vitelli tatsächlich mit Gegnern von Florenz in Kontakt standen. Als Paolo dann den von Florenz lange schon gesuchten und endlich inhaftierten Ranieri della Cassetta entkommen ließ, war das Maß für Florenz voll. Niccolò Machiavelli erhielt den Auftrag, den Verantwortlichen im Lager vor Pisa zu schreiben, daß man in Florenz über das wahre Verhalten aufgeklärt werden wolle.[130] Gleichzeitig beauftragte die Signoria zwei Kommissare mit persönlichen Erkundigungen vor Pisa. Als beide im Lager an Fieber erkrankten, erhielten sofort zwei andere denselben Auftrag. In Florenz wollte man keine Zeit mehr verlieren; endlich zeigte die Signoria eine klare Haltung! Machiavelli schrieb, man sei in Florenz skeptisch, denn man wisse nicht, wie man den Mißerfolg vor Pisa gegenüber dem steuerzahlenden Volke rechtfertigen könne. „Es wird den Anschein erwecken, als ob wir es mit Märchen abspeisten, da wir es von Tag zu Tag mit dem stolzen Versprechen eines sicheren Sieges hingehalten haben."[131]

Alle Schuld schien bei den Vitelli zu liegen. Unersättlich hatten sie bis zum Sommer 1499 Florenz Geld abverlangt. Graf Rinuccio erfuhr von ihrem hohen Sold und beanspruchte ebenso mehr Geld. Darauf verlangte Jacopo d'Appiano in seiner Eigenschaft als Condottiere von Florenz den Sold der Vitelli. Als Reaktion darauf verweigerten die Florentiner ihre Steuern. Der Krieg gegen Pisa war von allem Anfang an eine Geldfrage gewesen. In einem Brief an die Zehn vom 5. August 1499 hatte Machiavelli deutlich erklärt, daß es kaum mehr möglich sei, die Räte zur Bewilligung neuer Ausgaben zu bewegen; wenn es so weitergehe, dann werde es bald halb Italien unmöglich sein, für den Pisa-Krieg finanziell aufzukommen.

Die beiden neuen Kommissare, Braccio Martelli und Antonio Canigiani, gingen im Lager zuerst vorsichtig an ihre Arbeit. Immerhin genossen die Vitelli unter vielen Söldnern einen gebührenden Respekt. Vor allem Paolo duldete auf keinen Fall, daß sich jemand in seine Strategie einmischte. Martelli und Canigiani gaben vor, den Sold für die Truppen zu bringen. Inzwischen sammelte Machiavelli in Florenz belastendes Material, um den Vitelli ihren Verrat nachzuweisen. Er hatte auch schon mit Paolo gesprochen. Im Lager merkte er alsbald, daß weder Paolo noch Vitellozzo interessiert waren, die Belagerung erfolgreich abzuschließen. Als sie einen Vorstoß zurückbeorderten − die Florentiner Truppen waren bis zur Kirche San Paolo vorgedrungen −, stand für Machiavelli fest: Die Schuld am Mißerfolg von Pisa trugen allein die Brüder Vitelli.

Martelli und Canigiani luden auf einen geheimen Befehl hin Paolo und Vitellozzo zum Abendessen ein. Der Einladung folgte nur Paolo. Während er von beiden Florentiner Kommissaren über die Belagerung befragt wurde, stürmten mit einem Schlag die Häscher der Signoria den Raum und nahmen Paolo gefangen. Vitellozzo gelang, als man in sein Gemach eindrang, die Flucht aus dem Fenster. In Florenz konnte Paolo die Signoria nicht mehr überzeugen. Die Herren im Palazzo Vecchio zeigten sich penibel. Das letzte Verhör fand am letzten Septembertag des Jahres 1499 statt. Am Tag darauf wurde Paolo Vitelli ohne vorausgegangenes Geständnis enthauptet. Die Tatsache, daß er nicht voll im Sinne der Signoria gehandelt hatte, genügte für seine Hinrichtung. Machiavelli hatte dafür viel Beweismaterial geliefert, das den Richtern für ihr Todesurteil genügte; er selbst war von Paolos Verrat überzeugt und beurteilte seine Hinrichtung als gerecht. Der vollständige Beweis konnte aber nicht erbracht werden. Es ist anzunehmen, daß er zwar im Sinne Frankreichs gehandelt hatte, sich aber nicht von den Pisanern hatte kaufen lassen. Auch steht heute fest, daß er mit Mailand und Venedig Verhandlungen aufgenommen hatte. Dies rechtfertigt seine zögernde, unklare Haltung im Lager vor Pisa: Paolo Vitelli wollte Zeit gewinnen.

Nach dieser leidigen Erfahrung begann der Krieg um Pisa von neuem. Machiavelli begab sich mit Tommaso Soderini ins französische Lager, um erneut für eine Unterstützung zu werben. Danach besuchte er das Feldlager vor Pisa und berichtete den Zehn. Die Franzosen stellten im Frühjahr 1500 ein Kontingent von 4 000 Schweizern, 2 000 Gascognern und 500 Lanzenreitern bereit. Die Signoria erwartete sich wiederum einen baldigen Erfolg, doch wieder dauerte die Belagerung an, und die Erfolgsmeldung ließ auf sich warten: Die Franzosen erwiesen sich als schlechte Soldaten, die Schweizer und Gascogner beschwerten sich wegen mangelnder Verpflegung. Unter den Truppen brach eine Meuterei aus: Die Schweizer nahmen florentinische Gesandte als Geiseln gefangen und verlangten als Lösegeld ihren noch ausstehenden Sold. Dann verließen sie das Lager. In Pisa nahm man den Streit wahr und wagte einen Ausbruch. Dabei drängten die Pisaner die Florentiner so weit zurück, daß sie soviel an Terrain zurückeroberten, um mit dem alten Verbündeten, der Stadt Lucca, wieder Verbindungen aufzunehmen.

Im Sommer 1500 ging Florenz, durch ein Bündnis mit Frankreich gestärkt, erneut an die Pisa-Eroberung heran. Wieder verstärkten neue Schweizer und französische Landsknechte den Florentiner Sturm. Giovambattista Ridolfi kommandierte als Kommissar die Belagerung. Ihm zur Seite stand Luca degli Albizzi. Und als Sekretär fungierte Niccolò Machiavelli. Man zählte den 29. Juni des Jahres 1500, als an die 8 000 Mann die Befestigungsmauern von Pisa stürmten. Zuerst sah der Angriff erfolgversprechend aus, dann aber zersprang die Hoffnung auf einen Sieg mit einem Schlage: Die Pisaner Verteidigung zeigte sich organisierter, als man in Florenz gerechnet hatte. Die Belagerung dauerte weiterhin an. Im Sommer 1504 hegte Machiavelli mit Soderini den Plan, Pisa trockenzulegen. Es sollte der Arno vor Pisa in einen nahegelegenen Sumpf bei Livorno umgeleitet werden. Der frühere Kaufmann und neue Oberkommandierende Giacomini lehnte diesen Plan wegen des kostspieligen Aufwandes energisch ab: Fachleute sprachen von mindestens 200 000 Tagwerken. Der Gonfaloniere ließ von diesem Vorhaben aber nicht ab und beauftragte Machiavelli, mit der Realisierung umgehend zu beginnen. In dieser Zeit schrieb er eine Reihe von Briefen, Gutachten und Empfehlungen. In der Belagerung machten sich nämlich wiederholt Korruption und Betrug breit. An Marcantonio Colonna schrieb Machiavelli: „Man hat uns zu unserer Überraschung und zu unserem Mißfallen wissen lassen, daß Eure Mannschaften auf Kosten unserer Untertanen leben wollen mit der Begründung, daß dies so üblich sei. Bei unserer Mannschaft ist gerade das Gegenteil der Fall; und aufgrund unserer Vereinbarung seid Ihr verpflichtet, den Einwohnern alle Lebensmittel zum richtigen Preis zu geben.[132] Machiavelli ging es darum, daß die Menschen vor Pisa nicht von den übereifrigen Belagerern ausgenützt und betrogen wurden: „Die Einwohner in den besetzten Gebieten (vor Pisa) sollen nicht anders behandelt werden als unsere eigenen Bürger."[133] In anderen Briefen an die Gemeinden verlangte er nach Arbeitern für die geplante Arnoumleitung. Soldaten sollten beim Ausheben der Graben Wache halten. Machiavelli bestellte Ingenieure und Experten aus anderen norditalienischen Städten ins Lager vor Pisa, die das Projekt fachkundig leiteten. Trotz seiner Zuversicht kam es anders: Kardinal Soderini, der schon mehrmals erwähnte Bruder des Gonfaloniere, faßte das Ergebnis dieses Unternehmens mit einem Satz zusammen: „Wir haben sehr bedauert, daß man sich mit dem Wasser so getäuscht hat."[134] Der Arno ließ sich nämlich nicht ableiten und sickerte unter dem aufgeworfenen Graben wieder ins alte Flußbett zurück. Das Projekt hatte viel Fleiß, Mühe, Zeit und Geld gekostet. Mit der neuen Flut, die alles bis dahin Geschaffene mit einem Male vernichtete, gaben Machiavelli und Soderini auf und begruben diesen Plan. Die aufgeworfenen Gräben dienten nun als Verteidigungsschutz der Belagerer, bis die Pisaner sie schließlich zuschütteten. Inzwischen war es November geworden. Das feuchte Klima dieser Jahreszeit drückte besonders schwer auf die Toskana. Und an ein abzusehendes Ende der Pisa-Krise glaubte selbst Machiavelli nicht mehr.

Das ganze Jahr 1504 hindurch belästigte der brotlos gewordene Condottiere Bartolomeo d'Alviano an den Grenzen der Toskana die Bewohner. Er drohte, entweder über Livorno, Pisa oder Piombino, also über eines der drei Tore zum Tyrrhenischen Meer, in florentinisches Gebiet einzufallen. Die Herren von Perugia und Siena, Giampaolo Baglioni und Pandolfo Petrucci, unterstützten den Abenteurer d'Alviano. Machiavelli besuchte Baglioni und Petrucci und erzielte im Gespräch zumindest eine einstweilige Beruhigung der Gefahr. Ohne Rückendeckung konnte d'Alviano bei der Torre di San Vincenzo besiegt werden. In der Euphorie des Erfolges gelang es Soderini, vom Großen Rat und Rat der Achtzig 100 000 fiorini genehmigt zu erhalten, mit denen er eine Großoffensive gegen Pisa startete. Machiavelli überbrachte die geheimen Anweisungen an Giacomini und an Generalfeldhauptmann Bentivoglio. In vielen Ortschaften in der Toskana bis Rom warb Florenz um Söldner und kaufte Geschütze, Munition und Waffen für die Belagerung an. Die Großoffensive startete Soderini am 7. September 1505 im Lichte der aufgehenden Sonne. Bis zum 14. dauerten die Kampfhandlungen an, bei denen die Florentiner Infanterie zum Teil völlig versagte und Florenz schließlich eine schwere Niederlage hinnehmen mußte. Wie schon mehrmals zuvor lag die Schwäche bei den angeworbenen Söldnern. Machiavelli war es damit endgültig klar, daß Florenz nur dann im Angriff wie in der Verteidigung erfolgreich sein konnte, wenn es über eine gutorganisierte und ausgebildete hauseigene Miliz verfügte. Aber auch im Pisa-Krieg plädierte er für ein Umdenken.

In der folgenden Zeit litt die Gegend außerhalb von Pisa erheblich unter der andauernden Belagerung. Landein, landaus herrschte Hungersnot. Die ansonsten idyllisch anmutenden toskanischen Dörfer inmitten von Reben und Oliven boten das Bild einer verarmten, ausgehungerten Landschaft, voll Trauer und Schmerz. Aber gerade hier wollten Soderini und seine Vertrauten noch härter zusetzen: Das pisanische Gebiet sollte völlig verwüstet und Pisa zur Kapitulation gezwungen werden. Der Genueser Korsar Bardella konnte gewonnen werden: Für 600 fiorini monatlich riegelte er die Arnomündung ab und blockierte jede Zufuhr von Lebensmitteln nach Pisa. Machiavelli reiste im Frühjahr 1508 durch die Toskana, um weitere Soldaten anzuwerben. Vom August bis November hielt er sich im Lager vor Pisa auf. Sein Auftrag bestand darin, den Truppen den Sold zu bezahlen, für den Fortgang des Krieges zu sorgen und die Plünderungen zu befehligen. Dabei ging Machiavelli kompromißlos vor: Bereits geplünderte und verwüstete Häuser und Dörfer ließ er nochmals überfallen und völlig zerstören. Er befahl den beutehungrigen Soldaten, bis in das Gebiet von Lucca, in Richtung Viareggio, vorzudringen und ganze Arbeit zu leisten: Pisa sollte aus dieser Richtung keine Hilfe mehr zu erwarten haben.

Machiavelli übertrieb beinahe sein Engagement: Der Generalkommissar Niccolò Capponi protestierte bei Soderini dagegen, daß Machiavelli zu sehr in seine Kompetenzen eingreife. Soderini ermahnte dann Machiavelli, er solle die anderen Verantwortlichen zumindest in dem Glauben belassen, daß sie in der Belagerung eine wichtige Funktion innehätten. Denn immerhin war Machiavelli nur der Vertrauensmann Soderinis und nicht General oder Kriegskommissar. Inzwischen ernannten die Achtzig Antonio da Filicaia und Alamanno Salviati zu Sonderkommissaren. Ihr Plan sah vor, Pisa die letzten Zufahrtsstraßen und -wege zu blockieren. Machiavelli forderte inzwischen die bedingungslose Kapitulation. Er überwachte mit drei Florentiner Kommissaren die drei strategisch zentralen Knotenpunkte San Pietro, Mezzana und Val di Serchio, die das Pisaner Territorium abriegelten.

Dann bahnte sich tatsächlich ein Sieg für Florenz an. Dafür sprach auch die politisch günstige Lage in Oberitalien: Der Krieg des Kaisers gegen Venedig zog alle verbündeten Truppen, die für Pisa eingesetzt waren, zur Verteidigung der Markusrepublik zusammen. Und der schier unbeschreibliche Hunger der Pisaner schrie geradezu nach einem Ende des Krieges. Je näher die Kapitulation rückte, desto lauter drohte Frankreich mit einer Intervention bei den letzten Kampfhandlungen. Frankreich erwartete bestimmte Konzessionen, wenn es bei der Übergabe der Stadt mitwirkte. Florenz wollte Pisa natürlich mit eigenen Kräften besiegen und die Beute mit keinem Partner teilen. Zu allem Überdruß für die Signoria mischte sich jetzt auch Spanien ein und machte altes Recht auf Pisa geltend. Die florentinischen Gesandten Alessandro Nasi und Giovanni Ridolfi erwirkten dann in zähen Verhandlungen, daß Florenz gegen 100 000 Dukaten an Frankreich und 50 000 an Spanien Pisa allein unterwerfen durfte.

Inzwischen schritt die Belagerung zügig voran: Am 20. Mai 1509 fand eine Verhandlung zwischen Pisa und Florenz statt. Bei den Gesprächen nahm Machiavelli teil.

Aber noch immer kapitulierte Pisa nicht. Machiavelli meinte, die Pisaner hielten Florenz zum besten. Er drohte ihren Bauern, sie würden „ihr Leben, Eigentum und alles verlieren". Nach dem 20. Mai kam es zu weiteren Verhandlungen; Florenz versprach, die Besiegten menschlich zu behandeln. Endlich, am 2. Juni 1509, verließen an die 300 ausgehungerte Pisaner die Stadt. Die anderen Einwohner folgten in den nächsten Tagen. Am 8. Juni zogen die Florentiner, unter ihnen Niccolò Machiavelli, feierlich als Zeichen des Sieges durch Pisas Stadttore. Eine 15 Jahre andauernde Krise ging damit zu Ende. Wie florentinische Geschichtsschreiber berichteten, hielt Florenz sein Versprechen in bezug auf menschliche Behandlung. Pisa verlor aber alle eigenen politischen Rechte, seine Freiheit und Unabhängigkeit.

Machiavelli kamen an diesem Sieg einige Verdienste zu. In Florenz nannten ihn politisch Verantwortliche die eigentliche Triebfeder des Unternehmens. Agostino Vespucci schrieb ihm am Tag des Sieges: „Ihr habt mit Euren Bataillonen eine großartige Tat vollbracht, nicht durch Winkelzüge, sondern durch energisches Durchgreifen" *(tam bonam navastis operam, ita ut, non cunctando sed accelerando, restitueritis rem florentinam)*. Nach der Eroberung ging Machiavelli unverzüglich daran, die Schäden des Krieges und der Überschwemmung auszubessern und die entvölkerten Gebiete wiederzubesiedeln. Im alltäglichen Leben regelte er die Brotpreise und vergab Studienbeihilfen.

14. Condottieri und die Florentiner Miliz – die große Enttäuschung Machiavellis

Seit Thomas von Aquin sprechen die hoch- und spätmittelalterlichen Denker vom gerechten Krieg des souveränen Fürsten. Honoré Bonet schrieb im 14. Jahrhundert, daß ein Mann nicht auf eigene Faust einen anderen Mann zur Rechenschaft ziehen dürfe, wenn er ihm Unrecht zugefügt habe. Der Fürst allein habe dafür zu sorgen, daß beiden Männern Gerechtigkeit widerfahre.[135] Das Eskalieren der fürstlichen Macht setzte den zahlreichen Privatkriegen allmählich ein Ende.

Im Italien der Renaissance entwickelte sich das moderne Staatensystem um etwa hundert Jahre vor den Nachbarn, bedenkt man, daß es in Nord- und Mittelitalien schon im 12. und 13. Jahrhundert zahlreiche Republiken gab; und spätestens im 15. und 16. Jahrhundert dominierte, vor allem in Florenz und Venedig, bereits das bürokratische System. Insgesamt waren die italienischen Staaten dieser Zeit eine Mischung aus bürokratischen und patriarchalen Herrschaftsformen, in denen das charismatische Element stark mitmischte. Im Lande Machiavellis gelangten zuerst souveräne Fürsten an die Macht, unabhängig von jeder höheren Autorität und selbstherrlich in allen Teilen ihres Landes. Niccolò Machiavelli zog alsbald eine deutliche Trennungslinie zwischen Kriegen, die diese modernen Staaten untereinander führten, und solchen, die Privatinteressen dienten. Seiner Auffassung zufolge sollten die Staaten allein über ihre eigenen Interessen entscheiden. Den Krieg bezeichnete er dann als gerecht, wenn er notwendig war, und keine höhere Autorität als die Staatsräson konnte über diese Notwendigkeit entscheiden: *salus principis suprema lex.*

An der Schwelle vom 15. zum 16. Jahrhundert entstand das moderne Heerwesen, für das der Einsatz dreier Waffengattungen und die zentrale Kriegskasse zur Entlohnung der Söldner charakteristisch waren. In Italien gilt der Einmarsch Karls VIII. nicht nur als der Beginn der neueren europäischen Geschichte, sondern auch als Übergang vom mittelalterlichen Kriegswesen der Ritter und ihres Gefolges im Dienste des Königs zum modernen Heer der Neuzeit. In der Folge prägte immer stärker die Feuerwaffe den Krieg. Gewehre konnten billiger hergestellt werden als die Armbrust, die ohnehin schwieriger zu bedienen war. Trotzdem verschlang das moderne Heer große Geldsummen: Beides, Artillerie und Infanterie, mußte bezahlt und unterhalten werden; zudem stieg der Kostenaufwand beim Bau der Festungsanlagen drastisch an.

Die Schweizer galten als die geschultesten Söldner Europas. Diesen Ruf machten ihnen am ehesten die süddeutschen Landsknechte streitig, die sich aus dem Kleinadel und seinen Gefolgsleuten rekrutierten. Es war üblich, daß der Söldner selbst für seine Waffen und seine Ausrüstung aufkam. Der süddeutsche Söldner galt als zäh und ehrgeizig. Mit dem Sold, den er bekam, verbesserte er seine soziale Stellung. Er verstand es, vom Krieg, der zu einem internationalen Gewerbe geworden war, zu profitieren. Zusätzlich zum Sold kassierte er bei den Plünderungen einen Teil der Kriegsbeute. Die Schweizer Kantone sahen sich nach ihrer Unabhängigkeit außerstande, ihren jungen Mitbürgern ausreichende Existenzmöglichkeiten zu bieten. Durch die wirtschaftliche Unergiebigkeit ihres gebirgigen Landes waren viele Eidgenossen zu militärischen Diensten für ausländische Auftraggeber geradezu gezwungen. Die Schweizer Söldner empfanden dann die Kriegsführung als eine Art verstaatlichte Industrie, da die Kantonsverwaltungen ihre Verträge aushandelten und die Truppen zusammenstellten. Alsbald eilte ihnen der Ruf hochspezialisierter Soldaten voraus. Im Krieg fürchtete man besonders die Schweizer Pikenphalanx, wenn auch die Pike von der Schußwaffe zusehends verdrängt wurde.[136] In der Infanterie zeigte sich dieser Nachteil deutlich. Die Zukunft gehörte deshalb durch diesen Wechsel der Waffen der deutschen und spanischen Infanterie. Die süddeutschen Landsknechte paßten sich leichter den neuen Anforderungen an als ihre Kollegen aus der Schweiz.

In Italien beherrschten die Condottieri durch zwei bis drei Jahrhunderte hindurch die militärische Szenerie. Ihr Glanz ging mit dem „letzten Condottiere", Giovanni delle Bande Nere, 1526 zu Ende. Der Aufstieg der Condottieri erfolgte zufällig: Der Stauferkaiser Friedrich II. setzte bei seinen Kriegen schon bezahlte Söldner ein. Nach und nach erwarben sich die Condottieri eine gewisse militärische und politische Unabhängigkeit. Mit dem letzten Drittel des 14. Jahrhunderts begann ihre klassische Ära. Ihr Name leitet sich von der *condotta* ab, dieses Wort wiederum vom lateinischen *conducere* (zusammenziehen, versammeln, vereinigen, durch einen Sold zusammenbringen, anwerben – gegen Entgelt eine Arbeit übernehmen).[137]

Eine *condotta* war ein Vertrag zwischen einem weltlichen oder kirchlichen Machtträger oder einfach Auftraggeber einerseits und einem Bandenführer anderseits. Dabei mußte meist ein Eid abgelegt werden, nämlich treu zu sein und die Befehle zu befolgen. Tat dies der Condottiere, dann erhielt er als Anerkennung einen größeren Geldbetrag. Er verpflichtete sich gleichzeitig, seinen Leuten monatlich einen Sold auszuzahlen. Wer 25 Pferde befehligte, erhielt einen fünffachen Sold; wer weniger als 20 befehligte, erhielt einen doppelten Sold. Die *condotta* lief auf eine bestimmte Zeit. Der Vertrag konnte nach einer Bedenkzeit auch verlängert werden. Im übrigen war der Condottiere frei und nicht mehr an seinen Auftraggeber gebunden. In den folgenden zwei Jahren durfte er nicht gegen ihn dienen und während der nächsten sechs Monate nicht bei den Feinden des derzeitigen Brotgebers eintreten. Es lag in der Natur dieser Konstruktion, daß sich viele Condottiere nicht an die Regeln hielten. Aus moderner Sicht kam der Condottiere einem Unternehmer gleich, mußte er doch sein Kapital einsetzen für die Ausrüstung und seine Männer. Gefangene ließ er wegen der Kosten bald wieder frei oder verlangte Lösegelder. Durch einen Frieden wurden die Condottieri oft arbeitslos, und sie mußten sich einen neuen Arbeitgeber suchen. Nur wenigen eilte ein guter Ruf voraus, so daß man sie begehrte. Vielmehr artete ihr Gewerbe aus, und viele machten sich mehr einen Namen als plündernde Bauernschinder denn als tüchtige Kriegsstrategen.

Es gab Condottieri aus angesehenen Adelsfamilien wie die Este, Gonzaga, Sforza oder Colonna und andere wiederum, die als brotlos gewordene Bandenführer das Land ausraubten. Mitunter gelang es einem Condottiere, sich als selbständiger Fürst zu etablieren und eigene Condottiere in seine Dienste zu nehmen. Der Erfolg entscheidender Schlachten lag nicht selten beim Einsatz, der Strategie und der Taktik des Condottiere. Andererseits passierte es oft, daß ein Condottiere seinen Auftraggeber täuschte, indem er ein hohes Gehalt kassierte, dafür aber keine Erfolge lieferte, wie im Falle der Brüder Vitelli.

Zur Zeit Machiavellis bestand die Kavallerie eines Condottiere in der Regel aus Schwadronen zu 25 Lanzen. Jede Lanze setzte sich aus fünf bis sechs Mann zusammen, dazu noch ein schwerbewaffneter Reiter und seine Gefolgsleute.[138] Machiavelli zählte zu den Gegnern des Söldnerwesens. Die Condottieri verspottete er mit dem Hinweis, sie schlügen ihre Schlachten ohne Blutvergießen. Ihm schwebte vielmehr eine Bürgermiliz als Ideal vor. Das Söldnerwesen lehnte er schon deshalb ab, weil seine Kriegsführung in Italien oft besonders grausam ausartete. Auch dies lag in der Natur ihrer Arbeit: Bei einem Sieg, bei dem der Gegner mindestens 200 Pferde verlor, erhielt der Söldner den doppelten Monatslohn und die erbeuteten Waffen. Das Lösegeld für die Gefangenen durften sie nicht behalten. Dabei war die Besoldung nicht niedrig: Schon um 1400 zahlte zum Beispiel Florenz einem Söldner den Lohn eines durchschnittlichen Beamten.[139]

Die militärische Ordnung sah folgendermaßen aus: Die Lanze war im Heer die kleinste Einheit: ein Sperrherr *(capo di lancia)*, ein „Degen" und ein Page. Ein Corporal befehligte zehn Lanzen. Lanzen und Reisige gehörten zur Schweren Kavallerie. Ein Reisiger oder Ritter trug Arm- und Beinschienen, Panzerhemd, Harnisch, Ringkragen, eiserne Handschuhe, Helm, Schild, Lanze, Schwert und Dolch, wobei er stark unter dem schweren Gewicht litt und seine Bewegungsfreiheit beeinträchtig war. Zu den besonderen Rechten des Condottiere zählte, daß ein Söldner wegen eines vorher begangenen Verbrechens oder wegen einer Schuld während der Vertragszeit nicht vor Gericht gestellt werden durfte. Vergehen im Lager bereinigte der Condottiere selbst; die Strafen bestanden meist in Form von Geldbußen. Ein Verräter konnte auch ausgestoßen werden. Rüdiger, auch als Roger de Flor bekannt, war die erste bemerkenswerte Gestalt aus der Reihe der Condottieri. Er wuchs bei Friedrich II. auf. Mit acht Jahren begleitete er einen Kapitän zur See. Danach begann seine steile Karriere, zuerst als Schiffsjunge, dann als Seemann und Kapitän. Dann übernahm er die Führung der Almovaren, einer christlichen Kriegsbande, die in Aragonien lebte. Als Söldner suchten sie sich stets lukrative Angebote. Roger zeichnete sich beim Griechen Andronikus II. aus und erhielt schließlich den Titel Caesar. In zahlreichen Intrigen verstrickt, fiel er einem Anschlag zum Opfer.

Mit dem Namen John Hawkwood assoziierte man den mächtigsten Condottiere. Weil die Italiener seinen Namen nicht auszusprechen vermochten, nannten sie ihn Giovanni Acuto. Hawkwood kam aus Sussex. Schon in jungen Jahren zog er mit einer Schar von Söldnern nach Avignon, dann nach Italien und mischte 1363 in den stadtstaatlichen Auseinandersetzungen zwischen Florenz und Pisa mit. Als Chef der „Weißen Kompanie" und Capitano Generale von Pisa holte er sich erstmals Anerkennung und Respekt. Die Italiener fürchteten besonders seine Bogenschützen. Je nach Sold wechselte er seine Auftraggeber. Einmal für den Papst, dann wieder gegen ihn. Als er in die Dienste der Mailänder trat und eine uneheliche Tochter

Bernabò Viscontis ehelichte, stand er ganz oben. Er hatte ein Jahreseinkommen von etwa 250 000 Dukaten – nach modernen Maßstäben war er ein Millionär. Vom Papst erhielt er Landgüter in der Romagna. Als gealterter Mann näherte er sich wieder Florenz und ging eine condotta ein. 1387 errang er für Francesco Carrara, Herr von Padua, gegen Antonio della Scala, Herr von Verona, den letzten großen Sieg. Für seine Verdienste verlieh ihm Florenz das Bürgerrecht. Die Florentiner stellten ihm zu Ehren im linken Seitenschiff von Santa Maria del Fiore ein Reiterstandbild, geschaffen von Paolo Uccello, auf. Darunter erinnert folgende Inschrift: *Johannes Acutus, eques Britannicus, Dux aetatis suae cautissimus et rei militaris peritissimus...*

Niccolò Machiavelli empfand seit seinem Amtsantritt ein besonderes Interesse für die Strategie des Krieges, für die Organisation des Heeres und für das Angriffs- und Verteidigungswesen allgemein. Nach 1498 stellte er alsbald fest, daß die florentinische Macht materiell ungenügend und militärisch unvollkommen umgesetzt werde. Die Staaten von Italien sollten sich nicht auf die Hilfe anderer verlassen, vielmehr sollten sie aus eigenen Kräften für den Ernstfall vorbereitet sein. Gerade die persönlichen Erfahrungen bei den Söldnerheeren begründeten seine Abneigung gegen diese militärische Form: Das Söldnerheer sei die wirkliche Ursache für das Chaos der Anarchie. Machiavelli mußte sich etwas Neues einfallen lassen, das die Condottieri und ihre Soldaten überflüssig werden ließ; immer auf der Basis des Krieges, denn er sei der einfachste und kürzeste Weg, Ordnung zu schaffen, wenn sich „der Tempel des Kriegsgottes" öffne.[140] Der Krieg bedeutete Machiavelli viel; er setzte ihn mit einem rational zu übenden Spiel wie etwa dem Schach gleich: Der gute Feldherr müsse in der Lage sein, die unvorhergesehenen, plötzlich auftretenden Faktoren vorauszuahnen und zu durchschauen.

Am 6. Dezember 1506 wurde die erste Zentralbehörde dieser Zeit für militärische Aufgaben geschaffen: *Nove ufficiali dell'ordinanza e milizia fiorentina.* Am 12. Januar 1507 wurde Machiavelli zu ihrem Sekretär ernannt. Noch bevor diese Behörde der Neun offiziell eingesetzt war, hatte Machiavelli die Schrift *Discorso dell'ordinare lo stato di Firenze alle armi* geschrieben, womit er Florenz eine neue Ordnung einer organisierten Bewaffnung der Stadt vorlegte. Mit eindringlichen Worten appellierte er an die Regierung: Das Schicksal ändere seinen Spruch nicht, wenn der Mensch sein Verfahren nicht ändere, und der Himmel könne und wolle nicht erhalten, was zugrunde gehe. Auf den Degen eines Fremden sei nie Verlaß, man müsse vielmehr seinen eigenen umgürten, solange der Feind noch fern sei. Jeder Staat müsse sich aus eigener Kraft verteidigen können; Florenz solle endlich aus sich selbst heraus militärisch rüsten. Wenn es sich in solch lebensnotwendigen Interessen auf die Hilfe anderer verlasse, auf fremde Condottieri und Söldner oder Bundesgenossen, dann sei die Republik am Ende immer verloren. Seinen Plan von einer Florentiner Miliz arbeitete er insgeheim schon für ganz Italien aus: Das prekäre politische Dilemma der italienischen Staaten führte er auf das Manko eines nationalen militärischen Einheitsheeres zurück, wie er es im Deutschen Reich, in Frankreich oder in Spanien gut realisiert glaubte. Er wollte zunächst eine politische und bürgerliche Gesinnung im Volke wecken; nur dadurch könne eine neue Florentiner Bewaffnung stattfinden. Er schrieb an Kardinal Soderini nach Rom, er möge seinen Bruder, den Gonfaloniere von Florenz, von seinem Plane überzeugen und dafür begeistern. Nebenbei schrieb er an andere Honoratioren in dieser Angelegenheit. Gleichzeitig durchreiste er das florentinische Staatsgebiet, um Soldaten auszuheben und Waffen zu besorgen. Er bat die zuständigen Ämter, ihm in die Struktur der Soldatenlager Einblick zu gewähren, damit er sich mit der Anatomie des Krieges auseinandersetzen könne. Es erweckte den Eindruck, Machiavelli sei seiner Amtstätigkeit in Florenz überdrüssig geworden und habe nun endlich seine wahre Berufung gefunden. Er wollte um jeden Preis zuerst Florenz und dann ganz Italien über eine von ihm geschaffene Heeresreform Stärke, Ansehen und Unabhängigkeit verleihen.

Machiavelli gelang es, Soderini zu überzeugen trotz vieler Bedenken: In Florenz befürchteten viele, der Gonfaloniere könnte über eine solche „Hausmiliz" zum Tyrannen aufsteigen. Soderini schlug deshalb vor, die Militärverfassung Machiavellis vorerst Schritt für Schritt zu verwirklichen. Die Florentiner sollten sich selbst von der Notwendigkeit dieser Einrichtung überzeugen.

Machiavelli ging vorsichtig ans Werk. Er hatte zwei Fronten zu befürchten: Einmal warteten die politischen Gegner Soderinis auf den ersten kleinen Ausrutscher in dieser Aufgabe; zum anderen stand für viele ihre Arbeit auf dem Spiel: Eine Bürgermiliz brauchte keinen fremden Condottiere und keine angeworbenen Söldner!

Florenz trat 1505 mit einem neuen Söldnerheer den spanischen Soldsoldaten unter d'Alviano entgegen. Im August siegten sie bei Torre San Vincenzo gegen d'Alviano, dann aber versagten die Soldaten völlig vor Pisa. Machiavelli kam dieser Umstand gerade gelegen; er forderte mit aller Vehemenz Konsequenzen und vollen Konsens für sein Vorhaben. Als Basis der neuen Miliz schlug er die heruntergekommene Bürgerwehr aus der Zeit der Medici vor. Die käuflichen Soldknechte sollten durch eine Landwehr aus der heimischen Bevölkerung ersetzt werden. Die Soldaten seiner Miliz sollten also Florentiner sein, der Schwerpunkt im Aufbau der Kavallerie und der Kommandos liegen. Zudem schlug er vor, daß die Hauptmänner, die Führer der Fähnlein, nicht aus derselben Gegend wie ihre Soldaten kommen dürften. Dadurch sollten Korruption und Mißtrauen vermieden, der Kampfgeist und das Treuebündnis gestärkt werden. Zuerst sollte das Stadtgebiet, dann die einzelnen Distrikte bewaffnet werden. Machiavelli war voller Zuversicht und Enthusiasmus; an seine Mitbürger appellierte er: „Ihr werdet noch mit eigenen Augen sehen, welcher Unterschied es ist, eure eigenen Bürger als Soldaten zur Wahl zu haben und nicht jene Verkommenen, wie ihr sie jetzt habt; denn wenn einer seinem Vater nicht hat gehorchen wollen, dann wuchs er in Bordellen heran und wird Soldat; wenn sie aber aus ehrbaren Schulen und guter Erziehung hervorgehen, dann werden sie imstande sein, sich selbst und ihrem Vaterland Ehre zu bereiten."[141]

Die Enttäuschung Anfang September 1505 vor Pisa gab das Signal zum Umdenken unter den Florentinern – und Machiavelli beizupflichten. Dieser begab sich sofort auf den Weg: Vom Mugellotal bis zum Casentinotal besuchte er die Ortschaften und hob Soldaten aus. Dies war zwar anstrengend und kräftezehrend, doch Machiavelli liebte es, wenn es um Florenz ging, tagelang herumzureiten und ohne viel Schlaf zu arbeiten, wie sein Freund Biagio berichtete.

Die Soldaten seiner Miliz suchte er im contado, dem alten florentinischen Staatsgebiet, in dem viele Bürger von Florenz über Grundbesitz verfügten. Während seiner Aushebungen bestimmte er zusätzlich, daß jedes Kommando auf ein Jahr befristet sein mußte. Wenn das contado die Männer „zu Fuß" stellte, dann mußten die „zu Pferd" von der Stadt entsandt werden. Kein Einheimischer konnte zum *Bargello*, zum Befehlshaber, aufsteigen. Machiavelli hegte schon gegen jeden Zufall ein großes Mißtrauen. Der Rat der Achtzig erteilte den Oberbefehl an den früheren Günstling Cesare Borgias, Don Michele.

Mit den *Nove ufficiali dell'ordinanza,* die im Grunde aus der Initiative Machiavellis ins Leben gerufen wurden, nahm der Aufbau der neuen Miliz konkrete Formen an. Als Anfang sollten 30 *bandiere,* Banner, mit etwa 5 000 Eingeschriebenen im Stadtgebiet von Florenz ausgebildet werden. Ein *Connestabile,* Hauptmann, befehligte über je drei bis fünf Banner. Alle Mitglieder mußten nach Machiavelli ehrbare Florentiner sein, denn diese seien den käuflichen Söldnern an sittlicher Kraft und nationalem Einsatz weit überlegen. Machiavelli machte auf die Bedeutung der Festungsmauern aufmerksam. Er verlangte, daß man die

Kanonen so postiere, daß sie aus Öffnungen der Außenwände schießen konnten, um die Angreifer auf Distanz zu halten. Als seine größte Sorge bezeichnete er, daß man in Florenz die Mauern nicht gerade, sondern gekrümmt und versetzt baue mit vielen Wölbungen und günstigen Einreißmöglichkeiten für den Feind, der sowohl von der Flanke als auch von der Vorderseite angreifen könne. Um dem entgegenzutreten, entwickelte er den sogenannten Basteiengrundriß mit vielen nebeneinander vorspringenden Basteien und zurückgesetzten Mauern, damit die Verteidigung jeden Angriff auf die Bastei oder gegen die Mauer von der Flanke oder dahinter auffangen konnte.[142] Der Bau solcher Festungsanlagen nahm rasch zu. In vielen strategisch zentralen Orten baute man niedere Mauern, durch wuchtige Erdwälle verstärkt. Die feindlichen Geschütze sollten das kleinstmögliche Ziel haben. Ein um die Burgen ausgehobener Graben bot für die Kanonen Platz. Durch ein vis-à-vis angelegtes Glacis war der Angreifer völlig dem Feuer der Verteidigung ausgeliefert.

Anfangs hatte Machiavelli sicher gehofft, man werde ihm, nicht Don Michele, das Oberkommando über die Miliz anvertrauen. Er äußerte sich dann aber nicht enttäuscht. Machiavelli assoziierte mit dem ehemaligen Henker und Mörder Don Michele den Namen Cesare Borgia, und den hatte er, was vor allem den Krieg anbelangte, in bester Erinnerung. Don Michele sollte nach Machiavellis innigstem Wunsche den militärischen Geist in die Reihen der Miliz bringen; damit wollte er seine Vorbilder − die alten Römer, die Deutschen und die Schweizer − übertreffen. Ende März hatte Machiavelli den größten Teil des florentinischen Staatsgebietes durchzogen. Am 15. Februar 1506 fand auf der Piazza della Signoria in Florenz die erste Parade der neuen Miliz statt. Luca Landucci notierte in seinen Aufzeichnungen, daß die farbenprächtige Parade für die „schönste Sache" gehalten werde, „welche jemals in der Stadt Florenz befohlen wurde". Zur Genugtuung Machiavellis applaudierte auch die Stadtbevölkerung, und in der

Folge erfreute sich seine Miliz einer zunehmenden Popularität.

Es passierte mehrmals, daß Machiavelli Don Micheles Organisationstalent kritisierte; er fand die Miliz organisatorisch vernachlässigt vor. Machiavelli war ja der erste, der die Verantwortung für eine konstruktiv erfolgreiche Entwicklung der Miliz trug; offiziell hatten die Neun dieses Metier, de facto aber war es ihr Sekretär Machiavelli. Als große Sorge entpuppte sich die Fahnenflucht. Es hatte sich eingebürgert, die Soldaten nach ihren ersten Exerzierübungen ins Lager vor Pisa zu schicken, um sie direkt mit dem Ernstfall zu konfrontieren. Dabei ergab es sich wiederholt, daß solche Soldaten sich von Bewerbern anderer Auftraggeber anwerben ließen, weil ihnen mehr Sold geboten wurde.

Nach dem Sieg gegen Pisa hatte Machiavelli keine Widersacher mehr für seine Miliz. Schon bald sollte sie sich bewähren können; gerade Soderini erwartete sich von ihr Erfolg, damit er seine Opposition in die Schranken weisen konnte. Machiavelli sprach nun durchweg positiv und traute der Miliz jederzeit den erfolgreichen Einsatz zu. Er schwärmte von der Infanterie und lobte die mit Armbrust und Lanze oder Flinte bewaffnete Kavallerie. Vom Winter bis zum Sommer 1511 bereiste er nochmals das florentinische Staatsgebiet und sammelte wiederum Soldaten und Pferde. Bei dieser Gelegenheit kündigte er in Siena den Waffenstillstand und schloß ein neues Abkommen für die Dauer von 25 Jahren. Dazwischen verhandelte er in Menton mit Luciano Grimaldi, dem Herrn von Monaco, mit dem er einen Freundschafts- und Schiffahrtsvertrag abschloß. Viele solcher Reisen baute er immer wieder in seine Tätigkeit ein. Schon 1504 war er zum Verbündeten von Frankreich und Florenz, dem Markgrafen von Mantua, gereist. Mit ihm schloß er ein Abkommen, in dem Mantua der Arnorepublik militärische Hilfe garantierte. In Siena, im August 1507, sprach er mit Kardinal von Santa Croce und besuchte den Legaten Bernardino Carvajal. Über ihn und sein Gefolge, das Maximilian I. entgegentreten sollte, berichtete er in Florenz. Der tiefere Sinn dieses Besuches sollte sein, daß er hier beobachte, wie man über den Kaiser denke. Diese Gesandtschaftsreisen, wie auch die zu Pandolfo Petrucci im April 1503, fruchteten oft wenig. Es waren immer Besuche zur Aufhellung von Hintergründen. Als einen solchen Besuch empfand er auch seinen Auftrag bei Giampaolo Baglioni, dem Herrn von Perugia, im April 1505. Dieser schickte sich gerade an, Perugia und weite Teile Umbriens zu tyrannisieren, wodurch er eine Gefahr für Florenz darstellte. Denn immerhin stand Baglioni vorher im Dienste der Arnorepublik. Machiavelli redete auf ihn ein und versuchte ihn für Florenz wiederzugewinnen – allerdings mit wenig Erfolg: „Und so traf ich ihn rechts und links, indem ich ihn vieles wie zu einem Freund sagte; und, obwohl ich ihm mehrmals die Farbe wechseln sah, so gaben seine Reden niemals Anlaß zu der Hoffnung, daß er seine Meinung ändern würde."[143]

Machiavelli beschäftigte sich zu sehr mit der Miliz, als daß diese Besuche ein echtes Anliegen hätten werden können. Es sollte bald ernst werden: Papst Julius II. wollte Florenz demütigen und verlangte die Ausweisung Soderinis. Er beauftragte den Vizekönig von Neapel, den spanischen General Ramòn de Cardona, mit einer Streitmacht gegen Florenz zu ziehen. Giovanni de' Medici und dessen Bruder Giuliano sollten dabeisein, wenn Florenz gestürzt würde; sie sollten dann am Arno wieder für die politische Ordnung sorgen. Machiavelli war zuversichtlich, mit seiner Miliz die Arnorepublik erfolgreich verteidigen zu können. In seinen Briefen und Reden kannte sein Optimismus keine Grenzen. Bei Prato, einer Ortschaft vor Florenz, kam es zur entscheidenden Kraftprobe: Über 3 000 Soldaten der Florentiner Miliz erwarteten den großen Angriff. Den Oberbefehl führte der wenig erfahrene Luca Savelli. Noch bevor es zur Schlacht kam, neigten die Soldaten, von denen fast alle Mitglieder der Miliz Machiavellis waren, zu Verrat, indem sie absichtlich das Schießpulver auf dem Boden verstreuten. Aber noch immer gaben sich Machiavelli und Soderini zuversichtlich. Beide wußten, was auf dem Spiel stand. Im Falle einer Niederlage konnte in Florenz niemand mehr für die Regierung Soderini garantieren. Noch ehe der Kampf überall losbrach, zerstreute sich Machiavellis Miliz und floh in viele Richtungen. Die Feinde, vor allem Spanier, marschierten am 29. August 1512 in Prato ein, nahmen Savelli und den Rest der Miliz gefangen und plünderten die Stadt. Es soll fürchterlich zugegangen sein. Ein Chronist schilderte, daß die Eindringlinge, unter ihnen Kardinal Giovanni de' Medici, Frauen schändeten und niederstachen und Klöster in Bordelle verwandelten. Jacopo Modesti zufolge wurde jedes Haus geplündert, die männlichen Bewohner ohne Rücksicht auf ihr Alter ermordet, Frauen und Kinder in den Kirchen gequält und vergewaltigt, die Nonnen wurden gezwungen, „die natürlichen und unnatürlichen Begierden der Soldaten zu befriedigen". Viele Mütter wählten mit ihren Kindern vor der wilden Soldateska den Freitod, Mädchen stürzten sich von Balkonen und Dächern in den Tod, Männer durchschnitten sich, um den Soldaten zu entkommen, die Kehle. Es dauerte mehrere Tage, bis endlich die beiden Medici-Brüder den verfolgten Frauen in ihren Quartieren Unterschlupf gewährten.

Mit dieser Niederlage begann für Florenz eine neue politische Phase. Soderinis Laufbahn war beendet. Sobald er gehört hatte, wie die Spanier in Prato hausten, legte er unverzüglich sein Amt nieder. Machiavellis aufsteigender Stern war mit einem Male verblaßt. In seiner maßlosen Enttäuschung stand er nun vereinsamt da im breiten politischen Spektrum der untergehenden florentinischen Republik.

15. Machiavelli verliert alle politischen Ämter

Piero Soderini war schließlich an seiner Unentschlossenheit und an der bereits zur „Tradition gewordenen Florentiner Zweideutigkeit"[144] gescheitert. Er hatte der Tatsache zu wenig Aufmerksamkeit geschenkt, daß zunehmend mehr einflußreiche Florentiner Familien sich der Medici-Partei anschlossen und den Sturz des Gonfaloniere verlangten. Piero Soderini war der Schritt zum *Gonfaloniere,* zum Präsidenten der Republik Florenz, über den Weg des Kompromisses gelungen. Er selbst stand inmitten der beiden konkurrierenden Parteien, Optimaten und Populanen. Als redlicher, uneigennütziger Kapitalist ohne besondere Begabung avancierte er 1502 durch eine Verfassungsänderung zum *Gonfaloniere di giustizia* auf Lebenszeit. Von Anfang an bewies er wenig politischen Spürsinn. Schon in der Nacht nach seiner Wahl malten Oppositionelle einen Galgen und einen Strick an seine Haustür.

Soderini gehörte nie einer politischen Partei an und entstammte einer Familie, die die extreme Demokratie ablehnte, dafür aber stets an der Idee der freien Regierungsform festhielt und den Großen Rat ebenso wie die florentinische Verfassung nicht in Frage stellte. Vielen Bürgern in Florenz galt Soderini als der Idealist: ein Mann ohne Tadel, vermögend, fleißig, nicht unfähig und nicht korrupt. Soderini wollte Ordnung in das finanzielle Chaos seiner Republik bringen. Der Große Rat lehnte aber alle Versuche, Florenz durch eine neue Steuer finanziell abzusichern, ab. Dennoch gelang es Soderini, durch mehrere Reformen der Republik eine zeitweilige Stärke zu verleihen. Machiavelli bekam über ihn einen noch tieferen Einblick in die Innen- und Außenpolitik von Florenz. Soderini erkannte seine Fähigkeiten. In vielen Fragen war Machiavelli der einzige Ratgeber des oft ratlosen Gonfaloniere.

Nach außen vertrat der Gonfaloniere die gesamte Republik; in der Realpolitik fungierte er de facto nur als Vorsitzender der Signoria, wo er die politische Mehrheit nur dann erhielt, wenn er den Mittelweg zwischen den beiden großen Parteien beschritt.

Machiavelli unterhielt seit längerer Zeit eine gute Bekanntschaft zur Familie Soderini. Indem dem Gonfaloniere das Recht zukam, Gesetzesinitiativen zu ergreifen und bei der Gerichtsbarkeit ein gewichtiges Wort mitzureden, stand Machiavelli ein breiteres Agitationsfeld in der Politik offen. Später, nach Soderinis Tod, schrieb er ein bissiges Epigramm, das den früheren Gonfaloniere auf Wanderschaft zwischen Himmel und Hölle zeigt, weil ihn weder die Engel noch die Teufel haben wollen: „Soderini? Der gehört in den Limbus zu den bambini (Kindern)." Soderini werde wohl nie ein Mann werden.

Der Niedergang Soderinis war programmiert. Den letzten Ausschlag gab die Heilige Liga des Papstes, in der neben Kaiser Maximilian I. auch der englische König Heinrich VIII. seine Solidarität mit dem Kirchenoberhaupt bezeugte. Frankreich hatte nicht mehr die Kraft und auch nicht das Interesse, Florenz weiterhin zu protegieren. Auf einer politischen Konferenz in Mantua beschlossen Vertreter der Heiligen Liga, mit Hilfe spanischer Truppen die Medici nach Florenz zurückzuführen. Die Medici hatten am Arno zu lange dominiert. Man mußte entweder für sie oder gegen sie sein. Wer mit ihrer Politik nicht konform ging, mußte Florenz verlassen und konnte höchstens aus dem Exil auf die politische Entwicklung einwirken.[145] Einen Mittelweg akzeptierten sie nicht. Die Florentiner hatten schon mehrmals zuerst einem Manne zugejubelt und ihn dann verjagt. Wie die Politik der Republik, so waren ihre Bürger: zweideutig, unklar und wechselhaft.

Mit dem Namen Florenz steht der der Medici noch heute in enger Verbindung. Seit dem 14. Jahrhundert bestimmten ihre Familienmitglieder, die meist tüchtige Geschäftsleute, Bankiers und Gewerbetreibende waren, zunehmend die politischen Geschicke der Stadt. Nach außen legten sie Wert darauf, als Repräsentanten des Volkes, als Popolani, zu gelten. Den eigentlichen politischen Aufstieg leitete Giovanni di Bicci de' Medici (1360 - 1429) ein. Er brachte es 1421 bis zum Gonfaloniere. Ihm folgte sein Sohn Cosimo nach. 1464, als Cosimo starb, stand Florenz gewiß auf militärischem und politischem Gebiet nicht an erster Stelle Italiens, wohl aber auf kulturellem und, abgesehen von Venedig, auch auf finanziellem. Als „Schutzherren von Kunst und Literatur" standen die Medici mit anderen reichen Kaufleuten und Bankiers in einem regen Wettbewerb.

Die beiden Söhne Giovanni di Biccis begründeten die Hauptlinien der Familie: Dem *pater patriae* Cosimo folgten Lorenzo *il Magnifico,* der Prächtige, zwei Päpste, ein Kardinal und Caterina de' Medici; aus der anderen Linie legten sich zwei Brüder den Beinamen popolani zu und vermieden, wie erwähnt, sich Medici zu nennen, wurde doch 1494 Piero lo Sfortunato, der Sohn Lorenzos, aus Florenz verjagt.

Ihren beispiellosen politischen Aufstieg verdankten sie in der Tat dem *popolo minuto,* bis im 15. Jahrhundert die politische Bedeutung der „kleinen Leute" keine große Förderung mehr zuließ. Zuerst galt ihr voller Einsatz diesem Stande, den kleinen Gewerbetreibenden und Kaufleuten. Ihre demokratischen Steuergesetze sagten dem Wucher, dem *popolo grasso,* den Kampf an. Die Medici besaßen die Fähigkeit, absolut zu regieren, formell aber Privatpersonen zu bleiben. Ihr demokratischer Niedergang erfolgte parallel mit dem oligarchischen Aufstieg: Eigentlich war es schon Lorenzo il Magnifico, der Enkel Cosimos, der mit öffentlichem Geld herumwarf. Jetzt zeigten sie die Kehrseite ihrer demokratischen Bestimmung: ein Geschlecht von Emporkömmlingen − Neureiche, die ihren Lebenshunger voll befriedigen wollten, auf Kosten ihres persönlichen moralischen Verfalls.

Venedig stützte das Haus Medici; es hatte sich mehrmals mit dem Papst, dem Kaiser, den Spaniern und mit Mailand gegen Frankreich, und deshalb auch gegen Florenz, verbündet; Niccolò Machiavelli verurteilte schon deshalb die

Republik der Serenissima. Er bedauerte den politischen Schachzug des Papstes, als er sich mit Venedig, dem vormals verhaßten Erzfeind, gegen Frankreich verband.

Ein autoritäres Element charakterisierte die Politik der Medici. Die Macht stützte sich auf Freunde und Anhänger, die aus der führenden Schicht der Optimaten, den reichen und einflußreichen Familien der Stadt, stammten. Ihnen gewährten die Medici wirtschaftliche und finanzielle Privilegien. Die Anhänger der Demokratie, die den Großen Rat wünschten, standen im Widerspruch zur Politik der Medici, die wiederum im Umgang mit den Optimaten vorsichtig sein mußten. Immerhin waren sie von ihnen 1494 aus Florenz vertrieben worden. Dafür besaßen sie das richtige Geschick, ihre *amici,* Freunde, als Grundlage ihrer Macht richtig zu verwenden. In den zentralen Ämtern saßen Medici-Anhänger, die über sie oder ihre Freunde diese Anstellung erhielten. Sie mußten die Anschauung teilen, daß ein Chef und eine zentrale Führung notwendig seien – der autoritäre Charakter sollte im Sinne des Prinzipates ausgebaut werden.[146] Der Gedanke des allgemeinen Untertanenverbandes bestimmte das politische System der Medici. Alle Bürger sollten dem Willen der Medici unterworfen sein. Die Auswahl der Personen bei der Besetzung der Ämter verlangte viel Geschick. Nur den Medici treue Personen sollten die öffentlichen Ämter besetzen. Die Propaganda galt nicht einer Politik der Institutionen, sondern der Personen. Piero de' Medici hatte sich bei vielen Florentinern, insbesondere bei namhaften Wirtschaftsvertretern, verhaßt gemacht. Seine negative Einstellung gegen Frankreich trug 1494 zum Sturz seiner Dynastie bei: In Florenz gab es zu viele Geschäftsleute mit internationalen Verbindungen, die aus den politischen Beziehungen zwischen Frankreich und Florenz viel Kapital schlugen. 1494 fanden erstmals diese Unternehmer eine gemeinsame Basis, außerhalb des konkurrierenden Wettbewerbes. Es war schließlich das revoltierende Volk, das im Dienste dieser Medici-Feinde Piero unter Todesdrohung aus der Stadt trieb.

Die Zeit danach, bis 1512, verbrachten die Medici nicht bloß als politische Beobachter aus dem Exil. Zuerst wollten sie als Privatpersonen in das republikanische Florenz zurückkehren. Jetzt, nach Prato, hatte ihre Politik der Intrige, der Korruption von außen, wieder gesiegt: Sie kamen, um die Macht zu ergreifen. Der unter der Bevölkerung beliebte Kardinal Giovanni de' Medici übernahm nach Soderinis Sturz sofort die Regierungsgeschäfte. Er hatte ja Erfahrung, und ihm vertraute das Volk. Schon mit 14 Jahren hatte ihn Papst Innozenz VIII. zum Kardinal ernannt. Drei Jahre lang durfte niemand davon erfahren, war es doch ein Kind, das in das Heilige Kollegium eingetreten war. Schon als Achtjähriger empfing er die niederen Weihen und erhielt kirchliche Pfründe. Als Zwölfjähriger zog er als Abt in das berühmte Benediktinerkloster Monte Cassino. Giuliano und sein Neffe Lorenzo de' Medici verdankten eigentlich ihm ihren spektakulären Einzug in Florenz am 1. September 1512. Die wichtigsten politischen Ämter gelangten unmittelbar danach über sie in die Hände ihrer Parteifreunde. Die Balia übernahm die neue Stadtregierung, in deren Augen Niccolò Machiavelli ein überzeugter Anhänger der Popolanen war. Der kluge, gebildete und politisch fähige Kardinal Giovanni wirkte überall mit, wo es darum ging, die Macht seiner Familie auszubauen. Anfangs liefen alle Fäden über ihn. Und die anderen Familienmitglieder schauten respektvoll zu ihm auf und schöpften aus den Vorteilen, die sie über ihn erhielten. Giovanni änderte die Verfassung ab. Die Kontrolle über die Wahlen zu den Körperschaften der politischen Institutionen übernahm sofort seine Familie. Sie bestellte in Zukunft die Mitglieder der Signoria, nicht mehr das Volk wie zur Zeit Soderinis. Der Rat der Zehn und die Nove della milizia wurden abgeschafft. Das Amt des Gonfaloniere auf Lebenszeit gab es nicht mehr.

Fortan fand jedes Jahr eine neue Wahl statt. Der erste Gonfaloniere der Medici hieß Giovambattista Ridolfi.[147] Die Befugnisse des Rates der Achtzig wurden erweitert. Er übernahm zusätzlich die Aufgaben des Großen Rates und sollte den Senat darstellen. Der Große Rat sollte die Verbindung zur „demokratischen" Republik sein und die Volkssouveränität bestätigen. Nach außen blieb zudem der *governo libero,* freie Regierung, bestehen.[148] Folgende Politiker traten nun ins Rampenlicht der öffentlichen Verantwortung: Jacopo Salviati, Lanfredino Lanfredini, Bernardo Ruccellai, die Guicciardini, die Strozzi. Die Medici und ihre politisch Verantwortlichen regierten dynamisch genug, um der starken Opposition den Wind aus den Segeln zu nehmen. Die breite Volksmasse aber bedauerte den Untergang der Republik. Im Jahre 1513 setzten die Medici weitere Behörden zur Beseitigung politischer und wirtschaftlicher Krisen ein: die *Settanta* und die *Cento* (Rat der Siebzig und Rat der Hundert).

Die Signoria suspendierte am 7. November 1512 mit einstimmigem Beschluß Machiavelli aller politischen Ämter. Am 10. November verbot sie ihm, für ein Jahr das Gebiet der Republik zu verlassen. Als Kaution mußte er dafür 1 000 fiorini hinterlegen. Drei gute Freunde brachten für den mittellosen Machiavelli diese Summe auf. Am 17. November verbot ihm die Signoria zudem für ein Jahr, seine Arbeitsstätte, den Palazzo della Signoria, auch Palazzo Vecchio genannt, zu betreten. Machiavellis Enthebung war zu erwarten gewesen, nur er selbst hatte bis zuletzt nicht daran geglaubt.

Bis zuletzt war er die Seele des republikanischen Florenz und der militärischen Verteidigung der Arnorepublik gewesen. Die Machtergreifung der Medici hatte er nicht im Sog der Masse miterlebt. Den Festlichkeiten, Veranstaltungen und dem Karneval − die Medici führten für das Volk sofort mehrere belustigende Feiern ein − blieb er fern. Einige ehrbare alte Republikaner standen bei den Medici zwar alsbald in Reputation, darunter befand sich aber nicht der Name Machiavelli. Während der letzten 14 Jahre hatte Machiavelli weit über 10 000 Meilen im Auftrag seiner Republik zurückgelegt − als Idealist und Patriot, ohne ausreichende Entlohnung, gesicherte Existenz, als Untergebener und pflichtbewußter Diener. Und dann hatte er seine Miliz, die große Hoffnung für ihn und Florenz! Vor dem Sieg bei Prato hatte Ramòn di Cardona Florenz angeboten, den Feldzug, den großteils die Medici bezahlten, abzubrechen; wenn die Republik Soderini absetzte, das Bündnis mit Frankreich löste, ein bestimmtes Lösegeld bezahlte und zehn Lasten Brot lieferte. Soderini und der Große Rat lehnten dieses Angebot mit allem Nachdruck ab. Nach Prato herrschte in Florenz das völlige Chaos: Die Tore der Gefängnisse standen offen; die Wachen verließen ihre Posten; Volksmassen zogen schreiend durch die Straßen und Gassen und demonstrierten auf der Piazza; Rädelsführer der Medici stürmten den Palazzo Vecchio.

Am 31. August 1512 drangen Albizzi, Gino Capponi, Paolo Vettori, die Söhne Bernardo Ruccellais und der Verwandte Soderinis, Bartolomeo Valori, in die Sitzung der Signoria ein und verlangten den unverzüglichen Rücktritt des Gonfaloniere. Soderini hatte schon Tage zuvor den Rücktritt angeboten, wenn es die Mehrheit gewünscht hätte. Sie befreiten die 25 Medici-Anhänger aus dem Gefängnis, die Soderini als Staatsfeinde hatte gefangensetzen lassen.

Soderini verließ in Panik fluchtartig den Regierungssitz und eilte zur Familie Vettori. An der Schwelle zu ihrem palazzo brach er erschöpft zusammen.

In der folgenden Nacht begleiteten Francesco Vettori und Bartolomeo Nardi den entmachteten Gonfaloniere nach Siena, von wo aus er nach dem türkischen Castelnuovo weiterreiste. Später wurde er nach Ragusa verbannt. Seine letzten Lebensjahre verbrachte Soderini in Rom, nachdem er nach der Wahl Papst Leos X. amnestiert worden war.

Machiavelli hatte in den vergangenen Monaten öfter auf die drohende politische Gefahr durch die Medici aufmerksam gemacht. Er ahnte, daß es einen politischen Umsturz geben werde. Am 22. November 1511, noch bevor die spanischen Truppen gegen Prato zogen, schrieb er sein erstes

Testament. Damals überzeugte er Soderini noch einmal, seine Politik der Sparsamkeit gegen Inflation und Korruption der Öffentlichkeit vorzulegen. Dabei konnte er nur mehr einen Teil der Regierung und der politischen Beobachter überzeugen. Ebenso vermochte ein neues Gesetz zur Erhaltung der republikanischen Regierungsform die Mehrheit nicht mehr umzustimmen. Der unermüdliche Einsatz Machiavellis fruchtete ebensowenig. Im Konflikt zwischen den päpstlichen und französischen Truppen in Oberitalien konnte er nicht mehr entscheidend eingreifen; auch nicht, wenn er im Namen Soderinis, im Namen der Republik Florenz vorsprach. Die Kampfhandlungen wechselten schnell: Bologna, Brescia, Ravenna, Imola, Cesena, Forlì, Venedig − alles Schauplätze politischer Entscheidungen. Tag für Tag drohte die Stellung Florenz' zwischen zwei Fronten fataler zu werden. Die pragmatische Politik Soderinis rächte sich. Und täglich mußte Soderini feststellen, wie viele Anhänger Giovanni de' Medici schon dazugewonnen hatte.

In diesen letzten Stunden der Republik schwenkte Machiavelli allmählich um; er wollte als überzeugter Republikaner auch den neuen Herren dienen. Als berufener Untertan von Florenz wußte er ja von nichts anderem zu reden als über die politische Tätigkeit,[149] eben vom Staate. Mit einem Schlag brotlos geworden, empfahl Machiavelli sich nun den Medici; zuerst in einer an die palleschi gerichteten Denkschrift *(Ai Palleschi)* als politischer Ratgeber. Ungeachtet dieser Petition suspendierten ihn die neuen Machthaber zusammen mit seinem Freund Biagio Buonaccorsi: *cassaverunt, privarunt et totaliter amaverunt.* Das Amt Machiavellis erhielt ein Günstling der Medici, Niccolò Michelozzi.

Bei genaueren Überprüfungen seiner Tätigkeit fand man keine Mängel. Machiavelli hatte in seiner Zeit als Sekretär der Republik Florenz treu und ehrlich gedient. Wären Unrechtmäßigkeiten aufgedeckt worden, dann hätte er eine Geldstrafe in Höhe von einer Million fiorini entrichten müssen – eine für Machiavelli kaum vorstellbare Summe! Er suchte nun verzweifelt Kontakte mit aristokratischen Familien herzustellen, die bei den Medici für ihn vorsprechen sollten. In Florenz aber wußten zu viele von seiner republikanischen Überzeugung und freundschaftlichen Beziehungen zu Piero Soderini. Und Machiavelli war Soderini beinahe bis zuletzt treu gewesen. In einem anderen Brief schrieb er, wahrscheinlich an Alfonsina Orsini de' Medici im September 1512, daß Florenz auch unter den Medici „ehrenvoll leben kann wie in vergangenen Zeiten, wo die gesegnete Erinnerung an ihren Vater Lorenzo (il Magnifico) noch vorherrschend war".[150] Die Medici entließen lange nicht alle Parteigänger Soderinis und setzten bald wieder einige in verantwortungsvolle Ämter ein, zum Beispiel Marcello Virgilio Adriani. In seiner Verzweiflung schrieb Machiavelli Giovanni de' Medici nach Rom und wollte mit einer neuen Überlegung auf sich aufmerksam machen: „Schon sind die Beamten erwählt, um die früheren Güter der Medici aufzufinden und ihnen wieder zu übergeben. Diese Güter befinden sich heute im Besitz von Leuten, die sie gekauft haben und legal besitzen; sie ihnen zu entreißen, wird maßlosen Haß erzeugen, denn die Menschen betrüben sich mehr über ein Grundstück, das ihnen entrissen wird, als über den Verlust eines Vaters oder Bruders; denn jeder weiß, daß ein Staatsstreich den Bruder nicht mehr ins Leben rufen, daß er sich sein Grundstück aber wieder verschaffen kann." Er schloß den Brief: „Ich erwähne dies alles in guter Treue."[151] In diesem Brief wollte Machiavelli ebenso wie in der Schrift *Ricordo ai Palleschi* die Medici davon überzeugen, daß es taktisch nicht klug sei, Piero Soderini und seine Regierung zu diffamieren. Einzelne Stellen des Textes nahmen bereits Gedankengänge des *Principe* vorweg. Es bringe politisch nichts, den geschlagenen und verjagten Gonfaloniere als Feind des Vaterlandes abzustempeln: „Und ich sage, daß sich die Medici kein Ansehen verschaffen, wenn sie hinterher die Fehler Pieros aufdecken. Der neue Staat schadet sich deshalb insofern, weil er einen Menschen diffamiert, der nicht mehr auf seinem Staatsgebiet lebt und also die politische Entwicklung auch nicht mehr beeinflussen kann. Vielmehr gelangt dadurch jener zu Ansehen und Einfluß, der im eigenen Staate unbeobachtet jeden Tag gefährlich werden und die ganze Ordnung umkrempeln kann."[152]

Machiavelli gab die Hoffnung noch immer nicht auf, in seinem Amte wieder bestätigt zu werden oder eine neue Berufung zu erhalten.

Agostino Capponi und Pietropaolo Boscoli, beide als entschiedene Gegner der Medici bekannt, planten zu Beginn des Jahres 1513 eine Verschwörung. Bei den Verwandten Piero Soderinis, den Lenzi, entdeckte ein Beamter der neuen Regierung ein Stück Papier mit an die 20 Namen. Der siebte Name war der Machiavellis. Im Gefängnis gestanden Boscoli und Capponi ihren Plan; sie unterstrichen aber gleichzeitig, daß es sich bei den anderen Namen lediglich um Personen handle, von denen sie sich Zustimmung in ihrem Vorhaben erwarteten. Die neue Behörde der *Otto*, Acht, nahm diese Verschwörung bitter ernst: Am 22. Februar 1513 wurden Capponi und Boscoli enthauptet. Machiavelli ließen sie festnehmen. Unter der Folter wollte man an ihm mehr ein Exempel statuieren als ein Geständnis erzwingen. Er wurde sechsmal mit dem Seile an den gefesselten Armen hochgezogen, gespannt, wie es hieß. Dann blieb er bis zur allgemeinen Amnestie des neuen Papstes Leo X., vormals Kardinal Giovanni de' Medici, im Kerker. Am 11. März 1513 verließ er die Haft, die er später im *Sonett an Giuliano de' Medici* als besonders inhuman bezeichnete: Er sei in Gesellschaft mit Ratten, so groß wie Katzen, und von Läusen, so groß wie Schmetterlinge, gewesen:

> Ich hab', Giuliano, ein paar Eisen an den Beinen
> sechs Mal hat man mit dem Seil mich hochgezogen
> und auch die anderen Leiden will ich Euch erzählen
> denn so behandelt man hier die Poeten.

Die Wände tragen Läuse hier
so groß und dick,
daß sie wie Schmetterlinge scheinen
und niemals gab es solchen Gestank in Roncisvalle
noch jemals in Sardiniens Wäldern
wie hier in meiner angenehmen Herberge
mit einem Lärm, daß es grad scheinen will
als ließe Jupiter all seine Blitze auf die Erde los.
Einer wird angeschnallt, der andere losgemacht
es schlagen Türen, man hört Riegel, Schlösser
ein anderer schreit dort:
viel zu hoch über der Erde!
Was mir am ärgsten zusetzt, ist
daß ich des nachts gegen die Morgenröte zu
zu hören krieg: „pro eis ora"
Laß sie doch ziehen
wenn Dein Erbarmen nur sich zu mir wendet
der Du den Namen von dem Vater
und dem Urgroßvater trägst.

Noch immer aber ließ er seinen politischen Wunsch nicht
fallen. Er zog sich vorerst einmal resignierend und depressiv auf sein Gut in Sant' Andrea in Percussina zurück und
griff auf seinem Schreibtisch zu Feder und Tinte. Seine Zeilen richteten sich zunächst an die Medici; erniedrigt und
bittend verfaßte er eindringliche Worte: „Ich bin ein harm-
loser Mann, der seinen Phantasien und Vergnügungen
lebt. Zu diesen zähle ich als die größte meiner Freuden, daß
es unserer Stadt (Florenz) wohlergehe. Ich liebe alle ihre
Bewohner, die Gesetze, die Sitten, die Mauern, die Häuser,
die Straßen, die Kirchen und die Umgebung; und es erweckt in mir keine größere Angst, als zu denken, daß sie in
Gefahr gerate."[153] Aber auch dieses Bekenntnis rehabilitierte seinen Namen am Arno nicht. Auch die drei Sonette
an Giuliano de' Medici verstummten ohne Resonanz. In
seinem Arbeitszimmer im Albergaccio, wie sein Landhaus
noch heute in Sant' Andrea in Percussina heißt, begann er

im Kerzenlicht mit der Niederschrift seiner Erfahrungen und Erkenntnisse. Im Halbdunkel versunken verspürte er seine politische Welt nur mehr aus fernen Stimmen. Über seine Blätter gebeugt atmete er die dunkle Luft. Während alle im Haus schon schliefen, begann er mit der Analyse der Politik und verfaßte ihre erste moderne Theorie. Täglich feilte und schliff er an seinen Gedanken. Die Welt schien ihm in diesen einsamen Abendstunden nicht stillzustehen. Es war ihm aber eine andere, neue Welt, die er erzwungen leben mußte, ohne Hektik und Verantwortung.

Bis tief in die Nacht hinein reflektierte und träumte er von Florenz: von seinem Schreibtisch im Palazzo Vecchio, von der Energie der Republik und von einer starken militärischen Kraft. Und wenn er am nächsten Tag wieder zur Feder griff, dann setzte er immer wieder ab und schaute zur Tür und zum Fenster: Das Schreiben mit der spitzen Feder wollte und wollte sein Leben nicht ausfüllen.

Kapitel III

Gespräche in San Casciano

1. Orti Oricellari, Francesco Vettori und Francesco Guicciardini

Der neue Gonfaloniere am Arno hieß Giovambattista Ridolfi.[1] Dieser erste Nachfolger im Amte Soderinis war Mitglied und zeitweiliger Führer der Optimaten. Ridolfi schätzte die neue Position der Medici richtig ein: Er wußte, daß es unmöglich war, den bisherigen republikanischen Kurs fortzusetzen. Ihn hatte ja noch der Große Rat gewählt, eine der ersten einschneidenden politischen Umwälzungen der Medici war nun die Auflösung dieser Institution; für die demokratische Ordnung der Arnorepublik bedeutete dieser Schritt einen schweren Rückschlag. Dafür übernahm jetzt der Consiglio degli Ottanta, Rat der Achtzig, die Befugnisse des Großen Rates. Diese Achtzig sollten den Senat darstellen. Den Medici lag viel daran, daß der Anschein eines *governo libero* erhalten blieb. Die Achtzig sollten die Verbindung zur „demokratischen" Republik herstellen und die „Volkssouveränität" bestätigen, also den Großen Rat weiterhin verkörpern. In der Folge traten alsbald namhafte Politiker in den Vordergrund, alles Männer von hohem Ansehen, aber auch treue Anhänger des Medici-Hauses: Lanfredino Lanfredini, Iacopo Salviati, Bernardo Ruccellai, die Strozzi und die Guicciardini.[2]

Der politische Kurs von Florenz lag nun völlig in den Händen der Medici. Ridolfi wußte sofort, daß die Medici von ihm vollste Hingabe verlangten. Er enttäuschte sie nicht, vielmehr enttäuschte er jene, die sich von ihm einen Einsatz für die Republik erwartet hatten. Ansonsten standen nur wenige, wirtschaftlich und gesellschaftlich angesehene Florentiner dem Regierungswechsel skeptisch gegenüber. Sie erhofften sich mehr Freiheit, eine Reaktivierung des gesellschaftlichen Lebens und neue Wege für ihre wirtschaftliche Expansion.

Die politische Ordnung erinnerte jetzt wieder an Lorenzo und Piero, die ihre eigene Anschauung von der Führung des Staates hatten. Da nützte es wenig, wenn Machiavelli sich im Sommer 1513 für ein Bündnis zwischen dem Papst und dem französischen König aussprach und seinem Freund Francesco Vettori nach Rom schrieb, er solle sich für ein solches Abkommen einsetzen.[3] Zu dieser Zeit hörte niemand mehr auf die Stimme des entlassenen Segretario.

Die Medici setzten eine *Balia,* wählbares Gremium, ein, zunächst aus 45, später aus 65 Bürgern. Die sollten die finanzielle Lage neu ordnen, die Verfassung ändern und neue Behörden ernennen. Dann, als sie sich stark genug fühlten, setzten sie auch den Rat der Achtzig außer Kraft. Die *accoppiatori,*[4] Wahlhelfer, sorgten dafür, daß nur zuverlässige Medici-Anhänger als Beamte bestimmt wurden. Die neuen politischen Einrichtungen der Settanta und Cento nahmen der Balia nichts an Bedeutung. In der Balia saßen die Mitglieder der reichen und angesehenen Florentiner Familien. Sie hatten in diesem Gremium die legislative, weitgehend auch die exekutive Gewalt inne.

Kardinal Giovanni de' Medici und Giuliano de' Medici repräsentierten im politischen wie gesellschaftlichen Leben ihre Familie. Daneben traten mitunter auch Giulio, der spätere Papst Clemens VII., und der Sohn Giulianos, ein jüngerer Bruder von Lorenzo il Magnifico, in den Vordergrund. Die beiden jüngeren Verwandten Lorenzo und Ippolito hielten sich zu Beginn der neuen Ära in Florenz noch im Hintergrund. Beide sollten später zu politischer Macht gelangen: Lorenzo als Herzog von Urbino, Ippolito als Kardinal der Kirche.

Giuliano bemühte sich sofort nach dem 1. September 1512, als er von Francesco degli Albizzi in sein Haus in Florenz zurückgeführt worden war, die Florentiner durch eine überbetonte Volksnähe für sich zu gewinnen: Im langen Rock spazierte er durch Florenz' gepflasterte Straßen, ohne Begleitung und glatt rasiert — eben wie es den Florentinern gefiel. Im Oktober versammelte sich das Parlament, die Vertreter der florentinischen Soldaten, der Medici und der, wie es hieß, Republik. Zu dieser Zeit entschied sich der zukünftige politische Kurs von Florenz, und man wählte die 45 Männer der Balia, alle von Giovanni de' Medici tunlichst überprüft und für medicitreu erklärt. Die Balia erhielt den Auftrag, die Regierung im Sinne von 1494 zu reorganisieren. Sie sollte mit dem zusätzlichen Gremium Florenz den parlamentarischen Stempel aufdrücken.[5] Durch die Medici wurde nun Florenz verstärkt in außenpolitische Aktionen hineingezogen. Bereits jetzt, nach 1512, verlor es seine Selbständigkeit, was sich später zu einem fatalen Problem entwickelte. Nur einige wenige kritisierten still die neue Herrschaft. Laut sprach zuerst niemand von den vielen Nachteilen dieser oligarchiebetonten Scheinrepublik. Denn in Wirklichkeit hatte sich die politische Situation nicht verbessert. Die Medici zogen alle Macht an sich, Zweifel am System schalteten sie aus.[6]

In den Gärten der Familie Ruccellai in Florenz, den Orti Oricellari, traf sich die geistige Elite der Stadt regelmäßig zu intellektuellen Gesprächen. Es waren Künstler und Schriftsteller, Persönlichkeiten aus Politik, Wirtschaft und Kultur und Angehörige der vornehmsten Familien der Stadt. Diese Prominenz gehörte zum Kreise der Medici. Viele erhofften sich über die Orti den Zugang zur politischen Macht. Bernardo Ruccellai inszenierte zuerst den regelmäßigen Gedankenaustausch und veranstaltete oft Diskussionsabende.[7]

Bernardo galt als Anhänger der Optimaten. Im großen Garten seines väterlichen Palastes, eben den Orti, spielte sich nun das geistige Leben ab, fast zehn Jahre lang, von 1513 bis 1522. Philosophie und Literatur erweckten das größte Interesse. Man wollte an den Dichterkreis um Lorenzo anknüpfen. Das aristokratische Venedig diente als Vorbild.

Anfangs besuchten jene Persönlichkeiten die Orti, die zur aristokratischen Opposition gegen Soderini gehörten. Themen der Tagespolitik standen im Mittelpunkt. Mit der Zeit und der Zunahme der Gesprächspartner umfaßte der Gesprächsstoff alsbald die Geschichte, vor allem die Antike. Auf dieser Basis wurden die aktuellen Ereignisse erörtert. Man benutzte die Geschichte als politischen Erfahrungsbereich.[8] Damit setzte dann ein reiferes politisches Denken in den folgenden Jahren ein.

Bald schon wechselten mehr und mehr die Besucher, die Orti wurden berühmter. Bis zu dieser Zeit war von einem Republikanismus wenig zu spüren gewesen, nun fanden vermehrt republikanische Themen Interesse. Viele Mitglieder der Orti wußten um die Vorteile der Republik, daß diese Staatsform den Intellektuellen und den Künsten einen breiteren Entfaltungsraum bot, wenn es auch bis heute noch nicht feststeht, ob das politische System der Republik oder eines Fürstentums die künstlerischen Talente besser förderte. Das humanistische Studium, vor allem der Werke Aristoteles' und Livius', erweckte Sympathie für den Republikanismus. Andere Besucher wiederum, allen voran Luigi Alamanni und Iacopo Nardi, brachen eine Lanze für die Lehre Savonarolas. Der Gedanke an die Miliz gewann ebenfalls Anhänger; das Gespräch über den Schutz und die Verteidigung des Vaterlandes wurde zusehends aktueller. Der Besucherkreis weitete sich: Die Söhne des 1514 verstorbenen Bernardo Ruccellai, Palla und Giovanni, sowie der kranke Cosimo pflegten den Freundeskreis weiter. Sie holten junge Aristokratensöhne, intelligente politische Beobachter und begabte studiosi in die Orti, unter ihnen befand sich auch der spätere Historiker Filippo de' Nerli. Aus der bürgerlichen Schicht kamen Antonio Brucioli und Iacopo Nardi, später auch Niccolò Machiavelli. Mit Lorenzo und Filippo Strozzi wurden sie zu den Hauptvertretern und permanenten Fürsprechern einer republikanischen Ordnung. Allein schon Machiavelli machte auf die administrativen, legislativen und judikativen Unterschiede zwischen Republik und Fürstentum aufmerksam, daß zumindest in der Theorie in der Republik die Macht beim Volke lag. In der Realität freilich lag auch hier die wirkliche Macht oft bei einer Oligarchie oder Herrschaftsstelle.

Niccolò Machiavelli, von einem unbekannten Maler aus dem 16. Jahrhundert (Galleria Doria, Rom)

Eingang zum Albergaccio in Sant'Andrea in Percussina (Bild aus der Zeit vor dem Umbau 1988/1989)

Neptunbrunnen in Senigallia

Vis-à-vis vom Albergaccio steht noch heute die bettola (Trinkstube), in der schon Machiavelli einkehrte (vgl. dazu den Brief Machiavellis an F. Vettori vom 10. Dezember 1513). Heute erinnert dieses Gasthausschild an den Albergaccio.

Historische Landschaft auf der Straße von Urbino nach Arezzo

Turm des Bargello, diese Palast-Festung wurde 1255 als Sitz des Capitano del Popolo (Kapitän des Volkes) von einem unbekannten Architekten begonnen. Die Glocken des Turmes verkündeten die Todesurteile, heute läuten sie bei nationalen und lokalen festlichen Anlässen.

Die via Guicciardini in Florenz, das zweite Haus von rechts war das von Niccolò Machiavelli.

In geistiger Hinsicht distanzierte sich der Kreis von Plato; ihm wurde Aristoteles vorgezogen. Die Antike aber diente weiterhin als Vorbild für die Diskussion der aktuellen Tagesereignisse. Die freiheitliche Republik avancierte zum staatlichen Ideal. In den Mittelpunkt der Gespräche rückten die bürgerliche Mittelschicht und eine Bürgermiliz. Die Anhänger hegten ein großes Interesse für die soziale und politische Wirklichkeit. Die *libertà* stand hoch im Kurs und mit ihr eine Verfassungsreform.

Francesco Guicciardini und Francesco Vettori zählten nicht zum geistigen Kreis der Orti Oricellari. Vettori, 1474 geboren, klassisch gebildet und früh in die Politik eingeführt, war 1507 als florentinischer Gesandter am Reichstag von Konstanz. Im Winter hielt er sich zusammen mit Machiavelli bei Kaiser Maximilian auf. Auch Vettori verfaßte darüber eine Schrift, die aber keine große Beachtung errang: *Viaggio in Alemagna,* Reise nach Deutschland. Politik aus Tradition: Schon Vater Piero hatte verschiedene Gesandtschaftsaufträge erfüllt.

Seit 1512 findet sich der Name Francesco Vettori bei vielen wichtigen politischen Ereignissen. Er galt als einflußreicher Vertreter der Optimaten.

Am 30. Dezember 1512 wurde Vettori florentinischer Gesandter in Rom. Er hatte zur rechten Zeit die politische Linie gewechselt. Bis 1515 blieb er in Rom, dann reiste er als Gesandter nach Frankreich. Nach außen gab er sich als großer Anhänger der Medici. Innerlich verspürte er keine besondere Zuneigung zu ihrer Politik.[9] Seine Verehrung für die Medici schrieb er nieder im *Sommario della vita di Lorenzo Medici.* Im Gegensatz zu Guicciardini lehnte er später die Liga von Cognac ab. Dennoch erinnern seine politischen Vorstellungen an jene Guicciardinis und auch Machiavellis: Politik ist ständiger Kampf von Interessen, Ansprüchen und Begierden; Ehrgeiz, Intrige und Verlangen nach Macht sind ihr Gesetz.[10] Vettori meinte, daß die Politik ihren eigenen Gesetzen zu gehorchen habe, Interessen würden entsprechend betont. Er verlangte eine politische Stabilität für Italien, einen permanenten Frieden. Er trennte Politik von Moral, und wie Machiavelli kritisierte er die Institution Kirche. In der Staatsauffassung betonte er seine Überzeugung, daß jeder Staat zur Tyrannis werde, weil Machtstreben und Ehrgeiz zusammenstießen und die herrschende Schicht zur Unterdrückung tendierte. Vettori ist für die Geschichtsschreibung wegen seiner historischen Abhandlungen *Sacco di Roma* und *Sommario della storia d'Italia dal 1511 al 1527* bekanntgeworden.

Er hatte, wie erwähnt, 1512 seine politische Haltung der neuen regierenden Partei angepaßt; 1527 schloß er sich wiederum der neuen Opposition von Niccolò Capponi an. Als Freund Filippo Strozzis beteiligte er sich am Umsturz. Erst nach Capponis Fall zog er sich aus der Politik zurück.

Die Familie Francesco Guicciardinis zählte zur Oberschicht der Stadt Florenz. Über Francesco erhielt die Nachwelt Einblick in die Anschauungen der reichen florentinischen Führungsschicht. Guicciardini wurde 1483 geboren, studierte Rechte an verschiedenen Universitäten und wurde dann Advokat in Florenz. Eine hohe Vorstellung von *onore*, Ehre, gehörte zur Familientradition. Von der Heirat mit einer Tochter der Familie Salviati erwartete er sich Ansehen und Begünstigungen.[11]

Francesco Guicciardini erstrebte seit seiner frühesten Jugend *onore* und *gloria*, allerdings zum Ruhme seiner Vaterstadt, nicht aus reinem Egoismus.

Nach 1512 trat er in den Dienst der Medici. Es fehlte ihm nicht an Mut, deren System zu kritisieren und nach neuen Modellen zu suchen. Während des Umsturzes in Florenz hielt er sich noch als Gesandter in Spanien auf.[12] Als Aristokrat trauerte er der Republik nicht nach. Dennoch wollte er die Macht der Medici eingeschränkt und den Großen Rat weiterhin funktionstüchtig wissen.[13] Beim Großen Rat bemängelte er aber den politischen Weitblick, kritisierte dessen Geschäftsführung und mangelnde Entschlußkraft. Aus opportunistischen Überlegungen bemühte er sich dann um die Gunst Giulianos und Papst Leos X. Anfang April 1516 wurde Guicciardini Gouverneur von Modena. Im Jahre 1524 stieg er zum Präsidenten der Romagna auf. Jetzt, nach der Verschwörung des Pescara gegen Morone und nachdem Mailand in den Händen der kaiserlichen Truppen war, sollte Guicciardini die Romagna in Norditalien halten. Er griff zuerst hart durch, ließ in Arezzo ein Todesurteil vollstrecken, mußte dann aber enttäuscht feststellen, daß selbst die romagnoli wenig von seiner Politik gegen die feindlichen Truppen hielten. In der Romagna herrschten große Mißstände. Die von ihm gesuchten verräterischen Landsleute fanden beim Papst in Rom Zuflucht. Resignierend klagte er: „Es wäre besser, gleich alle Mörder zu begnadigen und sie zu weiteren Verbrechen aufzufordern. Man sieht Mörder frei herumlaufen, die auf den Plätzen von Forlì mit den Köpfen ihrer Opfer Ball spielten."[14] Guicciardini arbeitete mit all seiner Erfahrung und seiner ganzen politischen Geschicklichkeit. So gelang es ihm gegen Ende des ersten Regierungsjahres, doch einige Ordnung herzustellen. Er ahnte aber folgerichtig voraus, daß Italien eine lange Zeit der Bedeutungslosigkeit bevorstehe: „Der Caesar (Karl V.) will sich zum Herrn Italiens machen. Er wird auf jeden Fall der Schiedsrichter Italiens sein. Der Papst wird nur mehr dem Namen nach ein Fürst bleiben", schrieb Guicciardini, bevor er als Ratgeber nach Rom berufen wurde und seine politische Aufgabe als Präsident der Romagna seinem Bruder Iacopo überließ.[15]

Die Aufzeichnung der eigenen, parallel mit der allgemeinen politischen Lage charakterisiert Guicciardinis politische und historische Schriften. Diese Werke sind Analysen der Zeit ohne Publikum, worin die persönlichen Anschauungen und Absichten miteingebaut sind. Im Vergleich mit Machiavelli war Guicciardini erfahrener, praktischer und realistischer. Schon seinen Zeitgenossen galt er als Mann auf dem rechten Weg, gewissenhaft und vornehm, gesellschaftsfähig und bürgerlich, ausgeglichen, mit einem gesunden Menschenverstand.[16]

Guicciardinis *Storie fiorentine* umfassen die Zeit zwischen 1378 und 1509 in Florenz. Es ist in erster Linie ein politisches, weniger ein historisches Werk. Es ist sein Jugendwerk, worin er aber nicht nur historische Ereignisse aufzählte. Vielmehr zeigte er anhand geschichtlicher Begebenheiten aktuelle Merkmale auf und analysierte diese. Als Alternative entwarf er einen Idealstaat, *buon governo,* als funktionsfähigeres Regierungssystem. In Guicciardinis Schriften gilt der Position der *grandi,* der *uomini savi e nobili,* vornehmen und weisen Herren, ein besonderer Schwerpunkt. Unter dem Gedanken der *libertà* verstand Guicciardini nicht die Freiheit des einzelnen, vielmehr die Teilnahme einzelner am Regierungsprozeß; dies war und blieb der klassische *libertà*-Begriff der italienischen Stadtkommune.

Guicciardini wandte sich gegen die Autorität, gegen die Konzentration der Macht, gegen die Herrschaft des Pöbels, womit er die demokratische Republik meinte. Aus ihr entstehe die Tyrannis. Um dies zu vermeiden, müsse die Aristokratie großen Einfluß ausüben. Ein Rat zwischen 20 bis 100 führenden Persönlichkeiten der Stadt müsse die wesentlichsten politischen Ämtern übernehmen: Außenpolitik, Beratung der Gesetze, Festlegung der Gesandten. Der Große Rat müsse die Gesetze dann endgültig genehmigen oder ablehnen. Ein Senat solle die Steuern und Finanzen kontrollieren. Die gesamte Politik müsse ganz im Interesse der Oligarchie agieren.

In der Schrift *Discorso di assicurare lo stato alla casa de' Medici* vom Jahre 1516 nahm Guicciardini seine Kritik an den Medici wieder auf, denen es nicht gelungen sei, die politischen Gegner auszusöhnen und neue Freunde zu gewinnen. Die Optimaten seien wieder ins Hintertreffen geraten. Er verlangte, daß die Politiker mit anderer Meinung im Regierungssystem mehr zu Worte kommen sollten. Diese Schrift durchzieht eine permanente Angst vor einem Umsturz, der die Niederlage der Optimaten und das Ende der *libertà* bedeuten würde. Schon in der Abhandlung vom Jahre 1512, *Discorso del modo di ordinare il governo popo-*

lare, hatte Guicciardini die doppelte Krise des florentinischen Staates analysiert. In diesem Werk hatte er auch das in den *Storie fiorentine* begonnene Reformprogramm weiterentwickelt. Guicciardini blieb dem republikanischen Stadtstaat verhaftet.[17]

In der Schrift *Dialogo del regimento di Firenze*, der Zeit in Florenz zwischen 1521 und 1525, schlug Guicciardini einen neuen Weg ein. Er stellte sich nicht die Frage nach der besten Staatsform. Vielmehr fragte er sich nach der Wirkung einer bestimmten Staatsform auf den sozialen und politischen Bereich. Dieses historische Vergleichsmodell blieb als Methode aufrecht. Guicciardini kehrte das Urteil Machiavellis um: Er sah zwar den Menschen ebenso pessimistisch wie Machiavelli, doch bestimme ein natürlicher Drang zum Guten das menschliche Verhalten. Nur die menschliche Schwäche gewinne immer wieder die Oberhand und führe den Menschen auf falsche Bahnen.[18] Machiavelli glaubte an das Volk und vertraute ihm, Guicciardini nicht. Er blieb im republikanischen Umfeld ein überzeugter Aristokrat. Moral, Selbstbeherrschung und Führungskraft seien nur in den obersten Schichten zu finden. In der Republik mit dem Charakter der Volksherrschaft sah er Täuschung und Trug. Nur wenige, so betonte Guicciardini, seien zu einer politischen Führung fähig. Guicciardini versuchte nachzuweisen, daß das System der Medici im Vergleich zur demokratischen Republik ein *manco male*, ein notwendiges Übel, sei. Florenz dürfe nicht weiteren Veränderungen unterzogen werden. In der *Storia d'Italia* beschrieb Guicciardini die politischen Ereignisse in Italien zwischen 1492 und 1534 und untersuchte die Verantwortung des Volkes und der Fürsten. Vor dem Hintergrund seiner pessimistischen Überzeugung übte er Kritik an der Republik Soderinis. Er kam zum Schluß, daß die Krise von Florenz im Grunde eine Krise Italiens sei. Besonders prägnant stellte er den Übergang vom 15. zum 16. Jahrhundert dar, den Übergang von der Republik zum Prinzipat, vom kleinen Gefüge italienischer Stadtstaaten zum Staatensystem der europäischen Großmächte. Guicciardini selbst blieb im Grunde seines Wesens stets konservativ, fest verankert in der Welt der italienischen Kleinstaaten. Dennoch gab er das Ideal vom *governo libero,* freien Regierung, und von der besten Staatsform nie auf. Den *governo ottimo,* beste Regierung, entwarf er im *Dialogo del regimento di Firenze.* Als Grundlage und Vorbild diente Venedig. Ähnlich wie Machiavelli dachte auch Guicciardini zunächst an einen Principe, der nach der Restauration der Republik sein Amt sofort zur Verfügung stellen sollte. Guicciardini glaubte aber nicht an eine solche freiwillige Handlung, weil der Mensch korrupt sei; in der Macht allein sei die Ehre verankert.[19] Die Reform müsse immer im Inneren erfolgen; die Führer, eben die Principi, müßten einsehen, daß sie schlecht regierten. So blieb für Guicciardini eine gemäßigte Republik zwar die ideale Staatsform, der Glaube an das gesamte Volk, den *popolo,* der demokratische Glaube, fehlte ihm zeitlebens. Damit vollzog sich bei ihm ein „Übergang zum Zeitalter der Gegenreformation, die die menschliche Schwäche, das Versagen menschlicher Anstrengungen hervorhebt und die Möglichkeit hoher Zielsetzung, hoher selbständiger menschlicher Leistungen in Frage stellen wird".[20] Mit Machiavelli hatte Guicciardini aber den Zeitgeist des Umbruchs gemeinsam. Beide gingen vom Erlebnis der Krise aus und suchten Antwort auf die dringlichen staatlichen Probleme ihrer Heimatstadt und ihres Italiens zu geben. Viel deutlicher als Machiavelli verwies Guicciardini auf das Neue der folgenden Epoche. Während aber Machiavelli hoffte, durch *virtù* und rationales Vorgehen der *fortuna* der politischen Situation Herr zu werden, blieb die Welt für Guicciardini weitgehend sinnlos. Er entzog sich nach 1527 dem rationalen wie willensmäßigen Zugriff. An der florentinischen Aristokratie blieb er freilich sein ganzes Leben lang hängen.

2. Die erste Zeit im Albergaccio

In seinem Arbeitszimmer im Albergaccio schrieb Machiavelli zunächst einmal Briefe. Es waren offene Mitteilungen, leidenschaftlich und persönlich. In Francesco Vettori glaubte er jenen Freund an der richtigen Stelle gefunden zu haben, über die er wieder in die Politik eintreten könne. Allem Anschein nach täuschte sich Machiavelli, denn Vettori fand zwar beherzte, tröstende und versprechende Worte, in Wirklichkeit tat er reichlich wenig in Rom für seinen florentinischen Freund. Dies leugnete er auch nicht, vielmehr kannte er sich selbst und sein Versagen: „Sicher habt Ihr (Machiavelli) Euch schon gefragt, ob ich mich genügend angestrengt habe, wo ich doch durch Zufall als Botschafter bei der Wahl eines florentinischen Papstes zugegen war und es trotzdem nicht einmal fertiggebracht habe, jemand in die Liste der Familiären einzuschreiben. Ich muß gestehen, das ist wohl wahr und liegt zum größten Teil an mir, da ich einfach nicht in der Lage bin, mir und den anderen nützlich zu sein."[21] Durch diese Korrespondenz kam es aber zu einem denkwürdigen Brief Machiavellis, der von einigen italienischen Historikern und Literaten als der schönste Brief der italienischen Literatur überhaupt bezeichnet wird.[22] Vettori hatte Machiavelli geschrieben, er wolle ihm erzählen, wie er in Rom lebe.[23] Darauf antwortete Machiavelli: „Deswegen kann ich, um es Eurer Güte gleichzutun, in meinem heutigen Brief nur schildern, was für ein Leben ich meinerseits führe. Meint Ihr, daß es einen Tausch mit dem Eurigen wert wäre, so würde ich es nur zu gerne ändern.

Ich wohne also auf dem Lande und bin, seitdem sich diese letzten Dinge mit mir abspielten, alles zusammengerechnet nicht zwanzig Tage in Florenz gewesen. Ich habe bis jetzt eigenhändig den Drosselfang betrieben, stand vor Tage auf, legte meine Leimruten und ging dann los mit einer solchen Ladung von Käfigen, daß ich aussah wie Geta, wenn er mit Amphitryons Büchern vom Hafen zurückkommt, und gefangen habe ich mindestens zwei, aber höchstens sechs von diesen Drosseln. So ging's den ganzen September über, und als dieser befremdliche Zeittotschlag zu Ende war, habe ich ihm sogar nachgetrauert. Nun hört, wie ich's seitdem treibe.

Ich stehe mit der Sonne auf und begebe mich in ein Wäldchen, das ich ausholzen lasse. Dort verbringe ich zwei Stunden, indem ich die Arbeiten des vorigen Tages ansehe und mir die Zeit mit den Holzhauern vertreibe, die immer ihre Späße mit den Nachbarn oder untereinander haben. Und über dieses Wäldchen könnte ich Euch tausend hübsche Sachen erzählen, wie sie mir mit Frosino da Panzano und anderen passiert sind, die etwas von meinem Holz haben wollten. Zum Beispiel ließ Frosino einige Klafter abholen, ohne mir etwas zu sagen, und beim Bezahlen wollte er mir zehn Lire abziehen, die ich angeblich vor vier Jahren beim Criccaspiel bei Antonio Guicciardini an ihn verloren hatte. Ich fing einen Höllenkrach an, wollte den Fuhrknecht, der das Holz geholt hatte, als Dieb verklagen, bis sich Giovanni Machiavelli ins Mittel schlug und uns verglich. Batista Guicciardini, Filippo Ginori, Tommaso del Bene und einige andere aus der Stadt wollten, als die Tramontana, der Nordwind, einsetzte, jeder einen Klafter von mir. Ich versprach ihn allen und schickte einen zu Tommaso, von dem aber nur die Hälfte in Florenz ankam, denn zum Aufladen waren er, seine Frau, seine Magd und die Kinder gekommen, so daß es zuging, wie wenn der Metzger Gaburro am Donnerstag mit seinen Burschen einen Ochsen schlachtet. Als ich sah, daß so nichts zu gewinnen war, sagte ich den anderen, daß ich kein Holz mehr hätte. Das haben sie mir alle gewaltig übelgenommen, vor allem Batista, der das unter die übrigen Staatskatastrophen rechnet.

Von meinem Wäldchen aus gehe ich zu einer Quelle und weiter zu einem meiner Vogelherde, ein Buch in der Tasche, Dante oder Petrarca oder eines von den kleineren

Dichtern, Tibull, Ovid oder so. Ich lese von ihren Liebesleiden und -freuden, erinnere mich der eigenen und ergötze mich eine Weile mit solchen Gedanken. Dann aber kehre ich zur Straße zurück in ein Wirtshaus, rede mit denen, die da vorbeikommen, frage nach Neuigkeiten aus ihrer Gegend, erfahre alles mögliche und lerne, wie verschieden die Ansichten und Einbildungen der Menschen sind. Unterdessen wird es Essenszeit, wo ich dann mit meinem häuslichen Verein das verzehre, was mein armseliges Gütchen und mein geringes Erbteil erbringen. Hab ich gegessen, gehe ich zurück ins Wirtshaus, wo der Wirt und gewöhnlich ein Metzger, ein Müller und zwei Ziegelbrenner anzutreffen sind. Mit denen spiele ich hingegeben Cricca oder Trictrac, was zu unendlichen Streitereien oder Beleidigungen führt; und wenn es auch meist nur um einen Quattrino geht, so hört man uns doch mindestens bis San Casciano brüllen.

So tief gesunken hebe ich den Kopf aus dem Staub und schütte mein Herz aus über die Niedertracht meines Schicksals, dem ich mich zufrieden zeige mit der Art, wie es mich niedertritt. Denn ich will doch sehen, ob es sich dessen nicht schämt."[24]

Es wäre falsch zu glauben, Vettori hätte Machiavelli nicht ernst genommen: „Wenn ich nicht an Eure Angelegenheiten dächte, würde ich nicht an die meinigen denken",[25] schrieb er ihm. Aber er war halt ein zu vorsichtiger Mann mit wenig Durchsetzungsvermögen und noch weniger Courage, um sich für den in Ungnade gefallenen Machiavelli stark zu machen. Machiavelli resignierte zwar nicht, aber er nahm diesen schweren Schlag als schicksalhaft an, und ein wenig Stolz hatte auch der ehemalige Segretario: „Ich sag Euch (Vettori) für immer, belastet Euch mit nichts, was ich von Euch erbitten mag, denn wenn ich es nicht erlange, weine ich ihm nicht nach."[26]

Wenn eben Vettori sich nicht mit ganzer Kraft für Machiavelli einsetzte, so blieb er trotzdem politisch beinahe ein lebenswichtiger Partner Machiavellis: Als florentinischer Gesandter saß Vettori in Rom am Hebel der Politik und konnte Machiavelli aus erster Hand informieren. Vettori war von den politischen Fähigkeiten seines ehemaligen Kollegen überzeugt, was er ihm öfter bescheinigte. Zum Beispiel schrieb er ihm aus Rom, er solle über den Waffenstillstand zwischen Spanien und Frankreich nachdenken und die Folgen für Italien deuten, denn warum sollte Spanien Frankreich in Italien völlig freie Hand lassen. Er, Vettori, habe die Lösung nicht gefunden, aber Machiavelli werde sie finden, da er begabter und gescheiter sei als alle anderen.[27] Machiavelli ließ zwei Möglichkeiten offen: Entweder habe Spanien unbesonnen gehandelt oder den Vertrag aus überlegter Vorsicht geschlossen. Es treffe wohl die zweite Überlegung zu, weil sich Spanien vor dem unmittelbaren Streit mit Frankreich absichere, gleichzeitig aber England, Deutschland und die Schweizer zu einem Konflikt mit Frankreich motiviere.

In der Beurteilung Frankreichs und der Türken teilten Machiavelli und Vettori nicht dieselbe Anschauung: Während Vettori Frankreich mißtraute, baute Machiavelli weiterhin auf die Franzosen als Schutzherren von Florenz. Vettori fürchtete die türkische Gefahr, Machiavelli machte vielmehr auf die Gefahr vom Norden her, vor allem aus der Schweiz, aufmerksam. Die Schweizer könnten sich als unterschätzte dritte Macht im Norden Italiens festsetzen und zu den Schiedsrichtern über das zerstückelte und zerstrittene Italien werden.

Im Dezember 1514 ließ Vettori Machiavelli eine Arbeit schreiben, wie sich der Papst verhalten solle.[28] Machiavelli gab sich Mühe bei der Ausarbeitung seiner Ideen. In zwei Briefen setzte er sich ausführlich mit der Machtposition des Papstes auseinander. Vettori legte diese Briefe dem Kirchenoberhaupt vor. Dieser aber beachtete Machiavellis Ratschläge aus Florenz nicht.

Machiavelli schickte mehrmals einzelne Kapitel seines politischen Werkes, das er 1513 zu schreiben begonnen hatte, zu Vettori nach Rom. Vettori zeigte sich begeistert vom geistigen Schaffen Machiavellis. Seine Schriften gefielen ihm *oltra modo,* außerordentlich, wenngleich er sein endgültiges Urteil nicht abgeben und immer den Abschluß der Arbeit abwarten wollte.[29]

Es scheint Machiavelli nicht weiter gestört zu haben, daß es gerade Vettori war, der bei der Machtergreifung der Medici den palleschi, den Parteigängern der Medici, seine Villa Passeretta für die Vorbereitung zur Verschwörung gegen Soderini zur Verfügung gestellt und dann selbst die Signoria zur Absetzung des Gonfaloniere auf Lebenszeit aufgefordert hatte, während es auch Vettori war, der den entmachteten Soderini in sein Haus aufnahm und zur Flucht nach Siena begleitete. Machiavelli wußte von alledem; als unabkömmlicher Vermittler in Rom hatte aber gerade Vettori zur rechten Zeit richtig gehandelt, weshalb er nicht in Ungnade gefallen war.

3. Papst Leo X. – der erste Medici auf dem Stuhl Petri

Durch die Rückkehr der Medici nach Florenz festigte auch Kardinal Giovanni seine Stellung im Konklave.

Papst Julius II. starb am 21. Februar 1513. Die Medici in Florenz wußten sofort, was auf dem Spiele stand: Sollte ein Papst nachfolgen, der ihre Politik und Position ablehnte, dann könnte Florenz eine neue politische Krise drohen. Eine solche *mutazione,* einen Regierungswechsel, hätten sich die Medici jetzt, da sie die Ruhe hergestellt und beim Volk zusehends mehr Anhänger gewonnen hatten, auf keinen Fall leisten können. Giovanni de' Medici, der bereits im Alter von 14 Jahren Kardinal geworden war, obwohl er noch nicht die Priesterweihe empfangen hatte, reiste trotz einer unheilbaren Fistelerkrankung, auf Federkissen gebettet, unverzüglich nach Rom; immerhin hatte auch er gute Chancen, Papst zu werden.

In Rom bauten die Medici auf ihre Beziehungen zu den Verbündeten, vor allem auf den mächtigen Clan der Orsini. Unter ihren Rivalen zählten die Colonna zu den einflußreichsten Familien. Auch mit den Soderini konnten sie nicht rechnen. Als Giovanni in Rom ankam, sprachen einige Beobachter sogar Francesco Soderini, den Machiavelli bestens kannte, Chancen auf die Papstwürde zu. Als sich dieser dann persönlich für Giovanni aussprach, änderten die Beobachter ihre Meinung zugunsten Giovannis. Am 9. März folgte auf das *habemus papam* der Name Giovanni de' Medici; er nannte sich nun Papst Leo X. Das freudige Ereignis wurde binnen zehn Stunden mittels Feuerzeichen nach Florenz gemeldet. Am Arno stürzten die Einwohner mit einem Male auf die Straßen, alle Kirchenglocken läuteten. Die gesamte Stadt verwandelte sich in Windeseile in einen einzigen Festplatz. Daß erstmals ein Florentiner auf dem Stuhl Petri saß, sollte gebührend gefeiert werden. Fünf Tage und fünf Nächte dauerten die Feierlichkeiten an. Während dieser Zeit ging niemand seiner Arbeit nach. Vor den Häusern brannten Feuer, auf der Piazza und in den engen Gassen tanzten Frauen und Männer. Noch nie hatte Florenz so fröhliche Menschen gesehen. Die Menschen sangen und tranken den Wein auf das Wohl des neuen Kirchenfürsten. Als Geschenk zu diesem freudigen Ereignis ließen die Medici die Gefängnistore öffnen: Eine Amnestie sollte die Freude unter den Menschen noch vergrößern und den Medici noch mehr Freunde und Ansehen verschaffen.

Auch Niccolò Machiavelli feierte. Er verspürte eine besondere Lust zur Poesie und schrieb auf das allgemeine Wohl und auf den versprochenen Frieden den *Canto degli Spiriti beati,* das Lied der glücklichen Geister.[30] Er beweinte darin die harte Zeit des Krieges, der über das Abendland so viel Leid gebracht hatte. Immerhin hatte Machiavelli dieser Papstwahl seine Entlassung aus der Haft zu verdanken. Nach 22 Tagen im dunklen Verließ erblickte er nun endlich wieder Tageslicht. Es hatte also der Amnestie bedurft, damit er die Freiheit wiedererlangte; es konnte weder der Beweis seiner Unschuld erbracht werden noch reichte eine Fürsprache Giulianos. Neben dem obenerwähnten Sonett an Giuliano de' Medici schrieb er ihm noch zwei weitere Gedichte und ließ ihm auch einen Korb Krammetsvögel, Wacholderdrosseln, als Geschenk überbringen. Seine flehenden Worte, er möge sich doch auch ein wenig des „armen Machiavelli" erinnern, blieben aber unerhört.[31]

Machiavelli versuchte über Vettori in Rom, in die Liste der Familiären des Papstes aufgenommen zu werden. Er konnte wegen seines Hausarrestes nicht persönlich in die Ewige Stadt. Ebenso sollte Bruder Totto als Gratulant eingetragen werden. Beide erwarteten davon berufliche Vorteile.[32] Aber Vettori versagte auch dieses Mal.

Im ganzen fühlte sich Machiavelli in diesen Märztagen des Jahres 1513 niedergeschlagen. Er hatte zwar noch Selbstbewußtsein genug: „... und daß ich mehr von mir halte, als ich je geglaubt habe", schrieb er Vettori; ansonsten aber erweckten seine Worte Mitleid: „Wenn es meinen Gönnern gefällt, mich aus dem Staub zu erheben, so werde ich mich so verhalten, daß sie alle Ursache haben, es nicht zu bereuen."[33]

Papst Leo X. eilte unter den Römern schon bei der Inthronisation ein gewisser Ruf von Güte voraus. Mit dem neuen Papst erwarteten sie sich eine neue Epoche des Friedens. Leo versprach auch tatsächlich seinen vollen Einsatz für Frieden und Ordnung, wenngleich er seine politischen Ziele längst festgelegt hatte. Nach außen verstand er es bestens, als Mann des Friedens und der Ehrlichkeit, als Fürsprecher der Armen und als Wahrer der Gerechtigkeit aufzutreten. Ein Teil dieser Attribute traf auch tatsächlich auf ihn zu.

Seine erste und oberste Liebe galt aber der Kunst, und als großzügiger Mäzen trat er auch in der Geschichte der Päpste auf. Mit Geld konnte er nicht umgehen, vor allem dann nicht, wenn es um die Künste und Wissenschaften ging. Papst Leo X. dichtete auch selbst, sang vor auserwähltem Publikum und liebte es zutiefst, über Malerei, Bildhauerei und Musik zu sprechen. Zu seinen persönlichen Sekretären ernannte er die humanistisch gebildeten Giovanni Sadoleto und Pietro Bembo. Den engeren Kreis um den Papst begleitete ein Ruf großer Gelehrsamkeit und kunstfördernder Geselligkeit. Erwähnt sei in diesem Zusammenhang der Autor des Schauspieles *La Calandria*, Bernardo Dovizi da Bibbiena, der zum festen Freundeskreis des Papstes zählte. Unter solchen Männern fühlte sich Leo X. wohl, von Kunst und Literatur umgeben, dem Genusse frönend. Er kannte die Privilegien seiner Würde; zu seinem Bruder Giuliano sagte er einmal: „Genießen wir die Papstwürde, weil Gott sie uns beschert hat."[34]

Der fistelkranke Papst verstand seine Rolle als Machthaber und Herrscher gut. Der venezianische Gesandte in Rom schrieb, der Papst und seine Medici hätten keinen anderen Gedanken als die Größe und das Gedeihen ihres Hauses und ihrer Neffen. Diese begnügten sich nicht mit der Herzogswürde, sondern verlangten, daß einer von ihnen König werde.

Mit Papst Leo X. brach auf jeden Fall ein neues, besonderes Zeitalter der Medici an. Schon am Tag der Inthronisation erscholl in den Gassen Roms der Ruf der symbolischen Kugeln des Medici-Wappens, *leone* und *palle*. Die wenigen Kritiker meinten, man habe den 38jährigen nur deshalb gewählt, weil er todkrank sei. Papst Leo X. litt neben seiner Fistel noch an mehreren Geschwüren. Er trank gerne starken Alkohol, auch wenn er wußte, daß er viel zu beleibt war. Der neue Papst war aber klug genug und sein Clan zu einflußreich, als daß man ihn hätte übergehen können. Er verlieh sofort seinem Vetter Giulio de' Medici die Kardinalswürde, ebenso seinem Neffen Innocenzo Cibo, den Sohn seiner Schwester Maddalena. Giulio ernannte er zum Erzbischof von Florenz, wodurch er Stimmrecht bei den Staatsgeschäften erhielt. Indem des Papstes Bruder Giuliano zum Gonfaloniere der Kirche aufstieg, blieb sein Neffe Lorenzo allein Familienoberhaupt der Medici in Florenz. Der Papst setzte ein paar dringende Reformen durch. Seine Steuersenkung dankte ihm das Volk allgemein. Wenn sich Leo X. oft auch nicht gegen die Prälaten der römischen Kurie durchsetzen konnte, so verhielt er sich doch als Papst nach außen freundlich und aufgeschlossen; er wandte sich stets mit einer lächelnden Miene an seine Kontrahenten. Die Römer dankten ihm und erklärten ihn insgesamt zu einem beliebten, ausgeglichenen, taktvollen und menschlichen Papst.

Vom 30. November bis 3. Dezember 1513 weilte Papst Leo X. in Florenz. Die Stadt bereitete ihm einen pompösen Empfang. Landucci zeichnete auf, keine andere Stadt der Welt hätte sich auch nur annähernd einen solchen Pomp leisten können.[35] Mehr als einen Monat zuvor begannen an die 1 000 Handwerker mit der Dekorationsarbeit. Sie säuberten die Kirchen auf Hochglanz. Architekten und Maler errichteten große Triumphbögen an zentralen Straßen der Stadt. Neue Statuen, allegorische Entwürfe der Plastik und

Architektonik sowie verschiedene kunstvolle Modelle verliehen der Stadt am Arno ein würdiges Renaissance-Flair. Zwischen Ende Dezember 1513 und Ende Februar 1514 hielt sich der Papst zum zweiten Male in Florenz auf. Diesmal zeigten sich die Florentiner nicht mehr erfreut: Der Besuch zuvor hatte nämlich die Lebensmittelpreise in die Höhe getrieben. Nun meinten viele, es wäre nützlicher, wenn der Papst der Stadt Getreide zukommen ließe, als sich pompös feiern zu lassen.

Als Politiker mischte Leo X. in der nationalen wie internationalen Politik kräftig mit, wenn er seine Zielsetzungen auch nie so deutlich definierte wie sein Vorgänger. Von Rom aus lenkte er weitgehend auch die Politik am Arno. Papst Leo X. blieb ein echter Medici. Er trug Wasser auf beiden Achseln: Er verbündete sich mit Frankreich und England gegen Spanien und vermittelte zur gleichen Zeit zwischen Spanien, dem Kaiser, Frankreich und einigen italienischen Stadtstaaten. Als einziges Ziel behielt er die Gründung eines neuen, selbständigen Staates unter der Herrschaft der Medici in Mittelitalien im Auge. In der Politik galt er allgemein als klug und zurückhaltend, als „ehrlich, wenn er auch überzeugend lügen konnte, falls es dem Wohle der Kirche diente".[36] Beim Feldzug Ludwigs XII. gegen die Lombardei stellte sich der Papst auf die Seite der Lombarden und ihrer Schweizer Söldner. Immer noch, und jetzt stärker als zuvor, tobten sich die Großmächte in Italien aus. Unter Frankreichs neuem König Franz I. und Maximilians Nachfolger Karl V. wurde Italien mehrmals zum blutigen Kriegsschauplatz. Das politische Innenleben auf der italienischen Halbinsel sank noch tiefer zu einem Ausschnitt der europäischen Kabinettspolitik. Franz I. eroberte zurück, was Ludwig XII. in Oberitalien verloren hatte. Am 6. Juni 1513 hatte Ludwig noch die Schlacht von Novara in Piemont verloren. Leos Diplomatie führte dann den Kirchenstaat und Frankreich wieder zusammen. In der Liga von Mecheln verbündeten sich England unter König Heinrich VIII. und Spanien unter Ferdinand II. Der Papst trat aus Rücksicht zu Ludwig vorerst dem Bündnis noch nicht bei. Dann starb am Neujahrstag des Jahres 1515 Frankreichs König Ludwig. Ihm folgte der bereits erwähnte, junge, ehrgeizige und oft aggressive Franz I., den Papst Leo in seinem Anspruch auf das Königreich Neapel unterstützte. Leo dachte dabei an seinen Bruder Giuliano, als Thronanwärter von Neapel. Über die Franzosen verdrängte Leo den spanischen Statthalter, gleichzeitig vermittelte er die Heirat Giulianos mit Filiberta, der Schwester des französischen Königs. In der zweitägigen Schlacht von Marignano am 13. und 14. September 1515 eroberte Franz I. Mailand und das 1512 abgetretene Genua zurück. Das Sforza-Haus, das unter Massimiliano in Mailand regiert hatte, zog erneut in die Verbannung. Im Dezember trafen sich der Papst und Frankreichs König in Bologna. Leo wollte das Herzogtum Urbino für seinen Neffen Lorenzo. In der festummauerten Stadt Urbino dominierte aber immer noch der Neffe des verstorbenen Papstes Julius II., Francesco Maria della Rovere. Erst zwei Jahre später eroberten die Truppen Lorenzos den Stadtstaat Urbino gewaltsam. Dabei errang Caterina Sforzas Sohn von ihrem dritten Gatten, Giovanni di Giovanni de' Medici, als Kommandeur der Korsen-Kavallerie große Verdienste. Lorenzo konnte zufrieden sein. Erst 1518 heiratete er die Verwandte Franz' I. Damals war er bereits unheilbar krank: Er litt an Syphilis. Bei der Geburt ihrer Tochter, der späteren berühmt-berüchtigten Caterina de' Medici, starb die junge Mutter. Ein paar Tage später folgte ihr Lorenzo ins Grab.

Im politischen Kräftespiel hatte schon vorher der Papst Parma und Piacenza verloren. Im Frieden von Brüssel und Noyon im Jahre 1516 gaben Kaiser Maximilian und Spaniens Herrscher Karl I. dazu ihre Zustimmung. Stärker noch als Maximilian empfand sich sein Nachfolger, der spätere Karl V., als oberster, von Gott gesandter Ordner des Erdkreises. Er konnte und wollte die Vorherrschaft Frankreichs in Italien nicht ertragen; Die Apenninenhalbinsel galt nach wie vor als das Herzstück des Heiligen Römischen Reiches Deutscher Nation. Mit der Forderung nach Mailand begann erneut der Krieg in Oberitalien. Karl war stärker als Franz: Mit seinem deutsch-spanischen Heer eroberte er die Lombardei, wo er den Bruder Massimiliano Sforzas, Francesco II., als Herzog einsetzte. Dann verbündete sich Karl mit Venedig und mit Karl von Bourbon, dem Vetter Franz' I. Im Februar 1525 erlitt Frankreich bei Pavia die entscheidende Niederlage. Der König kam als Gefangener nach Spanien. Im Frieden von Madrid im Januar 1526 verzichtete er auf Neapel, Mailand, Flandern und Burgund. Papst Leo X. hatte diese politische Entwicklung nicht aufhalten können. Er war auch mit der sich anbahnenden inneren Krise in der Kirche nicht fertiggeworden. Er exkommunizierte 1521 zwar Martin Luther, der Glaubenskampf stand dennoch unmittelbar bevor. Zudem verschworen sich 1521 einige junge Kardinäle im Vatikan gegen den Papst. Es drohte ein Schisma. Leo handelte unverzüglich: Er ließ den Anführer der Verschwörer, Alfonso Petrucci aus Siena, hinrichten und mehrere Mitverantwortliche einsperren. Sofort ernannte der Papst 31 neue, loyale Mitglieder für das Heilige Kollegium. Es waren die letzten Monate seines Lebens. Zufrieden stellte er fest, daß ihm Parma und Piacenza direkt und Florenz indirekt wieder gehörten. Beunruhigt schaute er nach Norden, von wo er große Gefahr vorausahnte: Der anfangs nicht weiter ernstgenommene Luther agierte erfolgreich weiter; der neue Kaiser Karl V. und Franz I. suchten weiter Krieg – der Franzosenkönig fühlte sich um den Thron gebracht. Am 1. Dezember 1521 starb Papst Leo X. mit erst 46 Jahren.

4. Machiavelli auf der Suche nach neuen Aufträgen

Niccolò Machiavelli irrte sich, wenn er meinte, nach der Wahl Leos X. zum neuen Kirchenoberhaupt sei eine „liberalere, nicht mehr so argwöhnische Zeit angebrochen". In Wirklichkeit war mit der Rückkehr der Medici sein Ideal von der Republik gestorben. Machiavelli wollte dies erst nach und nach wahrhaben. Er suchte aber weiterhin den Weg über andere zu den Medici. Das Schreiben an Alfonsina Orsini, in dem er erstmals die Gelegenheit wahrgenommen hatte, sich bei den neuen Machthabern anzudienen, hatte ebensowenig wie der Weg über Francesco Vettori gefruchtet. Dabei war Alfonsina eine besondere Frau gewesen, und ihr Auftritt in Florenz hatte seine Bedeutung. Wie alle weiblichen Mitglieder des Medici-Hauses hatte auch ihre Stimme bei den Entscheidungen Gewicht.[37] Machiavelli hatte also seine Vorgehensweise wohl kalkuliert und hatte sich eben von einer Frau, gewissermaßen durch die Hintertür, den Zutritt in das Rampenlicht der Politik erhofft.

Er gebrauchte viel Takt, und alles, was gegen die Medici sprechen könnte, vermied er tunlichst. Im Gegenteil: Langsam, langsam wechselte er Farbe, bis er schließlich den Medici allein die Würde und Fähigkeit zugestand, in Florenz zu regieren, und sie gleichzeitig vor „falschen Freunden" warnte. Aber jede noch so große Selbsterniedrigung kam zu spät: Machiavelli blieb erfolglos.[38] Wenn er sich auch nur tastend an die neuen Machthaber heranmachte, ungeschickt benahm er sich gewiß nicht. Beim modernen Beobachter erweckt er allerdings mehr den Eindruck einer beinahen naiven Hilflosigkeit.

In der ersten Zeit *post res perditas* atmete Machiavelli nur ungern die süße und fruchtbare Luft um San Casciano. Das kleine Örtchen Sant' Andrea in Percussina zählte nur wenige kleinere, beinahe verarmte Häuser. Die Briefe, die er nun schrieb, waren stilreicher und reifer als die Gesandtschaftsberichte aus seiner „aktiven" Zeit. Machiavelli fand genug Muße und Ehrgeiz, jetzt noch intensiver in das ränkereiche Triebwerk der Politik zu schauen. Die Prägnanz seiner schriftlichen Ausführungen wurde stärker, die Formulierungen gekonnter und treffsicherer. Er investierte nun seine ganze Kraft des Geistes, seine ungeheure geistige Intensität, um eine sichere Antwort auf die Krise der Politik in Italien zu finden. Seine Briefe durchzog der beklemmende Wunsch eines politisch beinahe Besessenen und existentiell Bedrohten nach neuer politischer Verpflichtung. In den meisten Briefen ließ Machiavelli seine persönlichen Erlebnisse, privaten Ziele und patriotischen Anschauungen zusammenwirken.

Viele der florentinischen Intellektuellen beschäftigte weiterhin die republikanische Verfassung. Leidenschaftlich korrigierten, ergänzten, strichen und konkretisierten sie an den Gesetzen und allgemein an der Verfassung, die ihre Grundform schon 1293 in den *ordinamenti di giustizia* erhalten hatte. Machiavelli war da keine Ausnahme. Denn gerade er verstand wie kein anderer, daß die florentinische Verfassung einzigartig in der Welt war, und zwar einzigartig in ihrer Dynamik und ohne vergleichbares Beispiel in der Interpretation des Republikanischen, nämlich als Staatsform mit einer Mehrzahl von Personen als Träger der Staatsgewalt und mit einem auf Zeit bestellten Staatsorgan als Staatsoberhaupt. Machiavellis andauernde Mahnung zur politischen Mündigkeit einer breiten Bevölkerungsschicht als Grundlage der Republik läßt die Volkssouveränität vorausahnen.[39] In den anderen italienischen Republiken, etwa Venedig oder Genua, war der republikanische Geist lange nicht so lebendig wie im vormediceischen Florenz. Das Gebiet der Republik Florenz hatte sich unter Soderini nach dem Wiedergewinn Pisas erheblich vergrößert und umfaßte etwa das Terrain der heutigen Toskana. Damit hatte sich das politische Aktionsfeld erweitert. Die Anforderungen an die politische Information waren nicht mehr so gering wie in den Zeiten, als es nur um die mündliche Weitergabe im *centro storico,* dem alten Stadtkern, ging. Nun mußten ein größerer Staatsapparat und eine erweiterte Bürokratie für die politische Ordnung sorgen.[40]

Machiavelli blieb auch nach 1512 ein leidenschaftlicher Patriot: „Sooft ich mein Vaterland ehren konnte, habe ich es, wenn es mir auch Vorwürfe eintrug und mich in Gefahr brachte, immer bereitwillig getan, denn es gibt für den Menschen in seinem Leben keine größere Verpflichtung als gegen das Vaterland, da er zuerst demselben sein Dasein verdankt und dann alles Gute, was ihm Glück und Natur gewährt haben. Fürwahr kann daher jeder, der mit Wort und Tat feindlich gegen sein Vaterland auftritt, mit Recht Hochverräter, Vatermörder genannt werden."[41]

Voll von gutem Willen und patriotischer Gesinnung war er hart mit sich selbst im Geiste, schwach im öffentlichen Auftritt; eben als Mensch, der von Natur aus kein Täter war, dem die nötige Portion Courage fehlte, nicht imstande, den Moment zu ergreifen; im Alltag den menschlichen Freuden und Leiden verhaftet, im staatlichen Leben ein treuer Diener seines Herrn, erst recht, wenn es um die Republik ging.

Zu Beginn des Jahres 1515 betraute Papst Leo X. seinen Bruder Giuliano mit der Signoria über Modena, Reggio Emilia, Parma und Piacenza. Damit sollte der Anfang eines neuen Territorialstaates der Medici südlich des Po bis hin zum Norden der Toskana gemacht sein. Der Papst wollte so das Fundament für einen späteren großen Staat in Mittel- und Oberitalien schaffen – ein eigenes Machtzentrum, von wo aus die Medici auf das übrige Italien hätten übergreifen können.

Francesco Vettoris Bruder Paolo erhielt den Auftrag, als engster Mitarbeiter bei den Vorbereitungen zu diesem neuen Machtstaat mitzuwirken. Dann sollte er das Amt eines Gouverneurs in einer Stadt erhalten. Niccolò Machiavelli erfuhr von diesem politischen Unternehmen. Sofort schrieb er Francesco Vettori nach Rom, würdigte den Plan der Medici und vermittelte seine Überlegungen zu einem guten Gedeihen. Seine politischen Kalkulationen waren dieselben wie vor 1512, die er auch später in sein Werk aufnahm: Cesare Borgia sollte als Vorbild dienen. Machiavelli hatte seine politische Meinung nicht geändert: „Der Herzog von Valence, dessen Handlungen ich immer nachahmen würde, wenn ich ein neuer Fürst wäre",[42] schrieb er unter anderem an Francesco Vettori. Nun wollte Machiavelli über Paolo Vettori ein politisches Amt erhalten. Diese Hoffnung zerbrach allzuschnell am Veto der italienischen und außeritalienischen Staaten, die die machtpolitischen Pläne der Medici von vornherein vereitelten. Zudem hatte der persönliche Sekretär des Papstes, Pietro Ardinghelli, schriftlich Giuliano de' Medici geraten, „sich nicht mit Niccolò einzulassen".[43] Paolo Vettori hatte sich schon zuvor vergebens in Rom für Machiavelli ausgesprochen. Paolo hatte gemeint, es müsse doch möglich sein, Machiavelli im Verteidigungswesen zu beschäftigen; hierin habe er schließlich große Erfahrungen, und ein Staat wie Florenz könne von ihm nur profitieren.[44]

Mehr und mehr mußte Machiavelli die Tatsache wahrhaben, daß er bei den Medici, was die Erteilung eines politischen Amtes anbelangte, abgeschoben war. Beinahe resignierend schrieb er im Februar seinem bevorzugten Neffen Giovanni Vernacci nach Pera: „Was mich betrifft, bin ich mir, meinen Verwandten und meinen Freunden unnütz geworden: So hat es mein trauriges Schicksal gewollt. Es ist mir nichts Gutes geblieben als meine und der Meinigen Gesundheit. Ich habe mein Leben so eingerichtet, daß ich bereit bin, das Glück zu ergreifen, wenn es kommen sollte; und wenn es nicht kommt, mich in Geduld zu fassen."[45] Giovanni war der Sohn von Machiavellis Schwester Primavera. Er hielt sich als Kommissar verschiedener Florentiner Geschäftsleute in Pera am Schwarzen Meer auf.

In solchen Stunden erwog Machiavelli den Gedanken, jedes politische Interesse und Engagement aufzugeben und als Volksschullehrer in einer unbekannten Ortschaft sein restliches Leben zurückgezogen zu verbringen.

Bevor er gegen Ende des Jahres 1516 oder spätestens ab 1517 regelmäßig in den Orti Oricellari verkehrte, fand er den nötigen Gesprächsstoff in der *bottega* von Donato del Corno. Zu dieser Zeit arbeitete er noch weiterhin an seinem Hauptwerk *Discorsi* und verfaßte in der ersten Hälfte von 1515 die *Ghiribizzi d'Ordinanza*, mit denen er das Gespräch über die Neuordnung der militärischen Verteidigung von Florenz erneut aufgriff. Er präsentierte einigen Gelehrten und dem neuen Freundeskreis regelmäßig Auszüge aus seinen Abhandlungen.[46] Machiavelli unterhielt sich in den Orti ausgiebig über politische, historische, philosophische und militärische Themen. Schon in den Jahren zuvor hatte er sich meistens in Florenz aufgehalten. Lange hatte er das geistige Exil in Sant' Andrea nicht ertragen. Schon nach acht Monaten war er wieder regelmäßig in die Stadt gekommen, wo er die meiste Zeit in seinem Haus in der Via Guicciardini wohnte. In den Orti, in Gegenwart von Giulio de' Medici, führte Machiavelli Gespräche mit Mitgliedern dieses Denkerkreises über die Kriegskunst. Diese Aufzeichnungen gab er später, 1521, als fingierte Gespräche in der Florentiner Offizin unter dem Titel *Libro dell'arte della guerra*, Buch über die Kriegskunst, gedruckt heraus.

Machiavelli übte in den Orti auf die Anwesenden einen zunehmend größeren Einfluß aus.[47] In regem Gedankenaustausch legte er seine politische Erkenntnisse dar. Die politische Veränderung in Florenz führte er darauf zurück, daß weder die Republik noch das Prinzipat jemals voll verwirklicht waren. Diese unvollständigen Regierungsformen bezeichnete er als *stato di mezzo*, halber Zustand. Aus diesem Begriff *stato*, Zustand, leitete sich später übrigens der moderne Begriff Staat ab. *Stato di mezzo* kann also auch als „halber Staat" interpretiert werden. Der Begriff des *stato* hatte in Florenz um 1500 schon seine moderne politische Bedeutung. Als solchen gebrauchte ihn auch Machiavelli, wenngleich er ihn auch in seiner ursprünglichen Bedeutung, als „Zustand" oder „Lage der Dinge", weiterführte.

Schon in den Orti sprach sich Machiavelli für die unbedingte Wiedereinsetzung des Großen Rates aus: Nur mit ihm könne der *popolo* eine gesicherte Stellung, eine vertrauenswürdige politische Vertretung erhalten.

Von Anfang an vertrat Machiavelli in den Orti ein republikanischfreiheitliches Ideal. Im Laufe der Gespräche stellte er wieder ein gutes Verhältnis zu den Medici her; jedem politischen Umsturz stand er nun mit Skepsis gegenüber.

Machiavelli legte dem Kreise der Orti auch neue Verfassungsvorschläge vor. Mit jungen begeisterten Republikanern der Orti, wie Alamanni, Buondelmonti, della Palla und Strozzi, unterhielt er zudem einen regen Briefwechsel. Die jungen Freunde schätzten Machiavelli auch als ihren Lehrer. Bei ihnen stieß er mit seinem Ideal der Republik auf Interesse und Begeisterung.

Machiavelli bekam gewissermaßen als Dank für seine ersten politischen Schriften, als Anerkennung für seine tiefgeistigen Beiträge und als Resonanz auf die Fürsprache Paolo Vettoris im Oktober 1516 einen kleinen, unbedeutenden Auftrag. Zwischen dem 10. und 15. Oktober hielt er sich im Hafen von Livorno auf. Er mußte im Auftrag von Florentiner Kaufleuten eine Streitfrage klären. Am 3. März 1518 reiste er dann wiederum im Auftrag Florentiner Geschäftsleute, die Konkurs angemeldet hatten, nach Genua. Machiavelli sollte an Kapital und Vertragsrechten retten, was noch zu retten war. Ihm bedeutete dieser Auftrag mehr eine Abwechslung im Alltag denn eine wichtige Delegation. Zudem verdiente er ein paar fiorini dazu. Zur vollen Zufriedenheit seiner Auftraggeber kehrte er nach Florenz zurück. In Livorno wie in Genua war er erfolgreich. Aus dem ehemals gefragten Gesandten der Republik Florenz, der mit den Großen der Welt konferiert hatte, war nun ein Bote von Kaufleuten zu Kaufleuten geworden, um Verschuldeten zu helfen und die letzten Dukaten nachzutragen. Zwischendurch umfaßten seine Aufträge auch das Einholen, Vorlegen oder den Abschluß von Geschäftskontrakten. 1520 reiste er nach Lucca, wo er sich um den wirtschaftlichen Konkurs von Michele Guinigi kümmerte. Angesehene Florentiner Geschäftsleute, darunter Verwandte des Papstes, waren durch diese Pleite betroffen. Der Skandal war so groß, daß sich auch die Regierung in Florenz mit dieser Angelegenheit befaßte und Machiavelli ihre Ratschläge − um nicht zu sagen Anweisungen − mit auf den Weg gab. Machiavelli, ganz in seiner früheren Rolle als politischer Gesandter, schickte eine ausführliche schriftliche Stellungnahme nach Florenz.[48] Wieder, wie bei den vorhergehenden Aufträgen, agierte Machiavelli zur vollen Zufriedenheit seiner Auftraggeber. Als pedantischer Buchhalter, Winkeladvokat oder Rechtsverdreher war er nach Genua und jetzt nach Lucca geschickt worden.[49] Machiavelli trieb in Lucca nicht Schuldgelder, Guthaben oder Konkursgelder ein. Diesmal erreichte er, daß die Streitfrage dem Prätor und drei Schiedsrichtern übergeben wurde. Im weiteren Zweifelsfalle sollten die Ältesten der Republik entscheiden. Während seiner Verhandlungen nützte er die langen Wochen des Wartens, griff zur Feder und schrieb die *Vita di Castruccio Castracani da Lucca*, Leben des Castruccio Castracani von Lucca. Zwischen dem 8. und 10. September 1520 verließ er die Stadt, ohne seinen Auftrag völlig abgeschlossen zu haben. Die Zeit vom Juli bis September in Lucca war ihm zu langsam und ohne besonders brauchbare Ergebnisse vergangen. Dennoch sprachen sich die Florentiner Kaufleute zufrieden über Machiavelli aus.

Im Mai 1521 beauftragte Kardinal Giulio de' Medici Machiavelli als Gesandten der Franziskaner-Minoriten nach Carpi. In diesem Orte, etwa 15 Kilometer von Modena entfernt, hatten die Minoriten-Brüder ihren Hauptsitz. In Florenz belächelte man Carpi deshalb als *Repubblica degli Zoccoli*, Holzschuhe-Republik. Machiavelli sollte administrative und reformatorische Initiativen von den Minoriten erwirken. Von dem finanziell lukrativen Auftrag erwartete sich Florenz seinen Vorteil. Für Machiavelli war aber wichtiger, daß er quasi einen politischen Auftrag zu erfüllen hatte. Denn die Auftraggeber hinter Giulio waren die *Otto di Pratica,* jene Acht der öffentlichen Angelegenheiten also, die von den Medici nach ihrer Machtübernahme eingesetzt worden waren. Diese Otto residierten im Palazzo Vecchio, in denselben Räumen, in denen früher die Zehn mit Machiavelli ihre politischen Geschäfte abgewickelt hatten. Der Segretario der Otto, der jetzt auf dem Stuhl Machiavellis saß, hieß Niccolò Michelozzi. Machiavelli sollte offiziell im Auftrag der Signoria und des Kardinals bei den Minoriten feststellen, wie viele der Klosterbrüder auf dem Gebiete der Toskana und wie viele auf florentinischem Territorium wohnten. Gleichzeitig sollte er den Bußprediger Rovaio für die herannahende Fastenzeit in Florenz verpflichten. Die *Consoli dell'Arte,* Konsuln der Wollzunft, hatten diesen Auftrag brieflich Machiavelli nach Carpi nachgesandt. In diesem Schreiben, datiert vom 14. Mai, erwarteten sich die Consoli einen redegewandten und eindrucksvollen Bußprediger für den Dom Santa Maria il Fiore.[50]

In Carpi ereiferte sich Machiavelli nicht. Vielmehr sorgte er für sein leibliches Wohl, freute sich jedesmal auf die „leckeren Mahlzeiten und herrlichen Betten". In diesen Tagen sollten sich seine „Kräfte" erneuern. Er wohnte bei Sigismondo Santi, dem Sekretär von Alberto Pio, dem Herrn von Carpi. Bei den frommen Brüdern spielte sich Machiavelli zuweilen als wichtiger Mann der Politik auf. Er freute sich innigst darauf, die unerfahrenen Mönche in die Irre zu führen: „Und mich fragten sie nach den Neuigkeiten, und um mich noch wichtiger zu machen, sagte ich, daß der Kaiser in Trient erwartet werde, die Schweizer neue Gespräche anberaumt hätten und der König von Frankreich sich mit jenem König treffen wolle, aber seine Minister dagegen seien. Da standen sie alle mit offenem Maul und drehten die Mütze in der Hand, und während ich dies schreibe, stehen sie im Kreis um mich herum und wundern sich, wie man nur so viel schreiben kann, und halten mich für besessen. Und damit sie noch mehr staunen, hebe ich ab und zu die Feder hoch und blase die Backen auf, da tropft ihnen der Geifer aus dem Mund vor Staunen. Was würden sie erst staunen, wenn sie ahnten, was ich schreibe."[51]

Machiavellis sarkastische Ironie hinsichtlich der Franziskaner-Brüder in Carpi und sein ausgelassener Witz bei der Wahl des Bußpredigers erwecken den Eindruck großer Interesselosigkeit. Machiavelli fühlte sich am falschen Platze – sein Auftrag wurde zur Farce. Von Carpi aus schrieb er Francesco Guicciardini nach Modena fragwürdige Worte, die Machiavelli in ein anderes Licht rückten: Er haderte mit sich selbst und zweifelte an seiner Glaubwürdigkeit: „Mit den Carpigianern und ihren Lügen kann ich mich schon lange messen, denn in dieser Fakultät habe ich mich mit solchem Erfolg doktoriert, daß ich den Francesco Martelli nicht einmal zum Lehrjungen brauchte; seither sage ich nie mehr, was ich glaube, und glaube nie mehr, was ich sage, und wenn mir doch einmal ein wahres Wort entschlüpft, verstecke ich es gleich hinter soviel Lügen, daß es nicht wieder zu finden ist."[52] Diese Worte eröffnen in der Psychoanalyse neue Aspekte: Machiavelli lebte in einer tiefen Tragik; wehmütig trauerte er der für ihn nicht greifbaren politischen Aura nach. In Carpi, inmitten der frommen Brüder, wurde ihm sein Zustand schaudernd bewußt. Diese Tage nannte Machiavelli eine *baia,* Posse; er fürchtete, mit Schimpf zurückkehren zu müssen. Er konnte nicht einmal den Bußprediger Rovaio für Florenz gewinnen. Bruder Rovaio zeigte nämlich äußerst wenig Interesse, von Carpi nach Florenz überzusiedeln. Machiavelli, der Gespräche überdrüssig, machte seine Scherze. Ein Brief an Guicciardini unterzeichnete er mit *Nicolaus Machiavellus orator pro Repubblica Florentina at Fratres Minores.* Auf die Gespräche über Rovaio bezogen ironisierte er: „Es ist wahr, daß ich wie vielfach, so auch jetzt anderer Meinung mit diesen Brüdern bin: Sie wünschen sich einen Prediger, der ihnen den Weg zum Paradies zeigt, ich möchte einen, der ihnen den Weg zum Haus des Teufels weist; der ihre soll ein gebildeter und ernsthafter Mann sein, und ich suche einen, der ein größerer Narr als Ponzo,[53] ein größerer Heuchler als Bruder Alberto und gerissener als Fra Girolamo ist."[54] Guicciardini empfand vollstes Verständnis für den Frust Machiavellis; er bedauerte, daß er, Machiavelli, als einstmals berühmter Gesandter der florentinischen Republik sich mit derlei Lappalien beschäftigen müsse. Machiavelli erinnere ihn an Lysander, der nach unzähligen Siegen und Trophäen den Auftrag erhalten habe, Fleisch unter dieselben Soldaten zu verteilen, deren ruhmreicher Anführer er vormals gewesen war.[55]

Frustriert reiste Machiavelli aus Carpi ab. Am 11. oder 12. Mai war er in Florenz aufgebrochen, am 16. in Carpi angekommen, am 20. Mai schrieb er bereits aus Modena an Kardinal de' Medici, daß er sich nicht wohl fühle, besonders Schmerzen verspüre, wenn er schnell reiten müsse. In Wahrheit vergnügte er sich bei Guicciardini ein paar Tage, spottete nochmals über die Minoriten, belächelte die Otto ebenso wie den Kardinal de' Medici und kehrte dann nach Hause zurück.[56]

5. Menschen- und Geschichtsbild

Machiavellis Menschenbild stand in der Tradition der humanistischen Anthropologie, wenn er auch mit der Grundüberzeugung des Humanismus gebrochen hatte. In seiner empirischen und historischen Forschung verfolgte er die Absicht, die Verhaltensweisen des Individuums in der Gesellschaft zu ergründen. Schon Francesco Petrarca hatte auf die negativen Affekte im Menschen verwiesen, die auf die Gesellschaft und den Staat schädlich wirken, wenn sie abseits der Vernunft lasterhafte Züge annehmen. Den Trieben ausgeliefert gewinnen tierische Eigenschaften die Oberhand. Der Mensch handelt gegen seine natürliche Bestimmung, indem er mit neuen Taten seine Unzufriedenheit und seinen Hunger nach Macht und Herrschaft sättigen will. Wesentliche Inhalte des machiavellischen Pessimismus nahm schon Savonarola vorweg. Er predigte, daß Stolz, Rache, Ehrgeiz, Egoismus und Selbstsucht die zwischenmenschlichen Beziehungen zerstören. Die Abkehr der sündigen Menschen von der Moral leitete er aus der religiösen Indifferenz ab. Machiavelli erhob dann diese von Savonarola verfluchten Eigenschaften zu den eigentlichen Merkmalen des Menschen. Es gebe Menschen, so folgerte er, in denen der Herrscherwille wirksam sei; es gebe aber auch die breite Masse des Volkes, die im großen Strom treibe. Nicht jeder sei zur Macht bestimmt. Substantielle Voraussetzungen ermöglichten ein erfolgreiches Taktieren des politischen Akteurs. Jeder erfolgreiche Politiker müsse aber die Tatsache berücksichtigen, „daß alle Menschen schlecht sind und daß sie stets ihren bösen Neigungen folgen, sobald sie Gelegenheit dazu haben". Die Menschen täten nur etwas Gutes, wenn sie „von der Not gezwungen würden".[57]

Machiavelli war Empirist wie kein anderer vor ihm in der florentinischen Renaissance. Sein Menschenbild resultierte vor allem aus seiner Beobachtung des einfachen Volkes, der machthungrigen Kleinfürsten, der Condottieri, der kirchlichen Würdenträger und nicht zuletzt aus der Geschichte unter besonderer Berücksichtigung der römischen Antike.

Das Böse ist nach Machiavelli im Menschen tief verwurzelt; es gehöre zur menschlichen Natur, die sich nicht verändere. Den Ursprung des Bösen vermutete er in der Mythologie: Eine geheimnisvolle Himmelskraft befeinde sich mit den Menschen seit der Entstehung. Diese Himmelsmacht habe zwei Furien, *ambizione* und *avarizia,* auf die Erde gesandt, die Zwietracht säten und schon unter Kain und Abel das Laster und das Böse verbreiteten. Der Mensch ist also nicht durch eigenes Verschulden böse geworden. Unter *ambizione* verstand Machiavelli das Streben nach Befriedigung der Triebe wie Macht, Gewinn, Ehrgeiz, Ruhm und Besitz; unter *avarizia* hingegen den tieferen Machttrieb der Herrschsüchtigen, deren Untergang erst durch Übertreibung der Machtgier erfolge. *Ambizione* und *avarizia* wirkten untereinander, ineinander, gegeneinander und ergänzten sich. Trägheit, Neid und Haß verbreiteten sich dadurch im Volke wie bei Machthabern.

Machiavelli zog in seinen Ausführungen immer wieder den Vergleich mit Tieren heran. Tiere würden aufgrund ihrer Maßhaltung ein glückliches Leben genießen, das den Menschen verwehrt bleibe, weil sie bei der Triebbefriedigung kein Maß kannten. Der Staatsführung komme deshalb die Aufgabe zu, der Willkür des Menschen Einhalt zu gebieten und sie zu lehren, zwischen Gut und Böse zu unterscheiden. Das Zusammenleben im Staate erzeuge so eine permanente Spannung zwischen dem Guten und dem Bösen, daher gehe in einem fortdauernden dialektischen Prozeß das Gute aus dem Bösen und umgekehrt hervor.[58] So bewege sich der Mensch andauernd zwischen diesen beiden Polen. Eine Besserung könne, wie Machiavelli meinte, nicht eintreten, auch gebe es keinen Fortschritt, „denn der Kreislauf vom Guten zum Bösen und wieder zu-

rück ist als Naturgesetz dem Einfluß des Menschen ent-
zogen".[59] Wie ein Damoklesschwert also schwingt dieses
Schicksal über den Menschen, die sich nie davon befreien
können. Der Mensch sei geschaffen, alles zu begehren,
könne aber nie alles bekommen. Aus dieser Diskrepanz
resultiere der fatale Lauf der Geschichte: „Da nun das Verlangen, etwas zu erwerben, immer größer ist als die Fähigkeit hierzu, so entsteht daraus Unzufriedenheit mit dem,
was man besitzt, und ferner die Erkenntnis, welch geringe
Befriedigung der Besitz gewährt. Hierauf ist der Wechsel
der menschlichen Schicksale zurückzuführen; denn da der
eine Teil der Menschen mehr haben möchte und der andere das, was er hat, zu verlieren fürchtet, so kommt es zu
Feindseligkeiten und Krieg, der den Ruin des einen und die
Erhöhung des anderen Landes zur Folge hat."[60]
Der Mensch ist nach Machiavelli kaum einem Wandel
unterworfen. Machiavelli war von der Konstanz der Triebe
und Leidenschaften im Menschen fest überzeugt. Die
gleichbleibenden Lebens- und Handlungsgewohnheiten
bewiesen diese Konstante. Dennoch vereinheitlichte er das
Wesen Mensch nicht: Er suchte und erbrachte vielmehr
Beispiele aus der Geschichte, in der die Menschen wiederholt anderen Einflüssen ausgesetzt waren, in denen ge-
schichtliche Eingriffe die menschliche Natur veränderten.
Zum Beispiel trat Tugend oder Frömmigkeit unregelmäßig
stark oder schwach auf; eben weil der Mensch ihnen durch
seine unterschiedliche Erziehung jeweils anders begegnete: „Kluge Männer pflegen nicht grundlos und zu Unrecht zu sagen, wer die Zukunft voraussehen wolle, müsse
die Vergangenheit betrachten, denn alle Begebenheiten
dieser Welt haben immer ihre Entsprechung in der Vergangenheit. Dies kommt daher, daß sie von Menschen vollbracht werden, die stets die gleichen Leidenschaften haben oder gehabt haben. Dieselben Ursachen müssen aber
notwendig dieselben Wirkungen haben. Zuvor sind die
Leistungen der Menschen bald in einem, bald im anderen
Land tüchtiger und häufiger, je nach der Erziehung, die

den Völkern ihre Lebensart gegeben hat. Trotzdem ist die Zukunft leicht aus der Vergangenheit zu erkennen. Denn ein Volk behält lange die gleichen Gewohnheiten, da es entweder immer habsüchtig oder immer verschlagen ist oder irgendeine andere schlechte oder gute Eigenschaft hat."[61] Der Erziehung maß Machiavelli eine wichtige Stellung bei: „Denn es kommt viel darauf an, ob ein Knabe von frühester Jugend an ständig Gutes oder Schlechtes von einer Sache reden hört."[62]

Nach Machiavelli ist der Großteil der Menschen weder durch und durch böse noch in allen Zügen gut. Die meisten seien ängstlich und ließen sich treiben. Wegen ihres labilen Charakters und ihrer mangelnden Energie würden sie dem Bösen unwiderbringlich verfallen. Solche Menschen täten nur aus Not etwas Gutes. Sie seien untauglich, große Taten zu vollbringen. Nur wenige Menschen handelten aus eigenem Antrieb. Die Masse „ist undankbar, wankelmütig und in jeder Weise heuchlerisch, voll Angst vor Gefahr, voll Gier nach Gewinn".[63] Die Menschen fügten anderen jenes Unrecht bedenkenlos zu, das sie von sich abgewandt wissen wollten. Ansonsten bestimmten die Leidenschaften − Lustverlangen, Besitzdrang, Triebe − das Handeln der Masse. Dies trete besonders deutlich im Zustand der Anarchie zutage. Dazu komme, daß der Großteil der Menschen am politischen Alltag desinteressiert sei. Zu freiwilliger politischer Aktivität könne der Mensch nur durch außergewöhnliche Ereignisse gedrängt werden.

Machiavelli sah in der Entwicklung des Menschen im Zusammenhang mit der Politik eine gleichbleibende Konstante; deshalb zog er aus der Geschichte erfolgversprechende Analysen. Die Anfänge der Geschichte Roms bezeichnete er für das Gemeinwesen als besonders lehrreich. Die Begriffe „gut", „böse" und „gerecht" seien durch das Zusammenleben der Menschen entstanden. Der Klügste und Gerechteste löste dabei den Stärksten an der Spitze des Gemeinwesens ab. Das Böse und Schlechte im Menschen hätten zur Folge, daß die entstandene Monarchie durch unwürdige Erben zur Tyrannis würde, die dann von den Edelsten gestürzt, in die Obhut der Aristokratie gekommen sei. Diese aber entarte durch Korruption und stürze durch eine Volkserhebung. Wie sich keine Demokratie auf Dauer halten könne, zerfalle auch diese in Anarchie. Dann werde wieder der Ruf nach einem starken Manne laut, so daß ein Monarch erneut die Regierung übernehmen könne. Machiavelli baute dieses Geschichtsbild in den *Discorsi* auf. Er begann: „Am Anfang der Welt, als es noch wenige Menschen gab, lebten diese zerstreut, ähnlich den wilden Tieren. Als sich später das Menschengeschlecht vermehrte, schlossen sie sich zusammen und begannen, um sich besser verteidigen zu können, den stärksten und beherztesten unter ihnen herauszustellen, machten ihn zu ihrem Führer und gehorchten ihm."[64]

Machiavelli meinte, das Fatale an diesem Kreislauf sei die Tatsache, daß „sie selten zu den gleichen Regierungsformen zurückkehren; denn kaum ein Staat besitzt soviel Lebenskraft, daß er solche Umwälzungen mehrmals überstehen könnte, ohne zugrunde zu gehen. Wohl aber kommt es vor, daß ein Staat in seiner Bedrängnis in die Gewalt eines Nachbarstaates kommt, in dem eine bessere Ordnung herrscht. Angenommen, dies wäre nicht so, so würde sich jeder Staat ständig im Kreislauf der genannten Staatsformen bewegen."[65]

In Machiavellis Geschichtsauffassung gibt es keinen Fortschritt in der Menschheitsgeschichte; sie ist ein kontinuierlicher Kreislauf von größter Unordnung zu höchster Ordnung, die wiederum über den Verfall zur größten Unordnung übergeht. Machiavelli interpretierte das Mittelalter als Epoche zwischen Antike und Renaissance; als eine dekadente Zeit, aus der zwingend ein neuer Zyklus der Ordnung erwachsen müsse. Über den Zeitpunkt des neuen Aufstiegs des politisch erniedrigten Italien war er sich aber nicht klar: „Es ist von der Natur den weltlichen Dingen nicht gestattet, stille zu stehen. Wie sie daher ihre höchste Vollkommenheit erreicht haben und nicht mehr steigen können, müssen sie sinken. Ebenso, wenn sie gesunken sind, von der Unordnung zur tiefsten Niedrigkeit herabgekommen und also nicht mehr sinken können, müssen sie notwendig steigen. So sinkt man stets vom Guten zum Übel und steigt vom Übel zum Guten."[66] Aus diesem Verständnis heraus konnte Machiavelli auf die Bedeutung und Aktualität der Antike, der römischen Republik als Stadium der Ordnung verweisen und sie als zu imitierenden Prototypen vorlegen. Politische Wissenschaft muß nach Machiavelli auf der Untersuchung der geschichtlichen Abläufe aufbauen.[67]

Machiavellis Geschichtsauffassung impliziert auch, daß verschiedene Ausgangslagen, daß sich historische Ereignisse in anderen Ländern, zu anderen Zeitpunkten, mit anderen Personen wiederholen können. Die kulturelle Entwicklung sei allerdings begrenzt, da sie keine eigenen Rechte besitze, sondern der politischen Geschichte ein- bzw. untergeordnet sei.

Die Theorie vom ewigen Kreislauf vertraten vor Machiavelli vor allem Aristoteles, Polybios und Cicero; vor allem auf letzterem baute Machiavelli auf. Polybios befaßte sich als einer der ersten mit der Geschichtsberechnung und analysierte den Kreislauf der Verfassungen als naturgegebene Notwendigkeit. Machiavellis Wechsel der Staatsformen ist direkt von Polybios übernommen. Die älteste Staatsform war für ihn die Alleinherrschaft als noch nicht ausgereifte Monarchie. Die Monarchie wandle sich dann in Tyrannis, nach deren Auflösung folge die Aristokratie. Durch eine Auslese regiere die Oligarchie. Die unbeherrschte Menge reiße dann die Regierungsgewalt an sich, bis schließlich die Schlechtesten regierten. Aus dieser Ochlokratie komme dann wiederum ein einzelner an die Macht, und der Kreislauf beginne von neuem.[68] Polybios schrieb im sechsten Buch seiner „Geschichte" zum Kreislauf der Verfassung: „Und zwar bildet sich zuerst auf natürlichem Wege und ohne Zutun die Alleinherrschaft heraus; auf sie folgt, aus ihr entwickelt sich durch ordnendes Eingreifen, durch Überwindung der Willkür das Königtum. Wenn dieses in die ihm von Natur naheliegenden Fehler verfällt, das heißt zur Tyrannis entartet, entsteht wiederum aus ihrem Sturz eine Aristokratie. Wenn diese, wie es in ihrer Natur liegt, zur Oligarchie abgleitet und das aufgebrachte Volk für die Untaten der leitenden Männer Rache nimmt, kommt es zur Demokratie. Der Übermut und die Zügellosigkeit des Volkes führt mit der Zeit zur Ochlokratie. Daß die Entwicklung tatsächlich so verläuft, kann man am ehesten erkennen, wenn man auf die natürlichen Anfänge, das Werden, die Veränderung und den Wechsel dieser Staatsformen achtet... Mehr als sonst aber ... wird diese Art der Betrachtung auf die römische Verfassung passen, weil die Ausbildung und das Wachstum dieses Staates von allem Anfang an einen naturgemäßen Verlauf genommen hat."

Machiavelli schrieb im 2. Kapitel des I. Buches der *Discorsi*: „Um nun die Staatsordnung Roms und die Ereignisse, die es zur politischen Vollkommenheit führten, zu untersuchen, stelle ich fest, daß einige Schriftsteller (Machiavelli bezieht sich hier v.a. auf Polybios-K.M.), die über den Staat geschrieben haben, drei Regierungsformen annehmen, nämlich die Alleinherrschaft, die Herrschaft des Adels und die Volksherrschaft; und jeder, der einen Staat gründen will, müsse sich je nach Zweckmäßigkeit für eine dieser drei Formen entscheiden. Einige andere Schriftsteller, nach der Meinung vieler sind es die gescheiteren, vertreten die Meinung, daß es sechs Regierungsformen gäbe, von denen drei sehr schlecht und die anderen drei an und für sich gut wären, aber so leicht entarteten, daß sie gleichfalls unheilvoll würden. Die guten sind die drei oben genannten, die schlechten sind die drei anderen, die aus ihnen entstehen; jede von ihnen ist der ihr nächstverwandten so ähnlich, daß die eine leicht in die andere übergeht; denn die Alleinherrschaft wird leicht zur Tyrannis, die Herrschaft einer bevorrechtigten Schicht mit Leichtigkeit zur Oligarchie und die Demokratie artet unschwer zur Anarchie aus."

Wie schon Polybios und vor ihm Aristoteles plädierte auch Machiavelli für eine gemischte Verfassung, wie er weiter unten folgerte, denn alle genannten Staatsformen seien verderblich, die drei guten wegen ihrer Kurzlebigkeit, die drei anderen wegen ihrer Schlechtigkeit, es müsse also eine neue, aus den drei guten resultierende Staatsform gewählt werden. Eine solche gemischte Verfassung sei ausgeglichener, stabiler und gereiche der Freiheit der Völker zum Wohle. Polybios' Thesen eigneten sich besonders für Machiavellis Anliegen, Gesetzmäßigkeiten in der Geschichte zu finden. Er war nämlich stets bestrebt, der Historie und der Gegenwart ein berechenbares Fundament zu geben. Hierin stand er ganz im Gegensatz zu Guicciardini, der annahm, daß es in der Geschichte keine allgemeinen Regeln gebe.

Machiavelli fand in der Regierungsform des antiken Rom einige wesentliche Unterschiede im unerbittlich andauernden historischen Kreislauf. In Rom habe nämlich eine Mischung aus Fürsten-, Adels- und Volksherrschaft eine vorübergehend größere Stabilität garantieren können. Der Dauerkonflikt zwischen Adel und Volk bildete dafür die Basis.

Das Volk habe sich die bürgerliche Freiheit durch die Übergabe der Kontrolle an die Volkstribunen, die die Adeligen zwangen, von der Unterdrückung des Volkes abzulassen, sichern können. Die natürliche Bosheit der Menschen, die sich in der Unterdrückung äußere, sei so durch Gesetze und die daraus resultierende Erziehung gezwungen worden, sich in Maßen zu halten. So konnte das Volk die bürgerliche Freiheit sichern, die für Machiavelli eine Mischung tyrannischer Bedrückung und politischer Partizipation war. Er folgerte aus dem Zusammenwirken zwischen Patriziern und Plebejern, daß gerade aus einer solchen Konfliktsituation die Basis für die römische Staatswelt geschaffen worden sei: „Mir scheint, wer die Kämpfe zwischen Adel und Volk verdammt, der verdammt auch die erste Ursache für die Erhaltung der römischen Freiheit."[69]

Hierin sah Machiavelli die Rechtfertigung für einen Parteienpluralismus und stellte ihn als Voraussetzung für demokratische Partizipation am politischen Entscheidungsprozeß hin.

Machiavelli bezeichnete die Geschichte als Lehrmeisterin für die Technik des politischen Handelns. Sie müsse systematisch auf bestimmte Situationen reduziert werden, damit aus ihr konkrete Regeln zur Lösung aktueller Probleme abgeleitet werden könnten. Das Bild des Menschen sei immer zu berücksichtigen. Besonders konstant sei die menschliche Natur in der Politik; da es bei ihr um die Macht gehe, benehme sich der Mensch stets sehr ähnlich.

Machiavelli ging nicht direkt auf die Frage nach der optimalen Staatsform ein, weil er sich sicher war, daß keine Regierungsform länger Bestand habe. In den *Discorsi,* von denen weiter unten detaillierter die Rede sein wird, plädierte er eindeutig für die republikanische Staatsform, wobei er sich im klaren war, daß die Republik zuvor die beste erreichbare ordnungspolitische Lösung sei, daß aber auch sie nicht die völlige Gerechtigkeit realisieren könne; als optimale Staatsform garantiere sie aber am besten eine verfassungsmäßige Lebensform. Jede Staatsform gehe wegen des Sittenverfalls ihres Volkes unter. Einen Ausweg, dem Untergang zu entrinnen, sah er in der Dynamik einer Regierung; wolle sie länger bestehen, müsse sie sich ständig aus sich heraus erneuern. „Es gab auf ihr (Welt) immer ebenso Gutes wie Schlechtes, nur wechselten das Schlechte und das Gute von Land zu Land. So ist uns bekannt, daß die Macht der alten Reiche infolge des Wechsels der alten Sitten einem ständigen Wechsel unterlag. Die Welt blieb jedoch immer dieselbe, nur mit dem Unterschied, daß sich ihre gesammelten Energien zunächst in Assyrien entluden, dann in Medien und Persien, bis sie schließlich auf Italien und Rom übergingen."[70]

Die Welt könne durch Menschenhand nicht zerstört werden, denn sie erneuere sich aus ihrem kosmologischen Zyklus zwingend immer wieder: „Wenn alle Länder derart überbevölkert sind, daß sie sich nicht mehr ernähren noch durch Auswanderung helfen können, weil alle Teile der Erde besetzt und besiedelt sind, und wenn die menschliche Tücke und Bosheit ihren Höhepunkt erreicht hat, so muß die Welt sich notwendig auf eine der drei Arten (Pest, Hungersnot oder Überschwemmung) reinigen, damit die Menschen, zusammengeschmolzen und gezüchtigt, bequemer leben können und wieder besser werden."[71]

6. Virtù — fortuna — necessità

Niccolò Machiavelli glaubte nicht an eine göttlich wirkende Kraft im menschlichen Dasein. Er stand der praktischen Religion der Kirche äußerst kritisch gegenüber
und besuchte kaum die heilige Messe. Vettori schrieb ihm:
„An den Feiertagen höre ich die Messe, und mach's nicht
so wie Ihr, die Ihr sie häufig auslaßt."[72] Überhaupt gehörte
Machiavelli zu jenen Menschen, denen es sehr schwerfiel,
„an etwas Übernatürliches zu glauben".[73] Das heißt aber
nicht, daß er die Bedeutung der Religion unterschätzte: Sie
galt ihm vielmehr als eine notwendige Komponente in der
Politik jedes stabilen Staates. Wolle sich der Staat auf
Dauer in Ordnung halten, dann brauche er unbedingt ein
religiöses Rückgrat. Denn Religion trage dazu bei, das Volk
in Eintracht, das Heer in Gehorsam zu halten, die guten
Menschen zu stärken und die schlechten zu beschämen.

Für Machiavelli stand unwiderruflich fest: „Wo Gottesfurcht fehlt, muß ein Reich in Verfall geraten."[74] Er nannte
die Religion das stärkste Bindeglied für die Sittlichkeit des
Volkes. Nur eine lebendige Gottesfurcht, ein im Herzen
des Volkes fest verankertes religiöses Bewußtsein schütze
Sittlichkeit vor Verderbnis. Deshalb trachteten die großen
Staatsmänner stets danach, die Grundlagen der Religion zu
bewahren. Besonders die alten Römer verstanden es vor-
züglich, die Religion für die Ordnung im Staat zu benut-
zen.[75] Sie verdankten der Religion ihre politische Größe:
„Alles in allem erwogen, ziehe ich den Schluß, daß die von
Numa eingeführte Religion eine der wichtigsten Ursachen
für das Gedeihen der Stadt Rom wurde; ebenso wie die
Pflege des religiösen Kults die Ursache für die Größe eines
Volkes ist, so ist dessen Verächtlichmachung die Ursache
seines Verfalls."[76] Machiavelli empfand zudem die Religion als wichtige Basis der Freiheit; ein tiefes religiöses
Empfinden befreie den Menschen und führe dazu, daß sich
der unfreie Mensch seine Freiheit erkämpfe.

Machiavelli begegnete der Kirche seiner Zeit mit harten Anschuldigungen: Sie habe es bestens verstanden, den Menschen irrezuführen, denn eine Religion könne den Menschen demütig, passiv oder weltverachtend stimmen. Er kritisierte das Christentum als völlig von seinem Begründer abgekommen, zum Deckmantel für Laster und Frevel degeneriert, und zwar vor allem durch die korrupte und trügerische Einstellung und Haltung der Priester und Päpste: „Wäre von den Spitzen der Christenheit die christliche Religion erhalten worden, wie sie ihr Stifter gegründet hat, dann wären die christlichen Staaten und Länder einträchtiger und glücklicher, als sie es jetzt sind." Machiavelli ahnte die bevorstehende Krise der Kirche, die Reformation, voraus: „Wer sich über die Grundlagen der christlichen Religion klar wird und sieht, wie sehr die derzeitigen Sitten davon abweichen, wird zur Überzeugung kommen, daß deren Untergang oder ihre Bestrafung nahe ist."[77] Durch die Umtriebe der Päpste in Rom sei ganz Italien zum führenden Land in punkto Sittenverderbnis und Ruchlosigkeit geworden.

Machiavelli warf der Kirche kompromißlos und entschieden vor, für die nationale Zerstückelung und den politischen Niedergang Italiens voll verantwortlich zu sein. Er verlangte deshalb nach einem neuen „Gründer" mit unumschränkten Vollmachten, der neben der Verfassung und den Gesetzen auch die Religion erneuere; denn des Volkes Stimme sei die Stimme Gottes.[78]

Machiavelli wertete Religion in politischem Bezug nicht als etwas Angeborenes oder etwas Göttliches, sondern als *instrumentum regni,* das den Machthabern als zusätzliches politisches Mittel dienlich ist. Denn immer trage und erhalte die Gottesfurcht die Moral des Volkes. Und gerade hierin habe die Kirche versagt. Er meinte einmal ironisch, er wolle sich über die *principati ecclesiastici* gar nicht äußern. In Wirklichkeit galt gerade ihnen seine ganze Kritik.

Als durch und durch überzeugter Realist lenkte Machiavelli die Aufmerksamkeit der politischen Wirklichkeit auf ganz andere metaphysische Substanzen und überschritt mit dem Begriff *virtù* weit die bloße Technik des politischen Handelns. Mit virtù setzte er eine eigene, geheimnisvolle Kraft als die wirkliche Prämisse für große Taten voraus. Virtù ist wohlkalkuliertes, starkes und ausdauerndes politisches Wollen. Wo virtù ist, dort bleiben die Staaten und türmen sich Reiche. Virtù ist die unsichtbare Binde- und Bildekraft auf der Welt. Sie ruft den Willen und das Vermögen zu herrschen hervor. Wo sie geheimnisvoll auftritt, findet die große Geschichte statt. Virtù bedient sich großer Einzelpersonen oder ganzer politischer Völker. Virtù ist nicht Tugend im herkömmlichen Sinn; sie ist vielmehr ein Plus an Lebensenergie als Voraussetzung für politische Ratio, für politische Macht. In diesem spezifisch politischen Sinn bedeutet virtù „die Fähigkeit eines politischen Subjekts, seine volle Energie für den Zweck der Selbsterhaltung und darüber hinaus der Weltgestaltung einzusetzen, in seinen Entschlüssen nie fremd bestimmt zu sein, sondern immer der Umwelt das Gesetz des Handelns aufzuzwingen, seine Eroberungen nie bloß einer günstigen Konjunktur, sondern immer der eigenen Aktivität zu verdanken".[79]

Virtù ist nicht organisierbar, sondern eigentlich ein undurchschaubares Faktum, eine Art Äußerung des aktiven Seins. Machiavelli folgerte: Der Staat habe aus seinen konkreten Aufgaben heraus sich seine Verfassung zu geben, die nicht nach allgemeinen Prinzipien ausgerichtet sein dürfe; denn der Staat müsse durch seine Verfassung seinem historischen Auftrag gewachsen sein. Virtù zeige sich dann in ihrer klarsten Form, wenn der Staat in der Lage sei, sich militärisch völlig zu mobilisieren. Jener Staat mit dem bestorganisierten Heer habe virtù im optimal organisierten Zustand. Der einzelne Mann brauche die politische Energie der virtù, um die Freiheit zu sichern. In Cesare Borgia oder Francesco Sforza wirkte virtù in ihrer reinsten Form: Beide stiegen aus eigener Kraft zu politischer Macht auf. Bei Cesare wirkte zudem noch *fortuna* mit,[80] und er scheiterte dann an der extremen Mißgunst der *fortuna*.[81] Machiavelli unterschied bei Republiken zwei Typen: Republiken ohne territoriale Expansionspolitik, innenpolitisch stark, nach außen gegen Angriffe gerüstet, und territorial expandierende Staaten. Er persönlich plädierte, wie erwähnt, allgemein für die Republik, denn es gelte das Gemeinwohl zu fördern, dies sei es nämlich, „was die Größe der Staaten ausmacht. Ohne Zweifel wird das Gemeinwohl nur in Republiken beachtet."[82] Im Italien seiner Zeit fand er keinen Funken der kostbaren Substanz virtù; deshalb seien die Menschen träge, unfähig, feige. Denn virtù verleihe Ehrgeiz, Machtwillen, Eifer und Mut für große Ziele. Die große Politik, das Zusammenführen von Staaten, könne nur durch virtù erfolgen. Machiavelli fand zu seiner Zeit den geordneten Staat in den deutschen Reichsstädten gut verwirklicht, im antiken Rom fand er das beste Beispiel für den imperialistischen Staat.[83] Hier sah er auch seine politische virtù, die politische Substanz, am besten realisiert. Virtù könne sich überladen und müsse gezwungen expandieren, um sich zu entladen. In einem solchen Falle konzentriere sie ihre ganze Kraft auf einen Punkt und entlade sich imperialistisch: Das antike Rom hatte das Glück, die ganze Kraft dieser politischen Substanz besessen zu haben.

Im Gegensatz zur virtù steht *corruzione*. Völker mit virtù, meinte Machiavelli, könne man an ihrer Rechtschaffenheit und ihrem Maßhalten erkennen; sie seien tapfer, edel, freiheitsliebend, sittlich, strebsam, gesund an Leib und Seele und stark.[84] Die Deutschen seiner Zeit hätten viele solcher Attribute, vor allem seien sie rechtschaffen und fromm. Wo man nicht sittlich lebe, zergehe die politische Kraft. Solche Völker erlägen viel eher äußeren und inneren Krisen. Virtù ziehe die moralisch guten ebenso wie die bösen Energien der Menschen an sich und nütze ihre Stoßkraft. Sie erteile ihnen die Richtung hin zur Gestaltung der irdischen Dinge. Ihre größte Leistung bleibe aber immer die Ordnung des Lebensraumes für ein bestimmtes Volk und darüber hinaus die Gründung eines stabilen Reiches.

Neben virtù ist fortuna der zweite Faktor im Schicksal der Menschen. Fortuna ist stets in Dunkel gehüllt, und der Mensch kann nur tastend nach ihr greifen. Virtù herrscht primär im Bereich des Staates, ist ausschlaggebend für Machtergreifung und Machterhaltung. Virtù ist Willenskraft, Lebenspotential, individuelle oder kollektive Energie. Innerhalb der Fülle der virtù, ihrer undurchschaubaren und nicht überschaubaren Ballungskraft, zentrifugal und zentripedal wirksam, erfolgen die großen Taten. Gleich wie virtù bleibt fortuna ungeortet. Beide stehen in einem permanenten Wechselspiel. Virtù ist fortuna nicht unterlegen. Sie wird aber bei ihrem Auftritt von fortuna ins Abseits gedrängt. Fortuna ist aber ein gleicher Partner. Als alles durchwaltende Schicksalsmacht leugnet sie nicht ihre göttliche Herkunft. In Machiavellis Werk tritt fortuna immer wieder auf. Dabei wird sie als Summe all dessen charakterisiert, was auf den Menschen einwirkt, was der Mensch mit seinem Willen aber nicht beeinflussen kann.

Virtù und fortuna haben ihre Wurzeln im antiken griechischen Denken: Thukydides unterschied zwischen *týche* als Verantwortliche für die politische Entwicklung und *anànke* für die innere Logik der Geschichte.[85] Demetrios von Phaleron redete in seiner Geschichte von Gesetzlosigkeit und Willkür einer wilden *týche*. In der römischen Geschichtsschreibung streifte später der Begriff fortuna ihren göttlichen Charakter ab und nahm die Funktion des blinden und unberechenbaren Schicksals an. Im großen römischen Zeitalter trat fortuna als Verantwortliche für Zufall und Willkur auf, und zwar dann, wenn der Glaube an die alten Götter in Gefahr war.

Im Unterschied zu virtù läßt sich fortuna bezwingen. Fortuna kann man vorbeugen, man kann sich ihrer bedienen, über sie zu Herrschaft und Macht aufsteigen. Bei virtù ist das anders: entweder ist sie oder sie ist nicht. Wenn sie ist, dann wirkt sie, und niemand kann sich ihrer Macht widersetzen. Machiavelli wollte, daß der neue Principe, der *principe nuovo,* virtù im ausgeplünderten, versklavten, führungslosen und zerstrittenen Italien zu neuem Leben erwecke. Irgendwo müsse virtù versteckt begraben liegen. Das alte Rom liege zeitlich noch nicht so weit zurück. Jener Rest an virtù, die *virtù ordinata,* irre seit Roms Untergang im ehemals blühenden Kulturgarten herum. Durch harte Arbeit müsse dieses Überbleibsel an virtù zu neuem Leben erweckt werden. In seinen ersten Ausführungen zu virtù, nämlich im Schreiben an Giovambattista Soderini im Jahre 1506,[86] sprach Machiavelli von fortuna ähnlich wie über virtù: Auch fortuna sei eine willkürliche Macht, der sich weder das Individuum noch der Staat widersetzen könne. Erst im *Principe* sprach er dann von der Möglichkeit, fortuna zu trotzen. Er begrenzte fortunas Macht auf die Hälfte des menschlichen Handelns, über die andere Hälfte habe der Mensch völlige Entscheidungsfreiheit.[87] Der Mensch ist also in der Lage, fortuna zu bezwingen. Die Schwierigkeit liegt aber in ihrer unberechenbaren Kausalität und unerkennbaren Finalität. Deshalb ist fortuna auch für alle unvorhersehbaren Ereignisse verantwortlich. Als der Inbegriff der politischen Variablen ist fortuna die Schicksalsmacht schlechthin. Machiavelli suchte „in der Größe der fortuna alles, was nicht endgültig absehbar und kalkulierbar war, was dem menschlichen Zugriff noch offenlag, auf den Begriff zu bringen".[88] Fortuna ist keine konstante Größe, ihr Einfluß wird größer und kleiner im umgekehrt proportionalen Verhältnis zur Geschichtlichkeit des politisch Verantwortlichen. Durch das politische Werk Machiavellis zieht sich das fortuna-Motiv wie ein roter Faden. Der durch fortuna zur Macht gelangte Herrscher muß sich ihrer Klauen so schnell wie möglich entledigen; er muß ihr zuvorkommen, ehe sie ihn verläßt und er politisch stürzt. Er kann sie zwar überlisten, aber zerstören läßt sich fortuna nie. Fortuna, halb Göttin, halb Ungeheuer, bleibt gleich einem Strom, der das Land verwüstet, am Leben. Fortuna hat unzählige Eigenschaften: listig, gefahrenreich, giftig, vielgestaltig, zerstörend, aufbauend, naturgewaltig. Fortuna ist auch die Gelegenheit, die besondere Struktur der Umwelt, die der geschickte Politiker nützen kann. Sie ist das Auf und Ab des Zustandes, das tollkühne Spiel des Zufalls. Fortuna vermag einen Taugenichts zum König zu erhöhen und danach zum Bettler zu degradieren.

Als dritte Komponente reihte Machiavelli die *necessità* als nützlichen Zweck für positives menschliches Handeln an die Seite von virtù und fortuna. Gewissermaßen als Zwang der Umstände ist auch die necessità eine unergründliche, im Hintergrund wirksame Schicksalsmacht, stark und oft auch stärker als virtù und fortuna, dem Menschen immer übergeordnet. Machiavelli wirkte mit necessità dem Eindruck entgegen, daß die Geschichte zu einer reinen Darstellung von einzelnen Ereignissen degeneriert würde. Er stellte durch diese in Geschichte und Gegenwart wirkende Komponente einen nachweislich inneren Zusammenhang in der Geschichte fest. Im Kräftefeld virtù − fortuna ist necessità die Verantwortliche für Tatsachen und Mächte, für starren Widerstand und konstante Größe. Mit necessità wollte Machiavelli die mittelalterliche *providentia Dei* ersetzen. Er meinte, die Menschen sollten ihre persönlichen Zwecke in die Geschichte einbringen. Neben der exakten Kenntnis der necessità bedürfe es allerdings der virtù, wolle man das Ziel staatlicher Selbsterhaltung erreichen und erfolgreich sein. Necessità ist kein dunkles Element wie fortuna, deshalb kann sie zusammen mit historischer Kenntnis und einem gebildeten Weitblick dem Politiker direkt dienlich sein, politische Entwicklungen und Veränderungen im Frühstadium zu erkennen. Der Politiker soll Politik als *l'arte del possibile*, Kunst des Möglichen, verstehen und betreiben.[89]

Im Zusammenhang mit necessità spielt außerdem die *occasione*, Gelegenheit oder Chance, eine wichtige Rolle. Darüber schrieb Machiavelli folgende aussagekräftigen Verse:

> Sag mir: Wer ist das, der mit Dir kommt?
> Das ist die Reue; und versteh' es wohl:

Wer mich nicht zu fassen weiß, dem bleibt sie treu.
Und Du, während Du redest,
nur Zeit verschwendest,
bepackt mit vielen nutzlosen Gedanken,
merkst Du nichts, Unseliger, begreifst Du nicht,
wie ich Dir schon entschlüpft bin
durch die Hände.[90]

Occasione wird nur schwer erkannt. Wer sie verpaßt, hat sie verloren: Die Chance muß genützt, des Augenblicks Blume gepflückt, die Gelegenheit beim Schopfe gepackt werden. Occasione tritt mit fortuna gemeinsam auf: Der *uomo virtuoso* erhält also die Chance, durch virtù zu siegen: „Prüft man die Taten und ihr Leben (Moses, Cyrus, Romulus, Theseus), so erkennt man, daß sie dem Glück nichts weiter verdanken als die Gelegenheit, die ihnen gleichsam den Stoff bot, damit sie ihm die Form aufprägten, die ihnen gut dünkte."[91] Und Machiavelli folgerte weiter: In der Geschichte und Gegenwart sei nur jenes Handeln erfolgreich, das der *qualità dei tempi,* Geist der Zeiten oder Zeitstruktur, gemäß sei. Das richtige Handeln müsse sich der Struktur der gegenwärtigen Lage anpassen, wolle es erfolgreich sein. Nur so sei es zu erklären, daß Menschen mit verschiedenen Eigenschaften und Handlungsweisen Erfolg hätten: durch Vorsicht oder Kühnheit, Gewalt oder List, Geduld oder Ungeduld. Der Mensch ändere sich auch hierin nicht, wohl aber die *qualità dei tempi*: Piero Soderini wäre erfolgreicher gewesen, wenn er in einer vorsichtigeren und umsichtigeren Zeit gelebt hätte, nicht in einer stürmischen und kämpferischen; denn gerade Soderini sei in allem, was er tat, mit Menschlichkeit und Geduld verfahren.[92]

7. Il Principe

Machiavelli räumte seiner politischen Arbeit den Stellenwert ein, der ihm als politisch denkenden und agierenden Menschen jenes Gleichgewicht gab, das er als Individuum in der Gesellschaft brauchte. Politische Tätigkeit bedeutete ihm den wichtigsten Mechanismus der psychischen Bedürfnisbefriedigung, sie verlieh ihm Geltung und Anerkennung, geistige Beschäftigung, Anregung und Ausgleich. Nach 1513 übernahm bei Machiavelli die geistige Auseinandersetzung in schriftlicher Form die Funktion der vorigen Aktivität. Die geschriebene Politik hatte kompensatorische Funktion.[93] Es ginge zu weit, stellte man Machiavellis politisches Werk als Produkt der Kompensation nach den Regeln der Individualpsychologie hin, als habe er bewußt übertriebene Thesen auf der Suche nach Geltung und Anerkennung für sich konstruiert. Vielmehr diente ihm nach 1513 das geschriebene Wort als politische Brücke zwischen ihm und den Machteliten, vor allem den Medici; über sein geschriebenes Werk erhoffte er sich eine weitere, andauernde Verbindung zwischen ihm und den Machthabern.

Machiavelli hatte sich als Schriftsteller erstmals durch sein *Decennale primo* in der literarischen, historischen und politischen Welt Ansehen erworben. Jetzt war es fast nur sein literarisches Schaffen, seine Komödien vor allem, dem er neuen, zeitlichen Ruhm verdankte. Ihm tat das Ansehen wohl, das er nach 1513 zunehmend in der Fachwelt genoß; wenn er auch seine Schreibfeder bedenkenlos mit einem in Aussicht gestellten politischen Amt getauscht hätte. Neben den Komödien, die gelegentlich noch heute auf Italiens Theaterbühnen aufgeführt werden und immer wieder von neuem das Publikum begeistern, und anderen literarischen Arbeiten waren es zuerst die politischen Schriften, die Machiavellis Schaffenskraft verbrauchten.

Allen Werken Machiavellis liegt seine patriotische

Grundtendenz zugrunde; seine Grunderkenntnis von den Voraussetzungen des politischen Erfolges prägen die politischen, staatsphilosophischen Arbeiten.[94] Im *Principe* ist Machiavellis Bekenntnis zum völligen Determinismus vorrangig; in den *Discorsi* zeigt er sich mehr als Fatalist: Denn die Menschen können ihr Schicksal höchstens verzögern, niemals aber aufhalten.[95]

Unter der heißen Sonne im Sommer des Jahres 1513, im kühlen, einsamen Arbeitszimmer im Albergaccio begann Machiavelli die Arbeit an seinen beiden Hauptwerken. *Il Principe* und *Discorsi sopra la prima decade di Tito Livio.* Die einzelnen Gedankengänge dieser Werke trug er schon lange vorher mit sich herum. Analog zu Dante, der seine wichtigsten Schriften im Exil geschrieben hatte, schuf sie auch Machiavelli in einer Zeit der Ungnade, die ihm die politische Welt entgegenbrachte. Machiavelli verfaßte seinen *Principe* primär aus der Erfahrung mit Menschen aller Klassen, ähnlich Thomas Morus, der just zu dieser Zeit, nämlich im Jahre 1515, seine *Insula Utopia* ersann. Wenn der *Principe* auch eine bestens durchkomponierte und einwandfrei konzipierte Schrift ist: Dieses Werk entstand aus viel Verlegenheit heraus und hat durchaus den Charakter einer Ad-hoc-Schrift; und auf jeden Fall sollte der *Principe* auch eine Zweckschrift sein. Durch seine zynische Nüchternheit und Aufrichtigkeit, durch seine bezweckte Entlarvung einzelner Phasen der antik-christlichen Moralphilosophie im Umgang mit dem Guten, Bösen, der Natur, Tugend und dem Laster, durch seine treffsicheren Ratschläge für den Machthaber in allen Situationen wurde der *Principe* zu dem, was er heute mit Recht ist: ein klassisches Werk der Staatsphilosophie.[96]

Machiavelli begann also im gleichen Jahr und etwa zur selben Zeit mit der Niederschrift beider Werke. Das eine, die *Discorsi,* sollte dem Geist der Republik nachspüren; das andere, der *Principe,* den Monarchien, den Fürstentümern, wie Machiavelli zu Beginn schrieb: „Von den Republiken will ich hier nicht weiter reden, da ich dieses Thema anderwärts ausführlich abgehandelt habe. Ich will mich auf die Fürstentümer beschränken und erörtern, wie diese Fürstentümer regiert und behauptet werden können."[97] Und nach dieser Zielsetzung stürzt sich Machiavelli bereits im nächsten Satz in seine politische Analyse: „Da läßt sich zunächst sagen, daß in einem ererbten und mit dem Hause seines Herrschers verwachsenen Staat die Schwierigkeit, sich zu behaupten, sehr viel geringer ist als in einem neu erworbenen."

Der *Principe* gilt seit seiner ersten Drucklegung im Jahre 1532, erst nach Machiavellis Tod, als sein politisches Hauptwerk. In der Tat verdankt Machiavelli diesem wohl meist aus dem Stegreif entstandenen Buch seine Glorifizierung ebenso wie seine Verfemung. Wie immer der Leser dieses Buch einstufen mag, es enthält viele der zentralen Gedanken Machiavellis zur Politik; im Vergleich mit den *Discorsi* bleibt der Stellenwert des *Principe* als Hauptwerk Machiavellis freilich umstritten.[98] Der Inhalt des *Principe* steht ganz im Widerspruch zum Leben Machiavellis: Der ehemalige Segretario erniedrigte sich oft vor den verschiedenen Türen zur Hauspolitik der Medici. In seiner Bescheidenheit bezeichnete er den *Principe* als *ghiribizzi*, Phantastereien. Einmal wollte er partout nicht als der Verfechter einer totalitären Idee aufscheinen, wollte sich eben noch andere ideologische Türen offenhalten; zum anderen empfand er dieses Werk im Moment vielleicht tatsächlich nur als Phantasterei. Der Zweck dieser wie der anderen politischen und historischen Schriften war es dann, die Politik als Wissenschaft zu erfassen und die Gesetze des Handelns aufzuzeigen. Die Erinnerung Machiavellis an die politische Praxis, an die Zeit der innen- und außenpolitischen Probleme der Arnorepublik, die persönlichen Beobachtungen und das tiefer und tiefer werdende Nachdenken über das Politische formte den nun entstehenden Stoff. Zu dieser Zeit, fernab von aller politischen Verantwortung, das Bewußtsein aber noch voll Erinnerung und mit den Gedanken noch tief verwurzelt im politischen Geschick der Arnorepublik, enstanden Machiavellis große Werke von welthistorischer Bedeutung. Staatsphilosophie und moderne Historie, Geschichtsbewußtsein und politisches Empfinden ergänzten einander und begründeten den zeitlosen Ruhm des Autors.

Niccolò Machiavelli schrieb den *Principe* zwischen Juli und Dezember 1513, und zwar als Intermezzo während seiner vertieften Recherchen zu den *Discorsi*. Vielleicht auch als Ergänzung dazu, weil diese die Republik zum Gegenstand hatten.[99] Nur die Widmung schrieb Machiavelli zwischen September 1515 und September 1516.[100]

Machiavelli wollte nämlich ursprünglich den *Principe* Giuliano de' Medici widmen. Schon im bekannten Brief an Francesco Vettori vom 10. Dezember 1513 hatte er geschrieben: „Und weil Dante sagt, es gibt keine Wissenschaft ohne Bewahrung des Durchdachten, habe ich die Essenz von dem, was ich durch die Gespräche mit ihnen gelernt habe, niedergeschrieben und ein kleines Werk *De principatibus* verfaßt, in dem ich so tiefgründig, wie es mir möglich ist, dieses Thema auslote und darlege, was Fürstentümer sind, in welchen Formen es sie gibt, wie man sie erwirbt, wie man sie erhält, warum man sie verlieren kann. Wenn ich es nicht widme, wird es, so fürchte ich, von Giuliano nicht gelesen." Giuliano de' Medici starb am 17. März 1516 in Fiesole. Hier, außerhalb von Florenz, in der stillen Landschaft der Toskana, hatte er sich von seiner Tuberkulose erholen wollen. Machiavelli entschied sich nun für Lorenzo de' Medici den Enkel des Lorenzo Magnifico, Neffe des Papstes Leo X. und nach dessen Inthronisation der eigentliche Herr von Florenz. Machiavelli hatte den *Principe* wahrscheinlich nicht nach einem bestimmten Vorbild geschrieben. Das 26. Kapitel richtet sich aber direkt an Lorenzo, ebenso die Widmung, was vermuten läßt, daß Machiavelli nach Giulianos Tod das 26. Kapitel unwesentlich überarbeitete. Als Lorenzo dann den ihm gewidmeten *Principe* überreicht bekam, zeigte er mehr Gefallen an zwei Jagdhunden, die er gleichzeitig geschenkt erhielt. Den *Principe* soll er kaum beachtet und beiseite gelegt haben.

Machiavelli bezweckte mit seiner Widmung zweierlei: Einmal wollte er den Medici, insbesondere Lorenzo, huldigen; offen schrieb er in seine Widmung: „Diejenigen, die bei einem Fürsten in Gunst zu kommen wünschen, pflegen ihm zumeist mit solchen Gaben zu nahen, die sie unter ihrem Besitz am höchsten schätzen oder an denen er selbst Gefallen zu finden scheint. Da auch ich nun wünschte, Ew. Durchlaucht ein Zeugnis meiner Ergebenheit darzubringen, habe ich unter all meiner Habe nichts gefunden, was mir teurer wäre oder was ich so hoch schätzte wie die Kenntnisse der Taten großer Männer, die ich durch lange Erfahrung in der Gegenwart und durch anhaltendes Studium des Altertums erworben habe. Meine Beobachtungen, die ich mit großer Sorgfalt durchdacht und nachgeprüft habe, habe ich jetzt in einer kleinen Schrift zusammengefaßt, die ich Ew. Durchlaucht sende."

Zum anderen erwartete sich Machiavelli von Lorenzo die Befreiung Italiens; dabei ist fraglich, ob er nicht aus opportunistischen Überlegungen Lorenzo diese Leistung nur scheinbar zutraute. Machiavellis beschwörenden Worte im letzten, dem 26. Kapitel klingen aber ehrlich: „Wir finden niemand, auf den es (Italien) so fest hoffen könnte wie auf Euer erlauchtes Haus (Medici). Es ist nicht zu verwundern, daß keiner der Italiener das hat vollbringen können, was wir von Eurem erlauchten Haus erhoffen dürfen. So laßt denn diese Gelegenheit nicht ungenützt vorübergehen, auf daß unserem Land nach so langer Zeit ein Retter erscheine." In diesem letzten Kapitel zeichnete Machiavelli zudem einen positiven Ausblick; durch all die vorausgehenden zieht sich hingegen eine pessimistische Grundstimmung, was die nationale Einheit Italiens anbelangt. Der *Principe*[101] gelangte sofort nach seiner Drucklegung in den Ruf eines klassischen Handbuchs tyrannischer Machtpolitik; gleichzeitig begründete er das eigentliche, breite Interesse an seinem Autor Machiavelli. Durch die freie

Sprache und durch viele Argumente für Totalitarismus und Immoralität wurde der *Principe* schlechthin zur permanent aktuellen Schrift und drängte die *Discorsi* an die zweite Stelle. Mit den *Discorsi* aber lieferte Machiavelli erst das eigentliche Fundament für die neuzeitliche Autonomie der Politik als modernem Gegenstand der politischen Wissenschaften.

Alle 26 Kapitel des *Principe* sind eine kontinuierliche Argumentation voll politischem Diskussionsstoff. Das Buch entspricht völlig dem Wesen Machiavellis, indem es von politischen Tatsachen ausgeht.

In den ersten elf Kapiteln befaßt sich Machiavelli mit den verschiedenen Formen der Fürstentümer und liefert einen historischen Überblick. Die Kapitel 12 bis 14 behandeln die Wehrverfassung der Fürstentümer und allgemein das Kriegswesen. Die Kapitel 15 bis 23 erörtern die richtigen Verhaltensweisen für Machthaber; Machiavelli redete immer von Fürsten; hiermit leitete er von den *principatibus* auf die *principes* über. Jeder Machthaber findet darin viele Anleitungen zur Erlangung und Bewahrung der Herrschaft. In den letzten drei Kapiteln redet Machiavelli noch einmal über sein Anliegen Italien: „Warum die Fürsten Italiens die Herrschaft verloren haben",[102] und er zieht die Schlußfolgerungen.[103]

Im ersten Kapitel zieht Machiavelli eine Parallele von Francesco Sforza zum *principe nuovo*; an ihm zeigt er die beiden Arten der Fürstentümer auf: ererbte und neu geschaffene; zu allen Zeiten aber seien die Staaten entweder Republiken oder Fürstentümer gewesen. Im *principato misto*, dem gemischten Fürstentum, einem neuen eroberten Territorium, stehe der Herrscher mehreren großen Problemen gegenüber. Zum Beispiel könnten die neuen Untertanen eine andere Sprache sprechen, andere Sitten pflegen und andere Traditionen leben. Sollten die neuen Untertanen aber rebellieren, sich dem neuen Machthaber nicht unterordnen, dann schlägt Machiavelli dasselbe harte Durchgreifen vor, das er schon in seiner Valdichiana-

Schrift angeführt hatte: „Daher ist es für den Eroberer am sichersten, sie zu vernichten."[104]

Mit den größten Problemen seien jene Fürsten konfrontiert, die nicht nur eine neue Provinz eroberten, sondern einen völlig neuen Staat gründeten; die Kapitel 6 bis 9 handeln davon. Im achten Kapitel lieferte Machiavelli die erste aussagekräftige Grundlage für den späteren sogenannten Machiavellismus: „Gut angewandt kann man diejenigen (Grausamkeiten) nennen – wenn überhaupt man das Schlechte gut nennen darf –, die ein Fürst begeht aus Notwendigkeit, um sich zu sichern, und bei denen er späterhin nicht verharrt, sie vielmehr, soweit möglich, zum Wohle der Untertanen zu ändern sucht." Ein Eroberer solle, „wenn er einen Staat in Besitz nimmt, alle Gewalttaten, die er nicht umgehen kann, sich vergegenwärtigen und alle auf einen Schlag ausführen. Gewalttaten muß man alle auf einmal begehen, damit sie weniger empfunden werden und deshalb weniger erbittern. Wohltaten hingegen muß man nach und nach erweisen, damit sie nachhaltiger wirken."[105] Machiavelli war schon vor der Niederschrift des *Principe* überzeugt, daß die Furcht die sicherste Gewähr für den Gehorsam der Untertanen biete.[106] Für ihn stand fest, daß man in der Politik die „Dinge nach ihrem Zweck beurteilen soll, nicht nach den angewandten Mitteln".[107] Für den *principe nuovo* sei es allemal unvermeidlich, bei der Eroberung des neuen Staates und der Festigung der neuen politischen Ordnung grausam zu handeln.[108]

Bei den Ausführungen zur Wehrverfassung und zum Kriegswesen behielt Machiavelli seine Überzeugung von 1506 bei: Gute Gesetze und ein gutes Heer seien das Fundament eines jeden Staates. Der Staat dürfe nie in ein Abhängigkeitsverhältnis zur Armee geraten; es gelte der absolute Primat der Politik gegenüber der bewaffneten Macht, die Instrument der politischen Führung des Staates zu sein habe. Eine solche dienende Funktion der Armee werde nur durch eine aus Landsleuten rekrutierte nationale Miliz gewährleistet.[109] Die Leitung und Führung des

Heeres oblägen allein dem Fürsten, nicht einem Condottiere. Das Volksheer gehöre schon wegen seines Vorranges gegenüber dem Söldnerheer und von seiner Bestimmung her zur wichtigsten Struktur des politisch aktiven Staates; im bestorganisierten Heer walte virtù in reinster Form. Am Beispiel der alten Römer solle man sich orientieren: Das Volk stand fest hinter der *res publica*. Die alten Römer ließen ihren Feldherrn völlig freie Hand und entschuldigten jene Niederlagen, die sie durch große Fehler verschuldet hatten.[110]

Machiavelli trennte Moral von der Politik. Die kühnsten und radikalsten Formulierungen schrieb er in den Kapiteln 15 bis 18. Er wich darin von den Normen des Sittlichen deutlich ab und erhob die freie Politik ohne Bezug zur Moral zum Maß aller Dinge. Daraus folgerte er Postulate kühnster Art, wie: Der Machthaber muß sein Verhalten an den politischen Zwängen orientieren. In bestimmten Fällen haben für ihn keine ethischen Implikationen mehr Gültigkeit. Tugend und Laster sind an der politischen Realität zu messen; in der zweckorientierten Ausübung der Herrschaft unterliegt der Machthaber keinen ethischen Normen mehr; er ist völlig frei und hat niemandem und nichts Rechenschaft zu geben.[111] Allgemein muß er schon danach trachten, „für milde und nicht für grausam zu gelten. Ein Fürst darf sich nicht dadurch anfechten lassen, daß er grausam gescholten wird, wenn er seine Untertanen einig und treu erhalten will. Daran knüpft sich eine Streitfrage: ob es besser sei, geliebt zu werden als gefürchtet, oder umgekehrt. Die Antwort lautet, daß es am besten wäre, geliebt und gefürchtet zu sein; da es aber schwer ist, beides zu vereinigen, ist es weit sicherer, gefürchtet zu sein als geliebt, wenn man schon auf eines verzichten muß. Denn von den Menschen läßt sich im allgemeinen soviel sagen, daß sie undankbar, wankelmütig und heuchlerisch sind, voll Angst vor Gefahr, voll Gier nach Gewinn. Solange sie von dir Vorteile ziehen, sind sie dein mit Leib und Seele: sie sind bereit, dir ihr Blut, ihre Habe, ihr Leben, ihre Kinder zu opfern, solange die Not fern ist. Kommt sie aber heran, so empören sie sich. Das Band der Liebe ist die Dankbarkeit; da die Menschen schlecht sind, zerreißen sie es bei jeder Gelegenheit um ihres eigenen Vorteils willen."[112] Es sei für einen Machthaber zwar rühmlich, die Treue zu halten; gerade aber die Erfahrung lehre, „daß die Fürsten Großes ausgerichtet haben, die es mit der Treue nicht genau nahmen und es verstanden, durch List die Menschen zum umgarnen. Man muß nämlich wissen, daß es zweierlei Waffen gibt: die des Rechts und die der Gewalt. Jene sind dem Menschen eigentümlich, diese den Tieren. Aber da die ersten oft nicht ausreichen, muß man gelegentlich zu den anderen greifen. Deshalb muß ein Fürst verstehen, gleicherweise die Rolle des Tieres und des Menschen durchzuführen. Da also ein Fürst imstande sein muß, die Natur eines Tieres anzunehmen, so muß er sich den Fuchs und den Löwen aussuchen; denn der Löwe ist wehrlos gegen Schlingen, der Fuchs gegen Wölfe. Man muß also Fuchs sein, um die Schlingen zu kennen, und Löwe, um die Wölfe zu schrecken. Ein kluger Fürst kann und darf demnach sein Wort nicht halten, wenn er dadurch sich selbst schaden würde. Wenn alle Menschen gut wären, wäre diese Vorschrift nicht gut; da sie aber schlecht sind und dir die Treue nicht halten würden, brauchst du sie ihnen auch nicht zu halten. Wer am besten verstanden hat, den Fuchs zu spielen, ist am besten weggekommen. Man muß nur verstehen, der Fuchsnatur ein gutes Ansehen zu geben und ein Meister zu sein in Heuchelei und Verstellung: denn die Menschen sind so einfaltig und gehorchen so leicht dem Zwang des Augenblicks, daß ein Betrüger stets einen finden wird, der sich betrügen läßt."[113] Im Kampfe müsse jeder die Mittel des Gegners gebrauchen, ansonsten werde jeder zwangsläufig vernichtet werden. Machiavelli betonte auch in den *Discorsi*[114] die Bedeutung der grausamen Mittel. Er setzte schon im *Principe* die Kriegskunst mit der Politik auf ein und dieselbe Ebene. Im Kriege gelte es zu siegen: Um des Sieges willen dürften die Mittel keinen Einschrän-

kungen unterworfen sein. Gewissermaßen als „stillschwei-
gende Vereinbarung" seien alle Mittel zum jeweiligen
Zwecke erlaubt; „Fairneß gibt es in ihr so wenig wie moralische Bedenken." [115] Betrug und Verleumdung, Hinterhalt
und Verrat könnten ebenso wie das Gift der Borgia benützt
werden. Machiavelli verstand Politik als absoluten Kampf;
er war überzeugt, daß er dies nicht nur aus seiner Erfahrung gelernt habe, sondern daß in der Geschichte diese
Prinzipien stets Gültigkeit hätten.

Der Politiker sei ebenso wie seine Ratgeber an keine
moralischen Werte gebunden, wolle er das gesetzte politische Ziel erreichen. Einer der großen politischen Fehler
werde dann begangen, wenn man sich aus moralischen Erwägungen politisch zurückhalte. Fromme Scheu sei nichts
als mangelhafte Technik des politischen Handelns.

In den nächsten Kapiteln behandelt Machiavelli die bereits besprochenen Komponenten virtù[116], fortuna und necessità. Und, wie ebenso oben erwähnt, die letzten drei
Kapitel beziehen sich wiederum unmittelbar auf die aktuelle Politik Italiens. Damit stellt Machiavelli wieder den
Bezug zum ersten Kapitel des *Principe* her.

Schon bei den Voraussetzungen, die Machiavelli für die
Regeln des politischen Handelns anführte, wucherte gut erkennbar der amoralische, aber auch zeitlose Keim des späteren Machiavellismus. Die angeführten Ratschläge haben
nur für jene Gültigkeit, die den Sieg wollen. Diese Ausführungen von Immoralität ergeben sich für Machiavelli primär aus der Geschichte. Er erfand sie nicht selbst, vielmehr
legte er offen dar, was er durch Studien erfahren und durch
seine Praxis erlebt und gesehen hatte. Schon lange vor
Machiavelli gab es Bücher mit Ratschlägen für Herrscher.
Machiavelli unterstrich aber nun besonders die Technik
des Regierens und legte besonderes Gewicht auf Alter-
nativvorschläge, aus denen die Herrscher wählten sollten.
Machiavelli verstand die Herrschaft durch und durch positiv, wenn sie im Dienste der Mehrheit stand. Auf dem
Wege zu einer solchen Herrschaft und zur Sicherung dieser

gebe es kein ethisches Problem. Die zentrale Frage lautet immer wieder: wie?

Der *Principe* ist dann eine Anleitung zur Tyrannis, wenn das Werk einseitig nur aus der technischen Fragestellung Machiavellis interpretiert wird und es nur darum geht, ob Machiavelli „richtige" und „erlaubte" oder „falsche" und „moralisch verbotene" Anweisungen erteilt. Aus dieser Sicht ist der *Principe* allemal ein Rezeptbuch für den Tyrannen. Dabei wird übersehen, daß der *Principe* eine Sammlung von Handlungsregeln für typisch wiederkehrende Situationen ist, ein Lehrbuch, Situationen zu erfassen und zu meistern.

Machiavelli war sich des Konflikts zwischen Moral und Politik bewußt: Im achten Kapitel des *Principe* führte er als Beispiel zur Tyrannis die beiden Gewaltherrscher Agathokles, Tyrann auf Sizilien, und Oliverotto da Fermo, Tyrann in Machiavellis Heimat, an. Er schrieb, daß sich beide Männer keinen Ruhm erworben hätten; sie könnten nicht als *uomini eccelentissimi,* vorbildliche Männer, gelten. Wenn es aber die politische Notwendigkeit verlange, so sollten diese beiden Tyrannen nachgeahmt werden.

Die Überlegungen zur Tyrannis waren nicht neu: Aristoteles gilt als der Begründer der Wissenschaft vom Staate, sieht man von Platons utopischer *Politeia* ab. Aristoteles unterschied bereits die drei Staatsgewalten. Den Staat und das soziale Leben erfaßte er als eine Naturerscheinung.[117] Einen Schwerpunkt der aristotelischen Philosophie bilden die sozialen Inhalte des Staates. Staat interpretierte er als Produkt des menschlichen Lebens zur Garantie besserer Lebensformen. Die Gerechtigkeit entstamme dem Staate als Ordnung der staatlichen Gemeinschaft. Die Gesetze dienten dem Staate zur Erreichung und Erhaltung seiner Zwecke. Aus den Parteikämpfen resultierten die Verfassung, die Ungleichheit des Besitzes und der Klassen. Sie lösten zusammen mit „Ehrenrechten" Staatsumwälzungen aus und führten zu Nationalitätenunterschieden, die Verfassungskämpfe und Verfassungsänderungen erwirkten.

Aristoteles verwies auf die verschiedenen Staatsformen und untersuchte sie. Als Souverän erkannte er jene an, in deren Namen der Staat regiert werde. Entweder herrschte einer, der Monarch, oder mehrere, eine Aristokratie, oder viele, die Politie. Werde dem allgemeinen Wohl gedient, dann handle es sich um eine gute Politik, hätten die persönlichen Interessen Vorrang, dann sei es eine schlechte Politik. Aristoteles stellte zu den Herrschaftsformen folgenden Kreislauf auf: Monarchie mit der Abart der Tyrannis, Aristokratie mit der Abart der Oligarchie, Politie mit der Abart Demokratie.[118] Er plädierte in seinen Ausführungen für die Vernunft ohne Leidenschaft als das beste Gesetz.

Giovanni Boccaccio verherrlichte glühend den Tyrannenmord, wenn er betonte, daß der Tyrann nicht König oder Fürst genannt werden dürfe, weil er Feind des gemeinen Wesens sei. Gegen den Tyrannen könne man vorbehaltlos Waffen, Verschwörungen, Späher, Hinterhalt und List anwenden. Der Tyrannenmord sei ein „heiliges, notwendiges Werk", es gebe kein besseres Opfer als den Tyrannen. An praktischen Beispielen zu dieser uralten „heiligen Pflicht" fehlte es in der Renaissance nicht.[119] Die Fabrionesen ermordeten 1435 Mitglieder der Chiavelli; Giovanni Maria Visconti sank am Eingang der Kirche San Gottardo in Mailand unter den Dolchstichen fanatischer Mörder zu Boden.

Machiavelli wandte sich eindeutig gegen willkürliche Herrschaft: „Es gibt Alleinherrschaften, die lange gedauert haben, und es gibt Freistaaten, die lange gedauert haben. Voraussetzung hierfür war, daß beide auf dem Fundament der Gesetze ruhten; denn ein Staatsoberhaupt, das tun kann, was es will, ist wahnsinnig, und ein Volk, das tun kann, was es will, ist nicht weise."[120] Machiavelli maß der Gesetzeskraft und der individuellen wie kollektiven Unterordnung unter die Gesetze höchste Bedeutung bei. Dabei müsse das Kräfteverhältnis virtù − fortuna − necessità und der individuelle Einsatz ausbalanciert sein und die Stabilisierung des Staates fördern. Das politische Engagement müsse dem gesamten Staate, allen seinen Bürgern, gelten. Eigensinniges Handeln wider die politische Vernunft verderbe die staatliche Ordnung. Der principe nuovo solle, wie der uomo virtuoso, mit außerordentlichen Maßnahmen in Italien neue Geschichte schreiben. Allein der Erfolg, nicht die Gesinnung, sei relevant.

Niccolò Machiavelli war der erste politische Denker, der die herkömmliche Auffassung vom Tyrannen losgelöst analysierte. Seit Aristoteles galt der Tyrann als das Gegenbild des guten Monarchen; als ein Herrscher, der zu seinem eigenen Vorteil regiert, despotisch und willkürlich. Aristoteles zählte die Tyrannis zur schlechten Form der Monarchie, zum verzerrten Gegenbild des Königtums. Diese Auffassung hielt sich bis Machiavelli. Auch Thomas von Aquin hatte diese aristotelische Theorie beibehalten. Machiavelli proklamierte in seinem *Principe* den emanzipierten Tyrannen; eines solchen nämlich bedurfte es für Machiavellis Wunsch nach der Einigung Italiens. Den Widerspruch, der sich daraus ergab, hielt er für unlösbar; daß nämlich bei der Verwirklichung des politischen Zieles keine Skrupel gelten dürften und daß gleichzeitig als oberste politische Norm die Selbsterhaltung des Staates, der gesamten politischen Gemeinschaft, die Sicherung des Lebens, der Freiheit und des Eigentums gelte. Machiavelli isolierte den Tyrannen. Vieles spricht dafür, daß Machiavelli für seinen Begriff des Politischen aus den Werken des Aristoteles schöpfte.[121] Aber Machiavelli stellte die gute Seite der Monarchie nicht mehr der Tyrannis gegenüber. Dadurch verliert die Tyrannis viel von ihren negativen Aspekten.[122] Gewiß: Schon der aristotelische Tyrann war theoretisch ein „neuer Fürst" in seiner Herrschaft und stand Machiavellis *Principe* in vielem, vor allem in den Mitteln des Herrschaftsgewinns, nahe und in den Voraussetzungen für einen Umsturz der politischen Machtverhältnisse. Die auffallendsten Übereinstimmungen zwischen Aristoteles und Machiavelli sind die Maßregeln, die der Dauerhaftigkeit der Herrschaft dienen. Dazu ein Beispiel von Aristoteles und aus Machiavellis *Principe,* dem 18. Kapitel.[123]

Aristoteles:

... in allen übrigen Stücken aber muß er (der Tyrann) teils wirklich handeln wie ein König, teils so zu handeln scheinen, indem er die Rolle eines solchen gut spielt. Dies tut er aber zunächst dadurch, daß er sich den Schein gibt, für das Gemeinwohl zu sorgen... Und so muß denn ferner der Tyrann sich den Schein geben, als ob er die Steuerabgaben und die öffentlichen Leistungen um der Staatsverwaltung willen und um des möglichen Bedarfs für Kriegszeiten willen einzöge, und muß sich überhaupt als ein Hüter von Staats- und nicht von Privatvermögen darstellen.

Ferner muß er sich immer als ein Menschen zeigen, der seinen Pflichten gegenüber den Göttern mit besonderem Eifer nachgeht; denn bei jemandem, der die Götter fürchtet und fromm ist, versieht man sich dessen weniger, widerrechtliche Handlungen zu erleiden, und scheut sich mehr, ihn anzugreifen, sofern man ihn als einen ansieht, welcher die Götter zu Bundesgenossen hat; nur aber muß er dabei nicht allzu kindisch erscheinen.

Machiavelli:

Ein Herrscher braucht also alle die vorgenannten Eigenschaften (Redlichkeit, Verläßlichkeit und Vertragstreue) nicht wirklich zu besitzen, wohl aber ist es nötig, daß er sie zu haben scheint.

Es soll daher ein Fürst großer Sorgen tragen, daß kein Wort über seine Lippen kommt, das nicht voll der vorgenannten fünf Eigenschaften ist, und er scheine, wenn man ihn sieht und hört, ganz Barmherzigkeit, ganz Treue, ganz Redlichkeit, ganz Menschlichkeit, ganz Gottesfurcht.

Und nichts ist nötiger, als sich den Schein dieser letztgenannten Eigenschaften zu geben.

Machiavellis Fürst will ebenso wie Aristoteles' Tyrann seine Herrschaft so lang wie möglich und bestens abgesichert gegen äußere und innere Gefahr behaupten. Unter Berücksichtigung der unterschiedlichen Terminologie und im Vergleich der Vorbilder und Abschreckungsbeispiele haben Aristoteles und Machiavelli freilich wenig gemeinsam. Und nicht zuletzt das Fallbeispiel Cesare Borgia erwirkt einen durchaus separaten, eigenwilligen Aspekt.

Machiavellis neuer Fürst hat mit dem „alten" Tyrannen dennoch vieles gemeinsam. In den *Discorsi*[124] schrieb Machiavelli: „Derjenige, der eine absolute Gewalt errichten will, das, was die Autoren (gemeint sind die antiken Autoren) Tyrannis genannt haben, muß alles neu machen."[125] Es liegt auf der Hand, daß dem Volke durch das „alles neu machen" viel Leid widerfährt; wahrscheinlich mehr, als es vorher, unter der alten Herrschaft, ertragen mußte.

Machiavellis principe nuovo ist ein *tiranno virtuoso*, tüchtiger und begabter Tyrann, der mit eigenen Waffen und durch seine Begabung die Herrschaft erobert. Für ihn verlangte Machiavelli unumschränkte und ungebrochene Macht; jene Macht, die der antike Tyrann bei Aristoteles innehatte. Dieser Tyrann sollte usurpatorisch und despotisch kurzfristig Italiens politisches Schicksal wenden. Langfristig hätte er nach Machiavelli auf der politischen Bühne seinen Platz zugunsten einer Republik räumen müssen.

Rousseau schrieb in seinem *Du contrat social ou principes du droit politique,* daß Machiavelli ein freiheitsliebender Republikaner und Demokrat sei, der mit dem *Principe* in erster Linie die krude Praxis der Machtpolitik und ihrer ideologischen Legitimationen entlarven wollte.[126] Ähnlich argumentierten Spinoza und Bayle und später Diderot.[127]

8. Discorsi – Gedanken über Politik und Staatsführung[128]

Machiavelli hat im *Principe* neben den Fürstentümern am Rande auch die Republik zum Gegenstand seiner Überlegungen gemacht, so wie in den *Discorsi* neben dem Schwerpunkt Republik auch das Wesen der Fürstentümer erwähnt wird.

Er überlegte ständig hin und her, verglich und argumentierte, suchte die Vor- und Nachteile. Das Resultat bleibt in beiden Werken dasselbe: Machiavelli sucht den starken Staat, der die beste Antwort auf die politische Krise sein soll.

Die *Discorsi* wurden von Machiavelli als politischer Kommentar zu Livius' Geschichte der römischen Republik geschrieben. Er benützte dazu nicht weniger als fast 40 historische, theologische und philosophische Werke.[129] Die *Discorsi* sind im Vergleich mit dem *Principe* umfangreicher und thematisch viel breiter angelegt. Machiavelli schrieb sie zudem nicht aus einem Guß, mit einer straffen Gedankenführung. In den 142 Kapiteln der drei Bücher verfolgte er eben nicht eine konsequente Darstellungsmethode, vielmehr verarbeitete er diese Schrift in strukturellen Teilen. In den *Discorsi* konnte Machiavelli seiner Begabung besonders freien Lauf lassen, komplexe historische Zusammenhänge einzelnen fundamentalen Ursachen gegenüberzustellen, das Ergebnis in das Ganze einzuordnen und die Quintessenz daraus zu ziehen. Diese Methode diente ihm aber auch später bei der Ausarbeitung der *Istorie fiorentine*. Machiavelli legte immer großen Wert auf die Folgen geschichtlicher Ereignisse.

Niccolò Machiavelli begann wahrscheinlich bald nach seiner Entlassung mit der Arbeit an den *Discorsi*. Es sollte ein umfangreiches und tiefgründiges politisches Werk werden, in dem er sich am ausführlichsten mit der Politik, insbesondere mit den Republiken, dem Krieg und den führenden politischen Männern auseinandersetzte. Machiavelli wählte diesen Titel, um die ersten zehn Bücher des römischen Staatsdenkers Livius zu kommentieren; Livius' Werk diente ihm als historischer Kontext, als Fundament für die eigene Staatsphilosophie. Machiavelli sprach über Livius, der in Humanistenkreisen geschätzt wurde, seine Zeitgenossen an. Das antike Rom galt ihm ohnehin als die Lehrmeisterin der Politik. Livius eignete sich schon deshalb besonders, weil er sich mit dem Aufbau des römischen Staates und seiner republikanischen Ordnung befaßt hatte. Die Parallele zu Livius lag ihm also vor. Dazu kam noch, daß Machiavelli das Werk von Livius *Ab urbe condita libri XXXV* seit seiner Jugend bestens kannte. Neu an Machiavellis Arbeitsweise war die unorthodoxe Gegenüberstellung von überlieferten Textstellen und persönlichen Erfahrungen. Machiavelli wollte anfangs durchweg im typischen Stil der Humanisten „ermitteln", er ließ jedoch bald davon ab und arbeitete mehr spontan. Aus der Natur dieser Methode übersah er manch kleinen Widerspruch. Einen wesentlichen Zweck verfolgte er damit: „Da es aber meiner natürlichen Veranlagung entspricht, stets ohne Rücksicht zu tun, was meiner Ansicht nach für das Allgemeinwohl von Nutzen ist, habe ich mich entschlossen, einen Weg zu beschreiten, den noch niemand gegangen ist und der mir zwar Mühe und Beschwerden einbringen wird, aber auch Lohn eintragen kann, falls man meine Bemühungen nachsichtig beurteilt."[130] Machiavelli wußte aber, um was es bei den *Discorsi* ging. Er brauchte keine Kritik zu fürchten. Eine Aussicht auf politische Versöhnung mit den Medici bestand ohnehin nicht, außerdem schrieb er dieses Werk in keinem Auftrag. Am Beispiel des alten Roms wollte er nun ausführlich das Scheitern der Politik in Florenz demonstrieren und Italien nochmals beschwören: Die *Discorsi* sollten den Italienern neue freiheitliche, politische und patriotische Impulse und Motivationen verleihen.

Machiavelli unterbrach, wie erwähnt, die Arbeit an diesem Werk, um den *Principe* zu verfassen. Das zweite und dritte Buch der *Discorsi* schrieb er wahrscheinlich während der ersten Jahreshälfte von 1515, während des Jahres 1516, und wahrscheinlich schloß er das Werk 1517 ab. In diesen beiden letzten Teilen erforschte er primär das Wesen der Politik und die Voraussetzungen des politischen Erfolges. Das gesamte Werk widmete er Zanobi Buondelmonti und Cosimo Rucellai, dem Erben der Orti und persönlichen Freund. Buondelmonti gehörte ebenfalls zu den näheren Bekannten Machiavellis, die alle zum Freundeskreis der Orti zählten, wo Rucellai und Buondelmonti für die wohlwollende Aufnahme des Florentiners gesorgt hatten. So dankte dieser ihnen „für empfangene Wohltaten" mit der Widmung des Werkes, in dem er seinen gesamten Erfahrungsschatz verarbeitete: „Alles, was ich weiß, was ich mir durch eine langjährige Erfahrung und durch die ständige Lektüre der Geschichte angeeignet habe, habe ich hierin niedergeschrieben."[131] Er betonte, daß er dieses Werk nicht einem Machthaber widme und „verblendet von Ehrgeiz und Habsucht diesen wegen aller möglichen Vorzüge loben wolle". Auch sei er sich der „Armut seines Geistes" bewußt, man möge ihm verzeihen, „wenn (seine) Ausführungen dürftig sind", „ebenso wenn er Fehlschlüsse ziehe oder sich irre". Dann bekannte er offen, daß er aus freien Stücken dieses umfassende Werk wohl nicht geschrieben hätte; Buondelmonti und Rucellai hätten ihn dazu „genötigt".[132]

Im ersten Buch der *Discorsi* stellt Machiavelli prinzipielle Betrachtungen über die verschiedenen Staaten an und untersucht die Grundlagen der untergegangenen römischen Republik, die weiterhin die Basis für seine politischen Meditationen bildet. Im zweiten Buch behandelt er mit zum Teil schon erörterten Argumenten die römische Außenpolitik. Das dritte Buch enthält kaum neue Gedanken. Insbesondere verfolgt Machiavelli hier an den Taten großer Römer die römische *virtùs.*

Die *Discorsi* wurden posthum 1531 durch Antonio Blado in Rom gedruckt. Aus den Gesprächen Machiavellis in den

Orti, durch Mitteilungen in Briefen und anderen Erwähnungen kannten bereits vorher viele Intellektuelle die wesentlichen Gedankengänge dieses Werkes.

Im Gegensatz zum *Principe,* der straff durchkomponiert und nach einer form- und inhaltsstrengen Methode geschrieben ist, vermißt man in den *Discorsi* Formstrenge und Systematik. Dies liegt schon im Umfang begründet. Die *Discorsi* haben bis heute zu Unrecht unter dem Ruhm des *Principe* gelitten, in dem sich Machiavelli gewiß prägnanter, eindringlicher und systematischer, aber auch kühner und wohl oft zu voreilig äußerte. In den *Discorsi* fand der tiefe Denker Machiavelli seinen klarsten Ausdruck, ausgereift und fundiert. Es stellt sich in diesem Zusammenhang die Frage, ob Machiavelli ohne *Principe* die Zeit von seinem Tode bis heute überdauert, ob die *Discorsi* ohne die streng formulierten amoralischen Inhalte des *Principe* zum selben ewigen Gespräch über ihn geführt hätten. Ihr metaphysischer Inhalt begleitete lange Zeit den *Principe* nur als Ergänzung.

Die *Discorsi* kennzeichnet also wenig systematische Wissenschaftlichkeit, dafür durchzieht eine lebendige Einheit Machiavellis Ausführungen. Die wenigen kleinen Widersprüche tun dem Werk als ganzheitliches Opus keinen Abbruch. Dem Machiavelli-Interessierten mutet sein Grundbekenntnis zur Monarchie im *Principe* einerseits und zur Republik in den *Discorsi* andererseits dennoch etwas befremdlich an. Darüber hinweghelfen möge der systembedingte Kontext und die Tatsache, daß Machiavellis optimale Staatsform zwar die Republik ist, daß nach ihm das Volk aber erst zu Eigenverantwortung, politischer Reife und politischer Partizipation erzogen werden müsse; das Volk soll zuerst politisch emanzipiert sein, ehe es der Verantwortung einer Republik gerecht werden kann. Machiavelli verlangte die systematische Anwendung des Gelernten. Das richtige Handeln in der Politik ist insofern eine Kunst, wie diese eine erlernbare Technik ist. Bisher, so meinte Machiavelli, habe sich der Mensch nicht die Mühe gemacht, die Technik dieser anspruchsvollen Kunst zu begreifen; die

Menschen hätten zu sehr nach Gefühl, Instinkt, Gewohnheit und Laune gehandelt, das unschätzbare Vorbild der Alten zwar bewundert, es aber nicht systematisch ausgewertet. An der römischen Vergangenheit sei zu lernen, sie sei das Vorbild für nationale Kraft, staatliche Herrschaft und Ordnung, politische und sittliche Tüchtigkeit, individuelle und kollektive Disziplin und militärische Strategie. Dem Faktor Glück komme zwar eine bestimmte Bedeutung zu. Ein Politiker könne also bei aller Handhabung der politischen Regeln versagen. Die menschliche Natur bleibe aber konstant, deshalb wiederholten sich die geschichtlichen Ereignisse: „Wer sich mit der gegenwärtigen und antiken Geschichte beschäftigt, erkennt leicht, daß alle Staaten und alle Völker von jeher die gleichen Wünsche und die gleichen Launen hatten. Untersucht man also sorgfältig die Vergangenheit, so ist es ein leichtes, in jedem Staat die Zukunft vorherzusehen und die gleichen Mittel anzuwenden, die auch von den Alten angewandt wurden, oder bei ähnlichen Ereignissen neue auszudenken, wenn bereits erprobte Mittel nicht zur Hand sind."[133]

Machiavelli geht in seiner Anschauung über den Kreislauf der Staatsformen in den *Discorsi* einen Schritt weiter, indem er von einem endlichen Zustand spricht, einem Herrschaftskonglomerat aus Volksvertretern, Adelsabordnungen und Fürsten.

Francesco Guicciardini kritisierte als erster, schriftlich, in einem breiteren Rahmen die *Discorsi*.[134] Dabei prangerte er primär Machiavellis Behauptung an, daß die Menschen schlecht seien. Seiner Auffassung entsprechend charakterisierte er sie vielmehr als zum Guten geneigt. Die Gesetzgeber müßten zum Guten ermutigen, das Gute im Menschen ansprechen und wachrufen. Wer hingegen das Böse im Menschen sehe, sei ein Ungeheuer. Guicciardini warf Machiavelli völlige Verallgemeinerung vor: Er solle vielmehr differenzieren und erst dann zu radikalen Formulierungen übergehen, wenn das Ergebnis der Analyse in der jeweiligen Situation dies erfordere. Machiavelli traute dem

Volke die Maximen der Politik langfristig zu, Guicciardini nicht: „Ich weiß eigentlich nicht, was die Behauptung (Machiavellis) bedeutet, man müsse dem Volke die Hut der Freiheit anvertrauen. Handelt es sich um die Frage, wer an der Herrschaft teilhaben soll, so betrifft das, besonders bei einer gemischten Regierung wie in Rom, sowohl das Volk als auch die Adeligen. Handelt es sich aber um die Wahl zwischen einer rein adeligen oder einer Volksregierung, so halte ich mich nicht damit auf zu untersuchen, ob wirklich die erste zum Erhalten, die zweite zum Erobern geeignet sei, denn der Pöbel ist unwissend und taugt für keinerlei Ämter."[135]

Erst im Laufe des 20. Jahrhunderts hat die Machiavelli-Forschung ihr Augenmerk vom *Principe* auf die *Discorsi* gelenkt. Mit englischen Historikern kann heute die Meinung geteilt werden, daß die *Discorsi* das Hauptwerk Machiavellis sind und daß seine politische Ideologie und Theorie ebenso wie seine Ethik und die Grundsätze seiner Geschichtsauffassung aus dem *Principe* zu erschließen sind. Im Grunde sind die *Discorsi* und der *Principe* mit derselben Hingabe und politischen Leidenschaft geschrieben worden; politisch reifer zeigt sich Machiavelli aber in den *Discorsi*.[136] Beide Werke entsprangen einer einheitlichen Grundkonzeption. Die republikanischen *Discorsi* und der monarchische „absolute" *Principe* wurden zu lange auf eine falsche, nämlich eine rein verfassungspolitische Fragestellung hin untersucht.[137]

9. Kulturelle Voraussetzungen für das literarische Werk

Niccolò Machiavellis Komödien und Novellen sind längst in die Literaturgeschichte aufgenommen; sein literarisches Werk, insbesondere die Komödien, ist heute für die Dichtung der Renaissance beispielhaft. So manche Fabel, die man sich schon im alten Athen oder Rom zu viel früherer Zeit erzählt hatte, griff Machiavelli wieder auf und paßte sie nun den Verhältnissen seiner Zeit an: Florenz' politische und klerikale Zustände spiegelten sich darin wider. Eine „wahre Begebenheit",[138] wird immer wieder bestätigt, lag der Handlung zugrunde, so daß Machiavelli die Personennamen vertauschen mußte, um keine unliebsamen Verwechslungen hervorzurufen. So manche Personenbezeichnung erinnert aber an historische Persönlichkeiten, allen voran das Beispiel Nicomaco, worin er einfach seine eigenen Namen zu einem zusammenzog.

Bis zum Erscheinen der wichtigsten literarischen Werke hatte Machiavelli keinen großen Erfolg als Dichter eingeheimst, vielleicht gerade deshalb, weil die Kenner nur seine historisch-politischen Abhandlungen und staatspolitischen Kommentare als wahre Kunstwerke mit tiefstem Sinngehalt anerkennen wollten. Machiavelli als Schriftsteller erfundener Stoffe, die die Privatsphäre, ja zumeist das intime Liebesleben, als Schwerpunkt haben, war einfach zu ungewohnt und klang sonderbar. Er war auch bis zu seiner ersten Komödie „kein Mann von großem Rufe".[139] In seinem Werk sicherte er sich gegen allzu harte Urteile und Fehlentscheidungen ab, wenn er betonte, daß er nichts Unanständiges und Unsittliches bringen wolle, was ihn als unkultivierten Manne ausgewiesen hätte. Dies lag ihm fern; als „wohlgesitteter Mann" ging er daran, Lustspielinhalte zu erfinden, um das Publikum zu „ergötzen", zum Lachen zu bringen und auch den „Zuschauern zu nützen".[140]

Die wichtigste Funktion der Literatur war ohnehin die Unterhaltung, manche Theaterstücke sollten auch der religiösen und sittlichen Erziehung dienen. Die politische Funktion stand nicht selten im Hintergrund.

Das Lustspiel erfüllt in Machiavellis Augen den Zweck, dem Zuschauer „einen Spiegel eines Privatlebens vorzuhalten" — und dies mit gewissen „Wendungen, die zum Lachen reizen, damit die Menschen, dieser Belustigung zulaufend, dann das nützliche Beispiel kosten, welches darunter liegt". Die Personen sollten lächerlich wirken; um dies wiederum zu erreichen, müsse man eigene „vaterländische Ausdrücke" verwenden.[141] Die Unterhaltung, Belustigung, aber auch moralische Überzeugung und politische Belehrung galten als die wichtigsten Ziele der italienischen Dichter des Quattro- und Cinquecento. Viele Theaterstücke gelangten auf die Bühne der italienischen Renaissancestädte, um das Publikum in politischer, religiöser und sittlicher Hinsicht zu schulen. Machiavellis Bühnenwerke bildeten keine Ausnahme: In satirisch-ironischer Art und Weise prangerte er soziale und politische Mißstände der Zeit an. Dies wurde nach 1513 eine seiner großen Leidenschaften, was ihm selbst innigstes Vergnügen bereitete und ihm viel Langeweile vertrieb. Seine literarische Tätigkeit ersetzte freilich nicht seine politische Lehre in der Öffentlichkeit.

Um 1600 wurde die Dichtung der italienischen Renaissance überall in Mittel- und Westeuropa bekannt, vor allem französische Theoretiker begannen mit einer intensiven Nachahmung. Die Italiener mit ihrem dichterischen Werk wiesen der Literatur des Auslandes den Weg; sie bildeten den Maßstab.

Die eigentliche Leistung der italienischen Dichtung beruhte allerdings auf einer langen Tradition; mit Hilfe dieser Tradition peilte sie eine Vollendung der Form an.[142] Der Weg, den der Dichter der Renaissance beschreiten sollte, war vorgezeichnet: Antike Autoren mußten nachgeahmt werden, und zwar vor allem lateinische.[143] Folgender

Grundsatz wurde dem Prinzip der Imitation unterworfen: „Ihr Dichter, die griechischen Muster legt nicht am Tag aus der Hand noch legt sie des Abends beiseite."[144] Der Autor wurde dazu aufgefordert, sich verschiedene Lektüren des Altertums anzueignen und diese dann mit seinem eigenen Werke zu verschmelzen.[145] Die Dichter der Renaissance kopierten die Werke ihrer antiken Vorbilder nicht einfach, nein, aus der *imitatio* wurde eigentlich die *aemultatio;* die schöpferische Leistung des Dichters kam jetzt erst richtig zum Tragen.[146] Besonderen Wert mußte man nun auf die Sprache legen: Die Wörter wurden in einer korrekten Reihenfolge angeordnet; dabei war es entscheidend, welche überhaupt gebraucht werden konnten — die angemessene Wortwahl gehörte unbedingt zum dichterischen Gestaltungsprinzip.[147] Nicht alle Wörter paßten zu dem Gegenstand, der zu behandeln war; die Dichtungsgattung war also auch für den entsprechenden Sprachstil ausschlaggebend: Im Falle einer Tragödie überwogen wohl „ernste, würdige, klangvolle, pompöse und glanzvolle" Worte; im Falle eines leichteren Stückes, etwa einer Komödie, empfahl man „leichte, klare, schlichte, gewöhnliche und ruhige" Worte zu gebrauchen.[148]

Der Zug Karls VIII. nach Italien beschwor eine neue politische Krise herauf, gleichzeitig setzte in der humanistischen Kultur eine Wende ein. Sie wurde nun streng von der Politik getrennt, „entpolitisiert".[149] Ein neuer Personenkult prägte nun das italienische Städtebild. Der neugeborene Menschentypus, der *homo solitarius,* zog sich aus den vielen gesellschaftlichen Pflichtveranstaltungen, die nur dem reinen Vergnügen und der bloßen Ausgelassenheit dienten, zurück. Er suchte jetzt jene Orte auf, an denen das Studium und die Weiterbildung gefördert wurden, wo er seiner neugierigen Wissensbegierde Genüge tun konnte. In der Einsamkeit fühlte er sich eigentlich am wohlsten, im Studierzimmer mit den Büsten, die die Großen des Altertums darstellten, oder außerhalb der Stadt, in einem kleinen, noch idyllischen Örtchen, wie es etwa Sant' Andrea in

Percussina war. Hier konnte er die aufreibende Tagespolitik vergessen, kostbarsten Reichtümern nachgehen und in Genügsamkeit und Bescheidenheit leben.[150]

Der Wahlspruch der alten griechischen Philosophen *gnothi seauton,* erkenne dich selbst, wurde die Maxime der Selbstbeobachtung. Das schöpferische Individuum erkannte die eigenen schöpferischen Fähigkeiten, wußte gleichzeitig aber auch von den menschlichen Schwächen und Fehlern. Aus lauter Liebe zur Dichtkunst begannen viele zu schreiben; Auftraggeber und Mäzene traten nun mehr in den Hintergrund als in den vorhergehenden Kunstrichtungen.[151]

Die individuelle Kultur der Persönlichkeit und die Erziehung zum aufrechten Staatsbürger waren die eigentlichen Ziele des Humanismus. Die Eigenbetrachtung und Beschäftigung mit der Tradition galten hierbei als konkrete Erziehungsmittel; gerade die griechischen und lateinischen Klassiker lieferten den unverzichtbaren Stoff dazu: Platon, Aristoteles, Epikur, Epiktet, Cicero, Seneca, Plutarch, Vergil, Augustinus und Hieronymus. Der Jugend wurde das Studium antiker Schriften wärmstens empfohlen, da sie unterhalten, gleichzeitig aber auch ein tugendhaftes Verhalten beibringen würden: „Du kannst in deinem Studierzimmer so lange, wie du magst, mit Vergil verweilen; er wird dir nie nein sagen, vielmehr deine Fragen beantworten, dich beraten und belehren, ohne daß es dich Geld oder sonst etwas kostet; er wird aus deinem Kopf Schwermut und Kummer vertreiben und dir Vergnügen und Trost spenden."[152]

Eine der großen Leistungen des humanistischen Rationalismus beruht auf dem Bemühen, Texte antiker Autoren wiederherzustellen. Aus der Antike wurde auch jene Meinung übernommen, daß der Dichter zwar das *ingenium,* eine ihm angeborene Begabung, besitze, dieses aber nicht für eine ausgereifte Schöpfung hinreiche; sein Talent müsse von der dichterischen Technik, *ars,* und durch gelehrtes Wissen, *doctrina,* ergänzt werden. Die beiden dichterischen Vorzüge könne man sich jedoch nur in der Nachahmung, *imitatio*, antiker Autoren erwerben. Der Dichter des Humanismus müsse ein *poeta eruditus*, ein auf allen Gebieten Wissender, sein. Die humanistische Dichtung war damit eine „Bildungsdichtung"; sie bedeutete „nicht Wiedergabe persönlicher Erfahrungen, vielmehr Auseinandersetzung mit den durch die Tradition vorgegebenen Inhalten und Formen".[153] Auch Machiavelli führte abends in seinem Studierzimmer, wenn er von den Tagesgeschäften heimkehrte, ein freundschaftliches Gespräch mit den antiken Vorbildern: „Wenn der Abend kommt, kehre ich nach Hause zurück und trete in mein Studierzimmer ein. An der Schwelle lege ich mein Alltagskleid ab, das mit Schlamm und Kot bedeckt ist, und ziehe mir höfische Gewänder über. Angemessen gekleidet betrete ich den ehrwürdigen Hof der Männer des Altertums. Dort werde ich von ihnen liebenswürdig empfangen und nähre mich mit jener Speise, die allein mir zukommt und für die ich geboren bin. Dort schäme ich mich nicht, mit ihnen zu sprechen und sie nach dem Grund ihres Handelns zu fragen. Sie antworten mir in ihrer Menschlichkeit, und vier Stunden lang empfinde ich keine Langeweile. Ich vergesse jeden Kummer, ich fürchte die Armut nicht, der Tod erschreckt mich nicht. Ich lebe ganz mit ihnen."[154]

Der Höfling, der Burgherr des Mittelalters förderte jetzt hauptsächlich dieses Studium der Antike und die Weiterbildung in der höfischen Gesellschaft. Die norditalienischen Stadtstaaten, allen voran mit den Höfen Federigo di Montefeltros und des Herzogs von Urbino, wurden zu Zentren der Kunst, in denen die Kunst zur Institution wurde, wenn auch nur für eine auserwählte Gesellschaftsschicht. In den bildenden Künsten gelangte man dabei zu außergewöhnlichen Glanzleistungen, aber auch das dichterische Werk brachte es zu neuem Ansehen. Neulateinische Briefe und Traktate wurden Kunstmuster, denn schon die Antike hatte diese Darstellungsmöglichkeit als offen und lebensnah geschätzt. Vor allem hatte Cicero, der Meister der kunstgerechten Rede, diese Form blendend beherrscht. Seine Briefe fanden wohl auch deshalb großen Anklang, da man damit einen größeren Einblick in sein Privatleben gewinnen konnte. Die Humanisten wurden als Briefeschreiber zu einem Großteil von Cicero inspiriert, seine stilistische Form fand eindeutig Nachahmung. Vor allem Francesco Petrarca, der Entdecker der Atticusbriefe, begann als erster Briefe zu sammeln und aufzubewahren.[155] Nach ihm wurden jene Briefe berühmt, die die Großen des Jahrhunderts, Ariosto, Michelangelo, Tasso oder aber auch Machiavelli hinterlassen hatten. Hauptsächlich das Alltagsleben war darin beschrieben worden, so daß die Bedeutung dieser literarischen Ausdrucksform vorwiegend auf den zahlreichen autobiographischen Informationen beruht.

Auch in der Lyrik wurden alte Themen erneut aufgegriffen, fand im damaligen Italien ein Wiederaufspüren antiker Kunstformen statt. Gerade im Cinquecento fand man zu einer angemesseneren und vornehmeren Ausdrucksform und damit zu einer neu ausgereiften Kunstsprache zurück, wie sie schon einmal bei den lateinischen Dichtern zur Reife gelangt war. Moderne Gedichtarten wie Kanzone, Sonett oder Ballade vermischten sich mit der antiken Ode oder Elegie. Aber auch hier kann man nicht von einer bloßen Nachahmung der antiken Lyrik sprechen: In zahlreichen Gedichten wurden nämlich solche Gemütszustände beschrieben, „die aus dem Geist des Sängers (Dichters) selbst, nicht aus der dargestellten Person" herrührten.[156]

Auch Niccolò Machiavelli versuchte sich in dieser Dichtungsgattung. Vor allem jenes Gedicht aus jüngeren Jahren, das er seinem Vater widmete, ist bekannt. Das Sonett ist heute allerdings nicht in seiner Originalschrift erhalten.[157] Der Dichter spricht dabei die schlimme finanzielle Not seiner Familie, insbesondere auch seiner Geschwister, an. Unter Einsparung wichtiger Lebensmittel hätten sie oft nur von Nüssen, Feigen, Bohnen und getrocknetem Fleisch gelebt. Und Machiavelli beklagte sich bei seinem Vater, daß man nicht durchwegs von Pökelfleisch leben könne. Der Großteil der Verse bleibt aber ziemlich unverständlich und unklar; durch die zahlreichen ironischen Anspielungen und scherzhaften Wendungen weiß man oft nicht, was bzw. wer gemeint ist, und man kann nur versuchen, dies zu erraten. Literarischen Ruhm freilich konnte Machiavelli mit diesem Sonett noch lange nicht einheimsen; das kleine Werk stand ja schließlich am Anfang einer langen und erst schrittweise ausreifenden Schriftstellerkarriere.

10. Commedia erudita und Commedia dell'arte - die Mandragola

Als eigene literarische Kunstform wurde in der Renaissance die Komödie besonders gepflegt. Das Mittelalter hatte gerade diese Dichtungsgattung verworfen, der stoffliche Gehalt war oft nicht ernstgenommen worden, man verurteilte ihn für zu anstößig und amoralisch. Nun, am Übergang zur Neuzeit, fand ein Wiederaufleben des antiken Dramas, sowohl der Tragödie als auch der Komödie, statt. Terenz und Plautus dienten für die letztere Dramenform als Vorbilder.[158] Gerade Plautus erwies sich in seinem bereits satirisch anmutenden Komödienwerk als großartiger Menschenkenner mit psychologischem Scharfsinn. Die Intrige hatte schon bei ihm eine große Rolle gespielt; mit Schlauheit hatte er die Folgen der Intrigen zu spinnen und zu vereinen gewußt. Jetzt, in der Renaissance, trugen die Bühnenstücke im Grunde den Charakter durchtriebener Intrigenstücke, die wiederum häufig aus antiken Charakterdramen zusammengesetzt waren.[159] Die Renaissancekomödie interessierte sich nicht außerordentlich für die großen historischen Ereignisse aus der Vergangenheit oder Gegenwart wie etwa die Tragödie; nun rückten vielmehr Themen aus der Privatsphäre des Alltags in den Mittelpunkt; die Handlungsträger gehörten oft der Mittelschicht, aber auch der Unterschicht an, und die Sprache hielt sich gerade an dieses Milieu. Es gab hauptsächlich nur einen Ort, an dem sich ein wichtiges Ereignis abspielen mußte, weite Rückblenden durften nicht ins Gewicht fallen.[160] Beim äußerlichen Aufbau setzte sich die Einteilung in fünf Akte durch. Der Handlungsablauf wurde gerne indirekt, in Berichten unbeteiligter Personen wiedergegeben, wobei immer häufiger rhetorische Stilmittel zum Einsatz kamen. Klassische Prosaformen verschwanden mehr und mehr und mußten einer volkssprachlichen Ausdrucksweise Platz machen; alltägliche, oft auch derbe und rohe Redewendungen wurden häufig eingestreut.

Die italienische Komödie des Cinquecento versuchte mit Phantasie und Komik, Natürlichkeit und Esprit Ruhm und Anerkennung zu erlangen. Italien war in der Renaissance nicht fähig, eine Nationaldichtung mit einem einheitlichen Nationaltheater hervorzubringen, was für die Entwicklung der Komödie nicht von Vorteil war. Selbst ein allumfassendes Lustspiel, das sowohl im Süden als auch im Norden Anklang finden sollte, gelangte nicht zur Ausbildung. Freilich wurde eine Komödienform bei verschiedenen Gesellschaftsschichten Italiens beliebt: die *commedia erudita,* die Buchkomödie; vor allem bei den gebildeten Kreisen kam sie recht gut an. Der *poeta eruditus* verglich seine Tätigkeit mit jener eines Wissenschaftlers, denn wie der Wissenschaftler, so mußte auch er über ein umfangreiches Wissen verfügen. Niccolò Machiavelli kann als ein solcher bezeichnet werden, in vielen Literaturgeschichten ist er als Mitbegründer der neuen Dramenform, der commedia erudita, genannt. Auch er holte sich seine Vorbilder aus der Antike, auch er teilte seine Hauptkomödie, *La Mandragola,* in fünf Akte ein und paßte Form und Sprache den damaligen Gepflogenheiten an. In Machiavellis politisch-moralischen, aber auch seinen literarischen Werken finden sich „gute, feine, geistreiche Gedanken über das menschliche Leben, die gesellschaftlichen Verhältnisse, über das Rechte, Gute".[161]

Das neue, eigenwillige Komödienspiel, das im Renaissance-Italien hauptsächlich im 16. Jahrhundert aufkam, hatte im Volk nicht eigentlich seinen Ursprung; es hatte sich aber eindeutig aus den überlieferten römischen Schwänken des Plautus und Terenz entwickelt. Mit ihr erlebte das Renaissancetheater eine große Blüte, die Bühne gelangte zu neuen Ehren. Bei der Gestaltung des Bühnenbildes wurde ein sehr hoher Aufwand betrieben, wobei man sich nach den Gesetzen der perspektivischen Malerei, die erst in der Renaissance ausgereift war, richtete. So ist es nicht verwunderlich, daß einer der größten Kunstmaler jener Zeit auch zu einem der begehrtesten Bühnenbildner aufstieg: Raffael.

Neben Machiavelli gelangten vor allem Ludovico Ariosto, Pietro Aretino und Bernardo Dovizi als großartige Komödienschreiber zu Ansehen. Ariostos fünf Komödien, darunter *Cassaria, Suppositi, Il Nigromante, Lena,* spiegeln eigentlich die Geschichte der italienischen Komödie wider: Die stoffliche Vorlage entnahm er der Antike und schrieb sie für den Hof von Ferrara zunächst in Prosa, dann aber setzte er sie in Dialogform um und schickte – ganz nach Terenz' Vorbild – dem Ganzen einen Prolog voraus. Den Schauplatz des Geschehens verlegte er zumeist nach Italien, insbesondere nach Ferrara, um damit auch gleichzeitig Anspielungen auf die aktuellen politisch-sozialen Verhältnisse zu machen. Und obwohl seinen Stoffen eine geistreiche Originalität fehlte, ließen sich viele nachfolgende Schriftsteller von Ariostos Werk inspirieren.

Als zu Anfang des 16. Jahrhunderts eine neue Komödie in der Toskana zur Aufführung kam, erregte diese beachtliches Interesse und Aufsehen. Ein Kardinal aus dieser Gegend kam als Dichter in Frage: Bernardo Dovizi da Bibbiena. Mit seiner in Prosaform gefaßten Komödie *Calandria* war es ihm gelungen, das Publikum zu unterhalten und damit auch große Anerkennung als Komödienschreiber zu erzielen. Auch hier war der Dichter noch vom antiken Vorbild ausgegangen, fand nun aber erstmals zu einer volkstümlichen Ausdrucksweise.[162]

Pietro Aretino, der Dritte im Bunde, suchte sich vielleicht noch entschiedener als die beiden anderen von der literarischen Tradition zu lösen, um eine volkssprachliche Prosa ohne Respekt und Zurückhaltung zu erzielen. Ihm gelangen, mit Machiavelli, die lebensnahesten, wirklichkeitsgetreuesten Szenen. Seine literarischen Schriften – neben Komödien schrieb er u.a. eine der bedeutendsten Tragödien des 16. Jahrhunderts: *L'Orazio* – benützte er vor allem dazu, den Sittenverfall jener Zeit schärfstens zu geißeln.

Während der Renaissance war schließlich auch die *commedia dell'arte,* die Stegreifkomödie, sehr verbreitet. Mit ihr wurde eine noch größere Vitalität und Unbefangenheit erzielt als mit der commedia erudita. Und bei den weniger gebildeten Schichten war sie auch beliebter. Die Schauspieler mußten jetzt die Handlung oft selbst improvisieren, ihr Ausgang war nie vorgeschrieben und deshalb variabel, nur die Basis war definitiv. Als weitere Dichtungsgattung der Renaissance stand die Tragödie gegenüber der Komödie eindeutig im Hintergrund.[163]

Ein neues Ereignis, das sich in der Renaissancestadt Florenz zugetragen haben soll, wird in einer großen Komödie des Cinquecento breit dargestellt, in der *Mandragola* von Niccolò Machiavelli.[164]

Ein junger Mann namens Callimaco Guadagni stellt die wichtigste Person im Stück dar: Von ihm aus nehmen die Ereignisse ihren Lauf. Seinem Diener Siro vertraut er alle Geheimnisse an. Messer Nicia Calfucci ist ein gutgläubiger Mann, verheiratet mit der Stadtschönen Lucrezia, von der er sich sehnlichst Kinder wünscht. Ligurio, ein guter Freund Callimacos, entwickelt den Schwindel, wobei auch die übrigen Figuren, vor allem Fra Timoteo, Lucrezias Beichtvater, und Sostrata, Lucrezias Mutter, wesentlich für das Gelingen des Betruges beitragen. Es treten damit durchaus florentinische Gestalten auf, die auch in anderen poetischen Darstellungen vertreten sind: ein Mönch, ein Arzt, ein Gelehrter, ein Spaßvogel, die Diener.[165] Die *beffa,* ein boshafter Streich, steht in dieser Komödie im Mittelpunkt: Eine Frau, Lucrezia, soll verführt werden, und dies mit Unterstützung des Ehemannes.

Der Florentiner Callimaco, ein Mann um die 30, lebt lange in Paris. Beim Tod seiner Eltern war er erst zehn Jahre alt und hat sich dann zu seinen Vormündern nach Paris aufgemacht. Genau in jenem Jahr unternahm der Franzosenkönig Karl VIII. seinen Italienfeldzug.[166] In Paris verbringt Callimaco einige vergnügliche Jahre, inmitten von Lustbarkeiten. In einem Streitgespräch, in dem es hauptsächlich um die Schönheit von italienischen und französischen Frauen geht, erfährt er erstmals von Madonna Lucrezia, der Stadtschönheit von Florenz und Frau des

Nicia Calfucci, und es ist um ihn geschehen. Er eilt nach Florenz zurück, nur um sie näher kennenzulernen.[167] Doch zu Callimacos Unglück ist dies nicht leicht möglich: Lucrezia ist eine tugendhafte Frau, die recht zurückgezogen bei ihrem reichen Mann lebt. Callimaco weiß aber bald, daß ihr Gatte, obwohl er als Arzt recht einfältig ist, sich sehnlichst Nachwuchs wünscht.

Ein Freund Callimacos, zugleich aber auch der Calfuccis, soll ihm dazu verhelfen, Lucrezia zu einem erholsamen Badeaufenthalt zu bewegen, damit er ihr dort näherkommen könne. Dieser Freund, Ligurio, entpuppt sich bald als Schmarotzer der florentinischen Gesellschaft, der sich hauptsächlich mit Liebeshändel unterhält.[168] Und in dieser Sache ist es vor allem Ligurio, der den teuflischen Plan schmiedet und organisiert. Er führt seinen Freund Callimaco in das Haus Nicias als Arzt ein, der ein kostbares Wundermittel besitzt, das angeblich nach dessen Einnahme zu Kindern verhelfe. Von Anfang an ist Nicia von diesem Arzt begeistert; bald hat dieser sein vollstes Vertrauen gewonnen. Denn nichts wünscht Nicia mehr als ein Kind.[169]

Callimaco wirft bei seiner ersten Begegnung mit lateinischen Zitaten um sich, um seine Gelehrsamkeit zu beweisen; zudem möchte er bei Nicia keine Zweifel erwecken und als Arzt glaubwürdig erscheinen. So untersucht er auch dessen Urin, der allerdings unklar sei. Daraus schließt er ganz fachkundig, daß nachts seine Frau nicht gut zugedeckt sei. Nicia muß dem beipflichten, da seine Frau oft stundenlang bete, ehe sie sich ins Bett begebe.

Schließlich stellt Callimaco ihm sein Wundermittel vor, einen Trank, gewonnen aus der Mandragola, der Alraunwurzel.[170] Nicia ist dem gegenüber recht skeptisch eingestellt; doch als er hört, daß Callimaco mit dem Wundermittel schon vielen Frauen, so auch der Königin von Frankreich, geholfen hätte, ist er ganz sprachlos und zeigt sich jetzt immer interessierter.

Den Trank solle seine Frau abends einnehmen, so erklärt Callimaco. Der Mann aber, der ihr nach der Einnahme des

Wundermittels nahekommt, müsse innerhalb von acht Tagen sterben. Nicia ist darüber ganz entrüstet, doch jetzt hält Callimaco bereits seinen Vorschlag bereit: Ein anderer, unbekannter Mann soll die Nacht bei ihr verbringen, mit ihr schlafen. Denn gerade in der ersten Nacht nehme dieser alles Gift auf. Nicia ist über diesen Plan immer noch entsetzt; zunächst kann er ihn einfach nicht gutheißen, da er damit ja im Grunde seine Frau zur Hure macht. Weiters ergäben sich ja noch viele anderer Probleme, die nicht so einfach zu bewältigen wären, so meint Nicia. Aber Callimaco hält für jeden Einwand einen Auswegsvorschlag bereit; der Mann, der für Nicia einspringen wird, soll auf der Straße aufgelesen werden, Mutter und Beichtvater sollen Lucrezia für das Vorhaben gewinnen. Nicia hat schließlich nur vor einer Sache Angst: vor der Acht, dem florentinischen Strafgerichtshof am Arno; aber als er sich dann besinnt, daß der Plan schon bei mehreren Frauen, sogar bei Königinnen, durchgeführt worden ist, kann er sich erst recht für das Vorhaben begeistern.[171]

Nicia führt das Mißtrauen und die Zurückhaltung seiner jungen Frau auf die Kirche zurück. Eine Nachbarin hatte ihr nämlich einmal geraten, 40 Tage hintereinander die erste Messe bei den Serviten zu besuchen, dann werde sie schwanger. Doch einmal, nach einer Messe, stellte ihr ein Mönch nach und begehrte sie, so daß Lucrezia ihr Gelübde nicht mehr einhalten konnte.

Lucrezias Mutter, Sostrata, soll ihren Beichtvater in den Plan einweihen und ihn dafür gewinnen. Und ein bißchen Geld trägt das übrige bei. Mit der Autorität der Kirche kann der Plan erst recht in die Tat umgesetzt werden.[172] Nicia ärgert sich dabei sichtlich, da Ligurio dem Mönch weitaus mehr verschafft als ursprünglich vereinbart, denn es ist ja sein Geld. Im Gespräch mit dem Mönch, Fra Timoteo, entpuppt sich Ligurio als großartiger Fabulierer, der es mit der Wahrheit überhaupt nicht genau nimmt. Nicia ist ganz verwirrt, durch die verstrickten Lügengeschichten kennt er sich nicht mehr aus. Fra Timoteo, in gewisser Hinsicht eine

Kontrastfigur zu Lucrezia und zugleich auch eine der Hauptfiguren, zeichnet sich durch seine Ruhe und Bedächtigkeit aus. Er nimmt sich bald der Sache an, möchte bereitwillig dem Mädchen den Trank geben, ist er doch schließlich dafür bezahlt worden.

Es kommen immer wieder lustige Szenen zustande: Nicia hat zuvor ja den Auftrag erhalten, beim Mönch sich taub zu stellen, damit er möglichst wenig zu sprechen brauche. Als Fra Timoteo ihn etwas fragt, gibt er nur widersinnige Antworten von sich, so daß der Mönch glaubt, daß er es mit einem Narren zu tun habe.

Auch die Mutter redet der Tochter gut zu, niemand wolle ihr zu etwas Bösem raten. Doch Lucrezia will und kann auch nicht begreifen, daß sie unbedingt die Ursache für den Tod eines Mannes sein soll. Allein Fra Timoteo kann die tugendhafte junge Frau umstimmen. Er überzeugt sie, indem er ihr gesteht, daß er den Fall lange sehr genau studiert habe: „Ich habe mehr als zwei Stunden lang in meinen Büchern über diesen Fall nachstudiert, und nach genauem Prüfen habe ich vieles gefunden, was dafür spricht. Ihr müßt die Sache so betrachten: Hat man zwischen einem sicheren Guten und einem ungewissen Übel die Wahl, darf man das Gute aus der Furcht vor dem Übel nicht beiseite schieben. In diesem Fall liegt etwas Gutes vor: nämlich, daß Ihr ein Kind bekommen und dem Herrgott eine Seele erwerben könnt. Nicht der Körper, sondern der Wille ist es, der sündigt; eine Sünde wäre es, wenn Ihr Euren Mann erzürntet. Ihr aber lebt, um ihm zu gefallen. Eure Aufgabe ist es, einen Platz im Paradies zu erlangen, indem Ihr Euren Mann zufriedenstellt."[173]

Doch Callimaco ist nicht ganz glücklich dabei, obwohl das gewünschte Glück zum Greifen nahe ist. Ihn quält das Gewissen, er kann keine Ruhe finden: Einmal ist er zuversichtlich, daß alles glattgehen wird, da Nicia in seiner Einfalt wohl ahnungslos ist; zum anderen tauchen gerade wegen Lucrezias Tugendhaftigkeit und Klugheit große Bedenken auf. Die Sehnsucht aber übermannt ihn: Er möchte sie um jeden Preis besitzen, und es ist gerade so, „als ob Gott das Böse wie das Gute belohnte".[174] Inzwischen verkleidet sich Callimaco in einen jungen, arbeitslosen Mann; Nicia, Ligurio und Siro, Callimacos Diener, fangen ihn ein und bringen ihn zu Lucrezia. Fra Timoteo, Mitwisser und Befürworter, ist ein Helfer zum Bösen geworden: „Ich lebte in meiner Zelle, sagte mein Brevier auf und unterhielt meine Gläubigen; nun begegnet mir dieser Teufel Ligurio, der mich bewogen hat, einen Finger zur Sünde herzugeben. Doch dabei ist es nicht geblieben, der ganze Mensch steckt darin."[175] Deshalb hat er auch eine schlaflose Nacht hinter sich.

In der Rückblende erfährt der Leser, was sich in der vorausgehenden Nacht in Nicias Haus zugetragen hat. Nicia selbst erzählt: Nachdem er den jungen Mann empfangen hat, hat er ihn selbst ausgezogen und dabei genau betrachtet: „Er ist häßlich, doch hat er schönes Fleisch."[176] Danach hat er ihn abgetastet, um zu sehen, ob er keine Geschwülste habe; hätte er welche gehabt, dann hätte er den Beischlaf mit Lucrezia nicht gestattet. Am Morgen dann habe er lange gebraucht, um beide zu wecken, vor allem der Bursche war kaum zum Aufstehen zu bewegen. Eigenhändig habe er, Nicia, seine Frau abgewaschen und sie dann in die Kirche begleitet.

Mit großen Erwartungen und unter schlimmen Ängsten ist Callimaco, als junger Mann verkleidet, in Lucrezias Bett gestiegen. In der Nacht hat er sich ihr aber bald zu erkennen gegeben und versprochen, sie zu seiner Frau zu nehmen. Lucrezia willigt, ganz zum Erstaunen vieler Leser, ein, denn sie hat triftige Gründe: „Da deine Schlauheit und die Dummheit meines Mannes, die Einfalt meiner Mutter und die Schlechtigkeit meines Beichtvaters mich zu etwas gebracht haben, was ich niemals freiwillig getan hätte, so will ich glauben, daß es eine göttliche Vorsehung so gewollt hat, und ich bin nicht imstande zu verweigern, was der Himmel mir anzunehmen befiehlt."[177]

Callimaco ist überglücklich, aber auch die anderen meinen es zu sein. Lucrezia hat endlich ihre Liebe gefunden, und ihrem Mann gegenüber tritt sie selbstbewußter denn je auf; Ligurio ist zufrieden, daß Nicia nichts von seinem Schwindel gemerkt hat, Timoteo spricht den Segen aus über den Ehebruch und betet, daß Nicia und seine Gattin Lucrezia bald einen Sohn bekommen mögen, und Sostratas Worte lauten: „Wer sollte sich nicht freuen."[178]

Machiavellis satirische Zeitkomödie *Mandragola* spiegelt im Grunde die Gesellschafts- und Lebensverhältnisse von Florenz wider; die darin näher umschriebenen Charaktere stehen hierfür Pate. Lucrezia, die sehr selten selbst auftritt, um die es aber hauptsächlich geht, erscheint am Anfang als das einzige tugendhafte Geschöpf inmitten einer verruchten und korrupten Gesellschaft.[179] Nur einer vermag ihre aufrichtige Tugendhaftigkeit zu Fall zu bringen: Fra Timoteo, der Gottesfürchtige. Der Mönch und Beichtvater der Familie befolgt fleißig seine religiösen Pflichten, liest regelmäßig die Messe, hört die Beichte, nimmt gerne auch „Almosen" für die Kirche an, so daß mehr Messen gelesen und Kerzen angezündet werden können. Er willigt ein, Callimaco die Geliebte zu verschaffen, er stimmt im Grunde dem Ehebruch zu, und er ist es, der Lucrezia dazu überredet; er redet ihr geradezu ein, daß Böses, körperliches Verlangen, gut sei und daß sie dadurch Gott gefalle. Fra Timoteo beklagt sich anderseits über den zurückgehenden Glauben und die schwindende Frömmigkeit.[180] Er ist aber auch neugierig zu erfahren, ob der Ehebruch tatsächlich zustande gekommen ist. Zum Schluß hin, als alle glücklich in der Kirche erscheinen, auch Lucrezia, jetzt allerdings als Mätresse und Ehebrecherin, teilt er im Namen der Kirche den Segen aus. Machiavelli deutet damit an, daß die Fäden zur Intrige großenteils in der Kirche gezogen werden: Der Mönch Timoteo läßt sich mit ein paar Dukaten bestechen, nur um einen Ehebruch in die Tat umzusetzen.

Fra Timoteo, für manchen wohl die eigentliche Hauptperson der Komödie,[181] lenkt großenteils die Aufmerksamkeit auf sich und fesselt den Zuschauer; bei ihm vermischt sich Komik mit bitterer Satire. Hier kann Machiavelli seine Absicht voll ausspielen: einerseits den Zuschauern Vergnügen und Unterhaltung bieten,[182] anderseits die Wunden und Laster der damaligen florentinischen Gesellschaft aufzeigen. So bleibt die Komik der *Mandragola* nicht sorgenfrei; denkt man über das Ereignis genauer nach, muß man zuerst lachen, dann aber eröffnet sich bitterer Ernst. Alle Personen – außer Lucrezia – sind von Natur aus böse und schlecht; selbst Fra Timoteo ist keine wandelhafte Natur, er hat sich nicht aus einem guten zu einem schlechten Menschen entwickelt, wie man glauben möchte; von Anfang an ist er schlecht, nur scheint dies zuerst nicht so. Allein Lucrezia kann dieser Schlechtigkeit entgegenwirken, denn sie ist von Natur aus sittsam und gut. Aber sie hat einen großen Fehler: Sie ist leicht beeinflußbar und dadurch auch lenkbar, was sich gerade am Ende erweist. Obwohl sie ihrem Manne immer treu sein möchte und gerade vor dem Ehebruch zurückschreckt, kann sie ihrem Beichtvater, vor dem sie größten Respekt hat, die Bitte nicht abschlagen. Als sie sich dann endgültig im Bösen verstrickt hat, Ehebruch begeht, ist sie es, die die Situation völlig zu ihren Gunsten ausnützt und genießt. Sie ist es, die zur Meinung gelangt, daß eigentlich jedes Ereignis, auch ihr Ehebruch, göttliche Vorsehung sei: „Und ich bin nicht imstande zu verweigern, was der Himmel von mir verlangt." Sie verweigert sich Callimaco gegenüber nicht, sie willigt ein, seine Geliebte zu werden.[183]

Callimaco, der sich in Lucrezia verliebt hat, als er sie noch gar nicht kannte, setzt alles daran, um mit ihr zusammenzukommen. Mit Hilfe eines Halunken, seines Freundes Ligurio, verschafft er sich Zutritt zu ihrem Gatten. Bei der Ausführung des bösen Streiches bekommt er nur einmal Bedenken, als er an die Hölle denken muß; aber er tröstet sich damit, daß schon viele gute Männer dorthin gefahren seien. Sein Freund Ligurio erscheint als „typisches Lustspielfaktotum",[184] das den Schwindel ausheckt und überall als Schmarotzer der Gesellschaft auftritt; er ist es, der das Ganze inszeniert.

Schlecht ist auch Lucrezias Mutter, Sostrata. Sie steht auf der Seite der Verruchten, die den Plan ausgedacht haben. Sie trägt dazu bei, daß ihre eigene Tochter Tugend und Ehre verliert.

Nicia kann im Stück vielleicht als die originellste Charakterfigur bezeichnet werden; er ist die „naivste und wahrste Person, vollkommen" in seiner Art; „er erfreut uns künstlerisch, ohne uns je sittlich zu verletzen."[185] Seine sprichwörtliche Redeweise und seine spöttischen Bemerkungen stechen hervor; Nicias Ausdrucksweise ist das Sprachmodell schlechthin, das den Übergang von der provinziellen zur Nationalsprache anzeigt.[186] Machiavelli erzielt in der *Mandragola* gerade einen lebendigen, volksnahen Schreibstil, ohne ins Vulgäre auszuarten: „Dem Studium des Lateinischen entnimmt er bloß das für die Kraft und Würde seiner Prosa unumgänglich Notwendige. Und wenn jenes Studium in einzelnen Teilen seiner übrigen Werke zu viel hervortreten mag, so bietet er uns hingegen in der *Mandragola* die ganze Fülle des Schatzes der lebendigen Sprache, mit all ihrer Frische, ihrem Duft, mit der unendlichen Mannigfaltigkeit ihrer Schattierungen und Töne dar. Ohne je ins Vulgäre zu verfallen, ist er stets natürlich und unmittelbar, ohne sich ins Künstliche zu verlieren, stets formvollendet."[187] Mit einfachen Sujets, ohne verquickte Handlungsabläufe, vermochte Machiavelli die Leser und Zuschauer zu fesseln; die Mandragola-Komödie wurde im 16. Jahrhundert ein Bestseller und gelangte immer wieder zur Aufführung. „Mit richtiger und korrekter Zeichnung der menschlichen Natur fesselt er (Machiavelli) die Aufmerksamkeit des Lesers ohne Beihilfe einer komplizierten oder besonders gefälligen Verwicklung, ohne die entfernteste Sucht, seine Spitzfindigkeit zeigen zu wollen."[188] Gerade mit der *Mandragola* gelang Machiavelli ein großer Wurf in der Komödiendichtung Italiens.[189] Sie brachte ihm den Ruf als Dichter ein, als moderner Schriftsteller, der nicht mehr unbedingt dem antiken Vorbild folgte, indem er die Charaktere der einzelnen Figuren viel deutlicher zeichnete. Seine Personen tragen alle „machiavellistische" Züge, da sie sich durch Boshaftigkeit, Intrige und Korruption auszeichnen und den anderen zu weiterem Betrug verleiten.[190] Mit geistreichem Esprit zeichnet er im Werk ein pessimistisches Weltbild, in dem alle betrogen werden wollen und ein Gott nicht sichtbar ist. Eine *rassegnata chiaroveggenza,* resignierende Hellsichtigkeit, zeige sich in der entlarvenden Darstellung der handelnden Personen.[191] Machiavelli hatte die Fähigkeit, seine Ansicht und Meinung in vertiefter Art und Weise in seinen Komödien darzulegen. Mit seinem Werk wollte er möglichst viele Menschengruppen ansprechen, indem er aktuelle Probleme in der Privatsphäre, aber auch im öffentlichen Bereich aufzeigte. Eine bittere Sensibilität begleitet die Komödie, gerade hier, wenn der Individualismus zu einem reinen Egoismus ausartete. Ein gewisser Pessimismus wird sichtbar; mit der *Mandragola* lästerte Machiavelli über seine Zeit.[192] Autobiographisches ist darin ablesbar: Wer in Florenz kein Mann vom Stande ist, also kein Ansehen hat, der findet keinen Hund, der ihn anbellt.[193] Mehr als in den anderen politischen und historischen Werken kam Machiavelli hier auf sich selbst zu sprechen.

Im Mittelpunkt steht der traditionelle, bereits aus anderen klassischen Lustspielen gewohnte Spott: jemand wird zum besten gehalten. Machiavelli liebte am Spott das Unaussprechliche, das vor allem in dieses Werk eingegangen ist und es so reich und interessant macht. Machiavelli hatte zuvor wohl auch vom volkstümlichen Aberglauben der Zauberwurzel gehört. Der Titel, den er seinem Werk gab, klingt seltsam und eigenartig; sicherlich verfolgte er damit eine Absicht: Er wollte wohl den seit dem Altertum herrührenden Glauben an die Zauberkraft der Alraunwurzel, den Glauben an das Wunder und damit an das Übernatürliche zerstören durch Komik und Satire.

Bis heute gibt es Zweifel und Unsicherheit darüber, was

die Entstehungszeit der *Mandragola* betrifft; die Literaturkritiker und Biographen sind sich darüber nicht einig. Auch
in der Frage der Uraufführung gibt es Unklarheiten.

Man kann aber davon ausgehen, daß die *Mandragola* in
Machiavellis bitterstem Lebensabschnitt niedergeschrieben wurde, in der Zeit der Enttäuschung und Geltungs-
bedürftigkeit: „Das Übel läßt sich jetzt nicht steuern. Man
muß sich zufriedengeben, wenn jeder abseits steht und zu-
schaut, höhnisch lacht und schimpft; jeder lacht und spot-
tet, und niemand bemüht sich um edle Werke, die der Wind
zerstreut und der Nebel deckt. Wenn aber jemand glaubt,
den Autor dadurch einzuschüchtern, daß er ihm Böses
nachsagt, so lasse ich euch wissen, daß er das auch versteht, ja, daß das seine Hauptkunst ist und daß er in Italien
niemanden hochachtet, wenn er auch vor dem Reverenz
macht, der einen besseren Mantel als er selber zu tragen
scheint."[194]

Die meisten Biographen gehen davon aus, daß die *Mandragola* nach 1512 niedergeschrieben und spätestens bis
1520 beendet wurde.[195] Einer der bekanntesten modernen
Biographen legt sich genauer fest: Machiavelli habe zwischen Mitte Januar und Mitte Februar 1518 die *Mandragola*
geschrieben. Vorher sei er noch mit *L'Asino d'oro* beschäftigt gewesen, das er gerade wegen des Komödienstoffes
unvollendet liegengelassen habe.[196] Dieses Datum rührt
aus einer Textstelle der *Mandragola*, aus einem Gespräch
zwischen dem Mönch Timoteo und einer Witwe, die ihm
gerade die Totenmesse bezahlt, her: „Glaubt Ihr, daß der
Türke dieses Jahr nach Italien kommt? Wenn Ihr nicht Gebete verrichtet, ja."[197] Und gerade zu Beginn des Jahres
1518 war die Türkengefahr am größten, so daß der Papst
zum Gebet aufforderte.[198]

Vor 1518 hatte sich Machiavelli in einer Nachahmung
von Aristophanes' *Wolken* und in einer Übersetzung der
Andria des Terenz versucht.

Es existiert eine fragwürdige Quelle, wonach die *Mandragola* zur Zeit der Weihnachts- und Karnevalsfeierlich-

keiten 1515/16 in Florenz für Papst Leo X. aufgeführt worden sei.[199] Sie soll zu der Zeit gespielt worden sein, als Papst Leo X. mit Franz I. Frieden schloß — die Quelle gilt jedoch als zweifelhaft. Ob der Papst der Aufführung, wahrscheinlich in den Orti Oricellari, wirklich beiwohnte, bleibt ungeklärt.[200] Wahrscheinlich hörte aber Papst Leo X. vom Erfolg der *Mandragola* in Florenz und ließ die florentinischen Schauspieler nach Rom kommen. Möglicherweise wurde die *Mandragola* sogar in Rom uraufgeführt, und dies im Frühjahr 1520; andere sprechen wiederum von einer Uraufführung an den florentinischen Karnevalstagen. Sicher ist, daß die Aufführungen in Florenz ein voller Erfolg waren. Die Premiere in Venedig erzielte eine weitaus geringere Anerkennung.[201] Vor der Drucklegung, so ist anzunehmen, hat Machiavelli die *Mandragola* in den Orti vorgelesen. Noch zu Lebzeiten des Dichters erschienen mehrere Ausgaben dieser Komödie.[202]

Die *Mandragola,* die literaturgeschichtlich gesehen zur commedia erudita zu zählen ist,[203] weist allerdings auch eine Novellenstruktur der Boccaccio-Vorlagen auf: Die Unterhaltung der Männer in Paris über italienische und französische Frauen als Exposition im ersten Akt ist hierfür charakteristisch. Ansonsten hielt sich Machiavelli äußerlich an die antike Gliederungsform, der Aufbau wurde jedoch folgerichtiger und die psychologischen Grundmuster der Charaktere deutlicher. Mit dieser Komödie gelang Machiavelli ein bemerkenswertes literarisches Produkt. Sicherlich plante er, weitere Lustspiele folgen zu lassen, die einen ähnlichen Erfolg erreichen sollten. Dies sollte ihm aber mißglücken. Die *Mandragola* steht an der Spitze seiner Komödienreihe, die anderen Lustspiele sind nur ein kleiner Abglanz davon. Machiavelli war mit der *Mandragola* die beste Komödie des italienischen Theaters gelungen, so die Worte eines seiner größten modernen Verehrers.[204] Neben den Werken Ariostos und weit nach ihm jene Goldonis zählt die *Mandragola* in der Tat zu den bemerkenswertesten Komödien der italienischen Literatur.

11. Weiteres literarisches Schaffen

Im Jahre 1525, genau am 13. Januar, kam auf dem Landgut des Jacopo di Filippo Falconetti außerhalb von Florenz die zweite bemerkenswerte Komödie Machiavellis, *Clizia*, zur Aufführung.[205] Der reiche Ton- und Ziegelbrenner, der sich zuvor in der Nähe der Porta San Frediano niedergelassen hatte, finanzierte die Aufführung. Der Vorplatz des Hauses wurde in ein weithin leuchtendes Theater mit eindrucksvollem Bühnenbild umgewandelt. Die Kulisse gestaltete Bastiano da San Gallo, Aristoteles genannt, wobei er nach Raffaels Vorbild auch die Perspektive berücksichtigte.[206]

Zu jener Zeit schwärmte der 56jährige Machiavelli für die junge Tänzerin, Sängerin und Schauspielerin Barbera Salutati, die im Hause des Ton- und Ziegelbrenners genausooft verkehrte wie Machiavelli. Während der Aufführung der *Clizia* tanzte sie auch die entsprechenden Einlagen und trat als Schauspielerin auf. Machiavellis Geliebte, der er innigst zugetan war, spielte hier die Nymphe mit Bogen und Köcher, begleitet von zwei Hirten. Alle drei sangen Kanzonen.[207] Machiavelli hatte aber schon zuvor einige Gedichte seiner Freundin gewidmet; seine tiefere Zuneigung drückt sich darin besonders aus. Barbera Salutati, die in der florentinischen Gesellschaft wegen ihres freizügigen Lebenswandels recht umstritten war − sie wurde auch nicht auf dem Friedhof bestattet, sondern außerhalb −, hat Machiavelli gerade in seinen bitteren Lebensjahren, ohne Geld und Amt, beigestanden. Seit Ende 1512 galt Machiavelli ja als *ammonito,* also von allen öffentlichen Verwaltungsposten ausgeschlossen; erst 1521 wurde er als Bürger rehabilitiert, was großenteils Barberas Verdienst war.[208] Machiavelli muß ihr wohl zeitlebens dankbar gewesen sein, in seinen letzten Briefen taucht ihr Name öfter auf. Barbera Salutati hatte Machiavelli Glück gebracht; die Freundschaft war ihm sehr nützlich, und die freizügige Frau soll einmal gesagt haben: „Das ist meine Sache. Ich schenke mich dem, der mir gefällt."[209]

Die *Clizia* ist also nach der *Mandragola* verfaßt worden. Bei der *Clizia* handelt es sich im Grunde um keine originale Arbeit, sie ist nämlich eine Nachahmung der *Casina* von Plautus, die wiederum aus dem Griechischen kopiert worden war. In einigen Stellen ist Machiavellis Werk identisch mit dem Original; manche Aussagen übersetzte er einfach wortwörtlich. Aber gerade wegen ihrer Unoriginalität kam die Komödie beim Publikum sehr gut an, Machiavelli erzielte mit der *Clizia* zumindest denselben Erfolg wie mit der *Mandragola.* Allerdings liegt diese Komödie eindeutig unter dem Niveau der *Mandragola.*[210] Plautus war dem aufstrebenden Machiavelli sicherlich ein großes Vorbild gewesen. Der namhafte Satiriker hatte mit *Casina* eine Intrigenkomödie geschaffen, die eine reife Lebensweisheit aufzeigte, nämlich das Prinzip der natürlichen Ordnung der Dinge und des gesunden Menschenverstandes. Casina, so heißt bei Plautus eine Sklavin, um die Vater und Sohn wetteifern, Clizia heißt das junge Mädchen bei Machiavelli, das von einer florentinischen Familie aufgenommen und das sowohl vom alten Vater als auch vom Sohn begehrt wird. In beiden Handlungen trägt der Jüngere den Sieg davon.

Der Schauplatz der *Clizia* ist wieder Florenz. Diesmal spielt die Handlung im Jahre 1506.[211] Wieder weist Machiavelli im Prolog darauf hin, daß es sich um eine wahre Begebenheit handle, die sich einst im alten Athen zugetragen und später in Florenz wiederholt habe. Dabei kann er das florentinische Ereignis wesentlich lustiger darstellen, „da Athen im Laufe der Jahre zerstört wurde und die Sprache griechisch war".[212] Einfältige, lästernde und verliebte Personen werden darin vorgeführt, damit das Publikum etwas zum Lachen hat. Mit der *Clizia* wollte Machiavelli sicherlich auch den Zuschauer über verschiedene schlechte Charaktereigenschaften aufklären, und zwar über den Geiz eines Alten, über die Raserei eines Verliebten, über die Betrügereien eines Dieners, über die Gefräßigkeit eines

330

Schmarotzers, über das Elend eines Armen, über den Ehrgeiz eines Reichen, über die Verführungen einer Buhldirne, ja überhaupt über die Unzuverlässigkeit aller Menschen.[213]

Die Einführung in das Handlungsgeschehen erfolgt hier viel ausführlicher und genauer als bei Plautus, der den Leser eher knapp durch einen Dialog zwischen dem Diener und Verwalter aufgeklärt hatte. Machiavelli streut einen langen Monolog des Cleandro ein. Dabei liefert er in knappen Zügen einen historischen Abriß über die wichtigsten Ereignisse seit 1494. Im Hause Cleandros ist während des französischen Italienfeldzuges ein französischer Edelmann, Bertrand, einquartiert. Dieser zieht dann mit dem französischen König weiter nach Neapel, um es zu erobern. Auf dem Rückzug nimmt Bertrand ein neapolitanisches Mädchen von etwa fünf Jahren mit, das er seinen Feinden aus den Reihen der Allianz nicht ausliefern will. So schickt er das Mädchen schnell zu Cleandros Vater, wo es in Sicherheit ist. Cleandro wächst mit diesem Mädchen auf. Später verliebt er sich in das hübsche junge Mädchen, aber diese Liebe quält ihn immer mehr: Sein Vater hat sich nämlich gleichfalls in Clizia verliebt. Und Cleandro weiß, daß sein Vater sie ihm aus lauter Eifersucht nie zur Frau geben wird. Machiavelli vergleicht in diesen Einzelbetrachtungen Cleandros Leben, das Leben eines verliebten Mannes mit dem Leben eines Soldaten; dabei verfällt er Polemiken, die durchaus auch politischer Natur sind.[214]

Nicomaco, der alte Vater Cleandros, will Clizia mit dem Diener Pirro verheiraten, doch seine eifersüchtige Frau Sofronia durchkreuzt sofort diesen Plan und möchte Clizia mit dem Geschäftsmann Eustachio verheiraten.

Im zweiten Akt vor allem spitzt sich die Lage zu, ein lebhafter Dialog kommt zwischen den beiden alten Eheleuten auf, es geht immer noch um Clizias bevorstehende Hochzeit. Nicomaco tut sich mit seinen Argumenten immer schwerer, denn seine Frau hat inzwischen längst gemerkt, daß er in das Mädchen verliebt ist. So bleibt ihr nichts anderes übrig, als Clizia einzusperren, während sie zur Messe geht. Und Sofronia ist es, die über das neue Benehmen ihres Mannes staunen muß; seitdem er verliebt ist, hat er sich vollkommen verändert: Er vernachlässigt die Geschäfte, so daß der Handel nicht mehr wie vorher blüht, er geht öfter aus und kehrt unpünktlich zurück.[215] Gerade an diesen Stellen erzielt Machiavelli beim Publikum größte Aufmerksamkeit; hier ist die Sprache besonders lebendig und natürlich, gerade durch typische florentinische Redensarten, denn schon zu dieser Zeit war Toskanisch die Sprache der Eliteliteratur, die andere italienische Mundarten und zunehmend auch Latein verdrängt hatte. Der verliebte Alte, über den man eigentlich nur lachen kann, trägt absichtlich wohl den Namen Nicomaco. Nico spielt dabei auf Machiavellis Vornamen, -maco auf seinen Familiennamen an, der autobiographische Ansatz ist auch hier nicht zu übersehen. Noch im reifen Alter war Machiavelli bei Frauen beliebt, er wurde immer noch vielfach umschwärmt.[216]

Cleandro muß sich als Nebenbuhler seines eigenen Vaters betrachten. Hier bekommt die Komödie einen tragischen Anstrich, wenn der junge Mann gesteht: Er (Vater) ist der „Urheber und die Ursache meines Unglücks".[217] Im Wettstreit um Clizias künftige Heirat einigen sich Nicomaco und Sofronia: Das Los soll entscheiden. Wer aus dem Beutel zuerst den Namen zieht, dem soll sie gehören. Pirros Name wird als erster gezogen, so daß Pirro als Bräutigam feststeht. Für Nicomaco ist dies ein großer Triumph. Denn alle ahnen es schon, daß im Grunde Nicomaco, nicht Pirro, Clizia besitzen wird. Schon in der Hochzeitsnacht will der Alte zu ihr ins Bett, während Pirro die Nacht allein verbringen soll. Cleandro und Sofronia haben von diesem Plan jedoch erfahren, und Nicomacos Frau möchte ihm jetzt einen bösen Streich spielen. In jener skandalösen Hochzeitsnacht findet der alte Verliebte nicht Clizia, sondern Siro, einen verkleideten Diener, vor. Mit der Darstellung dieser Szene wird eine großartige Komik erreicht. Nicomaco ist nämlich seine Geliebte gleich etwas seltsam vorgekommen, hat sie sich doch ständig gegen Zärtlichkeiten gewehrt und seine Aufdringlichkeiten energisch, und zwar mit Rippenstößen, abgewiesen. Der alte Ehemann, der sich noch einmal in ein junges Mädchen verliebt hat, ist damit in der Falle; seine Sittenlosigkeit und Verderbnis allen bloßgestellt. Vor allem Sofronia hat an dem Streich, den sie mit ihm bis auf die Spitze getrieben hatte, erst so richtigen Spaß.[218] Durch diese List hat sie ihr Ziel erreicht und ihren Mann zur Einsicht in seine Torheit gebracht und beschämt. Sofronia sagt zu Nicomaco am Ende: „Ich gestehe, daß ich die ganze List gegen dich geleitet habe; denn, um dich zur Einsicht zu bringen, gab es kein anderes Mittel, als dich über dem Diebstahl mit so vielen Zeugen zu ertappen, so daß du dich schämen mußtest, und die Scham dich dann zu dem bewog, wozu dich nichts anderes hätte bringen können."[219]

Sofronia hat ihr Ziel erreicht, denn Nicomaco ist wieder bereit, der alte zu werden und sich mit ihr auszusöhnen. Zuletzt wird noch Clizias Vater, ein reicher neapolitanischer Edelmann, aufgespürt, der in die Hochzeit Clizias mit Cleandro gerne einwilligt, und alle können zufrieden sein.

Mit der Komödie *Clizia* sind Niccolò Machiavelli treffende florentinische Redensarten in lebhaften Dialogen vor allem zwischen Nicomaco und Sofronia, dem älteren Ehepaar, gelungen. Nicomaco, die Hauptfigur, wird eigentlich als *padrone,* als Edelmann, behandelt, der allerdings in der erhofften Liebesnacht die entscheidende Demütigung erleiden muß; erst diese führt zur Einsicht, Ernüchterung und Rückkehr zum alten Lebenswandel. Aus dem komisch dargestellten Ereignis sollte man ja auch erkennen, „was man vermeiden und befolgen soll", schließlich schicke sich „die Liebe für einen älteren Menschen nicht", denn „in jungen Jahren ist sie viel wert, im Alter taugt sie wenig".[220]

Niccolò Machiavelli hatte damit die antike Komödie in eine moderne verwandelt, die in Florenz am Übergang vom Mittelalter zur Neuzeit spielte und überall spielen konnte.

Erst nach Machiavellis Tod ist die *Clizia* druckreif geworden.[221]

Einzelne Details änderte Machiavelli gegenüber der *Casina* von Plautus ab: So etwa waren in der antiken Komödie Casina und ihr späterer Gatte nie selbst aufgetreten, Cleandro bei Machiavelli aber sehr wohl; auch wurde das Erscheinen von Casinas Vater am Ende der antiken Komödie nur im Gespräch angedeutet, und Casina heiratete nicht einen freien Mann wie in der modernen Bearbeitung, sondern einen Sklaven.[222]

Eine andere Komödie, die der vermutliche Verfasser Niccolò Machiavelli unbetitelt ließ, steht eindeutig in der Nachfolge der *Mandragola: Bruder Alberigo.* Manche Literaturkenner zweifeln bis heute den Verfassernamen an; vor allem aber die stoffliche Bearbeitung spricht dafür, daß es sich um ein Lustspiel Machiavellis handelt.

Diese Komödie in Prosa besteht diesmal nur aus drei knappen Aufzügen, die von einem Ereignis berichten, das sich wiederum in der Stadt am Arno zugetragen haben soll und das zur damaligen Zeit vielen bekannt gewesen sein dürfte.

Grete, eine der Hauptfiguren, ist nicht nur Dienerin, sondern auch enge Vertraute ihres alten Herrn. Sie soll ihm unter anderem dazu verhelfen, daß seine Liebschaft zur Gevatterin, zu Alfonsos Frau, ein Geheimnis bleibt, vor allem vor seiner Frau Caterina. Der Mönch Alberigo wiederum ist in Caterina verliebt und sucht nur eine Gelegenheit, seine Sehnsucht zu befriedigen. Hierbei soll ihm auch die Magd dienen, so daß die beiden verliebten Männer auf sie angewiesen sind; sie ist es aber, die im Grunde beide hintergeht. Caterina erscheint zuerst recht tugendhaft und treu; sie möchte ihre Frömmigkeit keineswegs verlieren. Zufällig hört sie ein Gespräch zwischen ihrem Gatten und der Magd mit. Enttäuscht muß sie erfahren, daß er eine andere Frau begehrt; so möchte sie selbst auch einen Liebhaber, willigt also ein, den Frate Alberigo zu treffen, obwohl sie sich vor dem „Wildgeruch ekelt, den die Mönche an sich haben".[223] Doch Caterina benützt den Mönch dazu, ihrem Mann den Gedanken an die Gevatterin auszutreiben. Der Frate muß sich einen Plan ausdenken, wie ihr Gatte „geheilt" werden könnte.[224] Caterina kommt in das Haus Alfonsos, der es für den Mönch und seine angebliche Schwester bereitwillig zur Verfügung stellt, um dort zuerst den Frate zu erwarten. Sie ist ganz gierig nach dem Mönch, obwohl dieser die Frauen nicht schätzt.[225]

Und wieder nützt Machiavelli die Gelegenheit, die kirchlichen Würdenträger gehörig zu kritisieren, wenn er die Magd sagen läßt: „Die Brüder sind doch schlimmer als der Teufel."[226]

Alberigo hat Caterina in das Haus Alfonsos entführt, sie soll dort als vermeintliche Gevatterin ihren Mann erwarten; zuvor aber steigt noch schnell der Mönch ins Bett, auf vulgäre Art und Weise werden die Geräusche des Beischlafes beschrieben: „... wie das Miauen eines großen Katers, wenn er des Nachts aufs Rammeln geht."[227] Dann erwartet Caterina den eigenen Mann, der zunächst glaubt, mit der Gevatterin zu schlafen. Ihr Mann ist damit in der Falle, er ist bloßgestellt und wird verspottet. Jetzt kann der Frate als Ehe- und Friedensstifter auftreten, nach außen hat alles wieder seine Ordnung. Die beiden Eheleute haben sich ausgesöhnt und wieder zusammengefunden, der Mönch wird zum Beichtvater genommen, der nur noch für die Nächstenliebe Propaganda machen kann: „Wer keine Nächstenliebe besitzt, besitzt nichts."[228]

Bei *Bruder Alberigo* handelt es sich um die wohl schwächste Komödienkonzeption Machiavellis, weil ihr in inhaltlicher Hinsicht eine gewisse Urtümlichkeit fehlt; vieles wurde von der *Mandragola* einfach übernommen, und die bisherige Ausdruckskraft ist durch die derben Sprüche verlorengegangen.

Vom folgenden Werk kann man wieder eindeutig annehmen, daß Niccolò Machiavelli der Verfasser ist, nämlich von der Novelle *Belfagor*. Hier behandelt der Florentiner nicht einen Stoff, der in sich verwickelt ist, auch fehlen die typischen Florentiner Charakterfiguren, wie sie in der *Mandragola* vertreten sind. Machiavelli verarbeitete wiederum einen witzigen Stoff; ein Scherz, ein „anmutiges Capriccio, war Gegenstand der einzigartigen Novelle".[229] *Novella di Belfagor,* die Novelle vom Erzteufel Belfagor, hatte ursprünglich einen anderen Titel: *Favola o il demonio che prese moglie,* Geschichte vom Dämon, der sich eine Frau nahm. Mit Sicherheit kann angenommen werden, daß sie als Nachwerk der *Mandragola* zu betrachten und bis spätestens 1520 entstanden ist. Den Stoff entnahm Machiavelli einer traditionellen, über Jahrhunderte bekannten Wanderlegende, die aus Arabien vorzeiten nach Florenz gelangt war. Machiavellis satirische Bearbeitung der Handlung in Novellenform ist etwas Neues. Diese neue literarische Form Novelle, abgeleitet von *novella,* Neuigkeit, neu Vorgefallenes, war bereits in der Frührenaissance, von Boccaccio im 14. Jahrhundert, ins Leben gerufen worden. Schon bald kristallisierten sich ihre Eigenarten heraus, obwohl man anderseits von einer Vielgestaltigkeit jeder einzelnen Novelle, die sich wiederum von jeder anderen unterscheidet, sprechen kann.

Giovanni Boccaccio, gestorben 1375, wurde auf dem epischen Gebiet der Wegbereiter der Moderne, er gilt auch als Vater und Begründer der Novelle, und zwar mit *Il Decamerone* vom Jahre 1353, einer Sammlung mehrerer Novellen. Einzelne Strukturelemente entnahm der italienische Dichter aus manchen anderen ihm vorausgehenden Werken. In diesen Novellen gelang die subjektive Darstellungsform. Mit ihm ging die Novelle als eigene literarische Gattungsbezeichnung in die Literaturgeschichte erst ein. In seinen Novellen vermischte sich Volkstümliches, Antikes und Französisches mit Erotischem und Vulgärem. Die menschliche Einsicht wird als höchstes moralisches Verhalten gepriesen, während Sittenlosigkeit und Scheinheiligkeit angeprangert werden. Die Ereignisse wurden aus den „niederen" Lebensbereichen erzählt, die im Epos oder in der Tragödie gar nie zu Wort kamen.[230] Durch das

Erzählen verschiedener Geschichten sollte eine verhängnisvolle Zeitspanne, als nämlich in Florenz 1348 die Pest wütete, überwunden werden – diese Epidemie bildete den Rahmen. Rahmen und eigentliche Erzählungen stehen zueinander in einem stilistischen Kontrast. Durch die Erzählung suchte man sich von der bitteren Wirklichkeit zu entfernen, gleichzeitig sollte aber auch wieder die Wirklichkeit nahegebracht werden.

Mit Matteo Bandello, gestorben 1561, gab es in Italien einen weiteren bedeutenden Novellendichter, der vor allem den neuen Typus der tragischen Novelle ausbildete. Freilich standen eigentlich alle nachfolgenden italienischen Novellen im Schatten Boccaccios, auch jene Einzelnovelle Machiavellis.

Interpretiert man die Novelle als ein episches Werk mit ungewöhnlichem, neuartigem Stoffinhalt, dann trifft diese Definition durchaus auch auf die Novelle *Belfagor* zu,[231] schließlich spielt sich die Handlung im Bereich der Unterwelt ab. Vielfältig und ungewöhnlich sind auch die Schauplätze: die Hölle, ein Marktplatz der Stadt Florenz, ein Bauerngut außerhalb der Arnostadt, der französische Königshof. Dabei wird eigentlich in Form von Rückblenden erzählt: Das Ereignis hat sich bereits vor längerer Zeit zugetragen und ist somit schon längst abgeschlossen. In knappen Hinweisen wird dem Leser das Wesentliche der Handlung in einem Vorspann erzählt: Der Erzteufel Belfagor wird von Pluto auf die Erde gesandt, mit der Verpflichtung, eine Frau zu nehmen. So geschieht es auch. Doch schon bald kann er ihren „Hochmut" nicht weiter ertragen, so daß er lieber zur Hölle zurückkehrt, als fortan mit ihr zu leben. Dann erst erklärt der Verfasser genauer, wie es überhaupt dazu kam, daß der Erzteufel auf die Erde geschickt wurde. Im Rahmen schildert er, daß ein Heiliger aus Florenz bei seinen Andachtsübungen eine Vision hatte: Den Richtern der Hölle, allen voran dem Oberhaupt, ist schon seit einiger Zeit aufgefallen, daß viele männliche Seelen die Unterwelt erreichen und alle sich aber über ihre

Frauen beklagen. Pluto kann dies nicht so recht glauben und geht deshalb der Sache genauer nach. In der Versammlung wird darüber beraten, wer dem auf den Grund gehen soll. Das Los entscheidet: Es fällt auf den Erzteufel Belfagor. Mit 100 000 Dukaten in der Tasche soll er in Menschengestalt auf die Erde reisen, um sich dort zu verheiraten und so die Frauen näher kennenzulernen.

In zehn Ehejahren, so wird vereinbart, solle er alle menschlichen Übel ertragen: Armut, Gefangenschaft, Krankheit, falls er sich mit seiner teuflischen List und Verschlagenheit nicht daraus retten könne. In der Binnenerzählung berichtet Machiavelli darüber, wie es dem Teufel unter Menschen ergeht. Und Machiavelli läßt den Teufel ins zeitgenössische Florenz kommen; bewußt hat er wohl diese Stadt ausgewählt, weil er sie am besten kannte und von den verschlagenen Charaktereigenschaften der Bewohner viel zu sagen wußte; Belfagor reist hierhin, „weil er überzeugt war, sie (Florenz) sei gegen die Leute am nachsichtigsten, die durch Wucherkünste ihr Geld arbeiten lassen".[232] Belfagor, jetzt Roderigo von Castilien, tritt als wohlhabender Edelmann auf, der auf Brautschau ist. Er ist von schöner Körperstatur und sieht gut aus, etwa 30 Jahre alt, gebildet und recht freigiebig, so daß mancher seine Tochter mit ihm verheiraten möchte. Schließlich heiratet er aus Liebe Onesta, Tochter des Amerigo Donati, aus einer großen und deshalb eher ärmlichen Familie. Bald nach der Eheschließung beginnt Onesta ihn zu tyrannisieren und ihn mit Schimpfwörtern zu überhäufen, wenn er ihr etwas abschlagen will. Ihr Hochmut und ihr Stolz, vor allem aber auch ihre Verschwendungssucht bringen ihn in größte Verzweiflung, schließlich muß er die ganze Familie ernähren. Das aus der Hölle mitgebrachte Geld ist bald aufgebraucht, so daß Belfagor die Flucht ergreifen muß, um nicht von den Gerichtsdienern festgehalten zu werden. Auf der Flucht versteckt ihn ein Bauer, Matteo del Bricca, auf seinem Landgut. Dafür verspricht er ihm Geld: Matteo könne nämlich bei Frauen den Teufel (Belfagor selbst) austreiben, um so zu Geld zu gelangen. So treibt Matteo den Teufel bei der Tochter des Messer Ambrogio Amedeis aus. Und alles geht glatt, Matteo verdient dabei einen Batzen Geld. Doch Matteo ist damit nicht lange zufrieden, er möchte noch mehr Geld. Und beim zweiten Mal macht Belfagor nur widerwillig mit; er warnt Matteo, daß er ihn kein drittes Mal mehr sehen wolle. Schließlich wird der Bauer sogar zum französischen König Ludwig VII. geschickt, um seiner Tochter den Teufel auszutreiben. Jetzt drohen sowohl Belfagor als auch der König Matteo mit der Enthauptung. Der sinnt nach einer List, wie er dem Tod entrinnen könne: Auf dem Platz läßt er ein großes Holzgerüst aufstellen, in der Mitte einen Altar. Abseits plaziert er Musiker mit Trompeten, Hörnern und Trommeln, die immer dann musizieren, wenn er seinen Hut in die Höhe wirft; mit viel Musik und Lärm soll förmlich der Teufel „ausgeblasen" werden. Und richtig: Belfagor erschrickt bei dem Lärm und fragt den Bauer, was dies zu bedeuten habe. Matteo erwidert verschlagen: „O weh, teurer Rodrigo, es ist deine Frau, die dich sucht."[233] Nach dieser Ankündigung will der Teufel nichts weiter mehr wissen, schnell ergreift er die Flucht und kehrt schleunigst in die Hölle zurück. Dort muß er seinen Freunden bestätigen, daß eine Frau nur Unheil ins Haus bringt. Der Erztcufel Belfagor hat mit der neuen Geschäftswelt der Arnostadt und mit deren Frauen schlechte Erfahrungen gemacht, eine Anspielung wohl auch auf Machiavellis persönliche Erfahrungen. Viele behaupten, Machiavelli habe hier, zwar in scherzhafter Weise, auf seine wohl oft auch unglückliche Ehe, auf Mariettas Quälereien anspielen wollen. Mit der Novelle wollte er seiner Gattin aber wohl kaum ein literarisches Denkmal setzen, denn „Marietta war stets eine gute Gattin und eher berechtigt, dem Gatten Vorwürfe zu machen, als in der Verlegenheit, solche von ihm zu verdienen".[234]

Als der Teufel am Schluß aus Furcht vor seiner Frau das Weite sucht und freiwillig in die Hölle zurückkehrt, erzielt die Novelle eindeutig einen gewollt komischen Effekt.

1549 erschien die Novelle *Belfagor* mit Machiavellis Namen als Verfasser; auf einem Exemplar standen folgende Worte von Magliabechi: „Diese Erzählung des Niccolò Machiavelli findet sich unter denjenigen des Brevio, wie auch im zweiten Teil der *Libreria* des Doni und im dritten Gesang des *Tristerello,* eines närrischen, heroisch-komischen Gedichtes und endlich unter den von Sansovino gesammelten Novellen. Im Original des Machiavelli, das mir durch die Güte des Sig. Benvenuti zugestellt wurde, sind einige sehr hübsche abweichende Lesarten."

Niccolò Machiavelli hat der Nachwelt noch andere literarische Werke hinterlassen; viele werden ihm zuerkannt, doch nur bei einigen ist es gesichert, daß sie aus seiner Feder stammen. Zweifelsfrei weiß man es von einem Werk, mit dem er eigentlich als Dichter debüttierte: *Le Maschere,* Masken, vermutlich schon 1504 entstanden. Unter mysteriösen Umständen ist diese Zeitsatire auf damalige Honoratioren aus Politik und Gesellschaft verlorengegangen.[235] Auch im literarischen Werk bemühte sich der Schreiber Machiavelli um eine „Objektivität des Traktatstils",[236] seine aphoristische Ausdrucksweise ist von moralischen Tendenzen durchsetzt; so heißt es etwa: „Die Menschen sind von Natur aus geneigter, Unbill zu rächen, als für Wohltaten zu sein. Sie meinen, dieses bringe Schaden, jenes hingegen Nutzen und Vergnügen."[237] Machiavelli beschäftigte sich auch mit Übersetzungsarbeiten, unter anderem mit Terenz' *Andria,* wobei er aber nicht die „Frische und Unmittelbarkeit" des Originals erreichte.[238]

Der Karneval war ein herausragendes Ereignis in Florenz. Aus diesem Anlaß wohl verfaßte Machiavelli Karnevalslieder, häufig mit derben und vulgären Ausdrücken. Die Lieder weisen in literarischer Hinsicht einen geringen Wert auf.[239] In einem canto wird das Übel der Welt, besonders in Italien, beschrieben:

„So groß scheint das Verlangen,
In Schand und Not zu bringen

Ein Land, das sonst dem Erdkreis gab Gesetze,
Daß ihr nicht merkt, befangen
In eures Haders Schlingen,
Wie sie euch hinziehen in der Feinde Netze.
Bekämpft der Eigenliebe
Böswilliges Begehren,
Furcht, Haß und falschen Stolz und feige Tücke;
Erweckt die edlern Triebe
Und strebt nach wahren Ehren:
So ruft ihr selbst die alte Zeit zurück,
So könnt ihr eine Brücke
Euch himmelan zum Chor der Sel'gen bauen,
Wenn Tugend wieder herrscht
In irdischen Gauen." [240]

Hier klagt Machiavelli menschliches Fehlverhalten und
Untugend an: das Streben nach Befriedigung von Ehrgeiz,
Ruhmsucht, Herrschbegierde, Macht, Besitz und Gewinn;
sie seien die Wurzeln allen Übels; übertriebener Ehrgeiz,
der zur Selbstsucht führe, der Trieb des Bösen schlechthin,
trage aber zum eigentlichen Geschichtsprozeß bei, so
Machiavellis philosophische Betrachtungen im *Capitolo
dell'Ambizione*, Abhandlung von der Selbstsucht. Allgemein wird in diesem Gedicht über den Ehrgeiz der politische Krisenzustand Italiens angeprangert. Machiavelli
konstatierte zu seiner Zeit eine unzulängliche Politik,
wodurch der individuelle wie kollektive Ehrgeiz nicht in
Schranken gehalten werde. Die menschlichen Verfalls-
erscheinungen wie Sittenverderbnis und politische Krisen
könnten nicht als Naturereignis betrachtet werden, sondern seien vielmehr das Ergebnis menschlichen Fehlver-
haltens und fahrlässiger Unterlassungen. Der Mensch sei
durchaus in der Lage, die *ambizione* zu bändigen und sie
sogar in der Politik als nützliche Kraft einzusetzen. Allerdings müsse dazu die politische Herrschaftsordnung einen
republikanischen Charakter haben. [241]
Folgende Verse sind nach 1513, wahrscheinlich um 1515,

niedergeschrieben worden; in diesen Zeilen *Über die Undankbarkeit − Dell' ingratitudine* − spielt Machiavelli auf
seinen Mißerfolg im Berufsleben an.[242] Durch den Mißerfolg entstehe Undankbarkeit und Mißtrauen:

> „So such' ich dichtend nun zu überwinden
> Den Unmut, der, vom Mißgeschick geboren,
> Die Seele niemals lasset Ruhe finden,
> Und wie im Dienst der Jahre geht verloren,
> Wie man zu säen hat in Sand und Wasser,
> Das sei jetzt meinem Vers zum Stoff erkoren."[243]

Vor allem an den Fürstenhöfen Italiens herrsche Undankbarkeit vor, da die politisch verdienten Menschen, womit er
sich wohl selbst meint, nicht belohnt würden. Deshalb
wolle auch er in Zukunft den Dienst für die Fürsten meiden:

> „Darum, weil Undank hat das letzte Wort,
> Ist's ratsam, Staats- und Hofdienst zu meiden;
> Denn der wird euch am sichersten sofort,
> Was ihr gewollt, sobald ihr's habt, verleiden."

In einem anderen kleineren Kapitel legte Machiavelli seine
philosophischen Ansichten über das Glück dar: *Capitolo
Di Fortuna,* Kapitel vom Glück. Auch darin beschreibt er
hintergründig seine mißliche Lage, ohne Amt und Würde;
nur derjenige sei wirklich glücklich, „der sich seinen krei-
senden Rädern anzupassen versteht − doch die Räder
wechseln ständig ihren Lauf". Machiavelli hatte bekannt-
lich nach 1513 versucht, in die Gunst der Medici zu gelangen. Aber aus den geschichtlichen Studien und Betrachtungen hatte er gelernt, daß die Regierungen zu häufig
wechseln. Machiavelli konnte dieser Rotation nicht entrinnen, wenn er sich auch bis zu seinem Tode dem neuen politischen System anpassen wollte.[244]
   In seinen Mußestunden verfaßte Machiavelli ein länge-
res Gedicht in Terzinen, das er allerdings im achten Kapitel

abbrach: *L'Asino d'oro,* Der goldene Esel, ursprünglich nur als *L'Asino* (Der Esel) verfaßt. Ein Brief an Luigi Alamanni vom Dezember 1517 bezeugt, daß er in dieser Zeit am Werk arbeitete. Der Titel ist Apulejus' *Metamorphosen* und Lucians Werk, der stoffliche Gehalt dem Dialog des Plutarch, *Die Grille,* entlehnt. Aber auch andere Spuren werden sichtbar: Homers und Dantes Schreibweise, Plinius' *Naturalis historia.*[245] *L'Asino d'oro* zeigt im Grunde die damaligen gesellschaftlichen Zustände in Florenz auf satirische Art und Weise, der parodistische Charakter ist offensichtlich. Gerade das fünfte Kapitel weist große Ähnlichkeit mit der politischen Auffassung der *Discorsi* auf. Der L'Asino beginnt mit folgenden Versen (frei übersetzt):

Ich erzähle nun von verschiedenen Ereignissen,
von Gram und Schmerz, die ich in Gestalt
eines Esels erlebte – so fortuna es will.
Ich warte nicht ab, bis noch mehr Zeit verstreicht,
oder bis Phöbus Bogen und Köcher hinlegt
und mit der Lyra meine Verse begleitet;
mein begnadeter Zustand wiederholt
sich nicht in diesen Zeiten
und ich weiß, daß das Geschrei
eines Esels keiner Leier bedarf.
Weder Geld, Erfolg noch Anerkennung suche ich,
und ebenso kümmert mich nicht scharfe Kritik,
sei sie offen oder verhüllt;
ich weiß, wie taub die Dankbarkeit
auf jedes Flehen reagiert,
und wie gut ein Esel sich an Wohltaten erinnert.
Mich verletzen Schläge und Niedertracht
nicht so sehr,
wie ich mir vorgestellt hatte,
da ich der geworden bin,
von dessen Wesen ich nun erzähle.
Hielte man mich weiterhin für denjenigen,
der ich nicht sein will, könnte mir jener Esel,

unter dem ich gelebt habe, noch Befehle erteilen.
Er wollte schon ganz Siena
aus dem vollen trinken lassen;
doch dann gab er ihr nur Tropfen um Tropfen.
Aber wenn nicht neue Unbill gegen mich
erhoben wird,
wird er sich durch Eselsgeschrei
zu erkennen geben;
wer es hört,
sei auf der Hut.

Die Verwandlung der Menschen in Tiere, der Circe-Mythos, der Vergleich Mensch - Tier, all dies ist aber nichts Neues: Dies alles kam schon in den antiken Schriften vor. Als Satiriker beschreibt Machiavelli, wie die Menschen sich in Tiere verwandeln und wohin das führt. Er tritt in den Wald, wo ihm eine Dienerin Circes begegnet. Sie ist gerade dabei, Tiere zu hüten, die einst Menschen gewesen sind. Auch der Dichter soll verwandelt werden. Bei seinen Betrachtungen über diese Verwandlung kommen weder die Tiere noch die Menschen gut weg, die Menschen seien unersättlich und herrschsüchtig; Venedig sei dem Verfall ausgeliefert, während die deutschen Städte frei wären. Befände Florenz sich in Furcht, dann werde es der Stadt wieder besser ergehen und sie werde aufblühen, ein ewiger Wechsel sei das Gesetz der Natur.

Von einer Fee läßt sich Machiavelli mit den Worten anreden:

Von allen verstorbenen und noch
lebenden Menschen
hat keiner mehr Undankbarkeit erfahren,
keiner größere Mühe auf sich genommen.

Wieder eine Anspielung auf sein Leben. Zum Schluß des Fragments hin spricht der Dichter mit einem Schwein; er fragt es, ob es wieder ein Mensch werden wolle. Doch da sich der Mensch durch seine unermeßliche Begierde von den anderen Lebewesen unterscheidet, wehrt sich das Schwein auch dagegen, wieder Mensch zu werden; es zieht das tierische Leben dem menschlichen vor.

Damit hatte Niccolò Machiavelli ein allegorisch-satirisches Bild vom einstigen Florenz gezeichnet. In den Tieren sah er lebende Zeitgenossen, die sich wie Schweine und Schafe benahmen. Durch seinen beißenden Sarkasmus wollte er sie wohl treffen.[246] Bevor der Dichter von Circe in einen Esel verwandelt werden soll, bricht das Werk ab.

Mit dem *Discorso over dialogo circa la lingua fiorentina*, Abhandlung zum Dialog über die florentinische Sprache, versuchte sich Niccolò Machiavelli in einer sprachtheoretischen Schrift.[247] Die Niederschrift dieser Abhandlung, die vermutlich schon in den Orti vorgelesen wurde, löste eine rege Diskussion aus. Der Dialog dürfte vor 1520 verfaßt worden sein.[248] Das fiktive Gespräch mit Dante regte Machiavelli zu einer lebhaften und forschen Polemik gegen die damalige Sprache an. Auch die Sprache der anderen beiden großen Dichter, Petrarca und Boccaccio, wird genauer untersucht, ob sie eher Merkmale eines florentinischen Dialekts oder bereits Eigenheiten einer italienischen Schreibform habe. Am Anfang der Abhandlung betont Machiavelli das Pflichtbewußtsein, das jeder dem Vaterland gegenüber bezeugen müsse. Nach den einleitenden Sätzen kleidete Machiavelli dann seine sprachgeschichtlichen Erörterungen in ein Gespräch, eine Disputation mit Dante ein; damit will er beweisen, daß alle Dichter im Grunde die florentinische Ausdrucksweise gebrauchten. Doch gerade Dante streitet dies ab: Machiavellis antidantesche Haltung wird sichtbar. Dante spricht da von einer *lingua curiale*; Machiavelli lehnt es ab, eine überregionale Hochsprache anzuerkennen, gäbe es sie, dann läge ihr natürlich die florentinische Sprache zugrunde.

Gerade das Verb unterscheide die Sprachen voneinander, die Grammatik mache den Unterschied aus.[249]

Machiavelli kann immer nur die florentinische Sprache loben; sie sei von fremden Ausdrücken noch am wenigsten zersetzt und könne diese Mischung noch richtig nutzen. Mit dieser Abhandlung bewies er seine große Vorliebe für die *Fiorentinità*, für das Florentinische. Alle Dichter im übrigen Italien hätten als Grundlage ihrer Schriften die florentinische Sprache benutzt.[250]

12. Florenz und der zweite Medici-Papst

Papst Leo X. beorderte nach Lorenzos Tod 1519 Kardinal Giulio de' Medici als Familienoberhaupt an den Arno. Giulio interessierte sich für politische Reformen und ließ mehrere Gutachten über Verfassung und Regierung in Florenz einholen. Von Francesco Guicciardini erhielt er den Rat, einem größeren Freundeskreis innerhalb der Bürgerschaft größere Gunst zu erweisen und sparsamer zu regieren. Er gewann dann auch eine größere Anhängerschaft. Dennoch verstand es die Opposition nach 1520 zusehends besser, den Unmut im Volke zu wecken und die Unzufriedenheit zu schüren. Giulio handelte umsichtig und wollte keinen Anlaß zu Verleumdungen liefern. Der Verlust der republikanischen Freiheit erbrachte aber genug Argumente und Zündstoff gegen das System der Medici. Zudem schürten die Soderini aus Rom die Stimmung gegen Giulio. In Florenz war die Euphorie von 1512/13 längst verblaßt, so daß der Clan der Medici den politischen Entwicklungen kaum noch gelassen zuschauen konnten. Die Soderini paktierten mit den Franzosen: 1521 sollte Florenz zur Kapitulation gezwungen werden. Diese erste Verschwörung schlug aber fehl: Jacopo da Diaccetto, genannt Diaccetino, gestand in der Haft einen Mordplan gegen Kardinal Giulio. Battista della Palla wurde als Verbindungsmann zwischen den Franzosen und den Soderini in Rom entlarvt. Zanobi Buondelmonti, dem Dichter Luigi Alamanni und Antonio Brucioli gelang noch rechtzeitig die Flucht. Der andere Luigi Alamanni und Diaccetino wurden am 6. Juni 1522 enthauptet.

Über die eigentlichen politischen Hintergründe der Verschwörung gibt es bis heute keine konkreten Hinweise, wahrscheinlich sollte eine republikanische Aristokratie installiert werden. Fest steht, daß sich in den Orti zusehends mehr Kritik am System der Medici breit machte. Als einer der geistigen Väter mag Machiavelli mit seinen republikanischen Zeilen aus den *Discorsi* die Stimmung angeheizt haben. Er selbst hielt sich vorsichtig im Hintergrund. Die Verschwörung bewies, daß während dieser ersten Restauration der Medici in den Orti noch viel vom frühen florentinischen Bürgerhumanismus und der Erinnerung an Savonarola weiterlebte.[251] Gerade in den Orti trafen die Befürworter einer neuen Republik am Arno zusammen. Nicht nur Machiavelli arbeitete Reformen aus und legte sie Giulio de' Medici vor. Ebenso überbrachten Alessandro de' Pazzi und Zanobi Buondelmonti Reformvorschläge. Machiavellis Plädoyer für eine freie Republik mit der größtmöglichen Berücksichtigung der Mehrheit begann von neuem. Er ersann neue politische Institutionen, sprach von neuen Räten und neuen Autoritäten und berechnete die Verteilung von Regierungsmandaten und deren Stabilität. Wie immer verlangte er die Errichtung einer ständigen Miliz aus der Bevölkerung des Staates.[252] Kardinal Giulio zeigte gewiß Interesse für derlei Reformen. Bei einer feierlichen Veranstaltung hielt Alessandro de' Pazzi eine eindringliche Rede und ging auf die Vorschläge Machiavellis und Buondelmontis ein. Giulio wandte sich aber, sobald er konkret Stellung nehmen mußte, desinteressiert ab. Sein engster Vertrauter, Niccolò della Magna alias Nicolaus Schomberg, las die Rede und meinte, daß sie ihm zwar gut gefalle, nicht aber ihr Gegenstand.

Nach einer zweiten gescheiterten Verschwörung ließ Giulio de' Medici die Güter Piero Soderinis in Florenz beschlagnahmen. Gleichzeitig erklärte er die Mitglieder seiner Familie zu Rebellen. Verdächtige, Sympathisanten der Opposition und angebliche Mitverschwörer ließ er einsperren. Viele Besucher der Orti, die sich zuvor mit den neuen republikanischen Ideen identifiziert hatten, wandten sich nun in der allgemeinen Angst wieder den Medici zu. Nachdem die Orti als das Zentrum der Verschwörung galten, verlangte Giulio deren Schließung, was ein besonders schwerer Schlag für die geistige Elite am Arno allgemein und die Protagonisten der Republik im besonderen war:

Florenz verlor einen wichtigen kulturellen Bezugspunkt.

In Rom brachte die päpstliche Schaukelpolitik verheerende Folgen für die Nachfolger Leos X. Die Politik dieses Papstes diente freilich zuerst auch als Instrument für den Machterhalt der Medici in Florenz.

Nach dem Tode Papst Leos sahen die meisten Italiener in Kardinal Giulio de' Medici den geeigneten und würdigen Nachfolger. Giulio präsentierte sich gerne als Florentiner Patriot, als ehrgeizigen Medici, erkannte aber auch seine Ausgangslage im Ringen um die päpstliche Tiara und wußte, daß Kardinal Francesco Soderini und die französischen Kardinäle gegen ihn stimmen würden; er wußte andererseits um die Macht und den Einfluß seiner Familie und deren Finanzkraft. Die Herkunft als unehelich geborener Sohn erschwerte seine Position zusätzlich. Dazu kam, daß viele Kardinäle einen greisen Kandidaten wünschten, mit dessen baldigem Ableben sie rechnen konnten − Kardinal Giulio war erst 43 Jahre alt. Weil dann noch Kardinal Francesco Soderini als Kandidat gehandelt wurde, konnte im Konklave die erforderliche Stimmenmehrheit nicht gefunden werden. Als politischen Schachzug schlug Giulio einen völlig aussichtslosen Kandidaten vor, um nach außen zu zeigen, daß es ihm nur um die Sache, nicht um seine Person gehe. Sein Plan, nach dessen Ablehnung erneut in den Vordergrund zu treten, ging aber nicht auf. Zu seiner und vieler anderer Überraschung, vor allem der Römer, erhielt dieser Mann, der 63jährige Adrian Florens Boeyens (Adriaan Florensz) aus Utrecht und ehemalige Erzieher Karls V., am 9. Januar 1522 die erforderliche Zweidrittelmehrheit. Die auf dem St. Peters-Platz versammelte Volksmenge begrüßte das *habemus papam* mit einem schallenden Pfeifkonzert. Die Römer wollten anfangs nicht wahrhaben, daß nun nicht mehr ein Italiener auf dem Stuhl Petri saß − es sollte allerdings der letzte Ausländer bis zu Karol Wojtyla im 20. Jahrhundert sein.

Erwartungsgemäß stieß der neue Papst, der sich Hadrian VI. nannte, auf viel Widerstand − eben weil er ein

Papst mit den wahren Aufgaben des Papsttums sein wollte. Er war vom Geist der Reformen beseelt und blickte besorgt in die Zukunft. Dennoch gelang ihm in der Kürze seines Pontifikates sehr wenig: Er gab Urbino an die Familie der Rovere zurück und befriedete den Kirchenstaat. Als Franz I. seinen Eroberungsfeldzug nach Italien vorbereitete, mußte er schließlich doch noch der großen Defensivliga vom 3. August 1523 beitreten: Der Kirchenstaat sollte gemeinsam mit Karl V., Ferdinand I. von Österreich, Heinrich VIII. von England, Francesco II. Sforza und den Städten Genua, Siena, Lucca und Florenz Frankreich aus der Halbinsel vertreiben. Hadrian VI. blieb in Rom ein einsamer Papst, weil er ein Ausländer war und Festlichkeiten, Künstler und Dichter nur als zweitrangig einstufte. Er selbst lebte asketisch, sparsam und pflichtbewußt. Ganz Rom atmete bei seinem Tode am 14. September 1523 auf. Die Leute feierten auf den Straßen und sangen freudige Lieder.[253] Sie bedankten sich symbolisch beim Leibarzt des Verstorbenen. Papst Adrian, oder Hadrian wie ihn die Römer nannten, fühlte sich während seines gesamten Pontifikats mehr als ein einfacher Priester als ein Papst. Als Asket mißfiel ihm der Vatikanpalast; viel lieber wäre ihm ein schlichtes Haus mit einem Garten am Tiber gewesen, was er aber nicht erhalten konnte, weil es dies ganz einfach nicht gab. Zuletzt war er Kardinal-Bischof von Tortosa gewesen, als ihn die Nachricht von seiner Wahl der 39 Kardinäle des Konklave erreichte. Erst sieben Monate später traf er in Rom ein, auf einem Maulesel, die angebotene Sänfte ablehnend. Bald schon verbannte er die Prostituierten aus der Stadt, verbot den Priestern das Tragen von Waffen und Bärten und zeigte sich sofort als ein frommer Mann, der täglich die Messe las, viel betete, studierte und die Armen und Bettler nicht von sich wies. Er verjagte die 683 Diener und begnügte sich mit einer alten flämischen Haushälterin für die Wäsche und fürs Kochen. Sein Vorgänger hatte ihm mehr als eine Million Dukaten an Schulden hinterlassen, die er freilich nicht zu decken imstande war. Dazu war er schon zu einsam inmitten der habsüchtigen und prassenden Umgebung im Vatikan. Seine mahnenden Worte fruchteten nicht viel, auch nicht sein Aufruf, daß die Kirche mit ihren Vertretern allzusehr vom rechten Weg abgewichen sei, daß es schon lange keinen mehr gebe, „der Gutes täte".

Hadrians niederländische Heimat zählte damals zu Deutschland, weshalb er oft auch als der letzte deutsche Papst beschrieben wird. Auf der Grabtafel in seiner ersten letzten Ruhestätte in der Andreaskapelle des Petersdoms stand das zutreffende Wort: „Hier ruht Adrian VI., der es als größtes Unglück ansah, daß er herrschen mußte." Zehn Jahre später, 1533, wurde er in Santa Maria dell'Anima, der deutschen Nationalkirche in Rom, beigesetzt. Bezeichnend für ihn und für seine Zeit sind die Worte auf dem prunkvoll geschmückten Sarkophag, die zu deutsch heißen: „Ach, wieviel kommt es doch darauf an, in welche Zeiten auch des besten Mannes Tugend fällt!"

Im folgenden Konklave ereiferten sich die jungen Kardinäle gegen die alten. Sie wollten einen anderen Papst, der nicht wie Hadrian für Musik, Kunst und Literatur wenig übrig hatte und der nicht die Kardinäle und Bischöfe in Rom, die die Zeit bei Festen verbrachten, in ihre Diözesen zurückschickte, wo sie sich als ordentliche Christen benehmen sollten. Kardinal Giulio de' Medici nutzte den Dissens und erzielte in der Nacht vom 18. auf den 19. November 1523 die nötige Stimmenmehrheit. Francesco Soderini war wegen der Verschwörung gegen die Medici in Florenz eine Zeitlang in der Engelsburg festgehalten worden. Die spanischen Kardinäle hatten die Wahl Giulios, der den päpstlichen Namen Clemens VII. annahm, befürwortet. Aber auch er sollte in die Papstgeschichte als Kirchenoberhaupt ohne Fortüne eingehen; sein Pontifikat sollte sich für ihn, für Florenz, für Rom, für Italien und vor allem für die Kirche als verhängnisvoll erweisen.[254]

In Florenz kam es zu seiner Zeit zur erneuten Vertreibung der Medici; Italien versank endgültig für lange Zeit im Sog der europäischen Großmächte, Rom erlitt eine der unwürdigsten Plünderungen seiner Geschichte, die Reformation versetzte der Kirche die ersten schmerzhaften Stöße.

Papst Clemens VII. fehlte einfach der politische Instinkt, auch wenn wahrscheinlich kein anderer Papst das Ruder hätte herumreißen können: Zu tief hatten Italien und die Kirche abgewirtschaftet, Korruption und Eigeninteressen um sich gegriffen.

Entgegen der gutgemeinten Ratschläge erfahrener Politiker wie Francesco Vettori, Jacopo Salviati oder Roberto Acciaiuoli setzte der neue Papst den Kardinal von Cortona, Silvio Passerini, als Verantwortlichen für die Regierungsgeschäfte in Florenz ein. Zu Mitregenten bestimmte er zudem die beiden letzten Sprößlinge der Medici-Linie, den kaum 16jährigen Ippolito und den noch jüngeren Alessandro. Dadurch schuf sich der neue Papst zusammen mit seiner Familie unter den Florentinern, die endlich die Wiedererrichtung des Großen Rates erwartet hatten, viel Unzufriedenheit und Kritik. Schon die Ernennung des Nicht-Florentiners Silvio Passerini verletzte die florentinische Aristokratie. Alsbald erwies er sich zudem als ungeschickter Politiker, der nicht die Regeln des Systems beherrschte. Passerini zeigte sich selbstherrlich und habgierig. Schon 1519 bis 1522, als er den damaligen Kardinal Giulio de' Medici in Florenz vertrat, hatte er sich den Haß der Florentiner zugezogen. Es war nicht mehr zu vermeiden, daß die Opposition erneut erstarkte. Papst Clemens VII. verfügte über wenig diplomatische Fähigkeiten; es gelang ihm nicht, das Papsttum zu festigen. Den großen Anforderungen in der kritischen Zeit der bevorstehenden Reformation zeigte er sich in keiner Weise gewachsen.

Die Rivalität zwischen Kaiser Karl V. und König Franz I. überschattete lange Zeit sein Pontifikat. Um seinem Haus, den Medici, besondere politische und wirtschaftliche Wünsche zu ermöglichen und gleichzeitig nicht in völlige Abhängigkeit des deutschen Kaisers zu geraten und um seine päpstlichen Territorialinteressen in Italien zu realisieren, stellte sich Clemens VII. auf die Seite Frankreichs. In der heiligen Liga von Cognac vom 22. Mai 1526 verbündete er sich mit Frankreich und England, Venedig, Mailand und Florenz gegen Karl V.; Karl von Bourbon stand mit den kaiserlichen Truppen bereits in Oberitalien. Der erfahrene Georg von Frundsberg verstärkte das Heer um 12 000 Mann, darunter ein Großteil Protestanten. Das Unternehmen des Papstes sollte sich bitter rächen: Die Truppen des Kaisers zogen direkt gegen Rom.[255]

Machiavelli und Guicciardini warnten den Papst wiederholt, in allen politischen Fragen eine aktive Rolle zu spielen. Clemens pendelte in der internationalen Politik hin und her und versuchte klare Stellungnahmen zu vermeiden. Skepsis hegte er auch gegenüber seiner eigenen Familie. Ein besseres Verhältnis pflegte er mit Francesco Maria della Rovere, dem neuen Herzog von Urbino. Papst Clemens VII. konnte den unmittelbar bevorstehenden Ereignissen nur mit größter Besorgnis entgegensehen.

13. Vom Castruccio zu den Istorie

Machiavelli zählt mit Francesco Guicciardini zu den Begründern der modernen Geschichtsschreibung. Sie brachen endgültig mit der mittelalterlichen Geschichtsmetaphysik, glaubten nicht mehr daran, daß Gott direkt in das Geschehen eingreife. Sie analysierten erstmals eingehend die politischen und sozialen Spannungen und zogen wirtschaftliche und kulturelle Aspekte in ihre Erörterungen ein. Zu ihrer Zeit kam es allgemein zu einer Blüte der Renaissance-Historiographie. Namen wie Nardi, Segni, Nerli, Varchi, Pitti und Adriani stehen dafür Pate. Dieses allgemeine Interesse an der Geschichte mag mit der Verfassungskrise von Florenz zusammenhängen: Die politische Krise erforderte ein tieferes historisch-politisches Denken. Den meisten ging es primär darum, die florentinische Staatskrise darzustellen und Ursachen und Auswege zu finden.[256] Die Zeit von 1494 bis 1537 betrachteten sie als Ganzes, in dem sich ein großer Wandel vollzog. Die Geschichtsschreiber hatten in der Regel eigene politische Erfahrungen. Die meisten unter ihnen griffen erst nach ihrer politischen Laufbahn zur Feder, um ihre persönlichen Betrachtungen, ihre eigenen Vorstellungen aufzuzeichnen. Machiavelli und Guicciardini dienten als Vorbilder, zu denen etwa Segni oder Varchi ehrfurchtsvoll aufschauten. Durch den Einsatz vor allem Machiavellis und Guicciardinis erhielt die Nachwelt eine detaillierte historische Darstellung der politischen und sozialen Ereignisse in Florenz und Italien. Während Machiavellis und Guicciardinis historisches Werk am Anfang dieser Geschichtsschreibung steht, deuten Nerlis oder Nardis Werk auf eine Historiographie im Sinne von Erinnerungen und Kommentare hin. Niccolò Machiavelli aber bleibt der erste und originelle, eigenwillige, aber auch tiefgründige Geschichtsschreiber der beginnenden Neuzeit. Nicht unbedeutend in diesem Zusammenhang ist auch sein kleines Werk über Castruccio

Castracani, das er während seines Aufenthaltes in Lucca im Jahre 1520 schrieb, wo er außerdem eine Betrachtung über die Regierung von Lucca verfaßte. Die *Vita des Castruccio* steht zwischen Biographie und Erzählung. Machiavelli arbeitete in das Leben dieses Condottiere Züge aus der Lebensbeschreibung des Agathokles bei Diodorus Siculus ein. Ebenso brachte er seine militärische Auffassung im Werk unter.

Machiavelli war von den Aufzeichnungen über Castruccio, die er in Lucca beim Studium der Stadtverfassung fand, begeistert. Dieser Mann, der nach den Mitteln der Staatsräson im 14. Jahrhundert Politik betrieb, faszinierte Machiavelli. Er ähnelte Cesare Borgia als Prototyp des raffinierten politischen Aufsteigers. Castruccio Castracani beteiligte sich am Verrat an Pisa, nützte nach kurzer Haft geschickt den Volksaufstand von 1316, rief sich dann selbst zum Auserwählten und Verteidiger des Volkes aus und ernannte sich zugleich zum Anführer der kaiserlich orientierten Reichen in der Toskana, der Ghibellinen. 1320 ernannte er sich zum Herrscher auf Lebenszeit. Als Tyrann von Lucca besiegte er 1325 die Guelfen von Florenz. Dann richtete er sich ein kleines Imperium ein, in dem das Volk seine Willkürherrschaft ertragen mußte. Schon 1328 starb Castruccio, unerwartet mit 47 Jahren. Das geprüfte Volk trug dann zum Ausdruck seiner Freude über den Tod des Tyrannen Stein um Stein seiner Burg ab.[257]

Machiavelli erzählt in seiner Biographie nur die heroischen Etappen im Leben dieses Tyrannen. Er wählt bewußt nur die wichtigsten Stationen aus.[258] Dabei nimmt er es mit den Daten Castruccios nicht so genau. Zum Beispiel läßt er ihn mit 44 anstatt mit 47 Jahren sterben.[259] Der Schwerpunkt dieser Arbeit sollte eben belegen, daß *Castruccio fu in ogni fortuna principe,* daß er souverän und großzügig im guten wie im schlechten war, eben wie es sein Principe sein sollte. Machiavelli vergleicht Castruccio mit Philipp von *Mazedonien* und Scipio; er hätte ebensogut *Mazedonien* oder Rom zur Heimat haben können, denn er gehöre zu den wenigen hervorragenden Phänomenen der Geschichte, die große Leistungen vollbringen.[260]

Am 29. August 1520 widmete und schickte Machiavelli diese Schrift seinen Freunden Zanobi Buondelmonti und Luigi Alamanni.[261] Er machte aus dem historischen Castruccio Castracani den „imaginären Helden eines sonderbaren historischen Romans und wollte einige der im *Principe* und den *Discorsi,* mehr aber noch in der *Arte della guerra* dargelegten Theorien in ihm personifizieren".[262] Diese kleine Schrift ist weniger ein historisches Werk Machiavellis; vielmehr ist es eine stilvolle literarisch-politische Arbeit, und als solche hatte sie Machiavelli auch verfaßt.[263] Die *Vita di Castruccio Castracani* eignet sich besonders gut, Machiavellis principe nuovo zu ergänzen. Er untermauert seine Vorstellungen von virtù und fortuna. Parallelen zwischen Castruccios und seinem persönlichen Schicksal beabsichtigte Machiavelli bestimmt nicht, wenngleich dem Werk etliche Gemeinsamkeiten zu entnehmen sind. Machiavelli mag höchstens von seinem Schicksal auf Castruccio geschlossen haben, weil er auch in seinem Leben fortuna besonders wirksam empfand.[264] Castruccio, so folgert Machiavelli, habe dort nie Gewalt angewandt, wo er sein Ziel durch List oder Betrug erreichen konnte, denn allein der Sieg, nicht die Art des Sieges bringe den Ruhm.[265]

Diese Schrift Machiavellis fand in Florenz durchweg eine positive Aufnahme, und die Freunde in den Orti würdigten sie als *cosa buona e ben detta,* als gute und vortrefflich formulierte Arbeit.[266] Zanobi Buondelmonti sprach von einem *modello di storia,* einem Modell der Geschichte bzw. Geschichtsschreibung, und forderte Machiavelli auf, ein umfassendes, umfangreiches historisches Werk über Castruccio Castracani zu schreiben. Auf Machiavelli aber wartete der Auftrag, die Geschichte von Florenz zu verfassen, und zudem arbeitete er an der *Arte della guerra,* dem Buch über die Kriegskunst, von dem er sich eine große Wirkung erwartete und in dem er endlich die Form fand, ausführlich seine Vorstellungen vom Kriege darzulegen.

Machiavelli führte die im *Principe* angestellten Erörterungen über den Krieg, das Militärwesen und allgemein über das Verteidigungssystem in den sieben Büchern der *Arte della guerra* detailliert fort. Es ging ihm hier primär um die zentrale Fragestellung, wie das Volk zur Verteidigung der Freiheit und politischen Unabhängigkeit militärisch organisiert werden solle. Die Grundgedanken zu diesem Thema im *Principe* blieben dieselben: Ein Staat muß ein starkes Heer haben, wenn er sein Volk politisch erfolgreich führen und selbständige, autonome Aktivitäten entfalten will. Die käuflichen Söldner erwirken das Gegenteil ihrer Erwartungen: Sie schwächen den Staat durch mangelnden Einsatz und dürftige Kriegsbereitschaft. Das bürgerliche Leben darf nicht vom militärischen getrennt werden. Das gesamte Volk muß waffenkundig sein und in Waffen gehalten werden, denn nur ein bewaffnetes Volk ist ein politisches Volk. Die oberste Pflicht des Machthabers wie des Staates ist, das Volk für den Krieg zu begeistern. Der gesamte Staat, das Volk und die politische Führung müssen sich für die Kriegskunst ereifern. Biographien namhafter Feldherrn wie Cyrus, Caesar, Alexander, Scipio oder Philipp von Mazedonien sollen gelesen werden. Und wieder appellierte Machiavelli an den fiktiven Principe Italiens, ein nationales Staatsheer zu schaffen und Italien zu einigen. Im *Principe* galt sein Appell dem Befreiungsfürsten, der gegen fortuna und politische Verderbnis kämpft, in der *Arte* ruft er nach dem großen Feldherrn, der die neuen Anweisungen zu befolgen habe: „Wer unter den italienischen Herrschern zuerst diesen Weg betritt, wird sich zum Herrn von ganz Italien aufschwingen. Sein Staat wird sein wie das Königreich Mazedonien, als es unter das Szepter Philipps kam."[267] Wer diese Lehren aber nicht beherzige, verachte als Fürst seinen Thron, als Bürger sein Vaterland.

Machiavelli schrieb die *Arte della guerra* in den Jahren 1519 und 1520 und widmete sie dem angesehenen Florentiner Patrizier Lorenzo di Filippo Strozzi.[268] Machiavelli las und diskutierte den meisten Teil dieses Werkes in den Orti. Den Rahmen der literarischen Fiktion behielt er bei. Machiavelli verlegte diesen Dialog in das Jahr 1516 zurück. Im ersten zentralen Gesprächsthema griff er reale Möglichkeiten einer Erneuerung der römischen Kriegskunst auf. Wie schon im *Principe* und in den *Discorsi* schöpfte Machiavelli erneut aus der römischen Antike und verwies erneut darauf, daß die Lebensbereiche Bürger und Soldat eng miteinander verbunden seien. Als Gesprächsteilnehmer ließ Machiavelli Fabrizio Colonna, Zanobi Buondelmonti, Luigi Alamanni, Battista della Palla und Cosimo Rucellai zu Worte kommen. Gerade Colonna mischte mit aktuellen Einwänden mit. Er war 1516 nach beendetem Krieg in der Lombardei nach Florenz zurückgekehrt und war mit seinen politischen Erfahrungen eine Bereicherung für den geistigen Zirkel der Orti.

Die *Arte della guerra,* die Machiavelli seinen Freunden als *De re militari* präsentierte, lieferte den endgültigen Beweis, daß Machiavelli den Krieg, die Kunst und die Wissenschaft vom Kriege, als wichtigen, wenn nicht wichtigsten Teil der Politik betrachtete.

Unter dem Titel *De re militari* erschien dieses Werk im August 1521 als *Libro della arte della guerra* in der Florentiner Offizin der Erben des Filippo di Giunti. Als Anweisung zu einer optimalen Militarisierung entfachte das Buch unter den intellektuellen Florentinern großes Aufsehen. Filippo de' Nerli ließ noch vor der Drucklegung Machiavelli wissen, er und Kardinal Giulio de' Medici wollten dieses Buch gerne lesen.[269] Auch Kardinal Salviati fand schmeichelnde Worte für Machiavelli. Donato del Corno und die Freunde in den Orti, darunter Machiavellis Fürsprecher Battista della Palla, feierten den Autor als großen Militärphilosophen, der endlich mit neuen Anregungen und Anweisungen Italien zur nationalen Einheit verhelfe.[270] Dies war gewiß auch Machiavellis tieferes Anliegen. Wenn er auch einige Inhalte schon 1506 und 1512 vorweggenommen hatte, so war dieses Buch doch brandaktuell, sieht man davon ab, daß Machiavelli die enorme Bedeutung der Feuerwaffe für die Zukunft unterschätzte. Er ahnte nicht voraus, daß diese Waffen zusehends die Kriegsführung entscheiden und daß die Zeit der Infanterie mit dem Gebrauch der traditionellen Waffen zu Ende gehen würde. Zu seiner Zeit war Machiavelli mit diesem Buch ein großer Sprung nach vorne gelungen: Spätestens mit der *Arte* gelangte er in den Ruf des ersten modernen Klassikers des Kriegswesens, des Vaters der allgemeinen Wehrpflicht. Und Machiavelli war von der Wirkung dieses Buches überzeugt.

Das Attribut, der erste moderne militärische Klassiker zu sein, verdiente sich Machiavelli, indem er die Bedeutung der Infanterie hervorhob und sich allgemein mit diesem Thema auseinandersetzt, das bis dahin nicht so isoliert von der politischen Geschichte behandelt worden war. Ansonsten arbeitete Machiavelli methodisch abwechselnd induktiv oder deduktiv. Er stellt sukzessive alle Einzelheiten der Kriegswissenschaft dar: Auswahl und Rekrutierung der Soldaten, Bewaffnung und Exerzieren, Formation und Führung des geschlossenen Truppenkörpers, Lehre vom Gefecht, Anwendung der jeweiligen Waffengattungen, Quartier und Verpflegung der Soldaten, Befestigungsanlagen, Verteidigungs- und Angriffskrieg, Festungskrieg. Er urteilte und argumentierte weit über seine persönlichen Erfahrungen hinaus. Aus heutiger Sicht gelten seine Folgerungen gegen die moderne Artillerie zugunsten der Kampfestechnik der altrömischen Infanterie freilich als Fehlschluß.

Die Wirkung der *Arte* zu Lebzeiten Machiavellis beweist, daß die Wurzeln des patriotischen Italien nicht abgestorben waren. Es tat den zerstrittenen Italienern gut, reformbewußte nationale Impulse zu spüren. Schon im 16. Jahrhundert erlebte die *Arte della guerra* 13 Ausgaben. Machiavelli galt als *il Fiorentino maestro di guerra,* als Florentiner Lehrer des Krieges, und dieses Werk als *liber vere aureus.* Noch in seinem Jahrhundert erschien das Werk in Spanien, Frankreich und England. Ins Deutsche wurde es 1619 übersetzt.[271]

Aus moderner Sicht ist die *Arte della guerra* als historisches Dokument der Kriegskunst zu Beginn des Cinquecento interessant, ebenso seine Wirkungsgeschichte: Berühmte Vertreter aus Politik und Militärwesen sprachen ihre Bewunderung für dieses Werk aus. Im 19. Jahrhundert, der Epoche des nationalen Erwachens, häuften sich die Publikationen über die *Arte,* und Machiavelli war wieder hochaktuell: „Wenn man diese Sätze liest, so glaubt man, einen Theoretiker aus unseren eigenen Tagen zu hören."[272]

Machiavelli spricht in der *Arte* über sich und seine Position und klagt die Natur an, sie habe ihm nicht die Chance gegeben, seine Theorien zu realisieren: „Wahrlich, wenn fortuna mir in der Vergangenheit einen Staat zur Verfügung gestellt hätte, der für ein solches Unternehmen geeignet gewesen wäre, so hätte ich — davon bin ich überzeugt — der Welt in kurzer Zeit gezeigt, was die alte Wehrverfassung noch wert ist."[273] Machiavelli wußte, daß bis in die Mitte des 14. Jahrhunderts jeder Florentiner vom 15. bis zum 70. Lebensjahr wehrpflichtig gewesen war, und zwar unter Androhung der Todesstrafe und Konfiskation des Privatbesitzes. Ein solches Bürgerheer kam bis zu dieser Zeit nie so zum Einsatz, daß seine Bedeutung der Regierung entsprechend aufgefallen wäre: Zu sehr stand ein solch zusammengewürfeltes Fußvolk im Schatten der gut gerüsteten Reiterei, und zu wenig investierten die Kommunen an Geld und Interesse in eine optimale Organisation solcher Aufgebote. Der Aufstieg des Söldnerwesens bis zum perfekt organisierten Gewerbe resultierte auch aus dieser Vernachlässigung des städtischen Kriegswesens. Wenn später von einer Vorform der Lohnarbeit gesprochen und der Söldner sogar als Ware bezeichnet wurde, dann war diese Qualifizierung nicht falsch.[274] Es wundert nicht, daß die in den Städten angesammelten Söldnerkompanien zur Bedrohung für die Sicherheit der Stadtstaaten wurden und deren Finanzkraft schwächten. Wie ein Bumerang schlug der ursprünglich verheißungsvolle Söldnereffekt zurück, indem arbeitslose Söldner Gebiete plünderten und die Kassen der Städte leersaugten.

Machiavelli wollte auch dem entgegenwirken und das Übel des Söldnerunwesens an der Wurzel durch die Einrichtung eines verläßlichen Volksheeres tilgen: „Söldner und Hilfstruppen sind unnütz und gefährlich, und eine Herrschaft, die sich auf Söldner stützt, wird nie dauerhaft und sicher sein. Denn sie sind uneins, machtgierig, ruchlos und verräterisch, verwegen in Freundesland, feige vor dem Feinde, ohne Furcht vor Gott, ohne Treue gegen die Menschen", hatte er schon im *Principe* konstatiert.[275] Wenngleich der Schwerpunkt der *Arte* dem Krieg als solchem gilt, so ist dieses Werk auch eine politische Schrift: Der Initiator einer Heeresreform muß eine politische Instanz sein, eben der von Machiavelli propagierte neue Staat. Was er in den politischen Schriften *Principe* und *Discorsi* nur unsystematisch als Politik im Zusammenhang mit dem Kriegswesen erörtert hatte, legte er in der *Arte della guerra* breit und ausführlich dar.

Trotz der Erfahrungen bei Prato setzte er weiterhin auf den patriotischen Soldaten, dem er die lebensnotwendige Aufgabe des Krieges zutraute. Denn nur der Wehrdienst erziehe zu tüchtigen und treuen Menschen, zur Liebe zum Vaterland, zum Frieden und zur Gottesfurcht. Seit Prato aber spotteten auch einige Florentiner über Machiavellis militärisch-politisches Engagement. Bandello erzählte in einer Novelle, Machiavelli wollte einmal einem berühmten Feldhauptmann vor den Stadtmauern von Mailand ein Exerziermanöver vorführen. Nach stundenlangem Warten in der Sonnenglut des Sommers habe es Machiavelli immer noch nicht fertiggebracht, die Soldaten in Reih und Glied aufzustellen. Schließlich habe ihn der Feldhauptmann zur Seite geschoben, einige Befehle erteilt, und die Ordnung sei wiederhergestellt gewesen.

Niccolò Machiavelli stand ab dem 1. November 1520 in einem Dienstverhältnis mit dem studio fiorentino, der Landesuniversität, deren Vertreter ihn am 8. November 1520 rückwirkend zum 1. des Monats beauftragten, eine Geschichte des florentinischen Volkes niederzuschreiben, *et inter alia ad componendum annalia et cronacas florentinas, et alia faciendum,* wobei den Medici das gebührende Lob zuteil werden sollte.[276] Die Arbeit war auf zwei Jahre vereinbart und sollte Machiavelli 100 Golddukaten gleich 100 fiorini einbringen, den Dukaten zu sieben lire, eine lira zu 20 soldi oder 60 quattrini; es waren nicht die fiorini larghi, die mit vier lire im Umlauf waren und mit denen Machiavelli als Sekretär der Republik bezahlt worden war.[277] Es handelte sich also um ein ansehnliches Honorar. Machiavelli benötigte dann aber mehr Zeit, als es sich die Herren des studio vorgestellt hatten. Es handelte sich hier um einen durchaus löblichen Auftrag, der im Grunde von der üblichen Form des Renaissance-Auftrages abwich. Wie es in der Regel Hofepiker gab, standen auch Hofhistoriker in einem festen Dienstverhältnis. Zum Beispiel erhielt Bartolomeo Fazio bei Alfonso von Aragon ein Jahresgehalt von 300 Dukaten. Unter Cosimo de' Medici erhielt Benedetto Varchi den Auftrag zu seiner Geschichte von Florenz. Neben Florenz wußte primär Venedig den Wert der offiziellen Geschichtsschreibung zu schätzen. In der Lagune erhielt Marcantonio Sabellico ein Jahresgehalt von 200 *zecchini.* Selbstredend erwarteten die Auftraggeber eine wohlwollende Darstellung ihrer Geschichte. Denn dann war der Historiker von besonderem Nutzen, wenn er ein vorteilhaftes Bild seines Staates, seiner Republik oder Fürstentums zeichnete. Und die Geschichte genoß zur Zeit Machiavellis ohnehin einen besonderen Status. Abgesehen von ihrer politischen Bedeutung war sie innerhalb der bildenden Kunst das Gegenstück der höchsten Form der Literatur, dem Epos.

Der Auftrag an Machiavelli beweist, daß der Trend der Zeit sich allmählich vom offiziellen Hofhistoriker abwandte

und sich in Richtung Kommerzialisierung des Förderer-
wesens bewegte.

Eigentlich arbeitete Machiavelli noch an der *Arte della
guerra,* als er diesen Auftrag erhielt, und zudem trug er just
in diesem Jahr seinen *Discorso delle cose fiorentine dopo la
morte di Lorenzo* mit sich herum. Diese Abhandlung sollte
einmal mehr die Notwendigkeit einer Verfassungsänderung für Florenz darstellen. Gerade dieser realitätsbezoge-
nen politischen Arbeit muß besondere Aufmerksamkeit
gelten, weil hier ein reifer historisch-politischer Denker in
klarer Begrifflichkeit seine eigene Vorstellung von einer
praktikablen Republik am Arno darlegte.[278]

Machiavelli schrieb diesen Entwurf einer neuen Verfassung für Florenz wahrscheinlich zwischen November 1519
und Februar 1520 oder gegen Ende des Jahres 1520.[279]
Kardinal Giulio de' Medici hatte zu dieser Zeit und noch
im Jahr danach einige stadtbekannte Intellektuelle, darunter Niccolò Machiavelli, um Vorschläge zu einer Verfassungsreform für Florenz gebeten. Unter ihnen plädierte
Machiavelli als einziger von vornherein für einen *nuovo
governo largo,* eine neue breite Regierung − eben eine
Republik −, mit einem neuen Großen Rat.[280] Einer der anderen Beauftragten war Alessandro de' Pazzi, bei dem,
ebenso wie bei Machiavelli, die freie Republik im Vordergrund stand. Alessandro legte um 1522 seine Ideen in
den Orti vor, wahrscheinlich stand er unter dem Einfluß
Machiavellis. Alessandro lehnte aber Machiavellis Reform-
vorstellungen, vor allem die Kompetenzen des Großen
Rates, ab: Vielmehr sollte eine Aristokratie an die Spitze
der Stadtregierung rücken, ihr zur Seite eine Regierung der
Besten mit einem Fürsten. Der Große Rat sollte in seinem
Kompetenzbereich wesentlich eingeschränkt werden.
Seine Reformvorschläge liefen auf eine aristokratische Re-
gierung unter Führung der Medici hinaus.

Machiavelli ging in seinem Gutachten viel tiefgründiger
vor. Zuerst verglich er das Medici-System mit der früheren
republikanischen Freiheit der Stadt. Dabei baute er auf den

Grundgedanken des ersten Buches der *Discorsi* auf und prüfte zuerst die Herrschaftsformen von der Oligarchie des Moro degli Albizzi bis zur Demokratie Piero Soderinis. Er resümierte, daß alle unsicher und instabil gewesen seien. Machiavelli faßte dann energisch ein völlig neues Projekt ins Auge: Die unumschränkte Macht traute er dabei den Medici zu. Eben weil die wiederholten Verfassungsänderungen die andauernden Unordnungen zur Folge hätten und weil die politische Instabilität aus dem dauernden Wechsel zwischen Republik und Prinzipat resultierte, sollten Papst Leo X. und Kardinal Giulio de' Medici bis an ihr Lebensende die wirklichen Herren und Machthaber in Florenz bleiben. Machiavellis nachdrückliche Betonung der politischen Fähigkeiten dieser beiden Medici-Herren läßt darauf schließen, daß er bereits krampfhaft nach einem Modus suchte, den Medici zu gefallen. Das hieß, daß er ihre Vormachtstellung nicht anzweifeln durfte. Vor allem sollten sie ihre Vorrechte bei der Auswahl der Beamten für die Besetzung der öffentlichen Ämter beibehalten. Machiavelli zielte aber auch schon darauf ab, das Volk zu den republikanischen Formen der Freiheit hinzuführen; vielleicht sogar mit dem Wunschgedanken, daß er alsbald ohne die Medici sich selbst regieren werde. Machiavelli konkretisierte aber nicht, wie die anderen Mitglieder der Medici nach dem Tod Leos und Giulios plötzlich „enterbt" werden sollten. In den weiteren Ausführungen ging Machiavelli ins Detail. Er schlug die Wahl von 45 Bürgern vor, die das 45. Lebensjahr überschritten haben mußten. Einer unter ihnen sollte zum Gonfaloniere auf zwei oder drei Jahre oder auf Lebenszeit ernannt werden. 22 von ihnen sollten als Rat des Gonfaloniere wirken und später von den anderen 22 abgelöst werden. Als Tatsache setzte Machiavelli voraus, daß in einer Stadt wie Florenz, in der alle Bürger gleich seien, auf Dauer nur eine Republik in Frage käme, die jede der drei Schichten − *primi*, Ober-, *mezzani*, Mittel- und *ultimi*, Unterschicht − an der Regierung beteilige. Deshalb solle der Große Rat als Vertretung der Unterschicht in seiner bewährten Form wiedererrichtet werden. 600 bis 1000 Vertreter dieser Klasse sollten alle Magistrate wählen. 160 Vertreter der Mittel- und 40 der Unterschicht sollten den *Consiglio degli scelti,* Rat der Erwählten, auf Lebenszeit besetzen. 53 Mitglieder der Ober- und 12 aus der Mittelschicht sollten die *Signoria* bilden. Dies sollte aber erst nach dem Tode der beiden Medici voll funktionieren, dann sollte auch der *Gonfaloniere di giustizia* von der Signoria auf ein Jahr gewählt werden. Die Bürger der Stadt sollten sich dann auch an ein aus den beiden Gremien gebildetes Appellationsorgan als öffentlichen Ankläger wenden können. Wer aber sollte nach Leos X. und Giulios Tod den Medici die Macht nehmen? Hier liegt der oberste utopische Faden dieser Verfassungsreform Machiavellis. Er plädierte als Idealist: „Ich glaube, daß die höchsten Ehren, die einem Menschen zuteil werden können, jene sind, die ihm sein Vaterland freiwillig darbringt; ich glaube aber auch, daß das größte und Gott wohlgefälligste Gute, was man tun kann, das ist, was man seinem Vaterland erweist."[281] Die beiden Medici hätten zu ihren Lebzeiten bei der Auswahl der Regierungsmitglieder, des Gonfaloniere, der Signoria und der anderen Behörden gewiß nicht mit diesem ideellen Patriotismus gehandelt. Aber Machiavellis politischer Gedanke, das Volk zu politischer Mündigkeit zu erziehen, blieb bestehen. Die konservativen Machthaber am Arno waren von diesen neuen Vorstellungen Machiavellis nicht angetan, und die Medici fanden die Reform zu utopisch und für sie nicht geeignet. Immerhin stand die Herrschaft ihres Hauses auf dem Spiel. In Wirklichkeit interessierten sich weder Papst Leo noch Kardinal Giulio für eine tatsächliche Reform in Florenz. Mit ihrem Auftrag an Machiavelli und die anderen wollten sie nur guten Willen beweisen und der Unruhe unter den Republikanern in der Stadt entgegenwirken. Die Arbeit Machiavellis diente also letzthin den Medici lediglich als ein republikanisches Alibi.

Eigentlich stand Kardinal Giulio de' Medici als zeitweiliger Erzbischof von Florenz dem studio vor, das im November 1520 an Machiavelli mit dem Auftrag der *Istorie fiorentine* herantrat. Der Kardinal erteilte nämlich die akademischen Grade und Würden und hatte im Oktober 1520 die Kommune beauftragt, Machiavelli zu ihrem offiziellen Geschichtsschreiber zu ernennen. Kardinal Giulio schrieb Machiavelli nicht vor, wie, in welcher zeitlichen Abfolge und nach welchen Kriterien er die Geschichte von Florenz darzustellen habe. Jedenfalls sollte die Darstellung das Jahr 1434, also der Anfang der Medici-Dynastie, als Zäsur berücksichtigt werden. Machiavelli bedeutete dieses Jahr ein Wendepunkt in der Geschichte von Florenz, nämlich den Übergang von der politischen und wirtschaftlichen *disordine*, Unordnung, zum konstituierten Staat; trotzdem stellte er fest, daß nach 1434 das Volk wieder nicht zu seinem Recht gekommen war. Gerade deshalb blickte Machiavelli weiter in der Geschichte am Arno zurück und zeigte auf, daß die Medici die florentinischen Sozialkonflikte nicht lösen konnten.

Schon im Vorwort ließ Machiavelli erkennen, daß er zwar die beiden Historiker Bruni und Bracciolini studiert habe, daß er aber nicht beabsichtige, die alte Lehre von der Geschichte als Lehrmeisterin der Gegenwart und Zukunft zu variieren, sondern die Auseinandersetzung mit seinen Vorgängern suche und neue Akzente setzen wolle. Denn Bruni und Bracciolini hätten zwar „in der Beschreibung von Kriegen der Florentiner mit auswärtigen Fürsten und Völkern fleißig gearbeitet", die Zwietracht der Bürger, die inneren Feindschaften und ihre Auswirkungen hätten sie aber „teilweise verschwiegen, so daß es den Lesern weder Nutzen noch Freude bringt".[282] Machiavelli vermißte also gerade jene Aspekte, die in der modernen Geschichtsschreibung verstärkt an Gewicht gewannen. Es ging ihm nicht mehr um die Aufzeichnung der Taten einzelner Männer oder Gruppen, sondern vielmehr um die gesamte politische, wirtschaftliche und soziale Struktur der Geschichte am Arno. Er erklärte im Vorwort: „Wenn jedes Beispiel einer Republik uns etwas lehrt, so lehrt uns weit mehr und mit größerem Nutzen das der eigenen; und wenn je in irgendeiner Republik ihre Spaltungen bemerkenswert waren, so sind die in Florenz am bemerkenswertesten: Denn die meisten uns bekannten Republiken begnügten sich mit einer Spaltung, durch die sie, je nach den Umständen, ihre Stadt vergrößerten oder ruinierten: Florenz hingegen, nicht zufrieden mit einer, hat viele hervorgebracht."

Die acht Bücher der *Istorie fiorentine* können in drei Teile gegliedert werden. Dabei bemühte sich Machiavelli unparteiisch zu bleiben, indem er nichts und niemand unberücksichtigt lassen wollte. Im ersten Teil, dem kürzesten, gibt er einen Abriß der gesamtitalienischen Geschichte von der Völkerwanderung bis zum 15. Jahrhundert. Das Papsttum tritt als Urheber und Verantwortlicher für den Ruin Italiens hervor. Im zweiten Teil, den Büchern zwei bis vier, behandelt er die Zeit von der Mitte des 13. bis zur Mitte des 15. Jahrhunderts, die Trennung der verschiedenen *sorte*, der sozialen Gruppen, die wechselwirkende Politik zwischen Patriziern und Zünften, zwischen Bürgern und Arbeitern, zwischen politischen Parteien und Koalitionen. Im dritten Teil, den Büchern fünf bis acht, untersucht und beschreibt er die großen Staatsstreiche und Verschwörungen. Die Bürgerkriege behandelt er mehr am Rande. Dafür legt er mehr Wert auf die Bündnis- und Kriegspolitik. Gegen Ende kommt er wieder auf den gesamtitalienischen Zusammenhang zu sprechen.

Die *Istorie fiorentine* sind inhaltlich gesehen nicht nur politische Geschichte; dafür kommen schon zu sehr die sozialen Kräfte und das Individuum als solches zu ihrem Recht. Sie sind aber auch nicht eine Kultur-, Sozial- oder Wirtschaftsgeschichte, dafür wirken die einzelnen Aspekte zu sehr ineinander. Sie sind schon eher eine sozialpolitische Geschichte, verstanden als Geschichte des Verhältnisses von institutioneller Verfassung und sozialen Kräften, von politischen Machtverhältnissen und sozialen Gruppen.[283]

Die Geschichtsschreibung Machiavellis ist umstritten wegen seines leichtfertigen Umgangs mit Quellenmaterial. Dennoch sind die *Istorie* als eine nicht unbedeutende Leistung und sogar als „historisches Meisterstück" bezeichnet worden. Es muß unterstrichen werden, daß Machiavelli neue, in die Zukunft weisende Wege beschritten hat. Das Manko an den *Istorie* ist die unvollständige, teils lückenhafte Darstellung. Ihr Autor wollte einerseits einen kaum überschaubaren komplexen Geschichtsstoff verarbeiten, andererseits die Betonung auf den realen Sachverhalt seiner Umgebung legen. Dabei vernachlässigte er großenteils die Frage der Voraussetzungen, der historischen Entwicklung. Dafür gelang es ihm gut, die inneren Krisen und äußeren Ursachen seit dem Untergang des Weströmischen Reiches bis zum Jahre 1434, dem Tode Lorenzo il Magnificos, herauszuarbeiten. Wie schon bei den anderen Werken bemühte sich Machiavelli auch in den *Istorie,* die Menschen so realistisch wie möglich zu sehen. Er benützte eine historiographische Technik, die seit Thukydides üblich war und die auch Guicciardini in seiner *Storia d'Italia* einbaute: Die *concioni,* erfundene Reden, werden den handelnden Personen in den Mund gelegt. Machiavelli erfand viele solcher fiktiven Gespräche, einige arbeitete er aus überlieferten Textstellen um. Der Leser des Cinquecento war sich durchweg bewußt, daß es sich bei solchen Stellen nicht um Originalquellen handelte, so daß er sich nicht getäuscht vorzukommen brauchte.[284] Machiavelli war diese Technik ein willkommenes Mittel, über das er dem Leser seine Kritik vermitteln konnte. Und nicht zuletzt dienen concioni dazu, Unparteilichkeit darzustellen: Alle Gruppen erhalten die Möglichkeit, ihre Position zu verteidigen, die Gegner verbal anzugreifen und bloßzustellen. Ansonsten sind die *Istorie fiorentine* eine von Patriotismus triefende, subjektive Darstellung geworden. Einmal, weil die concioni nicht die nötige Objektivität ermöglichen, dann, weil Machiavelli sie, seiner Auffassung entsprechend, in den Dienst seiner politischen Theorie stellte. Das Buch blieb unvollständig und lückenhaft dort, wo Machiavelli jenen Ereignissen besonderes Interesse beimaß, die seine politische Theorie untermauerten, dabei aber jene vernachlässigte, die nicht in sein Schema paßten. Mitunter korrigierte er verschiedene historische Tatsachen, wich von der Wahrheit ab und schob erfundene, unhistorische Aspekte ein. Wert erhält das Buch, weil Machiavelli die Politik der Parteiungen, den Einfluß der politischen Gruppen besonders deutlich hervorhob und soziale Prozesse eigens herausarbeitete. Den Aufstieg der Zünfte zum Beispiel deutete er als Beginn einer großen gesellschaftspolitischen Umschichtung mit entsprechenden politischen Folgen: Die reichen Zünfte drängten auf Expansion, also auf eine breitangelegte Außenpolitik; das verarmte Volk suchte den Frieden und die politische Sicherheit innerhalb der Grenzen seines Staates. Wenn die *Istorie* einmal das „erste moderne Geschichtswerk unserer Zeit"[285] genannt wurden, dann eben wegen dieser neuen sozial- und wirtschaftshistorischen Fragestellungen des Autors, die sich nicht mehr bloß mit rein chronologischer Aufzählung begnügten. Diesen Ruf, der sich einige Jahrzehnte in der Historie hielt, muß sich Machiavelli zumindest mit Leonardo Bruni, der mit seiner *Historia Florentini populi* die humanistisch-lateinische Geschichtsschreibung begründete, und Flavio Biondo sowie Francesco Guicciardini teilen.[286]

Ein anderes Verdienst Machiavellis ist es, daß er die Volkssprache für die Geschichtsschreibung belebte. Giulio de' Medici hatte ihm freie Entscheidung bei der Wahl der Sprache gelassen, und er entschied sich für die Volkssprache, die später zum Modell für eine bestimmte Form der florentinischen Geschichtsschreibung wurde und bis zur Wiedereinführung des Lateinischen während der Gegenreformation Ende des 16. Jahrhunderts anhielt.

Die *Istorie* litten lange darunter, lediglich das Bild von Machiavelli als politischen Theoretiker abzustützen, indem Machiavelli die Geschichte als *ancilla scientiae politicae* benützte.[287]

Machiavelli brach die *Istorie fiorentine* mit dem Jahre 1494 ab. Spätere Geschichtsforscher erkannten dieses Jahr als den Beginn einer epochalen Wende. Leopold von Ranke setzte mit 1494 die Neuzeit an. Machiavelli hatte die historische Wende mit dem Beginn der Großoffensive der fremden Mächte auf Italien richtig erkannt.

Er arbeitete an den *Istorie fiorentine* bis zum Jahre 1525. Weil er keine systematische Arbeitsform fand, verzögerte dies seine Arbeit. Er widmete das Werk Papst Clemens VII. als sein „ergebener Sklave", wenn er auch die Medici nicht eigens darin glorifizierte. Der Inhalt der *Istorie* war weniger eine pure Darstellung von Florenz. Er erweckt eher Mitempfinden für die Leidensgeschichte des florentinischen Volkes. Das Werk erschien erstmals 1532 und wurde vor dem kirchlichen Index zwölfmal neu aufgelegt. Später kam es in zahlreichen Übersetzungen heraus.[288]

Cesare Borgia, dieses Bildnis von Altobello Meloni wird in seiner Authentizität angezweifelt, ob es sich dabei wirklich um Cesare Borgia oder nur um die Darstellung eines Edelmannes handelt.

Francesco Guicciardini in einer
Loge an der Außenwand der Uffizien in Florenz

Pontormo: Bildnis von Cosimo
dem Alten, Uffizien in Florenz

Giovanni delle Bande Nere von Baccio Bandinelli (1540) vor der Kirche San Lorenzo da Ambrogio, auch Basilika Ambrosiana genannt, in
Florenz

Dante Alighieri auf der Piazza Santa Croce in Florenz

Alexander VI.

Lucrezia Borgia

*Die Hinrichtung Girolamo Savonarolas auf der Piazza della Signoria
in Florenz (Museum San Marco, Florenz)*

Julius II.　　　　　　　　　　*Maximilian I.*

14. Die letzten Jahre

Als politisch rehabilitierter Florentiner Bürger blickte Niccolò Machiavelli zuversichtlich in die Zukunft; sein Name erschien wieder auf der Liste der wählbaren Kandidaten für die Verwaltung. Als die Verschwörung gegen die Medici aufgedeckt wurde, konnte ihm keine Schuld nachgewiesen werden. Die Tatsache, daß der neue Papst Clemens VII. sich positiv über Machiavelli ausgesprochen hatte, ließ den alternden Segretario hoffen. Die beiden Medici-Sprößlinge in Florenz zeigten freilich weiterhin kein Interesse für Machiavelli.

Privat erlebte er eine relativ schöne Zeit mit seiner Geliebten Barbera Salutati. Machiavelli suchte leidenschaftlich die Umgebung dieser jungen anmutigen und sinnlichen Schauspielerin und Sängerin. Er traf sie beim *fornaciaio* und lud sie zu diversen öffentlichen Veranstaltungen ein. Gerade in depressiven Momenten suchte Machiavelli den Umgang mit Frauen; wenn er keine Lust mehr empfand, „in den Büchern der Alten zu lesen" und sich nicht mit den „Problemen der Gegenwart" beschäftigen wollte, dann suchte er den „süßen Umgang mit Venus". An solchen Tagen war er politisch desinteressiert: „Wenn Ihr", schrieb er an Francesco Vettori, „mir was Hübsches von Euren Damen schreiben wollt, so schreibt es, aber alles andere Zeug hebt für die auf, die es mehr schätzen und mehr davon verstehen; ich habe immer bloß Ärger damit gehabt, bei anderem alleweil nur Glück und Vergnügen gefunden." [289]

Machiavelli nannte es töricht, die Genüsse der Liebschaften nicht voll auszukosten: Was man in der Liebe genießen könne, solle man aus dem vollen genießen, denn Amor inszeniere nicht von ungefähr eine Liebschaft. Wer ihm trotze, dem „reißt er die Augen, die Leber und das Herz aus. Diejenigen aber, die ihn genießen, wenn er kommt, und ihm schmeicheln, wenn er geht, und ihn willig aufnehmen, wenn er wiederkommt, werden von ihm geehrt, lieb-

kost und feiern Triumphe unter seiner Herrschaft."[290]
Wie schon vor 1512 führte Machiavelli auch danach seine
Liebschaften fort und nahm es weiterhin mit der Treue zu
Marietta nicht genau. Im August 1514 erlebte er ein intimes
Abenteuer mit einem Mädchen vom Lande. Dafür begeisterte er sich auch in seinen Briefen und vergaß sein politisches Mißgeschick: Er habe „ein Abenteuer während seines Aufenthaltes gehabt mit einem Mädchen so artig, so
zart, so edel durch Natur und Kunst, daß ich es nicht genug
loben und lieben könnte, wie es sich verdiente. Obgleich es
mir scheint, als habe ich mich in große Unruhe begeben, so
fühle ich dabei doch so große Wärme, sowohl durch den
Anblick des reizenden Gesichtes als auch deshalb, weil es
alle meine Leiden vergessen läßt, daß ich um nichts in der
Welt — wenn ich könnte — mich davon befreien
möchte."[291]

Neben solchen kurzen Liebschaften gab er sich dann
ganz Barbera Salutati hin. Sie war eine Dame, die in der ge-
hobenen Gesellschaft verkehrte und die ihre eigenen Vorstellungen von Liebe und Treue hatte. Barbera mußte gerade deshalb viel Kritik hinnehmen, denn nicht jeder in
Machiavellis Kreisen befürwortete ihren großzügigen
freien Lebenswandel.

Sie verstand es, das Gefühl der Jugend bei Machiavelli
neu zu wecken. Sie gab sich ihm hin, und Machiavelli er-
widerte ihre Liebe. Besorgt schrieb er an Francesco Vettori,
als sich Barbera eine Zeitlang in Rom aufhielt, er möge
sich ihr gefällig erweisen, „denn sie liegt mir viel mehr
am Herzen als der Kaiser".[292] Aber auch Barbera machte
aus ihrem Verhältnis mit Machiavelli kein Geheimnis und
sprach sich öffentlich für ihn aus. Die politische Rehabilitation Machiavellis resultierte wohl größtenteils aus ihrer
Fürsprache bei Florentiner Honoratioren.[293]

Endlich, im Jahre 1525, betrat Niccolò Machiavelli wieder politischen Boden. Sein eindringlicher Aufruf zur Solidarität sollte nunmehr Früchte tragen. Dies glaubten zumindest einige Mitbürger am Arno. Machiavellis Mahnung

zur nationalen Einheit in einer gemeinsamen Zukunft sollte freilich weiterhin Illusion bleiben. Selbst er, in der Politik seiner Zeit meistens optimistisch, wenn auch realistisch geblieben, ahnte das Herannahen der völligen politischen Kapitulation und die Vernichtung jeglicher verläßlicher politischer Lebensgrundlagen voraus. Aber noch lebte er in einem Land reich an Landschaft unter Menschen, denen das Leben anzusehen war. Lange hatte er auf den farbenprächtigen, im Sommer knallroten Hügeln um San Casciano neue Wege für die italienische Nationalpolitik ersonnen; aber es fand sich niemand mehr, weder am Arno noch entlang des gebirgigen Apennin, der sie beschreiten wollte oder konnte. Er selbst hatte nicht das Zeug zum Demagogen, zum principe nuovo; im Kern seines Wesens war er der materiell arme Beamtensohn geblieben, nie käuflich, aber den Kopf voller Ideen. Es gelang ihm nie, die Klasse des Kapitals für sich zu begeistern. Ihm schauderte vor dem Blick in die Zukunft, wenn er von den fremden Truppen an den Grenzen erfuhr. Er wußte, wie morsch Italien war und daß die „Befreier" über die Befreiung hinaus das Land besetzen würden.

In diesen schwierigen Zeiten, angesichts der sich abzeichnenden fatalen Ereignisse, erschien Machiavelli mit all seinen Idealen auf der politischen Bühne. Und er hielt wie immer an seinen Visionen fest, als aufrichtiger Patriot und leidenschaftlicher Theoretiker für die Republik, die militärische Verteidigung und für Italien.

Innenpolitisch stand es mit Italien nicht gut: Frankreich mußte am 24. Februar 1525 bei Pavia gegen die Kaiserlichen − Deutsche und Spanier − eine vernichtende Niederlage hinnehmen. König Franz I. wurde gefangengenommen. Machavelli glaubte an eine mögliche nationale Einigung. Tatsächlich wäre der Zeitpunkt nicht ungünstig gewesen. Das Volk stand dem Einigungsgedanken aber wie zuvor kritisch gegenüber, und der Papst, der im Namen Italiens handeln sollte, bewies wenig politisches Geschick. Angesichts der fatalen Auswirkungen von Pavia plante

Machiavelli einen nationalen Unabhängigkeitskrieg. Er intervenierte bei prominenten Persönlichkeiten gegen den labilen Papst. Da er kaum Gehör fand, beschloß er, selbst nach Rom zu reisen, um dort persönlich bei den höchsten Stellen Begeisterung und Zustimmung für sein Vorhaben zu erwirken.

Anfang 1525 hatte er vor, sein abgeschlossenes Werk der *Istorie fiorentine* persönlich dem Papst zu überreichen. Dies diente ihm jedenfalls als offizieller Grund. Francesco Vettori, der mit Clemens VII. einen Termin vereinbaren sollte, riet Machiavelli ab, weil angeblich die Stimmung in der Ewigen Stadt zu hektisch sei und man wenig Zeit für die *Istorie* finden würde.[294] Machiavelli machte sich dann trotzdem in den letzten Tagen des Mai auf den Weg nach Rom, wo ihm für die acht Bücher der *Istorie* große Begeisterung zuteil wurde. Papst Clemens VII., dem das Werk gewidmet war, Jacopo Salviati und der Bankier Filippo Strozzi sprachen Machiavelli ihre Anerkennung aus. Bei diesem Empfang unterbreitete er dem Papste seinen Plan von der Bewaffnung des Volkes, von einer starken Miliz für Florenz. Jacopo Salviati zeigte sich zusammen mit dem Papste von diesen Ideen angetan. Überhaupt sprach sich Salviati mehrmals für Machiavelli aus. Zweimal hatte er sich um eine Stellung für ihn bemüht. Dabei empfahl er seinem Sohn, dem Kardinal, Machiavelli als Sekretär auf seiner Reise nach Madrid mitzunehmen. Jacopo Salviati meinte, er könne sich keinen besseren Sekretär als Machiavelli vorstellen. Der Papst war mit diesem Vorschlag aber in keiner Weise einverstanden. Jacopo schrieb seinem Sohn, deshalb müsse man Machiavelli vergessen.[295] Machiavelli hätte das Angebot vielleicht gar nicht angenommen, weil er es in diesen letzten Jahren, wohl aus privaten Gründen, vorzog, in Italien zu bleiben. Schon im Frühjahr 1521 hatte er ein Angebot, als Sekretär für den in spanischen Diensten stehenden Prospero Colonna zu arbeiten, abgelehnt und die Arbeit an den *Istorie* vorgezogen.[296]

Anfang Juni 1525 sprach Machiavelli in Rom bei seinem

Landsmann, Papst Clemens VII., mit seinem wirklichen Anliegen vor. Am 9. Juni ließ der Papst aus seiner Privatkasse 120 Golddukaten für die *Istorie* an Machiavelli auszahlen. Die Worte des ehemaligen Segretario an das Kirchenoberhaupt waren eindringlich und kompromißlos. Ohne Umschweifungen warnte er den Papst mit patriotischen Argumenten vor der Gefahr, die Karl V. für Italien bedeute. Er empfahl dem Papst den unbedingten Widerstand gegen den Kaiser und die sofortige Errichtung eines starken Heeres im Süden, wo der Papst die kaiserlichen Truppen empfangen und zurückschlagen solle. Es sollten überall nationale Milizen ausgehoben und das gesamte Volk bewaffnet werden, denn nur so könne „die Lawine der Barbaren aufgehalten werden". Der Papst hörte Machiavelli lange aufmerksam zu und zeigte sich dem Plane nicht abgeneigt. Er sandte Machiavelli, der sich nun wieder völlig als Politiker fühlte, zu Guicciardini, dem großen Mitarbeiter der Medici im Kirchenstaat, nach Faenza zu ausführlichen Besprechungen. Machiavelli reiste am 10. oder 11. Juni in Rom ab. Bei Guicciardini angekommen, besprach er sofort sein Vorhaben. Guicciardini stellte fest, daß es recht nützliche und wünschenswerte Ideen seien, allerdings bezweifelte er die Möglichkeit, sie in die Tat umsetzen zu können, denn gerade in der Romagna sei das Volk schon unter sich zerstritten, geteilt in Parteien, die noch von der Trennung in Guelfen und Ghibellinen stammten. Er schrieb dem Papst: „Ein solches Unternehmen müßte auf der Liebe des Volkes begründet sein, die in der Romagna für die Kirche überhaupt nicht vorhanden ist. Man ist hier weder seiner Habe noch seines Lebens sicher und blickt immer nur nach den fremden Fürsten. Die Hoffnung, die Ordonanz, nach Machiavellis Vorschlag, aus Leuten zusammenzusetzen, die keiner der beiden Parteien angehören, bedeutet gleichviel, keinen einzigen zu finden." [297]

Der Realist Guicciardini führte den militärischen Utopisten Machiavelli also umgehend auf den Boden der Realität zurück. Nachdem Machiavelli dann keine weiteren Anweisungen mehr erhielt, kehrte er am 26. Juli nach Florenz zurück. Trotz großer Enttäuschung erklärte er sich bereit, jederzeit dem Papst zur Verfügung zu stehen. Den Plan einer Miliz gab er auch weiterhin nicht auf.

Als kleines Intermezzo reiste Machiavelli im August 1525 im Auftrag der Provveditori del Levante nach Venedig, um von den Venezianern eine Entschädigung für Florentiner Kaufleute zu erwirken, die in der Lagunenstadt betrogen worden waren. Machiavelli erwirkte zur vollen Befriedigung seiner Auftraggeber die geforderte Entschädigung. Während seines Aufenthaltes nutzte er die Gelegenheit, sein Glück im Lotto zu probieren; dabei gewann er eine bescheidene Summe Geld. Ansonsten nützte er die freie Zeit, besuchte den päpstlichen Botschafter und diskutierte länger mit Bischof Lodovico Canossa. Vettori hatte Machiavelli diesen geistlichen Herrn anempfohlen. Canossa zeigte sich von Machiavelli angetan und bot ihm seine Hilfe an. Später berichtete der Bischof, daß sich Machiavelli bei ihm nicht mehr habe sehen lassen.[298] Machiavelli verließ am 16. September die Lagunenstadt, kehrte aber erst gegen Ende des Monats nach Florenz zurück. Im Januar 1526 legte er Guicciardini einen neuen Plan vor, wieder mit dem Inhalt nationaler Milizen. Sie sollten, wie Machiavelli meinte, unter der Führung des bekannten und gefürchteten Condottiere Giovanni delle Bande Nere aufgestellt werden und ins Feld ziehen. Aber auch dieser Plan löste bei Guicciardini kaum Begeisterung aus. Machiavelli gelang es aber nun zumindest, den Papst von einem neuen Befestigungsbau für die Stadt Florenz zu überzeugen. Papst Clemens VII. beauftragte Machiavelli mit den Vorbereitungen des Baues einer neuen Stadtumfriedung. Machiavelli verfaßte die Anweisungen für die anlaufenden Arbeiten, die so schnell wie nur möglich abgeschlossen sein sollten. Er sah fünf Inspektoren, die *Procuratori delle mura,* vor. Der Rat der Hundert nahm am 9. Mai 1526 die von Machiavelli ausgearbeitete Verordnung an. Neun Tage später erfolgte die offizielle Wahl der fünf procuratori, die dann wiederum sofort Machiavelli zu ihrem Vorsitzenden ernannten. Machiavelli saß nun als Sekretär und Inspektor im Palazzo Vecchio. Seinen Sohn Bernardo ernannte er zu seinem Gehilfen. Beide machten sich mit großer Energie an die Arbeit. Er arbeitete nicht nur in Florenz, sondern bereiste die Umgebung der Stadt und besuchte militärische Lager bis herauf in die Romagna. Der Wunsch des Papstes war es, San Miniato in die neuen Stadtmauern einzubeziehen.[299] Der Grund war, daß der Papst auf dem Hügel von San Miniato ein Gut besaß. Wenn es jetzt innerhalb der Stadtmauern zu liegen kam, so erhöhte sich der Wert des Grundstückes auf 80 000 Dukaten. Schon bald platzte dieser großartige Plan der Wiederherstellung und Erweiterung der Mauern wegen der zu hohen Kosten. Machiavelli entrüstete sich über den unsteten Willen des Papstes. Verärgert schrieb er an Francesco Guicciardini, daß das alles eine Fabel sei und der Papst nicht wisse, was er sage; ein Brief Machiavellis in diesem Anliegen lautete: „Wir sehen hier, daß der Papst auf sein Steckenpferd — die Hügel — zurückgekommen ist, von dem Gutachten Giovannis del Bene, der ihm schrieb, die Einbeziehung dieser Hügel verbürge größere Verteidigungskraft bei geringeren Kosten. Was nun die Stärke betrifft, so ist eine ausgedehnte Stadt nie stark genug; denn schon die Ausdehnung entmutigt die Verteidiger und bietet tausend Möglichkeiten zur Einnahme, die man bei einer Festung mittlerer Größe nicht zu befürchten braucht. Und das mit den geringeren Kosten ist Augenwischerei, legt doch Bene eine Menge Angaben vor, von denen keine der Realität entspricht."[300]

Machiavelli arbeitete mit den Hauptleuten und Architekten die neuen Pläne aus. Die betroffenen Bürger wollten diese Erweiterung aber in keiner Weise akzeptieren. Sie wehrten sich gegen die schonungslosen Abrisse der alten Türme und anderer typischer Stadtbauten. Vor allem lehnten sie den geplanten Abbruch eines Nonnenklosters und einiger Kirchen entschieden ab. Zudem zögerte die

Signoria aus finanziellen Überlegungen. Noch während Machiavelli nach neuen Lösungen suchte, erhielt er am 8. Juni 1526 ein päpstliches Schreiben, das ihn als Beobachter und Ratgeber zum Heer der Liga abkommandierte. Als treuer Diener seines Herrn befolgte er sofort die neuen Anweisungen des Papstes, indem er sich unvermittelt zu den ligistischen Truppen auf den Kriegsschauplatz nach Oberitalien begab. Wie früher, so schrieb er auch jetzt gewissenhaft über alle Ereignisse, dabei kritisierte und empfahl er. Dem Hauptmann der ligistischen Truppen, Francesco della Rovere, dem Herzog von Urbino, warf er vor, daß er die Söldner von seiner Sänfte herab kommandiere. Machiavelli berichtete von der Kapitulation der belagerten Stadt Cremona, vom Tode Giovannis delle Bande Nere − für Machiavelli das Ende einer großen Hoffnung! Der Erfolg im Norden half aber über die Tragödie im Süden nicht hinweg: Der Papst kapitulierte und schloß mit dem spanischen Vizekönig Waffenstillstand. Frankreich schien in Italien am Ende, und die Frage lautete nun, wer die fürchterlichen Folgen dieser hoffnungslosen Innenpolitik, für die unzählige Fehler auf politischem Boden verantwortlich waren, überwinden könnte: Florenz oder Rom?

15. Sacco di Roma und das erneute Exil der Medici

Die Schlacht bei Pavia entschied für die nächsten Jahrhunderte über die hegemoniale Vormachtstellung des Kaisers. Karl V. avancierte zum mächtigsten Herrscher Europas, und Frankreich unter Franz I. mußte von der politischen Bühne Italiens abtreten. Er selbst verbrachte acht Monate in spanischen Gefängnissen, ehe Frankreich den Forderungen des Kaisers nachkam. Den aufgezwungenen Frieden erklärte Franz I. dann allerdings für nichtig.

Der General Karls V., Ferrante Pescara, ließ seinen Herrn im Sommer 1525 von einer italienischen Verschwörung wissen: Der Staatssekretär Mailands, Girolamo Morone, agierte als Sprecher der Verschwörer, die die italienischen Nationalisten als Sammelbewegung gegen die inneren Machthaber zusammenführen wollten. Die Macht Karls V. in Italien sollte geschwächt werden. Der Papst selbst wolle die kaiserliche Schirmherrschaft über die Kirche in Italien brechen, und alles sollte über die Heilige Liga ausgetragen werden. Zwischen dem Papst und Kaiser Karl V. herrschte wiederholt ein gespanntes Verhältnis: Beide trauten einander nicht. Karl sprach sich über ihn schon deshalb negativ aus, weil Papst Clemens unehelicher Herkunft war und die Tiara nur durch Korruption erhalten hatte. Der Papst hatte hingegen vor Karls Macht und Einfluß Respekt; nichts fürchtete die Kirche mehr, als von Protektoren beobachtet und kontrolliert, in ihrer Politik eingeschränkt und als oberste moralische Institution angezweifelt zu werden. Dazu kam noch die drohende Reformation, die zu Meinungsverschiedenheiten führte: Karl V. war zu selbstherrlich, als daß er sich der Reformationsbewegung nicht überlegen gefühlt hätte. Aber seine Formel für die Kirche lautete schlicht: Als Glied einer langen Linie christlicher Kaiser der edlen deutschen Nation und der katholischen Könige von Spanien, alle treue Söhne der heiligen römischen Kirche, betrachte er es als seine Pflicht, den Glauben seiner Vorfahren zu erhalten und weiterhin zu pflegen. Schon deshalb stellte er es als Irrtum Martin Luthers hin, wenn er die tausendjährige Christenheit in Frage stellte. Seit dem 15. Jahrhundert gab es die vollständige Formel: Heiliges Römisches Reich Deutscher Nation. Im Kölner Reichstagsabschied von 1512 erschien sie zum ersten Male vollständig. Und Karl V. nahm es mit dem „Heilig" genau, im Sinne der mittelalterlichen Tradition.[301] 1521 saß der junge Karl in Worms Martin Luther gegenüber. Er wußte selbst, daß in Rom eine Reform dringend nötig war. Als Repräsentant der weltlichen Autorität konnte er aber Luther nicht recht geben, denn immerhin stellte der die Grundlagen der kirchlichen Autorität in Frage.[302]

Morone drängte General Pescara zur endgültigen Zusage seiner Beteiligung an der Heiligen Liga gegen den Kaiser. Pescara wurde in die geplante Verschwörung eingeweiht und erfuhr wichtige Einzelheiten des Planes gegen die Kaiserlichen. Im Oktober 1525 beendete er sein Doppelspiel: Er traf sich mit Morone in Pavia, ließ ihn verhaften, besetzte das mailändische Herzogtum und erstattete Meldung beim Kaiser nach bestem Wissen und Gewissen. Als Machiavelli erfuhr, daß die Verschwörung gegen Karl V. verraten und unschädlich gemacht worden war, schrieb er an Francesco Guicciardini: „Morone hat sich fangen lassen, und das Herzogtum Mailand ist ausgeliefert. Und so, wie der Herzog (von Mailand) rücksichtslos mit sich umspringen ließ, so werden sich auch die anderen Fürsten behandeln lassen, das ist unausweichlich. Was uns betrifft: laßt uns noch einmal einen fröhlichen Carneval verleben. Ich mache mich wieder ans Schreiben, lasse meinen Zorn aus und klage sämtliche Fürsten an, die sich alle erdenkliche Mühe gegeben haben, uns dahin zu führen, wo wir heute sind." Diesen Brief schrieb Machiavelli bald nach dem 20. Oktober 1525 und unterzeichnete ihn mit *istorico, comico e tragico.*

In den nächsten Monaten rückten die kaiserlichen Truppen langsam, aber unaufhaltsam in das Innere Italiens vor.

Machiavellis Pläne zur Militarisierung scheiterten, obwohl Florenz angesichts der drohenden Gefahr überall zur Verteidigung rüstete. Der Papst stellte an die 10 000 Mann auf. Die Hälfte stand unter dem Kommando Giovannis delle Bande Nere. Das Oberkommando übertrug er Francesco Maria della Rovere. Bei Marignano, nahe Mailand, sollte die Entscheidung fallen. Die Mailänder verteidigten zusammen mit den Spaniern ihre Stadt. Im Februar 1527 mußte Giovanni delle Bande Nere den Angriff aufgeben. Der Konnetabel Karl von Bourbon, der Vetter zweiten Grades Franz' I., vereinigte sich bei Piacenza mit den deutschen Söldnern. Der Bruder des Kaisers, Ferdinand von Österreich, hatte ein starkes Heer deutscher Landsknechte ausgehoben, überwiegend aus Anhängern der neuen Lehre Luthers. Viele betrachteten es als ihre erste Pflicht, den Antichristen in Rom, Papst Clemens VII., niederzukämpfen. Der alte Haudegen Georg von Frundsberg, „einer der gefürchtetsten Krieger dieser Zeit, führte die Kaiserlichen durch die Lombardei und stieß bei Piacenza auf die Verbündeten. Giovanni delle Bande Nere stellte sich ihnen bei Mantua in den Weg, wurde dabei von einer Kugel getroffen und verlor ein Bein. Ein paar Tage später starb er. Die deutschen Landsknechte und spanischen Söldner hatten seit Monaten keinen Sold mehr erhalten und zudem wenig Beute gemacht. Frundsbergs Autorität nahm zusehends ab, wenn er auch mit großen Versprechungen aufwartete und den Soldaten viel Wein verabreichen ließ, um ihren Unwillen zu besänftigen.[303] Am 16. März 1527 ereiferte er sich bei einer Aussprache; im allgemeinen Aufruhr ereilte Frundsberg ein Herzinfarkt, von dem er sich nicht mehr erholte. Als todkranker Mann verstarb er im Alter von 52 Jahren im August 1528 nach seiner Heimkehr aus Italien.

Trotz der eindringlichen Worte Frundsbergs und seiner beschwörenden Mahnungen zu Zucht und Ordnung zog die beutehungrige, führerlose Soldateska auf Rom zu.

Die Ewige Stadt zählte damals, Ende April 1527, zwischen 50 000 und 60 000 Einwohner, darunter viele Ausländer, vor allem Juden. Rom war immer noch eine mittelalterliche Stadt, wenn auch prachtvolle Bauten das neue Zeitalter ankündigten. Innerhalb der Stadtumfriedung lagen Gärten und Weinberge, öde Flächen und Dickichte, in denen Wildschweine hausten. Die vielen finsteren, winkeligen, schmalen, eng bewohnten Gassen, die Höfe, Gärten und Durchgänge zeugten vom mittelalterlichen Rom. Es herrschte wenig Ordnung: Die *caporioni*, Anführer der Stadtbezirke, brachten mit ihren Trommelwirbeln nur sechs der 13 *rioni*, Aufgebote der Stadtteile, als waffenkundige Abwehr auf die Beine. Papst Clemens VII. traf ein großer Teil der Verantwortung, wenn sich Rom nicht aus eigenen Kräften verteidigen konnte. Aus Sparsamkeit hielt er nur ein kleines Heer. Francesco Guicciardini warnte ihn noch im April, sich nicht auf den zwischen ihm und dem Vizekönig von Neapel am 25. März 1527 abgeschlossenen Waffenstillstand zu verlassen. Ebenso erkannte Machiavelli richtig die drohende Gefahr. Aus Bologna schrieb er, man solle verhandeln, um Zeit zu gewinnen; gleichzeitig sollten alle Vorbereitungen für einen Krieg getroffen werden.[304]

Am 4. Mai 1527 standen die Kaiserlichen auf dem Monte Maria und besetzten die päpstliche Villa als Offiziersquartier. In den Morgenstunden des 6. Mai standen sie vor den Toren Roms. Mit einem Austausch von Arkebusensalven begann der Angriff auf die Ewige Stadt. Schon bald verlor Karl von Bourbon die Kontrolle über die Söldner, kurz darauf kam er bei einem Sturmangriff selbst ums Leben. Die Römer bejubelten seinen Tod und glaubten an einen Sieg. Inzwischen stürmten findige Brigadisten an nebeligen Stellen erfolgreich die Stadtmauern. Als dann die Schweizer Garde und die römische Miliz kapitulierten, flüchtete der Papst mit seinem Gefolge und den Kardinälen durch einen Geheimgang aus dem Vatikan in die Engelsburg. Etwa 3 000 Flüchtlinge, 13 Kardinäle und das engste Gefolge des Kirchenoberhauptes konnten sich in diesem uneinnehmbaren Kastell verschanzen. Das übrige Rom war den Eindringlingen völlig ausgeliefert. Was an den folgenden Tagen in der Stadt geschah, ist ohne Beispiel: Die Mordlust der Spanier und auch der Deutschen machte selbst vor Waisenkindern der Pietà nicht halt. Im Borgo fand ein einziges Massaker statt. Kirchen, Klöster, Villen und Privathäuser wurden geplündert, das Inventar auf die Straßen geworfen; kein Haus blieb verschont. Nonnen wurden in den Klöstern zu Orgien gezwungen oder als Lustobjekte in den Soldatenlagern mißbraucht. Das Grab Papst Julius' II. wurde aufgebrochen, der Leichnam seines Schmuckes beraubt. Der Schädel des Heiligen Johannes wurde durch die Straßen getreten, das Schweißtuch der Heiligen Veronika in einem Gasthaus feilgeboten. Die in den Kirchen Zuflucht suchenden Menschen wurden gnadenlos getötet. Auf dem Hochaltar von St. Peter wurden Römerinnen massakriert. In ihrem Wahn veranstalteten Soldaten wilde Gotteslästerungen: Priester mußten, nackt ausgezogen, dem Allerheiligsten spotten, wollten sie überleben. Ein Lutheraner ermordete einen Priester, der sich geweigert hatte, einem Esel das Heilige Abendmahl zu reichen. Mütter und Väter mußten unter Todesdrohung zusehen, wie ihre Töchter von Söldnerrudeln sexuell mißbraucht wurden. Frauen aus besserer Gesellschaft wurden in Nonnenklöster geschleppt und mußten sich tagelang betrunkenen Söldnern hingeben. Insgesamt sollen zwischen 6 000 und 12 000 Menschen ermordet worden sein. Rom lag völlig zerstört darnieder. Noch Jahre später hatte die Stadt Plünderung, Raub, Schmach und das große Entsetzen nicht überwunden. Viele nannten diesen *Sacco di Roma* ein Gottesurteil, ein Schicksalszeichen, den Ausdruck des göttlichen Zorns über den Verfall seiner Kirche. Der Sacco war wohl die schwerste Katastrophe für die Ewige Stadt seit der Heimsuchung durch die Westgoten unter Alerich und 1100 Jahre zuvor. Auch die nicht wiedergutzumachende Plünderung des Sacco beendete die kulturelle Vorherrschaft Roms. Erst am 7. Juni lenkte der Papst ein. In Orvieto wartete er auf den Ausgang dieses politischen und persönlichen Rückschlages. Er unterzeichnete einen für ihn demütigenden Friedensvertrag, indem er sich bereit erklärte, eine große Entschädigung an den Kaiser zu zahlen und Parma, Modena und Piacenza sowie mehrere Burgen abzutreten. Die Römer verziehen dem Papst nie sein Fehlverhalten, sein politisches Mißgeschick, das zum Sacco geführt hatte. Kaiser Karl V. hatte mit all dem nicht direkt zu tun. Während des Massakers befand er sich in Madrid. Dennoch lag aber bei ihm die Verantwortung. Nun, nach dem Sacco di Roma, konnte er stolz auf ein Italien blicken, das ihm zu Füßen lag. Seit den letzten großen Hohenstaufern hatte niemand mehr soviel Macht und Einfluß auf der Halbinsel besessen.

Der Zusammenbruch der päpstlichen Liga und die schier hoffnungslose politische Lage in Oberitalien im Frühjahr 1527 erweckten bei vielen Florentinern erneut den Haß gegen die Medici. Am 26. April eskalierte merklich der Streit in der Stadt. Den Anlaß dazu gab eine Auseinandersetzung zwischen einem Soldaten und einem Bürger. Das Volk verlangte nach Waffen. Schreiend und drohend durchzogen aufgebrachte Florentiner die Gassen der Stadt am Arno. Gerade an diesem Tag wollten Kardinal Passerini, in Begleitung der Kardinäle Ridolfi und Cybo und Ippolito de' Medici, dem Herzog von Urbino entgegentreten. Im allgemeinen Tumult des Aufruhrs kursierte sofort die Behauptung, sie wollten die Stadt fluchtartig verlassen. Mit lautem Geschrei *popolo e libertà*, Volk und Freiheit, besetzten die Aufrührer den Palazzo Vecchio. Ein Rädelsführer sammelte das revoltierende Volk und erklärte unter großem Beifall die Regierung der Medici für abgesetzt und die Republik für wiederhergestellt. Als Passerini dies erfuhr, ließ er sofort den Palazzo durch seine Leibgarde räumen. Es drohte ein blutiger Kampf. In diesem Augenblick des völligen Chaos versprachen Passerini und die Medici eine allgemeine Amnestie und die Wahl einer neuen Signoria. Damit beruhigten sie die aufgebrachten Gemüter. Dennoch: Der Funke glühte noch, es konnte sich nur mehr um Tage handeln, bis es erneut zum Aufstand kommen mußte.

In diesen letzten Apriltagen lag viel Angst und Schrekken über dem Arno: Viele Bürger wollten mit Geld das Übel abwenden, fürchteten sie doch, daß Florenz das Ziel der plündernden Soldateska sein würde. In solcher Not schmolzen sie goldenen und silbernen Kirchenschmuck ein; damit sollte der Papst mit dem Erlös die drohende Gefahr von Italien abwenden. Gegen Ende April traf Francesco Guicciardini am Arno ein. Machiavelli hielt sich seit 22. April für kurze Zeit in der Stadt auf, und er redete wieder über die Miliz und über den Bau der Stadtmauern. Er war voll Arbeitseinsatz und Tatendrang, fand aber bei der Bevölkerung just in diesen Tagen kein Gehör. Sie pflichtete ihm zwar bei, daß die Schuld bei Passerini läge: Er habe es versäumt, die Stadt für eine Verteidigung vorzubereiten. Sogar der sonst stets zurückhaltende Guicciardini wurde ausfällig: „Alles Unglück kommt von der Unwissenheit dieses Dickbauchs, der sich mit Lappalien abgibt und die wichtigen Dinge vernachlässigt. Er denkt nur daran, das Haus der Medici und den Palast zu schützen, den Staat aber überläßt er sich selbst und sieht den herannahenden Untergang nicht."[305] Machiavelli reiste schon am 27. oder 28. April nach Figline voraus, um für das Zusammentreffen zwischen Francesco Guicciardini und dem Herzog von Urbino die nötigen Vorbereitungen zu treffen.

Am 11. Mai wurde am Arno der Sacco di Roma bekannt; darauf brach mit einem Schlag der Aufstand erneut aus, diesmal stärker und organisierter. Viele der angesehendsten Bürger forderten das Ende der Medici-Herrschaft. Die Opposition rief dann am 16. Mai öffentlich die Republik mit der alten freiheitlichen Verfassung aus. Tage zuvor waren ehemalige Medici-Anhänger scharenweise zur Opposition übergelaufen. Florenz wollte sich nun selbst helfen; viele griffen zu den Waffen, und Machiavelli schöpfte am 19. Mai in Bracciano, wo er sich mit Guicciardini um die Belange des Kirchenstaates nach dem Saccho di Roma zu kümmern hatte, große Hoffnung, daß sein Traum in Erfüllung gehen würde: ein republikanisches Florenz, ein unabhängiger und militärisch optimal organisierter Staat. Sofort erbat und erhielt er die Erlaubnis, unverzüglich an den Arno zurückzukehren.

Schon am 20. dieses Monats sollte der Rat der Achtzig zusammentreten und auf ein Jahr einen Gonfaloniere wählen. Kardinal Passerini hatte mit Ippolito und Alessandro de' Medici bereits am 17. fluchtartig die Stadt verlassen. Sie zogen das Exil dem Angebote vor, als Privatpersonen am Arno zu bleiben. Am 1. Juni übernahm der neue Gonfaloniere Niccolò Capponi sein Amt. Die *Otto di Pratica* waren abgeschafft, die *Otto della Balìa* und die *Dieci della Guerra* neu gewählt.

Francesco Guicciardini hatte schon die erste Verschwörung im April, die als *tumulto del venerdì*, Freitagsaufstand, in die Geschichte einging, nicht gutgeheißen. Das Exil der Medici befürwortete er und erwartete sich ein neues politisches Amt, das er aber von Capponi nicht erhielt. Enttäuscht zog er sich zurück und schrieb resignierend seine *Ricordi*, Erinnerungen, nieder. Machiavelli erwartete sich von dieser neuen Republik nun endlich ein großes politisches Amt. Als Parteigänger der Medici – immerhin hatte er in den letzten zwei Jahren in ihren Diensten gestanden – galt er nun aber als Feind der neuen Republik. Er hatte zum zweiten Male auf das falsche Pferd gesetzt.

Der neue Gonfaloniere Capponi galt als gemäßigter Aristokrat und gehörte den *ottimati popolari* an, die in Opposition zu den Medici standen und eine neue Republik förderten. Während seiner politischen Laufbahn stand er zwischendurch auch auf der Seite der Medici. Capponi meinte, daß die innenpolitische Lage von der allgemeinen Lage Italiens abhängig sei. Deshalb wollte er die Verbindung zur Kirche verstärken und von einer Beziehung zum Kaiser absehen. Als gemäßigter Politiker neigte er zu politischen Vorstellungen Savonarolas. Gegenüber der Familie der Medici und ihren Anhängern zeigte er sich versöhnlich. Sein Stand als neuer Gonfaloniere war nicht leicht; es gab immer noch eine vielfältige Opposition: Die *piagnoni* galten als Anhänger Savonarolas und als unbedingte Gegner der Aristokratie. Und dann gab es noch die *arrabiati*, die ebenso die Aristokratie ablehnten und den Großen Rat zu ihren Gunsten nutzen wollten. Tommaso Soderini und Alfonso Strozzi versuchten Capponi zu stürzen. Die neue Steuerpolitik erregte erneut Unmut unter den Optimaten. Dann brach im Sommer 1527 die Pest aus, die Florenz empfindlich heimsuchte. Trotz allem − und weil die Opposition keinen Konsens fand − wurde im Juni 1528 Niccolò Capponi in seinem Amt bestätigt.[306]

16. Die letzten Tage

Niccolò Machiavelli hielt sich zwischen dem 3. Februar und 22. April 1527 außerhalb von Florenz auf. Während dieser Zeit verließen viele Bürger ihre Häuser und Güter und flohen aus der Stadt. Auch die Familie Machiavelli brachte einen Teil ihres Hausrates in die Via Guicciardini im Oltrarno, ein anderer Teil sollte in einem ummauerten Grundstück bei San Casciano versteckt werden. Die Menschen redeten von deutschen Landsknechten, von den spanischen Söldnern, sie bekreuzigten sich und machten einander Mut. Andere wiederum nützten das Unbehagen zur politischen Verschwörung.

Machiavelli hatte zwar seiner Familie versprochen, sofort zu ihr zurückzukehren, die politische Pflicht ließ ihn aber nicht los. Er bekannte: „Ich liebe mein Vaterland mehr als mein Leben, und ich sage aus beinahe sechzigjähriger Erfahrung: Ich glaube nicht, daß wir jemals eine so schwere Prüfung zu bestehen hatten."[307]

In dieser bedrohlichen Zeit schrieb Machiavelli seinem Sohn Guido aus Imola: „Grüße Mona Marietta und sage ihr, daß ich täglich auf dem Sprung bin abzureisen. Noch nie hatte ich solche Sehnsucht nach Florenz wie jetzt, aber ich kann nicht anders. Sage ihr bloß dies. Was sie auch hören mag: Sie soll unbesorgt sein; denn ich werde bei Euch sein, bevor sich irgendein Übel ereignet." In diesen letzten Wochen unterstrich Machiavelli mehrmals die Bande der Familie als Mittelpunkt von Treuebeziehungen, als Bezugspunkt des engeren Verwandtenkreises. Er bat dann seine Familie, sparsam zu sein, insbesondere sprach er Guido an: „Wenn Dir Gott das Leben läßt und auch mir, glaube ich aus Dir einen rechtschaffenen Mann machen zu können, sofern Du Deinerseits Deine Pflicht tun willst. Du mußt fleißig studieren. Du siehst ja, wie sehr mir die geringen Gaben zustatten kommen, die ich mir angeeignet habe."[308]

Einen Brief Guidos vom 17. April 1527 bewahrte Machiavelli sorgfältig auf: „Seinem ehrenwerten Vater Niccolò Machiavelli, zu Forlì. Ehrenwerter Vater, als Antwort auf den Eurigen vom 2. April, dem wir gottlob entnehmen, daß Ihr gesund seid. Möge Er sie Euch erhalten! Man hat Euch nichts über Totto geschrieben: Wir haben ihn nicht mehr wiedergesehen, wissen aber durch den Ehemann der Amme, daß seine Augen noch nicht geheilt sind, wenn es ihm auch besser geht. Macht Euch also keine Sorgen. Das kleine Maultier ist noch nicht nach Monte Pugliano geschickt worden, weil dort das Gras noch nicht hoch genug ist. Wenn das Wetter bleibt, wie es ist, wird es hingeschickt.

Wir entnehmen Eurem Brief an Mona Marietta, daß Ihr der Baccina eine so schöne Kette gekauft habt: Sie denkt immerfort daran und betet ständig für Euch, daß Er Euch recht bald wieder heimkehren lasse.

An die Landsknechte denken wir immer, habt Ihr doch versprochen, bei uns zu bleiben, falls etwas geschehen sollte. Deshalb ist Mona Marietta auch nicht mehr so in Sorge.

Wir bitten Euch, uns mitzuteilen, ob die Feinde im Sinn haben, uns hier Schaden zuzufügen, haben wir doch noch viel an Wein und Öl im Hause. Vom Öl freilich haben wir 20 bis 23 Fässer fortgeschafft, ebenso die Betten. Was das Übrige angeht, worüber Ihr geschrieben habt, wir sollten Sagrino fragen, ob er es aufnehmen wolle, so hat er zugestimmt. Wir danken Euch sehr dafür, denn es dauert gut zwei bis drei Tage, den ganzen Kram wieder nach San Casciano zu holen.

Uns geht es allen gut, mir sehr gut. Zu Ostern, wenn Baccio wieder gesund ist, fange ich an zu blasen und zu singen und den strengen Satz zu üben. Und geht das eine und das andere gut, so kann ich, wenn Gott will, nach einem Monat ohne Lehrer auskommen. Was die Grammatik anbelangt, komme ich heute zu den Partizipien, und Messer Lucca läßt mich die erste von Ovids Metamorphosen lesen. Die will ich Euch gleich nach Eurer Rückkehr vollständig auswendig aufsagen. Mona Marietta empfiehlt sich Euch und schickt Euch zwei Hemden, zwei Handtücher, zwei kleine Barette, drei paar Strümpfe und vier Taschentücher. Und wir alle bitten Euch, doch bald wieder heimzukommen. Christus behüte Euch und erhalte Euch bei bestem Wohlbefinden."

Guido war Machiavellis bevorzugter Sohn; der Junge war der sensibelste unter seinen Kindern, musikalisch und dichterisch begabt. Guido starb als Geistlicher. Bernardo und Ludovico bereiteten hingegen ihrem Vater wenig Ehre. Über Bernardo wurde 1528 wegen öffentlichen Fluchens beim Spiel und Vergewaltigung einer Frau vom Lande eine Strafe von 150 lire und eine Verbannung auf drei Meilen außerhalb von Florenz verhängt. Lodovico galt als zorniger und rachsüchtiger Mann. Schon im August 1525 hielt er sich zu geschäftlichen Verhandlungen in Adrianopel auf. In Florenz mußte er mehrmals Strafen wegen öffentlichen Streites und Ärgernisses hinnehmen. Ebenso war er wegen Frauengeschichten und Eifersuchtsszenen verschrieen. Er soll bei einer Belagerung von Florenz gefallen sein. Bartolomea heiratete in die Familie Ricci. Machiavelli benützte einen guten Teil seines Honorars von den *Istorie fiorentine* als Mitgift für seine Tochter Baccina. Sohn Piero war vielleicht der einzige, der den politischen Weg seines Vaters weitergehen wollte: Mit der Kaiserkrönung Karls V. 1530 in Bologna durch Papst Clemens VII. verdunkelte sich die politische Perspektive Italiens nochmals. Francesco Guicciardini verurteilte im Sinne Machiavellis das Versagen der italienischen Staaten auf das schärfste. Unter dem Nachfolger von Clemens, Papst Paul III., sollte nach 1534 endlich der Weg der Befreiung beschritten werden. Machiavellis Sohn Piero legte zusammen mit Gerolamo Muzio den Medici-Herzögen der Toskana einen entsprechenden Entwurf vor. Piero teilte darin völlig die politische Meinung seines Vaters und wollte dessen Lebenstraum realisieren. Gerade aber in dieser unsicheren Zeit, während der Vorherrschaft der

Großmächte, traute sich niemand an den Plan heran, und schon die Medici wiesen Pieros Ausführungen ab.

Niccolò Machiavelli hatte am 27. November 1522 sein zweites Testament geschrieben. Seine Frau Marietta bedachte er als Verwalterin seines Besitzes und Vormund der minderjährigen Söhne. Verglichen mit heute hätte der Machiavellische Besitz in Sant' Andrea das Auskommen einer Familie aus der Mittelschicht garantiert. Damals aber gestattete der Albergaccio mit dem umliegenden Grundbesitz gerade ein bescheidenes Leben. Der Name Albergaccio leitet sich von *albergo* ab, womit immerhin das Gut eines Adeligen oder Großgrundbesitzers gemeint war. Ein albergo war aber als wirtschaftliche Einheit relativ hohen Steuern unterzogen. Die Einnahmen aus den Reben, Oliven und Wiesen waren nicht hoch. Dafür aber blieben Machiavelli und seine Familie unabhängig von Großgrundbesitzern und Arbeitgebern.[309] Immerhin mußten Machiavelli und seine Frau zusammen mit den sechs Kindern — die beiden anderen waren im Kindesalter gestorben — und wahrscheinlich mit einem bescheidenen Hausgesinde großenteils von diesem Besitz leben. Machiavelli dankte in diesem Testament seiner Frau und sprach Worte der Anerkennung aus. Seine vier Söhne setzte er als Erben seines Besitzes ein. Seinen Töchtern ließ er die üblichen Mittel zum Unterhalt. Im Jahre 1522 hielt sich Machiavelli abgeschieden im Albergaccio auf. In Florenz war eine pestähnliche Epidemie ausgebrochen, der viele Menschen erlagen. Im Juni erhielt er die traurige Nachricht, daß sein Bruder Totto unerwartet und fern von Florenz verstorben war.[310]

Machiavellis Familie im Mannesstamme erlosch bald, da nur Bernardo männliche Nachkommen hatte. Einer davon hieß Niccolò und wurde Kanonikus. Machiavelli unterhielt eine besondere Beziehung zum Sohn seiner Schwester Primavera, seinem Neffen Giovanni Vernacci, der sich längere Zeit als Kommissar für Florentiner Kaufleute am Schwarzen Meer aufhielt. Machiavelli war stolz auf dessen

Kaufmannskarriere. Aus einem Brief an Giovanni geht hervor, daß Marietta und Niccolò ein Töchterchen drei Tage nach der Geburt verloren. Machiavelli korrespondierte vor allem zwischen 1514 und 1520 recht rege mit Giovanni. Er erteilte ihm geschäftliche Ratschläge und riet ihm zur Heirat. Er schrieb ihm, daß er ihn wie seinen eigenen Sohn betrachte und ihm stets zur Seite stehen wolle.[311] Machiavelli freute sich, wenn er von geschäftlichen Erfolgen seines Neffen hörte. Gerade deshalb, weil er erfolgreich und tüchtig war, schätzte er Giovanni. Er ließ ihn wissen, daß sein Haus ihm stets offenstehe, „wenn es auch arm und trübselig ist". Irgendwie meinte Machiavelli, die Erfolge seines Neffen seien auch sein Verdienst, „weil ich Dich erzogen habe".[312] Machiavelli glaubte, er müsse für Giovanni die passende Frau finden, und stellte sich als eifriger Heiratsvermittler an. Die Heiratsvermittlung gehörte ohnehin zum Gesellschaftsspiel der Renaissance. Machiavelli meinte, in Florenz die geeignete Frau für Giovanni gefunden zu haben. Über ihren Vater schrieb er ihm: „Liebster Giovanni! Er (der Brautvater) ist ein sehr reicher Handwerker, der eine Tochter hat, die ein bißchen hinkt, aber ansonsten hübsch ist und zudem sehr brav. Nach Auskunft seiner Zunft ist es eine gute Familie, denn sie haben politische Ämter innegehabt. Ich denke, wenn er Dir 2 000 fiorini zu vier lire gibt und Dir verspricht, ein Geschäft bei der Wollzunft zu eröffnen und Dich als Kompagnon oder Geschäftsführer einzusetzen, so wäre das für Deine Bedürfnisse genau das Richtige. Ich denke nämlich, daß Dir sicher 1 500 fiorini übrigblieben und daß Du damit und mit der Hilfe des Schwiegervaters Dir Wohlstand und Ansehen verschaffen könntest."[313] Anfang Mai 1527 reiste Machiavelli mit Francesco Guicciardini in den Kirchenstaat. Im Auftrag von Kardinal Passerini sollte er Erkundigungen einholen, wie es um den Staat des Papstes stehe, wie sich Florenz verhalten und ob die Stadt am Arno dem Papste Hilfstruppen schicken solle. Am 22. Mai befand er sich für kurze Zeit in Civitavecchia bei Andrea Doria und seinen Galeeren, von dort aus schiffte er sich nach Livorno ein; dann kehrte er unmittelbar nach Florenz zurück, denn er hatte durch den politischen Umsturz am Arno wieder seine Stellung verloren und wollte sich umgehend um ein neues politisches Amt bewerben. Er suchte sofort ruhelos nach seinen Freunden, mit denen er durch Tage und Nächte über das Wesen der Republik diskutiert hatte und die nun ihren politischen Einfluß für ihn ausspielen sollten. Wieder und wieder schritt er die glatten Pflastersteine am Arno auf und ab, redete, diskutierte und ereiferte sich für die neue Regierung.

In diesen Tagen verspürte er erneut sein chronisches Magenleiden. Schon auf der Rückreise nach Florenz litt er unter starken Schmerzen. Mitreisenden war aufgefallen, daß er mehrmals seufzte. Vielleicht litt er an Nierensteinen oder an einer sonstigen Nierenkrankheit, vielleicht an einem Magengeschwür oder an einer Bauchfellentzündung. Als Medizin mischte er sich schon 1525, wie er am 17. August an Francesco Guicciardini geschrieben hatte, ein Medikament aus Betonienkraut, Myrrhe, Safran, Pimpernelle, Aloe, Kardamon und Bindemitteln.

Bei seiner Ankunft am Arno war er wahrscheinlich bereits unheilbar krank. Als Mitarbeiter der Medici verschrien, als Feind der Freiheit, als Feind der neuen Republik angezeigt, hatte er am 10. Juni 1527 bei der entscheidenden Sitzung des Großen Rates, bei der seine Wahl zum Sekretär der Zweiten Kanzlei der Republik Florenz als einziger Punkt auf der Tagesordnung stand, kaum eine Chance mehr. Der ehemalige Freund aus den Orti, Luigi Alamanni, ergriff allein das Wort für Machiavelli. Die Abstimmung fiel entsprechend negativ aus: Mit 12 gegen 555 Stimmen unterlag Machiavelli Francesco Tarugi, der seit Juni 1525 Sekretär der Otto di Pratica gewesen war. Sekretär der Ersten Kanzlei wurde Niccolò Michelozzi. Die neue politische Führung lehnte Machiavelli ab, weil er zwischen 1513 und 1527 unentwegt um die Gunst der Medici geworben und in letzter Zeit auch für sie gearbeitet hatte.

In den folgenden Tagen verschlimmerte sich Machiavellis gesundheitlicher Zustand. Harte Koliken fesselten ihn ans Bett. Seelisch bitter enttäuscht, körperlich schwer krank, ohne Hoffnung auf psychische wie physische Besserung starb Niccolò Machiavelli mit 58 Jahren am 21. Juni 1527; schon am nächsten Tag wurde er im Familiengrab in Santa Croce beerdigt.[314] Auf dem Sterbebett hatte er, den Gepflogenheiten entsprechend, bei Bruder Matteo die Beichte abgelegt.[315] Bis zuletzt waren seine Frau und seine Kinder bei ihm.[316]

Das Familiengrab der Machiavelli wurde später zum Grab einer Ordensbruderschaft, die die gesamte Kirche besaß. Sie bestatteten im Grab Machiavellis die sterblichen Überreste ihrer Brüder, so daß man heute nicht mehr genau weiß, wo der ehemalige Segretario und Begründer der Autonomie der Politik begraben liegt. Der Brite und Wahl-Florentiner Lord Cowper ließ 1787/88 mit den Mitteln öffentlicher Spenden ein Grabmonument über einem antiken Sarkophag in der Franziskanerkirche Santa Croce errichten. Über Machiavellis Grab wacht eine marmorne Göttin der Geschichtsschreibung, die ein Profilbildnis Machiavellis fest in ihren Händen hält. Das gesamte Ehrenmal schuf Innocenzo Spinazzi, und Dr. Ferrani verfaßte die Inschrift: *Tanto nomini nullum par elogium.*

Die neue Republik am Arno unter Capponi hielt sich nicht sehr lange. Wenn die neue Regierung auch savonarolianisch geprägt war, so waren doch die demokratischen Elemente stärker. Dennoch waren die Institutionen aus der Zeit Savonarolas wieder verfassungsmäßig eingeführt und Jesus Christus wieder offiziell zum geistigen und schützenden Herrn der Stadt erklärt. Vom Großen Rat blieben weiterhin alle Männer unter 29 Jahren und alle Frauen ausgeschlossen. Die rund 3 000 Mitglieder repräsentierten dennoch ein Viertel der Bevölkerung. Im Jahre 1530 verhalfen habsburgisch-spanische Truppen den Medici erneut zur Herrschaft, was für lange Zeit definitiv das Ende des jahrhundertealten republikanischen Strebens am Arno bedeutete.[317]

Kapitel IV

„Einem solchen Namen
wird kein Lob gerecht"

Das ewige Gespräch
über Niccolò Machiavelli

Mit Wehmut erinnerte Machiavelli an die republikanische Ordnung im antiken Rom, mit Bewunderung schaute er eine Zeitlang zu Cesare Borgia auf; er unterwarf sich ihm dennoch nicht und bewahrte eine kritische Stellung;[1] ohne falsche Verklärung mahnte er seine Zeitgenossen, und mit scharfem Blick beschwor er die Politiker seiner Zeit wie die der Zukunft. Bis zu seinem Tode war er ein unruhiger, suchender und vielleicht politisch unzufriedener Berater, Schriftsteller, Beamter und Intellektueller geblieben. Es gelang ihm nicht, sich mit dem Leben zu versöhnen. Er erweckte unter seinen Mitbürgern wenig Jubel oder Hysterie, auch nicht Haß oder Ablehnung gegen sich. Und dennoch waren es diese knappen 14 Jahre, von 1513 bis 1527, in denen er im Alleingang weltbewegende politische und staatsphilosophische Impulse setzte. Sie waren der Ausgangspunkt für eine kontroverse und teilweise emotionsgeladene Diskussion.[2] Die Wirkung seiner Ideen in der Heimat hatte der Autor am wenigsten selbst erwartet oder bezwecken wollen. Seine eigentliche Karriere begann erst nach seinem Tode mit den Drucklegungen der *Discorsi* und des *Principe,* als sich die Politiker und Staatsführer in der machiavellischen Theorie, in seinen Aufzeichnungen zum politischen Kräftespiel wiederfanden.

Das Zeitalter Machiavellis war nicht das Ergebnis der Krise zwischen Realität und Begeisterung für die Antike und auch nicht nur der Beginn des Zusammenbruchs des kapitalistischen Geistes.[3] Das politische, wirtschaftliche und soziale Gewebe war in der Renaissance zu komplex, als daß die Krise nach 1530 auf einen Nenner gebracht werden könnte.[4] Schon das 14. Jahrhundert hatte begonnen, die Konsequenzen aus dem Niedergang der metaphysisch verankerten und glaubenspolitisch gerechtfertigten Universalmächte Kaisertum und Papsttum zu ziehen. Über die aktualisierte Antike suchte das 15. Jahrhundert nach neuen Möglichkeiten und Methoden und leitete den politischen Humanismus der Neuzeit ein. Machiavelli wurde in dieser ideologischen Entwicklung zum Meilenstein: Wer die historisch-genetische Fragestellung zur Politik ergründen will, muß sich mit Machiavelli befassen. Er kam zu dem Ergebnis, daß das Ende des mittelalterlichen Systems von Kaisertum und Papsttum, von Kommunen und Tyrannenstaaten gekommen sei. Er konnte diesen Schluß vor allem deshalb ziehen, weil er Staat und Kirche, spätmittelalterliche Betrachtung und neuzeitlichen Rationalismus, Politik und Moral völlig trennte. Machiavellis politische Theorie ist bis heute umstritten und wird gewiß auch in Zukunft kontrovers diskutiert werden. Allein die Differenzierung der Politik als autonomes Gebilde, mit eigenen Prinzipien und Gesetzen, losgelöst von religiösen Geboten und Moral gibt ausreichend Anlaß zum ewigen Gespräch über ihn. Aller Theorie Machiavellis liegt eine ethische Indifferenz der Tat zugrunde. Er war durch und durch Realist und empfand wenig für ideelle Werte. In seinem Leben und in seiner Weltanschauung mischte sich seltsam ein oft brutaler Utilitarismus mit echtem Idealismus.[5] Durch die Begründung einer rein weltlich-historischen Anschauung von Staat und Geschichte lehnte er die metaphysisch-theologische Betrachtung ab. Seine Vorläufer Wilhelm von Occam, Marsilius von Padua und Nicolaus Cusanus befürworteten zwar eine Verweltlichung des Staates und der gesellschaftlichen Bindungen; den definitiven Bruch mit der theologischen Anschauung und die Befreiung der Politik von allen Fesseln des kirchlichen Anspruches vollzog erst Machiavelli. Mit seinen politischen Schriften avancierte er zum Revolutionär der Staatstheorie, die allerdings den Unterschied zwischen Staatskunst und Staatslehre noch nicht kannte. Aus seiner Ideologie der Macht im Dienste des Staates leitete sich die Lehre des Machiavellismus ab, die zur Bezeichnung einer immerwährenden Handlung in der Geschichte der Politik wurde. Dabei war diese Anschauung nicht von Machiavelli geboren worden: „Die mit diesem Schlagwort grob angedeutete Verbindung von bedenkenloser Brutalität und Verschlagenheit im Durchsetzen politischer Ziele ist sicherlich ein seit Jahrtausenden anzutreffendes Phänomen."[6]

Der Vorwurf des Immoralismus trifft schon deshalb auf Machiavelli nicht zu, weil seine neue Theorie ein geometrisches Modell der Interpendenz von Konflikt- und Konfliktlösungsfaktoren, eben der Verknüpfung von Schicksal, Tüchtigkeit und Zufall ist. Diese wechselseitigen Interaktionen von *virtù*, *fortuna* und *necessità*, oft auch *occasione*, dienen als Ersatz für die vernünftige *natura humana*. Damit soll kein politisches Ethos begründet, sondern Freiheit, Ordnung und der politische Ausgleich gesichert werden.[7] Macht bedeutete bei Machiavelli nicht eine festumrissene und eindeutig definierte Kategorie. Er umschrieb die Begriffe Macht mit *grandezza*, Größe, *potentia*, Herrschaftsgewalt, *forza*, Stärke, *imperio*, Reich und *fare grande*, groß machen. Diese Umschreibungen beinhalten die Bedeutung von Macht im Sinne dieses Begriffes in der modernen politischen Soziologie.

Niccolò Machiavelli wurde zum Provokateur, den man nicht als überholt abtun kann, dem man vielmehr recht geben muß, weil er die Wahrheit aussprach. Dies trifft um so mehr zu, solange es als eine Schande gilt, die Macht zu verlieren, und solange die eine Macht die andere ablöst. Macht stellte bei Machiavelli eine eher positive Komponente in der Gesellschaft dar. Denn radikal böse, also gewalttätig, müsse erst dann gehandelt werden, wenn das Gute versagt. Er legitimierte die menschliche Fortexistenz damit, daß die Menschen schlecht seien. Macht und Gewalt seien deshalb notwendig, die politische Ordnung in der gescheiterten Gemeinschaft herzustellen und zu sichern. Dann seien Betrug, Verlogenheit, Wortbruch und Treulosigkeit legitim. Politik sei Kampf und Herrschaft und nicht ratsam für Idealisten. Die Mittel brauchten nicht an Recht und Moral orientiert zu sein. Dennoch sei Betrug nie ehrenvoll, und Lügen führten zum Untergang der Republik. Diese amoralischen Ratschläge Machiavellis gelten nur großen, tugendhaften Staatsmännern, nicht mittelmäßigen, machthungrigen Kleinpolitikern. Erstere würden die wirkliche Gefahr erkennen und die amoralischen

Mittel zur rechten Zeit und im rechten Maße anwenden.

Machiavelli kam es weniger darauf an, die technischen Voraussetzungen für Machterwerb und Machtbewahrung auszuarbeiten. Er knüpfte hierin an Aristoteles, Thukydides und Polybios an.[8] Macht und Furcht, so folgerte Machiavelli, seien der wesentliche Hauptantrieb der Politik. Die Staatssicherheit und die Staatsinteressen rechtfertigten die Gewalt als Mittel zur Erhaltung der Staatsordnung, da das Recht als Konfliktschlichtungsmittel nicht ausreiche, Konflikte zu lösen. Die Gewalt nimmt hierin die Funktion der Konfliktschlichtung der Tiere ein, was durch den Rat Machiavellis, im Notfall die „Natur der Tiere" anzunehmen, unterstrichen wird. Machiavelli rechtfertigte die Methode der Politik als Kampf um Werte nicht im Sinne einer Kultur- und Sozialpolitik, sondern als Prämisse der kollektiven und nationalen Sicherheit. Macht und Furcht haben Freiheit und Gerechtigkeit als zivilisatorische Regulative, wodurch der Staatsapparat die höchste Bedeutung erlangt. Im Zusammenhang mit der republikanischen Staatsform in den *Discorsi* ist es wichtig zu unterstreichen, daß republikanische Freiheit bei Machiavelli neben der Machtausübung durch das Volk auch die Anerkennung der Gesetze, zu deren Beachtung alle Staatsbürger verpflichtet sind, bedeutet.[9] Das Ziel der Macht ist aber immer die Erhaltung des Staates, der gesetzlichen Ordnung; dies muß auch das oberste Prinzip der Politik sein.

Die Problematik Moral - Macht - Gewalt nimmt nicht nur bei Machiavelli eine zentrale Bedeutung ein, sondern wird in Philosophie und Religion allgemein kontrovers diskutiert. Das utilitaristische Prinzip, daß Moral und Macht dem schrankenlosen Egoismus, der den Menschen anhafte, diene, unterscheidet sich vom kollektiven und persönlichen Willen zur Macht. Denn wie Macht einem Gemeinwohl dienen kann, kann sie auch zu egoistischem Ruhm und Selbstzweck verleiten. Der Machtstaat kann Stärke, Geschlossenheit, Ordnung, Sicherheit und eine zentrale Verwaltung ermöglichen und erhalten. Dadurch, daß der Machtstaat ein Rechts- und Verfassungsstaat sein soll, können seine Bürger frei sein und politisch erzogen werden. Unter diesen Voraussetzungen kann der moderne Staat geboren werden, dessen demokratische Einrichtungen der ganzen Nation zugute kommen sollen und dessen republikanischer Geist in Krisenzeiten einem machtorientierten Staatsapparat zumindest für die Zeit des Notstandes weichen muß. Machiavelli lebte schon in einer bürgerlich organisierten Gesellschaft und einem modernen Staatswesen. Über Inhalt und Zweck der Macht herrschen unterschiedliche Meinungen. Nach Nietzsche, Ortega und Ritter haben sich in der Gegenwart vor allem Romano Guardini und Elias Canetti mit diesem Phänomen auseinandergesetzt. Bei Canetti sind Macht und Gewalt eng miteinander verbunden, ergänzen einander und sind hierarchisch geordnet: Die Gewalt ist „zwingender und unmittelbarer als die Macht. Macht auf tieferen und mehr animalischen Stufen ist besser als Gewalt zu bezeichnen. Wenn die Gewalt sich mehr Zeit läßt, wird sie zur Macht. Aber im akuten Augenblick, im Augenblick der Entscheidung und Unwiderruflichkeit, ist sie wieder reine Gewalt. Macht ist allgemeiner und geräumiger als Gewalt, sie enthält viel mehr, und sie ist nicht mehr so dynamisch. Sie ist umständlicher und hat sogar ein gewisses Maß an Geduld."[10]

Zur Unterscheidung von Macht und Gewalt führt Canetti ein treffendes Beispiel an: Die Katze fängt die Maus und hält sie in ihrer Gewalt. Sobald sie mit der Maus zu spielen beginnt, was das Vorstadium des Todes ist, befindet sie sich einmal mehr und einmal weniger in ihrer Gewalt; immer aber steht sie in der Macht der Katze. Wenn sie sie ganz laufen ließe, entkäme sie ihrem Machtbereich. Sie befindet sich so lange in ihrer Macht, wie sie sie erreichen und zurückholen kann. „Der Raum, den die Katze überschattet, die Augenblicke der Hoffnung, die sie der Maus läßt, aber unter genauester Bewachung, ohne daß sie ihr Interesse an ihr und ihrer Zerstörung verliert, das alles zusammen,

Raum, Hoffnung, Bewachung und Zerstörungsinteresse, könnte man als den eigentlichen Leib der Macht oder einfach als die Macht selbst bezeichnen."[11] Anders als Canetti formuliert Romano Guardini die Macht als „jene Wirklichkeit im Menschen, die fähig ist, aus dem unmittelbaren Zusammenhang der Natur herauszutreten und in Freiheit über sie zu verfügen". Der Machtbegriff kann als wertvoll und sinnvoll verstanden werden, wenn ihr Inhaber die Macht als Verantwortung begreift. Macht kann aber auch verwendet werden, um politische, soziale, wirtschaftliche und technische Eigeninteressen zu vertreten, zum eigenen Wohle und zum Schaden der Gesellschaft. Hier wird Macht zum Gegenteil von Verantwortung, zum Selbstzweck, und nimmt den Charakter des Bösen, der Zerstörung, der Gefahr an. Diese negative, dämonische Form der Macht findet sich primär in den totalitären Systemen. In der Zeit, als der Staat die organischen Bindungen verlor, an Potentialität zunahm und zu einem System beherrschender Funktionen wurde, als der Mensch nicht nur die Natur beherrschte, sondern es dazu kam, daß „der Mensch den Menschen, der Staat das Volk, das in sich laufende technisch-wirtschaftlich-staatliche System das Leben in der Gewalt hält", nahm er in der Politik die Bedeutung der ethischen Normen an, und trat die Macht als Selbstzweck und Mittel des persönlichen Erfolges an deren Stelle.[12]

Machiavelli erkannte, daß die Sucht, Macht zu gewinnen und an der Macht zu bleiben, jeden Politiker überfallen mußte. Dann sind es Intrige, Lüge und Mord, die als Mittel herangezogen werden. Auf seinen Erkenntnissen, daß die Menschen schlecht, habgierig, heuchlerisch und wankelmütig seien und die Masse unwissend, daß der Schein genüge, die Menschen zu befriedigen, daß der weise Politiker die unumschränkte Gewalt anwenden dürfe, daß alle Mittel recht seien, um sich zu behaupten, daß die Schattenseite der Macht die Realität sei, die immer als Ehrgeiz, Egoismus und Macht über die Menschen bestimme, baute der Machiavellismus auf. Unter diesem Begriff ist ein rein egoistisches und zweckmäßiges politisches Handeln zur Erreichung, Sicherung und Wahrung der Macht im Staate, bei dem skrupellos alle Mittel zum Herrschaftserwerb und zur Herrschaftssicherung angewandt werden dürfen, zu verstehen. Dem Machiavellismus liegen die aussageschwersten, brutalsten amoralischen Weisungen zugrunde, die Machiavelli im *Principe* erteilte. Drei seiner Prämissen bilden die ideologische Basis:

1. Die menschliche Natur ist in ihren wesentlichen Zügen konstant.
2. Die Menschen sind bis zur letzten Faser ihres Wesens undankbar und korrupt.
3. Es gibt keinen Fortschritt in der Menschheitsgeschichte.

Machiavellismus ist das klug-egoistisch politische Handeln, das nicht zwischen Moral und Amoral unterscheidet, das sowohl zu guten wie zu schlechten Mitteln führt.[13]

Der Machiavellismus kann sich insofern auf Machiavelli berufen, als dieser das Mißtrauen gegenüber den Menschen hervorhob. Indem er davon ausging, daß die Menschen schlecht seien, kann gefolgert werden, daß man sie durch Gewalt und Macht zu einem „guten" Verhalten erziehen oder zwingen müsse. Der Appell an das Gute im Menschen wird durch einen kategorischen Zwang ersetzt. Dieses prinzipielle Ausgehen vom Mißtrauen ist das Gegenteil der mittelalterlichen Staatsauffassung, wo Treue die Grundlage des Staatswesens bildete. Der Staat der Neuzeit beruht auf Mißtrauen, weshalb er sich zu einem Machtstaat ausbilden und sich des Zuganges zur und der Anwendung von Gewalt versichern muß.[14]

Machiavellistische Erörterungen finden sich schon in der Antike. Zum Beispiel Herodot: „Denn die einen lügen dann, wenn sie durch die Lügen überreden und Vorteil herausziehen wollen, die anderen aber sagen die Wahrheit, damit sie durch die Wahrheit sich einen Nutzen verschaffen und damit man sich ihnen um so mehr anvertraue."[15]

Machiavellis Tyrann hat mit dem aristotelischen Tyrannen vieles gemeinsam. Aristoteles hatte zwei Wege für den Tyrannen aufgezeigt, die die Wahl verschiedener Mittel und Formen bedingen. Ein Grundelement der tyrannischen Herrschaft sah er darin, die Menschen arm zu halten und dauernd zu beschäftigen. Der Tyrann müsse dafür sorgen, daß die Voraussetzungen für politische Betätigungen und zum Philosophieren fehlten, da er der natürliche Feind der Philosophie sei. Hierin lassen sich Parallelen zum *Principe* herstellen. Machiavelli kannte die Schriften Aristoteles', in denen keine Theorie aufgestellt wird, die die Tyrannis als die verwerflichste Form der Demokratie zeigt. Machiavelli forderte die Tyrannis als letzten Ausweg der Politik; allein sie sei imstande, die „Barbaren" aus Italien zu vertreiben. Die Grundforderung „so tun als ob" tauchte nach Aristoteles wieder bei Machiavelli auf: „Es ist nicht nötig, daß ein Fürst alle aufgezählten Tugenden besitzt, wohl aber, daß er sie zu besitzen scheint."[16] Die Parallelen zwischen dem machiavellischen Tyrannen und dem aristotelischen sind begrenzt: während Machiavelli beim bloßen Schein bleibt und die psychische Unordnung des Tyrannen unangetastet läßt, zielt Aristoteles darauf, das Ethos des Tyrannen durch Gewohnheit zu verbessern.[17] Machiavelli zielte auf die erfolgreiche Verlängerung des Unwesens, Aristoteles strebte dessen Destruktion an. Machiavellis „so tun als ob" sichert dem Herrscher, der im Ausnahmefall auch Tyrann sein kann, die Macht und täuscht die Untertanen. Aristoteles' „so tun als ob" führt zur Ausdehnung der tyrannischen Täuschung. Aristoteles setzte noch auf die ethische Verwandlung durch Gewohnheit, deshalb war bei ihm der machiavellische Weg noch unrealistisch.

Der Machiavellismus stellt breiten Bevölkerungsschichten das Wirkungsfeld der praktischen Eliten negativ dar; daß nämlich Raub zur Grundlage von großen Staatenbildungen und deren außenpolitischen Beziehungen werden kann und daß durch innere Raub- und Beutezüge breiten Arbeiterschichten der Arbeitserfolg und soziale Funktionen genommen werden können; dadurch ist die langsame erzieherische Wirkung der Verbürgerlichung und Industrialisierung radikal ausgehöhlt.[18] Durch Demokratisierung können sich machiavellistische Prämissen machtorientierter Gruppen oder Einzelpersonen in das Denk- und Handlungsfeld der Massen integrieren und eine weitgespannte Breitenwirkung entfalten. Hier liegt tatsächlich ein Geheimnis des *Principe,* daß er nämlich jeder Regierungsform und jedem Herrschaftsanspruch dienlich sein kann. In der Moderne wirkt er mehr als politischer Organismus, als komplexes gesellschaftliches Element, in dem ein allgemein anerkannter und teilweise schon durch Aktionen betätigter kollektiver Wille sich konkretisieren kann.[19] Der Principe nuovo übernimmt dann die Rolle des marxistischen Kollektivbewußtseins.

Aber auch der Mann des Alltags bedient sich jener Diplomatie, die früher von den Staatsmännern hinter den Kulissen der Weltpolitik gehandelt wurde. Durch die Möglichkeit der Demaskierung und Entlarvung der Handlungsweisen nicht nur radikaler politischer Gruppen, sondern auch liberaler, demokratischer Freigeister werden im Demokratisierungsprozeß die Bürger mit politischen Intrigen konfrontiert. „Der sogenannte Mann auf der Straße möchte sich im Nachplappern dieser Losungen selbst als kleiner Machiavelli fühlen, ohne jedoch Zweck und Mechanismus dieser Verfahren voll durchschauen zu können."[20] Der Machiavellismus wandelt sich: Der aktive Zynismus der Führer kollidiert mit dem Zynismus der Massen. Aus der geheimen Stube des Staatsmannes findet er Eingang in das Wirtschaftsleben Groß- und Kleinindustrieller und verbreitet sich sogar bis in den Kreis der Familie.

Bei Machiavelli hatte der Machiavellismus sein radikales Aktionsfeld in der Herausforderung durch eine besondere äußere Machtlage und in einem schwankenden, bedrohten Boden, auf dem nur noch mit revolutionären Machtmitteln operiert werden konnte. Schon Machiavelli nahm mit den Begriffen *rivultura* und *rivoluzione* die Bedeutung der

Revolution in der Geschichte vorweg. Als Theorie der politischen und sozialen Veränderungen gewann sie erst allmählich an Bedeutung. Gegen Ende des 17. Jahrhunderts verstand man unter Revolution einen erfolgreichen, gewaltsamen Machtwechsel.[21]

Der schwankende, einstürzende Boden, der für einen Mißbrauch der Macht zur Herausforderung wurde, war kaum eine Erscheinung des Mittelalters. Vielmehr waren es schon die politischen Strukturen der Antike, die im Zusammenwirken zwischen Staatsführung und besitzender Klasse gegen die mehrheitlich ausgebeuteten Untertanen zum Konflikt führten. Stärker traten solche Widersprüche in der Hochrenaissance, in der Aufklärung, beim Anwachsen der politischen Revolutionen, während der Industrialisierung und des Zeitalters der Massenbewegungen gegen das ausbeutende System zutage. Der Machiavellismus ist in der Tat vielmehr ein Phänomen der Antike und der Neuzeit, als des dunklen, jenseitsorientierten Mittelalters. In der neuen Strategie der Massenführung fand er erwartungsgemäß Eingang in das machtorientierte System und in die totalitäre bzw. pseudototalitäre Politik.

Durch das Hinterfragen der geschichtlichen Ereignisse hatte Machiavelli das Augenmerk des Historikers auf die Hintergründe der geschichtlichen Tradition gelenkt. Das überlieferte Weltbild geriet ins Schwanken, und die historischen Quellen konnten als gefälscht oder zumindest nicht der vollen Wahrheit entsprechend in Zweifel gezogen werden, die die *essenza* der Handlung verdeckten. Machiavelli arbeitete mit einem neuzeitlichen Verständnis des Ideologiebegriffs: Er beherrschte das Verfahren der Reduktion, indem er bei allem, was die öffentliche Politik dem Beobachter zeigte, auf die tatsächlichen Hintergründe des politischen Agierens schloß. Durch ein solches kompliziertes Reduktionsverfahren deckte er viele wirkliche Beweggründe auf. Mit den Begriffen *apparenza* und *essenza* machte er auf den Unterschied zwischen den scheinbaren Hintergründen der Politik, von den Politikern vorgezeigt, und den tatsächlichen Ursachen aufmerksam. So erschloß er Probleme, die weit über die Grenzen Italiens hinaus aktuell waren und bis heute zeitlos sind. Sein politisches Denken bedeutete auf jeden Fall eine revolutionäre Innovation in der modernen Geistesgeschichte. Der *Principe* hat wie kaum eine andere politische Schrift Geschichte gemacht und Mythen und Legenden, Faszination und Ächtung ausgelöst. Wahrscheinlich las ihn schon Kaiser Karl V. und bewunderte Machiavellis politische Theorien. Francesco Sansovino schrieb, der Kaiser erfreue sich an der Lektüre dreier Bücher, die er in seine Sprache habe übersetzen lassen: eines für die Angelegenheiten des zivilen Lebens, nämlich das Buch des *Cortegiano* des Grafen Baldesar Castiglione; das andere für den Staat, nämlich den *Principe* und die *Discorsi* von Machiavelli; und das dritte für das Kriegswesen, nämlich die *Historia* mit den anderen Schriften des Polybios.[22]

Machiavelli hätte den *Principe* nicht geschrieben, wäre er selbst ein Machiavellist gewesen. Gerade sein Leben, die vielen Momente, in denen er der Willkür seiner Zeit ausgeliefert war, beweist, wie wenig er selbst fähig war, die machiavellistischen Inhalte seiner Werke zu verwirklichen oder anzuwenden. Er hat vielmehr „gegen die offenkundige Abhängigkeit seiner materiellen und geistigen Reproduktionsbedingungen den Anspruch des humanistischen Intellektuellen auf Autonomie und Individualität verteidigt".[23] Als leidenschaftlicher Patriot und politisch verantwortungsbewußter Florentiner und Italiener wollte er mit seinem Rat auf dem Wege zur nationalen Einigung nützlich sein. Als Intellektueller erforschte er dazu die politischen Theorien zur staatlichen Selbstbehauptung. Er war sich der Tatsache bewußt, daß sein Staat trotz all seiner politischen Leistungsfähigkeit und Stabilität nur mit größten Schwierigkeiten verwirklicht werden kann. Allein schon die „neidische Natur des Menschen" sei ein großer Widersacher, „denn die Menschen neigen mehr dazu, die Handlungen anderer zu tadeln als zu loben".[24] Auf jeden Fall aber sollte nicht ein starkes Fürstentum in Mittelitalien das Ziel sein, sondern ein nationalstaatlich vereintes Italien, das politisch und militärisch an die Seite der europäischen Großmächte aufsteigen sollte.[25] Um dieses Ziel zu erreichen, beschritt Machiavelli durch seine Abkehr von der klassischen politischen Philosophie der Antike und des Mittelalters, durch seine Kritik an der politischen Philosophie als Lehre vom guten Leben den modernen Weg der Staatsphilosophie. Durch seine Relativierung von Ethik und Moral büßten Gewalt und Recht, Macht und Gewissen ihre Funktion als ethische Normen ein. Die Verknüpfung von virtù, fortuna und occasione bzw. necessità ergibt das systematische Geflecht einer Theorie pragmatischer Konfliktbewältigung, „die von allem Anfang an die *invida natura* des Menschen in Rechnung stellt und von hier aus mit dem philosophisch-anthropologischen Defizit des renaissancehumanistischen Menschenbildes belastet ist".[26] Die Verknüpfung dieser drei Komponenten ergibt ein neues Modell der Konfliktlösung in einer modernen Staats- und Gesellschaftstheorie.

Die Staatsräson, die in Machiavellis politischer Theorie verankert ist und ebenso nicht von ihm begründet wurde, ist eine andere große Ursache für das andauernde Gespräch.

Unter *ragio di stato,* Staatsräson, versteht man die Lehre, daß für den verantwortlichen Staatsmann das Wohl des Staates, die Sicherung seiner Existenz, Zukunft und Lebensbedingungen der höchste moralische Wert sind. Staatsmoral ist der Staatskunst untergeordnet.[27] Um sein politisches Ziel zu erreichen, muß der Staatsmann bereit sein, ohne Rücksicht auf Moral und Recht zu handeln. Die Wege zu diesem Ziel sind je nach Struktur des Staates, der Umwelt und der gegebenen Situation verschieden. Zu jedem Anlaß, zu jeder Frage gibt es für jeden Staat eine ideale Handlungsweise, eine ideale Staatsräson. Dieses optimale Handeln herauszufinden ist Aufgabe des Staatsmannes. Dennoch ist Staatsräson ein zu komplexer Begriff, als daß er eindeutig definiert werden könnte. Immer aber ist sie die „Generallegitimation dafür, daß der Staat das Wie seiner Ordnung hintanstellt, weil es – tatsächlich oder vorgeblich – um das bloße Daß seiner Fortexistenz geht". Der Politiker kann sich auf sie berufen und dadurch Zweck oder Umstände, Ziele oder Gegebenheiten bei der Wahl der Mittel hervorheben. Dabei kann er das eine gegen das andere ausspielen: „Staatsräson ist ein Kampfbegriff, unter dem eine kleine Gruppe spezialisierten und professionalisierten politischen Personals, Diplomaten und Sekretäre des fürstlichen Hofes, sich den Weg zu den Schalthebeln der Macht bahnt bzw., sobald sie diese erreicht hat, sich dort auf Dauer etabliert. Unter der Ägide der Staatsräson beginnt die Professionalisierung der Politik im frühneuzeitlichen Europa."[28]

Zum Wesen und Geiste der Staatsräson gehört es, daß sie sich immer wieder beschmutzen muß, indem sie Moral, Sitte und Recht verletzt. „Der Staat muß, so scheint es, sündigen."[29]

Die sittliche Auflehnung dagegen bleibt ohne geschichtlichen Erfolg. Der Politiker hat in Grenzsituationen oft nur eine Wahl; eine andere, bessere ist zum gegebenen Zeitpunkt nicht realisierbar. Er befindet sich in einer Situation des Staatsnotstandes und ist gezwungen, sofort mit allen ihm nur möglichen Mitteln für den Staat, sein Volk, seine Partei zu handeln. Er muß alle erforderlichen Maßnahmen treffen, gleichgültig, ob sie ihm genehm oder widerwärtig sind, wenn er sie als Privatmann beurteilt. Im Moment des Handelns ist er nicht Privatperson, sondern Staatsmann oder Politiker mit einem Auftrag und hat die Pflicht, das Bestmögliche für den Staat zu tun. Die Staatsräson ist eine besondere Form der machiavellistischen These, daß der Zweck die Mittel heilige, daß die Mittel ihrem Zweck angepaßt sein müßten. Tritt der Erfolg ein, dann ist der Weg dorthin gerechtfertigt; bleibt er aus, dann werden die Mittel verflucht und ihr Protagonist bloßgestellt. Das ethische Problem der Staatsräson liegt darin, daß für das Wohl des

Staates und für die Erhaltung der notwendigen Macht Handlungen erforderlich sind, die sich über Recht und Moral hinwegsetzen. Das oberste Prinzip vom Wohle des Staates gerät in Konflikt mit anderen absoluten Werten wie Recht und Sittengesetz. Die katholische Moraltheologie lehnt in diesem Sinne die Staatsräson entschieden ab und setzt an ihre Stelle die Individualethik. Die evangelische Ethik erkennt zwar eine gewisse Eigengesetzlichkeit des politischen Handelns an, ihre gegenwärtige Meinung ist aber geprägt von der Erfahrung des diktatorischen Staates im 20. Jahrhundert, weshalb sie die Staatsräson nie und nimmer gutheißen kann.

Niccolò Machiavelli schwankte bei seinem Begriff vom Staat zwischen *stato, governo, città* und *repubblica;* über sie ordnete er den *Principe.* Er kannte den vollen Inhalt der Staatsräson, wenn er auch diesen neuzeitlichen Begriff noch nicht direkt aussprach und ihn nicht beim Namen nannte. Der Primat ist bei Machiavelli nicht zu übersehen, definiert man etwa Staatsräson als ein innen- wie außenpolitisches Handeln mit der Grundüberzeugung, daß „Mittel ihrem Zweck angemessen, das heißt, daß sie rational im Hinblick auf diesen Zweck sein müssen und daß daher diejenigen Mittel die besten sind, die die größte Aussicht auf Erfolg haben".[30] Für Machiavelli ist die Willkür der Staatsmacht nur dann legitim, wenn sie das Leben und das Eigentum der Bürger sichert. Dann ist der Staat nicht nur Mittel, sondern auch Zweck. Er war es denn auch, der das Dilemma des Staatsmannes und Politikers kompromittierte, wenn diese mit Staatsräson in Beziehung treten. Die moralischen Mittel reichen ihnen nicht aus, die politische Realität zu meistern und unter der Kritik der Opposition erfolgreich zu sein.

Die Philosophie der Staatsräson findet sich ebenso wie rationalistische Machtphilosophie schon bei Thukydides beinahe systematisch ausgearbeitet. Platon flüchtete zwar in das Ideal, weil er in der Realität keinen Erfolg fand; Machtausübung im Dienste der Staatsräson war ihm aber eine vertraute Vorstellung. Im *Politikos* verlangte er, daß ein Politiker das Recht habe, seine Vorstellungen notfalls mit Gewalt zu verwirklichen; denn er kenne das für die Allgemeinheit Gute.

Machiavelli mit dem wirklichen Wesen der Staatsräson zu identifizieren hieße, seine Staatsphilosophie einseitig und nur partiell zu interpretieren. Seine Idee der Staatsräson zielt ebenso wie seine Machttheorie auf das Wohl des gesamten Staates hin: „Wo es um das ganze Heil des Vaterlandes geht, gibt es keine Bedenken, ob gerecht oder ungerecht, mild oder grausam, löblich oder schimpflich. Hier muß man alles beisetzen und die Maßregeln ergreifen, die dem Vaterland das Leben retten und die Freiheiten erhalten."[31] Der Staatsmann als *homo politicus* muß sich des privaten Charakters entledigen und zum abstrakten Anwalt der politischen Notwendigkeit werden, er muß zum Wohle der Freiheit seines Volkes die Staatsräson verkörpern. Indem er das Spiel der menschlichen Triebe durchschaut, sie selbst beherrscht oder überwinden kann, meistert er alle politischen Situationen. Er lenkt die Masse mit virtù, erweckt eine kollektive virtù als Substanz für den Fortbestand seines Staates und regiert das Volk in Freiheit und Unabhängigkeit. Gewalt und Mord stehen in einer anderen Wertordnung als im moralischen Weltbild: Mord ist zwar sittlich nicht gut, aber der politische Erfolg zum Wohle des Volkes entschuldigt ihn; Gewalt ist gerechtfertigt, wenn sie dem Aufbau und der Sicherung der Ordnung dient.

Staatsräson ist nicht, wie Machiavelli sie verstehen wollte, ein positives Mittel zur Macht, sondern eine skrupellose Methode der politischen Machtsucht und der Gewalt, sei es von einer Einzelperson oder einem Kollektiv. Die Geschichte beweist, daß der Machiavellismus und die Staatsräson viel älter sind als Machiavelli.[32] Staatsräson ist ein universales Problem, ein tiefverwurzelter Faktor in der Geschichte der Menschheit. Sie tritt in den verschiedensten Situationen, unter den verschiedensten Aspekten immer wieder zutage. Irgendwie, so zeigt die Betrachtung der Geschichte, wurde immer wieder und überall mit Mitteln der Staatsräson regiert. Als Prinzip und Idee wurde sie aber erst erfaßt und unterschiedlich formuliert, als der Staat gegenüber allen übrigen Mächten seine Selbständigkeit und Unabhängigkeit durchzusetzen begann. Bereits in der Antike, als der Staat der höchste Lebenswert war und Politik und Moral eine Einheit bildeten, vertieften sich Historiker, Philosophen und Dichter in das Problem der Staatsräson. Thukydides schrieb, den Athenern gebe die Macht das Recht, Vertragsbruch zu fordern, denn „zufolge einer Notwendigkeit ihrer Natur herrschen die Menschen stets, wenn sie Macht haben". Gerechtigkeit gebe es nur zwischen Gleichstarken, und „die Mächtigen fordern, was sie können, während die Schwachen zugestehen, was sie müssen". Thukydides kritisierte an den Athenern weniger, daß sie nach Staatsräson handelten, als daß sie dies offen zugaben. Denn man solle stets danach trachten, die Aufrechterhaltung der bestehenden Werte nach außen nicht zu gefährden.[33] Euripides legte in den „Phönissen" dem Eteokles in den Mund: „Wenn man denn Unrecht tun muß, so ist es schön, es zu tun um der Herrschaft willen." Aristoteles meinte: „Der Zweck, worauf sämtliche Maßregeln abzielen, ist klar: er geht darum, daß der Tyrann sich seinen Untertanen nicht als Tyrann, sondern als ein Hausvater und König erweise, nicht als Usurpator, sondern als Verwalter ihrer Habe – als ein Mann, der im Leben das Maß, nicht das Übermaß will, der endlich die Angesehenen durch höfliches, die Menge durch leutseliges Wesen zu gewinnen weiß. Denn davon ist die notwendige Folge, daß seine Herrschaft nicht nur schöner und beneidenswerter wird, weil sie bessere und nicht herabgewürdigte Menschen umfaßt und er nicht beständig gehaßt und gefürchtet wird, sondern daß diese seine Herrschaft auch längere Dauer gewinnt und endlich, daß sein Charakter eine Verfassung erhält, dank derer er entweder tugendhaft oder halbtugendhaft oder doch nicht schlecht, sondern nur halbschlecht ist."[34]

Neben Cicero und Tacitus, die ebenso die Lehre der Staatsräson kannten und in ihre Ausführungen einbauten, sei noch auf das Johannisevangelium verwiesen, wo Kaiphas in seiner Rede argumentiert: „Ihr versteht nichts: Ihr überlegt auch nicht, daß es besser ist, daß ein einziger Mann stirbt als daß die ganze Nation zugrunde geht."[35] Die Verurteilung Jesu ist ein klassisches Beispiel für die Staatsräson. Jesus war aller Wahrscheinlichkeit nach Mitglied der radikalen Gruppe der Essener, die die Macht der Pharisäer und Sadduzäer ernsthaft bedrohten. Dazu kam, daß sich Jesus gegen die Wechsler und Devotionalienhändler wandte, die die Förderbeiträge für das Synedrion lieferten. Jesus mußte also aus zweifachem Grunde Opfer der Staatsräson werden: Zum einen bedrohte er die Macht des Synedrion; zum anderen gefährdete er die finanzielle Einkommensgrundlage der Pharisäer und Sadduzäer und bedrohte die Patronage zwischen Synedrion und Geschäftsleuten.

Wie sich in der Renaissance unter dem Druck einer beginnenden politischen Krise und eines zunehmend empirischen Denkstils unter den italienischen Intellektuellen das traditionelle mittelalterliche System auflöste, zeigt der 1503 verstorbene Humanist Giovanni Pontano. Er war Sekretär am Hofe des Königs von Neapel und Vorsitzender des dortigen Gelehrten- und Künstlerkreises. Pontano verfaßte mehrere moralphilosophische Traktate und verschiedene Gedichte in lateinischer Sprache. Darin finden sich eine Reihe utilitaristischer Gedanken. In *De obedientia* schrieb er uber das Verhältnis vom *honestum* zum *utile*: „Es könnte der Fall eintreten, daß der Nutzen eine solche Bedeutung erlangt, daß gelegentlich vom sittlich Gebotenen abzuweichen ist. Und da man, falls Leben oder Ruf eines Freundes auf dem Spiel steht, vom Weg abbiegen darf, so sehe ich nicht ein, warum, wenn das Vaterland vom offenkundigen Verderben bedroht ist, man nicht mit gleichem Recht vom Weg abbiegen und dem öffentlichen Wohl Rechnung tragen darf." Die Frage, ob es um des Staates willen erlaubt sei zu lügen, beantwortete Pontano: „Obwohl die Wahrheit immer zu ehren ist, kann es manchmal geschehen, daß Dinge oder Zeiten eine solche Gewalt haben, daß die Wahrheit ganz zu schweigen hat. Es mag also erlaubt sein, um des Vaterlandes und um des Königs willen, welcher der Vater des Vaterlandes ist, gelegentlich zu lügen, obwohl einer, der je nach Ort und Zeit und mit Überlegung die Wahrheit verschweigt, vor allem wenn es um das Wohl des Königs, des Königreiches und der Heimat geht, wohl überhaupt nicht als Lügner gilt. Oder wenn einer eine Lüge gebraucht, gilt er nicht ohne weiteres als Lügner, da dies das Zeichen eines klugen Mannes ist, der Nutzen und Notwendigkeit mit dem Wahren und Falschen abzuwägen weiß."[36] Pontanos Werk, in dem die Moral, wenn es um das Wohl des Vaterlandes geht, hinter Zweckmäßigkeitserwägungen zurückzustehen hat, spiegelt eine Mentalität wider, die für die Erfahrungen des politischen Quattrocento und beginnenden Cinquecento bezeichnend ist. Das Gleichgewicht, das bisher zwischen dem Prinzip des *princeps legibus solutus,* der nicht gesetzgebunden ist, auf der einen Seite und dem Grundsatz, daß das politische Handeln streng *intra limites iustitiae,* in dem Rahmen von Recht und Gesetz, eingebunden ist, veränderte sich langsam zugunsten des ersteren Prinzips. Noch war der eigentliche Durchbruch zur Autonomie der Politik nicht erfolgt. Für die Generation vor Machiavelli war zweierlei charakteristisch: die Ausrichtung nach dem alten Weltbild, eben jene Politik, wie sie Savonarola verstand, und die neue Geisteshaltung, wie sie sich bei Pontano deutlich anbahnte. Den Begriff der Staatsräson gebrauchte Francesco Guicciardini in seinem *Dialogo del reggimento di Firenze* erstmals. Er läßt Bernardo del Neri raten, die zum florentinischen Territorium gehörenden Pisaner notfalls zu töten, was zwar nicht christlich sei, aber der *ragione et uso degli stati,* der Vernunft und den Gepflogenheiten des Staates, entspreche. Giovanni della Casa gebrauchte in seiner Rede vor Kaiser Karl V., in der er Piacenza zurückforderte, den

Begriff *ragion di stato,* Staatsräson. Spätestens jetzt war der Begriff Staatsräson geläufig und konnte sich in der geistigen Welt Europas verbreiten, wenn er auch inhaltlich nicht eindeutig definiert werden kann. Mit Staatsräson entstand auch die neuzeitliche Bedeutung vom Staat – von Machiavelli noch als Zustand, *stato,* im Sinne von Verfassungsform und Herrschaftsgebiet verstanden. Gegen Ende des 16. Jahrhunderts erhielt der Staat schließlich die Bedeutung von heute: Staatsgewalt, Staatsvolk und Staatsgebiet.

Machiavelli kann aber gemeinhin nicht nur als Begründer der Autonomie der Politik gelten, sondern als derjenige, der als erster die wahre Natur und das innere Wesen der Staatsräson erkannte und ihre Macht in der Politik durchschaute. Die Wirklichkeit des Staates hatte sich freilich gegen Ende des Mittelalters immer mehr in Richtung Machiavellismus entwickelt, und die Staatsräson konnte als politische Theorie ihren Siegeszug antreten. Die bald nach seinem Tode beginnende Auseinandersetzung der Kirche mit Machiavelli schien ursprünglich unbegründet, da die *Discorsi* und der *Principe* mit einem Privileg Papst Clemens VII. bei dem römischen Verleger Antonio Baldo gedruckt wurden. Die Polemik von Machiavellismus und Antimachiavellismus hatte aber schon zu Lebzeiten Machiavellis begonnen. Denn immerhin waren durch zahlreiche Abschriften der *Principe* und Teile der *Discorsi* vielen Intellektuellen in Italien bekannt. Agostino Niffo hat in einem Traktat aus dem Jahre 1523 einen tugendhaften Herrscher als Antidot zum *Principe* hingestellt; die Polemik nahm ihren Anfang. Der englische Kardinal Reginald Pole schrieb 1539, der *Principe* sei das Lieblingsbuch Thomas Cromwells gewesen, dieses Buch sei „mit den Fingern des Teufels" geschrieben worden.[37]

Der portugiesische Bischof Jeronimo Osorio da Fonesca versuchte etwa zur gleichen Zeit, die Angriffe Machiavellis zu widerlegen.[38]

Der Bischof von Cosenza, Ambrogio Catarino-Politi, forderte energisch eine kirchliche Verurteilung der Schriften Machiavellis.[39] 1559 wurden der *Principe* und die *Discorsi* auf den *Index librorum prohibitorum* gesetzt. Die Indizierung verfehlte aber völlig ihr Ziel: Es kursierten jetzt erst recht unter veränderten Titeln, falschen Angaben und irreführenden Autorennamen die machiavellischen Staatstheorien. In London z.B. ergingen Aufträge, den *Principe* und die *Discorsi* für den italienischen Schwarzmarkt zu drucken. Nach der Bartholomäusnacht wurde Caterina de' Medici vorgeworfen, sie habe sich von den Weisungen des *Principe* leiten lassen. Innocent Gentillet schrieb 1576 den *Discours contre Nicolas Machiavel Florentin.*[40] Dieses Buch wurde zum ersten bedeutenden Zeugnis des hugenottischen Antimachiavellismus. Machiavelli wurde als letzte Ursache und Verantwortlicher der Bürgerkriege, die Frankreich vernichteten, hingestellt. Dieser Traktat Gentillets, vielen bekannt unter dem abgekürzten Titel Antimachiavellus, trug wesentlich dazu bei, das Bild Machiavellis als des geistigen Vaters einer durch und durch amoralischen und atheistischen Politik zu festigen.[41] Den härtesten Kampf gegen den Machiavellismus innerhalb der Kirche führten die Jesuiten. Sie verbrannten Machiavelli in effigie in Ingolstadt. Jean Bodin trat zwar gegen Machiavelli auf, befürwortete aber die Trennung von Religion und Staat und unterstrich im Sinne der Staatsräson, daß nichts schimpflich sein könne, was mit dem Heil des Staates verknüpft sei.[42] Trajano Boccalini unterschied zwei Positionen: Einmal war Machiavelli für ihn jener Realpolitiker, der die Autonomie des modernen Staates begründet hat. Dann zählte er ihn zu jenen demokratischen Aufklärern, die die Völker vor dem Mißbrauch der Macht retten. Um 1600 erfuhr das Machiavellibild einen Wandel. Gerade hatte man noch versucht, den *Principe* mit den *Annalen* des Tacitus zu vergleichen. Der verfemte Name des Machiavellismus wurde durch Tacitismus ersetzt. Erst im 20. Jahrhundert hat die Historiographie nachgewiesen, daß Machiavelli von Tacitus nicht wesentlich beeinflußt worden war.

Wie Bodin nahm auch Spinoza eine eher positive Haltung gegenüber Machiavelli ein. In seinem *Tractatus politicus* lassen sich Parallelen zu Machiavelli erkennen. So erklärte Spinoza, daß die Staatsethik den Vorrang vor der individuellen Ethik habe und in keiner Weise an Moral gebunden sei. Nach 1650 wurde allmählich versucht, Machiavelli als Republikaner und Feind der Tyrannis zu rehabilitieren. Der Italiener Albericus Gentilis hatte dazu schon 1585 den Ausgangspunkt geschaffen.[43] Gentilis lehrte in Oxford Völkerrecht und beeinflußte viele seiner Zeitgenossen: Die Vorstellung eines demokratisch-republikanisch engagierten Machiavelli kehrte bei verschiedenen englischen Autoren des 17. Jahrhunderts wieder.[44] James Harrington stellte ihn als einen Mann dar, der sich zur Republik und Freiheit bekennt. Die führenden Vertreter der französischen Aufklärung, Pierre Baile und Denis Diderot, traten bei ihrer Machiavelli-Rezeption in die Fußstapfen Englands: Der *Principe* Machiavellis galt nicht mehr als ein Tyrann, sondern als ein Staatsoberhaupt, das wie ein gerechter Vater sein Volk regiert. Francis Bacon leitete in seiner Moralphilosophie jene Rehabilitation Machiavellis ein, die später im deutschen Idealismus ihren stärksten Ausdruck fand. In seinem Essay *Fortschritt des Gelehrs* schrieb er: „Wir sind Machiavel und ähnlichen Schriftstellern verbunden, die offen und ungeschminkt sagen, was die Menschen wirklich tun und nicht, was sie tun sollten; denn es ist nicht möglich, die Weisheit der Schlange mit der Unschuld der Taube zu verbinden, ohne vorher das Böse zu erkennen, da ohne dieses Wissen die Tugend schutzlos dem Bösen ausgeliefert ist."[45] Bacon teilte mit Machiavelli die Meinung, daß Freunde Mittel zur Macht sein können, und zwar in dem Sinne, wie es einer der Sieben Weisen des antiken Griechenland geschrieben hatte: „Liebe deinen Freund, als ob er dein Feind werden sollte, und deinen Feind, als sollte er dein Freund werden." Charles de Montesquieu verwarf den *Principe* als Anleitung des ihm verhaßten Despotismus. Johann Gottfried Herder hin-

gegen nannte die Schrift ein „rein politisches Meisterwerk". Bei Hegel, Fichte und Ranke erlebte Machiavelli
eine echte Renaissance. Die Staatsräson trat als Wegbereiter in den Mittelpunkt der Idee des aufkommenden deutschen Nationalismus. In Fichtes politischen Schriften ist
Machiavellis Einfluß unverkennbar: „Jedweder, der eine
Republik errichtet und derselben Gesetze gibt, muß vor-
aussetzen, daß alle Menschen bösartig sind und daß ohne
alle Ausnahme sie alsbald ihre innere Bösartigkeit auslas-
sen werden, sobald sie dazu eine sichere Gelegenheit finden."[46] Fichte folgerte weiter, daß jeder jede Gelegenheit
ergreife, um dem anderen zu schaden, sooft er dabei seinen
eigenen Vorteil erblicke.

Friedrich der Große bemühte sich auch nach seinem
Regierungsantritt, zugleich Politiker und Philosoph zu sein.
Er verkörperte den aufgeklärten Absolutismus mit radikaler Reife und unterschied zwischen den Interessen, Aufgaben, Pflichten und dem Eigentum des Staates einerseits
und seinem privaten Leben andererseits.[47] Gerade deshalb
kann er als Abbild jenes Politikers und Machthabers gelten, der der Staatsräson „Ziel und Maß der allgemeinen
menschlichen Vernunft zu geben" versuchte.[48]

Friedrich war bestrebt, sich nicht in Widersprüchen zu
verfangen. In vielen seiner Briefe und in vielen Aussagen
seiner Schriften, die sich über 30 Jahre seines Lebens verteilen, suchte er die Rechtfertigung seines politischen Handelns zugunsten des Staates, als dessen „erster Diener" er
gesehen werden wollte.

Im politischen Kampf seiner Zeit mischte er zuweilen mit
machiavellistischem Kalkül die Karten, deshalb kennt ihn
die breite Geschichtsschreibung als Machiavellisten. Vielleicht ahnte er dies schon zu seiner Zeit voraus, oder vielleicht wollte er sich gerade deshalb als überzeugter Anti-
machiavellist präsentieren.

Noch als Kronprinz verfaßte Friedrich 1739 den *Anti-
Machiavel*. Voltaire gab die Schrift 1740, kurz vor Friedrichs
Regierungsantritt, anonym heraus. Der *Anti-Machiavel*

oder Versuch einer Kritik über Nic. Machiavels Regierungskunst eines Fürsten gilt als eine der prominentesten Vorhaben, den *Principe* zu widerlegen, wenn auch die Argumentationen Friedrichs wenig tiefe Gedanken enthalten, eher oberflächlich sind und es eben nur bei einem Versuch blieb. Ganz im Sog seiner Vorgänger warf auch Friedrich Machiavelli vor, Gift gestreut zu haben. Friedrich ging es nicht darum, jedes Kapitel des *Principe* zu widerlegen, „weil dieser Italiener (Machiavelli) nicht die Laster in seinem ganzen Buche predigt". Vielmehr verfolgte er die Zielsetzung: „Ich übernehme die Vertheidigung der Menschlichkeit wider diesen Unmenschen, der dieselbe vernichten will; ich setze die Vernunft und die Gerechtigkeit dem Betrug und dem Laster entgegen, und ich habe es gewaget, meine Betrachtungen über Machiavels Buch von Capitel zu Capitel anzustellen, damit der Gegengift unmittelbar auf die Vergiftung folge. Ich habe allezeit des Machiavels Buch von der Regierungskunst eines Fürsten als eines der allergefährlichsten Bücher angesehen, so ehmahls in der Welt ausgestreuet worden. Es ist ein Buch, welches natürlicher Weise den Fürsten und denjenigen, so die Staatskunst lieben, in die Hände fallen muß. Es ist dabey nichts leichter, als daß ein junger ehrgeiziger Mensch, dessen Gemüth und Verstand noch nicht genugsam geschickt sind, das Gute von dem Bösen richtig unterscheiden, durch Regeln, welche seinen Leidenschaften schmeicheln, verderbet werde."

Friedrich vermochte die idealisierte Selbstdarstellung im *Anti-Machiavel* in der Praxis nicht zu realisieren. Er kannte nur den *Principe* und wollte, wie er Voltaire am 22. März 1739 schrieb, dieses Lehrbuch der Staatskunst, als welches Friedrich den *Principe* auffaßte, widerlegen. Ein Kapitel nach dem anderen schickte er an Voltaire, der, wohl um dem Kronprinzen zu gefallen und nicht aus innerer Überzeugung, sich von den Ausführungen Friedrichs besonders angetan zeigte: „Vor einigen Tagen habe ich in Brüssel die ersten zwölf Kapitel erhalten; schon die letzten, die ich noch in Frankreich erhielt, habe ich verschlungen. Dieses Werk muß zum Wohle der Menschheit unter allen Umständen erscheinen; und es muß offenbar werden, daß eine königliche Hand selbst das Gegengift zum *Principe* bereitet. Hier ist endlich ein Buch, das eines Fürsten würdig ist."[49] Diese freundlichen Worte verwundern um so mehr, da Voltaire in seiner *Geschichte des Zeitalters Ludwig XIV.* Machiavelli zu den großen Männern gezählt hatte und erst im Juni 1737, nach der Kritik Friedrichs, diese Meinung änderte und korrigierte: „Machiavelli ist also von der Liste der großen Männer gestrichen." Voltaire bat Friedrich dann auch, den *Anti-Machiavel* herausgeben und ein Vorwort schreiben zu dürfen, was ihm gewährt wurde. Ebenso erwies er sich als tüchtiger Textredakteur, indem er einzelne Stellen ergänzte und verbesserte.

Der *Anti-Machiavel* erregte nach seiner ersten Herausgabe in französischer Sprache im September 1740 bei Van Duzen in Haag[50] einiges Aufsehen. Die erste deutsche Ausgabe kam 1744 in Göttingen heraus.

Leopold von Ranke versuchte in der Mitte des 19. Jahrhunderts eine Wertung Machiavellis unter Berücksichtigung wissenschaftlicher Aspekte. Er bezeichnete den *Principe* als eine Gelegenheitsschrift, wodurch erstmals die *Discorsi* in den ihnen gebührenden Rang als Hauptwerk Machiavellis traten.

Im 20. Jahrhundert leugnete niemand mehr den Charakter des *Principe* als Zweckschrift, als Ad-hoc-Schrift. Der Wegbereiter des italienischen Faschismus, Vilfredo Pareto, verstand sich als Erneuerer des machiavellistischen Systems: „In der Vereinigung der beiden Leitbilder Machiavellis für das politische Verhalten, des Fuchses (der List) und des Löwen (der Gewalt), sieht auch Pareto die Gewähr für ein Maximum an politischer und militärischer Macht, die in den Händen der den Staat dirigierenden Elite liegt."[51]

Die einseitige Interpretation Machiavellis wurde dann vom Faschismus und Nationalsozialismus zum Höhepunkt gebracht. Mussolini antwortete auf die Frage, daß es Sorel und der revolutionäre Syndikalismus gewesen seien. Mussolini war ein glühender Bewunderer Nietzsches, Paretos und Machiavellis. In seinem Aufsatz *Preludio al Machiavelli* verherrlichte er dessen Staatslehre und verwies auf deren Aktualität in der modernen Politik. Der Intellekt, so meinte Mussolini, sei dazu geschaffen, die Entscheidung der politischen Führung zu rechtfertigen. Der Machiavellismus war im Mussolini-Faschismus „weit weniger schwerwiegend als bei dem ganz hemmungslos-ekstatischen Machiavellismus des Hitler-Regimes". Der Machiavellismus nahm unter Hitler die Form des Übermachiavellismus an, „als eruptiver Fanatismus mit wahrhaft über- und unmenschlichen Aspirationen".[52] Vor dem Faschismus und Nationalsozialismus dienten die patriotischen Aufrufe Machiavellis dem italienischen Risorgimento als Propagandamaterial zur Solidarität gegen die Fremdherrschaft: Machiavelli sollte der Prophet der Jahre 1860 bis 1870, der letzten entscheidenden Phasen der italienischen Einigung, werden. Die Stellen aus den *Discorsi,* in denen Machiavelli die freie Entfaltungsmöglichkeit der nationalen Kräfte und die Freiheit der stadtstaatlichen Gefüge verlangte, mußten dem leidenschaftlichen Ruf des *Principe* nach Stärkung der italienischen Waffen und nach einer machtgebietenden Persönlichkeit weichen.

Der Nationalismus entdeckte die Grundelemente des Machiavellismus wieder. Mit unterschiedlicher Intensität fand er Eingang in die politischen Programme reaktionärer, revolutionärer, nationaler und totalitärer Regierungssysteme. Viele Prämissen des *Principe* dienten dem Nationalismus zur Rechtfertigung seiner Ideologie. Der Machiavellismus wurde mit dem Nietzscheanismus zur Ideologiebasis für Autoritarismus, Syndikalismus, Faschismus und Nationalsozialismus.

Friedrich Nietzsche hatte Machiavelli bewundert. Sein innigster Wunsch war: „Ein böses Buch einmal zu schreiben, schlimmer als Machiavelly."[53] Der Wille zur Macht und der Übermensch scheinen mit dem *Principe* verwandt zu sein. Machiavelli nahm aber die Differenzierung Nietzsches der Gesellschaft in Herrentum und Sklaventum nicht vor, denn immerhin hatte er trotz eines anthropologischen Pessimismus ein positives Bild von der Gesellschaft. Machiavellis Anliegen einer gesicherten Nation mit einem größtmöglichen Ausgleich der Klassen zum Wohle der Gemeinschaft löste bei Nietzsche den dämonischen Effekt aus. Ein anderer Unterschied stellt das Phänomen der Religion dar: Bei Nietzsche nimmt sie den Rang der Verteidigung der Schwachen und „Mißratenen" gegenüber den Herrschenden ein — es gilt die Religion zu zerstören, denn „Gott ist tot"; bei Machiavelli steht sie im Interesse des Staates. Er erkannte ihre psychologische Macht, sie sollte in die Überlegungen zur Staatsstrategie mit eingebaut werden.

Der Marxismus, verstanden als Entwicklungsideologie von Marx über Lenin zu Stalin, kann in der Staatsauffassung als unbedingtes Machtinstrument mit Machiavelli in bezug gebracht werden. Der moderne Kommunismus — sofern man den Begriff „modern" in der Funktion der Macht anwenden kann, da der notwendige Evolutionsprozeß nicht stattfand — beruht noch immer auf den Konsequenzen ursprünglicher Machtlehre. Karl Marx: „Die Waffe der Kritik kann allerdings die Kritik der Waffe nicht ersetzen, die materielle Gewalt muß gestürzt werden durch materielle Macht, allein die Theorie wird zur materiellen Gewalt, sobald sie die Massen ergreift."[54]

Im Zusammenhang von Machiavellismus und Marxismus ist zu unterstreichen: „Denn der Marxismus hat in seiner unlösbaren Einschmelzung von Theorie und revolutionärer Praxis mit dem Machiavellismus (bei unleugbarer Verschiedenheit der Triebkräfte) doch vor allem dies gemein, daß das von ihm entwickelte Instrumentarium des politischen Kampfes zugleich eine radikale Ausweitung der geistigen und sozialen Kampfzone bedingt."[55] Indem Machiavelli aus der Krise der Republik Florenz die Wiedergeburt der italienischen Nation beschwört, deckte sich die Verwendung der Krise für die Entstehung und Sicherung der Macht im Dienste einer neuen Gesellschaft. Auch der Marxismus setzte eine gesellschaftliche Krise für den Durchbruch seiner Ideologie zur Festigung des Kommunismus voraus. Machiavelli sah wie Marx in der Krise die spezifischen Wirkungschancen zur Realisierung seiner Ideologie, wobei Ethik und Moral in der Praxis kein gewichtiger Platz mehr zukommt. Im neuen System erfüllen Moral und Gerechtigkeit nur mehr die Funktion, im Dienste des Staates und der neuen Gesellschaft zu stehen. Machiavelli hat das sozial-anthropologisch-pessimistische Bild des politischen Menschen entworfen und auf die Relativität der politischen Werte verwiesen. Seine Idee der klassischen Machtkampftheorie fand Eingang in die kommunistische Elitenherrschaft. Die scheinbare Rotation der Eliten hatte bei Machiavelli allerdings eine andere Bedeutung: Die Stabilität der Macht sollte die Zirkulation der Eliten ersetzen.

Die Staatsräson blieb aktuell, und je größer der Flächenstaat wurde, desto mehr bedeutete sie Rationalisierung und Legitimierung der politischen Wachstumsphänomene. Eine allgemeingültige ethische Norm kann sie nie haben, wenn im modernen Staat die Staatsräson auch eine Unterscheidung in eine positive und negative, gute und schlechte Staatsräson erlebt. Schon in den vorigen Jahrhunderten glaubte man, in einer christlichen Staatsräson die Erfordernisse der Politik mit den Lehren der Kirche in Einklang zu bringen. Bereits in der ersten Hälfte des 17. Jahrhunderts hatte Ludovico Zuccolo darauf verwiesen, daß es bei der Staatsräson auf die Mittel ankomme, die je nach ihrer Art wechselten und also moralisch oder unmoralisch sein könnten.

Wenn Staatsräson nicht persönlichem Machtegoismus dient, kann sie maximal zum mehrheitsrechtlichen Prinzip werden. Mord aus Staatsräson ist ihre umstrittenste Form. Eine nicht überschaubare Skala solcher politischer Morde beweisen die Aktualität der Staatsräson in der Geschichte. Drei Beispiele aus dem 20. Jahrhundert:

- Die Dynastie der Romanow mußte nach den Weisungen des *Principe* durch die Ermordung der Zarenfamilie am 16. Juli 1918 in Jekaterinburg völlig ausgelöscht werden: Kein Glied der Familie sollte je den Anspruch auf die Herrschaft in Rußland wieder erheben können.

- Der italienische Sozialist Giacomo Mateotti hatte schweres Belastungsmaterial gegen den faschistischen Unterstaatssekretär im Innenministerium Finzi und gegen den Gran Consiglio del Fascismo gesammelt: Die Skandalaffären Mussolinis sollten aufgedeckt werden. Noch bevor Mateotti das Material dem Ministerium vorlegen konnte, wurde er im Mai 1924 ermordet. Das Belastungsmaterial wurde nie veröffentlicht.

- Rosa Luxemburg und Karl Liebknecht mußten sterben, weil sie gegen die traditionelle Gesellschaft auftraten und die Voraussetzungen besaßen, eine Revolution zu entfachen, die das politische System völlig verändert hätte.

In den Anfängen der Neuzeit war der im Entstehen begriffenen Staatsgewalt die rechtliche Versicherung zugeschrieben, politische Gegner ohne ordentliches Gerichtsverfahren umbringen zu können. Heute wird Staatsräson „vor allem als Artikulation der Betroffenheit von den besonders brutalen politischen Wachstumsformen zu Beginn der Neuzeit betrachtet".[56]

Durch Machiavellismus und Staatsräson ist Machiavelli bis heute aktuell geblieben. Durch seine Begründung der Autonomie der Politik ist er zum Protagonisten des modernen politischen Denkens geworden. Giovan Battista Baldelli verglich Machiavelli anläßlich einer Laudatio in der Florentiner Akademie mit Galileo Galilei. Beiden kommt das Verdienst zu, von der traditionellen Fragestellung *warum* abgegangen zu sein und nach Ausschluß aller moralischen Implikationen die Frage *wie* in den Vordergrund gerückt zu haben. Erst dadurch konnte Machiavelli das Gravitationsgesetz des Staates, nämlich dessen Schwere in sich selbst, schaffen. Das Geheimnis der überzeitlichen Ausstrahlung Machiavellis liegt gewiß auch darin, daß er stets die Haltung des Wissenschaftlers bewahrte, der die Vorurteile und Illusionen ausschaltete und den wahren Sachverhalt aufdecken wollte. Machiavelli schuf als erster die Sprache der modernen Politik. Er bediente sich einer allgemeinen Volkssprache, um seine Ideen und politische Anschauung einem größtmöglichen Kreis Interessierter nahezubringen. Seine Sprache sollte einen breiten Verständlichkeitsgrad haben. Und das Geheimnis des ewigen Dialogs mit ihm liegt immer wieder darin, daß er als erster erkannte, daß Politik und Moral nicht in ein und derselben Rechnung aufgehen. Er hat daraus jedoch nie die Konsequenzen gezogen, „eine Apologie der politischen Unmoral zu schreiben, wie man ihm fälschlich vorgeworfen hat. Seine unbestreitbare Leistung für die Geschichte des politischen Denkens besteht vielmehr darin, zahlreiche politische Fragen explizit und implizit aufgeworfen zu haben, die auch heute noch auf ihre Antwort warten."[57]

Und Machiavelli hat recht behalten, was die nationale und internationale Politik der Vergangenheit und Gegenwart beweist. Die Fragen, die Machiavelli aufwarf, sind dieselben geblieben: Macht, Recht, Gewalt, Expansion, Gleichgewicht und Frieden sind heute ebenso aktuell wie zu seiner Zeit. Und ohne es zu wollen hat er als erster moderner politischer Theoretiker die Basis für die neuzeitliche Elitentheorie geschaffen.

Zeittafel

1059	Die römische Synode verabschiedet ein Papstwahldekret, wonach die Kardinäle nach dem Tode eines Papstes die Wahl des Nachfolgers besorgen. Die neuen Bestimmungen schreiben weiterhin die Zweidrittelmehrheit und das Konklave vor.
12./13. Jh.	Nord- und Mittelitalien sind in mehr als 70 Republiken zersplittert; viele verlieren im Laufe der Jahrhunderte ihre Unabhängigkeit.
1120	Urkunde: Buoninsegna di Dono hat zwei Söhne namens Castellano und Dono. Von Castellano geht der Zweig der Herren von Montespertoli, der Castellani, weiter von Dono die Familie der Machiavelli.
1260	Gran rottura, Niederlage von Montaperti: Die Machiavelli müssen mit anderen guelfischen Nobelfamilien wie den Barbadori, Canigiani, Soderini in die Verbannung gehen. Sie verlieren einen Großteil ihres Besitzes.
14. Jh.	Venedig wird Herrin der Meere. Mit den letzten Drittel des 14. Jahrhunderts beginnt die klassische Ära der Condottieri.
1304	Francesco Petrarca geboren, der erste homo novus, der über alles offen und frei schreibt.
1331	Salvestro de' Medici geboren; 1378 unterstützt er den Aufstand der Ciompi.
nach 1350	Der erste Schriftstellerverein bildet sich im Kloster von Santo Spirito um Marsili.
1360-1429	Giovanni di Bicci de' Medici, Ahnherr des Aufstiegs seiner Familie. Er führt ein neues Katastergesetz ein und beendet damit die willkürliche Steuereintreibung. 1421 wird er Gonfaloniere, danach folgt ihm sein Sohn Cosimo.
1369	In Florenz gibt es an die 1 000 Geschäftsleute und an die zwölf Unternehmen.
1370	Mailand· Es herrscht die Familie der Visconti, in der blutige Fehden ausbrechen. Bernabò will wie sein Neffe Giangaleazzo die Macht. Galeazzo kann sich aber durchsetzen; durch sein neues politisches System gilt er als erster moderner Fürst.
1378	Beginn des Aufstandes der Ciompi, der Arbeiter in den Tuchfabriken von Florenz. Ergebnis: beschränkte politische Mitwirkung der arti minori. Guido Machiavelli, der Freiheitsheld, wird von den Revolutionären in die Cavalieri eingereiht. Das Große Abendländische Schisma zwischen Papst Urban VI. und Klemens VII. (Robert von Genf).

1380	Poggio Bracciolini geboren, der erste originelle Schriftsteller dieser Generation. In seinen Satiren kritisiert er die Verderbnisse der Geistlichen; er schreibt auch eine florentinische Geschichte zwischen 1350 und 1455 – damit wird er zum Vorläufer Machiavellis.
1385-1396	Bernardo Machiavelli, ein Vorfahre Niccolò Machiavellis, wird Mitglied der Signoria.
1389-1464	Cosimo de' Medici, genannt der Alte.
1393	Die Söhne des Urururgroßvaters des späteren Niccolò Machiavelli, Buoninsegna und Lorenzo, erhalten von Ciarigo dei Castellani von Montespertoli die Burg von Montespertoli mit dem Juspatronat über mehrere Kirchen.
Im Laufe des 15. Jhs.	Die Medici-Herrschaft artet zu einer Tyrannis aus; die Stadtgemeinde erreicht die Unabhängigkeit.
1412	Giovanni Maria Visconti fällt einer Verschwörung zum Opfer. Sein Bruder Filippo Maria kann sich bis zu seinem Tode 1447 behaupten.
1417-1468	Rimini: Es herrscht der Tyrann Sigismondo Malatesta. Er ist gewalttätig, aber als Mäzen unterstützt er auch die Kunst.
1417	Papstwahl Martins V. – Ende des Schismas.
1427	Um diese Zeit gehört an die 13 Prozent des Bodens in der Toskana der Kirche. Und in der Folge nimmt ihr Besitzanteil noch zu. Eine Ausnahme bildet nur die Lombardei.
1432	Bernardo Machiavelli, Niccolòs Vater, geboren; er wird später Rechtsgelehrter und eine Zeitlang Schatzmeister der Mark. 1450 erbt er die Güter seines Onkels Totto di Buoninsegna Machiavelli.
1434	Cosimo kehrt nach einjährigem Exil nach Florenz zurück. Sieg der Medici über die Partei der Albizzi.
1442	Neapel: Mit Alfonso von Aragon wird die aragonesische Dynastie gegründet.
1444-1519	Glanzzeit der Gonzaga in Mantua.
1447	Mit dem Tod Filippo Maria Galeazzos stirbt die Dynastie aus. Es folgt Francesco Sforza, damit beginnt die Ära der Sforza-Familie.
1449-1492	Lorenzo der Prächtige (il Magnifico).
1452	Girolamo Savonarola in Ferrara geboren; 1475 tritt er in den Dominikanerorden ein. Er glaubt an die göttliche Berufung, die Kirche reformieren zu müssen. Aus dem Kloster San Marco in Florenz schafft er ein Reformkloster. Er greift den Sittenverfall an, so daß Papst Alexander VI. ein Predigtverbot verhängt. Der Dominikaner bezichtigt darauf den Papst des Unglaubens.

In Rom findet die letzte Kaiserkrönung, die zugleich die erste eines Habsburgers, Friedrichs III., ist, statt.

1454 Frieden von Lodi zwischen Venedig und Francesco Sforza.

1455 Der Spanier Alonso Borgia (Borja) wird zum Papst Calixtus III. gewählt. Mit ihm beginnt der Borgia-Nepotismus in Italien.

vor 1457 Venedig unterwirft viele Gebiete der terra ferma in Friaul, Istrien, Vicenza, Verona, Treviso, Padua. Unter Francesco Foscari steht die Stadt im Zenit ihrer Macht. Nach seinem Tod, 1457, setzt Verfall ein.

1457 In Florenz soll es zwei Prozent Reiche und einundfünfzig Prozent Arme geben.

1458 Bartolomea aus der Patrizierfamilie der Nelli heiratet als Witwe Bernardo Machiavelli, der 26 Jahre alt ist. In Florenz wird der Rat der Zweihundert eingesetzt.

1458-1464 Papst Pius II., der Schriftsteller Enea Silvio Piccolomini. Girolamo Machiavelli, der Freiheitsheld, wird von Luca Pitti gefangengenommen. 1458 verstirbt er im Gefängnis.

1462 oder Caterina Sforza, Tochter des Galeazzo Maria und der
1463 Lucrezia Landriani, geboren.

1464 Cosimo de' Medici stirbt; Nachfolger wird Lorenzo il Magnifico.

1465 Primavera, Niccolò Machiavellis Schwester, geboren; sie stirbt 1500 als Witwe des Francesco Vernacci.

1466 Tod Francesco Sforzas; viele würdigen ihn als bedeutendsten Zeitgenossen seines Jahrhunderts. Sein Sohn Galeazzo Maria wird Nachfolger. Dieser reitet am 20. März unter frenetischem Jubel in Mailand ein.

1468 Galeazzo Maria Sforza heiratet Bona von Savoyen. Aus der Ehe geht u.a. Bianca Maria hervor.
Margherita, Niccolò Machiavellis zweite Schwester, geboren; später heiratet sie Bernardo Minerbetti.

1469 In diesem Jahr treten Lorenzo und Giuliano de' Medici in Florenz die Regentschaft an.
3. Mai: Niccolò Machiavelli kommt um die „vierte Stunde" zur Welt.

1471 Francesco della Rovere erhält als Papst Sixtus IV. in Rom die Tiara. Er holt Verwandte nach Rom und treibt den Nepotismus auf die Spitze.

1474 Francesco Vettori geboren; später florentinischer Gesandter am Reichstag von Konstanz, bevor er mit Machiavelli zu Kaiser Maximilian reist.

1475 Totto, Niccolò Machiavellis Bruder, geboren; er stirbt 1522. Cesare Borgia kommt in Rom zur Welt. Er ist das Kind des Kardinal-Bischofs und Vizekanzlers der Kirche, Rodrigo Borgia, und von Vannozza de' Cattanei, nicht ihres Gatten Domenico Giannozzo da Rignano.

1476	Ab dem 6. Mai beginnt Niccolò Machiavelli, entsprechend den Gepflogenheiten der Zeit, erstmals nach dem *Donatello* zu lernen. *(Donatello* ist ein spätantikes Grammatiklehrbruch des Donatus). Heirat Caterina Sforzas mit Girolamo Riario in Rom. Hierbei begegnet sie erstmals Rodrigo Borgia. Mit der Heirat tritt Caterina in die Welt der Politik ein. Zwei Jahre später bringt sie ein Mädchen, Bianca, zur Welt, 1479 einen Sohn. Galeazzo Maria Sforza hat während seiner Regierungszeit viele Feinde bekommen. Es kursierte u.a. der Verdacht, er habe Bianca Sforza, seine Mutter, vergiften lassen. Am 26. Dezember wird er in der Kirche San Stefano in Mailand ermordet.
1477	Am 5. Januar fällt Karl der Kühne in der Schlacht bei Nancy. Die burgundischen Besitzungen gehen an die Habsburger über. Maria heiratet Kaiser Maximilian. Niccolò Machiavelli tritt in eine öffentliche Schule ein, an der Battista di Filippo als Grammatiklehrer wirkt.
1478	Verschwörung der Familie Pazzi, bei der der Bruder Lorenzos des Prächtigen, Giuliano, ums Leben kommt.
1480	In Florenz wird der Rat der Zweihundert vom Rat der Siebzig ersetzt. Der zwölfjährige Gian Galeazzo Sforza wird in Mailand zum Herzog gekrönt. Er bekommt allerdings nicht das Szepter der Regierung, da Ludovico il Moro in diesem Jahr die Regentschaft an sich reißt. Girolamo Riario, Caterina Sforzas Gemahl, bekommt durch eine päpstliche Bulle vom 9. August die Herrschaft über Forlì. Niccolò Machiavelli beginnt in lateinischer Sprache zu schreiben.
1482	Die glückliche Ehe zwischen Maria von Burgund und Maximilian dauert nicht lange. Im März stürzt sie unglücklich vom Pferd und stirbt in der Folge. Girolamo Riario beginnt seinen Eroberungskrieg gegen die Familie der Este in Ferrara. Nur mit Hilfe der Venezianer kann er sich jedoch halten. Der siebenjährige Cesare Borgia wird Protonotar, später erhält er eine Pfründe und ein Kanonikat in der Kathedrale von Valencia, die Würde eines Erzdiakons von Jativa und das Amt des Rektors von Gandia.
1483	Caterina Sforza muß Imola gegen die feindlichen Truppen der Venezianer verteidigen. Dabei hat sie sich persönlich durch Tapferkeit ausgezeichnet. Francesco Guicciardini geboren; später wird er Advokat in Florenz.
1483-1498	Karl VIII. wird König von Frankreich. Mit seinem Kampf für die Rechte des Hauses Anjou auf Neapel beginnen die Konflikte zwischen Frankreich und Habsburg.

430

1484	Mailänder Adelige der ghibellinischen Partei verüben beim Kirchgang ein Attentat auf Ludovico il Moro. Der Zufall rettet ihm das Leben.

1484   Mailänder Adelige der ghibellinischen Partei verüben beim Kirchgang ein Attentat auf Ludovico il Moro. Der Zufall rettet ihm das Leben.

Tod Papst Sixtus IV.; sein Besitz wird geplündert, Caterina läßt die Engelsburg verteidigen, doch ihr Gemahl übergibt die Burg den Aufständischen. Dem Konklave gehört jetzt Rodrigo Borgia an, sein Gegenkandidat ist Giuliano della Rovere; doch Kardinal Giovanni Battista Cibo spielt beide aus, er ist der neue Papst Innozenz VIII. Papst Innozenz VIII. ernennt Cesare Borgia zum Schatzmeister von Cartagena, zum Präbendar der Kathedrale von Mallorca, zum Erzdiakon von Tarragona, zum Kanoniker der Kathedrale von Lerida.

1487   In diesem Jahr brechen im *Libro di Ricordi* des Bernardo Machiavelli die Aufzeichnungen ab.

1488   Im April braut sich eine Verschwörung gegen Girolamo Riario zusammen. Am 14. April wird er in seinem Schlafgemach überfallen und hinterrücks erstochen. Das Volk in Forlì rebelliert und plündert den Palazzo. Caterina bekommt von Ludovico il Moro Hilfe, so daß sie weiterhin Regentin über Forlì bleiben kann.

1490   Tirol erhält zentrale Verwaltungsbehörden, mit den neuen Bezeichnungen Regiment oder Regierung.

1491   Cesare Borgia erhält das erste Bistum Pamplona – der designierte Bischof ist gerade 15 Jahre alt.

1492   Nach dem Tod Lorenzos des Prächtigen folgt dessen Sohn Piero, genannt lo Sfortunato, der 1503 nach der Schlacht am Garigliano stirbt. In diesem Jahr stirbt auch Papst Innozenz VIII. Bei der Papstwahl verspricht Rodrigo Borgia seinen Anhängern Reichtum und Besitz. Sein Hauptrivale ist wieder Giuliano della Rovere. In der Nacht vom 10. auf den 11. August stimmt das Konklave für den Borgia mit dem neuen Papstnamen Alexander VI.

1493   In einer geheimen Bulle erkennt Papst Alexander VI. Cesare Borgia als seinen Sohn an. Der erhält auch in diesem Jahr die Kardinalswürde.

Lucrezia Borgia heiratet Giovanni Sforza, um das Bündnis mit den Sforza zu festigen.

Schrift aus diesem Jahre, in der ein Niccolò di Bernardo Machiavelli als cassiere genannt wird. Es handelt sich dabei allerdings um einen Namensvetter des Florentiners. Am 19. August verstirbt Kaiser Friedrich III.; Maximilian I. wird König. Am 30. November heiratet er Bianca Maria; der König erscheint allerdings nicht bei der Zeremonie, die Braut reist ihm später nach Innsbruck nach.

1494   Ende Januar verstirbt Ferrante, König von Neapel; für die italienische Innenpolitik ist er ein stabilisierender Faktor gewesen. Nun steht der französischen Invasion nichts mehr im Wege. Karl VIII. rüstet gegen Neapel, gegen den neuen König Alfonso II.; am 17. März verkündet er den Einmarsch nach Italien. Im November rücken die Franzosen in Florenz ein. Florenz bezahlt 120 000 Dukaten in zwei Raten, die Medici werden vertrieben. Eine neue Verfassung wird unter der Führung Girolamo Savonarolas eingeführt. Zu Silvester zieht Karl VIII. kampflos in Rom ein.

Die Familie der Machiavelli ist verschuldet.

1495   Abschluß der Heiligen Liga zwischen Papst, König Maximilian, Mailand, Spanien und Venedig zur Rückeroberung Neapels. Karl VIII. muß sich in seine Heimat zurückziehen, Neapel behält scheinbar die Unabhängigkeit.

Frieden von Vercelli: Er regelt das Verhältnis zwischen Frankreich und Mailand; Ludovico il Moro kann Genua behalten, bleibt jedoch dem französischen König untertan.

Cesare Borgia wird Gouverneur und Kastellan von Orvieto.

Seit 1495 liefert Pisa der Republik Florenz erbitterten Widerstand.

1496   Erster Italienfeldzug Maximilians: Im August trifft er in der Lombardei ein; er lehnt die Kaiserkrönung in Mailand ab, die Liga zerbröckelt. Der Feldzug bedeutet eine Niederlage Maximilians.

Giovanni Popolano wird Gesandter in Forlì, bald Caterinas Geliebter und neuer Ehemann. Er stirbt jedoch nach kurzer Krankheit 1498.

1496   Bartolomea Machiavelli, Niccolòs Mutter, verstirbt am 11. Oktober.

1497   Savonarola wird im Juni exkommuniziert.

Pestepidemie in Florenz.

Papst Alexander VI. belehnt Juan mit Benevento, Terracina und Pontecorvo als erbliche Herzogtümer. Später zieht man Juans Leiche tot aus dem Tiber. Ein Jahr später verbreitet sich das Gerücht, sein eigener Bruder, Cesare, habe ihn umgebracht.

Brief Machiavellis an den Kardinal von Perugia, Giovanni Lopez, vom 2. Dezember: Er ist das erste, vollständig erhaltene schriftstellerische Dokument Machiavellis.

1498-1515 Ludwig XII. wird König von Frankreich. Mit seinem Anspruch auf Mailand beginnt der Kampf in Italien aufs neue.

In diesem Jahr kommt ein Bericht heraus, demzufolge Lucrezia Borgia ein Kind geboren habe. Die Vaterschaft schreibt man zunächst Cesare zu. Vier Jahre später heißt es, daß Papst Alexander VI. selbst der Vater des Kindes sei. Cesare Borgia betritt die Bühne der Politik; er trifft auf den französischen König.

Unter König Maximilian erfolgt die Gründung des Hofrates als oberste Verwaltungs- und Justizstelle.

Im April wird Savonarola gefangengenommen und am 23. Mai 1498 auf der Piazza della Signoria in Florenz verbrannt.

Fünf Tage nach Savonarolas Hinrichtung wird Niccolò Machiavelli Sekretär der Zweiten Kanzlei, zum cancelliere della seconda cancelleria: am 28. Mai wird er vom Consiglio degli Ottanta designiert, am 19. Juni vom Consiglio Maggiore offiziell ernannt. Am 14. Juli wird er zusätzlich zum Sekretär der Dieci di Balia ernannt.

Im Frühjahr bringt Caterina Sforza ihren letzten, zugleich berühmtesten Sohn zur Welt: Giovanni delle Bande Nere, den letzten großen Condottiere Italiens.

Im August wird Cesare Borgia Herzog von Valence; seither spricht man ihn oft als Herzog Valentino an. Als solcher ist er Vasall des französischen Königs.

1499   Papst Alexander VI. nennt in einer Bulle vom 9. März Caterina Sforza die „Tochter der Bosheit", da sie es abgelehnt habe, daß ihr Sohn Ottavio seine Tochter Lucrezia Borgia heirate. Der Papst erklärt darin seinen eigenen Sohn Cesare zum Herrn von Forlì und Imola. Caterina muß die Herrschaften preisgeben und wird als Gefangene Cesares nach Rom gebracht.

Im Frühjahr erste Gesandtschaft Machiavellis zu Jacopo d'Appiano, dem Herrn von Piombino.

Delegation Machiavellis im Juli zu Caterina Sforza.

Am 11. September ruft sich der Franzosenkönig offiziell zum Herrscher in Mailand aus. Dafür verspricht er in der Pisa-Krise neutral zu bleiben. Cesare Borgia ist mit den Franzosen gezogen.

Am 1. Oktober wird Paolo Vitelli enthauptet.

Cesare Borgia zieht im November gegen Imola, das am 27. fällt; im Dezember fällt Forlì.

König Maximilian führt Krieg gegen die Schweizer. Mit dem Frieden von Basel scheiden die Eidgenossen aus dem Reich aus. Ludovico il Moro findet aber bei Maximilian Zuflucht vor den Franzosen.

Beginn der zehnjährigen Belagerung Pisas, das 1494 die florentinische Herrschaft abgeschüttelt hat.

1500   Ludovico il Moro heuert 20 000 Schweizer Söldner an und zieht gegen die Franzosen auf italienischem Boden. Dabei gerät er jedoch in französische Gefangenschaft. Frankreich annektiert darauf Mailand. In Perugia findet die „Rote Hochzeit" statt. In einem Blutbad töten Mitglieder der Familie Baglioni einen Großteil ihrer Verwandten in den Betten. Mitte Mai stirbt Machiavellis Vater Bernardo; während Machiavelli in Frankreich weilt, stirbt seine Schwester Primavera.

Machiavelli reist nach Bologna und verhandelt mit Bentivoglio.

Am 18. Juli wird Machiavelli gemeinsam mit Francesco della Casa zum außerordentlichen Geschäftsträger beim französischen König Ludwig XII. bestellt. Machiavelli kehrt am 14. Januar 1501 nach Florenz zurück. Im Juli wird Lucrezias Gatte, Alfonso, auf dem Petersplatz überfallen und schwer verwundet. Man verdächtigt Cesare; einen Monat später wird Alfonso von einem Diener Cesares erdrosselt.

Im Sommer geht Florenz erneut daran, Pisa zu erobern. Doch die Pisaner Verteidigung erweist sich als organisierter, die Belagerung dauert an.

Im Reiche Maximilians soll eine Art Reichsregierung installiert werden, doch der König wehrt sich eine Zeitlang mit Erfolg dagegen.

1501 Bis zu diesem Jahre befindet sich Caterina Sforza in Cesares Gefangenschaft in Rom, bis die Franzosen sie befreien. Caterina unterzeichnet die Verzichtserklärung auf Forlì und Imola.

Ein päpstlich-französisches Heer greift vom Norden, ein spanisches vom Süden Neapel an.

Im Spätsommer heiratet Niccolò Machiavelli die 25jährige Marietta, aus dem angesehenen Hause der Corsini, Tochter des Luigi Corsini und der Marietta di Francesco Cambioni.

Machiavelli führt kleinere politische Aufträge in Carmignano, in Cascina, Pistoia und Siena aus.

1502 In Florenz wird das Amt des Gonfaloniere di giustizia auf Lebenszeit verlängert: Piero Soderini erhält dieses Amt.

Wegen eines Versprechens muß Cesare Borgia mit den Franzosen gegen Neapel mitziehen. Gegen den Willen seines Vaters unternimmt er einen Feldzug gegen die Toskana. Die florentinische Regierung schlägt eine condotta vor, so daß sich Cesare nach Urbino zurückzieht.

Im Juni reist der Bischof von Volterra in Machiavellis Begleitung nach Urbino zu Cesare Borgia – Machiavelli ist von ihm begeistert. Ab August reist Machiavelli dreimal nach Arezzo.

Am 6. Oktober begibt sich Machiavelli zum zweiten Male zu Cesare Borgia; diesmal wird er von ihm in Imola empfangen.

Der Magione-Bund wird von kleineren Signorien Mittel- und Oberitaliens gegründet, er kann jedoch gegen die Borgia-Dynastie nicht entscheidend wirksam werden.

Am 14. Dezember brechen Machiavelli und Cesare Borgia nach Forlì auf. In den Dezembertagen läßt Cesare seinen ehemaligen Vertrauten Ramiro da Lorqua in Cesena gefangennehmen und hinrichten.

In der Nacht vom 31. Dezember zum 1. Januar läßt Cesare Borgia in Senigallia Vitellozzo Vitelli und Oliverotto Euffreducci ermorden; Machiavelli ist von diesem „Akt der Staatsräson" sichtlich beeindruckt.

1503 Am 20. Januar tritt Machiavelli nach mehr als dreimonatiger Abwesenheit die Rückreise nach Florenz an. Dort nimmt er am 23. die Arbeit hinter dem Schreibtisch wieder auf.

Die Stadt am Arno leidet unter einer Schuldenlast.

Im April müssen die Franzosen im Krieg um Neapel schwere Niederlagen hinnehmen.

Cesare sucht die Unterstützung der Spanier für die Eroberung der Toskana. Dann fällt ein Gebiet nach dem anderen von Cesare ab. Bis zum Herbst besitzt er nur noch Forlì und Imola. Ausschlaggebend für seinen Niedergang ist aber der überraschende Tod seines Vaters.

Im April reist Machiavelli zu Petrucci nach Siena, dann nach Rom, um das Konklave zu beobachten. Dort trifft er mit den Baglioni und wieder mit Cesare Borgia zusammen.

Am 18. August stirbt Papst Alexander VI., wahrscheinlich wurde er vergiftet.

Am 18. Oktober stirbt Papst Pius III.

Nachfolger wird Cesares größter Gegner, Giuliano della Rovere. Dieser läßt Cesare gefangennehmen und dann nach Spanien bringen.

Im Oktober beobachtet Machiavelli in Rom den Ausgang der neuen Papstwahl.

Am 9. November wird der erste Sohn Machiavellis, Bernardo, getauft. Sein erstes Kind, eine Tochter, ist gleich nach der Geburt 1502 verstorben.

Ende Dezember Niederlage der Franzosen gegen die Spanier am Garigliano.

1504 Die Franzosen geben ihr letztes Bollwerk im Süden Italiens, die Feste Gaeta, auf.

Zweite Frankreich-Delegation Machiavellis; auf dem Weg dorthin trifft er in Mailand mit Carlo d'Amboise zusammen.

Am 27. Januar trifft Machiavelli in Lyon ein, wo König Ludwig XII. Hof hält. Am 11. Februar wird ein dreijähriger Waffenstillstand zwischen Frankreich und Spanien unterzeichnet. Neapel wird als Vizekönigreich Spanien unterstellt. Frankreich behält die Kontrolle über Mailand. Florenz wird von den Sorgen befreit.

Als Folge der Rivalität zwischen Pfälzern und Wittelsbachern in Bayern bricht der Pfälzer Krieg aus.

1505 In Florenz will man Soderini zum Rücktritt zwingen. Ende August zieht Papst Julius II. gegen Bologna und Perugia. Er ist mit den Este, den Montefeltro und Gonzaga verbündet. Florenz zögert, ihm Truppen zu schikken. Am 28. August trifft Machiavelli in Civita Castellana ein. Mit dem Papst zieht er von einem Ort zum anderen. Am 11. November marschiert der Papst in Bologna ein. Am 7. September startet Florenz unter Soderini eine Großoffensive gegen Pisa, doch Florenz muß dann eine schwere Niederlage hinnehmen. 26. Oktober: Frieden von Blois zwischen Frankreich und Spanien. Machiavelli trifft in Castiglione del Lago mit Giampaolo Baglioni zusammen und verhandelt über eine condotta im Dienste von Florenz. Machiavelli verhandelt in Mantua mit den Gonzaga über eine condotta. Später reist er nach Siena und dann in das Feldlager vor Pisa.

1505/1506 Machiavelli sammelt in Mugello und in Casentino Leute für ein florentinisches Volksheer.

1506 Am 15. Februar findet auf der Piazza della Signoria in Florenz die erste Parade der neuen Miliz statt. Zwischen August und Oktober trifft Machiavelli wieder mit Papst Julius zusammen. Machiavelli steht auf der Seite des Papstes. Im Dezember werden die Nove ufficiali dell'ordinanza e milizia fiorentina gegründet.

1507 Im März fällt Cesare Borgia mit 31 Jahren unweit von Pamplona im Kampf gegen Vasallen des Königs von Navarra. Im Januar wird Machiavelli Sekretär der neugewählten Nove ufficiali dell'ordinanza e milizia fiorentina. In ihrem Auftrag reist er dann nach San Gimignano. Am 17. Dezember bricht er zu Maximilian auf. Auf dem Weg redet er mit dem Grafen von Savojen, dann reist er über Genf und Konstanz weiter.

1508 Am 11. Januar trifft Machiavelli in Bozen ein, erst am 10. Juni tritt er die Heimreise über Trient und Bologna an. Maximilian ernennt sich in Trient zum „Erwählten Römischen Kaiser". Ludovico il Moro befindet sich weiterhin in französischer Gefangenschaft. Nach einem gescheiterten Fluchtversuch stirbt er. Machiavelli reist im Frühjahr durch die Toskana, um weitere Soldaten gegen Pisa anzuwerben. 10. Dezember: Liga von Cambrai zwischen Kaiser Maximilian, Ludwig XII., dem Papst und anderen gegen Venedig (erst 1509 bekanntgegeben, Julius II. trat formell erst im März 1509 der Liga bei).

1509 Ende Januar befindet sich Machiavelli im Lager von Mulina di Cuosa und in Fiumemorto. Dann reist er in der Pisa-Frage nach Lucca und Piombino.

Frankreich und der Papst erklären Venedig den Krieg; sie fallen aber bald als Bündnispartner von Maximilian ab, Maximilian versagt in militärischer Hinsicht.

Im Mai reitet Machiavelli nach Pistoia, um Proviantfragen der Truppen zu besprechen.

Am 14. Mai schlagen die Franzosen die Venezianer bei Agnadello.

Pisa hat bis dahin immer noch nicht kapituliert. Am 2. Juni verlassen an die 300 ausgehungerte Pisaner die Stadt. Am 8. Juni ziehen die Florentiner triumphierend in Pisa ein. Ein jahrelanger Krieg ist damit zu Ende. Pisa verliert seine Freiheit.

Caterina Sforza stirbt im Kloster Annalena.

Im November reist Machiavelli zuerst nach Mantua, dann nach Verona.

1510   Machiavelli reist im März nach Monte San Savino, nach San Miniato und nach Valdinievole.

Zwischen Juli und September erfolgt die dritte Gesandtschaft an den französischen Hof, am 19. Oktober kehrt Machiavelli wieder zurück.

1510/1511   Im Winter/Frühjahr bereist Machiavelli das Land zu Aushebungs- und Inspektionszwecken.

Machiavelli reist auch nach Siena, dann nach Pisa, wo er mit Giuliano da San Gallo spricht, darauf nach Arezzo und nach Valdichiana.

1511   Heilige Liga zwischen dem Papst, Spanien und Venedig, um die französische Herrschaft in Mailand zu stürzen.

Machiavelli übernimmt mit seinem Bruder Totto offiziell das väterliche Erbe. In diesem Jahr erfolgt die Eintragung in das Kataster.

Machiavelli reist als Botschafter zu Grimaldi, dem Herrn von Monaco; dann nimmt er wieder Aushebungen in Valdichiana und Valdorno vor, bevor er zum vierten Mal nach Frankreich geht.

Papst Julius II. belegt Florenz im Herbst mit dem Interdikt, hebt es aber am 15. Dezember wieder auf.

Machiavelli trifft im September in Boro auf die Kardinäle des „Gegenkonzils".

Am 7. November wird das conciliabulum von Pisa in das französische Mailand verlegt.

In diesen Tagen ahnt Machiavelli einen politischen Umsturz. Noch bevor die spanischen Truppen gegen Prato ziehen, schreibt er sein erstes Testament.

1512   Zu Beginn des Jahres hält sich Machiavelli in Pisa und Siena auf. Mit dem Wahlspruch *fuori i barbari* zieht Julius II. im Frühjahr gegen Norditalien, um mit den Franzosen abzurechnen. Die Spanier fallen ins Mailändische ein, am 11. April kommt es vor Ravenna zur Entscheidung:

Niederlage des Heiligen Bundes. Die Schlacht gilt als eine der ersten modernen Schlachten. Mailand fällt in der Folge wieder an die Sforza.

Am 3. Mai eröffnet Papst Julius II. in Lateran das Konzil.

Am 28./29. August unterliegt bei Prato die florentinische Miliz – vormals von Machiavelli geschaffen und als große Hoffnung für die Sicherheit von Florenz gepriesen – spanischen Truppen. Die Stadt wird völlig geplündert. Der Niedergang Machiavellis nimmt seinen Anfang. Kurz darauf zieht der Sohn Lorenzo il Magnificos, Kardinal Giovanni de' Medici, mit seinem Gefolge in Florenz ein. Soderini geht in die Verbannung; der Rat der Zehn und die Neun von der Miliz werden abgeschafft, die Signoria aufgelöst.

Am 7. November wird Machiavelli durch einen Beschluß der Signoria aller öffentlichen politischen Ämter enthoben. Er darf für die Dauer eines Jahres das Gebiet der Republik nicht verlassen.

1513   Gegner der Medici, allen voran Agostino Capponi und Pietropaolo Boscoli, planen zu Beginn des Jahres eine Verschwörung. Diese scheitert; am 22. Februar werden beide enthauptet. Machiavelli wird gefangengenommen, da sein Name auf einer Liste gestanden hat. Im März kann er das Gefängnis wieder verlassen. Resigniert zieht er sich auf sein Gut in Sant'Andrea in Percussina zurück.

Am 21. Februar stirbt Papst Julius II.; am 9. März wird Giovanni de' Medici als Leo X. neuer Papst. Damit bricht das Zeitalter der Medici-Päpste an.

1514   Tod Bernardo Rucellais; der Freundeskreis von vielen Intellektuellen, der in den Orti zusammenkommt, wird weitergepflegt.

1515   Am Neujahrstag stirbt Frankreichs König Ludwig XII.; Nachfolger wird Franz I., der Papst Leo X. in seinem Anspruch auf Neapel unterstützt. Am 13. September Schlacht von Marignano: Franz I. erobert Mailand und Genua zurück, die Sforza-Familie muß erneut ins Exil.

Papst Leo X. betraut seinen Bruder Giuliano mit der Signoria über Modena, Reggio Emilia, Parma und Piacenza. Damit wird der Anfang eines neuen Territorialstaates der Medici südlich des Po bis zum Norden der Toskana gemacht.

Eine Bulle nennt Rodrigo Borgia das Kind eines Papstes. Frühestens 1515/16 verkehrt Machiavelli regelmäßig in den Orti.

1516   Francesco Guicciardini wird Gouverneur von Modena.

Im Auftrag von Florentiner Geschäftsleuten reist Machiavelli wegen einer Streitfrage nach Livorno.

1518	Im März reist Machiavelli nach Genua.

1518   Im März reist Machiavelli nach Genua.

1519   Tod Lorenzos; in Florenz tritt an seine Stelle Kardinal Giulio de' Medici.

1520   Laut einer zeitgenössischen Quelle wahrscheinlich die Uraufführung der *Mandragola* anläßlich des florentinischen Karnevals.
Am 9. Juli reist Machiavelli nach Lucca. Danach erhält er den Auftrag, die *Istorie fiorentine* zu schreiben.

1521   Exkommunikation Luthers durch Papst Leo X. − der Glaubenskampf steht bevor. Es droht ein Schisma.
Im Mai entsendet Kardinal Giulio Machiavelli zum Generalkapitän der Franziskaner-Minoriten nach Carpi. Der Auftrag wird zu einer Farce. In diesem Jahr wird Machiavelli als Bürger rehabilitiert, was er wahrscheinlich seiner Geliebten Barbera Salutati zu verdanken hat.
Am 1. Dezember stirbt Papst Leo X.

1522   Am 9. Januar wird Hadrian Florensz aus Utrecht neuer Papst, Hadrian VI. ist nach längerer Zeit wieder ein ausländischer Papst.
Niccolò Machiavellis jüngerer Bruder verstirbt.
Machiavelli erhält von Kardinal Giulio de' Medici den Auftrag, Reformvorschläge für die florentinische Regierung auszuarbeiten.
Am 27. November schreibt Machiavelli sein zweites Testament.

1523   Am 14. September verstirbt Papst Hadrian VI. Am 19. November erhält Kardinal Giulio de' Medici die Mehrheit im Konklave; er nimmt den Papstnamen Clemens VII. an.

1524   Francesco Guicciardini steigt zum Präsidenten der Romagna auf.

1525   Am 13. Januar wird auf dem Landgut des Jacopo di Filippo Falconetti außerhalb von Florenz die *Clizia* aufgeführt.
24. Februar: Schlacht bei Pavia. Die kaiserlichen Truppen, Spanier und Deutsche, schlagen die Franzosen. In der Folge muß Franz I. von der Apenninenhalbinsel weichen. Ende Mai reist Machiavelli nach Rom und überbringt dem Papst seine *Istorie fiorentine,* gleichzeitig will er ihn für seine Pläne eines nationalen Unabhängigkeitskrieges überzeugen. Machiavelli reist dann zu Francesco Guicciardini nach Faenza, der seine Pläne als utopisch bezeichnet. Der politisch voll rehabilitierte Machiavelli versucht am 6. Juni vergeblich, Papst Clemens VII. von der Gefährlichkeit Karls V. und von seinem Plan eines nationalen Unabhängigkeitskampfes zu überzeugen. Um den 19. August ist Machiavelli endgültig politisch völlig rehabilitiert, er reist nach Venedig.

1526	Im April wird Machiavelli Sekretär der Procuratori delle mura, die die Stadtumfriedung von Florenz ausbauen, erweitern und stärken sollen. Machiavelli wird in die Feldlager nach Oberitalien berufen, so nach Cremona, Piacenza, Borgo San Donnino, Modena. Am 22. Mai Heilige Liga von Cognac zwischen Clemens VII., Frankreich, Florenz, Mailand und Venedig gegen Karl V. Am 8. Juni wird Machiavelli befohlen, sich zum Heer der Liga zu begeben. Im November erliegt Giovanni delle Bande Nere seinen Verletzungen.
1527	Tumulto del venerdì – erste Aufstände der florentinischen Bevölkerung gegen die Medici und ihr politisches System. Im Frühjahr wird Machiavelli mit Francesco Guicciardini nach Parma gesandt, dann geht er nach Bologna, Imola, Forlì. Darauf bereist er den Kirchenstaat, besucht Civitavecchia, kommt nach Livorno und kehrt wieder nach Florenz zurück. 6. Mai: Rom fällt durch die kaiserlichen Truppen, der Sacco di Roma beginnt. 16. Mai in Florenz: Die alten Freiheiten wie zur Zeit Savonarolas werden proklamiert, die Medici für entmachtet erklärt und die neue, alte Republik ausgerufen. Ende Mai kehrt Machiavelli nach Florenz zurück, mit dem Sturz der Medici ist auch er wieder arbeitslos geworden. Am 10. Juni unterliegt Machiavelli mit nur zwölf gegen 555 Stimmen bei der Sitzung des Großen Rates für die Wahl zum Sekretär der Republik Florenz dem vormaligen Sekretär der Otto di Pratica. 21. Juni: Niccolò Machiavelli stirbt im Kreise seiner Familie in seinem Haus in Oltrarno in der Via Guicciardini. Er wird am nächsten Tag im Familiengrab in Santa Croce beigesetzt.
1530	Kaiserkrönung Karls V. in Bologna durch Papst Clemens VII.
1531	Antonio Blado in Rom und Bernardo di Giunti in Florenz drucken die *Discorsi*.
1532	Erste Drucklegung des *Principe*.
1553	Marietta Machiavelli, uneheliche Corsini, stirbt hochbetagt in Florenz.

Zeittafel zum Werk Machiavellis
(Entsprechend dem Werk Machiavellis beschränkt sich diese Übersicht auf die wichtigsten Schriften; Briefe, Stellungnahmen und unbedeutendere Gedichte sind nicht angeführt, vgl. dazu jeweils die Ausführungen im Text.)

1499	Discorso sopra le cose di Pisa
1500	Sonett an den Vater (ohne Titel)
1501	De natura Gallorum
1502	De rebus pistoriensibus
	Del modo di trattare i popoli della Valdichiana ribellati
1503	Descrizione del modo tenuto dal duca Valentino nell'ammazzare Vitellozzo Vitelli, Oliverotto da Fermo, il signor Pagolo e il duca di Gravina Orsini;
	Parole da dirle sopra le provisione del danaio, fatto un poco di proemio e di scusa
1504	Decennale primo
1506	Ghiribizzi al Soderini
	Di fortuna
	Discorso dell'ordinare lo stato di Firenze alle armi
1508	Rapporto delle cose dell'Alemagna (überarbeitet: Ritratto delle cose della Magna)
1509	Capitolo dell'Ambizione
	Decennale secondo (1514 ergänzt bzw. überarbeitet)
	Discorso sopra le cose della Magna e sopra lo imperatore
1510	Ritratti delle cose di Francia
1510/1511	L'ordinanza de'cavalli
1511	Commissione al campo di Pisa in tempo del Concilio
1512	Ricordo ai Palleschi
1513	Canto degli Spiriti beati
	Canzona de' diavoli (wahrscheinlich schon 1502 begonnen)
	Beginn an den Arbeiten der Discorsi sopra la prima deca di Tito Livio (wahrscheinlich 1517 abgeschlossen)
	Il Principe
1515/1516	Ghiribizzi d'ordinanza
1516	Discorso di assicurare lo stato alla casa di Medici
1517	L'Asino d'oro
1518-1520	La Mandragola
	Serenata und verschiedene andere Sonette
	Dialogo intorno alla nostra lingua
	Novella di Belfagor
	Le Maschere (wahrscheinlich schon um 1504 verfaßt)
	Dell'Arte della guerra

	Vita di Castruccio Castracani da Lucca;
	Sommario delle cose della città di Lucca;
	Discorso sopra il riformare lo Stato di Firenze;
	Dell'Occasione
1521	Istorie fiorentine (1525 abgeschlossen)
1522	Memoriale a Raffaelle Girolami, quando ai 23 d'ottobre partì per Spagna all'imperatore
1523/1524	Descrizione della peste
1525	La Clizia
1526	Relazione di una visita fatta per fortificare Firenze
	Provisione per l'istituzione dell'ufficio de'Cinque Procuratori delle mura della città di Firenze
1527	Esortazione alla penitenza (vorher Discorso morale genannt)

Die Chronologie der Schriften ist zusammengestellt aus G. Sasso, Niccolò Machiavelli, a.a.O.; R. Ridolfi, Vita di Niccolò Machiavelli, a.a.O., insbesondere S. 638ff.; Luigi Peirone, Niccolò Machiavelli, Bologna 1971; Riccardo Bruscagli, Niccolò Machiavelli, Firenze 1975; O. Tommasini, La vita e gli scritti di Niccolò Machiavelli, a.a.O.; G. Prezzolini, Vita di Niccolò Machiavelli, a.a.O. (Neuausgabe 1982).

1. Italienische Regenten zwischen 1400 und 1530

Florenz

Giovanni di Bicci de' Medici, gest. 1429
Cosimo de' Medici, 1429/1434 - 1464
Piero I. de' Medici, 1464 - 1469
Lorenzo I. de' Medici, il Magnifico, 1469 - 1492
Giuliano de' Medici, 1469 - 1478
Piero II. de' Medici, 1492 - 1494
Theokratisches Volksregiment unter Savonarola, 1494 - 1498
Republik, Piero Soderini Gonfaloniere, 1502 - 1512/13
Giuliano de' Medici, 1512 / 13
Lorenzo II. de' Medici, 1516 - 1519
Giulio de' Medici (Clemens VII.), 1519 - 1523
Alessandro de' Medici, 1523 - 1527 und 1530 - 1537
Cosimo de' Medici, 1537 - 1574

Venedig

Michele Steno, 1400 - 1413
Tommaso Mocenigo, 1414 - 1423
Francesco Foscari, 1423 - 1457
Pasquale Malipiero, 1457 - 1462
Christofo Moro, 1462 - 1471
Niccolò Tron, 1471 - 1473
Niccolò Marcello, 1473 - 1474
Pietro Mocenigo, 1474 - 1476
Andrea Vendramin, 1476 - 1478
Giovanni Mocenigo, 1478 - 1485
Marco Barbarigo, 1485 - 1486
Agostino Barbarigo, 1486 - 1501
Leonardo Loredan, 1501 - 1521
Antonio Grimani, 1521 - 1523
Andrea Gritti, 1523 - 1538

Mailand

Gian Galeazzo Visconti, 1378/1385 - 1402
Gianmaria Visconti, 1402 - 1412
Filippo Maria Visconti, 1412 - 1447
Ambrosianische Republik, 1447 - 1450
Francesco I. Sforza, 1450 - 1466
Galeazzo Maria Sforza, 1466 - 1476
Gian Galeazzo Sforza (Regentin: Bona von Savoyen), 1476 - 1481

Ludovico il Moro Sforza, 1481 - 1499
Massimiliano Sforza, 1512 - 1515
Francesco II. Sforza, 1522 - 1535
Karl V. (Kaiser), 1535 - 1540

Ferrara-Modena

Niccolò III. d'Este, 1393 - 1441
Lionello d'Este, 1441 - 1450
Borso d'Este, 1450 - 1471
Ercole I. d'Este, 1471 - 1505
Alfonso I. d'Este, 1505 - 1534
Ercole II. d'Este, 1534 - 1559

Mantua

Francesco Gonzaga, 1382 - 1407
Giovanni Francesco I. Gonzaga, 1407 - 1444
Ludovico III. Gonzaga, 1444 - 1478
Federico I. Gonzaga, 1478 - 1484
Giovanni Francesco II. Gonzaga, 1484 - 1519
Federico II. Gonzaga, 1519 - 1540
Francesco III., 1540 - 1550

Savoyen

Amadeus VIII. (Felix V.), 1391 - 1434
Ludwig, 1434 - 1465
Amadeus IX., 1465 - 1472
Philibert I. (Regentin: Jolanthe von Frankreich), 1472 - 1482
Karl I., 1482 - 1490
Karl II., 1490 - 1496
Philipp, 1490 - 1497
Philibert II., 1497 - 1504
Karl III., 1504 - 1553

Neapel

Ladislaus von Anjou, 1386/1390 - 1414
Johanna II. von Anjou, 1414 - 1435
(Ludwig II. von Anjou, 1423 - 1434)
(Renè I. von Anjou, 1434 - 1442)
Alfons I. (V.) von Aragon, 1435 - 1458
Ferrante I. von Aragon, 1458 - 1494
Alfons II. von Aragon, 1494 - 1495

Ferrante II. von Aragon, 1495 / 1496
Federigo III. von Aragon, 1496 - 1501

2. Päpste zwischen 1400 und 1530

Bonifaz IX. (in Rom), 1389 - 1404
Benedikt XIII. (in Avignon), 1394 - 1409/1417
Innozenz VII. (in Rom), 1404 - 1406
Gregor XII. (in Rom), 1406 - 1409/1415
Alexander V. (in Pisa), 1409 / 1410
Johannes XXIII. (in Pisa), 1410 - 1415
Martin V., 1417 - 1431
Clemens VIII. (in Avignon), 1423 - 1429
Benedikt XIV. (in Avignon), 1425 - 1430
Eugen IV., 1431 - 1447
Felix V. (Gegenpapst), 1439 - 1449
Nikolaus V., 1447 - 1455
Calixtus III., 1455 - 1458
Pius II., 1458 - 1464
Paul II., 1464 - 1471
Sixtus IV., 1471 - 1484
Innozenz VIII., 1484 - 1492
Alexander VI., 1492 - 1503
Pius III., 1503
Julius II., 1503 - 1513
Leo X., 1513 - 1521
Hadrian VI., 1522 - 1523
Clemens VII., 1523 - 1534

3. Herrscher Europas zwischen 1400 und 1530

Römisch-Deutsches Reich

Wenzel, 1378 - 1400
Ruprecht von der Pfalz, 1400 - 1410
Sigismund, 1410 - 1437
Albrecht II., 1438 - 1439
Friedrich III., 1440 - 1493
Maximilian I., 1493 - 1519
Karl V., 1520 - 1556

445

England

Heinrich IV., 1399 - 1413
Heinrich V., 1413 - 1422
Heinrich VI., 1422 - 1461/1470 - 1471
Eduard IV., 1461 - 1470/71 - 1483
Richard III., 1483 - 1485
Heinrich VII., 1485 - 1509
Heinrich VIII., 1509 - 1547

Frankreich

Karl VI., 1380 - 1422
Karl VII., 1422 - 1461
Ludwig XI., 1461 - 1483
Karl VIII., 1483 - 1498
Ludwig XII., 1498 - 1515
Franz I., 1515 - 1547
Heinrich II., 1547 - 1559

Aragon und Kastilien/Spanien

Martin I. von Aragon, 1395 - 1412
Ferdinand I. von Aragon, 1412 - 1416
Heinrich III. von Kastilien, 1390 - 1406
Alfons V. von Aragon, 1416 - 1458
Johann II. von Kastilien, 1406 - 1454
Johann II. von Aragon, 1458 - 1479
Heinrich IV. von Kastilien, 1454 - 1474
Ferdinand II., der Katholische, von Aragon, 1479 - 1516
Isabella I., die Katholische, von Kastilien, 1474 - 1504
Philipp I., der Schöne, 1504 - 1506
Karl I. (V.), 1516 - 1556

Osmanisches Reich

Beyazit I., 1389 - 1403
Mehmet I., 1403 - 1421
Murat II., 1421 - 1451
Mehmet II., 1451 - 1481
Beyazit II., 1481 - 1512
Selim I., 1512 - 1520
Süleyman II., 1520 - 1566

Byzantinisches Reich

Manuel II., 1391 - 1425
Johannes VIII., 1425 - 1448
Konstantin XI., 1449 - 1453

Rußland

Wassilij I., 1389 - 1425
Wassilij II., 1425 - 1462
Iwan III., 1462 - 1505
Wassilij III., 1505 - 1533
Iwan IV., der Schreckliche, 1530 - 1584

Polen (Union mit Litauen seit 1386), Ungarn

Wladislaw II. Jagiello von Litauen und Polen, 1377 - 1434
Sigismund (Kaiser) von Ungarn, 1385/1387 - 1437
Albrecht (Kaiser) von Ungarn, 1438 / 1439
Wladislaw III. von Polen und Ungarn, 1434 - 1444
Kasimir IV., von Polen, 1444 - 1492
Ladislaus Posthumus von Ungarn, 1452/1453 - 1457
Matthias I. Corvinus von Ungarn, 1458 - 1490
Wladislaw II. von Ungarn, 1490 - 1516
Johann I. Albrecht von Polen, 1492 - 1501
Alexander von Polen, 1501 - 1506
Sigismund I. von Polen, 1506 - 1548
Ludwig II. von Böhmen und Ungarn, 1516 - 1526
Ferdinand I. (Kaiser) von Böhmen und Ungarn, 1526 - 1564

Dänemark, Norwegen, Schweden (ohne Reichsverweser)

Margarete von Dänemark, Norwegen und Schweden, 1387 - 1412
Erik (VII.) XIII. (Pommern) von Dänemark und Schweden, 1412 - 1459
Christoph III. (Bayern) von Dänemark und Schweden, 1440 - 1448
Karl VIII. von Schweden, 1448 - 1457, 1464 - 1467
Christian I. von Dänemark und Schweden, 1448 - 1464
Johann II. von Dänemark und Schweden, 1482 - 1513
Christian II. von Dänemark und Schweden, 1513 - 1523
Friedrich I. von Dänemark, 1523 - 1533
Gustav I. Wasa von Schweden, 1521 - 1560
Christian III. von Dänemark, 1534 - 1559

(Quelle: Hellmut Diwald, Anspruch auf Mündigkeit, Propyläen-
geschichte Europas Bd. 1, Frankfurt S. 414 ff.)

Anmerkungen

Einleitung

001) Der Originaltext im Prolog der Mandragola lautet:
E se questa materia non è degna,
per esser pur leggeri,
d'un uom che voglia parer saggio e grave,
scusatelo con questo, che s'ingegna
con questi van pensieri
fare el suo tristo tempo più suave,
perchè altrove non have
dove voltare el viso...

002) Rupert Breitling, Machiavellismus und demokratische Legitimierung, in: Politische Studien zu Machiavellismus und demokratische Legitimierung, S. 7, in: Politische Studien, hg. v. R.
Breitling und W. Gellner, Trier 1988

003) Das führte soweit, daß Machiavelli auch für das moderne
Management Pate stehen soll, vgl. Antony Jay, Management
und Machiavelli, Düsseldorf 1985

004) Über die Rezeption Machiavellis in England zwischen 1500 und
1700 vgl. Felix Raab, The English Face of Machiavelli, London
1965

005) Brief Machiavellis an Francesco Vettori vom 20. Dezember 1514

006) Brief Piero Soderinis an Machiavelli vom 13. April 1521

007) Brief Machiavellis an Francesco Vettori vom 20. Juni 1513

008) Hellmut Diwald, Anspruch auf Mündigkeit, Propyläen Geschichte Europas, Bd. 1, Frankfurt am Main, - Berlin - Wien
1902, S. 298ff.

009) Machiavelli verteidigte stets den Consiglio Grande (auch
Consiglio Maggiore) als das optimale politische Gremium,
wenn sich diese Institution oft auch als handlungsunfähig,
durch seine wiederholte Spaltung in zwei Lager als funktions-
unfähig erwies. Vgl. dazu Nicolai Rubinstein, I primi anni del
Consiglio maggiore in Firenze, dargestellt in Felix Gilbert, Machiavelli e Guicciardini, Torino 1970, S. 26ff.

010) Brief Machiavellis an Francesco Vettori vom 26. August 1513

011) Die Macht des Papsttums vgl. Bertrand Russell, Macht, Zürich 1947, S. 42ff., vgl. u.a. auch Karlheinz Deschner, Abermals krähte der Hahn, Stuttgart 1962, S. 400 ff. oder die populäre Schrift von Peter de Rosa, Gottes erste Diener, München 1989, S. 111 ff., S. 138 ff.

012) Russell, ebd. S. 60

013) Principe, 3. Kap.
Die Geschäfte der Renaissancepäpste vgl. Helmut Hiller, Die Geschäftsführer Gottes, München 1986, S. 164ff.

014) Eine kurze Geschichte der Renaissancepäpste
vgl. Bernhard Schimmelpfennig, Das Papsttum, Darmstadt [3]1988, S. 266 - 290; eine ausführlichere Darstellung: Franz Xaver Seppelt, Das Papsttum im Spätmittelalter und in der Renaissance, Bd. 4, München [2]1957, S. 307 - 453

1. Kapitel

001) In der Frage der Herkunft Bernardo Machiavellis vertritt v.a. der italienische Historiker Oreste Tommasini (La vita e gli scritti di Niccolò Machiavelli, Roma 1883 - 1911. Bd. 2, S. 959) die Auffassung, er sei unehelich geboren: „Niccolò Machiavelli, cancelliere, figlio d'uno bastardo de' Machiavelli." Roberto Ridolfi hingegen ist der Meinung, Bernardo sei bei der städtischen comune hochverschuldet gewesen (vgl. R. Ridolfi, Vita di Niccolò Machiavelli, Firenze [7]1978, S. 180). Für Ridolfi war der Vater dennoch ein vorbildlicher Mann: „Il padre era a specchio."
Über die politische Tätigkeit der Vorfahren Bernardos vgl. u.a.: Nicolai Rubinstein: Machiavelli and the World of Florentine Politics, in: Studies on Machiavelli, hg. von M. P. Gilmore, Firenze 1972, S. 5 - 28, S. 7, Anm. 10; und: Jean-Jacques Marchand: N. Machiavelli, I primi scritti politici, Padova 1975, S. 60.

002) Diese Zahl schwankt zwischen fünfzig und siebenundfünfzig Prioren, vgl. Ridolfi, a.a.O., S. 425ff.

003) Über die Besitzverhältnisse der Kirche in Italien bietet das Werk von Peter Burke, Die Renaissance in Italien, Berlin (West) [2]1985, eine detaillierte Darstellung. Vgl. die Neuausgabe München 1988, S. 249ff. (zitiert wird nach dieser Neuausgabe).

004) Marsilius von Padua verlangt in seiner Schrift Defensor Pacis vom Jahre 1324 die Trennung zwischen welticher und kirchlicher Macht. In diesem Werk ist deutlich der mit der Wende zum 13. Jahrhundert erfolgte Umschichtungsprozeß – mit neuen Denk- und Verhaltensformen – erkennbar. Der Wandel vollzieht sich in allen Bereichen des menschlichen Lebens. Das Weltbild des frühen Mittelalters erschüttert nun den Menschen zutiefst. Jacob Burckhardt (Die Kultur der Renaissance in Italien, Stuttgart [10]1976, S. 119) sagt: „Für Italien waren Existenz und Lebensbedingungen des Kirchenstaates ein Hindernis im großen, dessen Beseitigung sich kaum jemand hoffen ließ."

Marsilius von Padua wollte mit seinem Werk die Macht des Papstes einschränken. Nach seiner Meinung hatten die Päpste der letzten Jahrhunderte die politische Macht usurpiert. Die Theokratie von Innozenz III. und Bonifaz VIII. wollte der Paduaner in ein weltliches, politisches Machtgefüge umwandeln; dadurch sollten die geistigen Werte des Christentums das soziale Allgemeinwesen verbessern. Marsilius lehnte die geistliche Welt nicht ab. Aber seine politische Vorstellung war auf Vertrauen aufgebaut und nicht auf die Vernunft, die innerhalb der mittelalterlichen Weltanschauung galt (vgl. Antonio Toscano, Marsilio da Padova e Niccolò Machiavelli, Ravenna 1981, S. 10ff.; zudem: Alan Gewirth, Marsilis of Padua, The Defender of Peace, Bd. 1: Marsilius of Padua and Medieval Political Philosophy, New York 1951). Marsilius von Padua bezog bei den Staatsformen ähnliche Positionen wie Machiavelli. Er meinte aber, daß eine der jeweiligen drei guten Formen, Monarchie, Aristokratie und Demokratie, für ein bestimmtes Volk geeignet, d.h. vor allem der sozialen Entwicklung angepaßt sein müsse. Damit sprach er der Monarchie ihren universalen Anspruch ab.

Ähnlich wie Marsilius war Dante Alighieri in seinem Land verfemt. 1302 wurde ihm in absentia der Prozeß gemacht. Bis zu seinem Lebensende 1321 duldete ihn das zeitgenössische Florenz nicht in seinen Mauern. Dante zog spätestens nach seiner Wahl zu einem der sechs Prioren der obersten Behörde von Florenz zwischen Mitte Juni bis Mitte August 1300 durch seine strikte Florentiner Unabhängigkeitspolitik die Rache des Papstes und vieler angesehener Adelsfamilien auf sich. Er verlangte, daß sich die Bürger von egoistischem Gewinnstreben befreiten und den politischen Parteienstreit zwischen den Anhängern des popolo grasso, der Partei der einflußreichen Schichten wie Bankiers und Kaufleute, und popolo minuto, der Partei der kleinen Handwerkerzünfte und Unterschichten, beendeten. Dante plädierte an das Volk, allein der giustizia, Gerechtigkeit, zu dienen. Während seiner Priorenzeit spitzte sich die politische Konstellation am Arno dramatisch zu. Dem Stadtstaat drohte außerdem neben den inneren Parteikämpfen und

Magnatenfehden eine zunehmend bedrohlichere Gefahr von außen. Die Kluft zwischen Ghibellinen und Guelfen, zwischen weltlichem Imperium und der geistlichen Macht des Sacerdotium, löste unausweichlich heftige Kontroversen aus. Dante scheiterte zwangsläufig mit seiner konsequenten Unabhängigkeitspolitik. Er wandte sich gegen jegliche Unterstützung des Papstes und bestätigte u.a. ein Urteil, das Bonifaz VIII. als Affront empfand. Nach seiner lebenslänglichen Verbannung aus Florenz hoffte Dante vergeblich auf die Widerrufung des Urteils. Er hielt aber weiterhin daran fest, daß Florenz *die* auf Gerechtigkeit begründete Republik werden müsse. Dies beschwor er vor allem in seinen späteren Schriften angesichts der zerrütteten italienischen Verhältnisse. Gewissermaßen als Kompromiß fand er ein universales Kaisertum, in dem der Kaiser mit dem Papst harmonisch zusammenwirkte, als Voraussetzung für sein Ideal der Gerechtigkeit (vgl. Peter Herde, Dante als Florentiner Politiker, Wiesbaden 1976; Arrigo Salmi, Il pensiero politico di Dante, in: Studi storici, Firenze 1922; Giuseppe Lumia, Aspetti del pensiero politico di Dante, Milano 1965; John J. Rolbiecki, The Political Philosophy of Dante Alighieri, Washington 1921). In der Zeit zwischen Dante und Machiavelli hatte sich die politische Situation am Arno schon insofern geändert, als die sozialen und politischen Grenzen nicht mehr genau markiert, sondern undeutlich und eher fließend geworden waren. Die ungewisse Gefahr politischer Veränderungen war aber nach wie vor aktuell.

005) Vgl. Leopold von Ranke, Die Geschichte der Päpste, hg. von Willy Andreas, München - Wiesbaden o.J., S. 27ff.

006) Im Archiv des Florentiner Doms Santa Maria del Fiore, im Libro dei battesimi (Taufbuch), heißt es: „A dì 4 di detto (Mai 1469) Niccolò Piero e Michele di m. Bernardo Machiavelli p. di S. Trinità, nacque a dì 3 a hore 4, battezzato a dì 4."

007) Vgl. Alfred A. Strnad, Niccolò Machiavelli, Göttingen - Zürich 1984, S. 9

008) In einem Brief vom 18. März 1513 schreibt Machiavelli an Francesco Vettori: „Nacqui povero, et imparai prima a stentare che a godere."

009) Vgl. Gene A. Brucker, Florentine Politics and Society 1343 - 1378, Princeton 1962, S. 27ff.

010) Vgl. Yves Renouard, Affaires et culture a Firenze an XIVe et an XVe siècle, in: Il Quattrocento, Firenze 1954, S. 167

011) Vgl. Anthony Mohlo, Politics and Ruling Class in Early Renaissance Florence, in: Nuova Rivista Storica, Nr. 52 (1968), Heft 3 bis 4, S. 402ff.

012) Vgl. Raymond de Roover, The Rise and Decline of the Medici Bank, Cambridge 1963, S. 45ff.

013) Vgl. August Buck, Zu Begriff und Problem der Renaissance, in: Wege der Forschung, Bd. 204 (1969), S. 4

014) Machiavelli schrieb darüber in: Dell'arte della guerra, Bd. VII: „Questa provincia pare nato per risuscitare le cose morte."

015) Vgl. Leonid M. Batkin, Die historische Gesamtheit der italienischen Renaissance, Dresden 1979, S. 73f.

016) Vgl. Johannes Schubert, Machiavelli und die politischen Probleme unserer Zeit, Berlin 1927, S. 14f.

017) Vgl. Carlo M. Cipolla, Before the Industrial Revolution, European Society and Economy 1000 - 1700, London 1976, S. 11 bzw. S. 18

018) Vgl. Max Weber, Wirtschaft und Gesellschaft, Tübingen 1972, S. 227f.

019) Vgl. Gerhard Ritter, Die Dämonie der Macht, München [6]1948, S. 13

020) Vgl. Friedrich Nietzsche, Werke, hg. von K. Schlechta, München 1966, Bd. 1, S. 595f.

021) Vgl. Sigmund Freud, Selbstdarstellung, hg. von Ilse Grubrich-Simitis, Frankfurt a.M. [6]1981, S. 17ff.

022) Das *Libro di Ricordi* wurde von Caesare Olschki im Jahre 1954 in Florenz herausgegeben. Die darin enthaltenen Erinnerungen umspannen den Zeitraum vom 30. September 1474 bis zum 19. August 1487. Der Inhalt ist oft sehr karg gehalten. Zum Schulbeginn Machiavellis heißt es darin z.B. (deutsch übersetzt): „Unter solchen Umständen machte sich sein (Sohn) Niccolò zu diesem 6. (Monat und Jahr unbekannt) auf und begab sich zu Matteo, Lehrer der Grammatik, am Ende der Dreifaltigkeitsbrücke diesseits, zu erlernen das ABC, wovon ich ihm muß geben: 5 Soldi den Monat."

023) Diese Meinung wird allgemein vertreten, vgl. z.B.: Eugenio Garin, L'umanesimo italiano, Bari 1964, S. 7ff.; Paul Kristeller, The Classics and Renaissance Thought, Cambridge-Massachusetts 1955; P. Burke, a.a.O.

024) Vgl. E. Garin, a.a.O.

025) Humanismus als Epochenbezeichnung wurde u.a. schon von Historikern des 19. Jahrhunderts verwendet.

026) Vgl. Hans Baron, Humanistic Literature, Cambridge 1955

027) Diese Meinung vertritt v.a. Werner Kaegi, Jacob Burckhardt, Eine Biographie, Bd. 3, Basel - Stuttgart 1956, S. 647ff.

028) Ghiberti, secondo commentario, cap. XV, Vasari, I., S.19

029) Vgl. J. Schubert, a.a.O., S. 52f.

030) Vgl. dazu die Erörterungen: Alfred von Martin, Soziologie der Renaissance, Frankfurt a.M. [2]1949.

031) Vgl. Max Weber, a.a.O.

032) N. Machiavelli, Il Principe, Kap. 21

033) Vgl. Fernand Braudel, La mediterraneè et le monde mediterraneèn à l'èpoque de Philippe II., Bd. 1, Paris [3]1976, S. 357f.
Zur Bevölkerungsexplosion in dieser Zeit vgl.: Volker Stamm, Ursprünge der Wirtschaftsgesellschaft, Frankfurt a. M. 1982, S. 35ff. Zur Tabelle vgl. Karl J. Beloch, Bevölkerungsgeschichte Italiens, Bd. 3, Berlin 1961, S. 327 ff. Die angegebenen Zahlen sind auf- bzw. abgerundet.

034) Pasquale Villari, Niccolò Machiavelli e i suoi tempi, 3 Bde., Firenze 1877 - 1882, 2 Bde., Milano [4]1927; deutsch: Niccolò Machiavelli und seine Zeit, 3 Bde., Leipzig 1877 - 1883

035) Stellvertretend dafür sei hier das Werk Friedrich d. Großen genannt, Regierungskunst eines Fürsten, Frankfurt/Leipzig 1745; darin steht u.a.: „Nicolaus Machiavel ist zu Florenz gebohren. Man weis aber weder das Jahr noch den Tag...", S. 4f.

036) Der Fund von Maffei: Domenico Maffei, Il giovane Machiavelli banchiere con Berto Berti, Firenze 1973. Im Buch von Ludwig Kroeber-Keneth, Machiavelli und wir, Stuttgart 1981, S. 31ff., wird dieser Fund von Maffei als für Machiavelli zutreffend

interpretiert. In der BRD hatte darauf erstmals Dolf Sternberger am 11. Mai 1974 in der Frankfurter Allgemeinen Zeitung aufmerksam gemacht. Kroeber-Keneth baut in der Folge die Person Machiavellis auf dieser später als falsch erwiesenen Beweisführung auf.

037) Zum Bankwesen in Italien vgl. u.a.: Raymond de Roover, Business Banking and Economic Thought in the Late Medieval and Early Modern Europe, Chicago - London 1974, S. 20ff.

038) Vgl. Volker Stamm, a.a.O., S. 45ff.

039) Zur Verwechslung vgl.: Mario Martelli, L'altro Niccolò di Bernardo Machiavelli, in: Rinascimento, Nr. 14 (1974), S. 39 - 101

040) Vgl. Hans Baron, Politische Einheit und Mannigfaltigkeit in der italienischen Renaissance in der Geschichte der Neuzeit, in: Zu Begriff und Problem der Renaissance, hg. von August Buck (Wege der Forschung, Bd. 204), Darmstadt 1969, S. 180ff.

041) Vgl. Jürgen Klein, Denkstrukturen der Renaissance, Ficino-Bruno-Machiavelli und die Selbstbehauptung der Vernunft (Kleine Arbeiten zur Philosophie, hg. von W. L. Hohmann, Bd. 5), Essen 1984

042) Die durch P. Villari in Italien eingeleitete neue Renaissance-Forschung wurde durch P. Burke, a.a.O., neu bearbeitet und wesentlich ergänzt.

043) „Machiavellistisch" darf mit „machiavellisch" nicht verwechselt werden und hat im Grunde als Fundament der Staatsräson mit Machiavelli nur insofern zu tun, als daß diese Lehre auf seinen Namen zurückgeht. Zur Unterscheidung vgl. Kapitel 4.

044) Diese Einteilung resultiert aus Max Weber, a.a.O.

045) Leonhard von Muralt, Machiavellis Staatsgedanke, Basel 1945, S. 12; P. Burke, a.a.O., S. 307

046) Vgl. P. Burke, a.a.O., S. 263 ff.

047) Vgl. P. Villari, a.a.O., Bd. 1

048) Vgl. H. F. Brown, Studies in the History of Venice, Bd. 1, London 1907

049) Zur Geschichte der Medici vgl. James Cleugh, Die Medici, Macht und Glanz einer europäischen Familie, München 1977.

050) N. Machiavelli, Istorie fiorentine, Bd. 2

051) Vgl. P. Burke, a.a.O.

052) Die Predigten Savonarolas sind zitiert nach der Edizione Nazionale delle Opere di G. Savonarola, Roma 1953.

053) Zum Leben Savonarolas vgl. Roberto Ridolfi, Vita di Girolamo Savonarola, Firenze [6]1981

054) Vgl. Ernst Piper, Savonarola, Berlin (West) 1979, S. 117ff.

055) Zu den Vorläufern Savonarolas vgl. Friedrich Heer, Europäische Geistesgeschichte, Stuttgart [2]1957, S. 220 ff.

056) Predigt vom 13. Januar 1495. Zu Kommentaren bezüglich seiner Predigten vgl. Alessandro Gherardi, Nuovi documenti e studi intorno a Girolamo Savonarola; Johannes Scherr, Der Prophet von Florenz, Stuttgart 1845; Ernst Piper, a.a.O. Die erste deutsche Ausgabe von Texten Savonarolas: Georg Rapp, Die erwecklichen Schriften des Märtyrers Hieronymus Savonarola, Stuttgart 1839

057) Vgl. E. Piper, a.a.O., S. 68

058) Vgl. Friedrich Heer, Girolamo Savonarola, in: Exempla historica, Bd. 25, Frankfurt a.M. 1983, S. 116ff.

059) Im *Principe* Machiavellis finden sich später direkte Parallelen zu diesen Äußerungen Savonarolas.

060) Zur politischen Organisation und Administration vgl. L.F. Marks, La crisi finanziaria a Firenze dal 1498 - 1502, in: Archivio storico italiano, Nr. 112 (1954), S. 40ff.

061) P. Villari, a.a.O., Bd. 1, S. 271f; andere Beschreibungen Machiavellis vgl. Gino Cappone, Storie della repubblica di Firenze, Firenze [2]1876, Bd. 3, S. 190; Marcel Brion, Machiavelli und seine Zeit, Düsseldorf 1957, S. 119; Roberto Ridolfi, Vita di Niccolò Machiavelli, a.a.O., S. 25f Giuseppe Prezzolini, Vita di Nicolò Machiavelli Fiorentino (neu aufgelegt) Milano 1982, S. 21 (vgl. die deutsche Ausgabe von Prezzolini: Das Leben Niccolò Machiavellis, Dresden 1929, (vgl. Literaturverzeichnis zu diesem Kapitel).

062) Vgl. Andreas Fuhr, Machiavelli und Savonarola (Kontexte, Bd. 2, hg. von Johannes Wirsching), Frankfurt a.M.-Bern-New York 1985, S. 18ff.

063) Brief vom 9. März 1498 an Ricciardo Becchi

064) Aus späteren Äußerungen in Machiavellis Werk wird seine ablehnende Grundhaltung gegenüber Savonarola bestätigt, wenn er auch zeitweilig bestrebt ist, seine ursprüngliche, krasse Verurteilung zu mildern. Einmal schreibt er sogar in den „Discorsi", Bd. 1, Kap. 11, daß man von einem solchen Manne (Savonarola) nur mit Ehrfurcht sprechen könne. Hier kann es sich aber nur um eine Floskel handeln, die er zu diesem Zeitpunkt, nach seiner amtlichen Entlassung und auf der Suche nach einer neuen politischen Anstellung aus Rücksicht auf seine private Situation machte. Wenn er später Savonarola zuweilen bewunderte, dann nur wegen seiner Verschlagenheit und Verschmitztheit („Discorsi", Bd. 1, Kap. 45) und wegen der Tatsache, daß es einem Mönch gelungen war, die Florentiner für sich zu begeistern und für beinahe vier Jahre in seinem Bann zu halten.

065) Die Behauptung, Machiavelli habe vorher den palleschi nahegestanden (vgl. z.B. Renè König, Niccolò Machiavelli, Krisenanalyse einer Zeitenwende, Frankfurt a.M. - Berlin - Wien 1984, S. 151), kann nicht bewiesen werden. Eher sind Indizien für seine Sympathie zu den arrabbiati vorhanden (vgl. Text).

2. Kapitel

001) Michael Seidlmayer, Geschichte Italiens, Stuttgart 1962, S. 283ff.

002) Discorsi, 3. Buch, Kap. 29

003) Ridolfi, a.a.O., S. 31

004) Nicolai Rubinstein, beginnings, a.a.O.; die Kanzlei Machiavellis war „di molto minor grado della cancelleria". Ridolfi, a.a.O., S. 32f., verweist auf die Bedeutung der Kanzlei Machiavellis.

005) Wörtlich schrieb er am 10. Dezember 1513: „Quindici anni che io sono stato a studio dell' arte dello stato." (Fünfzehn Jahre habe ich die Staatskunst studiert.)

006) Brief vom 19. Juli 1499 nach der Rückkehr Machiavellis aus Forlì, Biagio Buonaccorsi an N. Machiavelli

007) Vgl. dazu: Hans Kramer, Geschichte Italiens, Bd. 2, Stuttgart-Berlin-Köln-Mainz 1968, S. 9ff.

008) Hans E. Kinck, a.a.O., S. 70

009) Marcel Brion, Machiavelli und seine Zeit, Düsseldorf-Köln 1957, S. 120ff.

010) A. Strnad, a.a.O., S. 17

011) Hans Kühner, Caterina Sforza, Fürstin, Tyrannin, Büßerin, Zürich 1957, S. 132

012) Will Durant, Die Renaissance. Eine Kulturgeschichte Italiens von 1304 bis 1576, Bern 1955, S. 293

013) Klaus Schelle, Die Sforza, Stuttgart 1980, S. 150

014) L.M. Collison-Marley, Historie des Sforza, Paris 1932, S. 109

015) Burckhardt, a.a.O., S. 39f.

016) Diese Zahlen schwanken, vgl. z.B. Ferdinand Gregorovius, Geschichte der Stadt Rom im Mittelalter, hg. von Waldemar Kampf, Bd. 3, Stuttgart 1978, S. 167 bzw. Dorothy Moulton Mayer, The great Regent, London 1966, S. 21, die die Stärke mit 22 000 Mann Kavallerie, 6 000 meist bretonischer Bogenschützen, 8 000 Gaskognern, 8 000 Pikenträgern und einer unbestimmten Anzahl von Schweizer Söldnern angibt.

017) Schelle, a.a.O., S. 191

018) Ernst Breisach, Caterina Sforza, A Renaissance Virago, Chicago-London 1967, S. 279

019) Schelle, a.a.O., S. 197

020) Diese Szene ist berühmt geworden. Einige Historiker deuten sie aber als Legende, u.a. Kühner, a.a.O., S. 81f. Machiavelli hat diese Episode ohne kritische Interpretation in sein Werk aufgenommen.

021) Beschluß der Signoria vom 31. August 1499. Viele der Gesandtschaftsberichte befinden sich im Nationalarchiv von Florenz und sind noch immer gesammelt in den „Carte del Machiavelli".

022) Vgl. den Brief vom 22. Juli 1499

023) 23. Oktober o.J. wahrscheinlich 1522

024) Friederike Hausmann: Zwischen Landgut und Piazza, Berlin 1987; diesem Buch sind einige Übersetzungen der Briefe Machiavellis entnommen, die von F. Hausmann in ein modernes Deutsch übertragen worden sind.

025) Buonaccorsi an Machiavelli, 15. - 18. Oktober 1502

026) Über die Sprache (vgl. das Verzeichnis der Werke Machiavellis)

027) Henry Kamen, Die spanische Inquisition, München 1962, S. 22

028) Casimir Chledowski, Die Menschen der Renaissance, München 1913, S. 164

029) Edmond Rodocanachi, Une Cour princiere au Vatican, Bd. 1, Paris 1925, S. 337

030) Orestes Ferrara, Alexander VI., Borgia, Zürich 1957, S. 109

031) Sarah Bradford, Cesare Borgia, Hamburg 1979, S. 31

032) Johannes Buchard, Diarium, hg. von L. Thuasne, Bd. 3, Paris 1885, S. 167

033) Susanne Schüller-Piroli, Borgia, Alten und Freiburg i.B. 1963, S. 18

034) „begünstig vom Himmel und der Fortuna", den Begriff fortuna vgl. Kapitel 3 dieses Buches, S. 279ff.

035) Bradford, a.a.O., S. 153

036) Clemente Fusero, I Borgia, Milano 1966, S. 273ff.

037) Marion Johnson, The Borgias, London - Sydney o.J., S. 143ff.

038) Brief vom 26. Juni 1502

039) Strnad, a.a.O., S. 29

040) Brief vom 7. Oktober 1502

041) Die Zehn unterzeichneten ihre Beschwerde am 11. November, Machiavelli antwortete mit diesem Schreiben am 13. November.

042) Vgl. dazu v.a. den Brief von Niccoló Valori an N. Machiavelli vom 11. Oktober 1502

043) Brief von Bartolomeo Ruffini an N. Machiavelli vom 23. Oktober 1502

044) Brief vom 26. Dezember 1502

045) Brief vom 17. November 1502

046) Brief vom 23. Dezember 1502

047) Brief vom 26. Dezember 1502

048) Il Principe, Kapitel 7

049) Dieser Brief ist nur noch fragmentarisch erhalten. Von „Als die drei Anführer..." weg ist der Text ergänzt durch eine undatierte Aufzeichnung Machiavellis aus dem Jahre 1503 (März?).

050) Il Principe, Kapitel 7

051) Schüller-Piroli, a.a.O., S. 397

052) Es lassen sich nur hypothetische Vergleiche zwischen Cesare Borgia und dem Perserkönig Chosroes II. herstellen. In vielen politischen Handlungen treten aber Parallelen auf. Der Perserkönig ging gegen seine Verräter, die auch aus seinen eigenen Truppen kamen, ähnlich vor wie Cesare. Zudem war auch er ein Meister der Verschwiegenheit, aus der heraus er seine Feinde durchschaute und Herr der Situation blieb. Er lebte nach dem Grundsatz: „Jener, der oft schweigt, weiß mehr", vgl. Chosroes II.; le Livre la Couranne, attribué a Ġahiź, traduit par Ch.Pellat, Paris 1954, S. 116ff.

053) Ludwig von Pastor, Geschichte der Päpste, Bd. 3/2, Freiburg i.B. 1956, S. 660

054) Villari, a.a.O., Bd. 1, S. 33

055) Louis Lewin, Die Gifte in der Weltgeschichte, Berlin - Heidelberg - New York 1983, S. 496. (Dieses Buch wurde erstmals 1920 aufgelegt.)

056) F. Guicciardini, Storia d'Italia, Bd. 4, Kapitel 1

057) Ferrara, a.a.O., S. 468. Über die Todesursache Papst Alexanders VI. herrscht bis heute keine einheitliche Meinung. Ferdinand Gregorovius z.B. vertritt in seiner „Geschichte der Stadt Rom im Mittelalter" (hier zitiert nach Bd. 7, Stuttgart-Berlin 1908), daß er nicht an Gift verstorben sei, und schreibt diese Hypothese „den grauenvollen Erfindungen der Phantasie des Volkes zu" (S. 491); die Ursache vermutet Gregorovius in der besonderen Hitze dieser Augusttage in Rom, die auch andere mit Fieber heimsuchte, z.B. Francesco Poderini. Die zeitgenössischen Schriftsteller F. Guicciardini, Bembo, Jovius, Egidius und Rafael Bolaterranus behaupteten hingegen gemeinsam, der Papst sei zusammen mit C. Borgia vergiftet worden. Gregorovius weist dies energisch zurück. Ihre Meinung, daß nämlich die beiden Borgia bei jenem Abendmahl bei Kardinal Adriano die anwesenden Kardinäle vergiften wollten, dann aber durch Verwechslung, vielleicht auch durch Intrige Adrianos selbst, den eigenen Giftbecher tranken, trug später zu dieser Auslegung des Todes in der Geschichtsschreibung bei.
Susanne Schüller-Piroli veröffentlichte nach langjährigen Studien drei fundierte Bücher über die Borgia; dabei ist vor allem relevant: Die Borgia-Päpste Kalixt III. und Alexander VI., 1979 erstmals erschienen, hier zitiert nach München 1984. Schüller-Piroli kommt durch eine Handschrift aus dem 18. Jahrhundert, gefunden im Vatikan, zum Schluß, daß Kardinal Adriano der Anstifter zur Vergiftung, wenn nicht der Vergifter selbst gewesen sei. Aus der genannten Handschrift geht hervor, daß der Küchenmeister des Papstes hingerichtet wurde, „weil er ihn gemeinsam mit seinem Sohn, dem Valentinus, vergiftet hatte" (S. 375). Daß die Hinrichtung noch vor dem Ableben Alexanders erfolgte, beweise, daß der Papst und seine Kardinäle bzw. Berater an eine Vergiftung glaubten. Schüller-Piroli belegt dann, daß Adriano später selbst gestand, den Papst gemordet zu haben (S. 379), ebenso sei Adriano seinen Zeitgenossen als Giftmörder bekannt gewesen. Die Autorin weist auch die „Legende" des Papstbegräbnisses zurück (S. 383f.), wenn auch der Papst zur Mitternachtsstunde des 20. August beerdigt wurde: „Davon, daß der Leichnam Alexanders der Roheit hastiger Totengräber ausgeliefert geblieben wäre, wie die Legende behauptete, konnte keine Rede sein und schon gar nicht davon, daß er in jener Mitternacht keine erste würdige Grabstätte gefunden hätte" (S. 386). Schüller-Piroli wirft zwar viele neue Aspekte auf, die zu einem guten Teil auch wissenschaftlich belegt sind; den letzten Beweis für die Vergiftung Papst Alexanders VI. erbringt aber auch sie nicht. So wird die Todesursache wohl weiterhin ungeklärt bleiben.

461

058) Villari, a.a.O., Bd. 1, S. 384f.

059) Vgl. Decennale primo (Machiavelli-Zitat). Was diese Fassung der Beerdigung des Papstes betrifft, vgl. Schüller-Piroli, a.a.O., S. 383

060) Brief ohne Datum, wahrscheinlich 7. oder 8. November 1503

061) Brief vom 28. November 1503

062) Bradford, a.a.O., S. 357

063) Dieser Brief vom 28. Dezember 1509 ist nicht ganz eindeutig. Andere Briefe lassen aber durchaus die folgenden Schlüsse zu (vgl. die Anmerkungen von F. Gaeta, a.a.O., S. 207).

064) Brief vom 20. November 1509

065) Brief vom 26. November 1509

066) Brief vom 7. Dezember 1509

067) Brief vom 24. November 1503

068) Brief an Vettori vom 18. März 1512

069) Brief aus Verona an Luigi Guicciardini vom 8. Dezember 1509

070) Brief aus Lyon, ohne Datum, wahrscheinlich Spätsommer 1500

071) Brief vom 22. November 1502

072) Brief vom 22. November 1503 aus Rom

073) Während seines Aufenthaltes bei Julius II.

074) Reinhold Schumann, Geschichte Italiens, Stuttgart-Berlin - Köln - Mainz 1983, S. 96ff.

075) Vgl. die Ausführungen Machiavellis über Frankreich in seinen beiden größeren Schriften (vgl. auch u.a. S. 167ff.)

076) Jörg von Uthmann, Die Diplomaten, München 1988. Venedig z.B. unterhielt bereits vom Jahre 1257 an ständige Konsuln, genannt baiuli in Konstantinopel. Nach dem Zusammenbruch des Mittelalters erfolgte die eigentliche Geburtsstunde des modernen Staates und damit der ständigen diplomatischen Vertre-

tungen. Nicodemo da Pontremoli war Francesco Sforzas Vertrauensmann bei Cosimo de' Medici. Schon 1450 war er offizieller Orator des Herzogs von Mailand bei der Republik Florenz. Pontremoli gilt nach dem derzeitigen Forschungsstand als der erste Diplomat, der nicht nur einen Sonderauftrag erfüllte, sondern durch eine längere Zeit, es waren bei ihm siebzehn Jahre, bei einer fremden Regierung die politischen Interessen seines Staates vertrat (vgl. S. 17ff.).

077) Brief vom 30. Juli 1500

078) Brief von Totto an Niccolò Machiavelli vom 27. August 1500

079) Buonaccorsi und Andrea di Romolo an Machiavelli vom 23. August 1500; u.a. lobte er ihn mit folgenden Worten: „Io non voglio mancare di significarvi quanto le vostre lettere satisfanno a omni uno." (Ich will es nicht vergessen, Euch zu bestätigen, wie sehr Eure Briefe uns allen gefallen.)

080) *quasi per inspirationem:* wenn alle Kardinäle dieselbe Person als gewählt betrachten (durch Eingebung des Heiligen Geistes);
per compromissum: wenn die Wähler ihre Stimmen einem Ausschuß übergeben und dessen Entscheidung akzeptieren;
per scrutinium: wenn durch Stimmenzettel gewählt wird.
Es gibt in deutscher Sprache keine ausführliche Darstellung der Papstwahl. Als allgemeiner Überblick vgl.: Horst Fuhrmann, Die Wahl des Papstes, in: Damals, Jg. 19 (1987), Nr. 1, S. 2ff.

081) R. Aubenas-R. Ricard, Storia della Chiesa, Bd. 15, Torino 1963, S. 170ff.: I tredici anni del pontificato di Alessandro VI. Die Papstwahlen vom September und November 1503, Pius' III. und Julius' II., vgl.: Hubert Jedin (Hg.), Handbuch der Kirchengeschichte, Bd. 3/2, Freiburg - Basel - Wien 1968, S. 668ff.

082) Il Principe, Kapitel 25

083) Brief vom 6. November 1511

084) Vgl. die Ausführungen über den Menschen in den Discorsi und im Principe

085) Gennaro Sasso, Niccolò Machiavelli, Geschichte seines politischen Denkens, Stuttgart - Berlin - Köln - Mainz 1965, S. 39. Sasso vertritt die Meinung, daß die „Parole" höher einzustufen seien als die Valdichiana-Schrift.

086) Barincou, a.a.O., S. 22

087) Brief vom 21. November 1500

088) De natura Gallorum

089) Verse 523-537, vgl. auch Sasso, a.a.O., S. 64

090) Brief an Machiavelli vom 25. Februar 1506

091) Erich Zöllner, Geschichte Österreichs, Wien 1984, S. 155

092) Adam Wandruszka: Das Haus Habsburg, Freiburg-Basel-Wien 1968, S. 80ff.

093) Rita Maria Mayer, Die politischen Beziehungen Maximilians I. zu Philipp dem Schönen und den Niederlanden (1493 - 1506), phil. Diss., Graz 1969, S. 20; bzw. Heidemarie Hochrinner, Bianca Maria Sforza, phil. Diss., Graz 1966, S. 57

094) Hermann Wiesflecker, Kaiser Maximilian I., Bd. 2, München 1975, S. 377

095) Hochrinner, a.a.O., S. 95

096) Wiesflecker, a.a.O., S. 92

097) Über dieses Vorhaben wird in der Historie viel diskutiert. Als Ausgang dienen besonders gut die venezianischen Berichte vom August-September 1506, Sanuto VI, 387, 392, 394, 396, 399, 401, 431 (entnommen dem Werk von Marino Sanuto, I Diarii, 40 Bde., Venezia 1879 - 1894).

098) Wiesflecker, Bd. 3, München 1977, S. 339

099) Edward Crankshaw, Die Habsburger, Wien - München 1978, S. 35ff.

100) Über die Geldmittel der Fugger vgl.: Günter Ogger, Kauf dir einen Kaiser, München - Zürich 1978

101) Über die Ambitionen Maximilians, Papst zu werden, vgl. Hermann Wiesflecker, Neue Beiträge zur Frage des Kaiser-Papstplanes Maximilians I. im Jahre 1511, in: Mitteilungen des Instituts für österreichische Geschichtsforschung (MIÖG), Bd. 71, Graz - Köln 1963, S. 311 ff. der Brief ist eine Kopie des 16./17. Jahrhunderts (vgl. a.a.O., S. 329).

102) Zur Geschichte Tirols: Josef Egger, Geschichte Tirols von den ältesten Zeiten bis in die Neuzeit, 3 Bde., Innsbruck 1872 - 1880; speziell zur Zeit Kaiser Maximilians I.: Rudolf Palme, Frühe Neuzeit, in: Geschichte des Landes Tirol, Bd. 1, hg. v. Josef Fontana, Bozen - Innsbruck - Wien 1986, S. 3ff.

103) Bericht, HHSA (Haus-, Hof- und Staatsarchiv) Aainz Arch, RTAkt 3a. fol. 439

104) Bernhard Erdmannsdörfer, Über die Depeschen der venezianischen Gesandten, mit besonderem Bezug auf Deutschland, in: Berr-Akad Leipzig, Jg. 9 (1857), S. 38 - 85; vgl. auch den Bericht Quirins, S. 72

105) Sanuto, a.a.O., Bd. 7, S. 261ff.

106) Bericht des Michael von Wolkenstein an das Innsbrucker Regiment, Lienz, 15. März 1508, Wien HHSA, Max Akt 12/2, fol. 47ff.

107) Wiesflecker, a.a.O., Bd. 4, S. 22

108) Innsbruck, TLA. (Tiroler Landesarchiv) Max Akt 1/44, fol. 128f.

109) Seidlmayer, a.a.O., S. 297

110) Wiesflecker, a.a.O., Bd. 4, S. 39

111) Brief vom 17. Januar 1507

112) Fernando Scorretti, Machiavel et les Suisses, Neuchàtel o.J. 1943, vgl. insbes. auch die ital. Ausgabe Machiavelli e gli Svizzeri, Bellinzona – Lugano 1949 u. Emil Dürr, Machiavellis Urteil über die Schweizer, Bd. 17, in: Basler Zeitschrift f. Geschichte u. Altertumskunde, Basel 1918. Vgl. auch zum Urteil und der Stellung der Schweizer bzw. der Schweiz im Werk Machiavellis: Leonhard von Muralt, Machiavellis Staatsgedanke, Basel 1945, S. 125 ff. Von Muralt unterstreicht, daß für Machiavelli v.a. die schweizerischen Stadtrepubliken besonders bedeutsam waren, denn nur dort könnten wirklich freie Staatswesen begründet werden, wo noch Rechtschaffenheit herrsche (S. 132). Und auch von Muralt kommt zum Schluß: „Die Schweiz nimmt... im Denken Machiavellis einen hervorragenden Platz ein. Wo er auch immer in entscheidender, das Wesentliche behandelnder Weise von der Republik im allgemeinen spricht, erwähnt er neben dem größten geschichtlichen Beispiel, das ihm überhaupt zur Verfügung steht, als bestes und eindrucksvollstes das 'dei nostri tempi', aus seiner eigenen Gegenwart, die Schweizer" (S. 144).

113) Karl Mittermaier, Machiavelli und die Schweizer, in: Geschichte, Historisches Magazin, Nr. 75 (1987), S. 33ff.

114) ebda.

115) Brief vom 17. Januar 1508

116) Diese Orte gehen aus Machiavellis „Legazione all'Imperatore Massimiliano" vom 17. Januar 1508 hervor. Es ist ungewiß, ob er nicht auch noch anderswo haltmachte. Mengen ist aufgrund dieser Quelle der nördlichste Ort, an dem Machiavelli vorbeikam. Dies ist insofern von Bedeutung, da oft vermerkt wird, Machiavelli sei nicht weiter nördlich gewesen als in Innsbruck.

117) Moritz Brosch, Machiavelli am Hofe und im Kriegslager Maximilians I., in: Mitteilungen des Institutes für österreichische Geschichtsforschung (MIÖG), Bd. 24, Innsbruck 1903, S. 87ff., S. 90ff., S. 100.

118) Diese Meinung vertrat schon Leopold von Ranke in seiner „Deutschen Geschichte", Leipzig 1862, Bd. 1, S. 117f. bzw. S. 346.

119) Vgl. v.a. Discorsi, Bd. 1, Kapitel 55

120) Sasso, a.a.O., S. 91

121) Brief vom 8. Februar 1508

122) Rapporti di cose della Magna

123) ebda.

124) Discorso sopra le cose di Alamagna e sopra l'imperatore (Discorso della Magna e dell'Imperatore, vom Jahre 1509)

125) Rapporto di cose della Magna

126) Karl Mittermaier, Niccolò Machiavelli − Seine Aussagen über Kaiser Maximilian I. und seine Eindrücke, die er am Hofe zu Innsbruck von den Deutschen gewann, in: Das Fenster, Nr. 38 (1986), S. 378ff.

127) Rapporto di cose della Magna. Die italienische Originalstelle hierfür lautet: „Spendosi indosso due fiorini in dieci anni." (In zehn Jahren zwei Gulden für Kleidung ausgegeben)

128) Schon Oreste Tommasini machte in La vita e gli scritti di Niccolò Machiavelli nella loro relazione col machiavellismo, Roma 1883, S. 196ff. auf die Bedeutung dieser Schrift für die politische Reifung Machiavellis aufmerksam. Zuvor verwies schon Nitti auf dieses Jugendwerk: Machiavelli nella vita e nelle dottrine, Bd. 1, Napoli 1876. Überhaupt sind diesem Werk Nittis wichtige Details zur Jugend und zur ersten Amtsperiode Machiavellis zu entnehmen.

129) Villari, a.a.O., Bd. 1, S. 276, verweist, daß man über die Ablöse-summe von 100 000 Dukaten nicht sicher sei; Guicciardini führe z.B. in Storia di Firenze die Summe von 150 000 Dukaten an, und zwar in 15 Jahren zahlbar.

130) Brief vom 14. August 1499

131) Brief vom 25. August 1499

132) Brief vom 23. September 1504

133) Brief vom 6. Oktober 1505

134) Brief an Machiavelli vom 26. Oktober 1504

135) Das Buch von Honorè Bonet, L'Arbre des Batailles, verfaßt um 1382 - 1387, kann als Handbuch für das Wesen des Krieges der Ritterepoche gelten. G.W. Coopland gab es 1949 heraus (Liver-pool).

136) Michael Howard, Der Krieg in der europäischen Geschichte, München 1981, S. 33ff.

137) Lateinisch: „conducti" Söldner; „conductio" Miet- oder Pacht-vertrag. Italienisch: „condotto" bzw. „condotta". Geoffrey Trease, Die Condottieri, München 1974.

138) Das Kriegswesen zur Zeit der italienischen Renaissance ist gut dargestellt in: Michael Mallet, Mercenaries and theis Masters, Warfare in Renaissance Italy, London 1974.

139) Friedrich Steger, Geschichte Franz Sforzas und der italieni-schen Condottieri, Leipzig 1853, S. 82ff.

140) Die letzten Verse des Decennale primo, vgl. S. 171

141) Schrift Machiavellis über die Einrichtung der neuen Miliz, vgl.: Villari, a.a.O., Bd. 1, S. 505

142) L'arte della guerra, Bd. 7, Kapitel 1

143) Brief vom 11. April 1505

144) Strnad, a.a.O., S. 72

145) Vgl. dazu die kritische Betrachtung über die Medici von Kurt Flasch, Das philosophische Denken im Mittelalter, Von Augustinus zu Machiavelli, Stuttgart 1983, S. 504ff.

146) Eine kritische Betrachtung zum politischen System der Medici, vgl. Rudolf von Albertini, a.a.O., S. 31ff.

147) Siehe dazu die Ausführungen von Tommasini, a.a.O., S. 273f.

148) Francesco Guicciardini, Storia d'Italia, Bd. 3, Bari 1929, S. 233

149) Vgl. dazu die ersten Absätze seines Briefes vom 10. Dezember 1513 an Francesco Vettori, Kapitel 3 in diesem Buch, S. 247ff.

150) Der Brief ist an eine Dame ohne genaue Angaben des Namens geschrieben, etwa um Mitte September 1512.

151) Mit diesem Beispiel des verlorenen Besitzes griff Machiavelli dem *Principe* vor, vgl. Kapitel 17: „...Denn die Menschen vergessen schneller den Tod ihres Vaters als den Verlust des väterlichen Erbes..."

152) Ai Palleschi

153) Brief vom 20. August 1513

3. Kapitel

001) Über Ridolfi und seine zweideutige Haltung im neuen Florenz unter den Medici vgl. Tommasini, a.a.O., Bd. 1, S. 273ff.

002) F. Guicciardini, Storia d'Italia, a.a.O., S. 233f.

003) Vgl. den Briefwechsel zwischen Machiavelli und F. Vettori, insbesondere die Briefe von Machiavelli an Vettori vom 10. und 26. August 1513, und von Vettori an Machiavelli vom 12. Juli und 20. August 1513.

004) Diese sogenannten Wahlhelfer gab es in der Toskana seit dem Mittelalter; es handelte sich dabei um von den Machthabern eingesetzte und vertrauenswürdige Anhänger des politischen Systems.

005) Villari, a.a.O., Bd. 2, S. 163

006) Dies meinte später auch F. Guicciardini, wenn er jetzt auch als treuer Anhänger der Medici galt. Vgl. etwa F. Guicciardini, Discorsi del modo di assicurare lo stato ai Medici, in: Dialogo e Discorsi del Reggimento di Firenze, Bari 1932

007) Luigi Passerini, Gli Orti Oricellari, Firenze 1854

008) Von Albertini, a.a.O., S. 75

009) Vgl. den Brief F. Vettoris an Machiavelli vom 23. November 1513.

010) Von Albertini, a.a.O., S. 248. Im Sommario, S. 349, schrieb F. Vettori: „Quasi tutti gli uomini sono adulatori, e dicono volentieri quello che credano piaccia alli uomini grandi, benchè sentino altrimento nel cuore."

011) In seiner Autobiographie bekannte er offen: „benchè io trovassi allora molto maggiore io mi dirizzai a volerla torre, perchè allora Alamanno ed Jacopo di parentadi, richezza, benivolenzia e riputazione avanzavano ogni cittadino privato che fussi in Firenze ed io ero volto a queste cose assai", in: Scritti autobiografici e rari, hg. von Roberto Palmarocchi, Bari 1936, S. 58

012) R. Palmarocchi, L'Ambasceria di Spagna, in: Studi Guicciardiniani, Firenze 1947

013) Vgl. den Brief Jacopo Guicciardinis an seinen Bruder Francesco vom 3. September 1512

014) Brief von F. Guicciardini aus Forlì vom 8. Oktober 1524

015) Brief F. Guicciardinis aus Faenza vom 23. Oktober und vom 11. Dezember 1525

016) An dieser Stelle sei auf die Ausgaben der Werke F. Guicciardinis verwiesen: Die bereits erwähnte Storia fiorentina erschien erst 1570, drei Jahrzehnte nach seinem Tode. Dieses Werk wird oft als der Beginn der modernen analysierenden Geschichtsschreibung bezeichnet. Sein theoretisches Hauptwerk sind seine Erinnerungen: Ricordi politici e civili. Darin schreibt er

u.a.: „Die Vergangenheit erleuchtet die Zukunft, da die Welt im Grunde immer gleich blieb."

Daneben verfaßte Guicciardini die ebenfalls erwähnte Storia d'Italia (1492 - 1532); dieses Werk gilt als die erste grundlegende Arbeit über die Geschichte Italiens. Der Autor zeichnete in diesem Werk auch ein zuverlässiges Bild der europäischen Politik zu seiner Zeit. Die Storia d'Italia wurde 1561 und 1564 herausgegeben, vollständig in 2 Bde., 1567, zuletzt 1930, erstmals deutsch übersetzt 1574. Über F. Guicciardinis Werk siehe: G. Canestrini und M. Cellini (Hg.), Opere inedite del Guicciardini, 10. Bde., 1857 - 1867; und nochmals die Storia Fiorentina, hg. von C. Panigada und R. Palmarocchi, 9 Bde., Firenze 1929 - 1936. Über F. Guicciardini: Roberto Ridolfi, Vita di Francesco Guicciardini, Roma 1962; Martin Barkhauser, Francesco Guicciardinis politische Theorien in seinen Opere inedite, o.O., 1980; F. De Caprariis, Francesco Guicciardini, Della politica alla storia, Bari 1950.

017) Von Albertini, a.a.O., S. 97

018) Vgl. Dialogo e Discorso

019) U.a. schrieb er im Dialogo e Discorso darüber: „Gli uomini hanno il gusto corrotto, nè credono che l'onore vero consista in altro che nella potenzia, però non si truovano di questi tali."

020) Von Albertini, a.a.O., S. 105

021) Brief F. Vettoris an Machiavelli vom 30. März 1513

022) Diese Meinung vertritt auch Ridolfi a.a.O., S. 238. Er nennt den Brief „la più famosa lettera di tutta la letteratura italiana". Bei diesem Brief Machiavellis an F. Vettori vom 10. Dezember 1513 sei auch auf die Bedeutung der verschiedenen Fassungen A, B und C verwiesen, vgl. auch dazu Ridolfi a.a.O., S. 520, Anm. 21. Roberto Ridolfi verschweigt seine besondere Neigung zu Machiavelli nicht, vgl. dazu a.a.O., S. VII: „Io amo Niccolò Machiavelli." Trotzdem: Seine Biographie ist wohl die z.Z. fundierteste Arbeit über das Leben Machiavellis. Ridolfi verbesserte viele Fehler und Ungenauigkeiten der Arbeiten von Villari, a.a.O., Tommasini, a.a.O., und Prezzolini, a.a.O. Für die wissenschaftliche Forschung sei hier vor allem auf die Anmerkungen auf S. 423 - 613 verwiesen.

023) Brief vom 23. November 1513

024) Vgl. weit. Ausf. d. Briefes v. 10. Dezember 1513 siehe auf S. 312

025) Brief von F. Vettori an Machiavelli vom 9. April 1513

026) Brief Machiavellis an F. Vettori vom 9. April 1513

027) Brief von F. Vettori an Machiavelli vom 21. April 1513

028) Brief von F. Vettori an Machiavelli vom 3. Dezember 1514

029) Im Brief vom 18. Januar schrieb er an Machiavelli u.a.: „Ho visto è capituli dell'opera vostra, e mi piacciano altra modo; ma se non ho il resto, non voglio fare iudicio resuluto."

030) Textprobe aus dem Canto degli Spiriti beati:
e mostrare a chi erra
si come al Signor nostro al tutto piace
che si panghin giù l'arme e stieno in pace
poichè vede il suo regno
mancare a poco a poco, e la sua gregge
se pel nuovo pastor non si corregge
Ridolfi, a.a.O., S. 506, Anm. 21, belegt das Jahr 1513 für die Entstehung dieses Sonettes.

031) Textprobe aus einem dieser beiden Sonette an Giuliano vom Jahre 1513:
Io vi mando, Giuliano, alquanti tardi
non perchè questo don sia buono o bello
ma perché un po'del pover Machiavelli
Vostra Magnificenzia si ricordi

032) Vgl. den Brief F. Vettoris an Machiavelli vom 30. März 1513

033) Brief Machiavellis an F. Vettori vom 18. März 1513

034) Villari, a.a.O., Bd. 3, S. 3

035) Landucci, a.a.O., S. 78ff.

036) Cleugh, a.a.O., S. 293

037) Vgl. die Ausführungen über die Stellung der Frau bei den Medici, insbesondere über den Einfluß von Alfonsina Orsini de' Medici, bei Tommasini, a.a.O., Bd. 1, S. 272ff.

038) Opportunistisches Handeln gehörte zum Wesen des Renaissance-Menschen.

039) Vgl. dazu vor allem die Ausführungen in den Discorsi

040) Hausmann, a.a.O., S. 49ff.

041) In Abhandlung über die Sprache, siehe den Originaltitel S. 345

042) Brief Machiavellis an F. Vettori vom 31. Januar 1515

043) Brief von Pietro Ardinghelli an Giuliano de' Medici vom 15. August 1515

044) Brief von F. Vettori an Machiavelli vom 15. Dezember 1514, vgl. auch den Brief Machiavellis an F. Vettori vom 31. Januar 1514/15

045) Brief Machiavellis an Giovanni Vernaccia vom 15. Februar 1516

046) Die Jahre 1515 - 1517 gelten als Beginn der Besuche Machiavellis in den Orti vgl. Ridolfi, a.a.O., S. 441, Villari, a.a.O., Bd. 3, S. 50 nennt hingegen das Jahr 1519, Gilbert, a.a.O., S. 151, das Jahr 1515.

047) Nardi, a.a.O., Bd. 2, S. 86: „Per il che detto Niccolò era amato grandemente da loro, e anche per cortesia sovrenuto, come seppi io, di qualche emolumento; e della sua conversazione si dilettavano maravigliosamente tenendo in prezzo grandissimi tutte l'opere sue, in tanto che de' pensamenti e azioni di questi giovani anche Niccolò non fu senza imputazione."

048) Datiert vom 28. Oktober 1520. Zum Konkurs von Giunigi siehe Tommasini, a.a.O., Bd. 2, S. 1089ff.

049) Ridolfi, a.a.O., S. 282: „avendo preso Machiavelli per un leguleio o un ragioniere."

050) Vgl. den Brief Machiavellis an F. Guicciardini vom 19. Mai 1521

051) Brief Machiavellis an F. Guicciardini vom 17. Mai 1521

052) ebda., Machiavelli wörtlich: „Perchè da un tempo in qua io non dico mai quello che io credo, nè credo mai quel che io dico, e se pure è mi viene detto qualche volta il vero, io lo nascondo fra tante bugie che è difficile a ritrovarlo."

053) Ponzo war ein Gegner Savonarolas.

054) Brief Machiavellis vom 17. Mai 1521

055) Brief F. Guicciardinis an Machiavelli vom 18. Mai 1521

056) Machiavellis Resümee in Carpi und seine Gespräche bzw. seinen Briefwechsel mit F. Guicciardini siehe: R. Ridolfi, Vita di Francesco Guicciardini, a.a.O.; in diesem Zusammenhang sei auch auf den Beitrag Ridolfis betreffend der Briefe Machiavellis verwiesen in: La Bibliofilia, Nr. 71 (1969), S. 1 - 23, Le carte del Machiavelli

057) Discorsi, 1. Buch, 3. Kap.

058) August Buck, Machiavelli, Darmstadt 1985, S. 44

059) ebda.

060) Discorsi, 1. Buch, 37. Kap.

061) Discorsi, 3. Buch, 43. Kap.

062) Discorsi, 3. Buch, 46. Kap.

063) Principe, 17. Kap.

064) Discorsi, 1. Buch, 2. Kap.

065) ebda.

066) Istorie fiorentine, 4. Buch

067) Darauf verweist auch Herfried Münkler, Machiavelli. Die Begründung des politischen Denkens der Neuzeit aus der Krise der Republik Florenz, Frankfurt a.M. 1984, S. 344; vgl. auch F. Gilbert, Machiavelli and Guicciardini, a.a.O., S. 121ff.

068) Klaus Stiewe-Niklas Holzberg (Hg.), Polybios, Darmstadt 1982, S. 183ff.

069) Discorsi, 1. Buch, 4. Kap.

070) Discorsi, Vorwort zum 2. Buch

071) Discorsi, 2. Buch, 6. Kap.

072) Brief von F. Vettori an Machiavelli vom 23. November 1513

073) Brief von F. Vettori an Machiavelli vom 5. August 1526

074) Discorsi, 1. Buch, 11. Kap.

075) Vgl. dazu v.a. Discorsi, 1. Buch, 13. Kap.: Die Religion der Römer; vgl. ebda., 1. Buch, 11. Kap.

076) Discorsi, 1. Buch, 11. Kap.

077) Discorsi, 1. Buch, 12. Kap.

078) Discorsi, 1. Buch, 47. und 58. Kap.

079) Freyer, a.a.O., S. 113

080) Buck, Machiavelli, a.a.O., S. 63, macht darauf aufmerksam, daß Machiavelli eigentlich hätte Francesco Sforza Cesare Borgia vorziehen müssen; dieser Aspekt sei von der Forschung meist übersehen worden.

081) Machiavelli im Principe, 7. Kap.: „estraordinaria et estrema malignitia della fortuna." Machiavelli hielt dennoch bei seinem Prototypen des Principe an C. Borgia fest, vielleicht weil er persönlich mit ihm seine politischen Vorstellungen miterlebt hatte. Nicht alle Biographen teilen diese Meinung. Hans Freyer meint etwa dazu: „Es wäre ein völliger Irrtum zu glauben, daß Machiavelli Cesare Borgia je für wahrhaft groß gehalten, in ihm das Ideal des politischen Menschen gesehen hätte", a.a.O., S. 45. Bei Freyers Machiavelli-Interpretation ist folgender Satz zu berücksichtigen: „Die ideale Verfassung ist das Volk in Waffen." Machiavelli hätte die Staaten und die Verfassung danach beurteilt, ob ein Volk im „Ernstfall einer totalen Mobilmachung fähig ist"; so Hans Freyer, Machiavelli und die Lehre vom Handeln, in: Zeitschrift für deutsche Kulturphilosophie, Bd. 4 (1938), S. 137. Diese These ist auf jeden Fall einseitig, vgl. dazu die Ausführungen zu den Discorsi S. 302ff. und zur Arte della guerra S. 356ff.

082) Discorsi, 2. Buch, 2. Kap.

083) Discorsi, 2. Buch, 19. Kap.

084) Discorsi, 1. Buch, 55. Kap.

085) Zu Thukydides siehe: Hans Herter (Hg.), Thukydides, Darmstadt 1968

086) Vgl. die beiden Briefe vom 13. und 21. September 1506; Giovambattista Soderini war der Neffe Piero Soderinis.

474

087) Vgl. dazu auch die Ausführungen auf S. 269ff.; diese im 25. Kap. des Principe getroffenen Feststellungen beruhen z.T. auf dem Schreiben an Giavambattista Soderini, vgl. v.a. die Ausführungen in Di fortuna. Machiavelli sprach bei dieser Abhandlung von ghiribizzi, Phantastereien.

088) Münkler, a.a.O., S. 302

089) Diese Ausführungen über necessità stützen sich auf Münkler, a.a.O., S. 246ff., vgl. dazu auch: Kurt Kluxen, Politik und menschliche Existenz bei Machiavelli, a.a.O., S. 69ff.

090) Dieses Lehrgedicht widmete Machiavelli Filippo Nerli. Machiavelli entlehnte es einem Epigramm des Ausonius.

091) Principe, 6. Kap.

092) Vgl. Discorsi, 3. Buch, 9. Kap.

093) Machiavelli ist bislang nach den Regeln der modernen Individualpsychologie kaum analysiert worden. Diese von Alfred Adler entwickelte Theorie könnte vor allem für den Machiavelli nach 1513 interessant sein und neue Perspektiven eröffnen.

094) Diese Grundtendenz ist optimal nachvollziehbar in den Discorsi, 3. Buch, 41. Kap.

095) Vgl. hier nochmals Kap. 1 des Principe und das 2. Buch, 49. Kap. der Discorsi

096) Vgl. in diesem Zusammenhang: Christoph Helferich, Geschichte der Philosophie, Stuttgart 1987, S. 98ff.

097) Principe, 2. Kap.

098) Werner Kaegi vertritt die Meinung, daß der Principe durch und durch eine Utopie sei, in: Historische Meditationen, Vom Glauben Machiavellis, Zürich 1942, S. 106f. Zur ausführlichen Textgeschichte des Principe siehe A.E. Quaglio, Per il testo del „De principatibus" di Niccolò Machiavelli, in: Lettere Italiane, Nr. 19 (1967), S. 141 - 186

099) Federico Chabod, Scritti su Machiavelli, Torino 1964, S. 29ff.; vgl. dazu auch Karl Heinz Gerschmann, Über Machiavellis Modernität, in: Archiv für Begriffsgeschichte, Nr. 17 (1973), S. 149 - 170

100) Vgl. Ridolfi a.a.O., S. 258, S. 525ff. Roberto Ridolfi weist, allen anderen Erörterungen und Argumentationen zum Trotze, nach, daß Machiavelli die Widmung des Principe im September 1515 schrieb: „Sia come si vuole. La dedica del Principe a Lorenzo non é anteriore al settembre del 1515, nè posteriore checchè se ne sia detto, a quello del 1516", a.a.O., S. 258, vgl. insbesondere dazu die Anmerkung 39 auf Seite 525, wo Ridolfi den Beweis durch die Anrede Machiavellis „magnificenza" anstelle von „eccellenza" für Lorenzo erbringen will. Obwohl Ridolfi mit seinen Ausführungen überzeugend wirkt, kann nicht mit absoluter Sicherheit das Jahr 1515 angenommen werden. Ein Argument dagegen ist schon die Tatsache, daß zu dieser Zeit Giuliano de' Medici, dem das Werk ursprünglich gewidmet sein sollte, noch lebte.

Entgegen anderer früherer Annahmen, daß Machiavelli das 26. Kapitel des Principe auch erst zum Zeitpunkt der Widmung verfaßte, sei hier vermerkt, daß gerade dieses Kapitel nicht vom strukturierten Zusammenhang der anderen abweicht, sondern im Gegenteil gerade mit dem 25. Kapitel inhaltlich und kompositorisch eng zusammenhängt. Außerdem zählte Machiavelli nicht zu jenen Autoren, die an ihrem Werk Verbesserungen und Ergänzungen vornahmen, was unter anderem auch sein anderes Schrifttum, vor allem seine Briefe, Berichte und politische Stellungnahmen, beweist (vgl. dazu G. Sasso, a.a.O., S. 153).

101) Auf die vielen Principe-Ausgaben kann hier nicht eingegangen werden; verwiesen sei neben den bereits angeführten Ausgaben noch auf Luigi Firpo (Hg.), Il Principe, Torino 1979; vgl. ebenso die Einleitung von F. Chabod und die Anmerkungen, die zusammengestellte Machiavelli-Bibliographie und die Erklärung der Begriffe und Namen, ebenso die zeitpolitischen und zeitkritischen Verweise. An dieser Stelle sei noch auf das Buch von Andrea Zambelli, Machiavelli, Il Principe, Firenze 1857 verwiesen. Zambelli lieferte eine parallele Darstellung von Machiavelli und seiner Zeit mit dem gesamten europäischen Raum und hob hervor, daß die Politik im übrigen Europa nicht anders („besser") gewesen sei als im Italien Machiavellis; die Regeln des Principe hätten überall Gültigkeit gehabt.

102) Titel des 24. Kap.

103) Marianne Weickert, Die literarische Form von Machiavellis Principe, Stuttgart 1937. Weickert arbeitete anhand der abstrakten Darstellung Cesare Borgias die These aus, Machiavelli habe die Arbeit des Principe von vornherein für alle Kapitel vorauskonzipiert.

104) Principe, 5. Kap.

105) Principe, 8. Kap.

106) Vgl. den Brief Machiavellis an Luigi Guicciardini vom 8. Dezember 1509 und den Brief Machiavellis an Piero Soderini, ohne Datum, wahrscheinlich Ende 1512, Anfang 1513. Beide Briefe sind für die Geschichte des politischen Denkens Machiavellis von besonderer Bedeutung, weil sie, v.a. der Brief an Soderini, das psychische Befinden Machiavellis zum Inhalt haben; dabei lassen sie einen depressiven Zustand vermuten, aus dem heraus der Principe konzipiert wurde.

107) ebda, Brief an P. Soderini

108) Vgl. Kap. 18, Principe

109) Vgl. die Ausführungen von Buck, a.a.O., 1985, S. 68ff

110) Vgl. v.a. Principe, 12 - 14. Kap., Discorsi, 1. Buch, 31. Kap., und 2. Buch, 33 Kap.

111) Vgl. Principe, Kap. 15

112) Principe, 17. Kap.

113) Principe, 18. Kap.

114) Vgl. Discorsi, 1. Buch, 3. Kap.

115) Freyer, a.a.O., S. 93

116) In diesem Zusammenhang sei auf folgende Interpretation verwiesen: E.W. Mayer, Machiavellis Geschichtsauffassung und sein Begriff der virtù, in: Studien zu einer Historik, München - Basel 1912; A. Bonadeo, The Role of the „Grandi" in the Political World of Machiavelli, in: Studies in the Renaissance, N. 16 (1969), S. 9 - 30; J. Hannaford, Machiavelli's Concept of Virtù in the „Prince" and the „Discourses" Reconsideret, in: Political Studies, Nr. 20 (1972), S. 185 - 189; N. Wood, Machiavelli's Concept of Virtù Reconsidered, in: Political Studies, Nr. 15 (1967), S. 159 - 172; J. Seigel, „Virtù in and since the Renaissance, in: Dictionnary of the History of Ideas, ed. Ph. P. Wiener, New York 1973 - 1974, IV., S. 476 - 486

117) Vgl. seine Worte: „Der Staat gehört zu den Gliedern der Natur." An dieser Stelle sei auf die z.Z. wohl beste Aristoteles-

Werkausgabe verwiesen: Deutsche Aristoteles-Gesamtausgabe, begr. v. Ernst Grumach, hg. v. Hellmut Flashar, 20 Bde., Berlin; zur Einführung in die Politik des Aristoteles vgl.: Claus Günzler (Hg.), Ethik und Politik des Aristoteles, Darmstadt 1972; allgemein zur Aristoteles-Forschung: Paul Moraux (Hg.), Aristoteles in der neueren Forschung, Darmstadt 1968

118) Max Kemmerich, Machiavelli, Wien - Leipzig 1925, S. 133, irrte, wenn er meinte, Machiavelli habe „gänzlich unabhängig von seinem großen Vorgänger" (Aristoteles) sein Werk geschaffen. Vgl. dazu die Ausführungen von Dolf Sternberger weiter unten.

119) Zum Tyrannenmord und der Widerstandsfrage im Mittelalter vgl. Karl Mittermaier, Aspekte des Widerstandes in der Geschichte, in: Distel, 1987/88, S. 31ff. (vgl. insbesondere die weiterführende Literatur).

120) Discorsi, 1. Buch, 58. Kap.

121) Dolf Sternberger, Machiavellis „Principe" und der Begriff des Politischen, Sitzungsbericht der wissenschaftlichen Gesellschaft an der J.-W.-Goethe-Universität, Frankfurt a.M., Bd. 12, Nr. 2, Wiesbaden 1974, S. 39ff.

122) D. Sternberger analysiert in: Drei Wurzeln der Politik, Frankfurt a.M. 1984, S. 159 - 256 ausführlich die Zusammenhänge zwischen der Auffassung des Tyrannen bei Aristoteles und bei Machiavelli. Er vertritt dabei u.a. die Meinung, daß Machiavellis historische Bedeutung in der Emanzipation des Tyrannen und nicht in der Begründung einer neuen Wissenschaft liege: „Er (Machiavelli) ragt nicht durch eine wesenhaft neue Erkenntnis, gar die Eröffnung einer neuen Wissenschaft hervor, seine Beschreibung der Techniken der Aufrichtung und der Erhaltung einer Tyrannenherrschaft fügt dem Schatz von Regeln nicht viel hinzu, den schon Aristoteles in seinen Tyrannen-Kapiteln ausgebreitet hatte." (S. 161). Ebenso verwies u.a. auch René König, a.a.O., S. 60ff. auf die Gemeinsamkeit des machiavellischen und des aristotelischen Tyrannen. König ging von Leopold von Ranke aus, der in seinen Werken „Geschichte der romanischen und germanischen Völker von 1494 - 1535" Leipzig-Berlin 1824 und in dem zugehörigen Anhang „Zur Kritik neuerer Geschichtsschreiber" Leipzig, 3. Aufl. 1874 vom Jahre 1824 die Parallelen zwischen Machiavelli und Aristoteles betrachtete. Darin zeigte Ranke den direkten Zusammenhang zwischen Machiavelli und Aristoteles auf. König: „Im Principe hat Machiavelli hauptsächlich das achte und neunte Kapitel des

fünften Buches der Politik des Aristoteles zugrunde gelegt. Während aber der aristotelische Staat auf der dem Menschen eingepflanzten Idee der Gerechtigkeit beruht, fällt dies bei Machiavelli vollkommen weg, wie er überhaupt alle theokratischen Ideen, die Befugnisse einer obersten Jurisdiktion, auf denen die Autorität von Papst und Kaiser gründen, gar nicht berührt. Dabei verwischt Machiavelli notwendigerweise den Unterschied von legitimer Herrschaft und Tyrannei, der in den Moralien und der Politik des Aristoteles, wie auch Platons immer wiederkehrt" (a.a.O., S. 63).

123) Sternberger, Drei Wurzeln, S. 186f., siehe ebda. S. 173ff.

124) Discorsi, 1. Buch, 25. Kap.

125) Hier ist der Originaltext relevant: „Una potestà assoluta, la quale degli autori è chiamata tirannide."

126) Rousseau: „En feignant de donner des lecons aux Rois il en a donnè de grandes aux peupler. Le Prince de Machiavel est le livre des rèpublicains."

127) Vgl. Hannah Arendt, Between Past and Future, New York 1977, S. 136ff. bzw. Gerhard Ritter, a.a.O., S. 202ff. oder Antonio Gramsci, Note sul Machiavelli, sulla politica e sullo stato moderno, Roma 1945. Als Vorläufer der modernen ideologischen Staatstheorien gefielen Machiavellis Anschauungen des Principe den proletarischen Parteiprogrammen, den modernen Konzeptionen der Revolutionen, dem Totalitarismus des Faschismus und Nationalsozialismus. In neuester Zeit identifizieren sich auch Ideologien des Pluralismus mit Machiavelli.

128) Der vollständige Titel der Discorsi lautet, wie schon erwähnt: Discorsi sopra la prima deca (de) di Tito Livio. Den Titel „Gedanken über Staat und Staatsführung" führte u.a. Rudolf Zorn in seiner deutschen Ausgabe der Discorsi, Stuttgart ²1977, an. Wörtlich übersetzt lautet Machiavellis Titel: Erörterungen über die erste Dekade des Titus Livius.

129) Bisher gab es keine vollständige, kommentierte lateinisch-deutsche Gesamtausgabe der Werke von Livius. Zur Zeit (1988) wird an einer neuen Werkausgabe gearbeitet. Diese vollständige Gesamtausgabe der Römischen Geschichte von Livius soll 11. Bde. ausmachen und in Zürich - München erscheinen.

130) Vorwort zu den Discorsi

131) Aus der Widmung

132) Ebda., hier sei vermerkt, daß bislang über die Entstehungs-
geschichte der Discorsi unterschiedliche Auffassungen bestanden, vgl. dazu die kritischen Ausführungen und Anmerkungen
von Buck, Machiavelli, a.a.O., S. 82 - 86; Ridolfi, a.a.O., S. 266,
S. 531ff.

133) Discorsi, 1. Buch, 39. Kap.

134) Vgl. Considerazioni intorno ai Discorsi del Machiavelli sulla
prima Deca di Tito Livio, in: Opere inedite, Bd. 1

135) ebda.

136) J.H. Whitefield, Machiavelli, New York 1966, S. 106: „The
Discourses represent the capital book of Machiavelli"; vgl. auch
L.J. Walker, The Discourses of N. Machiavelli, 2. Bde., London
1950

137) Diese Meinung, die weitgehend der modernen Machiavelli-
Forschung entspricht, stammt von Gerhard Ritter, a.a.O.,
S. 224; vgl. dazu auch Sasso, a.a.O., oder Chabod, a.a.O., oder
P. Larivaille, Les „Discours" et l'èvolution de la pensèe politi-
que de Machiavel, Universitè de Paris, Centre de Recherches
en Langue et Littèratures Italiennes, Documents de travail et
Prèpublications, Nr. 11

138) Prolog zur Clizia; Machiavelli erklärt darin, wer das Vorbild für
den Stoff dieser Komödie ist, wer die wichtigsten der auftretenden Personen, was ihre Laster sind und was der Zweck dieser
Dichtung ist.

139) Prolog zur Mandragola; gleichzeitig klärt Machiavelli den
Leser auf, daß er mit dem Stück vor allem den Menschen zu erheitern beabsichtige. Jeder solle bei der Anhörung (Aufführung) offenherzig lachen und frei darüber sprechen, ja kritisieren.

140) Prolog zur Clizia; immer wieder betont Machiavelli die Aufgabe seiner Dichtung, nämlich die Unterhaltung und, eher un-
terschwellig, die Belehrung. Dabei darf sicherlich nicht außer
acht gelassen werden, daß Machiavelli mit diesen Unterhal-
tungsstücken für die florentinische Gesellschaft einen politischen Auftrag erfüllen wollte; aus zahlreichen Anspielungen
geht sein politisches Denkmodell hervor; Ereignisse und Personen der Werke weisen auf wichtige historische Ereignisse

dieser Zeit hin. Damit sollten dem Publikum grundlegende moralische Gedankenansätze vermittelt werden; vgl. Roberto Ridolfi, Studi sulle commedie di Machiavelli, Pisa 1968.

141) Dialog über die florentinische Sprache; mit „vaterländische Ausdrücke" meinte er florentinische.

142) „Es gereiche dem Dichter zu höherem Ruhm, fremde Verse so assimiliert zu haben, daß sie wie eigene wirken, als ohne Vorbilder eigene Verse geschrieben zu haben." August Buck, Renaissance und Barock 1. Teil (Kommentar zum Werk des spanischen Dichters Garcilasos de la Vega von el Brosense), Frankfurt a.M. 1972, S. 37

143) Die lateinischen Autoren hatten sich wieder an die griechischen gehalten und diese zum Vorbild genommen.

144) Horaz, Ars poetica, Vers 268f. „Das Prinzip der Imitatio blieb das Grundgesetz der normativen Poetik, solange man an die Vorbildlichkeit der antiken Literatur glaubte", Buck, Renaissance und Barock, a.a.O., S. 32.

145) „So wie die Biene den Nektar zu einem neuen Produkt, den Honig, verarbeitet, soll der Autor willfahren", Seneca, Bienengleichnis, 84. Brief an Lucilius

146) Buck spricht hierbei von einer „Imitatio durch Variatio"; Renaissance und Barock, a.a.O., S. 33.

147) Pietro Bembo, der berühmte Schriftsteller und spätere Kardinal, berief sich vor allem auf diese stilistischen Normen. Man kann sagen, daß er der Literatursprache des 16. Jahrhunderts ihre Regeln erst gab. Als Vorbilder dienten ihm Dante, insbesondere aber Petrarca und Boccaccio; von ihrem Werk leitete er die Regeln für die elocutio ab. Mit dieser sprachlichen Wertschätzung leitete er den Purismus ein, durch den ein neuer Beamtenstil gelungenster Eleganz erreicht wurde; vgl. Pietro Bembo, Opera omnia in unum corpus collecta, Basel 1556.

148) Bembo ging davon aus, daß sich die Form dem Inhalt anzupassen habe; da es verschiedene Inhalte gebe, gebe es auch verschiedene Stilarten, genauer genommen drei: Für bedeutende Gegenstände, wie sie etwa hauptsächlich in der Tragödie behandelt werden, schlug er Wörter vor, die „gravi, alte, sonanti, apparenti, luminose" seien; für Gegenstände niedrigerer Art, etwa in der Komödie, „lievi, piane, dimesse, popolare,

chete"; Inhalte und somit Literaturgattungen, die dazwischen-
liegen, verlangten Wörter mittlerer Art.

149) Buck, Renaissance und Barock, a.a.O., S. 70

150) Der homo solitarius wußte, daß „den Menschen wenig zum
Leben genügt und der größte und wahre Reichtum darin besteht, wunschlos zu sein. Er bewegt sich ungebunden, er ruht
sicher, spinnt keine Ränke und braucht sich vor keinen Ränken
zu hüten; er weiß, daß man ihn und nicht seine Habe liebt."
Francesco Petrarca, Opera, De vita solitaria, hg. v. G. Martel-
lotti, Basel 1554

151) Der Individualismus war geboren nach dem Motto: „Ego sum
unus utinamque integer", frei übersetzt: Ich bin ein Individuum
und möchte ungeschmälert eines bleiben; Seniles XV, 1, in:
Francesco Petrarca, Opera, S. 1046
Im Rahmen des Individualismus, der immer ausgeprägtere Formen annahm, wurde die Autobiographie eine der beliebtesten
literarischen Gestaltungsmöglichkeiten, so daß häufig von der
Renaissance vom „heroischen Zeitalter der Selbstbiographie"
gesprochen werden kann; Georg Misch, Geschichte der Autobiographie I, Bern[3] 1949, S. 73.

152) So die Empfehlung des Florentiner Kaufmannes Giovanni di
Pagolo di Morelli in seinen Ricordi für das Studium antiker
Autoren, insbesondere Vergils. Vergil galt im Humanismus für
die Poesie als Vorbild. Das klassische Epos, das in Griechenland
von Homer, hier in Italien von Vergil vorgeprägt wurde, wurde
von den Humanisten erneuert.

153) Buck, Renaissance und Barock, a.a.O., S. 21 und 61; unter
„humanistischer Literatur" wird „das vielgestaltige Schrifttum,
das durch die für den Humanismus charakteristische Auseinandersetzung mit der Antike bestimmt ist", verstanden. „Studia
litterarum" wurde zur „studia humanitatis" mit den Fächern
Grammatik, Rhetorik, Poetik, Geschichte und Moralphilosophie.

154) Brief Machiavellis an Francesco Vettori vom 10. Dezember 1513

155) Petrarcas Briefesammlungen „Familiarum rerum liber" und
„Rerum senilium liber" wurden für die späteren humanisti-
schen Briefeschreiber richtungweisend und als literarische
Dokumente bedeutend.

156) Josephus Justus Scaliger, Poetices libri septem, VII, I, 2, Stuttgart-Bad Cannstatt 1964

157) Die Schrift, die erhalten ist, stammt aus dem 16. Jahrhundert. Da die Originalfassung fehlt, kann die Echtheit des Briefes angezweifelt werden.

158) Terenz, ca. 190 - 159 v.Chr., hatte wiederum die attische Komödie nachgeahmt. Mit Plautus wurde die große staatspolitische Komödie vom Alltagslustspiel des Kleinbürgers abgelöst. Die spätere Charakterkomödie nahm sich hier ihr Vorbild.

159) Villari, a.a.O., Bd. 3, S. 132

160) Aristoteles' drei Gestaltungsprinzipien, die Einheit der Zeit, des Ortes, der Handlung, setzten sich hiermit in der Renaissancekomödie durch.

161) Hegel, Vorlesungen über die Geschichte der Philosophie, Werke XV., Berlin 1836, S. 252f.; und weiter heißt es: Er habe aus seinem (Machiavellis) „Bewußtsein, seiner Erfahrung und Beobachtung, seinem Leben geschöpft".

162) „Die Calandria zeigt den Moment an, wo die gelehrte und die antiken Vorbilder nachahmende Comödie sich der volksthümlichen nähernd, endlich in Prosadialog ihren wahren Ausdruck fand." Villari, a.a.O., Bd. 3, S. 134

163) Als Mischform entstand eine neue literarische Gattung: die Tragikomödie, eine Tragödie mit glücklichem Ausgang. Giovambattista Guarinis Pastor fida, 1583, definierte sein Schäferdrama als „tragicommedia", worin tragische und komische Elemente vereinigt seien, um die Zuschauer zu belustigen und zu erheitern, sie dadurch „von der Traurigkeit zu befreien", vgl. Giovambattista Guarini, Il Verato, Ferrara 1588; Torquato Tassos Aminta, 1580, gilt ebenfalls als großes literarisches Beispiel für die Tragikomödie.

164) Kinck bezeichnet die Mandragola als die „unzweifelhaft bedeutendste Komödie des Jahrhunderts"; sie gehöre zu den „besten, die die italienische Literatur besitzt", a.a.O., S. 215. Die Komödie war vor allem später für Carlo Goldoni (1707 - 1793) eine wichtige Vorlage für die Konzeption moderner italienischer Komödien, die am venezianischen Theater zur Aufführung gelangten.

165) Vgl. Machiavellis Belfagor, wo ähnliche Personen auftreten.

166) Machiavelli erwähnt gleich in der ersten Szene dieses historische Ereignis.

167) Lucrezia gilt in der Stadt als außergewöhnlich „schön, verständig, wohlgesittet", während ihr Gatte geistig beschränkt ist. Callimaco setzt nun alles daran, diese Frau zu besitzen: „Lieber sterben, als so leben", 1. Aufzug, 2. Auftritt.

168) Nicia lehnt den Vorschlag des Badeaufenthaltes ab.

169) Einmal gesteht Nicia sogar, daß er lieber eine Bäuerin geheiratet hätte als seine Frau, da sie ihm bisher keine Kinder geschenkt hat; 2. Aufzug, 5. Auftritt.

170) Das Wundermittel, die Alraunwurzel, steht im Mittelpunkt der Handlung, so daß die Komödie auch nach ihr benannt ist. Der Titel, Mandragola, geht jedoch auf das I. Buch Moses, Kapitel 30, Vers 14ff. zurück. Hier ist der Kampf zwischen der kinderlosen Rahel und der kinderreichen Lea um Jacob dargestellt. Dabei ist von Liebesäpfeln die Rede, wobei eigentlich die Mandragola gemeint ist. Damit ist bewiesen, daß sehr früh schon dieser Wurzel eine heilsame Kraft, besonders gegen Sterilität, nachgesagt wurde.

171) Gerade durch Nicias Einwände, immer wieder unterbrochen von den lateinischen Floskeln Callimacos, erzielt Machiavelli im zweiten Akt komische Szenen, die dem Publikum Vergnügen bereiten.

172) Die Kirche kommt an manchen Stellen nicht gut weg, so z.B. wenn es heißt: „Diese Mönche sind pfiffig und verschlagen, es ist auch natürlich, denn sie wissen unsere Sünden zu den ihrigen", 3. Aufzug, 2. Auftritt.

173) 3. Aufzug, 11. Auftritt; Timoteo stellt das Ganze als harmlos hin; Lucrezia würde zwar mit einem anderen Mann verkehren; dies sei nur ein körperliches, fleischliches Vergehen; ihr Auftrag sei es aber, ihren Mann glücklich zu machen, indem sie ihm Kinder schenkt.

174) 4. Aufzug, 2. Auftritt

175) 4. Aufzug, 6. Auftritt

176) 5. Aufzug, 2. Auftritt

177) 5. Aufzug, 4. Auftritt; Lucrezia zog damit einen „machiavellistischen" Schluß, die angeblich himmlische Fügung selbst in den Dienst des weltlichen Vergnügens zu stellen. Ihre eheliche Tugend wurde nach der Nacht in eine machiavellistische umgewandelt, da sie den Betrug akzeptierte; vgl. Borsellino, a.a.O., S. 150

178) 5. Aufzug, 6. Auftritt

179) Lucrezia ist ein „Musterbild der Tugend", Freyer, a.a.O., S. 74

180) Vgl. dazu die Kritik Savonarolas am Verfall d. Kirche, hier S. 63ff.

181) ebda.

182) Vgl. Prolog der Mandragola

183) 5. Aufzug, 4. Auftritt

184) Freyer, a.a.O., S. 74

185) Villari, a.a.O., Bd. 3, S. 147

186) Borsellino, a.a.O., S. 141

187) Villari, a.a.O., Bd. 3, S. 146

188) Thomas Macaulay, Essays, Bd. 1, London 1864, S. 86; der Literaturkritiker und Essayist meint zudem, daß Machiavelli Großartiges hervorgebracht hätte, falls er sich der Tragödie zugewandt hätte.

189) Kinck etwa betrachtet Machiavelli, neben Aristophanes und Molière, als den großen Komödiendichter, a.a.O., S. 219

190) Zum Begriff „machiavellistisch" vgl. Kapitel 4

191) Vgl. Benedetto Croce, Etica e politica, Bari 1945

192) Vgl. folgende Aussage: Mandragola „è una commedia della maldicenza", Borsellino, a.a.O., S. 144

193) „Chi non ha lo stato di questa terra de'nostri pari, non truova cane che gli abbai", Mandragola, 2. Aufzug, 3. Auftritt. Und weiter heißt es: „Und wir sind zu nichts gut, als zu Begräbnissen und Hochzeiten zu gehen oder den ganzen Tag vor dem Gerichtsgebäude zu schäkern und die Zeit zu verplaudern; ich

brauche niemanden. Wenn's nur jeder so gut hätte wie ich."
Vgl. dazu die Briefstelle Machiavellis an Francesco Guicciardini vom 17. Mai 1521, wo er selbst seine Aussagen ironisch
kommentiert.

194) Vgl. Prolog der Mandragola

195) Vgl. Kinck, a.a.O., S. 216

196) Vgl. Ridolfi, Studi a.a.O., S. 12 - 120, insbesondere S. 22

197) 3. Aufzug, 3. Auftritt

198) Vgl. Francesco Guicciardini, Storia d'Italia, Bd. 2, S. 197f.

199) Ein Zeitgenosse Machiavellis, Battista della Palla, berichtet,
daß Papst Leo ihm sehr wohlgesinnt war und ihn gerne mit
einem literarischen Werk beauftragte; vgl. seinen Brief an
Machiavelli vom 26. April 1520.

200) Villari spricht hierbei von einer Verwechslung: Nicht Machiavellis Mandragola, sondern Rucellais Rosmunda soll aufgeführt
worden sein; vgl. Villari, a.a.O.

201) Viele glauben, daß die Mandragola bereits anläßlich der Feierlichkeiten zur Verlobung zwischen Lorenzo de' Medici und
Madelaine de la Tour d'Auvergne im September 1518 in Florenz aufgeführt wurde, wenig später auch beim Carneval im
Jahre 1519; vgl. Ridolfi, Studi a.a.O.; vgl. Kinck, a.a.O., S. 216ff.

202) Die erste Ausgabe erschien wahrscheinlich schon 1518, die
weiteren zwischen 1522 - 1526.

203) Die Dichter der commedia erudita, Machiavelli, Ariosto, Kardinal Bibbiena, Aretino, Cecchi, Lasca verdankten die Entstehung ihrer Werke dem Prozeß der Übersetzung, Bearbeitung
und Nachahmung klassisch-antiker Komödien. Freilich konnten sie oft keinen Trennungsstrich zwischen dieser Komödienform und jener der commedia dell'arte erzielen; vgl. Walter
Hinck, Das deutsche Lustspiel des 17. und 18. Jahrhunderts und
die italienische Komödie (Germ. Abhandlungen 8), Stuttgart
1965.

204) Ridolfi: „gli (Machiavelli) riuscì la migliore (commedia) di tutto
il teatro italiano"; Studi a.a.O., S. 274.

205) Vgl. Villari, a.a.O., Bd. 3, S. 149. Falconetti feierte am 13. Januar 1525 das Ende einer fünfjährigen Verbannung aus der Arnostadt. Die Aufführung wurde ein voller Erfolg, was ein Brief Filippo de' Nerlis vom 22. Februar 1525 aus Modena voll bestätigt: „La fama della vostra commedia e volata per tutto, e non crediate che io abbia avuto queste cose per lettere di amici, ma l'ho avuto da viandanti che per tutta la strada vanno predicando le gloriose pompe e i fieri ludi della Porta a San Frediano." (Deutsche Übersetzung: „Der Ruhm Eurer Komödie ist überall hingeflogen; und glaubt nicht, daß ich diese Meldungen den Briefen von Freunden entnehme, nein, von Reisenden habe ich sie, die überall auf den Straßen von den glorreichen Festen vor der Porta a San Frediano schwärmen.")

206) Bastiano hatte zuvor auch, zusammen mit Andrea del Sarto im Haus von Bernardo di Giordano, das Bühnenbild der Mandragola gestaltet; vgl. Giorgio Vasari, Le vite de' più Eccellenti Pittori, Scultori ed Architetti, 2. Ausgabe 1558, hg. v. G. Milanesi, 9 Bde.; siehe die beiden Lebensbilder; deutsche Ausgabe von A. Gottschewski und G. Gronau, 6 Bde., Straßburg 1904 - 1916.

207) Vgl. Villari, a.a.O.

208) ebda.

209) Vgl. Prezzolini, a.a.O. Ausgabe 1982, S. 155

210) Vgl. Kinck, a.a.O., S. 215f.

211) 1. Aufzug, 1. Auftritt: „Vor zwölf Jahren, 1494, kam König Karl von Frankreich nach Florenz, um mit einem großen Heer das Königreich Neapel zu erobern."

212) Vgl. Prolog der Clizia

213) ebda.

214) „Krieg und Liebe sind ein Geheimnis, die Gefahren gleich groß, doch das Ende kann in beiden Fällen tragisch sein: Der Soldat stirbt in einem Graben, der Liebende stirbt in Verzweiflung." 1. Aufzug, 2. Auftritt

215) „Sonst hörte er die Messe, ging seinen Geschäften und Ämtern nach und war in allen Dingen ordentlich", Worte Sofronias, 2. Aufzug, 4. Auftritt.

216) Vgl. Machiavellis Affäre mit Barbera Salutati

217) 3. Aufzug, 2. Auftritt

218) Machiavelli erzielte hier, mit der Darstellung der Hochzeitsnacht, eine größere Komik als Plautus; vgl. Thomas Macaulay, Essays, a.a.O., Bd. 1, S. 88.

219) 5. Aufzug, 3. Auftritt

220) Lied am Ende des 5. Aufzuges bzw. Lied am Ende des 2. Aufzuges der Clizia

221) Vgl. Gino Tambara, Intorno alla „Clizia" di Niccolò Machiavelli, Rovigo 1895

222) Villari bewertete gerade dadurch das antike Stück als „natürlicher, die bedingte Unterwerfung ist erträglicher", a.a.O., Bd. 3, S. 151.

223) 2. Aufzug, 1. Auftritt; wieder einmal kommt die Kirche nicht gut weg: Machiavelli kritisierte hier das Aussehen der Mönche, die recht ungepflegt wirkten und denen schlechter Geruch anhaftete.

224) 2. Aufzug, 5. Auftritt

225) Die Frauen sind „ohne Verstand, leichtgläubig und veränderlich", so Alberigos Meinung; 2. Aufzug, 8. Auftritt.

226) 3. Aufzug, 1. Auftritt

227) ebda.

228) 3. Aufzug, 6. Auftritt; nach den Worten des Apostels Paulus

229) Villari, a.a.O., Bd. 3, S. 176

230) Ereignisse der „niederen" Gesellschaft, in der die Dienerschaft v.a. eine größere Rolle spielte, hatten höchstens in der Komödie Aufnahme gefunden; vgl. Johann Christoph Gottsched, Versuch einer critischen Dichtkunst, Leipzig [4]1751.

231) Vgl. Friedrich Schlegels Definition: Die Novelle ist eine Anekdote, Nachricht von den poetischen Werken des Johannes Boccaccio, Sämtliche Werke, Bd. 1 - 15, Wien [2]1884; oder jene Goethes: Die Novelle ist eine „sich ereignete unerhörte Begebenheit", Gespräch mit Eckermann vom 29. Januar 1827.

232) Novelle Belfagor

233) ebda.

234) Villari, a.a.O., Bd. 3, S. 178; vgl. auch Innocenzio Giampieri, Niccolò Machiavelli e Marietta Corsini, in: Monumenti del Giardino Puccini, Pistoia 1845, S. 275 - 290

235) Vgl. Kinck, a.a.O., S. 214f.

236) Buck, Barock und Renaissance, a.a.O., S. 78

237) Machiavelli, Istorie fiorentine, Bd. 4. Der Aphorismus setzte sich als eigener Schreibstil allerdings erst im 17. Jahrhundert durch; zuvor begegnete man vereinzelt in humanistischen Schriften dieser Form, v.a. dort, wo der Autor zu einem lockeren Konversationsstil überging und knappe, aber spitzige Wortwendungen einbaute.

238) Vgl. Villari, a.a.O., Bd. 3, S. 155

239) Sie stehen eindeutig unter den Versen Lorenzo Magnificos; vgl. Kinck, a.a.O., S. 215 und Villari, a.a.O., Bd. 3, S. 164ff.

240) Canto degli Spiriti beati. Auch hier stechen die üblichen Gedanken Machiavellis hervor: Egoismus, Gewinnsucht, Machtstreben, Haß, Hochmut, Hinterlist der Menschen.

241) Diese Abhandlung hat Machiavelli Luigi Guicciardini zugeeignet; sie muß nach 1515 geschrieben worden sein, da auch der Bruderzwist der Petrucci in Siena erwähnt wird, der um 1516 stattgefunden hatte. Zum Inhalt vgl. v.a. Wolfgang Kersting, Niccolò Machiavelli, München 1988, S. 39ff.

242) Vgl. Villari, a.a.O., Bd. 3, S. 162. Das Datum 1515 gilt deshalb als wahrscheinlich, weil Machiavelli den Heerführer Consalvo nennt.

243) Della Ingratitudine, Über die Undankbarkeit, Giovanni Folchi gewidmet

244) Villari betrachtete dieses kleine Kapitel vom Glück aus dem Jahre 1506 als eines der besten; „mit großer Klarheit und Natürlichkeit" seien Machiavellis Ideen vom Glück dargelegt worden; a.a.O., Bd. 3, S. 160f.

245) Machiavelli belebte damit eine alte florentinische Tradition, die hauptsächlich aus Albertis Intercenali resultierte und mit Gellis Circe einen Höhepunkt erreichte. Der Großteil der Verse entstand wohl im Winter 1517. Spätestens Ende März 1518 hatte Machiavelli den L'Asino d'oro abgeschlossen; vgl. Ridolfi, Studi, a.a.O., S. 34. Zur Interpretation des L'Asino vgl. insb. Gian Mario Anselmi und Paolo Fazion, Machiavelli, L'Asino e le bestie, Bologna 1984.

246) U.a. sollte das Werk eine kritische Anspielung auf Luigi Guicciardini und die übrigen Freunde der Medici enthalten.

247) Machiavellis Sohn Bernardo bestätigt, daß sein Vater ihm öfter von der Arbeit erzählt und er sie auch selbst gesehen hätte: „Bernardo Machiavelli, Sohn des besagten Niccolò, versichere, er erinnere sich, seinen Vater über diese Arbeit sprechen gehört und sie in seinen Händen gesehen zu haben." Codex Giuliano de Ricci, Nr. 692; siehe dazu die Schrift Riccis vom Jahre 1577 des Neffen Machiavellis, a.a.O., das Original befindet sich in der Nationalbibliothek in Florenz; siehe dazu auch Ridolfi, a.a.O., S. 539, Anm. 34.

248) Ridolfi, a.a.O., S. 539ff., Anm. 34 vergleicht alle bekannten Thesen über das Entstehungsjahr und kommt zu dem Schluß, daß der Dialog vor bzw. um 1518 entstanden sein muß.

249) Drei Jahrhunderte später, um 1800, griff die Romantik in einer neuen Disziplin, in der Vergleichenden Philologie, Machiavellis sprachphilosophischen Gedanken wieder auf. Gerade mit seiner Wertlegung zum Verb als wichtiges Unterscheidungsmerkmal wich Machiavelli von der damaligen Meinung der Philologie ab; sie war nämlich hauptsächlich vom Substantiv ausgegangen, um eine Differenz zwischen den Sprachen untereinander aufzuzeigen.

250) Als ein Beispiel nimmt er u.a. Suppositi her, ein Lustspiel, das nur ferraresische Scherzworte, nicht jedoch florentinische gebrauche, so daß dem Werk das Eigentümliche und Wesentliche fehle.

251) Von Albertini, a.a.O., S. 90

252) Vgl. Machiavellis Abhandlung über die städtische Miliz vom Jahre 1520: Discorso delle cose fiorentine dopo la morte di Lorenzo

253) Constantin, Ritter von Höfler, Papst Adrian VI. (1522 - 1523), Wien 1880. Vgl. auch den Aufsatz von Hansjakob Stehle, in: Die Zeit, Nr. 18, 1989

254) Villari, a.a.O., Bd. 3, S. 261

255) Gino de Leva, Storia documentata di Carlo V. in correlazione all'Italia, 5 Bde., Venezia - Padova 1863 - 1894 (vgl. für diesen Abschnitt insbesondere Bd. 3)

256) Von Albertini, a.a.O., S. 300

257) Westlich der heutigen Piazza Napoleone in Lucca kann noch heute ein Eindruck von der Burg Castruccios gewonnen werden. Er hatte das Kastell auf einem eigens dafür abgerissenen Stadtteil anlegen lassen.

258) U.a. wörtlich: „Potrebbonsi raccontare delle altre cose assai dette da lui, ma voglio che questi bastino in testimonio delle grandi qualità sua."

259) „visse quarantaquattro anni"

260) „fece cose grandissime"

261) Machiavelli schrieb folgenden Titel: „La vita di Castruccio Castracani da Lucca, descritta da Niccolò Machiavelli e mandata a Zanobi Buondelmonti e a Luigi Alamanni suoi amicissimi", vgl. dazu die Ausgabe von Stefano Andretta und die Einleitung von Delio Cantimori, Milano 1976, S. 461 - 491. Zum historischen Castruccio siehe: Vita Castruccii Antelminelli, lucensis ducis, auctore Nicolao Tegrimo uno cum etrusca versione Georgii, Luccae 1742

262) Villari, a.a.O., Bd. 3, S. 69

263) Vgl. den Brief von Z. Buondelmonti an Machiavelli vom 6. September 1520

264) Strnad, a.a.O., S. 99, vermutet autobiographischen Charakter, besonders bei den Worten des sterbenden Castruccio.

265) Vgl. Principe

266) Brief von Z. Buondelmonti an Machiavelli, ebda.

267) Arte della guerra, 7. Buch

268) Machiavelli würdigte Lorenzo di Filippo Strozzi als Wohltäter und Freund. Lorenzo hatte sich tatsächlich in den Orti oft für Machiavelli ausgesprochen; vgl. dazu den Brief von Lorenzo di Filippo an seinen Bruder Lorenzo vom 17. März 1519

269) Brief Filippo de'Nerlis an Machiavelli vom 17. November 1520

270) Zur Aufnahme der Arte della guerra vgl. v.a. die Briefe von Battista della Palla an Machiavelli vom 26. April 1520 und von F. de'Nerli an Machiavelli vom 1. August 1520. Kritische Anmerkungen dazu vgl. Paolo Pieri, Intorno all'Arte della guerra di Niccolò Machiavelli, Bologna 1927; oder die Einleitung all'Arte della guerra, Roma 1936; Gilbert, a.a.O., S. 192 - 229

271) Der Übersetzer Conrad Wieland gab der Arte della guerra den barocken Titel: „Kriegskunst... Darunter die heutigs Tags in übung stehende vornembste Kriegs Disziplin gegen der alten Römern und Griechen und Lacedaemoniern Kriegs Sitten verglichen und beeden Ordnungen durch unterschiedliche Personen sehr lustige Gespräch gehalten."

272) Vgl. Villari, a.a.O., Bd. 3, S. 73. Das Zitat vgl. den Major im Generalstab der preußischen Armee Max Jähns, Machiavelli als militärischer Techniker, in: Grenzbote für Politik, Literatur und Kunst, Nr. 17 (1881), S. 555

273) Arte della guerra, 7. Buch

274) Vgl. Karl Marx, Zur Kritik der politischen Ökonomie, bzw. Einführung in Marx' Schrift Zur Kritik der politischen Ökonomie, hg. von Hannes Skambraks, Berlin (Ost) [3]1985

275) 12. Kap.

276) Vgl. Ridolfi, a.a.O., S. 285

277) Diese fiorini larghi wurden auch fiorini di suggello oder fiorini di camera genannt.

278) In älteren Biographien über Machiavelli erscheint diese Abhandlung auch unter: Discorso sopra il riformare lo stato di Firenze fatto ad istanza diPapa Leone (dies ist i.ü. der vollständig gedruckte Titel) oder: Discorso per rassettare le cose di Firenze dopo la morte del duca Lorenzo.

279) Vgl. Ridolfi, a.a.O., S. 547f., Anm. 28

280) Gino Guidi, Niccolò Machiavelli e i progetti di riforme costituzionale a Firenze nel 1522, in: Il Pensiero Politico, Nr. 2/3 (1969), S. 580 - 596

281) Vgl. die Verfassungsreform

282) Vorwort der Istorie fiorentine

283) Buck, Machiavelli, a.a.O., S. 172f

284) Über die concioni vgl. Machiavelli in den Discorsi, 1. Buch, 46. Kap. oder R. Aguirre, Machiavelli's Use of Fictive Speeches in the Istorie Fiorentine, PhD-Dissertation, University of Oregon 1978

285) Vgl. Rudolf Zorn in seiner Einleitung zu der Ausgabe der Discorsi, a.a.O.

286) Flavio Biondo verfaßte insbesondere die Historiarum ab inclinatione romani imperii decades, die Italia illustrata und Roma triumphans.

287) Vgl. die fundierten Ausführungen von Gisela Bock, Machiavelli als Geschichtsschreiber, in: Quellen und Forschungen aus italienischen Archiven und Bibliotheken, hg. vom Deutschen Historischen Institut in Rom, Nr. 66 (1986), S. 153 - 191; vgl. v.a. die Anm. 30 und die Ausführungen über die Rehabilitierung Machiavellis als Geschichtsschreiber, S. 165ff.

288) Georg Gottfried Gervinus hielt die Istorie fiorentine für das „größte und beste" Werk Machiavellis; damit habe Machiavelli die „wissenschaftliche Geschichtsschreibung" begonnen. Vgl. G. G. Gervinus, Geschichte der florentinischen Historiographie (¹1833), Wien 1971. Machiavelli wird erst seit etwa zwei Jahrzehnten auch als „Machiavelli storico" gewürdigt, vgl. Delio Cantimori, Niccolò Machiavelli, Il politico e lo storico, in: Storia della letteratura Italiana, Bd. 4, Milano 1965, S. 7ff. Zur Sprache Machiavellis in den Istorie vgl.: C. Dionisetti, Machiavelli e la lingua fiorentina, in: Machiavellerie, hg. von C. Dionisetti, Torino 1980, S. 267 - 363

289) Brief Machiavellis an F. Vettori vom 3. August 1513. Über Frauen und Liebe vgl. Machiavellis Brief an F. Vettori vom 4. Februar 1514

290) Brief Machiavellis an F. Vettori vom 10. Juni 1514

291) Brief Machiavellis an F. Vettori vom 3. August 1514

292) Brief Machiavellis an F. Vettori vom 15. März 1525 (od. 1526).
Über das Verhältnis Machiavellis mit Barbera vgl. u.a. den Brief
F. Vettoris an Francesco del Nero vom 5. Februar 1524; darin
ließ er Machiavelli mitteilen, es sei ihm geraten und für ihn ver-
nünftiger, mit Barbera zu Abend zu essen, als sich mit politischen Anliegen zu plagen. Wörtlich: „Mi raccomanda a Niccolò
Machiavelli e li dì che io credo che sia molto meglio cenare
qualche volta con la Barbera alle Spese del Fornaciaio che avere
a stare qua in sulla ora della cena intorna a una porta, la quale
ancor poi, dopo un lungo aspettare, non è aperta." Es war nicht
so, daß alle Machiavellis Beziehung zu Barbera und seine anderen Liebesabenteuer guthießen. Filippo de'Nerli, der vom
Ruhm der Clizia berichtet hatte (vgl. S. 329ff., schrieb an den
Schwager Machiavellis: „Ihr seid dem Machia nahe und ihm
ein Freund, und auch ich bin ihm sehr freundschaftlich verbunden. Ich nehme diese Gelegenheit wahr, um Euch zu sagen, wie
es mich schmerzt, was mir hier (in Modena) täglich über sein
Benehmen zu Ohren kommt. Ich habe darüber in diesen Karnevalstagen soviel Klagen gehört, wie ich normalerweise über alle
Übeltaten in dieser Stadt nicht höre. Und wenn, was dieser
armen Provinz in diesen Tagen geschieht (nach der Schlacht
von Pavia), nicht Grund zu anderen Gesprächen als zu Klatsch
gäbe, dann würde man wohl über nichts anderes reden. Daß ein
Familienvater sich so aufführt, ich will nicht sagen mit wem,
und dabei hat er eine sehr schöne Komödie geschrieben." Vgl.
Filippo de'Nerli an Francesco del Nero vom 1. März 1525.

293) Vgl. etwa Prezzolini, a.a.O., S. 155ff.

294) Brief F. Vettoris an Machiavelli vom 8. März 1525

295) Vgl. dazu die Briefe zwischen Jacopo Salviati und seinem Sohn
vom 3., 13., 17. und 24. Mai 1525; wörtlich am 17. Mai: „Di
Niccolò Machiavelli bisogna farne fora."

296) Dieses Angebot hatte Piero Soderini, der sich jetzt in Rom
aufhielt, erwirkt, vgl. Brief P. Soderinis an Machiavelli vom
13. April 1521.

297) Brief F. Guicciardinis an Papst Clemens VII. vom 19. Juni 1525

298) Brief von Canossa an F. Vettori vom 15. September 1525

299) Dieser Stadtteil lag und liegt etwas außerhalb von Florenz, auf
dem Hügel jenseits des Arno. San Miniato zählte nicht zu den

vier traditionellen Stadtteilen Santo Spirito (auch Oltrarno genannt), Santa Maria Novella, Santa Croce und San Giovanni.

300) Brief Machiavellis an F. Guicciardini vom 2. Juni 1526

301) Der Zusatz „heilig" (Sacrum Imperium) stammte aus der Zeit Friedrich Barbarossas (1152 - 1190); schon Otto II. (1024 - 1039) hatte den endgültigen Schritt zur offiziellen Bezeichnung „Römisches Reich" (Imperium Romanum) getan.

302) Karl Brandi, Kaiser Karl V., Frankfurt a.M. [2]1979; Federico Chabod, Lo Stato e la vita religiosa a Milano nell'epoca di Carlo V, Torino 1971

303) Georg von Frundsberg, vgl. Reinhard Baumann, Georg von Frundsberg, München 1984. Vgl. auch die Veröffentlichung von Friedrich Blau, Die Deutschen Landsknechte, Garlitz 1882, neu aufgelegt Wien 1986, vgl. G. v. Frundsberg, S. 96ff.

304) Vgl. die Briefe von F. Guicciardini vom 19. April 1527 und die Briefe Machiavellis aus Bologna an die Otto di Pratica vom 30. März und 19. April 1527

305) Briefe von F. Guicciardini aus Florenz vom 26. und 29. April 1527

306) Vgl. Pio Carlo Falletti-Fossati, Assedio di Firenze, Palermo 1885, 1. Teil, S. 403 - 421. Über die Zeit von Florenz nach 1527 vgl. die bereits angeführte Literatur, v.a. F. Guicciardini, Storia fiorentina, a.a.O.; die Geschichte Italiens nach 1527 ebenso F. Guicciardini, Storia d'Italia, a.a.O.; eine zusammenhängende Darstellung vgl. Indro Montanelli, a.a.O., Bd. 4ff. Kleinere, allgemeingehaltene, wissenschaftlich fundierte Darstellungen in deutscher Sprache vgl. H. Kramer, a.a.O., Bd. 2; Seidlmayer, a.a.O.; Schuhmann, a.a.O.; Rudolf Lill, Geschichte Italiens vom 16. Jahrhundert bis zu den Anfängen des Faschismus, Darmstadt 1980; Giuliano Procacci, Geschichte Italiens und der Italiener, München 1983

307) Brief Machiavellis an F. Vettori vom 16. April 1527

308) Brief Machiavellis an Guido Machiavelli vom 2. April 1527

309) Machiavellis Besitz und seine materiellen Einnahmen vgl. Ridolfi, a.a.O., S. 502f., Anm. 1

310) Vgl. Brief von Roberto Pucci an Machiavelli vom 8. Juni 1522

311) Brief Machiavellis an Giovanni Vernacci v. 20. April 1514; vgl. auch die Briefe v. 18. August 1515, 19. November 1515, 15. Februar 1516 und 8. Juni 1517

312) Brief Machiavellis an Giovanni Vernacci vom 8. Juni 1517. (Einige Korrespondenz zwischen Machiavelli und G. Vernacci ging auf der langen Reise zwischen Florenz und dem Schwarzen Meer verloren.)

313) Brief Machiavellis an Giovanni Vernacci vom 20. April 1514

314) Ridolfi, a.a.O., S. 392

315) Piero Machiavelli schrieb seinem Onkel Francesco Nelli, Rechtsanwalt in Pisa: „Bester Francesco. Ich kann meine Tränen nicht zurückhalten, wenn ich meiner Pflicht nachkomme, Euch mitzuteilen, daß unser Vater am 22. d.M. an starken Leibschmerzen verstorben ist, verursacht durch ein Medikament, das er am 20. Juni genommen hat. Er ging dahin, nachdem er seine Sünden dem Frate Matteo gebeichtet hatte, der bis zum Tode bei ihm geblieben war. Der Vater hat uns in größter Armut zurückgelassen, wie Ihr wißt" (22. Juni 1527). Aus diesem Brief geht der 22. Juni als Todestag Machiavellis hervor. Aus dem Sterberegister Libro dei Morti geht aber hervor, daß Machiavelli am 22. begraben wurde: „Niccolò Machiavelli, a dì 22 riposto in Santa Croce." Dieser Brief Pieros an Francesco Nelli wurde später oft als Fälschung, mit dem die Kirche die Bekehrung eines von der Kirche Abgewichenen posthum bekunden wollte, angezweifelt; Machiavelli sollte demnach als reumütiger Sünder verstorben sein. Diese Meinung ist heute nicht mehr aktuell, vgl. Ridolfi, a.a.O., S. 595, Anm. 25.

316) Marietta rächte sich als gebürtige Corsini nach Machiavellis Tod an Barbera Salutati. Es gelang ihr die Diffamierung der früheren Geliebten ihres Ehemannes, und Barbera mußte Florenz verlassen. Als verwitwete Raffacani schrieb sie am 5. Juli 1544 einen Brief aus Rom an einen Freund, in dem sie sich an ihre Liebe zu Machiavelli erinnerte. Dabei beklagte sie sich, daß die Corsini sie aus Florenz vertrieben hätten; jetzt erschwerten sie ihr auch das Leben in Rom. Wörtlich: „E' mi scade di nuovo infastidire la S.V. di quella faccenda mia di Prato; perchè di nuovo quelli vostri Corsini mi molestano, e quel che sia seguito per li tempi passati S.V. sa. Hora di nuovo, secondo che ci advisa Giovanni Filippi, detto il ballerino, che sta in una povera casetta di Tommaso mio (Tommaso hieß ihr verstorbener Ehemann), detti Corsini mi infestano. Per tanto io voglio pregare la S.V. che voglia fermare questa cosa per lo amor che

portasti alla buona memoria di Niccolò Machiavelli et ancora mio; perchè, messer Lorenzo, la molestia loro quasi mi cavò di Firenze, vi voglio pregar che non cherchino anche di cavarmi di Roma." Vgl. Ridolfi, a.a.O., S. 562, Anm. 4

317) Vgl. J. N. Stephens, The Fall of the Florentine Republic 1512 - 1530, Oxford 1983

4. Kapitel

001) Frank Deppe, Niccolò Machiavelli, Zur Kritik der reinen Politik, Köln 1987, S. 209. Deppe weist die Behauptung „von der unterwürfigen Idealisierung des Herzogs" als nicht überzeugend zurück.

002) Es können hier nur die wichtigsten Aspekte der Wirkung Machiavellis behandelt werden. Ansonsten sei auf die vielseitige und teilweise gut fundierte Literatur über Machiavellis politische Theorien und den Machiavellismus verwiesen; vgl. die jeweiligen spezifischen Literaturvermerke.

003) König, a.a.O., S. 77 bzw. S. 134 meinte, daß die italienische Renaissance „der reinste Ausdruck solchen Zerbrechens der Zeit (ist), darum ist sie auch mit ihrer Zweischichtigkeit von Mythik und Tatsächlichkeit ein typisches Krisengeschöpf". König nannte Machiavelli einen „Ästhet der Gewaltsamkeit" und nicht einen Realpolitiker. Von Albertini vertritt die Meinung, nach dem Zusammenbruch des kapitalistischen Geistes in Florenz im 16. Jahrhundert sei die Krise der Renaissance voll ausgebrochen, a.a.O., S. 281. Münkler sagt, daß dies nur ein, allerdings wesentlicher Aspekt sei, a.a.O., S. 164ff. bzw. S. 352ff.; vgl. dazu auch Chabod, a.a.O., S. 168ff. bzw. S. 219ff.

004) Münkler, a.a.O., S. 218ff.

005) Vgl. Karl Heyer, Der Machiavellismus (phil. Diss.), Berlin 1918, S. 3

006) Eberhard Schmitt, Machiavelli, in: Klassiker des politischen Denkens, Bd. 1, hg. von H. Maier, H. Rausch und H. Dencer, München 1968, S. 198 - 222, besonders S. 203

007) Stephan Otto, Renaissance und frühe Neuzeit (Geschichte der Philosophie in Text und Darstellung, hg. von R. Bubner), Bd. 3, Stuttgart 1984, S. 375

008) Zu Polybios vgl. Michael Grant, Klassiker der antiken Geschichtsschreibung, München 1981, S. 130ff.

009) Münkler, a.a.O., S. 368

010) Elias Canetti, Masse und Macht, Frankfurt a.M. ^{3}1981, S. 313

011) ebda.

012) Romano Guardini, Die Macht, Würzburg 1951. Zur Macht und Gewalt vgl. v.a. H. Arendt, a.a.O.; H. Münkler, Im Namen des Staates, Frankfurt a.M. 1987, S. 21ff.; Heinrich Popitz, Phänomene der Macht, Tübingen 1986, vgl. v.a. Macht und Herrschaft, S. 37ff. und Gewalt, S. 68ff.; John Kenneth Galbraith, Anatomie der Macht, München 1987

013) Heyer, a.a.O., verwies auf das positive Element des Machiavellismus, das in der modernen Theorie des Neo-Machiavellismus und Über-Machiavellismus keinen Platz mehr findet, S. 11. Die beiden letzten Begriffe wurden von Heyer freilich nicht gebraucht.

014) Vgl., ebda. S. 51

015) Zu Herodot vgl. insbesondere die Bücher der Geschichte I - IV, zum Werk Herodots vgl. Grant, a.a.O., S. 29 - 64

016) Principe, 18. Kap.

017) Vgl. Andreas Kamp, Die aristotelische Theorie der Tyrannis, in: Philosophisches Jahrbuch, 92. Jg. (1985), 1. Halbband, S. 33

018) Vgl. Erwin Faul, Der moderne Machiavellismus (Politische Forschungen Bd. 1, hg. von D. Sternberger), Köln-Berlin 1961, S. 68; Faul hat mit dieser Arbeit, eine grundlegende Studie zum Machiavellismus bzw. Neo-Machiavellismus und Über-Machiavellismus, neue Aspekte aufgezeigt.

019) Vgl. Antonio Gramsci, Zu Politik, Geschichte und Kultur, Leipzig ^{2}1980, S. 253

020) Faul, a.a.O., S. 169

021) Vgl. Henning Behrings-Paul Noack, Theorien der internationalen Politik, München 1984, S. 216

022) Münkler, Im Namen des Staates, a.a.O., S. 67

023) Deppe, a.a.O., S. 362

024) Discorsi, Vorwort zum 1. Kap.

025) Chabod, Scritti su Machiavelli, a.a.O., meint, daß Machiavelli nur ein starkes Fürstentum in Mittelitalien anstrebte.

026) Otto, a.a.O, S. 375

027) Vgl. Friedrich Meinecke, Die Idee der Staatsräson, München [4]1976, S. 1ff. Meinecke hat die Diskussion über die Staatsräson von Machiavelli bis Treitschke nachvollzogen und dabei wesentliche Hintergründe ihres Wesens und der Komponenten Moral, Macht und Recht neu aufgezeigt. Die Diskussion über Macht und Moral, Staat und Recht hatte erneut und diesmal heftiger begonnen. Zur Staatsräson vgl. ebenso Münkler, Im Namen des Staates, a.a.O., der das epochale Werk Meineckes fundiert mit neuen wissenschaftlichen Erkenntnissen fortsetzte bzw. ergänzte.

028) Münkler, Im Namen des Staates, a.a.O., S. 11ff.

029) Meinecke, a.a.O., S. 11

030) C. J. Friedrich, a.a.O., S. 15

031) Discorsi, 1. Buch, 27 Kap.

032) Josef Macek, Machiavelli e il Machiavellismo, Firenze 1980, S. 169f.

033) Thukydides im 5. Buch des „Peloponnesischen Krieges"
034) Aristoteles, 5. Buch der „Politik"

035) Johannesevangelium, 11, 49 - 50

036) Giovanni Pontano, De obedientia, Napoli 1490, IV. Buch

037) Vgl. Reginald Pole, Epistolarum Reginaldi Poli, S.R.E., Cardinalis et aliarum ad ipsum collectio, 5 Bde., Brescia 1744 - 1757

038) Jeronimo Osorio, De nobilitata christiana libri tres, Firenze 1552, vgl. insbesondere das 3. Buch

039) Ambrogio Catarino-Politi kritisierte mit diesem Argument Machiavellis Wirkung; vgl. De libris a Christiano detestandis.

040) Der volle Titel der Ausgabe von 1576, Genf: Innocent Gentillet, Discours sur les moyens de bien gouverner et soutenir bonne paix un Royaume ou outre Principautè – contre Nicolas Machiavel Florentin, neu hg. und kommentiert von C. E. Rathè, Genf 1968

041) Buck, Machiavelli, a.a.O., S. 133

042) Jean Bodin, Methodus ad facilem historiam cognitionem, Paris 1566

043) Vgl. Albericus Gentilis, De legationibus libri tres, London 1585

044) Buck, Machiavelli, a.a.O., S. 144

045) Francis Bacon, De dignitate et augmentis scientiarum, Amsterdam 1648

046) Johann G. Fichte, Über Machiavelli als Schriftsteller und Stellen aus seinen Schriften, in: Fichte, Werke, hg. von H. Schulz, 1. Erg.-Bd., Staatsphilosophische Schriften, Leipzig 1929

047) Friedrich der Große in seinem Testament: „Ich habe Recht und Gesetz zur Herrschaft, Ordnung und Klarheit in die Finanzen gebracht und im Heere die Manneszucht erhalten, durch die es allen anderen Truppen Europas überlegen wurde. Nachdem ich diese Pflichten gegen den Staat erfüllt habe, hätte ich mir ewige Vorwürfe zu machen, wenn ich meine Familienangelegenheiten vernachlässigte." Vgl.: Das Testament des Königs, hg. v. Friedrich von Oppeln-Bronikowski, Berlin 1924, S. 15f.

048) Friedrich Meinecke, a.a.O., S. 324

049) Voltaire an Friedrich am 28. Dezember 1739

050) Der Titel lautete: „L'Antimachiavel, ou Examen du Prince de Machiavel, avec des notes historiques et politiques"

051) Buck, Machiavelli, a.a.O., S. 153

052) Faul, a.a.O., S. 301f.

053) Friedrich Nietzsche, Gesammelte Werke, Musarionausgabe (Bd. I - XXII), München 1922 - 1929, Bd. XIX, S. 311

054) Karl Marx-Friedrich Engels, Gesammelte Schriften (MEGA) des Marx-Engels-Instituts in Machau, Frankfurt a.M. - Berlin - Zürich 1927 - 1935, S. 614. K. Marx setzte sich nicht eingehender mit Machiavelli auseinander, auch nicht mit einer seiner Grundaussagen wie: „Wo es um das Sein oder Nichtsein des Vaterlandes geht, gibt es keine Bedenken, ob gerecht oder ungerecht, mild oder grausam, löblich oder schimpflich; man muß vielmehr alles beiseite setzen und die Maßregel ergreifen, die ihm das Leben rettet und die Freiheit erhält" (Discorsi, 3. Buch, 41. Kap.); dafür schätze er Machiavelli als einen „scharfsinnigen italienischen Genius", Karl Marx, Preußische Angelegenheiten, in: Marx-Engels, Über Geschichte der Philosophie, Leipzig [2]1985, S. 328. K. Marx schrieb im Jahre 1957 an F. Engels: „... die Entwicklung des Heerwesens in Italien im 15ten und Anfang des 16ten Jahrhunderts. Jedenfalls taktische Pfiffe hier ausgebildet. Zugleich höchst humoristisch Machiavellis Beschreibung (die ich Dir ausziehn werde) in seiner ‚Geschichte von Florenz'; der Art, wie die condottieri sich schlugen. (Doch wenn ich zu Dir nach Brighton komme (wann?), bringe ich Dir lieber den M (achiavelli) mit. Die ‚Geschichte von Florenz' ist (ein) Meisterwerk" in: ebda. S. 327.

055) Faul, a.a.O., S. 178

056) Hans Fenske, Dieter Martens, Wolfgang Reinhard, Klaus Rosen, Geschichte der politischen Ideen, Frankfurt a.M. 1987, S. 251

057) Münkler, Machiavelli, a.a.O., S. 397

Literatur- und Quellenverzeichnis
(Sofern nicht im Anmerkungsapparat angeführt)

1. Kapitel

Adorno, Francesco: La crisi dell'umanesimo civile fiorentino da Alamanno Rinuccini al Machiavelli, in: Rivista critica di storia della Filosofia, Nr. 7 (1952), S. 19 - 40

Albertini, Rudolf von: Das florentinische Staatsbewußtsein im Übergang von der Republik zum Prinzipat, Bern 1955

Andreas, Willy: Der Vater Machiavellis, in: Historische Zeitschrift, Bd. 186 (1958)

Bertelli, Sergio: Constitutional Reforms in Renaissance Florence, in: The Journal of Medieval and Renaissance Studies, Nr. 3 (1973), S. 139 - 164

Bloch, Ernst: Vorlesungen zur Philosophie der Renaissance, Bd. 2 (Christliche Philosophie des Mittelalters - Philosophie der Renaissance), hg. von Ruth Römer und Burghart Schmidt, Frankfurt a.M. 1985

Buck, August: Italienische Geistesgeschichte, Urach 1947;
Das Geschichtsdenken der Renaissance, Krefeld 1957;
Renaissance und Barock, Frankfurt a.M. 1972;
Menschentum und Menschheit in der humanistischen Tradition Italiens vom 14. bis zum 18. Jahrhundert, in: Studium Generale, Nr. 14 (1961), S. 742 - 750

Cantimori, Delio: Zur Geschichte des Begriffes „Renaissance", in: Zu Begriff und Problem der Renaissance, hg. von A. Buck, Wege der Forschung, Bd. 204, Darmstadt 1969, S. 37 - 96

Cassirer, Ernst: Einige Bemerkungen zur Frage der Eigenständigkeit der Renaissance, in: Zu Begriff und Problem der Renaissance, a.a.O., S. 212 - 222

Croce, Benedetto: Theorie und Geschichte der Historiographie, Tübingen 1930

Debus, Allen G.: Man and Nature in the Renaissance, Cambrigde 1978

Dresden, Sem: Humanismus und Renaissance, München 1968

Durant, Will: Die großen Denker – Die Geschichte der Philosophie von Plato bis Nietzsche, Zürich 1982

Flasch, Kurt: Das philosophische Denken im Mittelalter. Von Augustin bis Machiavelli, Stuttgart 1986

Gadol, Joan: Die Einheit der Renaissance: Humanismus, Naturwissenschaft und Kunst, in: Zu Begriff und Problem der Renaissance, a.a.O., S. 395 - 426

Garin, Eugenio: Der Begriff der Geschichte in der Philosophie der Renaissance, in: Zu Begriff und Problem der Renaissance, a.a.O., S. 245 - 263

Gombrich, Erich: The Early Medici as Patrons of Art: a Survey of Sources, in: Italian Renaissance Studies, London 1960

Hay, Denis: Geschichte Italiens in der Renaissance, Stuttgart 1962

Hale, J. R.: Renaissance Europe 1480 - 1520, London 1971

Heilmann, My: Florenz und die Medici, Köln ⁴1977

Herrmann, Horst: Savonarola, Der Ketzer von San Marco, München 1974

Heyer, Karl: Der Machiavellismus (phil. Diss.), Berlin 1918

Kemmerich, Max: Machiavelli (Menschen - Völker - Zeiten. Eine Kulturgeschichte, Bd. 3, hg. von M. Kemmerich), Wien-Leipzig 1925

Kinck, Hans E.: Machiavelli, seine Geschichte und seine Zeit, Basel 1938

Klein, Jürgen: Denkstrukturen der Renaissance (Kleine Arbeiten zur Philosophie), hg. von W. L. Hohmann, Bd. 5), Essen 1984

Kristeller, Paul Oscar: Humanismus und Renaissance, 2 Bde., Hg. von Eckhard Keßler, München 1973

Kühner, Hans: Das Imperium der Päpste, Frankfurt a.M. 1980

Martin, Alfred von: Soziologie der Renaissance, Frankfurt a.M. ²1949

Müller, Gregor: Mensch und Bildung im italienischen Renaissance-Humanismus (Saecula spiritalia, hg. von D. Wuttke, Bd. 9), Baden-Baden 1984

Panofsky, Erwin: Renaissance und Renascence, London 1970

Prezzolini, Giuseppe: Das Leben Niccolò Machiavellis, Dresden 1929

Pulci, Luigi: La Giostra fatta in Fiorenza dal Magnifico Lorenzo de Medici il Vecchio l'anno MCCCCLXVIII, Firenze 1572

Rubinstein, Nicolai: Le dottrine politische nel Rinascimento, in: Il Rinascimento, Bari 1983, S. 181 - 237;
The Beginnings of N. Machiavelli's Career in the Florentine Chancery, in: Italian Studies, Nr. 11 (1956), S. 72 - 91;
Oligarchy and Democraty in Fifteenth Century Florence, in: Florence and Venice, Bd. 1 (1979), S. 99 - 112;

504

The Gouvernment of Florence under the Medici (1434 - 1494), Oxford 1966.

Russo, Luigi: Machiavelli, Bari [5]1975

Schumann, Reinhold: Geschichte Italiens, Stuttgart - Berlin - Köln - Mainz 1983

Vorländer, Karl: Philosophie der Renaissance, Reinbek bei Hamburg 1965

Waetzholdt, Wilhelm: Niccolò Machiavelli, München 1943

Weber, Max: Wirtschaft und Gesellschaft, Tübingen [5]1972

Weinstein, Donald: Savonarola and Florence, Princeton /N.J. 1970; Machiavelli and Savonarola, in: Studies on Machiavelli, hg. von M. P. Gilmore, Florence 1972, S. 250 - 264

Weisinger, H.: Renaissance Theories of the Revival of the Fine Arts, in: Italica, Nr. 20 (1943), S. 163 - 170

Whitfield, J. H.: Machiavelli, New York [2]1975

Zilsel, Edgar: Die sozialen Ursprünge der neuzeitlichen Wissenschaft, Frankfurt a.M. 1976

2. Kapitel

Anderson, Perry: Von der Antike zum Feudalismus. Spuren der Übergangsgesellschaften, Frankfurt a.M. 1978

Anglo, Sydney: Machiavelli. A dessection, London 1969

Aries, Philippe: Studien zur Geschichte des Todes im Abendland, München 1976

Baron, Hans: Die politische Entwicklung der italienischen Renaissance, in: Historische Zeitschrift, Bd. 174 (1952)

Bauer, Clemens: Die Epochen der Papstfinanz, in: Gesammelte Schriften zur Wirtschafts- und Sozialgeschichte, Freiburg - Basel - Wien 1965

Bayley, Charles Calvert: War and society in Ranaissance Florence, Toronto 1961

Block, Willibald: Die Condottieri. Studien über die sogenannten „unblutigen Schlachten", in: Historische Studien, Bd. 110, Berlin 1913

Brandi, Karl: Die Renaissance in Florenz und Rom, Leipzig 1913; Vier Gestalten aus der italienischen Renaissance, Dante, Cola Rienzo, Machiavelli, Michelangelo, München 1943

Breitner, Erhard: Maximilian I., Bremen - Wien 1939

Brion, Marcel: Die Medici. Eine Florentiner Familie, Wiesbaden 1970

Buchner, Rudolf: Maximilian I., Göttingen - Berlin - Frankfurt a.M.
1959

Brucker, Gene Adam: Florenz, München 1984;
Renaissance Florence (New Dimensions in history. Historical
cities), New York 1969

Buck, August: Die Krise des humanistischen Menschenbildes bei
Machiavelli, in: Archiv für das Studium der neueren Sprachen,
Nr. 189 (1953), S. 304ff.

Bullard, Melissa Meriam: Filippo Strozzi and the Medici, Cambridge
1980

Bulst, Neithard: Geschichte Frankreichs, München 1980

Chmel, Joseph (Hg.): Urkunden, Briefe und Actenstücke zur Ge
schichte Maximilians I. und seiner Zeit, Stuttgart 1845

Commynes, Philippe de: Memoiren. In neuer Übertragung, hg. v.
Fritz Ernst, Stuttgart 1972

Davidsohn, Robert: Geschichte von Florenz, Bd. IV, Berlin 1925
(1. und 2. Teil)

Del Piazzo, Marcello: Signora, Dieci di Balia, Otto di Pratica (Qua-
derni della „Rassegna degli archivi di Stato", Bd. 1), Roma 1960

Delbrück, Hans: Geschichte der Kriegskunst im Rahmen der politischen Geschichte, Bd. 3, Berlin 1907, Bd. 4, Berlin 1920

Dericum, Christa: Maximilian I., München 1979

Doren, Alfred: Studien aus der italienischen Wirtschaftsgeschichte,
Bd. 2. Das florentinische Zunftwesen vom 14. bis zum 16. Jahrhundert, Berlin 1908

Duvernoy, Jean-François: La pensée de Machiavel, Paris 1974

Endres, Karl: Machiavelli als Militär-Schriftsteller, in: Militärische
Literaturzeitschrift, literarisches Beiblatt zum militärischen Wo-
chenblatt, Jg. 65, Nr. 4, 4. 4. (1884)

Ercole, Francesco: La politica di Machiavelli, Roma 1926

Ferrara, Orestes: Machiavelli, Milano 1930

Fleisher, Martin: A Passion for Politics: The Vital Core of the World of
Machiavelli, in: Fleisher Martin (Hg.), Machiavelli and the Nature
of Political Thought, New York 1972

Freyer, Hans: Machiavelli, Leipzig 1938;
Machiavelli und die Lehre vom Handeln in: Zeitschrift
für deutsche Kulturphilosophie, Band 5 (1938)

Garin, Eugenio: Medioevo e Rinascimento. Studi e ricordi, Firenze 1954

Gatt, Anneliese: Der Innsbrucker Hof zur Zeit Kaiser Maximilians I. 1493 - 1519, phil. Diss., Innsbruck 1943

Gautier-Vignal, Louis: Machiavell, Paris 1929

Gentile, Giovanni: Il Carattere del Rinascimento, in: Il pensiero del Rinascimento; Opere complete, Bd. XI, Firenze 1955

Gerber, Adolf: Niccolò Machiavelli. Die Handschriften, Ausgaben und Übersetzungen seiner Werke im 16. und 17. Jahrhundert, 3 Bde., Gotha 1912/13

Gilbert, Felix: Niccolò Machiavelli e la vita culturale del suo tempo, Bologna 1974;
Machiavelli. The Renaissance of the Art of War, in: Makers of Modern Strategy. Military Thought from Machiavelli to Hitler (hg. v. E.M. Earle), Princeton 1943

Göbler, Justin: Chronika der Kriegßhändel... Maximilian I. gegen die Venediger und Franzosen, Frankfurt 1566

Goetz, Walter: Das Werden des italienischen Nationalgefühls; Sitzungsberichte der Bayrischen Akademie der Wissenschaften, Heft 7 (1939)

Gramsci, Antonio: Note sul Machiavelli, sulla politica e sullo stato moderno, Torino 1955

Grote, Andreas: Florenz. Gestalt und Geschichte eines Gemeinwesens, München 1965

Guicciardini, Francesco: Storie fiorentine (hg. v. Palmaroechi), Bari 1931;
Discorso del modo di assicurare lo stato ai Medici, in: Dialogo e Discorsi del Reggimento di Firenze, Bari 1932

Hale, John: Die Medici und Florenz, Stuttgart - Zürich 1979

Hay, Denis: Geschichte Italiens in der Renaissance, Stuttgart 1962;
Die Renaissance, München - Zürich 1968

Hentig, Hans von: Machiavelli. Studien zur Psychologie des Staatsstreichs und der Staatsbegründung, Heidelberg 1924

Hermes, Gertrud: Der Kapitalismus in der Florentiner Wolltuchindustrie, in: Zeitschrift für die gesamte Staatswissenschaft, Bd. 72 (1916)

Hobohm, Martin: Machiavellis Renaissance der Kriegskunst, 2 Bde., Berlin 1913

Janni, Ettore: Machiavelli, Milano 1927

507

Landucci, Luca: Florentinisches Tagebuch 1450 - 1516. Das Zeitalter der Renaissance. Ausgewählte Quellen zur Geschichte der italienischen Kultur (hg. v. M. Herzfeld) I. Serie Bd. 5/6, Düsseld. - Köln 1978

Leonetti, Andrea: Papa Alessandro VI. secondo documenti e carteggi del tempo, Bologna 1980

Loesch, List: So war es Sitte in der Renaissance, Hanau 1965

Loos, Erich: Baldassare Castigliones Libro del Cortegiano, Studien zur Tugendauffassung des Cinquecento, Frankfurt a.M. 1955

Lütge, Friedrich: Das 14./15. Jahrhundert in der Sozial- und Wirtschaftsgeschichte, in: Jahrbuch für Nationalökonomie und Statistik, Bd. 162 (1950)

Marchand, Jean-Jacques: Niccolò Machiavelli, I primi scritti politici (1499 - 1512). Nascita di un pensiero e di uno stile, Padova 1975

Molho, Anthony (Hg.): Social and Economic Foundations of the Italian Renaissance, New York - London 1969

Muir, Erskine: Machiavelli. Ein Mann und seine Zeit, Stuttgart 1939

Murdt, Leonhard von: Machiavellis Staatsgedanke, Basel 1945

Namer, Emile: Machiavel, Paris 1961

Nardi, Jacopo: Istorie della città di Firenze, Firenze 1970 bzw. Firenze 1888 (komm. Ausgabe)

Norsa, Achille: Niccolò Machiavelli, Milano 1948

Olschki, Leonardo: Italien. Genius und Geschichte, Darmstadt 1958

Orr, Robert: The Time Motif in Machiavelli, in: Martin Fleisher (Hg.), Machiavelli and the Nature of Political Thought, New York 1972

Pernthaler, Theresia: Die Bestrebungen Maximilians I. um die Römische Kaiserkrone und die Kaiserproklamation zu Trient im Jahre 1508, phil. Diss., Graz 1962

Pierotti-Cei, Luisa: Das Leben in Italien während der Renaissance, München - Berlin 1977

Poehlmann, Robert: Die Wirtschaftspolitik der Florentiner Renaissance und das Prinzip der Verkehrsfreiheit, Leipzig 1978

Pulver, Jeffrey: Machiavelli. The man, his work, and his times, London 1937

Raith, Werner: Florenz vor der Renaissance, Frankfurt - New York 1979

Renaudet, Augustin: Machiavel, Paris 1956

Reumont, Alfred von: Lorenzo de' Medici il Magnifico, 2 Bde., Leipzig 1883

508

Rodolico, Niccolò: Il popolo minuto, Bologna 1899

Romano, Ruggiero-Tenenti, Alberto: Die Grundlegung der modernen
Welt, Frankfurt a.M. 1967

Santoro Caterina: Gli Sforza, Varese 1967

Schillmann, Fritz: Florenz u. die Kultur Toskanas, Wien - Leipzig 1938

Schmid, Carlo: Machiavelli, Frankfurt a.M. 1956

Schubert, Johannes: Machiavelli und die politischen Probleme
unserer Zeit, Berlin 1927

Schulze, Wienfried: Deutsche Geschichte im 16. Jahrhundert, Frankfurt a.M. 1987

Sieburg, Heinz-Otto: Geschichte Frankreichs, Stuttgart-Berlin -
Köln - Mainz 1975

Skinner, Quentin: Machiavelli, Oxford 1981

Skriwan, Johannes: Kaiser Maximilian I. Die Erbländer, das Reich
und Europa im Jahre 1508, phil. Diss., Graz 1971

Stadelmann, Rudolf: Persönlichkeit und Staat in der Renaissance, in:
Die Welt als Geschichte, Bd. 15 (1939)

Tarlton, Charles D.: Fortune's circle. A biographical interpretation of
Niccolò Machiavelli, Chicago 1970

Tenent, Alberto: Firenze dal Comune a Lorenzo il Magnifico 1350 -
1494, Milano 1970

Thyssen, Joh.: Geschichte der Geschichtsphilosophie, Bonn 1960

Turri, Vittorio: Machiavelli, Firenze 1902

Ulmann, Heinrich: Kaiser Maximilian I. Auf urkundlicher Grundlage
dargestellt, 2 Bde., Stuttgart 1884 - 1891

Valeri, Nino: L'Italia nell'Età dei Principati dal 1343 al 1516. Storia
d'Italia (hg. v. A. Mondadori), Bd. 5, Verona 1950

Wagenführ, Horst: Handelsfürsten der Renaissance, Stuttgart 1957

Walder, Ernst: Machiavelli und die virtù der Schweizer, in: Schweizer Beiträge zur allgemeinen Geschichte, Bd. 2 (1944)

Weber, Max: Zur Geschichte der Handelsgesellschaften im Mittelalter, Stuttgart 1889

Wescher, Paul: Großkaufleute in der Renaissance, Frankfurt o.J.

Winker, Will: Kaiser Maximilian I. zwischen Wirklichkeit und Traum,
Oldenbourg 1950

Wolff, Max von: Die Beziehungen Kaiser Maximilians I. zu Italien
1495 - 1508, Innsbruck 1909

3. Kapitel

Althaus, Paul: Die beiden Regimente bei Luther. Bemerkungen zu Johannes Heckels „Lex charitatis", in: Luther und die Obrigkeit, hg. v. G. Wolf, Darmstadt 1972, S. 66 - 76

Andreas, Willy: Die venezianischen Relationen und ihr Verhältnis zur Kultur der Renaissance, Leipzig 1908

Antal, Frederick: Florentine Painting and its Social Background, London 1947

Auerbach, Erich: Mimesis. Dargestellte Wirklichkeit in der abendländischen Literatur, Bern und München [6]1977

Behnen, Michael: Der gerechte und der notwendige Krieg. „Necessitas" und „utilitas publicae" in der Kriegstheorie des 16. und 17. Jahrhunderts, in: Staatsverfassung und Heeresverfassung in der europäischen Geschichte der frühen Neuzeit, in Zusammenarbeit mit B. Stollberg-Rilinger, hg. v. J. Kunisch, Berlin 1986, S. 43 - 106

Berges, Wilhelm: Die Fürstenspiegel des hohen und späten Mittelalters, Stuttgart 1952

Bien, Günther: Die Grundlagen der politischen Philosophie bei Aristoteles, Freiburg und München [2]1980

Brecht, Martin: Luther und die Probleme seiner Zeit, in: Press/Stievermann (Hg.): Martin Luther, a.a.O., S. 58 - 74

Cantimori, Delio: La periodizzazione dell'età del Rinascimento, in: X Congresso Internazionale di Scienze Storiche, Bd. 4, Firenze 1955

Cian, Vittorio: Un illustre nunzio pontificio del Rinascimento: Baldassare Castiglione, città del Vaticano 1951

Cipolla, Carlo: Clocks and Culture 1300 - 1700, London 1967

Cochrane, Eric: Thucydides and the Science of History, London 1929

Cohn, Norman: Das Ringen um das Tausendjährige Reich. Revolutionärer Messianismus im Mittelalter und sein Fortleben in den modernen totalitären Bewegungen, Bern und München 1961

Colish, Maria L.: The Idea of Liberty in Machiavelli, in: Journal of the History of Ideas, Bd. XXXII, 1971, S. 323 - 350

Curtius, Ernst Robert: Europäische Literatur und lateinisches Mittelalter, Bern und München [9]1978

Chittolini, Giorgio (Hg.): La crisi degli ordinamenti comunali e le origini dello stato del Rinascimento, Bologna 1979

D'Amico, Silvio: Storia del teatro drammatico, vol. II, parte terza: L'Europa dal Rinascimento al Romanticismo, Milano - Roma 1939

Dann, Otto (Hg.): Nationalismus in vorindustrieller Zeit, München 1986

Devonshire Jones, Rosemary: Francesco Vettori und Niccolò Machiavelli, in: Italian Studies, Bd. XXIII, 1968, S. 93 - 113;
Francesco Vettori: Florentine Citizen and Medici Servant, London 1972

Elton, Geoffrey R.: Europa im Zeitalter der Reformation: 1517 - 1559, München [2]1982

Engelfried, Joseph: Der deutsche Fürstenstand des 16. und 17. Jahrhunderts im Spiegel seiner Testamente, Diss. phil. Tübingen 1961

Erbse, Hartmut: Zur Geschichtsbetrachtung des Thukydides, in: Thukydides hg. v. H. Herter, Darmstadt 1968, S. 594 - 619;
Die politische Lehre des Thukydides, Gymnasium, Bd. 76, 1969, S. 393 - 416

Erler, Adalbert: Necessitas als Impuls der Rechtserneuerung, in: La formazione storica del diritto moderno in Europa, Bd. 1, Firenze 1977, S. 113 - 122

Ernst, Fritz: Über Gesandtschaftswesen und Diplomatie an der Wende vom Mittelalter zur Neuzeit, in: Archiv für Kulturgeschichte, Bd. 33, 1950, S. 64 - 95

Fink, Humbert: Machiavelli, München 1988

Fremerey, Gustav: Guicciardinis finanzpolitische Anschauungen, Stuttgart 1931 (Beihefte zur Vierteljahresschrift für Sozial- und Wirtschaftsgeschichte, Bd. 26)

Friedell, Egon: Kulturgeschichte der Neuzeit, Bd. 1, München [3]1980

Fueter, Eduard: Guicciardini als Historiker, in: Historische Zeitschrift Bd. 50, 1908, S. 486 - 540

Gollwitzer, Heinz: Geschichte des weltpolitischen Denkens, 2 Bde., Göttingen 1972 / 1982

Grassi, Ernesto: Das humanistische rhetorische Philosophieren, Einleitung zu: Giovanni Pontano, Dialoge, München 1984, S. 7 - 27

Guarini, Elena Fasano (Hg.): Potere e società negli stati regionali italiani del' 500 e '600, Bologna 1978

Guarini, Giambattista: Il Verato ovvero difesa di quanto ha scritto M. Giason Denores, Ferrara 1588

Guicciardini, Francesco: Ricordi 161. Ed. crit. a cura di R. Spongano, Firenze 1951, übersetzt v. K. J. Partsch, in: F. Guicciardini. Das politische Erbe der Renaissance, Bern 1946

Hassinger, Erich: Die weltgeschichtliche Stellung des 16. Jahrhunderts, in: Geschichte in Wissenschaft und Unterricht, Bd. 2, 1951, S. 705 - 717;
Das politische Testament Richelieus, in: Historische Zeitschrift, Bd. 173, 1952, S. 485 - 503;
Das Werden des neuzeitlichen Europa, 1300 - 1600, Braunschweig ²1964;
Empirisch-rationaler Historismus. Seine Ausbildung in der Literatur Westeuropas von Guicciardini bis Saint-Evremond, Bern und München 1978

Hegel, Georg Wilhelm Friedrich: Vorlesungen über die Geschichte der Philosophie, Werke XV, Berlin 1836

Heyse, Paul: Niccolò Machiavelli, Mandragola, Clizia, Andria, München 1967

Hinck, Walter: Das deutsche Lustspiel des 17. und 18. Jahrhunderts und die italienische Komödie (German. Abhandlungen 8), Stuttgart 1965

Hönigswald, Richard: Denker der italienischen Renaissance. Gestalten und Probleme, Basel 1938

Horkheimer, Max: Anfänge der bürgerlichen Geschichtsphilosophie, hg. v. Alfred Schmidt, Frankfurt a.M. 1971

Lefèvre, Eckard (Hg.): Die römische Komödie: Plautus und Terenz (Wege der Forschung Bd. 236), Darmstadt 1973

Mager, Wolfgang: Zur Entstehung des modernen Staatsbegriffs, Wiesbaden 1968

Mattingly, Garret: Renaissance Diplomacy, Harmondsworth 1973

Mayer-Maly, Theodor: Gemeinwohl und necessitas, in: Rechtsgeschichte als Kulturgeschichte, Festschrift für A. Erler, hg. v. H. J. Becker, u.a., Aalen 1976, S. 135 - 145

McNeill, William H.: Krieg und Macht. Militär, Wirtschaft und Gesellschaft vom Altertum bis heute, München 1984

Menke-Glückert, Emil: Die Geschichtsschreibung der Reformation und Gegenreformation, Osterwiek/Harz 1912

Meyer, Arnold Oskar: Zur Geschichte des Wortes Staat, in: Die Welt als Geschichte, Bd. 10, 1950, S. 229 - 239

Mieck, Ilja: Die Entstehung des modernen Frankreich. 1450 - 1610, Stuttgart u.a. 1982

Misch, Georg: Geschichte der Autobiographie I, Frankfurt a.M. ³1949

Näf, Werner: Die Epochen der Neueren Geschichte, 2 Bde., München 1970

Nipperdey, Thomas: Die Funktion der Utopie im politischen Denken der Neuzeit, in: Archiv für Kulturgeschichte, Bd. 44, 1965, S. 357 - 378

Oliveri, Mario (Hg.): La letteratura italiana nelle pagine della critica, Torino⁵1959

Olivieri, Achillo: Erotik und gesellschaftliche Gruppen im Venedig des 16. Jahrhunderts: die Kurtisane, in: Ariès/Bèjin/Foucault u.a., Frankfurt a.m. 1984, S. 121 - 129

Peil, Dietmar: Untersuchungen zur Staats- und Herrschaftsmetaphorik in literarischen Zeugnissen von der Antike bis zur Gegenwart, München 1983

Philips, Mark: Francesco Guicciardini: The historians craft, Toronto 1977

Pichler, Johannes W.: Necessitas non habet legem?, in: Festschrift für Ernst Carl Helbling, Berlin 1981, S. 659 - 682

Prang, Helmut: Geschichte des Lustspiels. Von der Antike bis zur Gegenwart, Stuttgart 1968

Reinhard, Wolfgang: Geschichte der europäischen Expansion, 2 Bde., Stuttgart 1983;
Staatsmacht als Kreditproblem, in: Absolutismus, hg. v. E. Hinrichs, Frankfurt a.m. 1986, S. 214 - 248

Reinhardt, Karl: Thukydides und Machiavelli, in: ders., Die Krise des Helden, München 1962, S. 52 - 88

Reumont, Alfred v.: Italienische Diplomaten und diplomatische Verhältnisse, in: Historisches Taschenbuch, NF, 2. Jg., Leipzig 1841

Roth, Cecil: The Last Florentine Republic, New York 1925

Sauter, Johannes: Die Entwicklung der abendländischen Staatsidee, in: Archiv für Rechts- und Sozialphilosophie, Bd. 27, 1933, S. 72 - 90

Scaliger, Josephus Justus: Poetices libri septem, Stuttgart-Bad Cannstatt 1964

Scarano Lugnani, Emanuella: Guicciardini e la crisi del Rinascimento, Rom und Bari 1973

Skalweit, Stephan: Der Beginn der Neuzeit, Darmstadt 1982

Spirito, Ugo: Machiavelli e Guicciardini, Rom ²1945

Stolleis, Michael: Löwe und Fuchs. Eine politische Maxime im Frühabsolutismus, in: Festschrift für H.-J. Schlochauer, hg. v. I. v. Münch, Berlin-New York 1981, S. 151 - 163.

513

Pecunia nervus rerum. Zur Staatsfinanzierung der frühen Neuzeit, Frankfurt a.M. 1983

Strasburger, Hermann: Die Entdeckung der politischen Geschichte durch Thukydides, in: Saeculum, Bd. 5, 1954, S. 395 - 428

Vagts, Alfred: A History of Militarism. Civilian and Military, New York 1959

Volkmann-Schluck, Karl-Heinz: Politische Philosophie, Frankfurt a.M. 1974

Windelband, Wolfgang: Die auswärtige Politik der Großmächte in der Neuzeit, Darmstadt 1964

Wohlfeil, Rainer: Das Heerwesen im Übergang vom Ritter- zum Söldnerheer, in: Staatsverfassung und Heeresverfassung in der europäischen Geschichte der frühen Neuzeit, in Zusammenarbeit mit B. Stollberg-Rilinger, hg. v. J. Kunisch, Berlin 1986, S. 107 - 127

4. Kapitel

D'Addio, Mario: Il Pensiero Politico di Gaspare Scioppio e il Machiavellismo del Seicento, Milano 1962

Althaus, Paul: Luthers Haltung im Bauernkrieg, Tübingen 1952

Althusius, Johannes: Politica methodice digesta atque exemplis sacris et profanis illustrata, Herborn 1603

Anselmi, Gian Mario: Ricerche sul Machiavelli storico, Saggi critici Nr. 9, Pisa 1979

Bacon, Francis: Neu Atlantis, in: Der utopische Staat, hg. v. K. Heinisch, Reinbek bei Hamburg 1960, S. 171 - 215

Bessel, Christian Georg: Schmiede des politischen Glücks, Hamburg 1669

Blaschke, Karlheinz: Wechselwirkungen zwischen der Reformation und dem Aufbau des Territorialstaates, in: Der Staat, Bd. 9, 1970, S. 347 - 364

Blumenberg, Hans: Die Legitimität der Neuzeit, Frankfurt/Main 1966

Boccalini, Trajano: La Bilancia politica di tutte le Opere, Castellana 1678

Böckenförde, Ernst-Wolfgang: Die Entstehung des Staates als Vorgang der Säkularisation, in: Säkularisation und Utopie, Stuttgart 1967, S. 75 - 94

Bonaventura, Federigo: Della Ragion di Stato e della Prudenza Politica, Urbino 1623

Botero, Giovanni: Della Ragion di Stato libri dieci, Venezia 1589 (Neu hg. v. L. Firpo, Torino 1948, Classici Politici, Bd. 2);
Aggiunte alla Ragion di Stato, Roma 1598

Bozio, Tommaso: De robore bellico diuturnis et amplis catholicorum regnis (...) adversus Machiavellum, Roma 1593;
De imperio virtutis, sive imperia pendere a veris virtutibus non a simulatis (...) adversus Machiavellum, Roma 1593;
De antiquo et novo Italiae statu adversus Machiavellum, Roma 1594

Breuer, Stefan: Sozialgeschichte des Naturrechts, Opladen 1983

Calderini, Apollinare: Discorsi sopra la ragione di stato del Signor Botero, Milano 1597

Castiglione, Baldassare: Das Buch vom Hofmann, eingel. und erläutert v. F. Hofmann, Bremen 1960

Cervelli, Innocenzo: Machiavelli e la crisi dello stato veneziano, Napoli 1974

Chemnitz, Bogislaw Philipp von: Dissertatio de Ratione Status in imperio nostro Romano Germanico (Autore Hippolitho a Lapide), Freistadt 1647

Chiaramonti, Scipione: Della Ragion di Stato, Firenze 1635

Delbrück, Hans: Geschichte der Kriegskunst im Rahmen der politischen Geschichte, 4 Bde., Berlin 1908 - 1920

Dempf, Alois: Die Rechtsphilosophie Campanellas und die Staatsraison, in: Cristianesimo e ragione di stato, hg. v. E. Cartelli, Roma und Milano 1953, S. 61 - 70

Dilthey, Wilhelm: Weltanschauung und Analyse des Menschen seit Renaissance und Reformation, Göttingen [9]1970

Dotti, Ugo: Niccolò Machiavelli, La fenomenologia del potere, Milano [2]1980

Esposito, Roberto: Ordine e conflitto, Napoli 1984

Faul, Erwin: Donato Giannotti und die Konzeption republikanischer Gewaltenteilung, in: Max Kaase (Hg.), Politische Wissenschaft und Politische Ordnung, Festschrift zum 65. Geburtstag von Rudolf Wildenmann, Opladen 1986, S. 17 - 21

Ferrani, Giulio: „Mutazione" e „Riscontro" nel teatro di Machiavelli, Roma 1972

Fidelius, Ekkehard: Ratio status orbis Turcici et Christiani, Leipzig 1663

Fido, Franco: Machiavelli, Storia della critica, Nr. 9, o.O.; o.J.

Friedrich, Carl Joachim: Die Staatsräson im Verfassungsstaat, Freiburg im Breisgau 1961

Fueter, Eduard: Geschichte des europäischen Staatensystems von 1492 - 1559, München und Berlin 1919, Neudruck Osnabrück 1972 (Handbuch der mittelalterlichen und Neueren Geschichte, hg. v. Gg. v. Below und Fr. Meineke, Abt. II, 1)

Gadamer, Hans Georg: Platos Denken in Utopien, in: Gymnasium, Bd. 90, 1983, S. 434 - 455

Garosci, Aldo: Le istorie fiorentine del Machiavelli, Torino 1973

Gilbert, Felix: Machiavelli: The Renaissance of the Art of War, in: Maker of Modern Strategy. Military Thought from Machiavelli to Hitler, hg. v. Edward Mead Earle, Princeton [5]1943, S. 3 - 25; The Concept of Nationalism in Machiavelli's ‚Prince', in: Studies in the Renaissance, Bd. 1, Austin 1954, S. 38 - 48

Gioda, Carlo: La vita e le opere di Giovanni Botero, 3 Bde., Milano 1895

Grotius, Hugo: De jure belli ac pacis, Paris 1625. Dt. Ausgabe: Vom Recht des Krieges und des Friedens, übersetzt und eingel. v. W. Schätzel (Klassiker des Völkerrechts, Bd. 1), Tübingen 1950

Hatzfeld, Lutz: Staatsräson und Reputation bei Kaiser Karl V., in: Zeitschrift für Religion und Geistesgeschichte, Bd. 11, 1959, S. 32 - 58

Heintzeler, Gerhard: Das Bild des Tyrannen bei Platon. Ein Beitrag zur Geschichte der griechischen Staatsethik, Stuttgart 1927

Hintze, Otto: Kalvinismus und Staatsräson in Brandenburg zu Beginn des 17. Jahrhunderts, in: Historische Zeitschrift, Bd. 144, 1931, S. 229 - 286

Huovinen, Lauro: Das Bild des Menschen im politischen Denken Machiavellis, Helsinki 1951

Jedin, Hubert: Religion und Staatsräson. Ein Dialog Trajano Boccalinis über die deutsche Glaubensspaltung, in: Historisches Jahrbuch, Bd. 53, 1933, S. 305 - 319

Kienast, Walter: Die Anfänge des europäischen Staatensystems im späteren Mittelalter, in: Historische Zeitschrift, Bd. 153, 1936, S. 229 - 271

Kimminich, Otto: Die Entstehung des neuzeitlichen Völkerrechts, in: Pipers Handbuch der politischen Ideen, hg. v. I. Fetscher und H. Münkler, Bd. 3, München 1985, S. 73 - 100

Klueting, Harm: Die Lehre von der Macht der Staaten (Historische Forschungen Bd. 29), Berlin 1986

Koerber, Eberhard von: Die Staatstheorie des Erasmus von Rotterdam (Schriften zur Verfassungsgeschichte, Bd. 4), Berlin 1967

Kreuz, Reinhard G.: Überleben und gutes Leben. Erläuterungen zu Begriff und Geschichte der Staatsräson, in: Deutsche Vierteljahresschrift für Literaturwissenschaft und Geistesgeschichte Bd. 2, 1978, S. 173 - 208

Lenz, Georg: Zur Lehre von der Staatsräson, in: Archiv des öffentlichen Rechts, NF Bd. 9, 1925, S. 261 - 288

Lutz, Heinrich: Ragione di stato und christliche Staatsethik im 16. Jahrhundert, Münster 1961

Martelli, Mario: Una giarda fiorentina (Quaderno di filologia e critica I), Roma o.J.

Mastellone, Salvo: Venalità e machiavellismo in Francia (1572 - 1610), Firenze 1972

Mattei, Rodolfo de: Origini e fortuna della locuzione „Ragion di Stato" in Studi in memoriam di Francesco Ferrara, Milano 1943, Bd. 1, S. 177 - 192;
Il Problema della „Ragion di Stato"' nel Seicento, in: Rivista internazionale di filosofia del diritto, 1949

Maurer, Reinhart: Platons „Staat" und die Demokratie. Historisch-systematische Überlegungen zur politischen Ethik, Berlin 1970

Maurer, Wilhelm: Das Verhältnis des Staates zur Kirche nach humanistischer Anschauung, vornehmlich bei Erasmus, Gießen 1930

Mohl, Robert von: Die Machiavelli-Literatur, in: Mohl, Geschichte der Staatswissenschaften, Bd. 3, Erlangen 1858 (Nachdruck Graz 1960), S. 521 - 588

Montano, Rocco: Il superamento di Machiavelli, Napoli 1977

Münkler, Herfried: Staatsräson und politische Klugheitslehre, in: Pipers Handbuch der politischen Ideen, hg. v. I. Fetscher und H. Münkler, Bd. 3, München 1985, S. 23 - 72

Palazzo, Giovanni Antonio: Del governo e della ragion vera di stato, Napoli 1604

Panizza, Diego: Machiavelli e Alberico Gentili, in: Machiavellismo e Anti-Machiavellici nel Cinquecento, Firenze 1970, S. 148 - 155

Pocock, John C.A.: Il momento machiavelliano, 2 Bde., Bologna 1980

Quaritsch, Helmut: Staatsraison in Bodins „Republique", in: Roman Schnur: Staatsräson, a.a.O., S. 43 - 63

Rathè, C. Edward: Innocent Gentillet and the First „Anti-Machiavel", in: Bibliothèque d'humanisme et Renaissance, Bd. 27, 1965, S. 186 - 225

Salimbeni, Fulvio: Machiavellismo e Tacitismo. Note sulla ristampa di un classico, in: Nuova rivista storica, Bd. 58, 1974, S. 637 - 653

Santi, Victor A.: La „gloria" nel pensiero di Machiavelli, Ravenna o.J.

Sasso, Gennaro: Machiavelli e gli antichi e altri saggi, Milano - Napoli 1986

Schmid, Gerhard: Konfessionspolitik und Staatsräson bei den Verhandlungen des Westfälischen Friedenskongresses über die Gravamine Ecclesiastica, in: Archiv für Reformationsgeschichte, Bd. LIV, 1953, S. 203 - 223

Schmitt, Carl: Zu Friedrich Meinekes „Idee der Staatsräson", in: Archiv für Sozialwissenschaft und Sozialpolitik, Bd. 56, 1926, S. 226ff.
(Hg.): Staatsräson. Studien zur Geschichte eines politischen Begriffs, Berlin 1975

Verzeichnis des Schrifttums Machiavellis und kommentierte Primärtexte

Alle italienischen Zitate sind daraus entnommen, soweit nicht auf andere Unterlagen eigens verwiesen wird.

N. Machiavelli, Opera Omnia, a cura di S. Bertelli, Milano - Verona 1968 - 1972, 11 Bde., (X. Bibliografia, a cura di S. Bertelli-P. Innocenti, Verona 1979)
—, Opere, a cura di S. Bertelli-F. Gaeta, 8 Bde., Milano 1960 - 1965 (mit einem Vorwort und einer Einleitung von G. Procacci)
—, Tutte le opere storiche e letterarie di N. Machiavelli, a cura di G. Mazzoni-M. Casella, Firenze 1929
—, Opere di N. Machiavelli, a cura di A. Panella, Milano 1938 - 1939
—, Tutte le opere di N. Machiavelli, a cura di F. Flora - C. Cordiè, Milano 1949 - 1950
—, Tutte le opere, a cura di M. Martelli, Firenze 1971
—, Legazioni e Commissarie, a cura di S. Bertelli, 3 Bde., Milano 1961 (Opere III, IV, V)

Briefe wurden zudem entnommen O. Tommasini, vita e scritti, a.a.O. und Machiavelli Lettere, a cura di Franco Gaeta, Milano 2/1981. Als Handschriften dienten die sechs Buste di N. Machiavelli, Biblioteca Nazionale di Firenze.
Der italienische Text wurde verglichen mit der vorhandenen Machiavelli - Bibliographie und, wenn notwendig, neu übersetzt.

N. Machiavelli, Sämmtliche Werke, übersetzt und hg. von J. Ziegler, 8 Bde., Karlsruhe 1833
—, Gesammelte Schriften in fünf Bänden, hg. von H. Floerke, München 1925

Als deutsche Machiavelli-Texte dienten insbesondere:

Discorsi, Gedanken über Politik und Staatsführung, übersetzt, eingeleitet und erläutert von R. Zorn, Stuttgart ^{2}1977

Der Fürst, übersetzt von E. Merian-Genast, mit einer Einführung von H. Freyer, Stuttgart 1961

Der Fürst, übersetzt und hg. von R. Zorn, Stuttgart ^{4}1972

Einschlägig für das literarische Werk Machiavellis ist insbesondere:

N. Machiavelli, Mandragola, Clizia, Andria. Komödien, mit einem Nachwort von P. Amelung, München 1967

Als Einzelausgaben mit Kommentaren dienten zusätzlich:

Carrigan, B.: An Unrecorded Manuscript of Machiavelli's La Clizia, in: La bibliofilia, LXIII (1961), S. 73 - 87

Chiappelli, F.: Sulla composizione della Mandragola, in: L'approdo letterario, XI (1965), S. 79 - 84

N. Machiavelli, Machiavelli, Auswahl und Einleitung von C.Schmid, Frankfurt a.M. 1956

—, Legazioni, Commissarie, Scritti di governo, a cura di F. Chiappelli, Bari 1971ff.
—, Scritti politici scelti, a cura di V. Osimo, Milano 1910
—, Le Opere maggiori, scelta e commento die P. Carli, Firenze 1923
—, Antologia machiavellica, introduzione e note di L. Russo, Firenze 1931
—, „Il Principe", passi dei „Discorsi" e delle „Istorie fiorentine", con introduzione e commento di F. Alderisio, Napoli 1940
—, Scritti scelti, a cura di W. Arangio Ruiz, Milano 1941
—, Opere, a cura die M. Bonfantini, Milano - Napoli 1954
—, „Il Principe" e altri scritti, introduzione e commento di G. Sasso, Firenze 1963
—, Discorsi sopra la prima deca di Tito Livio, introduzione di C. Vivanti, Torino 1983

—, Istorie fiorentine, Testo critico con introduzione e note, a cura di P. Carli, Firenze 1927

—, Das Leben des Castruccio Castracani von Lucca, übertragen und mit Anmerkungen versehen von H. Legers, eingeleitet von E. Calani, Geleitwort von A. Benedetti, Köln - Wien 1969

—, Geschichte von Florenz, Zürich 1987

Martelli, M.: La versione machiavelliana dell'Andria, in: Rinascimento, VIII (1968), S. 203 - 274

Padoan, G.: La Mandragola del Machiavelli nella Venezia cinquecentesca, in: Lettere italiane, XXII (1970), S. 161 - 186

Richardson, B.: Evoluzione stilistica e fortuna della traduzione machiavelliana dell'Andria, in: Lettere italiane, XXV (1973), S. 319 -338

Ridolfi, R.: Composizione, rappresentazione e prima edizione della Mandragola, in: La bibliofilia, LXIV (1962), S. 285 - 300;
Un regalo del Machiavelli, in: Corriere della Sera, 15. April 1965;
Tradizione manoscritta della Mandragola, in: La bibliofilia, LXVIII (1965), S. 1 - 15;
La Clizia del Machiavelli, in: Il veltro, IV (1960), 12, S. 5 - 8

Segre, C.: Ora leggiamo la Mandragola come la scrisse il Machiavelli, in: La Stampa, 20. Oktober 1966

Tambara, G.: Intorno alla Clizia di N. Machiavelli, Rovigo 1895

Tissoni, R.: Per una nuova edizione della Mandragola del Machiavelli, in: GSLI, CXLIII (1966), S. 241 - 258

Jene Literatur und Quellen, die in den Anmerkungen bereits erwähnt wurden, sind in diesem Literaturverzeichnis nicht mehr aufgefülut.

Personenregister

Acciaiuoli, Donato 26
Acciaiuoli, Roberto 156f, 352
Acuto, Giovanni (Hawkwood, John) 214
Adrian, Kardinal 181
Adriani 354
Adriani, Marcello Virgilio 37, 71, 79ff, 85, 96, 141, 154, 201, 231
Adriano, Castellesi Corneto da 131
Agathokles 297, 355
Alamanni, Ludovico 343
Alamanni, Luigi (di Piero) 240, 264, 347, 356, 358, 393
Alamanni, Luigi (di Tommaso) 347
Alberigo 334f
Albertus Magnus 35
Albizzi, Francesco degli 238
Albizzi, Luca degli 229
Albizzi, Moro degli 364
Albrecht von Bayern-München 179f
d'Albret, Charlotte 114
Alexander der Große 105, 357
Alexander III., Papst 105, 159
Alexander VI., Papst (Rodrigo Borgia) 14, 63f, 77, 88f, 91, 94, 102f, 105, 107f, 111, 116ff, 133ff, 149, 158, 178
Alfonso 102, 116f, 334f
Alfonso I. d'Este 11
Alfonso II. 75
Alfonso von Aragon 54, 62, 362
d'Almeida 132
d'Alviano, Bartolomeo 206, 217
d'Amboise, George 152, 155, 169
d'Amboise, Karl 186
Andronikus II. 214
Anjou 149
d'Anjou, René 62

Anna von Bretagne 176
Antonio da Filicaia 208
d'Appiano, Jacopo 83 ff, 203
Apulejus 343
Ardinghelli, Pietro 262
Aretino, Pietro 317
Ariosto, Ludovico 313, 317, 328
Aristophanes 171, 327
Aristoteles 26, 240f, 274, 276, 297ff, 311, 400, 403f, 412
Atarès, Pedro 102
Augustinus, Aurelius 311

Baccio 389
Bacon, Francis 417
Bacon, Roger 35
Baglioni, Giampaolo 108, 115, 162, 206, 221
Baglioni (Fam.) 53, 106, 112, 119
Baile, Pierre 417
Baldelli, Giovan Battista 424
Baldo, Antonio 415
Bande Nere, Giovanni delle 94, 212, 376, 378, 381
Bandello, Matteo 337, 361
Barbadori (Fam.) 22
Bardella 207
Bastiano da San Gallo 329
Battista da Poppi 36
Beatrice von Ferrara 177f
Beaumonte y Luza, Luis de 138
Behaim, Lorenz 112
Bembo, Pietro 254
Bene, Giovanni del 377
Bene, Tommaso del 248
Benizzi, Niccolò 26
Bentivoglio (Fam.) 114
Bentivoglio, Ercole 172, 206
Bentivoglio, Giovanni 117
Benvenuti 340
Berto Berti 46

521

Philippe Erlanger

Isabella
die Katholische

310 Seiten,
zahlreiche Abbildungen
geb. mit Schutzumschlag
ISBN 3-925825-25-8

An der Schwelle zur Neuzeit, doch noch ganz dem Mittelalter zugehörig, bahnt sich im 15. Jahrhundert eine entscheidende Umorientierung in Europa an.

In Italien bestimmt die Renaissance das politische Denken, in Frankreich konsolidiert sich die Monarchie, in England setzt sich das Haus Tudor unter Heinrich VII. durch, in Mitteleuropa entwickelt sich das Haus Habsburg zur zentralen Macht, und in Spanien gelingt es einer Frau, mit ihrem starken politischen Weitblick und ihrem Willen zur Macht Spanien zu einigen und seine Rolle in Europa zu stärken:

Isabella, die erste Königin von Spanien, Mutter von Johanna der Wahnsinnigen und Katharina von Aragon und Großmutter des späteren Karl V.

Casimir Katz Verlag

**Guillaume de Bertier
de Sauvigny**

Metternich

**Staatsmann für Österreich
und den Frieden**

564 Seiten,
zahlreiche Abbildungen
geb. mit Schutzumschlag
ISBN 3-925825-11-8

Metternich hat über sein Leben geschrieben: „Meine Biographie wird mich möglicherweise in ungünstigem Licht beschreiben, aber sie wird zumindest nicht langweilig sein."

Sein Morgengebet war Franz I. und Österreich. Sein Glaubensbekenntnis war die Diplomatie, seine Waffen Feder und Tintenfaß, sein Schutzschirm seine beständige Ausdauer, sein Fleiß ist Legende. Er bekämpfte alles, was dem Zusammenhalt Österreichs gefährlich werden konnte: Revolution, Eroberung, Krieg, Unruhe, Aufruhr und nationalistische Bestrebungen.

Es entsteht vor unseren Augen ein Bild des Fürsten Metternich, das ihn emotionslos, allen Flitters entkleidet, als Menschen darstellt, das kaum der Vorstellung entspricht, das man gemeinhin von ihm hat.

Casimir Katz Verlag